Iris Nölle-Hornkamp
(Hg. im Auftrag des
Jüdischen Museums
Westfalen)

Heimatkunde

KLARTEXT

Iris Nölle-Hornkamp
(Hg. im Auftrag des Jüdischen Museums Westfalen)

Heimatkunde

Westfälische Juden und ihre Nachbarn

מוזיאון Jüdisches
יהודי Museum
וסטפליה Westfalen

Titelabbildungen:
Leo Steinweg, 1931 (Slg. Gisela Möllenhoff, Münster);

Die Geschwister Moszkowicz, Ahlen, 1930
(Archiv Westfälische Literatur in Westfalen, Paderborn);

Entladung des Lifts der Familie Otto Meyer in Haifa
(Slg. Andreas Meyer, Israel);

Der vierjährige Jochen Domp aus Münster
(Slg. Möllenhoff/Schlautmann-Overmeyer, Münster)

Diese Veröffentlichung wurde ermöglicht
durch die Förderung der
LWL-Kultur-Stiftung Westfalen-Lippe
und der
Nordrhein-Westfalen-Stiftung Naturschutz, Heimat, Kulturpflege.

1. Auflage Oktober 2014

Satz und Gestaltung:
Klartext Medienwerkstatt GmbH, Essen
nach Layoutvorgaben des Jüdischen Museums Westfalen, Dorsten

Umschlaggestaltung:
Volker Pecher, Essen

Druck und Bindung:
Griebsch & Rochol Druck GmbH & Co. KG

ISBN 978-3-8375-1238-0
Alle Rechte vorbehalten
© Klartext Verlag, Essen 2014

www.klartext-verlag.de
www.jmw-dorsten.de

Inhalt

9 *Elisabeth Cosanne-Schulte-Huxel, Iris Nölle-Hornkamp, Norbert Reichling, Thomas Ridder*
Heimatkunde, etwas anders
Eine Einführung

16 *Olaf Blaschke*
Heimatgeschichte als Harmonielehre?
Warum ausgerechnet stets in »unserem« Ort Toleranz herrschte
und niemals Judenhass. Erklärungen eines Widerspruchs

25 *Diethard Aschoff*
Juden und Christen in Westfalen im Alten Reich

32 *Reinhard Rürup*
Die *Landjuden* in den Modernisierungsprozessen des 19. und frühen 20. Jahrhunderts

37 *Arno Herzig*
**Von der Aufklärung zur Emanzipation der jüdischen Minderheit
in Westfalen im 19. Jahrhundert**

44 *Arno Herzig*
Jüdische Akkulturationsvorstellungen
Das Konzept von Alexander Haindorf

46 **Die Alte Synagoge Dortmund (1900–1938)**

48 *Lore Shelley*
»Der Dank des Vaterlands ist Euch gewiss«
Aus der Postkartensammlung meiner Tante Grete Weinberg

54 *Christine G. Krüger*
»Mein Vaterland! Wie's mich durchschauert …«
Jüdischer Patriotismus im 19. und beginnenden 20. Jahrhundert

60 *Andreas Meyer*
»Oh, welche Luhust, Soldat zu sein«

67 *Gisbert Strotdrees*
Eine Minderheit in der Minderheit
Jüdische Landwirte und Landeigentümer in Westfalen von den Emanzipationsgesetzen
bis zur nationalsozialistischen »Arisierung« (1800–1939/42)

79 *Thomas Ridder*
»die Juden allmählich in die nämlichen Rechte und Freiheiten zu setzen«
Der lange Weg vom geduldeten Schutzjuden zum deutschen Staatsbürger

83 *Elisabeth Cosanne-Schulte-Huxel*
Das Hauptbuch des Schuhmachers Heinrich Christoph Lütkemeier aus Werther

86 *Klaus Pohlmann*
Jüdische Handwerker in Lippe im 19. Jahrhundert
Das Scheitern der beruflichen Umschichtung

94 *Aubrey Pomerance*
»Das Mekka der Zimmerleute«
Die Firma M. Mosberg in Bielefeld

99 *Gisela Möllenhoff*
Aspekte zum jüdischen Vereinswesen in Westfalen im 19. und 20. Jahrhundert

111 *Iris Nölle-Hornkamp, Elisabeth Cosanne-Schulte-Huxel*
Die Schützen und die Juden in Westfalen

119 *Iris Nölle-Hornkamp, Elisabeth Cosanne-Schulte-Huxel*
Die Schwerter Schichte
Jüdische Nachbarn in den westfälischen Nachbarschaftsorganisationen am Beispiel Schwerte

124 *Adalbert Friedrich*
Die Raesfelder Nachbarschaften

126 *Werner Weinberg*
»Jüdischdeutsch«

130 *Rico Quaschny*
Ein jüdischer Fotograf in Iserlohn: Leopold Cohen (1838–1911)

132 *Christina Goldmann*
Selbstbesinnung und Opposition
Der Centralverein deutscher Staatsbürger jüdischen Glaubens in Westfalen 1903 bis 1938

138 *Siegfried Kessemeier*
Heimat in der Sprache. Der jüdische Mundartautor Eli Marcus

142 *Walter Gödden*
»Leichte Kunst ist schwer« oder »Kunst bringt Gunst«
Der Vortragsvirtuose Joseph Plaut

148 *Angelika Weide*
Leo Steinweg, Motorrad-Rennfahrer aus Münster

150 *Hubert Schneider*
Unermüdliche kulturelle Aufbauarbeit
Dr. Carl Rawitzki: Sozialdemokratischer Rechtsanwalt und
führender Kulturpolitiker in Bochum (1879–1963)

155 *Elizabeth Petuchowski*
»Ausgerechnet Bochum«
Autobiographisch-jüdisches Nachdenken über Westfalen

160 *Ulrike Schneider*
Der Begriff Heimat und seine Bedeutungszuschreibungen bei Jean Améry und Jeanette Wolff

164 *Werner Weinberg*
Mein Verhältnis mit Rheda

171 »Unsere Trauer ist in unser Leben eingewebt«
Erinnerungen und Reflexionen von Imo Moszkowicz und Marga Spiegel,
eingeleitet von Iris Nölle-Hornkamp

185 *Iris Nölle-Hornkamp*
»Free at Last« im DP-Lager Kaunitz
Irene Shapiros Erinnerungen

187 *Irene Shapiro*
»Endlich frei! Endlich bin ich frei!«
(übersetzt von Patricia van den Brink)

193 *Iris Nölle-Hornkamp*
»Es liegt zu viel Sentimentalität in dem Wort Heimat«
Manifestationen von Heimatverlust in den Erinnerungen westfälischer Juden im Exil

201 *Paul Spiegel*
Volle Kraft voraus. Heim, Heimat, Hoffnung
Jüdisches Leben in Deutschland seit 1946

204 *Cordula Lissner*
Heimat und Ambivalenz
Erfahrungen jüdischer Remigranten und Remigrantinnen in Nordrhein-Westfalen

210 *Iris Nölle-Hornkamp*
Auf der Suche nach einer westfälisch-jüdischen Geschichtsschreibung
Der Historiker Bernhard Brilling

213 *Iris Nölle-Hornkamp*
Wilhelm Sternfeld: Chronist des Exils und Bewahrer der deutschen Exilliteratur

216 *Rita Schlautmann-Overmeyer*
Wiederannäherungen nach 1945
Besuche von Emigranten und Remigranten in der »alten Heimat« am Beispiel Münster

223 *Fritz Ostkämper*
»Seine Landschaften mögen in Israel sein, aber die Bäume sind in Höxter geblieben«
Der israelische Künstler Jacob Pins und seine Wurzeln in Ostwestfalen

227 *Erik Riedel*
Arie Goral: »Israelische Ikonen« und »Israelische Landschaften«

233 *Ruth Weiss*
»Seit wann sind Sie Jüdin?«

236 *Jewgenij Kagan*
Schneemenschen oder Golgatha: Alepensuite

240 *Jewgenij Kagan*
Mein »HEIMAT-DESIGN«
»Über mich und die Heimat« – eine Erzählung

246 *Julian Voloj*
Zur Heimatfrage

248 *J. Monika Walther*
Hiddingsler Zeiten

253 Kurzbiographien der Beiträger/innen

259 Anmerkungen

287 Abbildungsnachweise

Elisabeth Cosanne-Schulte-Huxel, Iris Nölle-Hornkamp,
Norbert Reichling, Thomas Ridder

Heimatkunde, etwas anders
Eine Einführung

Dieses Buch soll Vieles zugleich bieten und leisten: Wir thematisieren das langsame Erringen von Bürgerrechten für Juden, die nachbarschaftliche Nähe von jüdischen und nichtjüdischen Westfalen als Chance und Gefährdung der jüdischen Minderheit, jüdischen Patriotismus und Lokalstolz, den Umgang mit Heimatverlust und mehrfacher Heimat bis hin zu heutigen Migrationsbewegungen und -folgen. Jüdisches Engagement in Städten und Gemeinden, die jüdische Beteiligung an der Herausbildung regionaler Identitäten und Kulturzeugnisse werden an Beispielen aus der Region Westfalen präsentiert. Dabei kommen Jüdisch-Spezifisches und Unspezifisches gleichermaßen zur Sprache, um so auch auf das weite Spektrum jüdischer Lebensentwürfe und -praxen zu verweisen. Die Stationen der jüdischen Sesshaftwerdung sowie ausgewählte Schritte der »Assimilation« und der guten Nachbarschaft sollen ebenso sichtbar werden wie Störungen der »Integration«. Wir suchen damit – in erster Linie anhand der Geschichte des 19. und 20. Jahrhunderts – die Reaktionen westfälischer Juden[1] verschiedener Epochen und Milieus auf die »unmögliche Heimat« (Anthony Kauders), die historischen Gründe und die Normalität von Mehrfachzugehörigkeiten zu vermitteln. Dies geschieht in der Hoffnung, allgemeine Mechanismen der Integration und Ausgrenzung am historischen Beispiel zu verdeutlichen und damit heutige Zivilität und Vielfalt zu stützen.

Heimat, Teilhabe und »Heimatkunde«

Wenn ein Buch (und ein Ausstellungsprojekt) mit solch wärmend-nostalgischen Etiketten wie »Heimat« und »Heimatkunde« versehen werden, stellen sich kritische Rückfragen ein: Geht es um den Versuch, die brutalen Brüche der deutsch-jüdischen Geschichte zu übertünchen durch Erinnerungen an »gute alte Zeiten« fragloser Zugehörigkeit? Wir wollen mit dem Aufrufen dieser populären Begriffe nicht eine neue, versöhnend-heilende Grunderzählung zu den Themen der jüdischen Regionalgeschichte anstimmen – dazu bleiben auch in den nicht-katastrophalen Phasen und Episoden, die wir schildern, zu viele zweischneidige Erfahrungen und antisemitische Misstöne. Es bleibt bei den Verstörungen, die die Menschheitskatastrophe der Shoah weiterhin auslöst, und der komplizierten Frage, ob und wie menschenrechtliche Lehren aus einer unheilbaren Sinnlosigkeit gewonnen werden können.

Wer bei der Untersuchung jüdischer Geschichte die Verwurzelung der westfälischen Juden und Jüdinnen in Städten, Dörfern und Vereinen, in deutscher und westfälischer Kultur außer Acht ließe, würde aber existenzielle Teile ihres Lebens und ihrer Selbstbilder entwerten, würde alles Miteinander im Nachhinein einer negativen Teleologie des »Wegs zur Katastrophe« unterwerfen und so große Teile der geschichtlichen Komplexität verfehlen: etwa die der innovativen jüdischen Unternehmer und Geschäftsleute, die Deutschlands (und auch Westfalens) Aufbruch in die Moderne mitgestalteten, der Weltkrieg-I-Veteranen, die noch 1934 von Hindenburg geehrt wurden (und daraus auf eine Zukunft in Deutschland schlossen), das Selbstbewusstsein der im November 1938 nach Sachsenhausen, Dachau usw. deportierten jüdischen Männer, die nach ihrer Verhaftung und der Zuordnung zu einem »landfremden« Gastvolk auf den Stammbaum ihrer Familie in Deutschland seit 1346 hinwiesen, oder die mutigen (wenigen) Rückkehrer nach 1945, die den Nazimördern nicht das letzte Wort über die Juden in Deutschland überlassen mochten.

So folgen wir mit dem umfassenden Blick bewusst (und erneut) dem Appell aus jüdischer Gemeinschaft und Fachwissenschaften, jüdische Geschichte nicht auf das Thema »Verfolgung« zu reduzieren. Aus den jüdischen Gemeinschaften und von jüdischen Intellektuellen wird schon seit geraumer Zeit ein klarer Anspruch an Jüdische Museen formuliert. Dessen sarkastische Formulierung lautet: »Interessieren eigentlich nur tote Juden?« Etwas verbindlicher formuliert: »Präsentiert unsere Geschichte nicht lediglich als eine Geschichte der Opfer und des Erleidens, der Verfolgungen und des Völkermords – wir haben mehr zur deutschen und europäischen Geschichte beigetragen.« Und ein weiterer Anspruch legt den Museen nahe: »Redet nicht nur über uns als Gestalten der Vergangenheit – die Zeitgenossen sollten auch mehr erfahren über jüdische Gegenwart in Deutschland, Europa und auch in Israel.« Das heißt: wir müssen – und wir wollen! – eine umfassende Geschichte erzählen, die Geschichte einer Minderheit als beispielhaften Kampf um Teilhabe, Rechte, Respekt und selbstverständliche Präsenz schildern, auch Phasen guter Nachbarschaft, große Erfolge und atemberaubende Karrieren, über Erfahrungen jüdischer Stärke und die Geschichte des Wiederaufbaus jüdischen Lebens nach der Shoah informieren. Und wir wollen – das ermöglicht eine verbesserte Quellenlage – die jüdischen Akteure und Akteurinnen unserer Region Westfalen nicht nur »von außen« beschreiben, sondern sie auch selber zu Wort kommen lassen.

Heimat- und Bürgerrecht für Juden – eine zerbrochene Verbindung, ein gebrochenes Versprechen der Aufklärung

Der Weg vom Kammerknecht des Kaisers zum gleichberechtigten Staatsbürger und Nachbarn war nicht nur zeitlich ein langer Weg. Zu groß waren Vorurteile und Ängste gegenüber einer Minderheit, deren religiöse Rituale sich doch sehr von den christlichen unterschieden und die dabei auch noch eine ganz andere Sprache und Schrift verwendete. Von einer guten Nachbarschaft konnte jahrhundertelang keine Rede sein. Unterschiedliche gesellschaftliche Gruppen hatten aus jeweils eigenen Gründen ihre Vorbehalte. Selten waren es die oft vorgeschobenen religiösen Ressentiments, meist waren es wirtschaftliche Gründe, galt es doch die unliebsame Konkurrenz auszuschalten. Darüber hinaus kam es vor allem im Mittelalter immer wieder zu gefürchteten Pogromen. Mal waren es Kreuzzugaufrufe, ein anderes Mal waren es Krankheiten und Seuchen wie die Pest, die die Juden, in denen man die Verursacher sah, zu Verfolgten und Opfern machte.

Später mit Beginn der Neuzeit wurden Juden für viele Landesherren als Steuerzahler zunehmend interessanter und bedeutsamer. Für ihre Schutz- und Geleitbriefe mussten die jüdischen Familien teilweise große Summen aufbringen, und das auch fortdauernd. Während die Landesherren somit an einer regelmäßigen Ansiedlung interessiert waren, lehnten die Zünfte dies weiterhin ab. Dauerhafte Veränderungen gab es erst mit Beginn der Aufklärung und der Verbreitung der Ideen der Französischen Revolution, die auch nach Westfalen vordrangen. Es waren deutliche gesellschaftliche Veränderungen notwendig, ein Umdenken im Umgang mit Minderheiten. Doch der Mehrheitsgesellschaft fiel dieser Prozess nicht leicht. Er sollte nahezu das gesamte 19. Jahrhundert andauern.

Mehrere Beiträge befassen sich mit diesen politischen und gesellschaftlichen Veränderungen. Diethard Aschoff untersucht das Zusammenleben von Juden und Christen vom Ende des 11. Jahrhunderts bis zum Beginn des 19. Jahrhunderts. Bei allen Ausgrenzungen, Anfeindungen und Pogromen, denen die Juden Westfalens ausgesetzt waren, sieht Aschoff ab dem 16. Jahrhundert eine günstige Tendenz. Vor allem genossen sie eine hohe Rechtssicherheit, was ihnen bei geschäftlichen Streitigkeiten eine annähernde Gleichstellung mit den christlichen Kaufleuten garantierte.

Den weiteren Verlauf der gesellschaftlich-politischen Veränderungen für die jüdische Minderheit beschreibt Arno Herzig in einem Beitrag. Er weist darauf hin, dass mit der Aufklärung auch nichtjüdische Stimmen, zunächst noch vereinzelt, eine Verbesserung der Lebensbedingungen für die Juden forderten. Zu diesen Ersten gehörte 1781 der preußische Kriegs- und Domänenrat Christian Wilhelm von Dohm (1751–1820) aus Lemgo, der forderte, im Juden nicht nur den Juden, sondern den Menschen zu sehen. Dohm hatte auch erkannt, dass die Gesamtgesellschaft für die sozialen und wirtschaftlichen Probleme und Schwierigkeiten der jüdischen Minderheit verantwortlich war.

Als nach vielen kleinen Schritten 1871 endlich der große Schritt gewagt wurde, war die Zeit mehr als reif. Doch die Gleichberechtigung kam von oben und nicht aus der Mitte der Gesellschaft, viele Ressentiments blieben oder waren nur übertüncht. Dennoch hatten sich viele Türen erstmals für die jüdischen Bürger geöffnet. Sie nahmen aktiv teil am kulturellen Leben, als Rezipienten wie als kreativ Schaffende. Wenn auch die Integration im Großen ihre Grenzen behielt, so vollzog sie sich »vor Ort« in den Städten und auf dem Lande scheinbar mühelos. Wie in einem anderen Kapitel zu lesen ist, wirkten Juden in den Nachbarschaften und Vereinen gleichberechtigt und akzeptiert mit.

Doch das Versprechen der Gesamtgesellschaft einer gleichberechtigten Teilhabe an der »Heimat Deutschland« sollte sich als sehr labil erweisen. Die 1916 mitten im Krieg angesetzte Judenzählung sollte das Vertrauen tief erschüttern, waren doch Juden und Nichtjuden zwei Jahre zuvor mit gleichem Patriotismus in den Krieg gezogen.

Es zeigte sich, dass in Krisenzeiten alte Klischees wieder hervorgeholt wurden, um von aktuellen Problemen abzulenken. In den 1920er Jahren blieb die gesellschaftliche Gleichberechtigung weiterhin sehr fragil. Es lassen sich Beispiele finden für vollständige Integration, aber auch immer wieder Ausgrenzungen und Anfeindungen.

Nach 1933 zerbrach die Hoffnung auf eine volle gesellschaftliche Teilhabe an der »Heimat Deutschland« dann endgültig. Nachdem in der Nachkriegsgesellschaft und bis in die 1980er Jahre jüdisches Leben in der Öffentlichkeit meist kaum wahrnehmbar stattgefunden hatte, änderte sich dies ab 1990 durch die Zuwanderungen aus der ehemaligen Sowjetunion. Gelebtes Judentum ist heute zumindest in den Städten mit einer jüdischen Gemeinde wieder präsent. Das Interesse an den Synagogenneubauten und dem Gemeindeleben zeigt, dass das gegenwärtige Judentum in der Gesamtgesellschaft wieder angekommen ist.

Jüdische Museen und die (kritische) Regionalgeschichte der Juden

Als jüdisches Regionalmuseum verfolgt das Dorstener Jüdische Museum Westfalen den selbstgesetzten Auftrag, die Vielfalt jüdischer Existenzweisen zu präsentieren. Eine schlichte Kontinuität des deutschen Judentums nach der Shoah zu behaupten oder auch nur zu fordern, war ausgeschlossen. Und das lange dominante Klima des »Nachrufs« auf die deutsch-jüdische Geschichte, wie es in der Gründungsphase nicht nur dieses Museums während der 1980er Jahre naheliegend war, ist langsam neuen Sichtweisen gewichen. Die ab 1990 erstarkten und gleichzeitig pluralisierten jüdischen Gemeinden erweisen die Möglichkeit jüdischer Zukunft in Deutschland und sind nunmehr in der Lage, die Gegenwart jüdischer Traditionen auch selbst zu vermitteln. Doch die Aufgabe, deutsch-jüdische Geschichte zu erhellen, bleibt, auch angesichts der Mehrheit der jüngst Eingewanderten, den Museen. Doch welches Narrativ, welche Grunderzählung können diese Museen und Erinnerungsorte im 21. Jahrhundert und fast 70 Jahre nach dem Ende der Shoah anbieten?

Gegründet im Geiste der skandalisierenden Wiederentdeckung jüdischer Traditionsstränge in den Regionen, hat sich ihr generationsspezifisch-oppositioneller Gründungsimpuls abgenutzt: Ihre Träger und Vorkämpfer werden nicht mehr als Nestbeschmutzer angefeindet, sondern als Kulturakteure ernst genommen und (oft unzureichend) unterstützt; die Institutionen sind zum touristischen Standortvorteil geworden. Sprechweisen und Sagbarkeitsregeln sind im Mainstream der gesellschaftlichen Eliten radikal verändert innerhalb der letzten 30 Jahre – was ist die Botschaft? Wir treffen, nicht frei von Vorsicht, Political Correctness und Philosemitismus, im Wesentlichen drei Axiome an:

– Deutschland hat sich mit dem Völkermord an den europäischen Juden selbst amputiert und gleichzeitig große Schuld auf sich geladen.
– Das Gemeinwesen hat daraus gelernt, die Menschen- und Minderheitenrechte zu neuer Geltung gebracht und dem Staat Israel stets zur Seite gestanden.
– Juden sind als religiöse Minderheit nunmehr akzeptiert und wurden politisch immer wieder stark unterstützt.

Grundproblem dieser Sichtachsen sind verschiedene damit verbundene Reduktionen: auf Juden als Opfer, als religiöse Gruppe, als Exempel für heutige Minderheitenfragen, als Spezialisten für Xenophobie und Rechtsradikalismus, als Einheitsjuden ohne die Option säkularer Identitäten, als Mitverantwortliche für israelische Politik, als immer noch exotische »Fremde«, die ein Recht auf Toleranz haben …

Hauptanliegen des Projekts »Heimatkunde« ist hingegen eine andere, offenere Blickrichtung auf jüdisch-nichtjüdische Nachbarschaft und ihr Zerbrechen im 19. und 20. Jahrhundert. Aus heutiger Warte kann auf diese Geschichte keine einheitliche und zielgewisse Perspektive mehr eingenommen werden – weder der Staat Israel noch die Shoah sind notwendige Konsequenzen der in Dachau, Treblinka, Theresienstadt gescheiterten »deutsch-jüdischen Symbiose«. Vielmehr muss beim Blick auf das heutige Judentum eine Vielfalt von Positionen zum Thema Heimat, Heimatrecht, Heimatliebe, Heimatverlust anerkannt werden, bis hin zu den spannungsreichen Selbstverständnissen der Einwanderer der letzten 20 Jahre: Gebrochene Heimatbilder und Mehrfach-Identitäten sind nämlich nach dem Zivilisationsbruch des NS-Völkermords und den übrigen Katastrophen des 20. Jahrhunderts keine Intellektuellen-Privilegien mehr, sondern massenhafte Prägungen jüdischer Europäer.

Auf all diese Themen können wir – um mit einer Metapher aus der Wissenschaftsgeschichte zu sprechen: »Zwerge auf den Schultern von Riesen« – informiert durch die neuere Sozial-, Alltags-, Erfahrungs-, Kultur- und Geschlechtergeschichte, heute etwas anders schauen, als es vor 30 Jahren den Pionieren einer neuen deutsch-jüdischen Geschichtsschreibung möglich war. Die Fragen und Ergebnisse dieser geschichtswissenschaftlichen Blickerweiterungen können uns z. B. erleichtern, die unglaubliche Pluralität jüdischer Lebenslagen, Erfahrungen und Identitäten zu sehen, Selbstbehauptungs-Strategien kultureller und alltäglicher Art zu erkennen, die Verarbeitungsmodi von Verfolgungen zu verstehen oder die grenzüberschreitenden Dimensionen deutsch-jüdischer Lebenswege zu beurteilen.

Ein Blick auf den Alltag: Vereine, Berufe

Die soziale und rechtliche, besonders aber auch die wirtschaftliche Stellung der Juden veränderte sich durch die Emanzipation grundlegend. Die Umorientierung der Berufswelt vom Händler zu mehr Produktivität und manueller Handwerksarbeit wurde in Westfalen entscheidend vom Arzt und Philanthropen Dr. Alexander Haindorf angestoßen. Mit seinem »Verein zur Bildung von Elementarlehrern und Beförderung von Handwerkern unter den Juden« und der späteren Marks-Haindorf-Stiftung schuf er die Grundlage für hervorragende Bildungsinitiativen. Das kulturelle Niveau der Bildung von westfälischen Juden wurde gefördert und durch die ausgebildeten Lehrer gelangte der religiös liberale Geist des Gründers weit über die Grenzen von Westfalen hinaus.

Die Mitgliedschaft in den unterschiedlichsten Vereinen war für die jüdische Bevölkerung erstrebenswert und spielte eine große integrative Rolle in der christlich dominierten Gesellschaft. Förderlich war dabei sicherlich eine gut situierte berufliche Stellung, die die Mitgliedschaft in dem einen oder anderen Verein schneller ermöglichte, so zum Beispiel in einem Honoratiorenverein. Auch begünstigte dies die Bereitschaft, Juden als Stadtverordnete zu berufen. Die assimilierte jüdische Schicht nahm aufgrund ihrer starken Identifizierung mit dem Staat aktiv am politischen Leben teil. 1904 wurde in Münster z. B. ein jüdischer Kaufhausbesitzer von der katholischen Zentrumspartei auf die Wahlliste zum Stadtverordnetenkollegium gesetzt.

Das Sozialprestige wurde durch die Teilnahme an den verschiedensten Vereinen verbessert. Juden waren Mitglieder von Sportvereinen, Gesangsvereinen, Kegelclubs, bei der Feuerwehr oder bei der Abendgesellschaft des Zoologischen Gartens in Münster. Sie waren aktiv in Berufsvereinigungen und gemeinnützigen Verbänden tätig. Eine sehr nachhaltige soziale Funktion können wir den Nachbarschaften (in Schwerte: Schichte) attestieren. In Schwerte wurde in einem Schicht ohne Rücksicht auf Rang, Namen und Würde jeder mit Nachbar angesprochen. Juden waren in das nachbarschaftliche Leben voll integriert und übernahmen tragende Aufgaben, die bis zum 1. Schichtmeister gingen. Bei Feiern wurde sogar Rücksicht auf die Speisegesetze der jüdischen Nachbarn genommen.

Innerhalb des Vereinslebens in Westfalen nimmt das westfälische Schützenwesen den vielleicht wichtigsten Platz ein. Um seine gesellschaftliche Funktion in einer Gemeinde oder Stadt zu etablieren, wurde man Mitglied im ansässigen Schützenverein. Zahlreiche westfälische Schützenvereine ließen schon früh jüdische Mitglieder zu und auch in ihren Statuten gab es nur mancherorts Ausgrenzungen bei der Übernahme von Ämtern, Rang und Würde. Wir können von aktiven Schützenmitgliedschaften beginnend ab 1826 in Arnsberg quer durch ganz Westfalen berichten. In Bochum verlegte man 1842, als ein Schützenfest auf einen hohen jüdischen Feiertag fallen sollte, sogar den vorgesehenen Termin um eine Woche, um den jüdischen Mitgliedern die Teilnahme zu ermöglichen. In Salzkotten gab es 1869 eine jüdische Schützenkönigin, in Vreden 1877 einen jüdischen Schützenkönig oder auch 1887 in Legden, in Ramsdorf 1894, und die Liste ließe sich so weiterführen. Mit der NS-Gleichschaltung der Vereine 1934 endeten die Mitgliedschaften auch von hochdekorierten Mitgliedern aus den Reihen der Honoratioren.

Jüdische Selbstbehauptung: Sport, Literatur

Zu Anfang des 19. Jahrhunderts begann in Deutschland die Geschichte der Leibesübungen, wie man den Sport damals noch bezeichnete. Es gab an vielen Orten Vereinsgründungen, die sich das Turnen zur Aufgabe machten. Nicht nur die körperliche Ertüchtigung stand dabei im Blickfeld, sondern Turnen war auch ein Teil der Nationalerziehung und der Charakterbildung. Die nationalen Aspekte machten das Turnen sicherlich auch für junge jüdische Männer interessant; Frauen gewährte man damals noch keinen Zugang. In der Turngemeinde von 1862 in Münster finden sich schon jüdische Mitglieder. Das jüdische Sportwesen begann 1898 mit der Gründung des Turnvereins Bar Kochba in Berlin. Die Gründerväter des ersten jüdischen Turnvereins in Deutschland waren stark von zionistischen Ideen beeinflusst. Sie wollten dem antisemitischen Klischee des zu körperlichen Leistungen nicht fähigen Juden das Bild eines kraftvollen und selbstbewussten Judentums entgegensetzen, des »Muskeljuden«.

Die Vordenker der jüdischen Turnbewegung hatten die Vorstellung, dass körperliche Ertüchtigung niemals Selbstzweck sein darf, sondern auch ein Mittel zur Volkserziehung sein kann. Die zunehmende Popularität des Zionismus, aber auch der wachsende Antisemitismus, führte dazu, dass binnen weniger Jahre in fast allen Großstädten Europas jüdische Turnvereine entstanden.

Viele sportlich interessierte Juden zogen aber bis zum Beginn der NS-Herrschaft eine Mitgliedschaft in den allgemeinen Vereinen der deutschen Turnerschaft vor. Die Einführung von »Arierparagraphen« in die Satzungen aller Sport- und Turnvereine nahm auch in Westfalen Hunderten von Juden die Möglichkeit, gemeinsam mit Nichtjuden Sport treiben zu können. Da jüdische Sportvereine weiter zugelassen waren, konnten alle Sportinteressierten in die jüdischen Vereine wechseln.

Nun arbeiteten so unterschiedliche Vereine wie der sozialistisch-zionistische Makkabi mitsamt den Hakoah-Vereinen und der deutsch-patriotisch ausgerichtete »Schild« zusammen. An die Stelle früherer Konkurrenz traten nun Selbsthilfe und gegenseitige Fürsorge. Auch in Westfalen existierten vielerorts Sportvereine. In Gelsenkirchen gab es im Reichsbund jüdischer Frontsoldaten bereits Anfang der 1930er Jahre eine große Turnerriege. Hier fanden wie auch andernorts viele junge Sportler nach 1933 eine neue Heimat, die die paritätischen Sportvereine wegen der nationalsozialistischen Rassenpolitik hatten verlassen müssen.

Das gesamte Vereinswesen war nach der Pogromnacht von 1938 zusammengebrochen. Nachdem sich das Gemeindeleben in den 1950er Jahren halbwegs neu konstituiert hatte, begannen einzelne Gemeindemitglieder mit der Wiederbelebung resp. der Neugründung von Vereinen. Diese Anfänge waren sehr mühsam. Es gab vor allem Schwierigkeiten für die deutschen Vereine, an internationalen Makkabi-Wettkämpfen teilnehmen zu dürfen. Die Vorurteile vieler Juden gegen ein neues jüdisches Leben in Deutschland machten sich auch im sportlichen Leben der jüdischen Verbände bemerkbar.

Die Zuwanderungswelle in den 1990er Jahren brachte nicht nur den Synagogengemeinden, sondern auch den Sportvereinen viele neue Mitglieder. Damit übernehmen die Sportclubs mit ihren vielfältigen Angeboten eine wichtige Rolle bei der Integrationsarbeit.

Welcher Stellenwert kam in diesen Integrationsprozessen in der westfälischen Region Literatur und (deutscher) Sprache zu?

Sucht man nach den Spuren jüdischer Selbstbehauptung in der westfälischen Literatur oder über das Medium Sprache, wirft dies unweigerlich eine Vielzahl von Fragen auf: Gab und gibt es tatsächlich so etwas wie eine jüdisch-westfälische Literatur? Oder gleich einen Schritt weiter, kann man heute überhaupt wieder von westfälischer Literatur sprechen? Diskussionen, die in der Regionalgeschichtsschreibung seit langem geführt werden. Mehr noch: Darf man die in Westfalen entstandene hebräische Literatur außer Acht lassen? Hat die »viel beschworene deutsch-jüdische Symbiose« (Salomon Korn) in der deutschen Geistesgeschichte im Großen (und der westfälischen Regionalliteratur im Kleinen) wirklich stattgefunden und was darf man überhaupt differenziert darunter verstehen. Fragen, mit denen sich z. B. Yehiel Ilsar (Jg. 1912, in Dortmund aufgewachsen, 1933 nach Israel emigriert) in seinem erst spät beachteten Aufsatz »Zum Problem der Symbiose« (Bulletin des Leo Baeck Instituts, Nr. 51, Tel Aviv 1975) intensiv auseinandergesetzt hat. Hätten wir uns darauf tiefer eingelassen, wären wir an der Umsetzung wohl wirklich gescheitert und die literarischen Streifzüge und Literatenporträts in diesem Buch und der Ausstellung »Heimatkunde« hätten nicht stattfinden können.

Noch bis in das 18. Jahrhundert erschienen religiöse Abhandlungen jüdischer Schriftsteller in ganz Europa, so auch in Westfalen in hebräischer Schrift, säkulare/weltliche jüdische Texte wurden in jiddischer Sprache verfasst. Die bürgerliche Emanzipation der Juden in Deutschland führte auch zu einer Öffnung gegenüber der deutschen Kultur und Sprache mit intensiven literarischen und kulturellen Beziehungen zwischen jüdischen und nichtjüdischen Deutschen. Auch in Westfalen empfanden sich jüdische Autoren nun als deutsche Schriftsteller, obwohl sie für ihre nichtjüdische Umwelt nicht selten weiterhin jüdisch markiert waren. Arno Herzig zeigt in seinen Beiträgen, dass der Prozess der Akkulturation, von beiden Seiten teils begrüßt und gefördert, teils aber abgelehnt und bekämpft wurde. Dies gilt ebenso für die Literatur. Der Paderborner Literaturwissenschaftler und Experte für deutsch-jüdische

Literatur Hartmut Steinecke hat es in einem Vortrag einmal so formuliert: »Das Reden von einer ›deutsch-jüdischen‹ Literatur wurde also einerseits von jüdischer Seite zunehmend voller Stolz und offensiv geführt, von anderen Juden abgelehnt, wenn diese sich primär als Teil der deutschen Literatur fühlten. Auf der anderen Seite markierten die Antisemiten, darunter leider auch eine Reihe von Literaturwissenschaftlern, zunehmend jüdische Autoren mit eben diesem Adjektiv ›jüdisch‹ zur Diffamierung und Ausgrenzung. In der Zeit des Nationalsozialismus und des Holocaust wurde diese Diskussion abrupt abgebrochen. Danach galt jedes Reden von einer deutsch-jüdischen Literatur lange Zeit als sinnlos, ja obsolet; aus Furcht, in den Verdacht des Antisemitismus zu geraten, wurde der Begriff weitgehend gemieden. Erst in den achtziger Jahren erhoben sich Gegenstimmen: Sie wiesen darauf hin, dass man damit auch die bedeutende Rolle der Juden innerhalb der deutschen Literatur und Kultur verschweige. Erst seit den neunziger Jahren des vergangenen Jahrhunderts wird der Begriff allmählich wieder unbefangener verwendet.«

Damit erweist sich die Frage, der wir nachspüren wollten, heute als legitim: Gab es in Westfalen bis zur Shoah jüdische Schriftsteller, die sich als jüdisch-westfälisch und oder westfälisch-deutsch empfunden haben und ihr Selbstverständnis über die Literatur ausdrückten? Bis 1933 sind generell nur wenige jüdische Autoren aus Westfalen im öffentlichen Bewusstsein (obwohl die Datenbank www.juedischeliteraturwestfalen.de annähernd 500 Schriftsteller und Zeitzeugen listet). Die großen Namen vermisst die westfälische Regionalliteratur insgesamt; wo es sie je gab, sind sie, sieht man ab von Annette von Droste-Hülshoff, zumeist aus der Provinz entflohen. Das gilt für Schriftsteller und Gelehrte jüdischer Herkunft nicht minder und beginnt bereits mit Salomon Ludwig Steinheim und Leopold Zunz, deren westfälische Lebensabschnitte sich auf die Kindheit beschränken.

Bei unseren Recherchen haben wir es deshalb mit Günter Kunert gehalten, der 1995 in seinem Vorwort zu einer ersten Neuausgabe der Werke des aus Niederntudorf stammenden Pädagogen und Schriftstellers Jakob Loewenberg, aus dessen Kriegstagebüchern Christiane Krüger in ihrem Beitrag zum jüdischen Patriotismus zitiert, nach über 60 Jahren schrieb: »Wie viele Loewenbergs harren noch unter dem Schutt der Gegenwart ihrer ›Auferstehung‹? Wie viele Autoren jüdischen Glaubens oder jüdischer Abstammung warten eigentlich noch darauf, in das Gedächtnis unserer Zeitgenossen zurückgerufen zu werden? ... Wir kennen nur die bekanntesten unter den Opfern. Doch jene aus der zweiten, aus der dritten Reihe, die weniger Namhaften, fehlen zur Gänze in unserem Bewußtsein.«

Ein Buch mit dem ironisch gebrochenen Titel »Heimatkunde« verträgt auch die Konzentration auf zwei »wahre« Heimatdichter mit zutiefst »westfälischen« Themen, zumal deren Lebenswege auch die Brüche und Tragik der jüdisch-westfälischen Lebensstationen widerspiegeln. Eli Marcus, Mitte des 19. Jahrhunderts in Münster geboren, Verfasser niederdeutscher Possen und Fastnachtsspiele, die bis zum Beginn der Nazizeit und auch heute wieder nicht nur im Münsterland gespielt werden, veröffentlichte dann bis 1920 niederdeutsche Lyrikbände, die von Heimatgefühl getragen sind. »Er ist verliebt in seine türme- und giebelreiche Heimatstadt und in das bäuerliche Münsterland mit seinen Wallhecken und seinen endlos hingebreiteten Aeckern und Wiesen«, schreibt seine Tochter noch 1934. Neben ihm Josef Plaut, 30 Jahre später in Detmold geboren, beliebter Schauspieler und Humorist, Rezitator, Heimatdichter und ironischer Interpret bis heute gesungener lippischer »Heimathymnen«, der 1951 aus dem südafrikanischen und englischen Exil nach Deutschland, in die lippische Heimat zurückkehrte.

Literarische Selbstvergewisserung und Selbstbehauptung ziehen sich wie ein roter Faden durch die nachfolgenden Themen, sie sind wichtiges Ausdrucksmedium der Erfahrung des Heimatverlusts und für die Versuche und Wege der Bewältigung, ebenso für die Realisierung neuer oder mehrerer Heimaten.

Exil und (Nicht-)Rückkehr, Wiederbegegnungen

Etwa 280.000 der 525.000 deutschen Juden, die im Januar 1933 im Deutschen Reich lebten, sind vor dem nationalsozialistischen Terror auf oftmals schwierigen Wegen in die Emigration geflüchtet und so der Deportation und Ermordung in den Konzentrationslagern entkommen. In Westfalen, hat Diethard Aschoff festgehalten, lebten bis 1933 knapp 19.000 Juden, gerade einmal 0,37 % der damaligen Gesamtbevölkerung, überwiegend tätig in selbstständigen Berufen und im Handel, mit patriotischer Gesinnung und vielerorts assimiliert. Der Antisemitismus in Westfalen fand zwar weder in der Arbeiterschaft des Ruhrgebiets noch in den katholisch geprägten Teilen des Landes stärkeren Widerhall, doch es entwickelte sich auch »kein breites Engagement ... für die bedrohte jüdische Minderheit« (D. Aschoff). Die allmähliche Vergiftung des Klimas, der Judenboykott mit dem Ausschluss von öffentlichen Ämtern, Eheverbot und staatsbürgerlicher Diskriminierung, die wachsende Bedrohung und Entrechtung lösten bei den Juden in Westfalen wie in ganz Deutschland Fluchtgedanken aus, doch taten sie sich vielleicht schwerer als anderswo, die angestammte Umgebung aufzugeben, wie in vielen Lebenserinnerungen nachzulesen ist, oft fehlten auch die Möglichkeiten, um die Auflagen der potenziellen Aufnahmeländer zu erfüllen.

Wichtigstes jüdisches Einwanderungsland war Palästina, obwohl es als britisches Mandatsgebiet rigorose Quoten für die deutsch-jüdische Einwanderung festlegte. Der kaum bekannte »Kibbuz Westerbeck« in der Nähe von Westerkappeln gehörte zu den 33 Hachschara-Lagern in Deutschland, in denen Kinder und Jugendliche beruflich-praktisch und kulturell auf die Aliyah, die Aussiedlung nach Palästina vorbereitet wurden.

Weitere Einwanderungsländer waren vor allem Großbritannien, die USA und einige lateinamerikanische Staaten. Die chinesische Metropole Shanghai wurde etwa für die Brüder Caesar und Paul Erdensohn aus Dortmund letzte Zuflucht, denn dort war bis 1941 die Einreise ohne Visum möglich. Auch in Lateinamerika, insbesondere Argentinien, Brasilien, Chile und Uruguay fanden Juden aus Westfalen Zuflucht. Kindertransporte führten nach Großbritannien und Schweden.

Die meisten Juden, die aus politischen oder persönlichen Gründen das Land verließen, rechneten nicht mit einem langen Exil, sie glaubten, dass Hitler bald gestürzt werden und damit die Rückkehr für sie möglich sein würde. Oft hatten sie aufgrund fehlender Papiere Schwierigkeiten eine dauerhafte Aufenthaltsgenehmigung in den Gastländer zu bekommen, noch schwieriger war es ein Einbürgerungsverfahren bewilligt zu bekommen. Viele Immigranten hatten zuvor der höheren Mittelschicht angehört und häufig geisteswissenschaftliche Berufe ausgeübt, sie mussten sich nun in einem fremden Land mit einem neuen einfacheren Leben arrangieren, oft allein und in Sorge um in Deutschland zurückgebliebene Familienmitglieder.

Unter den 200.000 deutschen Juden, die von 1932 bis 1939 nach Israel kamen, finden sich aus Westfalen Else Lasker-Schüler (verbrachte Teile ihrer Kindheit im westfälischen Geseke, dem Wohnort der Großeltern), Jenny Aloni (die Paderborn mit 17 und Deutschland mit 22 Jahren verließ, ohne eine Zeile veröffentlicht zu haben und dann in Israel zur bedeutendsten deutschsprachigen Schriftstellerin wurde), Uri Avnery (in Beckum geboren, kam schon als Kind nach Israel), der Rabbiner und Wissenschaftler Bernhard Brilling (kam 1939 auf Druck der deutschen Behörden nach Israel), um nur ein paar Namen zu nennen.

In der Schweiz überlebten die Schriftsteller Albert Hochheimer und Hugo Wolfgang Philipp; in der englischen Emigration der Künstler Benno Elkan, Karen Gershon (mit den Kindertransporten dorthin gekommen, später eine bedeutende Schriftstellerin, die in englischer Sprache schrieb), der frühere Dortmunder Rabbiner Moritz David, in den USA der Germanist Werner Vordtriede, die Rabbiner Max Grünewald und Gunther Plaut, der Linguist Werner Weinberg, in Südamerika der frühere Münsterische Rabbiner Fritz Leopold Steinthal, und der Schauspieler Paul Walter Jacob, die Liste lässt sich lang fortschreiben.

Es waren aber nicht nur die prominenten jüdischen Schriftsteller, Schauspieler, Künstler und Wissenschaftler, die Deutschland verließen, die Memoir Collection des Leo Baeck Instituts in New York enthält die Erinnerungen von zahlreichen weniger bekannten Juden aus Deutschland und auch Westfalen, die in der Emigration in ein neues Leben beginnen mussten. Oft wurde dann für sie die Sprache zum Symbol der Sehnsucht nach der verlorenen Heimat oder zur Ersatzheimat, die meisten Erinnerungen sind in der deutschen Muttersprache verfasst. Ebenso konnte diese zum Sinnbild der Vertreibung, Erinnerung an den Terror und die Täter und damit unaussprechbar werden.

Nur ein kleiner Teil der Emigranten (ca. 4 bis 6 % für ganz Deutschland, die Zahl für Westfalen wird vergleichbar sein) ist nach dem Krieg zurückgekehrt. Die Menschen, die sich in der deutschen Sprache und Kultur beheimatet fühlten, wünschten sich wieder von ihr umgeben zu sein; anderen waren die Emigrationsländer fremd geblieben, sie wünschten sich ihre vertraute Umgebung zurück, die jedoch so oft nicht mehr existierte.

Mit dem Ende des Zweiten Weltkrieges wurden zahlreiche heimatlos gewordene Überlebende der Shoah in so genannten Displaced Persons (DP)-Lagern untergebracht, auch in Deutschland. Sie lebten dort bis zu ihrer Weiterreise, meist in die USA und nach Palästina bzw. nach dessen Gründung 1948 nach Israel. Die Erinnerungen der in Polen geborenen Irene Shapiro, die auf dem Todesmarsch nach Bergen-Belsen in der Nähe von Lippstadt befreit wurde und eine Weile im dort eingerichteten DP-Lager Kaunitz lebte, geben einen Einblick in diese besondere Facette von zurückeroberter Freiheit und neuem Lebensraum.

Im vorliegenden Band zu Wort kommen: der Regisseur und Schriftsteller Imo Moszkowicz, der aus Auschwitz zurückkehrte und in Deutschland blieb, im Gedankenaustausch mit Marga Spiegel, die mit ihrer Familie im Versteck überleben konnte. Die Psychologin Lore Shelley, ebenfalls Auschwitzüberlebende, die zeitlebens darum gekämpft hat, die Erinnerung an Auschwitz, aber auch an die Geschichte der eigenen Familie wach zu halten. Der Historiker und Rabbiner Bernhard Brilling widmete sich als Remigrant der jüdischen Geschichte in Deutschland und auch in Westfalen, obwohl er Israel als seine eigentliche Heimat empfand. Wilhelm Sternfeld (in Unna geboren) wurde zum Bewahrer der Literatur des Exils, deren Spuren er minutiös nachging, so wie er zuvor so vielen emigrierten Literaten Hilfe geleistet hatte. Der Sprachwissenschaftler Werner Weinberg, kehrte aus Bergen-Belsen zurück und emigrierte in die USA, kam von dort häufig zu Besuchen und Forschungsaufenthalten nach Deutschland, widmete sich insbesondere der jüdisch-deutschen Sprache und half bei der Rekonstruktion der jüdischen Synagoge in seiner Geburtsstadt Rheda. Er und ebenso die Germanistin Elizabeth Petuchowski (in Bochum geboren, über England in die USA emigriert) haben die Erinnerungen an die Kindheit und den Bruch mehrfach thematisiert. Die Familie von Hugo Spiegel kehrte nach Warendorf zurück und half die Jüdische Gemeinde in Münster wieder zu etablieren, Paul Spiegel, der Sohn, wurde später Präsident des Zentralrats der Juden in Deutschland.

Sie alle sind Überlebende der Shoah, die in ihren Aufzeichnungen, Erinnerungen und Briefen einen gebrochenen Heimatbegriff reflektieren und doch die Sehnsucht nach dem verlorenen Ort der Kindheit nicht leugnen wollen und ihren westfälischen Wurzeln aus der zeitlichen Distanz wieder nachspüren.

Auch dem zuvor erwähnten Yehiel Ilsar, Botschafter für Israel in vielen Ländern der Welt und promovierter Philosoph, hat es im Alter Freude bereitet zu seinen westfälischen Wurzeln zurückzukehren. Er schrieb 2003: »Die Frage stellt sich mir, bin ich ein jüdischer Schriftsteller aus Westfalen? Zwar habe ich in Dortmund von meinem ersten bis zu meinem 20. Lebensjahr, von 1914–1933, gelebt, aber ich habe in Westfalen nichts veröffentlicht.« Und später: »Der junge jüdische ›Schriftsteller aus Westfalen‹ weiß die neue Würde zu schätzen und wird sie in Ehren halten. Ihr Brief brachte mir Freude und das Gefühl der Zusammengehörigkeit zu meiner alten Heimat.« Seine *Memoiren eines Neunzigjährigen* sind dann tatsächlich in Westfalen erschienen.

»Wer ein Haus baut…« – neue Normalität in der Diaspora?

»Wer ein Haus baut, will bleiben. Wer eine Synagoge baut, will, dass seine Kinder bleiben.« Solche Rhetorik der Politik ist geeignet, eine neue Normalität heraufzubeschwören und die jüdischen Repräsentanten einmal mehr instrumentalisierend zu umarmen: Deutschland habe, so wird wohl ganz ehrlich angenommen, mit der Zuwanderung von mehr als 100.000 Juden aus den postsowjetischen Ländern eine Chance erhalten, auf Dauer jüdische Gemeinden vor dem Absterben zu bewahren, und sei damit – ungeachtet gelegentlicher antisemitischer Ausbrüche und Stimmungen – in den Kreis der normalen europäischen Diaspora-Heimaten zurückgekehrt.

Das ist nicht gänzlich falsch, doch voreilig geurteilt; derartige Thesen sind eher deutschen Identitätsritualen als Analysen geschuldet. Denn die dauerhafte Lebensfähigkeit vieler neu entstandener kleiner Gemeinden wird sich noch erweisen müssen, eine Rückkehr zu den Traditionen aus Kaiserreich und Weimarer Republik ist vollkommen ausgeschlossen, und der Schatten des Massenmords der 1940er Jahre hat sich nicht abgeschwächt, sondern erhalten. Der Antisemitismus befindet sich als geschlossenes Weltbild auf dem Rückzug, doch seine Versatzstücke sind in ganz Europa weiterhin virulent. Vielleicht sollten Politik und Gesellschaft einstweilen auf eine neue Grundthese und Einheitsperspektive – derjenigen der »zerbrochenen deutsch-jüdischen Symbiose« folgend – verzichten, sondern zunächst einmal Ambivalenzen ertragen und die viel beschworene »jüdische Binnenperspektive« im Plural zu denken versuchen. Die Wirklichkeit der aktuellen jüdischen Gemeinschaften, ihrer kulturellen Umgebung und auch der von den Gemeinden distanzierten jüdischen Milieus in Kulturvereinen und selbst organisierten Zirkeln lehrt vorläufig: Da sind mehr Ingenieure als Dichter, mehr IT-Fachleute als Violinisten, mehr unklare und suchende religiöse Identitäten als überzeugte Synagogenbesucher, mehr Arbeitsmarktprobleme als Sinngebung für die Mehrheitsgesellschaft – individuelle Überlebensstrategien in einer Phase der Unübersichtlichkeit eben.

Es gibt in der Tat ein neues Selbstbewusstsein jüdischer Intellektueller in der Diaspora, am klarsten vielleicht artikuliert von der italienisch-französischen Publizistin Diana Pinto, die seit langem dem Mythos, dass alle Juden eigentlich in Israel leben müssten, entgegentritt: Sie plädiert für ein selbstbewusstes »neues europäisches Judentum«, das sich ohne schlechtes Gewissen als dritte Säule neben Israel und Nordamerika platziert. »Normalisierungs«-Diskurse standen seit 1945 unter berechtigtem Ideologieverdacht: Sie transportierten nämlich den kollektiven Wunsch einer Gesellschaft, »aus dem Schatten Hitlers herauszutreten« und das Gewicht der NS-Menschheitsverbrechen zu verkleinern. Wenn mit »normal« aber gemeint wäre, das ganze moderne und postmoderne Kaleidoskop jüdischer Kultur, jüdischer Mobilität, pluralistischer Religiosität und Säkularität im 21. Jahrhundert in den Blick und ernst zu nehmen, dann gäbe es gute Gründe, die Scheu vor dem Begriff abzulegen.

Dank

Seit 2011 hat das Jüdische Museum Westfalen in Dorsten an dem Vorhaben »Heimatkunde. Westfälische Juden und ihre Nachbarn« gearbeitet, das neben diesem Sammelband eine Sonderausstellung mit Begleitveranstaltungen, ein Hörbuch von J. Monika Walther mit dem Titel »*Und alles lebt, was einst mit mir hier lebte …*« *Westfälische Heimat – Jüdische Nachbarn*, entstanden in der bewährten Zusammenarbeit mit dem LWL-Medienzentrum für Westfalen, und eine Website zum Ergebnis hat. Das Projektteam bestand aus Dr. Iris Nölle-Hornkamp, Thomas Ridder M. A., Elisabeth Cosanne-Schulte-Huxel und Dr. Norbert Reichling.

Die Personalkosten des Projekts wurden durch die Kulturstiftung des Landschaftsverbands Westfalen-Lippe mehr als drei Jahre lang großzügig gefördert. Für die Finanzierung der Ausstellung traten außerdem die Alfried Krupp von Bohlen und Halbach-Stiftung, die Bethe-Stiftung, die Sparkasse Vest Recklinghausen, die Firma Evonik Industries und viele Spender aus dem Trägerverein und Freundeskreis des Museums hinzu. In den vergangenen 18 Monaten haben wir auf das Erfreulichste mit Tobias Katz und Markus Kaiser, den Gestaltern der Ausstellung, zusammenarbeiten dürfen. Manche Schätze, die wir weder im Buch noch in der Ausstellung unterbringen konnten, sind nun auf der Website »www.heimatkunde-jmw.de« zu finden, die Dieter Rehmann und sein Essener Team von »31 m« dem Projekt geschenkt haben.

Bereits im März 2012 konnten wir eine Tagung »Heimat – Exil – Diaspora. Jüdische Zugehörigkeitserfahrungen und -reflexionen« durchführen, auf die auch einige zentrale Beiträge dieses Bandes zurückgehen. Wir danken den damaligen Referentinnen und Referenten für ihre Geduld mit uns – und allen, die zu diesem Buch beigetragen haben, für ihre unkomplizierte Bereitschaft zur Mitarbeit. Axel Baumgärtel hat uns hochprofessionell angeleitet und unterstützt bei den Kurz-Interviews, die in Ausstellung und Homepage eingeflossen sind – die Porträtfotos und Videosequenzen tragen seine Handschrift; die von uns zum Thema »Heimat« Befragten haben uns ihre Zeit und ihr Vertrauen geschenkt.

Unsere sämtlichen Aktivitäten fußen auf der uneigennützigen – intellektuellen, praktischen wie finanziellen – Unterstützung Vieler im Dorstener Museum und seinem Trägerverein, in Heimatvereinen, Museen und Archiven, in weiteren hilfreichen Institutionen, in ganz Westfalen. Allen Genannten und Ungenannten gilt unser herzlicher Dank!

Olaf Blaschke
Heimatgeschichte als Harmonielehre
Warum ausgerechnet stets in »unserem« Ort Toleranz herrschte und niemals Judenhass. Erklärung eines Widerspruchs[1]

Etliche Bücher, die an die Geschichte von Juden und Christen in einem bestimmten Ort oder einer Region erinnern, betonen, hier sei das Verhältnis wirklich von gegenseitiger Toleranz geprägt gewesen. Davon sind viele Zeitgenossen in Laupheim ebenso überzeugt wie viele Bürger in Paderborn oder an der Mosel, um nur diese drei Beispiele zu nennen. Denn in den Landgemeinden der Region um Trier seien die Juden »würdig von ihren Nachbarn geschätzt und oft geehrt« worden.[2] In einem Buch über Paderborn heißt es 1988, dort sei das Verhältnis von Juden und Nichtjuden »von gegenseitiger Achtung getragen« und die Juden seien bis 1933 »weitgehend assimiliert« gewesen. Dazu »hatte entscheidend die Toleranz der Paderborner Bürger beigetragen.«[3] Auch Zeitzeugen lassen sich dafür anführen. Für Laupheim attestiert der Ortschronist August Schenzinger 1897, dass »die ächte, wahre und wirkliche Toleranz im besten Sinne des Wortes allseitig zur Geltung gekommen ist. Eine jede Konfession übt unbehindert und unangefochten ihre Rechte und Pflichten, so dass niemals ein Zwiespalt zu Tage getreten ist.«[4] Und sogar jüdische Gewährsmänner finden sich. Der Bericht Siegfried Brauns schildert das Zusammenleben von Juden und Christen in Brauneberg an der Mosel vor 1933: »Zu den christlichen Einwohnern des Dorfes bestand ein gutes Verhältnis. Abgesehen von harmlosen Hänseleien und gelegentlichen Äußerungen von ›Risches‹ war von Antisemitismus nichts zu merken. Man besuchte sich gegenseitig, besprach und nahm herzlichen Anteil an Freud und Leid.«[5]

Nun fragt sich aber, wo dann noch der Antisemitismus seinen Ort hat, wenn – zugespitzt formuliert – beinahe jede Lokalgeschichte von einem friedlichen Verhältnis zwischen Juden und Nichtjuden zu berichten weiß. Wenn die Nachfahren den Bewohnern eines bestimmten Raumes nachträglich eine weiße Weste verleihen, wer trug dann antijüdische Ressentiments? Es ist denkbar, dass diese Studien und Erinnerungen zutreffend sind. Wie aber ist ihr Befund mit dem im 19. Jahrhundert anwachsenden Judenhass vereinbar? Es ist ebenso möglich, dass die heute geschriebenen oder von Zeitgenossen verfassten Lokalgeschichten einer Täuschung unterliegen oder gar bewusst harmonisieren. Jedenfalls ist es angesichts dieser Diskrepanz zwischen einer Heimatkunde, die oft in Harmonielehre ausartet, und dem latenten judenfeindlichen Ressentiment ratsam, die lokalgeschichtlichen Befunde stets mit größter Vorsicht zu genießen und die Ebenen, über die gesprochen wird, sauber zu differenzieren. Bei genauem Hinsehen passt vieles nicht zusammen: Immerhin saß in Paderborn ein Bischof, der durch grobe Ausfälle gegen den Talmud von sich reden machte, sowie ein katholischer Verlag, der im Kulturkampf die übelsten antisemitischen Pamphlete druckte. Und auch die Erinnerungen des jüdischen Lehrers Brauns über Brauneberg wollen trotz des guten Verhältnisses nicht darüber hinwegsehen,

> dass im Unterbewusstsein beiderseits beim Christen wie beim Juden etwas war, was man als Missachtung bezeichnen darf. Es offenbarte sich in dem Augenblick, in dem es zu Differenzen kam ... Als der Hitlerismus einsetzte, blieb es nicht aus, dass sich bald auch im stillen Moseltal Anhänger fanden. Es kam dann wie es kommen mußte; die Nazipest fraß sich ins Dorf hinein, bis – äußerlich gesehen – die guten Beziehungen zwischen den beiden Schichten der Bevölkerung ein Ende fanden. Die Katholiken sahen es mit begreiflicher Besorgnis um die Zukunft ihrer Kirche mit an, wie die Nazihorden gegen das jüdische Volk anstürmten.[6]

Dieses Zitat lässt bereits anklingen, wie das christlich jüdische Miteinander und das Gegeneinander ineinander verschränkt sein konnten. Antijüdisches Ressentiment und Kooperation sind keine sich ausschließenden Gegensätze. Darin liegt eine Erklärung für den vorderhand widersprüchlichen Befund zwischen Lokalgeschichte und Antisemitismusforschung. Aber auch andere Erklärungsmöglichkeiten können Geltung beanspruchen:

1. Aus Loyalität zum Heimatort und zu den lieb gewonnenen Menschen wird die Vergangenheit verklärt. Das trifft auch auf manche jüdische Zeitzeugen zu. Gewalttätige Ausschreitungen gegen Juden waren insgesamt tatsächlich so selten, dass, wenn sie den Maßstab für Antisemitismus bilden, der Eindruck entsteht, es habe ihn nicht gegeben.[7]

2 Der geschäftsmäßige Umgang zwischen Juden und Nichtjuden funktionierte reibungslos. Aber da echte Freundschaften und tiefere Beziehungen selten blieben, von Mischehen ganz zu schweigen, blieb Juden ein Einblick in das Repertoire antisemitischer Stereotypen bei dem nichtjüdischen Gegenüber verwehrt. »Unsere christlichen und jüdischen Kaufleute«, berichtete die Breslauer Morgenzeitung 1870 über einen Ball, »haben zusammen marchandiert, discontiert, diniert, soupiert, smoliert, sie haben sich sogar spousiert, aber niemals miteinander getanzt. Ist das nicht höchst merkwürdig?«[8]

3. Aussagen von jüdischer Seite über das friedliche Zusammenleben in Zeiten antisemitischer Hochkonjunktur wie etwa 1880 oder 1893 können durchaus als

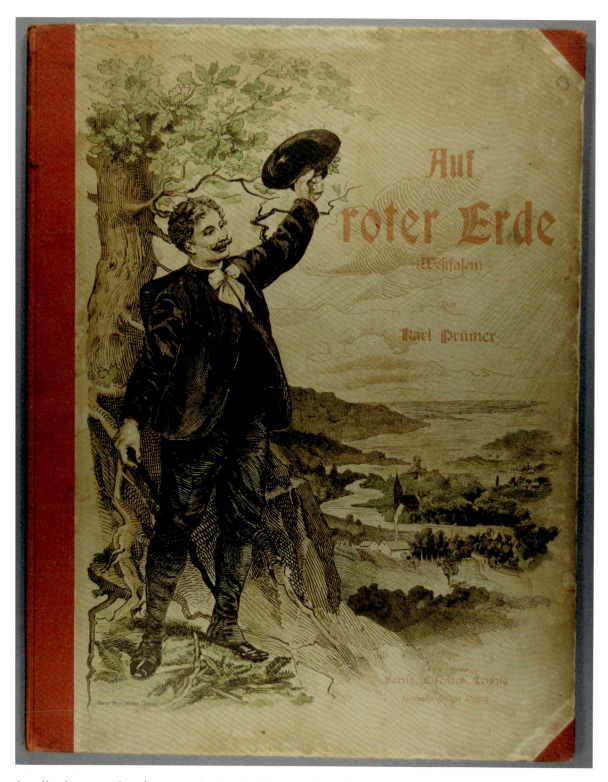

Das populäre Westfalenbuch des Dortmunder Mundartschriftstellers Karl Prümer erschien 1897. »Rote Erde« gilt seit dem Mittelalter als Synonym (mit sich wandelnden Konnotationen) für die Landschaft Westfalen. (Jüdisches Museum Westfalen)

Appell gelesen werden, dass es auch ohne Intoleranz gehen kann und sollte.

4. Tatsächlich besteht die Möglichkeit, dass in Regionen, in denen der Anteil von Juden überdurchschnittlich hoch und mithin der interkonfessionelle Kontakt intensiver war, der Antisemitismus geringer ausgeprägt war als im umgekehrten Fall. Dieser erwies sich besonders dort als erfolgreich, wo kaum Juden lebten – wie auch die gegen Ausländer gerichtete Gewalt heutzutage besonders in den »Neuen Ländern« der Bundesrepublik mit niedrigem Ausländeranteil und geringer interkultureller Erfahrung massiver auftritt als in den »alten Ländern«.[9]

5. Soziale Nähe und der Umstand, dass man aufeinander angewiesen ist, sich darüber hinaus persönlich kennt, verringern die Manifestation xenophober Einstellungen. Ob sie dennoch vorhanden sind, erweist sich erst in anderen Situationen oder im Hinblick auf

anonyme Personengruppen und abstrakte Gegner. Führende Nationalsozialisten klagten, jeder schütze »seinen« Juden, mit dieser Einstellung und so vielen Ausnahmen könne die »Judenfrage« nie gelöst werden. Auch die Nachbarschaft von Katholiken und Protestanten mutet auf den ersten Blick harmonisch an, obwohl die konfessionelle Zwietracht und die Polemik schon vor dem Kulturkampf im »zweiten konfessionellen Zeitalter« ihre verheerenden Folgen zeitigte.[10] »Trotz Kooperation und Koexistenz im Beruf, in der Praxis, im Geschäftsverkehr, in den Parlamenten«, resümiert Thomas Nipperdey, »die Konfessionsspaltung und -spannung war eine der fundamentalen alltäglichen und vitalen Grundtatsachen des deutschen Lebens.«[11] Dasselbe trifft auch auf die Dialektik von jüdischer Nachbarschaft und Antisemitismus zu. Kleinräumige face-to-face communities und persönliche Bekanntschaften, gemeinsame Vereinsmitgliedschaften und Marktbeziehungen widersprechen mithin nicht der Wirksamkeit übergreifender Stereotypenensembles.

Die im einzelnen Lokalfall benennbare geschäftliche und politische Zusammenarbeit, selten gar freundschaftliche Beziehungen, sind nicht geeignet, den bei Christen im 19. Jahrhundert latent vorhandenen Antijudaismus und Antisemitismus plausibel zu widerlegen. Schließlich erlaubt auch der Blick auf die Antisemitenparteien, die kaum drei Prozent der Stimmen einfuhren, nicht, die gesellschaftliche Judenfeindschaft zu verharmlosen.[12] Selbst 1950 bekannten sich noch 37 Prozent der vom Frankfurter Institut für Sozialforschung befragten Deutschen als »extrem antisemitisch«, 25 Prozent erwiesen sich als »bedingt« antisemitisch und nur 28 Prozent als nicht antisemitisch.[13]

Kurz: Sowohl bei Protestanten – das ist weithin bekannt – als auch bei Katholiken lässt sich im 19. Jahrhundert eine judenfeindliche Disposition ausmachen. Sie war ein Teilelement ihrer jeweiligen konfessionellen Weltanschauung. Wer ihr folgte, hatte kaum eine Chance, ein emanzipationsfreundliches oder gar projüdisches Gefühl zu entwickeln, ganz anders als die Sozialdemokraten oder die Liberalen, denen die Juden die Gleichberechtigung verdankten. Der Antisemitismus diente als »kultureller Code«, als Unterscheidungsmerkmal, das die konservativen Kräfte, die an den Zumutungen der Moderne litten, vom fortschrittlichen Teil der Gesellschaft trennte.[14]

Emanzipation und Konteremanzipation – hier verlief eine deutliche Trennlinie: Wer grundsätzlich gegen die mächtige Emanzipationsbewegung im 19. Jahrhundert eingestellt war, wollte weder erleben, dass sich Politik und Gesellschaft von der Kirche emanzipierten, wie es sich seit 1789 anbahnte, noch, dass den Juden der Weg aus dem Ghetto in die Emanzipation gestattet würde. Obwohl die Gleichstellung der Juden endlich mit der Gründung des Deutschen Kaiserreichs garantiert worden war, dauerte es noch Generationen, bis sich fromme Menschen damit abfanden. Schon im Kulturkampf hieß es, nicht die Juden, sondern die Christen müssten sich nun von den Juden emanzipieren. Anhand des Katholizismus, wie er sich seit der zunehmenden Ultramontanisierung, der Hinwendung auf Rom darstellte, lassen sich die erwähnten Zusammenhänge vorzüglich auffächern: Antisemitismus war ein Teil einer Gesamtideologie, die sich gegen die Moderne richtete. Er beschränkte sich keineswegs auf den überkommenen Antijudaismus, sondern suchte in den Juden einen Sündenbock für diverse »Bedrohungen«. Und vor allem: Viele Christen waren nicht deshalb antisemitisch, weil sie ihr Christentum vernachlässigten, sondern weil sie überzeugt waren, dass ein guter Christ seine Kirche und die »christliche Gesellschaft« vor dem angeblich zersetzenden Einfluss des Judentums zu schützen habe.[15]

Ungeachtet dessen gelten »die Katholiken«, nicht nur in Deutschland, häufig immer noch als Hort der Resistenz gegen den Nationalsozialismus, gegen Rassenantisemitismus und modernen Antisemitismus. Dafür können sich die Vertreter dieser dominierenden und kirchenfreundlichen Richtung durchaus auf eine Reihe von Belegen stützen. Schließlich galt der Nationalsozialismus als Gefahr für den Glauben, wurden zahlreiche »Priester unter Hitlers Terror« verfolgt, besonders brutal in Polen, haben mutige Einzelne Juden unterstützt, wurde schon im 19. Jahrhundert den Antisemitenparteien und den Rechtsradikalen von Seiten der katholischen Parteien eine Absage erteilt. Wer das Sittengesetz und das Gebot der Gottes- und Nächstenliebe anerkenne, hieß es 1926 im katholischen »Staatslexikon«, »muss im extremen Antisemitismus einen mit der Moral im Widerspruch stehenden Zustand erblicken, dem Christen nicht nur ablehnend gegenüberstehen können, sondern den sie auch bekämpfen müssen.« Auf dieses Zitat wird zurückzukommen sein. Es entspricht aber durchaus dem Tenor der katholischen Lexika des 19. Jahrhunderts, die im Artikel »Antisemitismus« jeweils seine radikale Erscheinung und den Hass gegen Juden als unchristlich abwiesen. Dienen diese Artikel jedoch als hinreichender Beweis?[16] Ich vertrete die Auffassung, dass man zwischen verschiedenen Ausprägungen des Antisemitismus unterscheiden muss, außerdem zwischen der rhetorischen Figur, man sei kein Antisemit, und dem, was danach gesagt wird. Häufig folgen nach dieser Formel prompt Stereotypen. Wie oft kann man hören, »ich habe nichts gegen Ausländer, aber ...«? Niemand will gerne der Vorurteilshaftigkeit überführt werden. Daher ist es erforderlich, genauer hinzuschauen! Im Hinblick auf den Katholizismus des 19. Jahrhunderts hat sich die Vermutung erhärtet, dass der auf Rom und gegen die Moderne orientierte moderne Katholizismus international einen hohen Grad an Uniformität ausprägte und mit ihr eine Uniformisierung des katholischen Antisemitismus einherging. Die Denkfigur des »doppelten Antisemitismus« unterschied zwischen einem guten, katholischen, gerechten Antisemitismus und einem schlechten, unchristlichen, blindwütigen Judenhass. Dieses in sich konsistente Konzept reifte im »Jahrhundert der Emanzipation« heran und wies bis weit in das 20. Jahrhunderts eine hohe Kontinuität auf.

Daher liegt hier der Ausgangspunkt für ein Rahmenmodell, das es erleichtert, den Antisemitismus im Deutschen Kaiserreich, aber vielleicht auch in den Katholizismen verschiedener Länder analytisch in den Griff zu bekommen. Zwar wurde dieses Theoriedesign – auf der empirischen Basis von 37 katholischen Zeitungen und Zeitschriften sowie der statistischen Auswertung von 144 katholischen Einzeltiteln – zunächst am deutschen Katholizismus entwickelt, der spezifischen Bedingungen unterlag, vor allem weil er sich in einer Minderheitenposition befand.[17] Doch wie tragfähig das Modell des »doppelten Antisemitismus« ist, hat später die Fallstudie Urs Altermatts für die Schweiz überzeugend bestätigt. Denn auch hier zeichnen sich klare Kontinuitätslinien ab, auch hier lehnten Katholiken den rassistischen Judenhass nicht der Juden wegen ab und hielten zugleich an einem »erlaubten« Antisemitismus fest, der das Christentum vor den Juden schütze; auch hier besaß dieses standardisierte Ressentiment eine antimodernistische Stoßrichtung; auch hier erklärt sich diese Frontstellung aus dem Sondergesellschaftsstatus der Katholiken seit dem 19. Jahrhundert heraus.[18] Daher lässt sich der Befund nicht mehr übersehen: Eine bestimmte Dosis Antisemitismus gehörte zur Binnenlogik der katholischen Weltanschauung und der Mentalität – auch wenn sie sich anhand von lokalgeschichtlichen Beobachtungen nicht offen manifestiert.

Die These, dass gute Katholiken in der Regel auch gute Antisemiten waren,[19] markiert indes eine Position, die nicht von allen Historikern und Historikerinnen geteilt wird. Überblickt man die Literatur, die populäre und die seriöse, ergibt sich ein anderes Bild, ein breiter Fächer von Meinungen: Am einen Ende stehen Verzerrungen, oft polemisch vorgetragen, die eine einzige jahrhundertelange Verbrechensgeschichte erzählen. Sie lassen die katholische Teiltradition des Christentums direkt im »Katholiken Hitler« münden, schöpfen diese Erkenntnis aber mehr aus der Quelle eigener Voreingenommenheit als aus Sachkunde. Am anderen Ende der Skala wird die Gegengeschichte erzählt: Sie spielt den »Antijudaismus« der Katholiken herunter – den Begriff Antisemitismus brauche man ohnehin nicht, allzu weit sei der Katholizismus davon entfernt. Zwischen diesen Extremen, nennen wir sie Kriminalisierung bzw. Verharmlosung, sind durchaus weitere Positionen angesiedelt, die ebenso verdienen, genannt zu werden.

Erstens: Die Kriminalisierung des katholischen Antisemitismus. Sie war besonders augenfällig, als Daniel J. Goldhagen 1996 medienwirksam seinen Versuch startete, in die komplizierte Debatte über die Ursachen der Shoah mit einer unterkomplexen These einzugreifen, nämlich mit der Vorstellung eines »eliminatorischen Antisemitismus«, der »die Deutschen« zum bereitwilligen Mord an den Juden getrieben habe. Vor Goldhagens Augen fanden auch die Katholiken keine Gnade: »So überlagerte der rassistische Antisemitismus selbst innerhalb der Kirchen die traditionelle religiöse Feindseligkeit gegenüber den Juden.« Diese undifferenzierte Ferndiagnose stellte die Verhältnisse völlig auf den Kopf. Religion bewahrte im Katholizismus stets ihren Primat vor der Rasse. 2002 legte Goldhagen mit seinem Buch über die Kirche und den Holocaust nach. Jetzt waren nicht mehr die Deutschen Schuld, sondern die Kirchen. Auch andere Autoren, ich nenne sie Dramatisierer, lassen zu gerne Papst, Kirche und Katholiken als »Komplizen« der Völkermörder erscheinen.

Während hier Sensationsgier und Unkenntnis, Kirchenhass und Denunziationslust die treibende Kraft zu sein scheinen, liegt hinter der Absicht, judenfeindliche Äußerungen von Katholiken als Bagatelldelikt auszugeben, oft das Interesse, die Kirche zu schützen.

Zweitens: Die Beschönigungsstrategie hängt eng mit der landläufigen Resistenzthese zusammen. Sie behauptet die Immunität des Katholizismus gegenüber dem Antisemitismus, während die Bagatellisierung wenigstens einräumt, es habe ab und an judenfeindliche Äußerungen gegeben, sie aber als harmlose Ausnahmen verniedlicht. Wer jedoch die katholische Judenfeindschaft herunterspielt, muss sich die moralische Frage stellen lassen, ob er damit nicht den Antisemitismus insgesamt verharmlost. Die empirische Frage ist damit noch gar nicht ins Feld geführt. Es besteht ja kein Zweifel daran, dass die Antisemitenparteien und später die Nationalsozialisten in stabilen katholischen Regionen wenig erfolgreich waren. Aber entbindet diese Tatsache davon, genau zu prüfen, auf welche antisemitischen Phänomene sich die »Resistenz« bezog, aus welchen Gründen sie geschah und ob nicht daneben trotzdem judenfeindliche Deutungsstrukturen vorherrschten, die unheilvoll genug waren, um ernst genommen zu werden?

Drittens: Besonders scheint sich die Ambivalenzthese durchgesetzt zu haben, seit sie 1970 von Rudolf Lill formuliert worden ist. Sie ist ausgewogener als die Resistenzthese und erteilt auf die Frage, welche Haltung die Katholiken zum Judentum an den Tag legten, die Antwort: eine ambivalente. Demnach habe es zwar antisemitische Stimmen unter Katholiken gegeben, aber zugleich auch philosemitische oder wenigstens judenfreundliche Äußerungen. Lill hob bei seinem Überblick der wissenschaftlichen und publizistischen »Behandlung jüdischer Fragen ... die Zwiespältigkeit der katholischen Haltung« hervor und kam zu dem Ergebnis, »die Ambivalenz der christlichen Haltung zu den Juden« durchziehe die meisten Stellungnahmen deutscher Katholiken. Lill definiert eindeutig, was ambivalent heißt, nämlich, dass man »hinsichtlich der Juden eine mittlere Stellung« eingenommen hätte. Dieser Linie sind die meisten Forscher gefolgt. »Es gab sowohl judenfeindliche als auch judenfreundliche Äußerungen«, bekennt eine Dissertation 1994, die jedoch nicht bei der vermeintlichen Ausgeglichenheit pro- und antijüdischer Bemerkungen stehen bleibt, sondern sogar noch einen Schritt weiter geht. Sie lässt das Gewicht eindeutig zugunsten der Nicht-Judenfeindlichkeit kippen. Eigentlich seien antisemitische Haltungen »Ausnahmen« gewesen, vielmehr dominierte »sowohl in der katholischen Publizistik als auch bei katholischen Gelehrten und Bischöfen insgesamt eine – wenn auch nicht ›philosemitische‹ – so doch neutral bis positive Haltung, die jegliche Vorurteile gegenüber den Juden ablehnte.«[20]

Der Ambivalenzthese lässt sich in aller Schärfe die Aversionsthese entgegenstellen, die besagt, dass die Haltung der Katholiken zu den Juden eher aversiv statt ambivalent oder neutral oder gar positiv gewesen ist. Dieser Befund ist aus der Beobachtung erwachsen, dass die meisten Texte aus der Feder von Katholiken, die sich mit Juden beschäftigen, ein negatives Bild zeichnen, dass hundert katholischen Autoren, die sich antisemitisch artikulierten, nur ein Autor gegenüberstand, der sich dagegen aufbäumte, und dass selbst dann, wenn Katholiken den Antisemitismus bekämpften, sie dabei nicht an die Gefahren für die Juden, sondern an die Risiken dachten, die daraus den eigenen Parteien in der Wählergunst oder der eigenen Weltanschauung erwachsen könnten. Von einem ausgeglichenen Verhältnis zum Judentum im Jahrhundert der Emanzipation kann gemessen an den Quellen und ihrer Tendenz keine Rede sein.

Sowohl die Ambivalenzthese, also die angeblich »mittlere« Haltung zu den Juden, als auch die apologetische Ausrichtung eines starken Forschungsstranges insgesamt erfordern, die Techniken, Argumente und Methoden, denen sich diese Kreise bedienen, einer genaueren Prüfung zu unterziehen. Vier beliebte Strategien, die auf den ersten Blick immer bestechlich plausibel anmuten, sind besonders hervorzuheben. Schaut man aber hinter die Kulissen, enthüllt sich, was dort eigentlich mitgeteilt und was bemäntelt wird, manchmal erst dank einer Quellenkenntnis, die nicht jedem verfügbar ist. Das macht die Angelegenheit so heikel.

1. Häufig wird der katholische Antisemitismus schlicht als »Antijudaismus« verharmlost, als sei er unverändert vom Hochmittelalter bis an den Rand des Nationalsozialismus gespült worden und als habe er dann noch das Schlimmste verhütet, statt es zu fördern. Dabei wird zu oft der Weitsprung vom Antijudaismus zum Rassenantisemitismus geübt, anstatt den Dreisprung vom Antijudaismus über den modernen Antisemitismus bis zu den pseudowissenschaftlichen Rassenideologien zu vollziehen. Gegen diese Auslassung und gegen die Verharmlosung durch den Begriff »Antijudaismus« ist zu betonen, dass der moderne Antisemitismus auf dem Antijudaismus aufbaute und der katholische Antisemitismus seit der Mitte des 19. Jahrhunderts durchaus moderne Diskriminierungsmuster instrumentalisierte, etwa jenes von der jüdischen »Weltverschwörung«. Schließlich benannten – getreu dem Modell des »doppelten Antisemitismus« und entgegen heutigen apologetischen Interpretationen – Katholiken ihren eigenen Antisemitismus selber direkt als »Antisemitismus«. 1897 erklärte Franz Adam Göpfert in seiner Moraltheologie unmissverständlich, »Christen und Juden sollen nicht zusammenwohnen«, wie es das kanonische Recht festgelegt habe. Sie sollten nicht gemeinsam speisen, Christen dürften »nicht in Dienst bei ihnen treten« und »sie nicht als Ärzte beiziehen«, vor allem sollten Juden keine obrigkeitlichen Ämter erhalten. Dann resümiert der Würzburger Pastoraltheologe: »Was den Antisemitismus unserer Tage angeht, so ist er gewiss Sünde, insofern er im Hass gegen die Juden wegen ihrer Religion oder Nationalität besteht. Er ist erlaubt, insofern er die Verteidigung der christlichen Religion gegen die Angriffe auf die christlichen Lehren und Gebräuche, oder die Abwehr betrügerischer Ausbeutung zum Zwecke hat.« Diese Ausführung ist zugleich ein früher Beleg dafür, dass »Antisemitismus« unter bestimmten Bedingungen für Katholiken ausdrücklich »erlaubt« war, dass mithin Judenhass als Sünde galt, während alles, was als Selbst-»Verteidigung« gegen Juden ausgegeben werden konnte, den Anschein der moraltheologisch abgesegneten Legitimität erhielt. Hier tritt der doppelte Antisemitismus klar hervor.[21]

Vor 1879 indes bezeichneten Katholiken das tatsächlich nicht als »Antisemitismus«, was jedoch daran liegt, dass dieser Begriff damals erst geprägt wurde. Die Unterscheidung beider Phänomene jedoch war schon älter: »Judenhatz« war verwerflich, »Christenschutz« gegen »schädliche« Juden erlaubt. Und dieser versorgte sich im 19. Jahrhundert längst nicht mehr allein aus der Ressource Antijudaismus, sondern bediente sich des Arsenals des modernen Antisemitismus. Die apologetische Strategie, konsequent von »Antijudaismus« zu reden, blendet den Beitrag der Katholiken zum Antisemitismus und mithin ihre Mitverantwortung an Auschwitz aus und entbindet sie davon, die kollektive Gedächtnislast mitzutragen.

2. Eine zweite Taktik besteht darin, nur eine Seite der Medaille aufzudecken. Resistenz und Anti-Antisemitismus rücken ins Rampenlicht.

Diese Strategie lässt sich an einem Zitat aus Heinz Hürtens bekanntem Standardwerk *Deutsche Katholiken 1918–1945* demonstrieren. »Dass der deutsche Katholizismus den Zeiterscheinungen nicht ohne das Vermögen zur Beharrung auf dem eigenen Wesen und den daraus fließenden Normen entgegentrat«, sagt Hürten, »zeigt auch seine Auseinandersetzung mit der Rassenideologie.« Zu diesem Irrglauben seien die katholischen Zeitschriften in kritischer Distanz geblieben. Entscheidend ist nun der längere Auszug aus dem katholischen *Staatslexikon*. Es »belehrte seine Leser mit kaum zu überbietender Eindeutigkeit«, leitet Hürten diesen Zitatpassus ein: Die Versuche, heißt es 1926 im Artikel »Antisemitismus«, zwischen mehr oder weniger begabten Rassen zu unterscheiden, überzeugten nicht. Gesetzliche Verbote der Eheschließung zwischen Angehörigen verschiedenen »Rassen« könnten weder moralisch noch politisch gerechtfertigt werden. Als »noch pointierter« kündigt Hürten folgenden Satz an: »Politisch ist es unerlaubt, die Juden unter Ausnahmegesetze zu stellen. Auf staatsrechtlichem Gebiet gibt es nur deutsche Staatsbürger jüdischen Glaubens, die dieselben politischen Rechte haben wie alle anderen Bürger des deutschen Reiches. Der Antisemitismus stört den inneren Frieden und gefährdet auch die deutsche Außenpolitik.« Dem Gebot der Gottes- und Nächstenliebe entsprechend, müssten Christen den »extremen Antisemitismus« ablehnen und bekämpfen. »Das Christentum verwirft den Rassenhass so gut wie den Klassenhass und verurteilt den ... Nationalismus.« Man dürfe die Juden nicht hassen, sondern müsse sie lieben, »auch wenn wir wirklich vorhandene Fehler verurteilen und bekämpfen müssen.« Der Hass gegen Mitmenschen sei »mit aller Entschiedenheit abzuweisen.« Bis zu dieser Stelle zitiert und referiert Hürten den Artikel und interpretiert sie als klare und »unzweideutige Haltung«.[22]

Was dem Leser angesichts dieser angeblich eindeutigen Ablehnung des Antisemitismus verborgen bleibt, ist die andere Seite der Medaille: Daher ist es höchst aufschlussreich, wenn man den Artikel selber nochmals im Original einsieht. Hier eröffnet sich eine weniger heroische, um nicht zu sagen ambivalente Perspektive. Die Sätze, die der Eichstätter Historiker nicht zitiert hat, sollen demjenigen, der sich ein objektives Urteil bilden möchte, nicht vorenthalten werden. Neben der rassistischen Richtung des Antisemitismus, die mit dem Christentum unvereinbar sei, heißt es im nämlichen Artikel, gebe es eine Richtung, die den »Schutz der christl. Bevölkerung gegenüber dem allzu starken Vordringen des Judentums [erstrebe], seiner rücksichtslosen Vorherrschaft im Erwerbsleben u. seinem vielfach schädlichen, radikale Strömungen begünstigenden Einfluss auf dem Gebiet der Religion u. Sitte, der sozialen Einrichtungen, der Literatur u. Kunst u. bes. der Tagespresse«. Der Artikel, der von Karl Rieder verfasst wurde, nimmt sich bei genauem Hinsehen nicht mehr so »unzweideutig« anti-antisemitisch aus:

Im A[ntisemitismus] mischt sich Richtiges mit Falschem. Erlaubt ist es, den Einfluß der Juden in wirtsch. Hinsicht, ihr Vorherrschen in Literatur, Presse, Theater usw. ... zu bekämpfen ... Fehler, Vergehen, Verbrechen, die von einzelnen od. von einer größeren Zahl von Anhängern des Judentums begangen werden, die Laxheit in Sitten, die sittl. Schäden einer in der Mehrzahl von Juden geleiteten Presse, Literatur, Kunst, Theater dürfen wir nicht entschuldigen.

Die Prämissen des Antisemitismus wurden mithin nicht als gefährlich erkannt, sondern kritiklos übernommen. Von einer grundsätzlichen Aufklärung über den Charakter des Antisemitismus, wie jüdische, sozialdemokratische oder linksliberale Kreise sie betreiben, war der Katholizismus auch in der Zwischenkriegszeit noch weit entfernt. Wer den Standard des doppelten Antisemitismus nicht kennt, hätte die Existenz dieser judenfeindlichen Passage, die Hürten auslässt, vielleicht nicht erwartet. Wem das System jedoch vertraut ist, den würde wundern, wenn sich nicht auch eine Bemerkung über den »erlaubten« Antisemitismus finden ließe.[23]

Schon dieses eine Beispiel führt vor, wie problematisch es ist, anti-rassistischen Aussagen leichtfertig Glauben zu schenken, ohne den gesamten Deutungsrahmen und seine Motive zu kennen. Dazu kommt, dass die Formel, man verurteile den Rassenhass, nicht einfach für das genommen werden darf, was sie ist. Die Standardphrase selbst ausgewiesener Antisemiten lautete, es ginge nicht um Hass und man sei auch kein Antisemit, aber ...

3. Eine dritte Verzerrung ist durch die Opferperspektive eingetreten. Viele Forscher haben nach 1945, beeindruckt vom sogenannten »Kirchenkampf«, die Kirche in die Rubrik »Widerstand und Verfolgung« einsortiert, wo sie noch heute zu finden ist. Zuweilen werden Katholikenverfolgung und Judenverfolgung in einem Atemzug genannt, sei es für das NS-Regime, sei es für das 19. Jahrhundert. Die Nebeneinanderstellung von Juden- und Katholikenverfolgung ließ sich noch 1998 in dem vatikanischen Dokument vernehmen, das den Antisemitismus verurteilen wollte. In demselben Passus, der auf die »Verfolgung der Juden« eingeht, heißt es, das NS-Regime habe nicht gezögert, sich auch »der Kirche entgegenzustellen und auch ihre Mitglieder zu verfolgen«.[24] Die Opferthese entfaltete ihren Charme in ganz Europa und bildete eine Denkblockade für die Umkehrung der Frage, ob die katholischen Opfer selber Opfer produzierten. Inwieweit sind Katholiken auf der Seite der Täter auszumachen und nicht nur im »Widerstand« zu suchen?

4. Besonders unappetitlich ist der Versuch, ein Ursache-Wirkungs-Verhältnis zwischen antijüdischen Vorurteilen und jüdischem Verhalten zu postulieren. Damit wird die Opferthese auf die Spitze getrieben und indirekt dem Antisemitismus Vorschub geleistet. Denn die Katholiken gelten hier neben den Juden nicht mehr nur als Opfer dritter übler Kräfte (Atheisten, Rassenantisemiten, Völkische, Nazis), sondern direkt als Opfer jüdischer »Machenschaften«. Oft kommt diese Denkfigur verschleiert vor, nämlich in der vorderhand unschuldigen Bemerkung, es habe »Konflikte« zwischen Katholiken und Juden gegeben. Aber zu einem Konflikt gehören zwei Parteien. Die Realkonfliktthese hält indes daran fest, nicht die Christen seien die Aggressoren, sondern die Juden selber hätten den Hass auf sich gezogen. Die katholischen Ausfälle gegen Juden im Kulturkampf werden von gewissen Historikern auf »eine der katholischen Bevölkerung sehr feindliche Stellung« von Juden zurückgeführt. Die antisemitische Rhetorik gegen die »verjudete Presse« habe angesichts etwa der Frankfurter Zeitung, die »von Juden in dem ihnen unterstellten Sinn beherrscht« wurde, einen »Anhalt in der Realität«, skandiert Hürten.[25] Ich möchte dagegen mit Jean Paul Sartre die Ansicht vertreten, dass der Antisemitismus nicht das Problem der Juden, sondern das der Antisemiten ist. Bekannt ist seine Pointe: »Existierte der Jude nicht, der Antisemit würde ihn erfinden.«[26]

Ist man mithin so auf die Täter zurückverwiesen, erfordert eine Analyse der katholischen Judenfeindschaft, ihre Ursachen im Binnenraum des katholischen Deutungsrahmens selber zu suchen. Zunächst sind daher die Koordinaten dieses Ressentiments mit seinem

Gehalt und seinen Grenzen vorzustellen. Wie sah die Anatomie des katholischen Antisemitismus aus? Wer sich dem katholischen Antisemitismus nähert, muss den Rahmen, in dem er sich bewegte und in dem er eingehegt war, ins Auge fassen. Dieser Rahmen bestand aus dem Gesamtsystem des modernen Katholizismus, wie er sich spätestens seit der Mitte des 19. Jahrhunderts als mächtige Ideologie präsentierte. Die Revolution von 1789, der Aufstieg der bürgerlichen Gesellschaft und das Vordringen von Aufklärung und Säkularisierung riefen vehemente Verunsicherung im europäischen Christentum hervor. Zur christlichen Reaktion auf diese Provokation gehörten die sogenannte Romantik, die Erweckungsbewegung und die ultramontane Bewegung. Dies geschah im Rahmen einer allgemeinen Rechristianisierung, mündete aber bald in eine verheerende Rekonfessionalisierung. Denn seit den 1830er Jahren rückte das Trennende zwischen den Konfessionen in den Vordergrund und verdrängte das Bewusstsein von den Gemeinsamkeiten. Wenn man sich das 19. Jahrhundert einmal als »zweites konfessionelles Zeitalter« vorstellt, geraten die religiösen Kräfte und Antagonismen in ihrer Eigenständigkeit weitaus stärker in den Aufmerksamkeitsbereich, als wenn man an der üblichen Denkfigur vom Jahrhundert der Säkularisierung festhält. Angesichts des krassen Konfessionskontrastes und des im Kulturkampf aufgipfelnden »Glaubenskrieges« nimmt sich die Diskriminierung des Judentums wie ein Kapitel in diesem Schauspiel an. Dann erklärt sich auch die Intensitätssteigerung des Antisemitismus, wenn keine ökonomische Krise auszumachen ist; oft waren es tatsächlich genuin konfessionelle Gründe und religiöse Umbrüche, die eine verstärkte konfessionalistische Konfrontation und antisemitische Ausfälle verursachten, etwa bei der Implementierung des Ultramontanismus oder im Zusammenhang mit der umstrittenen Unfehlbarkeitserklärung 1870.

Der Ultramontanismus stellt ein breites Rahmenkonzept dar, zu dem weitaus mehr als nur Papstloyalität gehört. Hier erkennt man einen mentalitätsgeschichtlich logischen Systemzusammenhang zwischen antiliberaler Ideologie, Emanzipationsfurcht und antijüdischer Haltung. Die Zentralisierung, Klerikalisierung und antimoderne Verhärtung sind Teilphänomene des Gesamtprozesses der Ultramontanisierung, aber auch der Integralismus, der Wille zur Abschottung gegen eine feindlich gedachte Umwelt, das tiefe Misstrauen gegenüber Andersgläubigen, seien es liberale Katholiken oder Freimaurer, Protestanten oder Juden.

Nochmals: Es war nicht der Mangel an christlicher Gläubigkeit, der die judenfeindlichen Ressentiments bei Katholiken zuließ, sondern gerade das Übermaß an Gläubigkeit, das sie schürte; ihren Antisemitismus verantwortete nicht die Untreue zu Kirche und Papst, sondern gerade die Hingabe an Kirche und Papst. Katholiken waren nicht trotz, sondern wegen ihres Ultramontanismus antisemitisch gesinnt. Ein guter Katholik war auch ein »guter« Antisemit, weil er sich der »Dekatholisierung« erwehrte, so wie ein guter deutscher Protestant ebenfalls antisemitisch war. Zwar wies dieser Antisemitismus bestimmte Grenzen auf, aber sein Repertoire war reichhaltig. Die religiöse Tradition – Gottesmord, Verworfenheit, Substitutionslehre – ist zu bekannt, als dass sie hier erneut referiert werden muss. Wichtig aber ist, dass mit dem Argument, »die Juden« hätten Christus gehasst und ermordet, nicht nur Theologie und religiöse Rechthaberei betrieben wurde, sondern auch Gegenwartspolitik. Denn noch immer, so hieß es, würden Juden Christen hassen und verfolgen, eine These, die stets aufkam, wenn die »gottlose« Schule oder liberale Politik verhindert werden sollten. Ebenso wichtig ist zu sehen, dass ältere Traditionen, manchmal vergessen, traditionalisiert wurden, wie es auch in der Neoscholastik und überhaupt in der Mittelalterverehrung geschah. Die Ritualmordlegende etwa, wonach Juden rituell christliche Kinder entführten und schächteten, war im 18. Jahrhundert kaum noch lebendig, bis sie im 19. Jahrhundert eine Renaissance erlebte, dank katholischer Theologen und Vordenker wie etwa August Rohling.[27] Den religiösen Deutungsfiguren folgten weltliche auf dem Fuß. Hier lehnte sich die katholische Ideologie an die neu kursierenden Bezichtigungen an. Seit die Juden aus dem Ghetto in die bürgerliche Gesellschaft entlassen waren, konnte ihnen der Vorwurf angeheftet werden, sie strebten die Herrschaft über die Christenheit an. Der Herrschafts- und später Weltherrschaftsverdacht sowie die Angst vor einer »Verjudung« waren Rahmenstereotypen, in deren Innenraum zahlreiche Topoi Platz fanden, etwa, dass die »jüdische Presse« den Christen den Kopf verdrehe, um die »Verjudung« und Judenherrschaft vorzubereiten. So normiert der Katholizismus seit der Mitte des 19. Jahrhunderts auftrat, so standardisiert war auch seine Haltung zum Liberalismus, zur akatholischen Presse, zur Freimaurerei, zum Judentum und zum Antisemitismus. Einen Eindruck von diesem kanonisierten Feindbildschema vermittelt der *Syllabus Errorum* von 1864, der die Pressefreiheit, die freie Meinungsäußerung, den Liberalismus, kurz: die Moderne schlechthin verwarf. Und auch an präzisen Selbstverortungen hinsichtlich des Judentums und des Antisemitismus herrscht kein Mangel.

Am deutlichsten sprach sich 1907 der Artikel »Antisemitismus« des *Kirchlichen Handlexikons* aus. »Man unterscheidet einen doppelten A[ntisemitismus],« erklärte Karl Hilgenreiner. »Der eine bekämpft das Judentum als Rasse«, und das sei »widerchristlich. Die andere Richtung verlangt nur besondere Gesetze zum Schutze der christl. Bevölkerung gegenüber dem schädl. Vordringen des Judentums ... Hier Wandel zu schaffen, ist die Absicht des christl. A[ntisemitismus].« Exakt dieselbe Unterscheidung trafen andere katholische Lexika bis 1932.[28]

Wenn man diese hier explizite Unterscheidung zwischen einem erlaubten und einem verbotenen Antisemitismus als Grundlage für ein Deutungsmodell begreift, lassen sich die Äußerungen und Stereotypen von Katholiken über Juden leicht kategorisieren. Mehr noch: Mit Hilfe dieses Schlüssels lässt sich auch die Vorurteilslastigkeit jedes Textes im Subtext wiederfinden, sogar wenn er den Rassenhass ehrlich und den Antisemitismus vorderhand ablehnt. »Wir sind keine Antisemiten,« beteuerte die *Oberschlesische Volkszeitung* 1910, »denn das Antisemitische ist uns zu billig«. Das hinderte das ultramontane Organ aber nicht daran, »gegen den absoluten cynischen Zeitungs-Semitismus, wie er anmaßend in der *Frankfurter Zeitung* und ... in jüdischen Witzblättern herrscht, mit allem Nachdruck Protest zu erheben.«²⁹ Auch in der Schweiz etwa oder Österreich fand diese Unterscheidung Eingang in den ultramontanen Deutungskanon. Man findet sie nicht nur in Lexika und kirchlichen Handbüchern, sondern in Zeitungen, Broschüren und Parlamentsreden. Der kirchlich approbierte doppelte Antisemitismus war ein internationales Phänomen. Und er wies inhaltlich ein klares Profil auf. Er markierte bestimmte Grenzen, etwa vor Gewalt und den Rassenideologien, und bewegte sich im Rahmen spezifischer Markierungen: von alten religiösen Topoi (»Gottesmord«) und wiederbelebten religiösen Traditionen (Antitalmudismus, Ritualmordlegende) über ältere weltliche (»Wucher«) und neuere säkulare Topoi (jüdisches Weltmachtstreben, »Verjudung«) bis hin zu »partialrassistischen« Elementen. Vor dem weltanschaulichen Rassismus indes und vor dem sogenannten »Radauantisemitismus« machte er Halt. Das bedeutet keineswegs, dass partialrassistische Gedanken nicht längst Eingang in die katholische Vorstellungswelt gefunden hatten. Man sprach auch hier von der »Rasse« der Juden, glaubte, dieses »Volk« hätte sich in Tausenden von Jahren nicht verändert, bestimmte Eigenschaften (händlerisches Geschick, Geiz) würden vererbt und auch die Taufe könne aus einem Juden keinen richtigen Franzosen, Deutschen oder Engländer machen.

Antisemitismus war ein festes Element und eine geradezu konsequente Folge des ultramontanen Deutungsangebots und der sozialmoralischen Milieusituation. Nicht der Antisemitismus selber stellte sich als geschlossenes System dar. Das war bei den Antisemitenparteien der Fall, die im Judenhass ein Allheilmittel gegen die zeitgenössischen Übel sahen. Im Katholizismus jedoch fand sich kein ungebundener, sondern ein an das relativ geschlossene katholische Auslegungssystem gebundener Antisemitismus. Entscheidend ist daher, den Katholizismus selber zu verstehen. Geht man ideologie- und mentalitätsgeschichtlich vor, lassen sich im ultramontanen Diskurs drei Haupttendenzen erkennen: erstens ein dualistisches Denken in schroffen Gegensätzen, zweitens der Revisionismus als Deutungs- und Handlungshorizont, der einen vormals »christlichen« Zustand beschwor und zurücksehnte. Drittens schließlich ist ein auf die eigene Konfessionswelt konzentriertes Denken festzustellen, ein Integralismus und Separatismus, der Kontakt mit allen »Gottlosen« verbot und das eigene Milieu sichern sollte. Solche Leitvorstellungen und Ordnungsmuster der katholischen Mentalität erleichterten es, jeder Beobachtung einen Sinn und jedem Problem eine Lösung zuzuweisen.

Der Dualismus als Strukturmuster des Denkens trennte die beobachtete Realität wie ein Wahrnehmungsfilter in zwei Sphären: vertikal in eine transzendente und in eine weltliche Hälfte, und horizontal in gute und böse Kräfte. Kirche, Papst und Priester fungierten als Repräsentanten der guten Mächte, während Gottlose, Freimaurer, Materialisten, Liberale, Unfehlbarkeitskritiker, Kirchenstaatsgegner, Judenfreunde und Juden, manchmal auch Wirtshausbesucher, auf der Seite derjenigen Kräfte standen, die seit jeher die Wahrheit bekämpften. In der Reformation und der Französischen Revolution hatten sie ihr zerstörerisches Potenzial offenbart und ihren Beitrag zur fortschreitenden Entchristlichung, Dekatholisierung und Entsittlichung geleistet. Das Judentum galt als »Antithese« des Katholischen.

Der Revisionismus dagegen war ein auf der Zeitachse angelegter Dualismus, der die schlechte Gegenwart von einer guten Vergangenheit (und erhofften guten Zukunft) unterschied. Vor der Französischen Revolution, oder mehr noch: vor Martin Luther, seien die Menschen gottesfürchtig, die Welt wohl geordnet und sozial gerecht gewesen. Die Heilsprojektion auf das goldene Mittelalter produzierte einen Erwartungshorizont, der auch und gerade im »zweiten konfessionellen Zeitalter« ein enormes utopisches Potenzial entfesselte. Die Säkularisierung und »Dekatholisierung« sollten gestoppt und der Prozess revidiert sowie die Errungenschaften von 1789 rückgängig gemacht werden. In den deutschsprachigen Ländern hieß dieses Rezept Rechristianisierung, meinte aber letztlich die Hoffnung auf Rekatholisierung. Die Illusion, eine ›christliche Gesellschaft‹ reinstallieren zu können, dominierte alle Lösungsvorstellungen über wirtschaftliche, politische und soziale Probleme.

Während bekennende Antisemiten ihr Heil als erstes in der Lösung der »Judenfrage« suchten, strebte der Katholizismus danach, zuerst die Rekatholisierung einzuleiten.

Die dritte Leitvorstellung lässt sich Integralismus nennen. Auch hier finden sich nationsübergreifende Universalien, obwohl die Bedingungen in rein katholischen Gesellschaften oder dort, wo Katholiken eine benachteiligte Minderheit bildeten, gänzlich verschieden waren. Doch die Säkularisierung brachte allerorts ähnliche Abwehrkräfte hervor und den Wunsch, Katholiken müssten fest zusammen halten. Die nationalen Unterschiede im Grad der Integrationswilligkeit und in der Form der Zusammengehörigkeit manifestieren sich bis heute darin, dass letztlich verwandten Phänomenen abweichende Bezeichnungen zugeschrieben wurden. Die Begriffe lauten sozialmoralisches Milieu, konfessionelles Milieu, Subkultur, Subgesellschaft, Säule oder Lager. Manche davon verwendeten schon Zeitgenossen um 1900, etwa katholisches Milieu oder Lager, wenn sie nicht schlicht von »Kirche« oder »Katholizismus« sprachen. Zwischen der Mitte des 19. Jahrhunderts und der Mitte des 20. Jahrhunderts lässt sich eine Art konfessioneller Apartheid beobachten, die jeden Kontakt mit Andersgläubigen zu unterbinden versuchte, was in der Praxis nicht immer möglich, letztlich aber sehr erfolgreich war, wie man am konfessionell getrennten Partei-, Vereins- und Pressewesen erkennen kann.

Alle europäischen Katholizismen durchzog – nationale Unterschiede unterlaufend – dieselbe universale

Struktur, die eine vage Vision auf eine »christliche«, und das hieß, katholische Gesellschaft entwarf, in denen Juden und »jüdischen« Prinzipien eine untergeordnete Rolle zukam. Diese implizite »Lösung« der »Judenfrage« mutet im Vergleich zur »eliminatorischen« Lösung zwar harmlos an. Sie führte aber dazu, für jene, als sie in die Tat umgesetzt wurde, ein zumindest rudimentäres Verständnis aufzubringen. Solange nicht alle Nichtkatholiken wieder zum wahren Glauben zurückgefunden hätten, beschränkte sich die Katholisierungs- und Segregationsstrategie der Katholiken darauf, unter sich zu bleiben, möglichst den Sozialkontakt mit Andersgläubigen zu meiden, die konfessionelle Endogamie und die Konfessionsschule zu verteidigen sowie auch geschäftlich und was die Zeitungslektüre anging sich möglichst von »akatholischen« oder gar »jüdischen« Angeboten fern zu halten. »Kauft nur bei Christen«, oder »kauft nicht bei Juden« war eine in Deutschland, Frankreich, der Schweiz und anderen Gesellschaften häufig anzutreffende Forderung.[30]

Mit allen drei Paradigmen – Dualismus, Revisionismus, Integralismus – ist ein wichtiger mentalitätsgeschichtlicher Kontext des Antisemitismus rekonstruiert. Denn wie bei dem festen Deutungsschema von De- und Rekatholisierung besaß der Antisemitismus auch im Hinblick auf den Integralismus einen genau benennbaren funktionalen Stellenwert. Wenn nämlich Katholiken Wert darauf legten, unter sich zu bleiben, mussten sie, soweit sie konnten, auch Abstand von Juden nehmen. Von der »Ambivalenz« und dem noch manchmal beschworenen »Philosemitismus« ist dann nicht viel zu sehen. Aber umgekehrt auch nichts von einem ewigen und in Vernichtungsphantasien mündenden Judenhass. Vielmehr waren die zeitgenössischen Juden (vom alten Israel sprach man respektvoller) eine Gruppe unter vielen »Fremden«, neben, vor oder hinter Protestanten, Freimaurern, Sozialisten, Freisinnigen, Altkatholiken etc. Der *Corpus Iuris Canonici*, bis 1917 gültig, schrieb ausdrücklich vor, dass man den Kontakt mit Juden und Ungläubigen beschränken solle. Aber nicht nur die Tradition und die kirchliche Doktrin waren verantwortlich für diesen Separatismus, sondern ebenso die als belastend empfundenen Bedingungen des 19. Jahrhunderts: Liberalismus, Gewerbefreiheit, Kapitalismus, Pressefreiheit und andere Phänomene führten zu einer Rückbesinnung auf vormoderne ständestaatliche Ideale. Die Juden repräsentierten deren genaues Gegenteil. Wie der freiwillige Gang der Katholiken ins sogenannte »Ghetto« eine Reaktion auf die Moderne darstellte, so bildete ihr Eifer, den Weg der Juden aus dem Ghetto in die bürgerliche Gesellschaft zu verstellen, einen Teil der Abwehrhaltung gegen das Jahrhundert beschleunigter Veränderungen. Die misstrauische Haltung gegenüber den Zumutungen der Moderne bildet den Angelpunkt des Verständnisses der katholischen Subgesellschaft und ihrer Judenfeindschaft auf der Ebene von Deutung und Handlung. Das bedeutet jedoch, dass im Unterschied zu den Antisemitenparteien und den Radikalantisemiten der Judenhass im Katholizismus kein Selbstzweck war und nicht einmal das vordringlichste Ziel bildete. Schließlich lag ein alle angeblichen Krankheitssymptome der Gesellschaft kurierendes Allheilmittel, wie es die Antisemiten feilboten, für Katholiken in ihrer Weltanschauung längst vor. Sie waren in erster Linie Katholiken und nicht Antisemiten. Daher sind die Funktionen, die der Antisemitismus im Rahmen des Katholizismus ausüben sollte, rasch benannt: Er diente zur Stabilisierung des Milieus und zugleich zur Komplexitätsreduktion angesichts einer als bedrohlich empfundenen Umwelt.[31]

Abschließend sei festgehalten, dass der Katholizismus, oft als »schwarze Internationale« beargwöhnt, zur vorgestellten »goldenen Internationale« mit dem »doppelten Antisemitismus« ein transnationales Auslegungsschema vorlegte. Es stiftete eine Kontinuität, die zwar nicht direkt in den Rassenantisemitismus und Genozid mündete, ihm aber auch wenig entgegenzusetzen in der Lage war. Selber von judenfeindlichen Stereotypen verblendet, ließ der Katholizismus zu, dass die Juden diskriminiert und verfolgt, deportiert und vernichtet wurden. Ob in Hitlerdeutschland, im Vichy-Regime oder im besetzten Polen – bloß einzelne Katholiken bewiesen Solidarität mit den Opfern. Aber es war keineswegs allein der Judenhass und die Anschlussfähigkeit des Antijudaismus an den modernen Antisemitismus oder dessen Nexus zum Rassismus, der zum Genozid führte. Vielmehr darf auch der antimodernistische Impetus und die Selbstbezogenheit auf die eigenen Privilegien und Interessen nicht vergessen werden. Der Milieuegoismus machte blind für die Sorgen anderer.

Weil die Kontinuität des modernisierten katholischen Antisemitismus als Mittel gegen die Moderne von etwa 1850 bis 1945 nicht übersehen werden darf, weil im Rahmen des ultramontanen Deutungssystems ein universal verbreitetes Denkschema – der »doppelte Antisemitismus« – fixiert wurde, dem die Mehrzahl der Katholiken ausgesetzt war, ist es durchaus fragwürdig, wenn Lokalstudien sich fürderhin auf die Ebene geschäftlicher und auch im Alltag gut funktionierender Beziehungen konzentrieren, dabei aber das judenfeindliche Ressentiment ausblenden, das zu einer Reserve gegenüber den letztlich »fremden«, weil als »fremd« wahrgenommenen andersgläubigen Nachbarn führte.

Diethard Aschoff
Juden und Christen in Westfalen im Alten Reich

Die Anfänge

Sieht man von einer legendenhaften Erwähnung in Münster für die Zeit Bischof Altfrids (830–849) ab, begegnen uns Juden in Westfalen erstmals im letzten Drittel des 11. Jahrhunderts: am 18. Januar 1074 gewährte König Heinrich IV. »Juden und anderen Wormsern« Zollfreiheit an einigen namentlich aufgeführten königlichen Plätzen, darunter Dortmund.[1] Auch Kölner Juden dürften sich zu dieser Zeit in der späteren Reichsstadt aufgehalten haben. Jedenfalls geht aus einer Chronik über Judenverfolgung anlässlich des Ersten Kreuzzugs hervor, dass der aus der Niederrheinmetropole geflohene Jude Mar Schemarja in Dortmund bekannt war. Er ging 1096 auf das Ansinnen der Dortmunder, zum Christentum überzutreten, nur zum Schein ein. Am nächsten Morgen fand man ihn neben den Leichen seiner Frau und seiner drei Söhne ohnmächtig in seinem Blute liegend. Standhaft weigerte sich der Verletzte, »den lebendigen Gott«, wie es der jüdische Berichterstatter ausdrückt, »zu verleugnen«, d. h. sich taufen zu lassen. So wurde er von fanatisierten Dortmunder Bürgern schließlich lebendig begraben. »Und es starb dort«, endet der Bericht, »der Fromme für die Einheit des herrlichen und furchtbaren Namens.«[2]

Der legendär verklärte, aber im Kern sicher authentische Bericht vom furchtbaren Schicksal des ersten namentlich bekannten Juden in Westfalen wirft ein düsteres, ja angesichts des späteren Holocausts fast gespenstisch anmutendes Licht auf die Geschichte dieser Minderheit im Lande.

Ganz anders das Leben des zweiten mit Namen belegbaren Juden in Westfalen, des wie Mar Schemarja aus Köln stammenden Juda ben David halewi ein Menschenalter später: im Münsterland erhielt er den ersten Anstoß, Christ zu werden, trat um 1130 als Novize bei den Prämonstratensern in Cappenberg im südlichen Münsterland ein und starb wohl als Propst des Stiftes Scheda im heutigen Landkreis Unna. Dass er sich den Übertritt nicht leicht gemacht hatte, erfahren wir aus der von ihm selbst verfassten autobiografischen Bekehrungsgeschichte, der ersten lateinischen seit den berühmten »Bekenntnissen« des heiligen Augustinus.[3]

Doch es gab auch den umgekehrten Weg, wie das Beispiel des Soester Kanonikers Robert zeigt, der im letzten Drittel des 13. Jahrhunderts zum Judentum übertrat und später aus der Bördestadt nach Frankfurt floh, wo er im Jahre 1298 starb.

Gewiss um mögliche Nachahmer abzuschrecken – das Judentum wurde ganz offensichtlich als religiöse Gefahr betrachtet – ließ ihn der Mindener Dominikaner Heinrich von Herford, der davon berichtet, in der Mainmetropole eines spektakulären Todes sterben.

Heinrich schreibt: »Als er endlich tot war, wurde er in ein billiges Behältnis eingeschlossen und auf einem armseligen und schmutzigen Gespann mit Hilfe eines alten Gaules durch ein armes Bäuerlein aus der Stadt zum Begräbnis geführt.« Wie er nun über den Main kam, wurde das Gespann von einem jungen Nichtstuer aufgehalten.« Nach einem Wortwechsel »zückte der junge Mann seinen Dolch und durchbohrte den Sarg«. »Und alsbald schoss«, wie Heinrich von Herford schrieb, »eine schreckliche Flamme durch das Loch, das der Dolch gestoßen hatte, und erschreckte alle, die herumstanden und herzuliefen.« Jetzt gestand auch das Bäuerlein, was er mit sich führe. »Das Gespann wird umgeworfen und der brennende Sarg rollt zusammen mit dem Toten von der Brücke ins Wasser, das Feuer aber wird durch das Wasser nicht gelöscht. Der verfluchte Kadaver aber wurde in seinem Sarg vor aller Augen so völlig verzehrt, dass in ihm nichts übrig blieb.«

Die warnende Absicht des Geschichtsschreibers ist deutlich: So stirbt ein Christ, der Jude wird! Statt wie es einem hochangesehenen Geistlichen, der er einmal war, zugestanden hätte, versehen mit den Tröstungen der Kirche, begleitet von den Gebeten und der Anteilnahme der Gläubigen, ehrenvoll zu Grabe getragen zu werden, wird er jetzt heimlich in einem jämmerlichen Aufzug, den Heinrich von Herford nicht armselig genug schildern kann, aus der Stadt gebracht, und am Ende holt ihn dann der Teufel.[4] Für die Anziehungskraft des Judentums gerade für Geistliche gibt es in Westfalen vor 1350 noch wenigstens zwei weitere Beispiele.[5]

Seit dem 12. Jahrhundert verbreiteten sich die Juden über das ganze Land, bis etwa 1300 in allmählicher, danach

Am 15. März 1378 stellte der Jude Gumpert in Herford eine Urkunde aus, in der er bestätigte, für 24 Mark ein Grundstück von der Äbtissin des Kloster Loccum verpfändet erhalten zu haben. Die Urkunde trägt das älteste in Westfalen bekannte Judensiegel, auf dem ein Kopf mit einem Judenhut abgebildet ist. Gumpert und seine Frau wurden bei der Äbtissin vergleitet und hatten von ihr die Aufenthaltserlaubnis erhalten. (Fürstabtei Herford, Landesarchiv Nordrhein-Westfalen, Urkunden, Nr. 422)

in stürmischer Zunahme.[6] Jedenfalls drängt sich der Eindruck auf, dass sich die westfälische Judenschaft in einer steilen Aufwärtsentwicklung befand, als die Katastrophe des Jahres 1350 über sie hereinbrach. Die neu ins Land kommenden Juden waren zumeist Kaufleute. Einigen von ihnen, wie Gottschalk von Recklinghausen, Moses von Köln oder Leo von Münster gelang es, das Netz ihrer Geschäftsbeziehungen über beträchtliche Teile des heutigen Nordrhein-Westfalen und der im Westen anschließenden niederländischen Provinz Overijssel zu spannen.[7] Dabei spielten auch Frauen eine nicht unbeträchtliche Rolle.[8] Obgleich es im Blick auf wirtschaftliche Leistungsfähigkeit und sozialen Status auch hier erhebliche Unterschiede gab, verstanden es doch einige jüdische Händler und Bankiers, sich in den aufstrebenden westfälischen Städten bevorzugte Wohnsitze zu sichern, wie z. B. in Münster im Bereich des heutigen Syndikatsplatzes im Herzen der Stadt hinter Rat- und Stadtweinhaus, an dessen Rückseite im Jahre 1951 ein wohl von jüdischer Hand versteckter großer Münzschatzfund gemacht wurde, der vom Wohlstand zumindest einiger Mitglieder der kleinen Gemeinde Zeugnis ablegt.[9]

Die Kölner Schreinsbücher weisen aus, wie eng vernetzt die Oberschicht der westfälischen Juden untereinander und mit der Kölner Muttergemeinde war. Das lässt sich besonders an Gottschalk von Coesfeld und seiner weit verzweigten Nachkommenschaft erkennen.[10]

Selbstständige Gemeinden gab es vor 1350 außer in Münster noch in Dortmund, Minden, dem damals noch zu Westfalen zählenden Osnabrück und wohl auch in Soest. Auf diese fünf »Vororte« waren die verstreut in den kleinen Orten lebenden jüdischen Familien vor allem religiös ausgerichtet, denn nur dort fanden sich Synagoge, Friedhof und die hinreichende Zahl männlicher Gottesdienstbesucher.[11] Für Dortmund und Münster sind darüber hinaus auch Mikwen (Frauenbäder) nachweisbar, für Osnabrück und Münster Scharnen, das heißt Verkaufsstätten für das Fleisch rituell geschlachteter (»geschächteter«) Tiere.

Von besonderer Bedeutung war die Einrichtung eigener jüdischer Friedhöfe, denn die nicht unbeträchtlichen Mittel, die zu Kauf und Erhaltung notwendig waren, gab den sie tragenden Gemeinden die Jurisdiktion über die die Friedhöfe mitbenutzenden Einzelfamilien auf dem Lande. Der Besitz der Friedhöfe zeigt die Lösung der fünf westfälischen Muttergemeinden von der Kölner Metropole an. Dass die beschriebene Vorrangstellung der »Vororte« tatsächlich bestand, ergibt sich aus der Tatsache, dass die münsterische Rabbinatsbehörde Scheidungsurteile für jüdische Ehepaare in Beckum und Rheine ausfertigte.[12]

Trotz der scheinbar eher positiven Entwicklung zeigten sich im Hintergrund bedrohliche Zeichen. In der Kunst Westfalens wurden häufig Juden dargestellt, fast in der Regel mit negativen Attributen, sowohl in Reliefs, als auch in Plastiken wie auch in der Malerei.[13] Die ersten Judeneide des Landes, der in Dortmund und die beiden aus Soest, enthalten lange Reihen von Selbstverfluchungen, die den Schwörenden bei einem Falscheid treffen sollten, und der zweite aus Soest noch absonderliche den schwörenden Juden demütigende Umstände.[14]

Das aufblühende jüdische Leben in Westfalen, wo die Juden zum Teil auch Bürgerrechte in den Städten genossen wie in Burgsteinfurt, Coesfeld, Minden und Münster, wurde mit einem Schlage in den Sommermonaten des Jahres 1350 vernichtet, als die Juden auch in Westfalen – wie in halb Europa – von ihren aus Angst vor der Pest fast besinnungslosen christlichen Nachbarn »verjagt, getötet oder verbrannt« wurden, wie aus der Grafschaft Mark berichtet wird, oder »wie das Vieh geschlachtet«, wie es von Minden heißt.[15]

Das wichtigste und umfangreichste Zeugnis über die vor dem Nationalsozialismus schwerste Judenverfolgung in Westfalen stammt von Heinrich von Herford. Er schreibt u. a.: »Zum Tode eilten sie fröhlich und Tänze aufführend, wobei sie zuerst die Kinder, dann die Frauen, hernach sich selbst den Flammen übergaben, damit nicht durch menschliche Schwachheit etwas gegen das Judentum vorgebracht werden könnte.«

Einzigartig in der westfälischen Geschichtsschreibung ist die bei dem Mindener Dominikaner überlieferte »Heiligung des Namens« durch die Juden, eine massenhafte Wiederholung des »kiddusch-ha schem« durch Mar Schemarja zu Beginn der Geschichte der Juden in Westfalen. Hierbei fällt vor allem die gelöste freudige Stimmung auf, mit der die Juden in den Tod gingen. Sie machte auch auf den überzeugten Christen und Dominikaner Heinrich Eindruck.

Die Reihenfolge des Opfers, erst Kinder, dann Frauen, schließlich die Männer, entspricht der Reihenfolge, in der die Kämpfer von Masada nach Flavius Josephus in den Tod gingen und nach ihnen die todesbereiten Juden von Worms und Mainz im ersten Kreuzzug 1096. Die von Heinrich von Herford ins Blickfeld gerückten Juden starben also im Vollzug einer uralten geheiligten Tradition. Heinrich wertet die Aufopferung ausdrücklich als Glaubensdemonstration.[16]

Zwischenspiel im Spätmittelalter

Mit der Pestkatastrophe des 14. Jahrhunderts brach die jüdische Siedlungstätigkeit in Westfalen unvermittelt ab: Für anderthalb Jahrhunderte kann eine Geschichte der westfälischen Juden aus Mangel an Quellen nicht geschrieben werden. Was bekannt ist, sind Bruchstücke, die selten und meist nur in vagen Umrissen ein Bild jüdischen Lebens in jener Zeit vermitteln, fast immer nur Momentaufnahmen, kaum je eine Bildfolge, da die notwendige Kontinuität fehlt.

Zwischen 1367 und 1400 finden sich Juden in nur neun westfälischen Städten, in Dortmund und Hamm im Süden, in Bielefeld, Herford, Minden und Osnabrück im Norden, in Lemgo und Höxter im Nordosten des Landes sowie schließlich in Paderborn.[17] In Dortmund ist an hervorragenden Persönlichkeiten der dort ab 1380 amtierende Rabbiner »Samson aus Jerusalem« zu nennen, der einzige Rabbiner, den wir in Westfalen im Mittelalter mit Namen kennen,[18] weiter der Köln-Dortmunder Bankier Vivus von der Botengasse aus einer Osnabrücker Gelehrtenfamilie, der seiner Familie in beiden Städten die Spitzenstellung sicherte. Sein Sohn Anselm wurde 1435 »oberster meister und rabi des reiches«.[19]

Erst zu Beginn des 15. Jahrhunderts setzte ein bemerkenswerter Aufschwung jüdischen Lebens in Westfalen ein, der Juden in den Raum südlich der Lippe nach Kamen, Unna, Hamm, Soest, Recklinghausen und Dortmund führte, im Norden und Nordosten nach Herford, Bielefeld, Osnabrück, Lemgo, Minden, Höxter und Corvey und für ein Menschenalter auch nach Münster. Nach 1450 erfolgte ein erneuter Rückschlag. In den letzten zwanzig Jahren des 15. Jahrhunderts sind Juden nur noch vereinzelt in fünf Städten des heutigen Westfalen nachzuweisen, 1480 in Minden, 1486 in Dortmund, 1487 in Herford, 1488 in Horn und 1498 in Hattingen. Während des ersten Drittels des 16. Jahrhunderts erholte sich die westfälische Judenschaft vor allem in der Grafschaft Lippe, wo es einen gewissen Rückhalt bei den Juden des östlich gelegenen welfisch-niedersächsischen Raumes gab. So ist für das lippische Blomberg der neben Dortmund wohl einzige jüdische Friedhof im damaligen Westfalen nachgewiesen. Gleichwohl haben Juden zwischen 1367 und 1500 weder zahlenmäßig noch ihrer wirtschaftlichen Bedeutung nach in irgendeiner Stadt Westfalens eine größere Rolle zu spielen vermocht – vielleicht abgesehen von Dortmund und Osnabrück und hier auch jeweils nur in den zwei Menschenaltern nach 1370. Kontinuität war Juden nirgends beschieden. Mitentscheidend für den Niedergang des westfälischen Judentums war die Vertreibung der Juden aus Osnabrück und gleichzeitig aus ihrem Vorort Köln im Jahre 1424.[20]

Schicksal und Bedeutungslosigkeit teilten die westfälischen Juden mit vielen Glaubensgenossen im Reich. In dem Maße, in dem sie, ausgebeutet und bedrückt, ihre finanzielle Leistungskraft verloren, ließ das Interesse der Fürsten und Städte an ihnen nach. Ausweisungen aus fast allen wichtigen Städten des Reiches waren die Folge. Um die für Juden in Westfalen fast trostlose Situation in der zweiten Hälfte des 15. Jahrhunderts zu beleuchten, mag der Dortmunder Geschichtsschreiber Dietrich Westhoff (1509–1551) mit einer makabren Begebenheit aus der Reichsstadt bei einem Diebstahl eines Juden am 18. Oktober 1486 zu Wort kommen: Ein auf frischer Tat ertappter Jude namens Michael wurde verurteilt, dass

> man ihn hängen soll an den Füßen aufwärts lebendig an einen besonderen Galgen und das Haupt niederwärts zur Erde zwischen zwei lebendige Hunde. Und er ist darauf auf einem Karren mit zwei Hunden hinausgeführt worden. Es wurde ihm auch ein eigener Galgen aus Holz gezimmert. Und als die Hunde auch bei den Füßen lebendig in Säcken aufgehängt worden waren, zog man danach die Säcke unten auf. So hingen die drei Hunde zusammen am Galgen, und so nahm ihr Leben ein Ende.[21]

Die besondere Hinrichtung diente nicht nur der Verschärfung der Strafe, Erhöhung der Qual und Verstärkung der Abschreckung. Dem so Hingerichteten wurde auch die menschliche Würde genommen Die Beihängung von Hunden, von denen christliche Diebe später grundsätzlich verschont blieben, hängt ohne Zweifel mit dem Bestreben zusammen, den Delinquenten noch im Tode als Juden zu treffen.

So fern, grausig und »mittelalterlich« uns die 1486 vollzogene »jüdische Hinrichtung« anmuten mag – sie ist zeittypisch und reiht Westfalen ein in die historischen Großlandschaften des Heiligen Römischen Reiches deutscher Nation, in denen diese Form der Exekution geübt wurde.

Der Neubeginn im 16. Jahrhundert

Die Umwälzungen zu Beginn der Neuzeit veränderten die ungünstige Lage der Juden kaum. Ohne Zweifel bildeten die drei Jahrhunderte zwischen der Pest der Jahre 1348/51 und dem Ende des Dreißigjährigen Krieges den Tiefpunkt jüdischer Geschichte in Mitteleuropa vor der Zeit des Nationalsozialismus. Ohne Grundbesitz, ohne Bürgerrechte, meist nur kurzfristig geduldet, Ausbeutungs- und Streitobjekte zwischen Kaiser, Fürsten und Städten, von den Zünften gefürchtet und gehasst, von kirchlicher Seite mit höchstem Misstrauen betrachtet, lebten die Juden nahezu ausschließlich von der ebenso risikoreichen wie verachteten Geldleihe – neben dem mit ihr zusammenhängenden Trödelhandel fast die einzige Betätigung, die ihnen geblieben war.

Westfalen machte hier keine Ausnahme. Nur zögernd kehrten die Juden ins Land zurück und erreichten wohl erst gegen Ende des 16. Jahrhunderts die zahlenmäßige Stärke, die sie vor 1350 besessen hatten. Nach Münster gelangten sie 1535 durch einen historischen Zufall, denn erst die Katastrophe des Wiedertäuferreiches gab dem als Sieger einziehenden Fürstbischof Franz von Waldeck (1532–1553) für kurze Zeit die Macht, Juden in der Hauptstadt wieder ansässig zu machen. Nach dem Tode des judenfreundlichen Bischofs und der Wiederzulassung der stets judenfeindlichen Zünfte schlug erneut die Stunde der Juden: Im Jahre 1554 formell ausgewiesen,[22] erhielten sie, von kurzfristigen Ausnahmen abgesehen, erst 1810 wieder Wohnrecht in der Stadt. Im Münsterland dagegen konnten sich Juden trotz eines 1560 verabschiedeten Landtagsbeschlusses, der ihre Ausweisung vorsah, seit den vierziger Jahren des 16. Jahrhunderts halten – freilich lange in einer immer bedrohten Illegalität.[23]

Ein markantes Beispiel für ihre prekäre Lage im Stift Münster bietet eine Judenhochzeit in Dülmen. Die Stadt hatte 1574 Juden wider Stiftsrecht nicht nur Aufenthaltsrechts gewährt, sie, wie es damals hieß, »vergleitet«, sondern ihnen auch am 16. Oktober 1580 die Zusage gegeben, dass »allen Männern, Frauen und Judenkindern«, die zu einer in Dülmen geplanten Judenhochzeit erscheinen würden, »auf 14 Tage Geleit« gegeben würde. Hierzu erschien wohl zu Beginn des Jahres 1581 eine aufsehenerregend große Anzahl von Juden in der kleinen Stadt und feierten »zum nicht geringen Ärgernis der Christen ihre jüdischen Zeremonien«. Den Landesherrn erzürnte

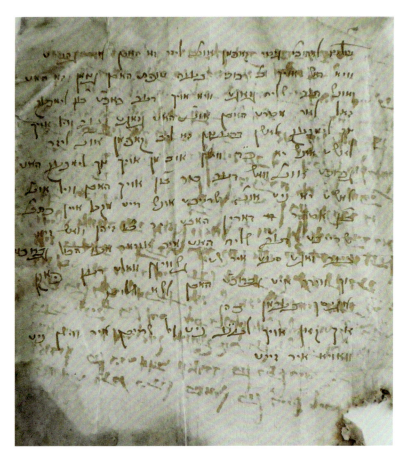

Die jüdischen Kaufleute Jacob Kaufmann und Leser Judd gerieten 1602 in Gefangenschaft des Herrn von Lembeck bei Dorsten. Der Schlossherr verlangte von beiden Zoll für die Durchreise, zu Unrecht, denn der Landesherr, der Fürstbischof von Münster, gewährte in seinem Gebiet allen Juden freies Geleit. Während ihrer mehrmonatigen Geiselhaft hielten die Gefangenen mit geschmuggelten Briefen, sogenannten Kassibern Kontakt mit ihren Familien. Sie bedienten sich der jiddischen Sprache. (Jüdisches Museum Westfalen)

dabei am meisten, dass die Hochzeiter »ihre jüdische Kopulation öffentlich auf der Straße gehabt« hätten.

Nach Ende der Feier ließ die Stiftsregierung am 11. Januar 1581 augenscheinlich völlig überraschend die ganze Hochzeitsgesellschaft festnehmen. Wie eine erhaltene Gästeliste mit 20 Namen kundtut, waren die Hochzeitsgäste von weither zusammengekommen, so von Dortmund, Essen, Haltern, Nienborg, Oestinghausen, Recklinghausen, Werl, und wahrscheinlich auch aus Salzkotten. Kontakte der Inhaftierten bestanden auch nach Aachen, Iserlohn, Lünen und Wetzlar. Die in ihrer Art einzigartige »Gästeliste« dokumentiert ein Stück des innerjüdischen Beziehungsnetzes, das die Minderheit in für sie so gefährlichen Zeiten wie dem Ende des 16. Jahrhunderts im Nordwesten des Reiches wie anderswo trug.

Bei den monatelangen Verhandlungen zwischen der Stadt Dülmen, dem Drosten des Amtes, den münsterischen Regierungsräten und dem Landesherrn trat erstmals in der Geschichte eine bis dahin unbekannte Organisation auf. Sie nannte sich »gemeine Juden in Westfalen gesessen«. Der von ihr abgesandte »legatus Judaeorum« wurde tatsächlich als Verhandlungsführer akzeptiert. Er intervenierte schon vor dem 12. Februar 1581 bei den Regierungsräten in Münster. Was er im Einzelnen erreichte, u. a., was die Juden für ihre Freilassung zahlen mussten, ist unbekannt. Die Dülmener Juden blieben jedenfalls letztlich in der Stadt.[24]

Hier wie auch sonst verschaffte die unterschiedliche Interessenlage von Landesherrn und Ständen sowie die Gespaltenheit der Stände den Juden im Stift Münster die Möglichkeit, die existenzbedrohenden Gefahren dieser ersten Generation nach der Wiederzulassung zu überstehen. Mitglieder des Domkapitels, hohe Beamte und einzelne Adelige gewährten ihnen Schutz, teils aus finanziell-wirtschaftlichen, teils auch aus persönlichen Gründen wie etwa bei Krankheitsfällen, bei denen man von medizinkundigen Juden Hilfe erhoffte.[25] Ähnliche Verhältnisse herrschten auch in den anderen Territorien Westfalens.

Moises und Freuchen von Hamm

Die weitaus meisten Nachrichten über westfälische Juden im 16. und 17. Jahrhundert liegen uns über Moises ben Joseph, und seine Ehefrau Freuchen Gans in Hamm vor.[26] Das Ehepaar war in einem weiten Umkreis ihres Wohnorts geschäftlich tätig. Es hatte finanzielle Beziehungen zu Partnern in Emden wie zu solchen in Petershagen bei Minden und im kurkölnischen Sauerland. Moises war in Werl, Dolberg, Ahlen, Werne und Münster genauso zu finden wie in Kleve, Bonn und Frankfurt.

Moises gewährte offenbar in ungewöhnlichem Umfang riskante Darlehen auch an Schuldner in bedrängter Lage. So wurde das Ehepaar in mehr Prozesse verwickelt als uns von irgendeinem Juden der damaligen Zeit in Westfalen bekannt ist. Wir wissen von nicht weniger als zehn Prozessen, von denen vier über mehrere Instanzen hinweg bis an das Reichskammergericht gelangten. Das größte öffentliche Interesse dürfte der Prozess gegen den gewalttätigen Ritter Dietrich von Nehem zu Niederwerries östlich von Hamm erregt haben, der ebenfalls bis vor das höchste Gericht des Reiches getragen wurde. In dieser Auseinandersetzung ließ Freuchen in einer spektakulären Aktion 1619 nicht weniger als 131 Stück Vieh von den Lippewiesen nach Hamm treiben, dort schätzen und sofort verkaufen. Freuchen drohe, wie der Ritter befürchtete, noch weitere »Attentate« auf ihn an.[27]

Freuchen haftete christlichen Geschäftspartnern gegenüber für Schulden ihres Ehemannes und handelte, wie es gerade bei gut situierten jüdischen Familien üblich war, in Geschäftsdingen sowohl mitverantwortlich als auch gleichberechtigt. Seit etwa 1618 trat Moises aus Altersgründen geschäftlich immer mehr zurück. So leitete seine Frau das erwähnte spektakuläre »Attentat« auf das Vieh des Ritters Dietrich von Nehem am 6. Juli 1619. Und am 20. Januar 1622 handelte »die erbare Fröwchen Ganß Judinn, Moses Juden von Hamme ehehausfrow«, am Ende der siegreichen Auseinandersetzung mit dem Ritter den notariell niedergelegten Zahlungskompromiss aus.[28]

Freuchen von Hamm war ohne Zweifel eine ungewöhnliche Frau und entstammte einer ungewöhnlichen Familie. Ihr Großvater Salomon Gans, in Lippe geboren, einmal nach Lemgo genannt und 1561 in Lippstadt nachweisbar, war, soweit bekannt, der erste Jude Westfalens, der einen Familiennamen trug. Er wurde Stammvater einer bedeutenden jüdischen Familie von Gemeindevorstehern, Rabbinern, Gelehrten, Bankiers und Hofjuden. Zu seinen Nachfahren zählte auch Heinrich Heine. Der Chronist David Gans (1541–1613), ein Sohn Salomons, stand am Prager Kaiserhof in Verbindung mit den berühmten Astronomen Tycho de Brahe und Johannes Kepler. David Gans schrieb das berühmte Geschichtswerk Zemach David, die erste jüdische Chronik. Davids Bruder Josua Seligmann Gans, dem David übrigens sein Geschichtswerk widmete, war Freuchens Vater. Seligmann Gans erhielt 1579 Aufenthaltsrechte in Minden für die sehr hohe Summe von 1.000 Talern, gewiss ein Zeichen für Wohlstand und wirtschaftliche Leistungsfähigkeit.[29]

In Moises und Freuchen tritt uns gewissermaßen die Keimzelle und Frühform einer westfälischen Hofjudenfamilie entgegen, einem Typus jüdischer Elitebildung, die im Allgemeinen erst in der zweiten Hälfte des 17. Jahrhunderts zur Entfaltung kam und das 18. Jahrhundert bestimmte. Um die Wende vom 16. zum 17. Jahrhundert wird der Aufstieg auch in Westfalen verschiedenen Orts gleichsam geprobt. So etablierte sich in der winzigen Herrschaft Gemen im westlichen Münsterland bis zu seiner spektakulären Ermordung 1606 ein gewisser Isaak als eine Art Hofjude des dort residierenden Zweiges der Grafen von Schaumburg[30] und in der Grafschaft Lippe, noch eindrucksvoller, aber ebenfalls scheiternd, Isaak von Salzuflen.[31] Schon etwas vorher wird Simon von Kassel als Ahnherr der bis heute blühenden Familie Warburg an verschiedenen Orten von Westfalen historisch greifbar.[32]

Die gescheiterte »Rabbinerverschwörung« von 1603 und die westfälischen Juden

Eine Gefährdung der westfälischen Juden bedeutete die angebliche Frankfurter ›Rabbinerverschwörung‹ von 1603. An ihr nahmen als Abgesandte der westfälischen Judenschaft Menachem und Moises von Hamm teil. Sie unterschrieben auch die dort verabschiedete Judenordnung.[33]

Hamm war in dieser Judenordnung neben Frankfurt, Worms, Mainz, Bingen und Friedberg im weiteren Main-Rhein-Gebiet, Schnaittach nordöstlich von Nürnberg in Franken sowie Wallerstein und Günzburg in Schwaben als eine von acht »Legstellen« vorgesehen, als einzige in Norddeutschland. Diese waren Sammelstellen für Abgaben der deutschen Juden in Höhe von 1 Prozent die unabhängige Schätzer vornehmen sollten.

Die Schätzmeister sollten »Männer der Treue, der Treue zu Gott, Männer der Wahrheit und Gottesfurcht« sein und Verwalter bestimmen, »die vor Königen stehen können, um die Gemeinden in geeigneten Stunden und mit dem Beistand Dessen, der uns nicht verwaisen läßt, zu vertreten.« Diesen hohen Ansprüchen und Anforderungen sollten also auch die Hammer Juden Moises und Menachem gerecht werden. Damit hätte Hamm zum ersten und einzigen Mal in seiner Geschichte eine zentrale Rolle für ganz Westfalen gespielt.

Hinter dieser »Judenordnung« zeichnet sich ein Machtkampf um die Führung der Gemeinden zwischen

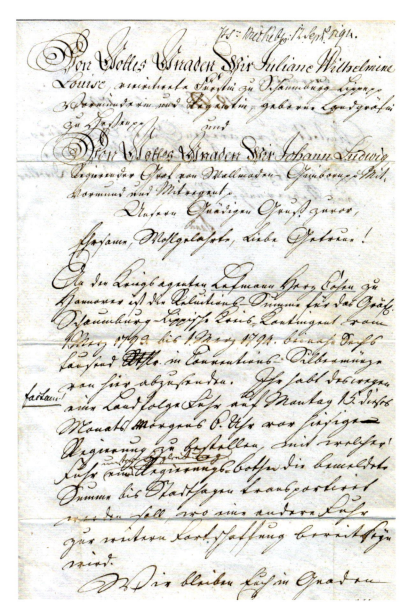

Schreiben der Gräfin zu Schaumburg-Lippe Juliane Wilhelmine Luise an ihre Beamten in den Ämtern Bückeburg und Arensburg mit der Aufforderung, dem Kriegsagenten Lefmann Herz Cohen zu Hannover 6.000 Silbermünzen zu schicken. Bückeburg, 12. September 1794. (Jüdisches Museum Westfalen)

einer eher weltlichen Elite reicher Juden und den Rabbinern ab. In diesem Machtkampf unterstützte die westfälischen Juden unter Führung der beiden Hammer Menachem und Moises eindeutig die rabbinische Linie. An ihrer Seite waren weiter beteiligt ein nicht näher gekennzeichneter Meier, der vor 1607 starb, Levi von Schwelm, Isaak von Unna, Herz von Kamen als weitere Juden der Grafschaft Mark, Schmolle (Samuel) von Werl als Vertreter der Juden im Herzogtum Westfalen, Jakob von Rüthen, Levi von Salzkotten als Vertreter der Juden im Fürstbistum Paderborn, Jakob Wallich von Paderborn, und Moises von Dülmen aus dem Stift Münster.[34]

Betrachtet man sich die hier genannten Juden näher, wird deutlich, dass sie territorial organisiert waren:

neben Moises und Menachem, der Hammer Doppelspitze, sind hier eingebunden die Juden des Herzogtums Westfalen, des Fürstbistums Paderborn und des Fürstbistums Münster. Es fällt auf, dass die relativ starken Judenschaften der Grafschaft Lippe und des Fürstbistums Minden hier nicht miterwähnt werden und auch in Frankfurt, soweit bekannt, nicht beteiligt waren.

Moises sagte, als er 1607 zu der angeblichen Verschwörung verhört wurde, aus, der jetzt in Hanau ansässige Menachem sei 1603 »obrister in westvälischen creiß gewesen«.[35] Möglicherweise ist dies so zu verstehen, dass es damals über den Vertretern der Judenschaften in den einzelnen Territorien schon einen »Spitzenmann« für ganz Westfalen gegeben hat.

Vielleicht hätte die Rabbinersynode kein größeres Aufsehen erregt, wenn nicht Levi von Bonn, der Hofjude des Kurfürsten Ernst von Bayern, das Vorhaben der jüdischen Autoritäten gegen seine Glaubensgenossen dem Kurfürsten mitgeteilt hätte. Schwer angeklagt von innerjüdischen Gegnern, enthüllte er dort bei dem gegen ihn im sauerländischen Menden angestrengten Prozess am 12. Januar 1604, dass sich seine Hauptankläger in Frankfurt zu einer »unerhörten Verschwörung« im Reich gegen die christliche Obrigkeit zusammengefunden hätten.

Kurfürst Ernst, Bruder des damals wichtigsten katholischen Reichsfürsten und als Bischof von Münster, des kurkölnischen Herzogtums Westfalen und des Vests Recklinghausen der mächtigste Territorialfürst in Westfalen, nahm die Denunziation auf. In seinem eigenen Gebiet war er, wie seine Judenordnung von 1599 und sein Verhalten etwa in Stift Münster beweist, durchaus kein Judenfeind. Bei seinem Vorgehen gegen die Rabbiner ging es ihm jedoch um anderes, einmal um das ihm wichtige Territorialprinzip, das er beeinträchtigt wähnte, zum anderen um Geld, das er von den Juden glaubte holen zu können.

Um beim Kaiser zum Zuge zu kommen, malte der Kurfürst ein phantastisches Bild aus. Schon den Versuch der Juden, sich zu organisieren, betrachtete er als einen Verstoß gegen die göttliche Reichsordnung, ja geradezu eine Gotteslästerung, Missachtung der kaiserlichen Autorität, Eingriff in die Regalien des Reiches und damit ein crimen laesae maiestatis, das hoch zu bestrafen sei. Mit ihrem Geld, unterstellte der Kurfürst, könnten die Juden gar Truppen anwerben und »sich dem reich abwendig machen«. ja, sie bedrohten für ihn die ganze Christenheit. Rudolf II. kassierte nicht nur die Ordnung, sondern verbot bei Leibes- und Lebensstrafe, sich an sie zu halten.[36]

Für Moises von Hamm waren die Folgen schlimm: er wurde im unmittelbaren Anschluss an die Urteilsverkündung in Menden am 26. Januar 1604 verhaftet und bis zum 28. März festgehalten. Über eine hohe Kaution freigekommen, wurde Moises im Laufe des Jahres durch eine erneute mehrere Monate währende schwere Haft noch einmal erpresst.[37]

Noch schlimmer waren die Folgen für die lippischen Juden. Hätten sie sich »wider das ganze heilige Römische Reiche und alle dessen Stände« verstoßen, glaubte das Peinliche Halsgericht in Salzuflen am 21. Februar 1614 feststellen zu können. Am Tage darauf wurden die lippischen Juden gnadenlos vertrieben.[38]

Dass der geplante unmittelbare Zugriff des Kölner Kurfürsten auf die deutsche Judenheit damals dennoch im wesentlichen scheiterte, hängt mit den Strukturen des Reiches und dem geschickten Verhalten der jüdischen Führung zusammen. Das ist jedoch eine andere Geschichte. Entscheidend war, dass der einzige Versuch der Juden, sich zu einer reichsweiten Organisation zusammenzuschließen, scheiterte. Die Territorialisierung und damit Zersplitterung der deutschen Judenheit wurde damit irreversibel. Überall erließen die Fürsten jetzt Judenordnungen, in denen von Kaiser und Reich nicht mehr die Rede war.

Im ausgehenden Heiligen Römischen Reich Deutscher Nation

Die Landesherren schlossen danach auch in Westfalen ihre Juden in (Zwangs-)Korporationen zusammen mit dem Recht auf gesellschaftliche und religiös-kulturelle Selbstverwaltung sowie einem »Befehlshaber«, »Vorgänger« oder »Vorsteher« an der Spitze. Gleichzeitig Sprecher der Judenschaft und Werkzeug des Landesherrn, wurden diese auch in Westfalen schon im 17. Jahrhundert als Hofjuden bezeichnet, die im Dienste ihrer fürstlichen Herren nicht nur finanzielle Transaktionen durchführten, sondern oft auch mit vertraulichen und heiklen Geschäften betraut wurden. Dies gilt etwa für Abraham Isaak von Coesfeld, der als Munitionslieferant für den kriegerischen Fürstbischof Christoph Bernhard von Galen (»Bommenbernd«) in Erscheinung trat,[39] oder auch für die Brüder Levi und Jakob Gomperz als Vermittler von Bestechungsgeldern für die Wahl Clemens Augusts von Bayern 1719 zum Bischof von Münster und Paderborn an die Domkapitel beider Stifte. Allein im Stift Münster sind 39 solcher Hofjuden aktenkundig geworden, in der relativ kleinen Grafschaft Lippe 38.[40] Wesen und Funktionen der neuen Führungselite der Vorgänger, Hofjuden und seit 1771 im Stift Münster auch der Landrabbiner lassen sich gut verfolgen.[41] Dies gilt für fast alle westfälischen Territorien.

Wie Vorfälle an den Toren Münsters 1603 und 1647 zeigen, unterschieden sich Juden von Nichtjuden auch für das geschulte Auge der Pförtner kaum.[42] Andrerseits gab ein Angeklagter bei einem Verhör am 29. Juni 1571 zu zwei Juden an, »dass der Jude Berndt zu Warendorf gewohnt und einen roden knevelbart habe, Leffmann aber ein fein junck starck wollasen man und nicht wie sunst ein Jodde von personengestalt« sei. In einer gewissermaßen interkonfessionellen Räuberbande, die aus 36 Juden und 19 Christen bestand und darum Vergleichsmöglichkeiten bietet, trugen die Juden nach Steckbriefen, die die münsterische Regierung am 7. April 1752 veröffentlichte, im Gegensatz zu ihren christlichen Spießgesellen offenbar fast durchweg Bärte. So heißt es von Nr. 21 der Liste, er sei »mittelmäßiger Statur, schönen Angesichts und weilen er keinen Bart tragen täte, könnte man denselben nicht für einen Juden erkennen«. Von Nr. 29 heißt es, Löbleib sei »ein berüchtigter Räuber, trüge ein weiße Perücke und ließe den Bart scheren, sehe auch einem Christen gleicher als einem Juden und redete gut Deutsch«. Hieraus lässt sich vielleicht auch entnehmen, dass Juden, jedenfalls jüdische Räuber, auch an ihrer Sprache kenntlich waren.[43] Auch in Westfalen bildeten Juden einen nicht unbeträchtlichen Teil der Räuberbanden jener Zeit, wovon die Gaunersprache, das »Rotwelsch«, bis heute Zeugnis ablegt.[44]

Das Schutzbedürfnis der Juden war im letzten Drittel des 18. Jahrhunderts im Stift Münster stark ausgeprägt. 1690 und 1701 kam es in Dülmen zu ernsten Übergriffen. Zwei Juden beklagten sich, in der Osternacht 1690 seien sie in ihren Wohnungen überfallen, ihnen die Fenster mit Tausenden von Steinen eingeworfen und die Ehefrau und Kinder des Hauptklägers krankenbettreif geschlagen worden. 1701 beschwerte sich der Hofjude Isaak Abraham von Coesfeld, in Dülmen würden bei der Prozession am Karfreitagabend fast alljährlich die Häuser der Juden mit Steinen gestürmt, Türen und Fenster in Stücke geschlagen und andere Unverschämtheiten verübt.[45] In Beckum kam es 1766 anlässlich der Karfreitagsprozession gegen Juden zu so starken Ausschreitungen, dass kaum ein Judenhaus unbeschädigt geblieben sei und auch der Dechant J. A. Callenberg Schutz in einem Haus suchen musste. Darum bat dieser am 1. Februar des Jahres den Kurfürsten Maximilian Friedrich (1762–1784), »diese Prozession ganz abzustellen« und alle, die dabei »an Judenhäusern oder sonsten gegen die gute Ordnung freveln würden, sofort mit Zuchthaus oder sonst exemplarischen Strafen« zu belegen.

Am 24. März 1768 hatte sich die kurfürstliche Geheimkanzlei veranlasst gesehen, Bürgermeister und Rat von Warendorf zu warnen, Juden »persönlich oder in ihren Häusern« zu beleidigen, zu kränken oder zu beunruhigen. Schuldige seien sofort festzunehmen und mit schweren Leibes-, zumindest aber Zuchthausstrafen zu belegen. Bürgermeister und Rat sollten schon im Vorfeld alles zum Schutze der Juden tun, wenn sie nicht wegen Saumseligkeit zur Rechenschaft gezogen werden wollten. Diese Warnung konnte tagelange Unruhen in Warendorf nicht verhindern.

Fürstbischof Maximilian Friedrich musste am 24. Juni 1768 Exzesse in einer Reihe stiftmünsterischer Städte, neben Warendorf auch in Werne, Beckum, Vreden und Freckenhorst, scharf rügen. Juden seien »unter verschiedenen, irrigen und nichtigen Vorwendungen auf allerhand Art von dem Pöbel insultiret, beschimpfet und beschädiget« worden. Hierzu gehörten u. a. das »Einschlagen der Fenster, Anbindung toter Tiere an den Häusern und auf den Gärten, unziemende Behandlungen jüdischer Begräbnisstätten«.

1769 überfielen zwei junge Burschen aus Dolberg nördlich von Hamm den münsterischen Stiftsrabbiner, prügelten ihn »aufs jämmerlichste«, bis ein zufällig des Weges kommender preußischer Unteroffizier aus Hamm eingriff. Selbst dann habe der eine Täter noch gerufen, er wolle, »daß alle Juden im Münsterischen todt wären«.[46]

Exzesse gegen Juden kamen natürlich auch in anderen Regionen Westfalens vor. So reichte am 8. Mai 1800 der Lenhauser Schutzjude Meyer Kaz eine Klage gegen den Knecht Franz Hof ein. Dieser habe seit zwei Jahren nicht nur gegen ihn, sondern gegen alle Lenhauser Juden »verschiedene Exzesse ausgeübt«. Er habe u. a. den Juden Heyman Herz auf offener Straße »angegriffen und fürchterlich geschlagen«, verschiedene Glaubensgenossen in ihren Häusern immer weder derart bedroht, dass sie den christlichen Gerichtsdiener Peter Kohl in ihre Häuser rufen lassen, wo dieser, sicher gegen Entgelt, zum Teil monatelang zur Bewachung« gegen Franz Hof geschlafen habe. Kaz erreichte schließlich, dass der Ruhestörer gerichtlich aus dem Verkehr gezogen und sofort an das kurkölnische Militär abgegeben wurde.[47]

Trotz der Übergriffe zeichnet sich im Alten Reich eine für Juden im ganzen günstige Tendenz ab. Sie genossen seit dem 16. Jahrhundert in fast allen westfälischen Territorien hohe Rechtssicherheit, im Wesentlichen dieselbe wie die christlichen Untertanen. Dies zeigen die vielen Gerichtsverfahren, die seit 1568 von Hammer Juden, insbesondere von Moises und Freuchen von Hamm, zum Teil bis vor das Reichskammergericht geführt worden sind.[48]

Das gilt aber auch für landesherrliche Entscheidungen. So ordnete Kurfürst Ferdinand mitten im Dreißigjährigen Krieg am 29. Juni 1625 an, bei Kontributionen die Juden in Dülmen nicht höher zu belasten als die christlichen Bürger.[49] Anderthalb Jahrhunderte später warf der Präsident der münsterischen Hofkammer am 11. März 1791 dem Stiftskapitel in Dülmen vor, es wolle »die ohnehin gekränkten Juden von allen Rechten und Freiheiten der Menschheit« ausschließen.[50] Hier hören wir fast schon die Stimmen aus dem damaligen revolutionären Paris.

Fast überall nahm unter diesen Bedingungen die Zahl der Juden in Westfalen zu. Eine Ausnahme macht unter den größeren Territorien nur das seit 1650 zu Preußen zählende Fürstentum Minden. Hier nahm die Zahl der Juden von 1700/1714 von 47 Haushalten auf 35 im Jahre 1804 ab. Die Gründe hierfür sind noch nicht völlig geklärt.[51] Dagegen erhöhte sich ihre Zahl im Stift Münster in den vier Generationen zwischen 1667 und 1795 allein im Oberstift Münster von 23 auf 177 Familien, also fast um das Achtfache.[52] Ähnliches gilt auch vom Herzogtum Westfalen. Hier erhöhte sich die Zahl der Juden von 59 Familien im Jahre 1672 auf wohl 280 Familien. Damit hatte sich ihre Zahl in 130 Jahren mehr als verfünffacht.[53] Den stärksten Zuwachs an Juden erfuhr das Hochstift Paderborn.[54]

Trotz bleibender Vorurteile bis selbst in die höchsten Stellen[55] und bis 1869 andauernder Verweigerung der Gleichberechtigung war im 19. Jahrhundert die Emanzipation auch im jetzt preußischen Westfalen nicht mehr aufzuhalten.

Reinhard Rürup
Die Landjuden in den Modernisierungsprozessen des 19. und frühen 20. Jahrhunderts

In Deutschland war das wissenschaftliche – und noch mehr das öffentliche – Interesse an der Geschichte der *Landjuden* lange Zeit sehr gering. Die jüdischen Institutionen, die seit dem ausgehenden 19. Jahrhundert eine intensive historische und sozialwissenschaftliche Forschung betreiben, blendeten das jüdische Leben auf dem Lande in der modernen Gesellschaft zwar nicht völlig aus, doch galt das Interesse vor allem den kulturellen Verhältnissen, wirtschaftlichen Erfolgen und sozialen Veränderungen, nicht zuletzt auch den besonderen wissenschaftlichen und künstlerischen Leistungen, die von den Mitgliedern jüdischer Gemeinden in den Städten – und hier vor allem in den großen Städten – erbracht wurden. Dass die Juden gleichsam von Haus aus Stadtbewohner seien und ihre Lebenswelt vor allem städtisch geprägt sei, war im frühen 20. Jahrhundert eine Feststellung, die kaum einer besonderen Begründung zu bedürfen schien. Für das gebildete und selbstbewusste Judentum in den Städten des Deutschen Reiches war das *Landjudentum* am Vorabend des Ersten Weltkrieges und erst recht in der Weimarer Republik »eine Art sozialer Nachhut und eine absterbende Lebensform«, überaltert, altmodisch in seiner Denk- und Lebensweise, auch wirtschaftlich ohne Zukunft – »eine Art Restbevölkerung auf Zeit«, wie Monika Richarz treffend formuliert hat.[1] Wer es sich leisten konnte, wechselte vom Land in die Stadt oder ermöglichte zumindest der nachwachsenden Generation diesen Wechsel.

Auch nach der Zerstörung der jüdischen Landgemeinden, der Vertreibung und Ermordung der auf dem Lande lebenden Juden durch das NS-Regime, dem Abriss oder der Umnutzung ehemals jüdischer Wohnhäuser, Schulen und Synagogen sowie dem Verwischen der Spuren jüdisches Lebens in den ersten Nachkriegsjahrzehnten hat die wissenschaftliche Erforschung dessen, was einmal war, lange auf sich warten lassen. Manches wurde in einzelnen Familien- oder Ortsgeschichten sowie in autobiografischen Texten von Überlebenden wieder sichtbar, doch handelte es sich dabei in der Regel um Publikationen oder Aufzeichnungen ohne größeren wissenschaftlichen Anspruch und ohne den Versuch, die lokalen oder familiären Entwicklungen in größere gesellschaftliche Zusammenhänge einzubetten. Der erste Versuch einer zusammenfassenden Darstellung des ländlichen Judentums in Deutschland erschien zwar schon 1956 in Großbritannien, löste aber zu diesem Zeitpunkt keine weiterführenden Aktivitäten aus.[2] Das gilt fast zwanzig Jahre später auch noch für den aus Deutschland stammenden, einflussreichen amerikanischen Soziologen Werner J. Cahnmann, der 1974 einen programmatischen Aufsatz »Der Dorf- und Kleinstadtjude als Typus« gleichzeitig auf Englisch und Deutsch veröffentlichte.[3] In Deutschland bahnbrechend und bis heute nicht übertroffen, aber zunächst ebenfalls ohne unmittelbare Nachfolge war das Buch *Judendörfer in Württemberg* des Tübinger Kulturwissenschaftlers Utz Jeggle, dessen besonderes Interesse den widersprüchlichen Beziehungen zwischen den jüdischen und den christlichen Dorfbewohnern galt.[4]

In Bewegung geriet die Forschung erst in den achtziger Jahren, mit einem gewissen Vorlauf durch die von Monika Richarz edierten Erinnerungstexte aus dem Archiv des New Yorker Leo Baeck Instituts, zu denen in erheblichem Umfang auch Zeugnisse zur Geschichte des jüdischen Lebens auf dem Lande gehörten.[5] In den USA wurden erste Beiträge zur systematischen Erschließung des deutschen Landjudentums unter den Bedingungen des gesamtgesellschaftlichen Modernisierungsprozesses veröffentlicht, auch einzelne einschlägige Dissertationen abgeschlossen.[6] In der Bundesrepublik förderte die Deutsche Forschungsgemeinschaft ein von Klaus Guth und anderen durchgeführtes Forschungsprojekt »Jüdische Landgemeinden in Oberfranken 1800–1942«.[7] 1988 erschien auch Christoph Daxelmüllers volkskundliche Studie zur jüdischen Kultur in Franken,[8] dazu kamen erste regionale Sammelwerke, wissenschaftlich anspruchsvolle Lokal- und Regionalgeschichten[9] und in rasch wachsender Zahl auch Aufsätze zur Wirtschafts-, Sozial- und Kulturgeschichte der in ländlichen Verhältnissen lebenden Juden vom Beginn des Emanzipationszeitalters bis zum Ersten Weltkrieg, immer häufiger auch bis in die NS-Zeit hinein.[10] Dennoch konnte Monika Richarz noch Anfang der neunziger Jahre von einer »Entdeckung der Landjuden« in der historischen Forschung sprechen.[11] Auch der 1997 von Richarz und mir herausgegebene Sammelband *Jüdisches Leben auf dem Lande* konnte trotz vieler quellengesättigter und in ihren Fragestellungen ebenso wie in ihren Ergebnissen innovativer Beiträge nur eine Zwischenbilanz der Forschung bieten.[12] In den anderthalb Jahrzehnten, die seitdem vergangen sind, hat sich die Situation nicht grundsätzlich verändert. Es sind für eine ganze Reihe von Regionen große Fortschritte erzielt worden,[13] doch ist die Feststellung, dass es sich bei den *Landjuden* um »ein junges Thema der Forschung« handelt, noch immer richtig.[14]

Eines der Probleme der *Landjuden*-Forschung ist, dass es *die Landjuden* in der deutschen Geschichte des 19. und frühen 20. Jahrhunderts nicht gegeben hat, weil die ländlichen Gebiete, in denen Juden lebten, in ihrer politischen Verfassung, ihren Siedlungsformen, ihrer wirtschaftlichen Struktur und ihrer kulturellen Prägung so

Schlachtutensilien bestehend aus Wanne, Schlachtmanschetten und Stechschürze, aus dem Besitz des Schlachters Moritz Seligmann (1876–1941 nach Riga deportiert), die bei einem Umbau des ehemaligen Geschäftshauses Seligmann in Legden in den 1980er Jahren beim Durchbruch einer Kellerwand gefunden wurden. (Heike Alfert, Legden)

unterschiedlich waren, dass generalisierende Aussagen, die sich auf das Gesamtgebiet des Deutschen Reiches beziehen, nur mit erheblichen Einschränkungen möglich sind. *Landjuden* gab es auch nicht überall, bis zur Gewährung der Freizügigkeit beispielsweise weder in Sachsen noch in Ober- und Niederbayern. Auch in den altpreußischen ostelbischen Gebieten war den Juden vor der rechtlichen Gleichstellung die Ansiedlung auf dem Lande in der Regel verschlossen, doch lebten nicht wenige in Gutsherrschaften und in kleinen Städten, die einen durchaus ländlichen Charakter hatten.[15] In den ab 1815 neuen preußischen Provinzen Westfalen und Rheinprovinz, später auch Hannover und Hessen, gab es dagegen ländliche jüdische Siedlungen in durchaus beträchtlichem Umfang. Die *klassischen* Gebiete des *Landjudentums* befanden sich allerdings in Südwest- und Süddeutschland, in Rheinhessen, der Pfalz, Baden, Württemberg, Franken und dem bayerischen Schwaben. Das sind auch die Regionen, die inzwischen das besondere Interesse der historischen Forschung gefunden haben, nicht zuletzt deshalb weil die zur Verfügung stehenden Quellen in diesen Gebieten besonders reichhaltig sind.

Ein anderes Problem der Forschung besteht darin, dass die Begriffe *Landjuden* und *Landjudentum* nicht eindeutig definiert sind. Als Quellenbegriff taucht der *Landjude* erst spät auf, er macht auch erst dann Sinn, wenn mit ihm eine Besonderheit jüdischer Existenz bezeichnet wird und nicht der Normalfall.[16] Bis über die Mitte des 19. Jahrhunderts hinaus aber war für große Teile Deutschlands das Leben der Juden auf dem Lande der Normalfall. Seit der spätmittelalterlichen Vertreibung aus den Städten, vor allem den großen Städten an Rhein, Main und Donau, lebte die große Mehrheit auf dem Lande, wenn auch häufig in der engeren oder weiteren Umgebung von Städten. Man hat geschätzt, dass im 17. und 18. Jahrhundert weit über 90 % aller in Deutschland ansässigen Juden auf dem Lande lebten und dass es zu Beginn des 19. Jahrhunderts noch immer rund 80 Prozent waren.[17] Etwa vier Generationen später sah das freilich ganz anders aus: 1925 lebten fast 70 % der Juden in Großstädten (fast ein Drittel aller Juden in Deutschland war inzwischen in der Reichshauptstadt Berlin ansässig), während der ständig schrumpfende Anteil der *Landjuden*, die spätestens seit der Jahrhundertwende auch so genannt wurden, nur noch wenig mehr als 10 % der jüdischen Gesamtbevölkerung ausmachte.[18]

Hier stoßen wir auf eine weitere Schwierigkeit bei der Beschäftigung mit dem *Landjudentum*. Einer strengen Definition entsprechend wären *Landjuden* alle, die nicht in einer Stadt wohnen. Diese Definition würde eindeutige statistische Aussagen ermöglichen, sie wird in der Forschung jedoch einhellig abgelehnt, weil es keinen Sinn mache, sich ausschließlich daran zu orientieren, ob eine Gemeinde Stadtrechte besaß oder nicht, da viele kleine Städte sich in ihrem Charakter kaum von den Dörfern in ihrer Umgebung unterschieden und teilweise sogar in ihrer Einwohnerzahl hinter großen Dorfgemeinden zurückblieben. Es sei, so wird argumentiert, vielmehr nötig, in den Kategorien ländlicher Regionen zu denken, zu denen immer auch Städte gehörten. *Landjuden* können in diesem Verständnis *Dorfjuden* sein, müssen es aber nicht. Ein Problem, das sich aus diesem Ansatz ergibt, besteht allerdings darin, dass man sich bei den Städten, deren Bewohner den *Landjuden* zugerechnet werden sollen, hinsichtlich ihrer Bevölkerungszahl auf eine Obergrenze verständigen muss. Da es dafür ein objektives Kriterium gibt, setzen einige Forscher die Obergrenze bei 3.000 Einwohnern an, andere – die vermutlich die Mehrheit bilden – bei 5.000, und in manchen Veröffentlichungen werden sogar erst die Bewohner von Städten mit mehr als 10.000 oder sogar 20.000 Einwohnern eindeutig von den *Landjuden* abgegrenzt. Angesichts solcher Unterschiede fällt es schwer, die in Lokal- und Regionalstudien gewonnenen Ergebnisse mit einander zu vergleichen.

*

Die Geschichte der jüdischen Bevölkerung auf dem Lande ist vom frühen 19. Jahrhundert an bis in die ersten Jahrzehnte des 20. Jahrhunderts durch einen Prozess des sozialen Wandels bestimmt, der zögernd begann, sich aber spätestens seit der Mitte des 19. Jahrhunderts rasch beschleunigte und in seiner Dramatik kaum zu überschätzen ist. Am Beginn dieses Prozesses handelte es sich um eine in der Regel nur widerwillig geduldete soziale Gruppe, die sich nicht nur in ihrer Religion, sondern auch in ihrer Herkunft, ihrer Sprache und Kultur, ihrer Wirtschafts- und Lebensweise deutlich von ihrer christlichen Umgebung unterschied. Zu diesem Zeitpunkt waren die Juden, den in den jeweiligen Herrschaftsgebieten geltenden *Juden-Rechten* entsprechend, einschneidenden Rechtsbeschränkungen unterworfen. Sie waren von der Landwirtschaft, dem zünftigen Handwerk und dem *ordentlichen* Handel ebenso ausgeschlossen wie von den allgemeinen Bildungseinrichtungen und lebten vom Hausier- und Trödelhandel, dem kleinen Geld- und Kreditgeschäft, auch dem sogenannten »Nothandel«, der in seiner Armseligkeit nur schwer zu beschreiben ist. Die Masse dieser Juden war arm und bewegte sich am Rande des Existenzminimums. Die wenigen reichen Juden, die als *Hoffaktoren* die Geschäfte regierender Fürsten betrieben oder zu den frühen Manufakturunternehmern gehörten, lebten in der Stadt, einen eigentlichen Mittelstand gab es so gut wie gar nicht. Juden und Christen waren auf dem Lande, von den wirtschaftlichen Beziehungen abgesehen, strikt getrennt. Die Juden existierten an den Rändern der ländlichen Gesellschaft, waren nicht als ein konstitutiver Teil dieser Gesellschaft anerkannt.[19]

Nur wenige Generationen später, im Kaiserreich und in der Weimarer Republik, bot sich ein vollständig verändertes Bild. Die Juden waren nun Staatsbürger und Ortsbürger, mit allen damit verbundenen Rechten und Pflichten. Aus den *Juden in Deutschland*, die grundsätzlich als Fremde galten, waren *deutsche Juden* geworden – in ihrem rechtlichen Status, aber auch in ihrem Selbstverständnis, wie es unter anderem im Namen des »Central-Vereins der deutschen Staatsbürger jüdischen Glaubens«, der mitgliederstärksten jüdischen Organisation im Deutschen Reich, zum Ausdruck kam. Und sie waren auch in sozialer Hinsicht Bürger geworden, gehörten mehrheitlich dem bürgerlichen Mittelstand an, waren unter den Akademikern und Freiberuflern sowie in der neuen Schicht der Angestellten weit überproportional vertreten, gehörten bei den Banken, im Handel und auch in der Industrie zu den führenden Unternehmern. Nicht wenige von ihnen führten ein ausgesprochen großbürgerliches Leben, waren großzügige Förderer von Kunst und Wissenschaft. Gewiss nicht alle, aber doch die meisten hatten einen bemerkenswerten sozialen Aufstieg erlebt, der sich in der jeweils nächsten Generation fortsetzte. Jüdische Jungen und auch Mädchen erhielten in prozentual weit größerer Zahl als christliche Kinder eine höhere Schulbildung, der in vielen Fällen ein Universitätsstudium folgte. Jüdische Akademiker gehörten zu den prominenten Ärzten, Juristen und Naturwissenschaftlern, jüdische Künstler und Unternehmer leisteten innovative Beiträge zum modernen Musik- und Theaterleben, zählten zu den Pionieren des Filmschaffens. Aus den vor- und unterbürgerlichen Existenzen des ausgehenden 18. und frühen 19. Jahrhunderts waren Mitträger und Mitgestalter der bürgerlichen Gesellschaft geworden. Angesichts des modernen Antisemitismus war ihre soziale Stellung auch jetzt nicht unumstritten, aber sie lebten nicht mehr an den Rändern, sondern in der Mitte der Gesellschaft.[20]

Die Juden, von denen hier die Rede ist, lebten selbstverständlich in der Stadt, nicht auf dem Lande. Aber die meisten waren aus dem Land in die Stadt gekommen, hatten selber noch zu den *Landjuden* gehört oder waren deren Kinder und Enkel. Wenn man sich bei der Erforschung der Geschichte der *Landjuden* auf die dörflichen oder kleinstädtischen Gemeinschaften beschränkt, scheiden diejenigen, die den Ort verlassen und in die Stadt abwandern, von diesem Zeitpunkt an notwendigerweise aus dieser Geschichte aus. Wenn man sich aber an den Individuen und den Familien orientiert, gibt es gute Gründe, zumindest die erste Generation der Abwanderer in die Geschichte des *Landjudentums* einzubeziehen und diese nicht auf die in ihren Dimensionen schrumpfende Ortsgeschichte zu beschränken. Auch das jüdische Leben auf dem Lande war in dieser Zeit einem tiefgreifenden Wandel unterworfen, und es waren die dort erworbenen Erfahrungen, das Wissen und das Kapital, nicht zuletzt auch der Zukunftsoptimismus, die eine wesentliche Voraussetzung für den Wechsel in die Stadt und den dort vollzogenen Aufstieg bildeten. Zu Abwanderungen vom Lande während des 19. Jahrhunderts hieß es übrigens damals sprichwörtlich, dass die Armen nach Amerika, die Reichen – oder besser: die wirtschaftlich Bessergestellten – aber in die Stadt gehen.[21]

Dass alles dies möglich war, kann nicht allein aus der jüdischen Geschichte und auch nicht aus einem Wandel in den jüdisch-christlichen Beziehungen erklärt werden. Die entscheidende Voraussetzung dafür war vielmehr, dass seit der zweiten Hälfte des 18. Jahrhunderts in Deutschland wie in anderen Teilen Europas die gesamtgesellschaftlichen Verhältnisse in Bewegung gerieten. Die ständisch-feudalen, vielfach absolutistisch überformten Strukturen der alteuropäischen Gesellschaft wurden durch die europäische Doppelrevolution – die kapitalistisch-industrielle Revolution in Großbritannien und die politische Revolution in Frankreich – nicht nur theoretisch in Frage gestellt, sondern auch in der Praxis überwunden, wenn auch vielfach erst nach langem und mühsamem Ringen. Die entstehende bürgerliche Gesellschaft musste notwendigerweise die kirchlichen, feudalen und ständischen Fesseln der alten Sozialordnung sprengen. Wo das nicht durch einen revolutionären Akt geschah, schlug man den Weg der Reform oder der ›Revolution von oben‹ ein. In Deutschland erstreckte sich der Prozess der Entfeudalisierung, der Durchsetzung der kapitalistischen Wirtschaftsweise und der Industrialisierung über viele Jahrzehnte, aber er war in seiner Dynamik doch unwiderstehlich und schließlich von Erfolg gekrönt. Damit verbunden waren liberale politische Reformen: die Schaffung von Verfassungen, die Durchsetzung des Rechtsstaates und eine allmähliche Verwandlung von Untertanen in verantwortlich handelnde und entscheidende Bürger. Am Vorabend des Ersten Weltkrieges befand sich das Deutsche Reich in einer Phase der Hochindustrialisierung, einer immer stärkeren räumlichen und sozialen Mobilisierung und einer rapiden Urbanisierung. Es war die zweitstärkste Industriemacht der Welt und galt auch international als ein Zentrum des wissenschaftlich-technischen Fortschritts.[22]

In diesem Prozess der Entstehung und Ausformung der bürgerlichen Gesellschaft wurde auch die Stellung der Juden in der Gesellschaft zum Problem. Wer, wie die Theoretiker der Aufklärung und des Liberalismus, die Menschen- und Bürgerrechte zur Leitidee des politischen Handelns machte, konnte die rechtlichen und sozialen Verhältnisse, unter denen die Juden bis dahin leben mussten, nicht mehr akzeptieren. Denn, wie Christian Wilhelm Dohm 1781 ausführte, was auch immer man gegen die Juden einwenden mochte: »Der Jude ist noch mehr Mensch als Jude«, und er musste deshalb ein menschenwürdiges Leben führen und sich wie alle anderen Menschen in seinen Anlagen und Kräften voll entfalten können.[23] Die Emanzipation der Juden bedeutete zunächst einmal die Beseitigung des negativen rechtlichen Sonderstatus der Juden, die Herstellung der Rechtsgleichheit zwischen Juden und Christen. In einem weiteren Sinne ging es dabei aber auch um die Einbeziehung der Juden in die entstehende bürgerliche Gesellschaft, um ihre Integration in eine mehrheitlich nichtjüdische Kultur und Lebenswelt. Man sprach von der sozialen und kulturellen Emanzipation, die die rechtliche ergänzen müsse. Rechtliche Gleichstellung und gesellschaftliche Integration wurden in der Theorie der Emanzipation ebenso wie in der Emanzipationspolitik stets eng mit einander gekoppelt. Dabei sahen die einen die Aufhebung der Rechtsungleichheit als Voraussetzung der sozialen Verschmelzung, die anderen dagegen die soziale Annäherung und wachsende Übereinstimmung der Denk- und Handlungsweisen als Vorbedingung der vollen Rechtsgleichheit.[24]

In der Praxis bedeutete das, dass man – wenn die rechtliche Gleichstellung nicht in einem einzigen Gesetzgebungsakt wie in Frankreich und den Niederlanden erfolgte – den Juden zuerst den Zugang zu den bis dahin verschlossenen Erwerbszweigen und Bildungsanstalten öffnete, mit der Zuerkennung weiterer Rechte wie der Freizügigkeit oder dem Zugang zu öffentlichen Ämtern aber warten wollte, bis die erhofften Änderungen im Erwerbsleben und im Bildungsstand eingetreten seien. Für die Regierungs- und Verwaltungsbehörden war die Emanzipationspolitik deshalb immer auch eine Erziehungspolitik: Man wollte, wie es in Württemberg einmal zuspitzend formuliert wurde, die Juden »entjuden«, d. h. alle wirtschaftlichen, sozialen und kulturellen Eigenarten der Juden überwinden, so dass sie sich von ihren christlichen Mitbürgern nur noch in der Religionszugehörigkeit unterscheiden würden.[25] Gegenüber der Religion erschien Toleranz geboten, gegenüber den sogenannten »nationalen Eigentümlichkeiten«, die im Laufe einer langen Geschichte ausgeprägt worden waren, dagegen nicht. So versuchte man selbst den Begriff »Jude« zu vermeiden und ihn durch »Israelit« oder »Bekenner des mosaischen Glaubens« zu ersetzen. Das ist freilich, obwohl sich der Begriff »Israelit« als offizielle Konfessionsbezeichnung weitgehend durchsetzte, im allgemeinen Sprachgebrauch nicht gelungen.

Es ist allerdings wichtig, daran zu erinnern, dass die Juden in diesem Emanzipations- und Modernisierungsprozess nicht nur Objekte der jeweiligen Regierungspolitik oder lokaler Gewalten waren, sondern den Prozess von Anfang an wesentlich mitgestalteten. Das begann schon mit Moses Mendelssohn und den Anfängen der jüdischen Aufklärungsbewegung.[26] Die intellektuellen Wortführer der Juden forderten in der Folgezeit immer wieder auf eindrucksvolle Weise die vollen bürgerlichen und staatsbürgerlichen Rechte. Zugleich unterstützten sie nachdrücklich die praktischen Bemühungen um eine »bürgerliche Verbesserung« der Juden: die Bildungsbestrebungen für die jüdische Jugend, den Übergang zu bürgerlichen Berufen, die Ersetzung des »Juden-Deutsch« bzw. West-Jiddischen durch die deutsche Sprache, nicht zuletzt auch Kultusreformen im Sinne einer vorsichtigen Annäherung an christliche Gottesdienstformen und einer Angleichung der schon bald auch akademisch ausgebildeten Rabbiner an das Berufs- und Erscheinungsbild christlicher Pfarrer. Diese Wortführer der jüdischen »Modernisierung« lebten in der großen Mehrzahl in den Städten, aber es gab sie auch in den Landgemeinden.

*

Fragt man nach den Besonderheiten von Emanzipation und Modernisierung in den ländlichen jüdischen Siedlungsgebieten, so ist zunächst einmal festzustellen, dass die politischen Rahmenbedingungen, die Ziele und Handlungsweisen der Politik, sich nicht von dem unterschieden, was in den Städten geschah. Vor allem in den ersten Jahrzehnten galten die jüdischen Landgemeinden allgemein als traditionsbewusster und deshalb reformkritischer als die Bewohner größerer Städte. Nicht nur die Vertreter staatlicher Behörden, sondern auch die jüdischen Reformer in den Städten klagten immer wieder über die Rückständigkeit von großen Teilen der jüdischen Landbevölkerung, über das Festhalten am Jiddischen und die Reformunwilligkeit in religiösen Angelegenheiten. Solche Kritik darf aber nicht darüber hinweg täuschen, dass es auch auf dem Lande Reformen und zum Teil große Modernisierungsbemühungen gab. So unternahm man an vielen Orten erhebliche Anstrengungen, um den Kindern nicht nur eine religiöse Erziehung, sondern auch eine möglichst gute Elementarausbildung zu sichern.[27] Selbst da, wo man weiter im Handel tätig blieb, änderte sich die Art des Handels, die Betriebsführung wurde bürgerlicher, das Geschäftsvolumen nahm zu, der »Nothandel« ab, aus Hausierern wurden Ladenbesitzer. Auch der Kontakt mit den christlichen Dorfbewohnern ging allmählich über die wirtschaftlichen Notwendigkeiten hinaus. Juden wurden Mitglieder der freiwilligen Feuerwehr, betätigten sich in dörflichen Gesangs- und Sportvereinen und übernahmen schließlich Funktionen in der Gemeindeverwaltung. Durch die Handelsbeziehungen über die engere Umgebung hinaus und die immer engere Verbindung zu den Städten der jeweiligen Region transportierten jüdische Dorfbewohner auch städtische Elemente in die dörfliche Welt – von der Kleidung und Wohnungseinrichtung sowie technischen Neuerungen bis zu Büchern und Zeitungen. Auf diese Weise wirkten sie, ohne dass das genau zu messen ist, auch als Motor der Modernisierung der jeweiligen Dorfgesellschaft.[28]

Andererseits hatte man es auf dem Lande mit Problemen zu tun, die in der Stadt eine sehr viel geringere Rolle spielten. In der ländlichen Umgebung traten die Juden stärker als in der Stadt als eine soziale Gruppe in Erscheinung, entsprechend schwieriger war eine Individualisierung der Lebensweise. Die soziale Kontrolle der Menschen durch die eigene Gruppe, aber auch durch die christlichen Nachbarn war deutlicher größer als in der Stadt. Zwar bemühte man sich auch in den Landgemeinden nachdrücklich um die sogenannte »Berufsumschichtung«, d. h. den Übergang zu bürgerlichen Berufen, doch stieß man dabei lange Zeit auf nahezu unüberwindliche Hindernisse. Der Zutritt zur Landwirtschaft war außerordentlich schwierig und fast unmöglich. Bei der geringen Zahl jüdischer Landwirte, die in den amtlichen Statistiken erscheinen, handelte es sich zumeist um Viehhändler, die lediglich eine im Umfang begrenzte Nebenlandwirtschaft betreiben. Viele Jugendliche erlernten ein Handwerk, konnten es aber trotz Gesellen- und Meisterprüfung dann nicht ausüben, weil die fehlende Freizügigkeit ihnen nicht erlaubte, an einen Ort zu wechseln, an dem sie mit Erfolg hätten tätig sein können. Die badischen oder württembergischen Statistiken über die in ihrer Ausbildung unterstützten jüdischen Handwerker sind in dieser Hinsicht gänzlich desillusionierend: Im Badischen Neckarkreis waren beispielsweise 1831 von 79 geförderten Personen nur noch 17 in den erlernten Berufen tätig.[29] Im württembergischen Oberamt Neresheim befanden sich 1852 bereits 11 von 18 geförderten Lehrlingen in den USA, im Oberamt Mergentheim waren es 13 von 22.[30] Man könnte weitere Beispiele geben – in Bayern wanderten wegen des extrem restriktiven Niederlassungsrechts und der damit gegebenen Unmöglichkeit, ein Gewerbe auszuüben oder eine Familie zu gründen bis zur Aufhebung des entsprechenden Gesetzes im Jahr 1861 sogar immer wieder ganze jüdische Dorfgemeinschaften aus.[31] Wobei hier anzumerken ist, dass erst neuerdings von Avraham Barkai herausgearbeitet worden ist, dass es aus den Gebieten des Deutschen Reiches von 1871 zwischen 1830 und 1910 eine jüdische Massenauswanderung von bis zu 200.000 Personen gegeben hat. Vor allem in der ersten großen Auswanderungswelle zwischen 1830 und 1865 handelte es sich dabei ganz überwiegend um Angehörige der ländlichen jüdischen Bevölkerung.[32] Für die Entwicklung der jüdischen Landbevölkerung spielte also neben der später einsetzenden, dann aber länger anhaltenden Abwanderung in die Städte lange Zeit auch die Auswanderung eine erhebliche Rolle.

Während die Auswanderung in der Regel eine Entlastung der jüdischen Landgemeinden bedeutete, weil es sich ganz überwiegend um die in Not geratenen armen Teile der Bevölkerung handelte, bedeutete die Abwanderung in die Städte eine anhaltende Schwächung nicht nur der Mitgliederzahlen, sondern auch der Strukturen der Gemeinden. Selbst die statistischen Befunde hinsichtlich der erhofften beruflichen »Normalisierung« sind für die jüdischen Landgemeinden um 1900 deutlich schlechter als fünfzig Jahre früher. Denn es waren in erster Linie die gut ausgebildeten Gemeindemitglieder, die häufig auch über ein ausreichendes Startkapital verfügten, die ihr Glück in der Stadt suchten.[33] Tatsächlich wurden die Landgemeinden ständig kleiner, so dass an vielen Orten selbst die religiösen Einrichtungen nicht mehr finanziert werden konnten und manche Gemeinden ganz aufgelöst wurden. Der soziale Aufstieg der – ehemaligen – Bewohner dieser Orte bedeutete damit zugleich den Niedergang und häufig auch das Ende der jüdischen Gemeinde.

In dieser Situation begannen die Versuche, wenigstens die Hinterlassenschaft der in Auflösung befindlichen Gemeinden zu retten. Diesem Zweck diente unter anderem auch das 1905 in Berlin gegründete »Gesamtarchiv der deutschen Juden«, dessen Bestände sich heute teils in den »Central Archives for the History of the Jewish People« in Jerusalem, teils in der Berliner »Stiftung Neue Synagoge – Centrum Judaicum« befinden. Andere bemühten sich darum, die nicht mehr benötigten Kultusgegenstände zu sammeln und in andere Gemeinden oder Museen zu bringen. Nachdem man in den großen Städten allzu lange von oben herab und etwas mitleidig auf die *Landjuden* als Verlierer im Modernisierungsprozess geblickt hatte, setzte nun das Erschrecken über ein verlorengehendes Erbe ein.[34] Das Verlustgefühl bestimmte später auch die Sichtweise in den Erinnerungen der überlebenden Nachkommen der *Landjuden*. Seit den achtziger Jahren ist dieses Erbe schließlich auch in der Bundesrepublik an vielen Orten neu entdeckt und gepflegt worden. Utz Jeggle hat dazu 1997 notiert: »Es gibt für die Dorfjuden gegenwärtig ein Interesse, das größer und freundlicher ist, als es zu ihren Lebzeiten war.«[35] Das ist ebenso erfreulich wie irritierend und wirft Fragen auf, die einer weiteren Diskussion bedürfen.

Arno Herzig
Von der Aufklärung zur Emanzipation der jüdischen Minderheit in Westfalen im 19. Jahrhundert[1]

Seit dem Hochmittelalter waren die Juden aus der europäischen Gesellschaft herausgedrängt worden. Ihre Position in den frühneuzeitlichen deutschen Staaten wurde bestimmt durch die Institution der Schutzjudenschaft, die nichts anderes bedeutete als die Ausgrenzung aus dem allgemeinen Kultur- und Gewerbeleben der Gesellschaft. Von Interesse für die Landesherren waren sie nur aufgrund ihrer Tributzahlungen, im merkantilistischen Wirtschaftssystem eventuell noch durch ihren Einsatz als Manufakturunternehmer. Gedrängt von dem zünftisch bestimmten Gewerbe und Handel hatten im Laufe des 18. Jahrhunderts die meisten Landesherren, allen voran Preußen, auf der einen Seite die jüdischen Erwerbs- und Handelssparten immer stärker eingeengt, auf der anderen die Tributleistungen jedoch erheblich heraufgesetzt, so dass das Gros der jüdischen Einwohner unter das Existenzminimum geriet und seine Tributleistungen nicht mehr aufbringen konnte. Die Regierungen mussten einsehen, dass das Tributsystem für den Staat nicht mehr effektiv war.

Die durch das Tributsystem bedingte Sonderstellung der jüdischen Minderheit ermöglichte dieser jedoch eine weitgehende Autonomie und damit Identität, die selbst von den absolutistisch regierten Staaten nicht in Frage gestellt wurde. Durch die Bestimmung der Solidarhaftung, nicht nur bei Tributzahlungen, sondern auch bei kriminellen Vergehen einzelner Mitglieder, gewann für die meisten Juden diese Autonomie einen Zwangscharakter, von dem man sich gern befreit hätte.[2]

Die Problematik dieses jüdischen ›Sonderstatus‹ wurde der Öffentlichkeit zum ersten Mal in der Aufklärung bewusst. In seiner progressiven Schrift *Ueber die bürgerliche Verbesserung der Juden* forderte 1781 der preußische Kriegs- und Domänenrat Christian Wilhelm von Dohm (1751–1820) aus Lemgo, im Juden nicht nur den Juden, sondern den Menschen zu sehen. Er verlangte deshalb für sie den Zugang zu allen Berufen, auch den bisher verschlossenen handwerklichen und landwirtschaftlichen. Dohm erwartete dadurch eine allmähliche Anpassung der spezifischen jüdischen Sozialstruktur an die allgemeine. Die von ihm vorgetragenen Verbesserungsvorschläge waren nicht liberal, sondern aufgeklärt absolutistisch: Die Entwicklung sollte nicht in das Belieben des einzelnen Juden gestellt werden, sondern der Staat sollte den Umerziehungsprozess in die Hand nehmen und damit eine sittliche Verbesserung der jüdischen Minderheit herbeiführen. Die Schuld an dem Zustand der jüdischen Minderheit schrieb Dohm eindeutig der Gesamtgesellschaft zu, die im Verlauf der verflossenen Jahrhunderte die jüdische Minderheit aus dem Gesamtverband herausgedrängt hatte, indem sie die Erwerbsmöglichkeiten dieser Gruppe fast ausschließlich auf den niederen Handel beschränkte. Er plädierte keineswegs dafür, der jüdischen Gruppe ihre Autonomie zu nehmen, sondern setzte sich sogar dafür ein, den Rabbinern das Ausschließungsrecht für die Gemeindemitglieder zu belassen.[3]

Dohms historische Reflexionen und seine Vorschläge für die Zukunft bildeten einen ersten Höhepunkt im aufgeklärten Diskurs, der seit den 1750er Jahren den Status der Juden in der Gesamtgesellschaft neu zu bestimmen suchte. Ausgelöst wurde dieser durch die Belletristik, so Gellerts »Das Leben der schwedischen Gräfin von G***« (1746) und Lessings Lustspiel »Die Juden« (1749), die den Juden nicht mehr als das Zerrbild der Gesellschaft, sondern als moralische Persönlichkeit charakterisiert. Sie stellten sich damit gegen eine Öffentlichkeit, deren Bild vom Juden noch weitgehend durch das von Eisenmenger fixierte Vorurteil geprägt war. Dohm ging es freilich nicht nur um humanitäre Aspekte. Als aufgeklärter Beamter sah er auch, dass das überkommene Tributsystem nicht mehr effektiv war und der soziale und ökonomische Status der Juden sich immer mehr verschlechterte, ohne dass die merkantilistisch bestimmte Wirtschaft davon einen Nutzen haben konnte. Dohms Vorschlag zielte deshalb darauf ab, den Juden im aufgeklärten Wirtschaftssystem den Sonderstatus zu nehmen, sie im Staat allmählich zu gleichberechtigten Wirtschaftsbürgern zu erziehen, ihnen aber ihre Autonomie zu belassen. Es dauerte in Preußen dann freilich noch 30 Jahre, bis Hardenberg 1812 Dohms Vorschlag zu einem Gesetz machte und damit für die nächsten fünfzig Jahre die Entwicklung bestimmte, die die Juden als Wirtschaftsbürger zwar gleichstellte, ihnen aber als politischen Bürgern die in Preußen ohnehin eingeschränkten politischen Rechte eines Untertanen nicht gewähren wollte.

Der aufgeklärte Diskurs zur Stellung des Juden in der Gesellschaft schloss die jüdische Minderheit von diesem Diskurs nicht aus. Es gab im Judentum eine nicht unbedeutende Gruppe, die die Ideen der deutschen Aufklärung aufgriff und diese für das Judentum fruchtbar zu machen suchte. Diese Gruppe setzte sich v. a. aus Ärzten und Kaufleuten zusammen. Das Medizinstudium bot jüdischen Studenten in Deutschland als einzige akademische Disziplin den Zugang zur Universität. Da die philosophischen Fächer gleichsam als Grundstudium dienten, konnten sie ebenfalls von jüdischen Studenten belegt werden. Die Ärzte waren deshalb die einzigen Akademiker in der Judenheit. Die jüdischen Kaufleute, die der Aufklärung zuneigten, betätigten sich entweder als Hoffaktoren oder kamen aus Hoffaktorenfamilien. Der Kontakt mit dem Fürstenhof machte sie empfänglich für die europäische Kultur. Es gab unter den Kaufleuten aber auch Autodidakten, die die zeitgenössische Philosophie verinnerlichten und dann selbst philosophische Werke verfassten. Der bekannteste unter diesen war Moses Mendelssohn (1729–1786). Diese Gruppe der jüdischen Aufklärer, *Maskilim* genannt, stand in heftiger Kontroverse zu den Rabbinern, denen sie vorwarfen, die jüdischen Gemeinden bewusst dumm zu halten und den Kontakt zur europäischen Kultur zu unterbinden. In der Tat hatten die meisten Rabbiner, die weitgehend in östlichen Ländern ausgebildet worden waren, kaum eine Beziehung zur westlichen Kultur; vielfach verstanden sie die deutsche Sprache nicht und sprachen jiddisch. Ihre Gelehrsamkeit bezog sich auf die Kenntnisse rabbinischer Schriften. Sie verstanden sich als Fachleute für das jüdische Gesetz, jedoch nicht als Seelsorger. Sie sahen keine Notwendigkeit, sich der europäischen Kultur zu öffnen, da die jüdische Kultur keiner Entwicklung bedurfte. Die Maskilim dagegen waren bestrebt, das Judentum zu einer aufgeklärten Religion weiterzuentwickeln, da sie die Glaubenswahrheiten des Judentums nicht in Widerspruch zur modernen Philosophie sahen. Trotz aller akkulturellen Bestrebungen blieb z. B. Mendelssohn zeitlebens ein gesetzestreuer Jude. Dohm, der den Rabbinern Stellung und Einfluss belassen wollte, wurde deshalb von den Maskilim heftig angegriffen.

Nicht primär durch die Auffassung der Maskilim war das Judentum in eine essentielle Krise geraten, auch wenn die meisten Juden sich weiterhin an der Tradition orientierten. Die lokalen religiösen Bräuche (*Minhagim*) bestimmten das Alltagsleben, doch war dies weitgehend nur auf dem Land und in den kleinen Städten möglich, wo man auch noch jiddisch sprach. Die jüdische Schule, den Cheder, kritisierten nicht nur die Maskilim. Auch die Regierungen verlangten eine moderne Ausbildung des jüdischen Lebens und wandten sich gegen das planlose Auswendiglernen von hebräischen Texten oder gegen das Jiddisch als Unterrichtssprache. Auch sonst griff die aufgeklärte Regierung in die Autonomie der Gemeinden ein; vor allem im Bereich der Rechtsprechung zogen sie, selbst bei Verstößen gegen den jüdischen Glauben oder das Ritualgesetz, die Kompetenz an sich. Die jüdischen Körperschaften wurden aufgelöst, die rabbinische Rechtsprechung damit beendet. Die Rabbiner büßten dadurch erheblich an Bedeutung ein; ihnen blieb fast nur noch die Überwachung der Ritualgesetze. Für die meisten Gemeinden amtierten sie nur noch als Koscher-Wächter. Der Besuch des jüdischen Gottesdienstes ließ erheblich nach; unter den städtischen Juden war für viele die jüdische Religion und Lebensweise nicht mehr zeitgemäß. Angeregt durch die von Dohm ausgelöste Debatte suchten sie nach neuen Formen jüdischen Lebens und auch des jüdischen Gottesdienstes.[4]

In der 2. Auflage seines Buches, die Dohm 1783 herausbrachte, konnte er auf die zahlreichen, zum größten Teil zustimmenden Reaktionen aus dem aufgeklärten Bildungsbürgertum verweisen. In Westfalen war es vor allem der Prediger Schwager aus Jöllenbeck bei Bielefeld, der in seiner Stellungnahme im *Mindener Intelligenzblatt* Dohms Gedanken zustimmend aufgriff. Als aufgeklärter Publizist hoffte Schwager, die verachtete Stellung der Juden durch Aufklärung der Christen zu überwinden. Auch für ihn stand fest, dass der angebliche Wucher der Juden nur dadurch entstehe, dass die christliche Gesellschaft sie zum Wucher zwinge, um ihnen das Erworbene als Tribut wieder abzunehmen. Vor allem aber kritisierte der lutherische Prediger Schwager die christliche Gesellschaft, wenn sie für die eigenen Schwächen, unter denen die Juden zu leiden hätten, Gott verantwortlich machte. »Ja sagt Ihr« – so schreibt er – »aber Gott drückt sie auch um ihres Herzens Härtigkeit willen? Nein, Freunde« – so fährt er fort – »das thut nicht Gott, sondern Menschen thun es, und viele unter ihnen meinen, daß sie Gott einen Dienst daranthun«. Freilich kann auch Schwager nicht daran glauben, dass sich die Juden »als eine völlig fremde Nation« in die deutsche Gesellschaft integrieren ließen. Er hält die ablehnende Haltung der christlichen Gesellschaft für gravierender, als Dohm dies tut, und bezweifelt letztlich, dass die seit Jahrhunderten tradierte Rollenzuweisung sich einfach überwinden lasse: »So sehr uns die Juden von den ersten Beinkleidern an in der Handlungsindustrie übertreffen«, meint Schwager, »so sehr übertreffen unsere Bauernjungen wieder sie in dem, was zum Ackerbau erfordert wird.« Und sein Fazit:

> Jeder also in seinem Fache. Wir müssen die Menschen nehmen, wie sie sind, und nicht wie wir sie uns wohl modeln mögten, und da wird es wohl kein Bauer in einem christlichen Staate, in dem er einheimisch, und der älteste Einwohner ist, einem Juden vergeben, wenn er das Erbe auch eines entferntesten Verwandten an sich brachte.

Bei aller Einsicht, die der aufgeklärte Pfarrer Schwager aufbrachte, letztlich scheiterte schon 1782 die Integration an der Formel, die bis zur endgültigen bürgerlichen Gleichstellung der Juden 1870/71 diese Gleichstellung immer wieder verhindern sollte, die Formel von dem christlichen Staat. Diese meinte, dass nur Christen obrigkeitliche Ämter ausführen durften, die Juden also zu keinen Ämtern zugelassen werden sollten.[5]

Dohm wandte in seiner Auseinandersetzung mit Schwager dagegen ein, dass der Begriff vom christlichen Staat »der Natur der bürgerlichen Gesellschaft widerspricht«. Eine Staatsreligion gehöre nicht zum Wesen des Staates, denn in einem bürgerlichen Staate müsse es möglich sein, dass mehrere auch nicht-christliche Religionen nebeneinander existierten, ohne dass eine die andere majorisiere. Der aufgeklärte Staatstheoretiker Dohm entwickelte hier freilich ein Konzept, das in den nächsten hundert Jahren noch auf seine Realisierung warten sollte.

Obwohl in den 1790er Jahren bis 1806 manches staatliche Gutachten auf Dohms Analysen basierte, so war doch keiner der Staaten bereit, das alte System des

Judengeleits abzuschaffen und die Juden den übrigen Einwohnern gleichzustellen. Dafür bildeten die Tributgelder in fast allen Staaten einen zu wichtigen und sicheren Einnahmeposten, als dass man darauf hätte verzichten können, was die notwendige Folge einer Gleichstellung gewesen wäre. Nach der Niederlage Preußens von 1806 ordnete Napoleon die westfälischen Territorien neu. Neben den Territorien, die er dem französischen Kaiserreich angliederte wie Münster, schuf er im Westen das Herzogtum Berg, dem die ehemalige preußische Grafschaft Mark eingegliedert wurde. Im Osten bildete er das Königreich Westphalen mit Kassel als Hauptstadt, das trotz seines Namens bis an die Elbe reichte.

Napoleon brachte das neue Recht der Revolution, die bürgerliche Freiheit für alle, schränkte sie aber bald für Juden durch das sogenannte »schändliche Dekret« im französischen Kaiserreich wieder ein. Jüdische Bürger mussten hier nach wie vor ein gutes Leumundszeugnis mitbringen, wenn sie sich in einer Stadt niederlassen wollten, und sich jährlich von der Stadtbehörde ihr einwandfreies Geschäftsgebaren bestätigen lassen. Zu Recht protestierten die jüdischen Bürger entschieden gegen dieses Edikt, das sie fast wieder in den Status der alten Schutzjudenschaft herabdrückte. Das Herzogtum Berg, das sich unter Napoleons Schwager Murat nicht gänzlich dem Einfluss Napoleons entziehen konnte, setzte die »allmähliche Gleichstellung« durch. Napoleons Bruder Jerôme allerdings, der häufig verspottete König *Lustick*, führte nach einer heftigen Kontroverse mit seinem Bruder 1808 als einziger die völlige Gleichstellung der Juden durch. Nur im Königreich Westphalen gab es während dieser kurzen Napoleonischen Phase (1808–1813) die völlige bürgerliche Gleichstellung der Juden. In Frankreich hatte Napoleon das jüdische Gemeindeleben hierarchisch gegliedert. Eine Zentralbehörde in Paris war für alle jüdischen Angelegenheiten zuständig. Nach diesem Vorbild richtete Jerôme in Kassel ein jüdisches Konsistorium ein, dessen Struktur von einer Versammlung jüdischer Abgesandter festgelegt wurde. Präsident dieses »Konsistoriums der Israeliten« wurde Israel Jacobson (1768–1828), ein erfolgreicher Hoffaktor, der eine rabbinische Ausbildung genossen hatte und an der Verbesserung seiner Glaubensgenossen interessiert war.[6]

Hatte die Aufklärung im westfälischen Judentum kaum Spuren hinterlassen, so führte die Einrichtung des Kasseler Konsistoriums zumindest strukturell zu einer Veränderung der Situation. An Stelle der alten Landrabbinate bestimmten nun geistliche Beamte in Kassel das jüdische Gemeindeleben, lösten die alten Schulen auf, um neue zu etablieren, und versuchten nach der Vorstellung von Israel Jacobson den Gottesdienst zu reformieren. In den einzelnen, vor allem dörflichen Gemeinden blieb man damit zunächst relativ erfolglos. Beklagt wurden die hohen Kosten, die das neue System mit sich brachte. Die Einflüsse des Kasseler Konsistoriums wirkten sich verstärkt in Westfalen nach 1815 aus, als der Obervorsteher der ehemaligen Grafschaft Mark, Lazar Levi Hellwitz (1786–1860), in Soest eine Reformgemeinde einrichtete und die Reform auch in den anderen Gemeinden zu etablieren bestrebt war.[7]

Die Qualität der Juden als Bürger wurde nach 1815 an dem Maßstab ihrer Integration gemessen, was für die Öffentlichkeit gleichbedeutend war mit ihrer Qualifikation in handwerklichen und agrarischen Berufen. Der Staat hatte nach Ansicht der Beamten die *Erziehung* der Juden in die Hand zu nehmen. Mit dieser Forderung konnten sie sich auf Dohm berufen. Doch auch unter den westfälischen und lippischen Juden gab es Stimmen, die sich gegen die bürgerliche Gleichstellung aussprachen. Sie befürchteten den Verlust ihrer Abgeschlossenheit und damit ihrer Identität.

Für die Öffnung trat in Westfalen eine Gruppe jüdischer Intellektueller ein, die diesen Prozess als einen Austausch zwischen zwei Kulturen, der christlichen und der jüdischen, verstand. Ihr Wortführer war der Münsteraner Arzt und zeitweilige Professor an der dortigen Medizinischen Akademie, Alexander Haindorf (1782–1862). Im Ancièn régime – so schrieb er 1827 an den westfälischen Oberpräsidenten von Vincke – hätten »beschränkende Gesetze und Verordnungen [die Juden, A. H.] von der Teilnahme an dem allgemeinen Kulturstande ausgeschlossen«. Die Folge sei das Zurückbleiben der jüdischen Kultur gewesen.

Mit der Akkulturation sollte nach Meinung dieser Intellektuellen eine Angleichung der jüdischen Minderheit an die allgemeine Sozialstruktur einhergehen. Sie dachten dabei durchaus wie C. W. Dohm, wenn sie diese Angleichung zwar durch eigene Initiative, aber auch mit Unterstützung des Staates herbeiführen wollten. 1825 hatte deshalb der jüdische Arzt Dr. David Heilbronn (1798–1870) in Minden einen »Verein zur Beförderung von Handwerken unter den Juden« gegründet. Alexander Haindorf schuf nur wenige Monate später mit dem »Verein zur Errichtung einer Schulanstalt für jüdische Schullehrer« ein Institut auf Provinzialebene, in dem der Mindener Verein aufging. Wenn auch dieses Institut zur Ausbildung jüdischer Lehrer und zur Vermittlung jüdischer Lehrlinge in Handwerksberufe keine tiefgreifende berufliche Umschichtung der jüdischen Einwohner Westfalens brachte, so unterstützten doch die zahlreichen Lehrer, die hier im Laufe des 19. Jahrhunderts ausgebildet wurden, die allgemeine Akkulturationsbereitschaft der jüdischen Einwohner Westfalens.[8]

In der preußischen Provinz Westfalen wurden die nach Auflösung des Königreichs Westphalen verordneten Einschränkungen erst ganz allmählich aufgehoben. 1843 hatte der siebte Rheinische Landtag von der Regierung gefordert, die völlige Gleichstellung der Juden herbeizuführen. Zum ersten Mal hatte sich damit ein politisches Gremium Preußens für die uneingeschränkte Integration ausgesprochen. Daraufhin meldeten die konservativen Kreise Widerstand an. In Minden mobilisierte der Regiments-Auditeur Marcard die Bauern auf dem Lande und die Gastwirte, Handwerker und kleinen Ladenbesitzer in der Stadt gegen die Emanzipation der Juden. Religiöse Motive wurden vorgeschoben, und ein läppischer Vorfall in einem jüdischen Geschäft zum

Anlass für ein Pogrom gegen jüdische Kaufleute genommen. Auch in anderen Städten Westfalens und auf dem Land kam es zwischen 1843 und 1848 zu wiederholten tätlichen Angriffen auf die Juden.

Für die Provinz Westfalen brachte 1847 der Allgemeine Preußische Landtag die *Freizügigkeit* für Juden innerhalb der preußischen Grenzen, bestätigte das aktive und passive Wahlrecht für die kommunalen Parlamente, hob darüber hinaus alle einschränkenden Gewerbegesetze auf, schloss die jüdischen Bürger aber weiterhin von allen Staatsämtern, ständischen Rechten und der akademischen Laufbahn, von einigen Fakultäten abgesehen, aus. In der Revolution von 1848 sahen die meisten auch religiös bestimmten Juden eine *Wende* gekommen. Sie kämpften nun nicht mehr nur für die eigene Sache, sondern für die Allgemeinheit. »Unsere Sache«, so schrieb damals der Frankfurter Rabbiner Leopold Stein, »ist eins mit der Sache des Vaterlandes, sie wird mit ihr siegen und fallen«. Junge jüdische Intellektuelle, wie der später in der Pädiatrie weltbekannte Mindener Arzt Abraham Jacobi (1830–1919), kämpften für die radikale Demokratie; er wurde, wie auch andere seiner westfälischen Glaubensbrüder, nach dem Sieg der Reaktion eingekerkert. Auch wenn das Paulskirchenparlament nach einer fulminanten Rede des Hamburger Juristen Gabriel Riesser (1806–1863) die Gleichstellung der Juden offiziell beschloss, so folgten dem die einzelnen Länderregierungen keineswegs. Die oktroyierte Verfassung von 1849 bestimmte zwar: »Der Genuß der bürgerlichen und staatsbürgerlichen Rechte ist unabhängig von dem religiösen Bekenntnisse«, doch setzte die preußische Regierung unterstützt von Konservativen, diesen Verfassungsanspruch nicht in die Verfassungswirklichkeit um. Gegen alle Versuche der Konservativen, diesen Verfassungsanspruch per Gesetz wieder rückgängig zu machen, wehrten sich die jüdischen Einwohner Westfalens in einem Petitionssturm an den preußischen Landtag. Wie sie in ihren Eingaben betonten, fühlten sie sich als »Theil des großen Volkes«, als »Preußen mit Gut und Blut«, als »Juden der Kirche, jedoch als Preußen dem Staat gegenüber«. Erst durch das Gesetz des Norddeutschen Bundes vom 3.7.1869, das aus einem einzigen Artikel bestand, wurden »alle noch bestehenden, aus der Verschiedenheit des religiösen Bekenntnisses hergeleiteten Beschränkungen der bürgerlichen und staatsbürgerlichen Rechte [...]aufgehoben«. Seit 1871 galt diese Bestimmung für das Deutsche Reich. Die Emanzipation, das meint die bürgerliche Gleichstellung, war damit erreicht.[9]

Das traditionelle westfälische Judentum des Ancièn régime erlebte im 19. Jahrhundert in zwei entscheidenden Umbruchphasen einen gravierenden Wandel. Die erste Umbruchphase erfolgte in der napoleonischen Ära und der Dekade danach (ca. 1806–1830), die zweite in der Hochindustrialisierungsphase (ca. 1870–1890). Die erste Phase war geprägt durch die Auflösung des traditionellen Judentums, die zeitweilige politische und rechtliche Gleichstellung, durch einen ersten Urbanisierungsschub, eine weitgehend freie Gewerbeordnung und den Versuch, sich der allgemeinen Kultur und der allgemeinen Sozialstruktur anzupassen. Die zweite Phase bedingte durch die Hochindustrialisierung einen weiteren Urbanisierungsschub und eine Anpassung an die sich stärker differenzierende Berufsstruktur. Wie verhielten sich die Juden als Gruppe in diesem Prozess? Inwieweit sind sie um 1900 überhaupt noch als eine eigene Gruppe mit einem spezifischen Traditionsbewusstsein und einer spezifischen Berufsstruktur in Westfalen auszumachen?

Zählten die westfälischen Juden im 19. Jahrhundert weitgehend zu den liberalen in Deutschland und war deshalb bei den Orthodoxen diese Provinz als *trefenes* Westfalen verschrien, so verhielten sie sich in ihrer ökonomischen und sozialen Entwicklung eher konservativ. Verglichen mit den Bedingungen der kurzen Gleichstellungsphase (1808–1813), die die jüdische Bevölkerung Westfalens für einen ersten Urbanisierungsschub genutzt hatte, versuchte die preußische Provinzregierung die durch Gesetz garantierte Freizügigkeit auf dem Verwaltungsweg wieder einzuschränken und die Juden in eine Sonderstellung abzudrängen. Sie wurde dabei von weiten Kreisen der Bevölkerung, vor allem auf dem Land, unterstützt. Für die bäuerliche Bevölkerung wurden die jüdischen Einwohner zum *Antisymbol*; ihr wirtschaftlicher Aufstieg kontrastierte mit dem eigenen Abstieg, der durch die hohen Abgaben infolge der preußischen Agrarreform und die fallenden Getreidepreise bedingt war. Doch waren bei dem *Güterschacher* weniger die jüdischen Kaufleute die Gewinner, vielmehr der Adel, der mit dem Vorwurf vom *jüdischen Wucher* die Konkurrenz der jüdischen Kaufleute zu beseitigen versuchte, als diese ihm beim ungehinderten Erwerb bäuerlichen Landbesitzes, der nach 1820 bei öffentlichen Versteigerungen angeboten wurde, in die Quere kamen. Der Oberpräsident von Vincke hatte in Berlin eine Kabinettsorder (20.9.1836) durchgesetzt, die den Juden in den westfälischen Kreisen Paderborn, Buren, Warburg und Höxter den Erwerb bäuerlicher Grundstücke verbot, »wenn dieselben nicht selbst und mit jüdischem Gesinde bewirtschaftet werden«.

Der Erwerb bäuerlichen Grundbesitzes zur Selbstbewirtschaftung durch Juden unterblieb in Zukunft; doch das war nicht allein durch diese Kabinettsorder bedingt, sondern widersprach auch der eigenen ökonomischen Tradition. Eine Ausnahme bildete hier der Steinheimer Kaufmann Lippmann Lilienthal, der 1839 in dieser Gemeinde den sogenannten Paradieshof für 6.700 Taler erwarb und ihn mit einem Knecht bewirtschaftete. Daneben behielt er sein Geschäft bei und gab schließlich 1861 die Landwirtschaft wieder auf. Zum Landaufkauf durch jüdische Händler zwecks Weiterverkaufs kam es erst wieder nach 1855, als das Gesetz aufgehoben wurde. Auch aus anderen Teilen Westfalens ist der Erwerb von Grund und Boden durch jüdische Geldleiher aufgrund von Konkursen bäuerlicher Besitzer nachweisbar. Wiederholt kam es in Westfalen in der ersten Hälfte des 19. Jahrhunderts zu antijüdischen Protesten, für die immer wieder religiöse Motive vorgeschoben wurden, wie 1843 in Minden. Hier nutzte der Regiments-Auditeur Marcard die antijüdische Stimmung, um zum ersten Mal ein judenfeindliches Programm zu erfassen, das die Juden aus dem christlichen Staat ausschließen sollte. Zu seinen Anhängern zählten Handwerker, Gastwirte, Krämer und Bauern.[10]

Unter diesen politischen und gesellschaftlichen Vorgaben verlief die soziale und ökonomische Entwicklung der westfälischen Juden in der ersten Hälfte des 19. Jahrhunderts unter gewissen Schwierigkeiten. Umso bemerkenswerter ist der Aufstieg dieser Minderheitsgruppe aus ihrer ökonomischen und sozialen Marginalexistenz zu mehrheitlichem Wohlstand.

Die preußische Provinz Westfalen erfuhr zwischen 1821 und 1925 eine Bevölkerungszunahme um 430 %, während die Zunahme des jüdischen Bevölkerungsteils nur ca. 208 % betrug (0,9 % : 0,45 % der Gesamtbevölkerung). Den größten Anstieg hatte der Regierungsbezirk Arnsberg zu verzeichnen, da hier die Industriestädte des Ruhrgebiets liegen. Bis 1910 hatte der jüdische Bevölkerungsanteil in der Provinz eine höhere Abwanderungs- als Zuwanderungsrate, so dass der Zugewinn, der trotzdem zu verzeichnen ist (1825: 11.142–1910: 21.036 jüdische Einwohner), durch Geburtenüberschuss erzielt worden sein muss; der Anteil der westfälischen an der preußischen Gesamtjudenschaft blieb mit 3,37 (1871) und 3,52 % (1900) ziemlich konstant.

Der Urbanisierungsgrad des jüdischen Bevölkerungsanteils lag im 19. Jahrhundert konstant über dem der übrigen Einwohner, und zwar für 1858 im Hinblick auf die Einwohnerzahl für Städte über 5.000 Einwohner; für Gesamteinwohner: 12,5 %; für jüdische Einwohner: 18,2 %.

Während in der entscheidenden Urbanisierungsphase 1871 bis 1895 der allgemeine Bevölkerungsanteil der westfälischen Stadtgemeinden um 575 % (497.315 auf 2.686.379 Einwohner) anwächst, erlebt der Anteil der jüdischen Stadtbewohner nur einen Anstieg um 30,75 % (10.955 auf 14.323 Einwohner). Dagegen erfuhr er in dieser Phase in den Landgemeinden eine Abnahme um ca. 20 %, während die allgemeine Bevölkerungszunahme hier bei plus 34 % liegt (1.276.347 auf 1.713.138; Juden: 6.290 auf 5.036 Einwohner).

Betroffen von dem Rückgang sind die Landgemeinden, in denen nur vereinzelt jüdische Einwohner lebten, während die kleinen Landstädte mit einer traditionellen jüdischen Gemeinde, in denen die Juden im Wirtschaftsleben eine wichtige Rolle spielten, nicht so stark betroffen waren. Die gesamte Entwicklung der westfälischen Juden blieb dennoch, trotz des westfälischen Urbanisierungsschubs, hinter dem preußischen Durchschnitt zurück. Die jüdischen Einwohner erwiesen sich als relativ bodenständig, wechselten aber von den Dörfern in die Klein- und Mittelstädte.[11]

In ihrer ökonomischen Entwicklung blieb die jüdische Bevölkerung Westfalens im allgemeinen Modernisierungsprozess des 19. Jahrhunderts der traditionellen Berufsstruktur treu. Alle Versuche, die in der ersten Hälfte des Jahrhunderts zum Beispiel durch die Marks-Haindorf-Stiftung unternommen wurde, ihre Sozialstruktur der allgemeinen anzupassen, scheiterten und wurden schließlich aufgegeben. Mit den Berufszielen, die hierbei angestrebt wurden, hätten sie auch kaum eine Qualifizierung im modernen Industrialisierungsprozess erreicht. Es war durchaus sinnvoller, dass sie ihre in Jahrhunderten erworbenen ökonomischen Fähigkeiten in den Entwicklungsprozess des 19. Jahrhunderts einbrachten und damit den Modernisierungsprozess eher förderten, als dies auf dem Umweg über eine Anpassung an die traditionelle allgemeine Sozialstruktur möglich gewesen wäre. Diese Anpassung unterblieb also. Um 1900 glich die Berufsstruktur der westfälischen Juden deshalb der aller anderen Juden in Deutschland, nicht aber der Gesellschaft in Westfalen. Hier ist noch am ehesten so etwas wie die Konsistenz einer jüdischen Gruppe auszumachen, auch wenn es von den einzelnen Juden so nicht gesehen wurde.

Was die Entwicklung der westfälischen Juden in der modernen Industrie- und Dienstleistungsgesellschaft in der zweiten Hälfte des 19. Jahrhunderts betrifft, so verhielten sie sich trotz des *Vorsprungs* ebenfalls wieder recht konservativ. Sie behielten ihre traditionellen Handelsberufe bei, entwickelten sie aber entsprechend den neuen Gegebenheiten weiter und begründeten damit ihren angemessenen Wohlstand. Das gilt für den Geldhandel, den Kleider- und Manufakturhandel und auch für den Vieh- und Kornhandel.

Infolge der schlechten Verkehrsbedingungen und damit zusammenhängend der fehlenden größeren Speditions- und Kommissionsgeschäfte blieb bis 1850, verglichen mit dem Rheinland, das Bankgewerbe in Westfalen relativ unbedeutend. Wo es vorhanden war, ging es weitgehend auf jüdische Initiative zurück. Die Privatbanken jüdischer Besitzer in Westfalen haben erheblich zur Infrastruktur- und Industriefinanzierung, der Region beigetragen: so das Bankhaus Romberg in Iserlohn beim Ausbau des Bahnnetzes, die Hammer Kaufleute und Bankiers Meyer und Bacharach beim Ausbau der Gasbeleuchtung. Das Hammer Bankhaus Gerson war der Hauptfinanzier der dortigen Industrie und des Handels, das Wittener Bankhaus Hanf trug zur Finanzierung des Bergbaus bei. Moritz Hanf ist als einziger jüdischer Zechenbesitzer in Westfalen bekannt. In Minden gründete der Bankier Salomon Philip Wolf(f) ers die Mindener Gaskompagnie und wurde um 1850 Präsident des Gewerberates. Die »christliche« Umgebung vermochte die Leistungen jüdischer Bankiers kaum gerecht einzuschätzen, sondern versuchte, die jüdischen Unternehmen zu boykottieren, vor allem in den katholischen Gebieten während der Kulturkampfzeit, vorab in Münster/Westfalen.

Ein weiterer Bereich, in dem Westfalens Juden ihre traditionellen Geschäftserfahrungen im Modernisierungsprozess des 19. Jahrhunderts verwerten und weiterentwickeln konnten, war der Getreide- und Viehhandel. Mit der Herausbildung des Ruhrgebiets verlagerte sich der Vieh- und Kornhandel jüdischer Kaufleute aus den kleinen Landgemeinden nach Münster, Soest, Hagen und vor allem nach Dortmund, das seit 1888 das Zentrum des westfälischen Kornhandels bildete. Der bedeutendste Vertreter dieser Branche war der Dortmunder Kaufmann Isidor Goldschmidt, Mitinhaber eines Agenturgeschäfts in Landprodukten. Goldschmidt war der Initiator der westfälischen Getreidebörse in Dortmund, die seit 1888 das Ruhrgebiet mit Getreide versorgte. Verglichen mit dem Wohlstand der jüdischen Bankiers Westfalens waren die Getreidehändler als Gruppe nicht so gut gestellt. Sie fungierten weitgehend als Aufkäufer auf lokalen Märkten; unter den nicht-jüdischen Bürgern galten sie als »gute und solide Familien«. Ähnliches gilt auch für die zahlreichen jüdischen Viehhändler Westfalens, die nicht im Exporthandel tätig waren, sondern die Verbindung zwischen dem lokalen Viehhandel (weitgehend auf den Dörfern) und den städtischen Schlachthäusern, auch denen des Ruhrgebiets, herstellten.

Ein dritter traditioneller jüdischer Geschäftszweig, in dem sich die jüdischen Kaufleute Westfalens der modernen Entwicklung öffneten, war der Konfektions- und Manufakturwarenhandel. In den meisten größeren Städten Westfalens stellten jüdische Unternehmer die führenden Konfektions- und Manufakturwarengeschäfte. Dabei handelte es sich weitgehend nicht um große Warenhäuser, sondern um die sogenannten »führenden Geschäfte am Platz«. Vom Textilhandel und -verlag aus gelang jüdischen Kaufleuten auch der Einstieg in die industrielle Produktion, während dergleichen im Kohle- und schwerindustriellen Sektor nicht erfolgte. Vor allem in Bocholt belegten in der zweiten Hälfte des 19. Jahrhunderts jüdische Industrielle Spitzenpositionen in diesem Industriezweig. Firmengründungen jüdischer Unternehmer in anderen Städten blieben dagegen eher Einzelfälle. Fast allen gemeinsam war jedoch die Herkunft aus dem Textilhandel.

Insgesamt lag 1907 der Anteil der in Industrie und Gewerbe tätigen Juden Westfalens mit 20,54 % um 3,96 % unter dem preußischen Durchschnitt (24,5 %), dagegen in der Sparte Handel und Verkehr mit 10 % deutlich über dem preußischen Mittel (59 % zu ca. 49 %). Die traditionelle Haltung der westfälischen Juden hinsichtlich ihrer Berufsstruktur zeigt sich auch darin, dass die zukunftsträchtigen Dienstleistungsberufe – trotz des starken Ausbaus dieses Sektors in dieser Provinz – nur von 3,8 % der westfälischen Juden gegenüber 6,84 % im preußischen Durchschnitt ausgeübt wurden. Sie bildeten damit das Schlusslicht in der jüdischen Statistik Preußens. Wie bei den anderen jüdischen Familien in Deutschland, so ist auch in Westfalen eine starke Hinwendung zu akademischen Berufen festzustellen. Diese Entwicklungstendenz kündigte sich in Minden schon in der ersten Hälfte des 19. Jahrhunderts an.[12]

Fragen wir zusammenfassend nach den Verhaltens- und Reaktionsweisen der jüdischen Einwohner Westfalens im Emanzipations- und Modernisierungsprozess, so zeigt sich ein sozialer Aufstieg in ein liberal geprägtes Bürgertum. Im religiösen Bereich findet diese Einstellung ihre Entsprechung in einer weitgehenden Übereinstimmung mit dem Reformjudentum. Im ökonomischen Beruf bleiben die Juden Westfalens ihren traditionellen Berufssparten treu: der Geldleihe, dem Korn-, Vieh-, Textil- und Manufakturwarenhandel. Die Erfahrung, die jüdische Kaufleute in diesen Branchen seit Jahrhunderten gesammelt hatten, zahlte sich bei dem ersten Modernisierungsschub zu Beginn des 19. Jahrhunderts aus. Trotz der Hindernisse, die ihnen auch jetzt noch in den Weg gelegt wurden, gelang ihnen in der ersten Hälfte des 19. Jahrhunderts der Aufstieg zum wohlsituierten Mittelstand, teilweise auch zum Großbürgertum (Banken, Textilfabrikation). Weniger flexibel reagierten die jüdischen Bürger Westfalens – von den Textilfabrikanten und den Kornhändlern abgesehen – dagegen auf den zweiten Modernisierungsschub, der in den 1870er Jahren mit der Hochindustrialisierung einsetzte. Eine gewisse Stagnation ist nicht zu verkennen. Neue Chancen, die die Diversifikation des Handels durch die Industrialisierung brachte, wurden kaum genutzt. Man versuchte sich weitgehend als Ladeninhaber in den herkömmlichen Branchen zu behaupten. Als besonderes Zeichen für Mobilität ist auch nicht das sich verstärkende Überwechseln in akademische Berufe anzusehen.

Innovative Leistungen der jüdischen Minderheit im Hinblick auf die Hochindustrialisierung in Westfalen sind vor allem im tertiären Sektor auszumachen, so in der Kreditbeschaffung für die Industrie und das Verkehrswesen, für die modernen Stadttechniken in den Mittel- und Großstädten, ferner in der Versorgung der industriellen Großmärkte mit Getreide und Vieh. Während im Getreidehandel dabei von bahnbrechenden Innovationen gesprochen werden kann (Gründung der Dortmunder Getreidebörse weitgehend durch jüdische Mitglieder), entwickelte sich der Viehhandel nicht über die herkömmliche Vermittlung zwischen Produzenten und dem städtischen Schlachthof hinaus.

Kaum ein Engagement jüdischer Bürger ist in den neuen Branchen der Schwer- und Kohleindustrie zu verzeichnen, es sei denn vereinzelt als Mitglieder in Aufsichtsräten, wo vor allem jüdische Bankiers zu finden sind. Im sekundären Sektor engagierten sich jüdische Bürger vor allem in der Textilindustrie, was wohl weitgehend in dem traditionellen Textilhandel begründet liegt.

Die Mehrzahl der Juden Westfalens war um 1900 ökonomisch und sozial arriviert. Am gesellschaftlichen Leben, dem Vereins- und Sozietätswesen nahmen sie voll teil, worauf in Lebenserinnerungen und Gemeindechroniken immer wieder stolz hingewiesen wird. Desgleichen am politischen Leben in den Stadtversammlungen und Magistraten. Es bleibt abschließend die Frage, inwieweit die jüdischen Bürger Westfalens neben der Teilnahme am kulturellen System des Bürgertums ein eigenes kulturelles System behaupteten.

Versuchte die kleine Gruppe der orthodoxen Juden Westfalens ein relativ geschlossenes kulturelles System des Judentums zu bilden, so war für die liberalen eher typisch, in mehreren kulturellen Systemen zu leben. Neben Positionen in den bürgerlichen Gesellschaften, Vereinen und politischen Gremien nahm man durchaus auch Funktionen in den jüdischen Gemeindevorständen wahr und engagierte sich für spezifisch jüdische Stiftungen. 1932 gab es bei ca. 21.600 jüdischen Einwohnern Westfalens, die in 117 Orten lebten und in 72 Verbandsgemeinden (ohne Austrittsgemeinden) zusammengeschlossen waren, nur noch 22 jüdische Volksschulen, in denen nur noch 952 Kinder unterrichtet wurden. Das Gros jüdischer Kinder erhielt an den öffentlichen Schulen Religionsunterricht.

Die Entwicklung einer modernen Industriegesellschaft hatte die alte jüdische Autonomie zerstört und auch die Intensivierung des jüdischen Gemeinde- und Familienlebens erschwert. Die moderne Gesellschaft erforderte und ermöglichte ein Leben in mehreren Kulturen. Nur die wenigsten Juden Westfalens sahen zu Beginn des 20. Jahrhunderts darin einen Widerspruch. Kaum einer glaubte das jüdische Leben in Gefahr. Die jüdischen Bürger Westfalens lebten in dem Bewusstsein, wie es programmatisch der aus Westfalen stammende Dichter Jakob Loewenberg (1856–1929) 1914 in seinem autobiografischen Roman kennzeichnete: »Aus zwei Quellen«. Die geistige und kulturelle Existenz der Juden in Westfalen wurde bestimmt durch die liberale jüdische Tradition wie durch die Kultur der Gesamtgesellschaft.[13]

Die nicht-jüdische Gesellschaft hatte der jüdischen Minderheit – so kann man rückblickend feststellen – die Emanzipation nicht leicht gemacht. In zahlreichen Protestaktionen des Vormärz sperrten sich dörfliche Gemeinden oder bürgerliche Vereine gegen die Gleichstellung und damit gegen die Integration. Es gab aber auch Anerkennung für die akkulturativen Bemühungen der jüdischen Minderheit. Hierzu sind die finanziellen Unterstützungen der Bemühungen Haindorfs durch christliche Bürger zu rechnen wie auch die Petitionen der Stadtparlamente in Bielefeld, Paderborn und Hamm/W. für die bürgerliche Gleichstellung. In den 1860er waren dann die Stimmen in der Minderheit, die die Gleichstellung zu verhindern suchten. Der Durchbruch war gelungen. Doch schon bald drohte ein erneutes Infragestellen der bürgerlichen Gleichstellung der Juden, die in Westfalen ihre Wurzeln im katholischen Antisemitismus der Kulturkampfzeit und im protestantischen Antisemitismus der Stoecker-Bewegung hatte.[14]

Arno Herzig
Jüdische Akkulturationsvorstellungen
Das Konzept von Alexander Haindorf

Der öffentliche Diskurs richtete sich in den 1820er Jahren in Preußen gegen die Juden, deren Kulturwilligkeit und -fähigkeit in Zweifel gezogen wurde. Den jüdischen Salons der späten Aufklärungszeit, in denen die Standes-, Geschlechter- und Religionsbarrieren aufgehoben schienen, folgte als Gegenentwurf die christlich-deutsche Tisch-Gesellschaft, die »im Modell reformständischer Staatsauffassung« (Frühwald) nun wieder Geschlecht und Religion zum Aufnahme- bzw. Ablehnungskriterium machte. Die Juden sollten kulturell ausgegrenzt werden. Verhöhnt wurden wie bei Brentano nicht nur die »jüdischen Teetische mit Theaterzetteln und ästhetischem Geschwätz«, sondern generell »Humanität und Aufklärung«.[1] Die Figur Nathans des Weisen wurde in einem Stück von Julius von Voß (1804) »auf das Niveau des alten, schmuddeligen und kleinkarierten Krämers zurückgestuft« (Bayerdörfer), sprachlich aber auf ein pedantisch mit Hebraismen angereichertes Judendeutsch festgelegt, wofür Voß dann auch gleich das Glossar lieferte. In wohlgesetztem Kontrast zum Auftreten des Vaters steht das bildungsbeflissene Bühnendeutsch Rechas, das nicht nur wegen des Kontrasts zum Judendeutsch des Vaters zur Karikatur wird. Hier wie in dem von Hardenberg verbotenen Stück »Unser Verkehr« von Karl Borromäus Sessa wurden alle Akkulturationsbemühungen der Juden zynisch zur Farce gestempelt, Akkulturationsbemühungen, die nach Ansicht dieser Autoren und des ihnen Beifall spendenden Publikums nur Besitzgier, Machtlust und Gewinnsucht verdecken sollten.[2]

Rahel Varnhagen hat in einem Brief an ihren Bruder Ludwig Robert (24.8.1819) diese kulturellen Ausgrenzungen durch Arnim, Brentano und das Stück »Unser Verkehr« für den Judensturm dieses Jahres verantwortlich gemacht und dies auch auf die »Deutschtümelei« der Professoren Rühs und Fries und die neue Frömmigkeit der Romantik bezogen. Es muss offenbleiben, inwieweit es hier direkte Bezugspunkte gab. Doch trugen Intellektuelle und Dichter ganz erheblich zu einer judenfeindlichen Stimmung bei, die die Hemmschwelle gegenüber Juden besonders tief setzte.[3]

Dem öffentlichen Diskurs versuchten die jüdischen Intellektuellen des 1819 unter der Ägide des Juristen Eduard Gans gegründeten Vereins für Cultur und Wissenschaft entgegenzusteuern. Auch sie stellten die Rückständigkeit der jüdischen Kultur nicht in Frage.[4] Doch versuchten sie, wie es in den Statuten des Vereins heißt: »die Juden durch einen von innen heraus sich entwickelnden Bildungsgang mit dem Zeitalter und den Staaten, in denen sie leben, in Harmonie zu setzen«. Akkulturation bedeutete für sie keineswegs die Preisgabe der jüdischen Kultur zugunsten der europäischen bzw. deutschen Kultur. Deshalb sammelten und publizierten sie die alten hebräischen Schriften, um die jüdische in die europäische Kultur einzubringen. Der Religion aber wollten sie, wie Eduard Gans 1821 erklärte, ihren eigenen Bezirk und der klaren und reinen Vernunft in ihrem Gebiet die Herrschaft lassen. Sie war eine Sache des Gemüts und gehörte in den Bezirk des Familienlebens, wie selbst Leopold Zunz (1794–1886), von 1820 bis 1822 Prediger am reformierten Jacobsonschen Tempel in Berlin, meinte. Damit reduzierten sie zwar die jüdische Religion zu einer Konfession, nicht aber das Judentum, das als eigenständiger kultureller Faktor in die europäische Kultur eintrat.[5]

Eine der bedeutendsten jüdischen Persönlichkeiten des ehemaligen Culturvereins, die sich gegen den Vorwurf der Kulturunwilligkeit wendete, war der Münsteraner Arzt und Professor an der dortigen chirurgischen Lehranstalt, Alexander Haindorf (1782–1862), der die Rolle der jüdischen Kultur im Rahmen der europäischen Kultur in einem interessanten Brief an den westfälischen Oberpräsidenten von Vincke umriss.[6] Die gesellschaftlichen Vorbehalte gegen die angebliche Akkulturationsunfähigkeit der jüdischen Minderheit fanden ihren Niederschlag in den Gutachten zahlreicher preußischer Beamten; sie hätten das Judentum am liebsten beseitigt. In der Ausweisung der Juden aus dem Land, der Ansiedlung in geschlossenen Judendörfern oder der erzwungenen Taufe sahen sie vielfach die einzige Möglichkeit, die

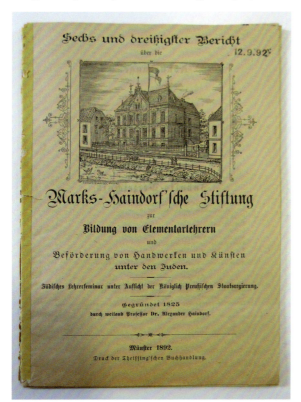

36. Jahresbericht der Marks-Haindorf-Stiftung von 1892 (Jüdisches Museum Westfalen)

»Judenfrage« wie es zeitgenössisch hieß, zu lösen.⁷ Neben der großen Armut war es v. a. die kulturelle Rückständigkeit der Juden, die als Argument herhalten musste. Schon Christian Wilhelm von Dohm hatte 1781 in seiner Schrift Über die bürgerliche Verbesserung der Juden die jüdischen Schulen scharf kritisiert und eine Reform empfohlen.⁸ Vinckes Verhältnis zu den Juden und dem Judentum war ambivalent. Er schätzte zwar das Engagement Haindorfs, plädierte aber auch dafür, die Juden zur Taufe zu zwingen.⁹

Bedingten die Säkularisierungstendenzen des Berliner Culturvereins einerseits die Entwicklung der Wissenschaft vom Judentum, so war andererseits die Sorge um die Verbesserung des jüdischen Schulwesens eine der wichtigsten Aufgaben, die die ehemaligen Mitglieder des Vereins in Angriff nahmen. Haindorf hatte deshalb in Münster nicht nur eine Schule gegründet, sondern auch ein jüdisches Lehrerseminar ins Leben gerufen, um auch von jüdischer Seite den Ansprüchen der preußischen Schulreform zu entsprechen. Seinen Plan einer Koedukationsschule mit jüdischen und christlichen Schülern musste er jedoch auf Einspruch des preußischen Königs hin nach den ersten Jahren aufgeben. Da die Schule durch Mittel eines Trägervereins finanziert werden musste, baute Haindorf ein weitverzweigtes Vereinsnetz auf. Die Mitglieder wurden zu festen Spenden aufgefordert, die jährlich geleistet werden sollten, um die kontinuierliche Bezahlung der jüdischen und christlichen Lehrer zu garantieren. Der Unterstützung dieses Vorhabens diente auch der Brief Haindorfs an Vincke vom 16. Mai 1827. Haindorf reagierte mit diesem Brief auf die Stellungnahme der westfälischen Provinziallandstände, die sich 1826 mit der »Judenfrage« in recht abfälliger Art befasst und entsprechende »Verbesserungsvorschläge« unterbreitet hatten.¹⁰

Waren Dohms Vorstellungen in den Kreisen der deutschen Aufklärung auf große Reserve ja Ablehnung gestoßen, so hatten sie andererseits bei den jüdischen Aufklärern ein positives Echo gefunden. Die von Dohm geforderte Veränderung der jüdischen Sozialstruktur zur Hebung der Moral unter den Juden wurde nicht etwa skeptisch beurteilt, sondern als positive Forderung übernommen. Dohms Herleitung der gedrückten Situation der Juden aus den eingeschränkten Bedingungen, die ihnen die christliche Gesellschaft auferlegte, wurde von den jüdischen Aufklärern ebenfalls so gesehen. Diese Begründung bildet auch das Hauptargument in Haindorfs Analyse. Er tritt wie Dohm für eine Erziehungsemanzipation ein. Die jüdischen Kinder sollten allmählich auf die Höhe christlicher Bildung gebracht werden, diese aber nicht einfach übernehmen. Haindorf gebraucht in diesem Zusammenhang eine Metapher aus der Chemie: Die »Amalgamierung« des Christentums und des Judentums, von der Haindorf in diesem Zusammenhang spricht, meint nichts anderes als dass beide zwar in eine enge Beziehung treten, jeder Teil aber seine Eigenheit behalten sollte. Der christlichen Bildung und Kultur wird dabei eine gewisse Schrittmacherfunktion zuerkannt, da sich die jüdische Kultur zu lange isoliert hatte und deshalb zurückgeblieben war. Als gemeinsames Ziel gilt für Haindorf die »wahre Bildung ohne Vorurteile«, ein Ziel, das auch die »Christliche Bildung« noch nicht erreicht hat.

Porträt von Dr. Alexander Haindorf, um 1840/50. Lithografie von Heinrich Auling (LWL-Landesmuseum für Kunst und Kulturgeschichte, Münster)

Haindorf schätzte den Bildungsrückstand der »jüdischen Nation« seiner Zeit durchaus realistisch ein, war aber aufgrund der jüngsten historischen Erfahrung optimistisch, dass die Juden ihren Bildungsrückstand bald aufholen würden. Gegen den allgemeinen außerjüdischen Diskurs vertrat er die Meinung von der sich allmählich vollziehenden Akkulturation der Juden bei Berücksichtigung der eigenen jüdischen Kultur. Diese Meinung vertrat er in seinen jährlich erscheinenden Schulschriften auch gegenüber dem allgemeinen Diskurs. Durch eine rege Teilnahme an der europäischen Kultur sollte die Isolierung der Juden in der Gesellschaft aufgehoben werden.¹¹

Die jüdische Kultur als Teil der europäischen Kultur, das war Haindorfs Ziel. Die europäische Kunst des Mittelalters faszinierte ihn. So war er einer der bedeutendsten Kunstsammler Westfalens. Bis zu seinem Tod war seine Bildersammlung auf nahezu 400 Gemälde angewachsen, darunter befanden sich die Fragmente mittelalterlicher Altäre. Der Maler Wilhelm von Kügelgen, der ihn 1842 besuchte, schreibt darüber in seinen Lebenserinnerungen: »Sein ganzes Haus ist angefüllt mit Bildern, Waffen, Schnitzwerk und Altertümern aller Art, daß er für sich selbst nur einen kleinen Winkel übrig behalten hat.«¹²

Die mittelalterliche jüdische Kultur, wie sie sich in den alten Synagogen und den jüdischen Buchmalereien dokumentierte, war Haindorf und den anderen Vertretern des Culturvereins im Vormärz noch nicht bewusst. Ein jüdischer Historismus entwickelte sich erst in den 1850er Jahren.

Die Alte Synagoge Dortmund (1900–1938)

Im Zuge der bürgerlichen Gleichstellung der Juden wurden in den letzten Jahrzehnten des 19. Jahrhunderts auch in Westfalen repräsentative Synagogen in historistischen Baustilen errichtet. Für ein neues Selbstbewusstsein spricht die Lage dieser Synagogen an hervorgehobenen Plätzen der Städte, die sie zu beliebten Postkartenmotiven werden ließ. Selbst in kleineren Städten errichteten die Jüdischen Gemeinden Bethäuser, die bald – wie sich an den beliebten »Potpourri-Karten« erkennen lässt – als die wichtigsten Sehenswürdigkeiten neben Kirche, Rathaus, Schule und Gasthaus galten. So auch in Dortmund: Um die Mitte des 19. Jahrhunderts wurde in Dortmund der Wunsch nach einem repräsentativen Synagogengebäude laut. In zentraler Lage, am Hiltropwall, dem Standort des heutigen Dortmunder Theaters, konnte ein Grundstück erworben. In einem Architekturwettbewerb setzte sich der Regierungsbaumeister der preußischen Bauverwaltung, Eduard Fürstenau, mit einem neugotischen Kuppelbau durch, der sich an der gegenüberliegenden Oberpostdirektion, die 1895 im neugotischen Baustil errichtet wurde, orientierte. Bei der Eröffnung des Gebäudes am 8. Juni 1900 sprach der damalige Dortmunder Oberbürgermeister, Dr. Karl Wilhelm Schmieding, in seiner Eröffnungsrede von einer »Zierde für die Stadt, für Jahrhunderte erbaut«. Mit 1.300 Plätzen war die Synagoge zu ihrer Zeit eines der größten jüdischen Bethäuser im deutschen Reich. Nach der Machtergreifung 1933 wähnte sich Dortmund auf dem Weg zur Hauptstadt eines »Gaus Westfalen« mit entsprechenden Prunkbauten im Sinne der nationalsozialistischen Ideologie. Die örtliche Leitung der NSDAP bezog gegenüber der Synagoge Quartier und zwang die jüdische Kultusgemeinde zum Verkauf des Grundstücks. Die Kaufsumme wurde nach dem vermeintlichen Kauf beschlagnahmt. Noch vor den Novemberpogromen 1938 begann die Demontage. Am 19. Oktober 1938 erfolgte die Sprengung der Kuppel, im Dezember 1938 war der Abriss vollzogen.

Die Dortmunder Synagoge – Beispiele aus der Postkartensammlung des Jüdischen Museums Westfalen

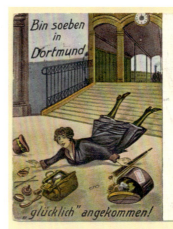

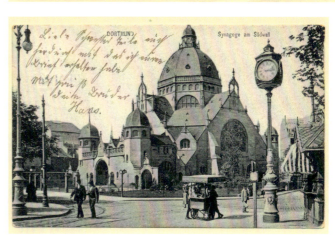

Die Alte Synagoge Dortmund (1900–1938)

Lore Shelley
»Der Dank des Vaterlands ist Euch gewiss!«
Aus der Postkartensammlung meiner Tante Grete Weinberg[1]

Verlobungsfoto von Grete Sternberg (1899 Werther – 1943 ermordet) und Alfred Weinberg (1894 Werther – 1943 Auschwitz) (Gabriela Shelley, New York)

Während der Naziherrschaft der 1930er Jahre war ich das einzige jüdische Kind in meiner Heimatstadt Lübbecke, einer kleinen Kreisstadt am nordöstlichen Rand der Provinz Westfalens. Deshalb habe ich es besonders geliebt, wenn ich meine Verwandten in Werther, dem Geburtsort meiner Mutter besuchen durfte. Ich war begeistert, dass meine Mutter mir in meinem jungen Alter erlaubte mich ganz allein auf den Weg zu machen. Für gewöhnlich nahm ich den Postbus nach Löhne, erwischte den Expresszug Berlin – Köln – Paris für die kurze Reise nach Bielefeld, wanderte dort vom Bahnhof zum Kleinbahnhof und nahm den Bummelzug nach Werther, stets auf der Hut dass ich nicht versehentlich in den Zug nach Jöllenbeck stieg. Als ich etwa zwölf Jahre alt war, bewältigte ich die 40 Kilometer nach Werther über Bünde und Enger mit dem Fahrrad. Mein Koffer lag auf dem Gepäckträger und Yuppi, mein Drahthaarterrier, lief neben mir her oder ruhte sich im Körbchen an der Lenkstange aus.

In Werther hatte ich endlich Spielgefährten: Dort warteten nicht nur meine Vettern Walter und Herbert, sondern auch weitere nichtjüdische Kinder auf mich. Im antisemitischen Klima von Lübbecke war das damals schon undenkbar. Die ganze Atmosphäre in Werther schien entspannter. Meine Tante Grete und mein Onkel Alfred (der Bruder meiner Mutter) verkehrten noch mit Nichtjuden. Sie sahen optimistisch in die Zukunft und glaubten, dass die schwierigen Zeiten nicht lange andauern und dass die Nazis bald nicht mehr an der Macht sein würden.

Mein Onkel, dessen Familie seit 1710 in Werther lebte, fühlte sich der Stadt sehr verbunden und konnte sich mit dem Gedanken an eine Auswanderung nicht anfreunden. Folglich hatte er auch keine ernsthaften Vorbereitungen getroffen, Deutschland zu verlassen – bis es dann zu spät war. Am 31. März 1942 wurde die ganze Familie, gemeinsam mit einer anderen Tante und deren zwei Töchtern, mit dem zweiten Transport von Bielefeld aus deportiert.

Nach Meynert und Schäffer[2] ist nicht eindeutig geklärt, ob der Transport nach Lublin oder zum Warschauer Ghetto gegangen ist. Der Internationale Suchdienst (ITS) gibt Warschau als Bestimmungsort der Zwangsverschickung an. Das Stadtregister verzeichnet nur »Evakuieren mit dem unbekannten Bestimmungsort« oder einfach »Transport nach Osten«.

Dieser Transport bestand aus eintausend Juden aus dem Bezirk der Staatspolizeileitstelle Hannover, aus Bielefeld kamen 325 Juden hinzu. Von diesen 325 Juden stammten 45 Personen direkt aus der Stadt Bielefeld, ihre Deportation ist durch das Rathaus (Einwohnermeldeamt) verzeichnet worden – und nur einer hat überlebt. Dieser einzige Überlebende war Robert Levi aus dem kleinen Ort Schlangen, er ist 1985 gestorben. In einem Interview hat er bestätigt, dass der Transport in das Warschauer Ghetto führte. Deshalb können wir davon ausgehen, dass die Familie meines Onkels dorthin deportiert wurde. Wir haben nie wieder irgendein Lebenszeichen von ihnen erhalten. Sie sind alle entweder im Warschauer Ghetto oder in einem der Vernichtungslager zugrunde gegangen.

Nach dem Krieg habe ich die Gräber meiner Familie in Deutschland regelmäßig besucht. Als ich noch in Italien lebte, kam ich jährlich, später von den Vereinigten Staaten aus etwa alle drei Jahre. Auf diese Weise habe ich meine Heimatstädte Lübbecke und Werther in der Nachkriegszeit an die 20 Mal gesehen. Mein Erstaunen war deshalb groß, als während meines Besuchs in Werther vor drei Jahren ein früherer Nachbar zu mir kam und mir ein Album überreichte, das meiner Tante Grete gehört hatte. Es enthielt eine Postkartensammlung, die sie während des Ersten Weltkriegs zusammengestellt hatte, als sie noch ein junges Mädchen war. Etwas Vergleichbares hatte ich noch nie gesehen. Natürlich wusste ich, dass Menschen alles Mögliche sammeln wie etwa Fotos von Filmstars oder Fußballspielern, Briefmarken oder Münzen. Diese hochpatriotische Sammlung jedoch stammte von einer Jüdin, die vermutlich in den Gaskammern eines nationalsozialistischen Vernichtungslagers von Angehörigen eben dieser von ihr so bejubelten Nation umgebracht worden ist. Das mit unendlicher Loyalität und Bewunderung für das Heimatland zusammengestellte Album erschien mir geradezu unanständig und unendlich traurig.

Meine Tante Grete Weinberg wurde 1899 geboren. Ihr erstes Lebensjahrzehnt war zugleich das erste des neuen Jahrhunderts, und damals »waren die meisten deutschen Juden der Überzeugung die Chancen für die jüdische Integration in die deutsche Kultur seien noch nie so günstig gewesen.«[3] »Germans and Jews entered into a period called, perhaps a shade too cheerfully, ›the German Jewish Symbiosis‹«[4], oder wie Robert Weltsch schrieb, »die Verflechtung der jüdischen Existenz mit der deutschen Umwelt hatte in diesen Jahren einen Höhepunkt erreicht.«[5]

Am 7. August 1914, dem Tag, an dem die Mobilmachung für den Ersten Weltkrieg unterzeichnet wurde, veröffentlichte der »Centralverein deutscher Staatsbürger Jüdischen Glaubens« einen Aufruf in der *Jüdischen Rundschau*, der wichtigsten jüdischen Zeitung in Deutschland: »Glaubensgenossen! In schicksalernster Stunde ruft das Vaterland seine Söhne unter die Fahnen! Dass jeder Jude zu den Opfern an Gut und Blut bereit ist, ist selbstverständlich ...«. Unterzeichner waren der Reichsverband der Deutschen Juden und die Zionistische Vereinigung für Deutschland. Beide Organisationen forderten ihre Mitglieder auf, die *feldgraue* Uniform anzuziehen, und die deutschen Juden hörten es und meldeten sich in Scharen als Freiwillige. Von den 500.000 in Deutschland lebenden Juden dienten etwa 100.000 in der Armee, bei der Marine oder der Luftwaffe. 80.000 von ihnen waren an der Front stationiert, 12.000 fielen, 35.000 wurden befördert – über 2.000 erhielten den Offiziersrang, obwohl Juden in Preußen nicht einmal Reserveoffiziere werden konnten – und 1.159 wurden zu Sanitätsoffizieren befördert.

Zu Beginn des Krieges glaubte die Mehrheit der deutschen Juden, dass ihr enthusiastischer Kriegseinsatz schließlich zu ihrer vollständigen Integration in die deutsche Gesellschaft führen würde.

Kaiser Wilhelm II hatte in seiner Thronrede erklärt: »Ich kenne keine Parteien mehr, ich kenne nur noch Deutsche! Zum Zeichen dessen, dass Sie fest entschlossen sind, ohne Parteiunterschied, ohne Stammesunterschied, ohne Konfessionsunterschied durchzuhalten, mit mir durch dick und dünn, durch Not und Tod zu gehen, fordere ich die Vorstände der Parteien auf, vorzutreten und mir das in die Hand zu geloben.«

Und dennoch erfüllte sich die Hoffnung auf Integration nicht. Stattdessen streuten antisemitische Vereinigungen das Gerücht, Juden würden sich vor dem Dienst an der Front drücken und gar Profit aus dem Krieg ziehen. 1916 veranlasste das Preußische Kriegsministerium die sogenannte »Judenzählung«, in der Fragen gestellt wurden wie: Wie viele Juden haben sich freiwillig gemeldet? Wie viele sind an der Front gefallen? Wie viele haben das Eiserne Kreuz I oder Eiserne Kreuz II erhalten? Und dann weigerte sich das Ministerium die Ergebnisse dieser Erhebung zu veröffentlichen und erklärte, sie seien nur als Informationen für das Kriegsministerium gedacht. Die Geheimhaltung führte zu allen erdenklichen Gerüchten und bot neues Material für antisemitische Propaganda. Die deutschen Juden reagierten mit Enttäuschung, Verbitterung und Verzweiflung.

Grete Weinbergs Postkartensammlung muss nicht im Einzelnen kommentiert werden, sie ist selbsterklärend. Nur einige wenige Karten sind beschrieben und übermitteln konkrete Nachrichten, meist Grüße zum Geburtstag, guten Wünsche zum Neuen Jahr, Grüße aus dem Kur- oder Urlaubsort, Danksagungen für Frontpäckchen oder Jungmädchenkonversationen wie »Wie war deine letzte Tanzstunde?« und ähnliches. Eine eifrige Mitsammlerin, Else Mergentheim aus Leer in Ostfriesland, bezieht sich in ihren Kommentaren manchmal auf das Motiv der Postkarte: »Ich habe noch keine Königin Luise besorgen können« oder »Wie gefällt Dir der Landsmann Emmich?« oder »Herta (Gretes Schwester) wird demnächst den tapferen Westfalen Otto von Weddigen von mir bekommen« oder »Die Karte soll Dich an Preußens große Zeit erinnern!«. Verwandte und Freunde steuerten Postkarten mit leicht ironisch gefärbten Nachrichten zu Gretes Sammlung bei, etwas: »Für die Vergrößerung Deiner Kriegsvetternansichtskartensammlung. Auf der Rückseite die Unterstützer des Vaterlandes. Die Kameraden sind Kollegen aus Elber-

Grete und Alfred Weinberg in Werther (Gabriela Shelley, New York)

»Der Dank des Vaterlands ist Euch gewiss!«

feld.« Die meisten Nachrichten bestanden allerdings aus Plattitüden: »Wie geht es Dir? Hoffentlich wunschgemäß!« oder »Mir geht es gut – Du weißt ja: Schlechten Menschen geht es immer gut!« und so weiter.

Die Postkarten stammen von unterschiedlichen Postkartenherstellern, darunter Kriegspostkarten des schwedisch-deutschen Grafikers Brynolf Wennerberg, Kriegserinnerungskarten von Dr. Trenkler und Co. oder Tuck's Postkartenserie zur Hundertjahrfeier der Befreiungskriege. Viele wurden als Wohlfahrtskarten zur Unterstützung der Kriegsanstrengungen herausgegeben, etwa vom Marinefonds der Nationalstiftung, (Verkaufspreis 10 Pf., von denen 3 Pf. an die Nachkommen gefallener Marinesoldaten gehen), eine Serie von Wohlfahrtskarten »Der große Krieg 1914/15«, oder eine Kriegspostkarte des Deutschen Frauenvereins zur Pflege und Hilfe für Verwundete im Kriege (mit Erlaubnis ihrer Majestät der Kaiserin), Wohlfahrtskarten zum Besten des Vereins der Kriegsblinden und viele mehr.

Auf einigen Karten finden sich genaue Angaben, wie die Anschrift eines Soldaten abzufassen ist, ganz im Sinne der teutonischen Neigung zur Pedanterie. Die populärste Postkartengruppe scheinen die Abbildungen von Generälen gewesen zu sein, wenn man von ihrer Häufigkeit in der Sammlung ausgeht. Es finden sich dort mehr Generalsporträts als sämtliche Darstellungen von Armee-, Marine- und Luftwaffenoffizieren zusammen ergeben.

Beispiele aus der mehrere hundert Postkarten umfassenden Sammlung (Slg. Gabriela Shelley, New York)

»Der Dank des Vaterlands ist Euch gewiss!«

»Der Dank des Vaterlands ist Euch gewiss!«

Christine G. Krüger
»Mein Vaterland! Wie's mich durchschauert ...«
Jüdischer Patriotismus im 19. und beginnenden 20. Jahrhundert

Jakob Loewenberg mit seiner Frau Jenny geb. Stern und seinen Söhnen Ernst Lutwin und Richard Detlev, um 1901 (Slg. Sylvia Kempf)

Mein Vaterland! Wie's mich durchschauert
Bei deines Namens heil'gem Klang!
Mein ward, um was ich tief getrauert
In finstrer Zeiten Sturm und Drang.
Nicht bist du frei mir zu gefallen
Als Menschenrecht, als göttlich Gut:
Ich hab heiß um dich gerungen
In schwerem Kampf mit Schweiß und Blut.

Und schallt es nun aus Red' und Schriften;
Du Fremdling, fort, aus unsern Reih'n!
Das Leben könnt ihr mir vergiften,
Die Seele bleibt mir treu und rein.
Ihr könnt mir das Gefühl nicht rauben,
Das freudigstolz die Brust mir schwellt;
Trotz euer: *Deutschland über alles,*
Ja, über alles in der Welt![1]

Dieses 1902 publizierte Gedicht des westfälischen Dichters Jakob Loewenberg ist charakteristisch für den deutsch-jüdischen Patriotismus vor 1933. Mit seinem Patriotismus wollte Loewenberg dem Antisemitismus die Stirn bieten, obwohl er genau sah und es ihn quälte, dass die deutschen Juden sich seit einem Jahrhundert vergeblich darum bemühten, mit ihrem Bekenntnis zu Deutschland auch die nichtjüdischen Deutschen zu überzeugen. Für die Mehrzahl der Nichtjuden blieben, wie Löwenberg in dem Gedicht beklagt, die Juden Fremde. Die jüdischen Hoffnungen auf Integration und Emanzipation wurden immer wieder enttäuscht.

Wie konnten die Juden an ihrem Bekenntnis zu Deutschland festhalten, obwohl sie über ein Jahrhundert lang damit wieder und wieder auf Abweisung stießen? Der deutsch-jüdische Patriotismus erweckt heute in der öffentlichen Debatte, aber auch in der Forschung immer wieder Erstaunen und teilweise auch Zweifel – nun freilich nicht mehr, weil die Zugehörigkeit der Juden zu Deutschland bestritten wird, sondern weil man nur schwer versteht, dass sie sich trotz der fortdauernden Enttäuschungen zu Deutschland bekennen konnten.

Das Unverständnis liegt vor allem darin begründet, dass wir heute wissen, wie grausam all die Bemühungen der deutschen Juden um ihre Integration in die deutsche Gesellschaft scheiterten. Im Rückblick scheint die Judenfeindschaft die Vertreibung und Ermordung der deutschen Juden vorgezeichnet zu haben. Mitunter wird diese Entwicklung als eine zwangsläufige betrachtet. Das Unverständnis erklärt sich zum anderen daraus, dass Patriotismus gesellschaftlich an Bedeutung verloren hat. Die Parole »Deutschland über alles«, mit der Loewenbergs Gedicht endet, findet sich heute nur noch in rechtsradikalen Zirkeln. In Loewenbergs Zeit hingegen bestimmte sie das Nationalgefühl eines Großteils der Deutschen.

Auch wenn der deutsch-jüdische Patriotismus aus heutiger Perspektive unverhältnismäßig und unverständlich erscheinen mag, ist es verfehlt, ihn als Naivität abzutun. Im Folgenden soll analysiert werden, weshalb deutsche Juden trotz immer erneuter Enttäuschungen bis in die Nazi-Zeit hinein an ihm festhielten. Außerdem wird dargelegt, inwiefern sich dieser Patriotismus aufgrund der Außenseiterstellung der Juden von demjenigen nichtjüdischer Deutscher unterschied. Dazu wird zunächst untersucht, wie konkurrierende Definitionen von Nationszugehörigkeit das patriotische Bekenntnis der Juden prägten. Zweitens wird die Rolle von Kriegen für den jüdischen Patriotismus beleuchtet. Drittens wird danach gefragt, wie Nichtjuden auf den jüdischen Patriotismus reagierten und wie sich ihre Reaktionen wiederum auf den jüdischen Patriotismus auswirkten.

Nationskonzepte

Der Nationsgedanke, der sich seit dem ausgehenden 18. Jahrhundert durchsetzte, erlangte im Laufe des 19. Jahrhunderts eine enorme Wirkmacht, weil er gesellschaftliche Teilhabe und Rechtsgleichheit versprach, wie es sie in der Ständegesellschaft nicht gegeben hatte. Es ist daher kein Zufall, dass die Idee der Judenemanzipation zur gleichen Zeit aufkam wie der Nationalismus. Viele Juden hofften, dass das Ideal der Rechtsgleichheit auch für sie gelten werde. Emanzipationsgegner bestritten allerdings die Zugehörigkeit der Juden zur Nation und damit auch ihr Anrecht auf die Staatsbürgerrechte.

Die unterschiedlichen Vorstellungen über die Nationszugehörigkeit der Juden lagen darin begründet, dass diese auf verschiedene Weisen definiert werden kann: Die drei gängigsten Definitionen sind über das Bekenntnis zur Nation, über die gemeinsame Kultur oder über die ethnische Abstammung. Da die Juden nach dem ethnischen Nationskonzept grundsätzlich aus der Nation ausgeschlossen wurden, beriefen sie sich in der Regel auf die beiden anderen Konzepte. In Deutschland nahmen sie damit aber im Laufe des 19. Jahrhunderts zunehmend eine Außenseiterstellung ein, da unter nicht-jüdischen Deutschen das ethnische Nationskonzept immer mehr Anhänger fand.

Allerdings waren auch die beiden anderen Nationskonzepte für Juden nicht unproblematisch. Das kulturelle Nationsverständnis erforderte eine Definition von Kultur, und diese war von subjektiven Präferenzen und Wahrnehmungen abhängig. So konnten etwa Juden ausgegrenzt werden, wenn der Religion eine wichtige Bedeutung zugesprochen wurde. Dies war bei dem preußischen Konzept eines »christlichen Staates« der Fall. Jüdische Wortführer betonten demgegenüber vor allem die nicht-religiösen Aspekte der Kultur, das heißt Wissenschaft, Sprache, Literatur und Kunst.

Auf dem kulturellen Nationskonzept fußte außerdem das in den meisten deutschen Staaten verfolgte Konzept der konditionellen Emanzipation, das den Juden zwar grundsätzlich die rechtliche Gleichstellung versprach, aber nur unter der Bedingung einer kulturellen Anpassung. Selbst Nichtjuden, welche die Emanzipation befürworteten, glaubten, bestimmte jüdische Eigenheiten seien unvereinbar mit einer deutschen Nationalität. Diese angeblichen Defekte schöpften sie gewöhnlich aus dem Fundus antijüdischer Stereotypen: So hielten sie den Juden ihre berufliche Konzentration auf Handel und Wirtschaft vor, und sagten ihnen Wucher und Korruption nach. Viele Nichtjuden forderten, dass sich die Juden zunächst der Staatsbürgerschaft »würdig« erweisen müssten, bevor diese ihnen verliehen werden könne. Sie forderten, dass die vermeintlichen jüdischen Wesensmerkmale zuerst abgelegt werden müssten. Damit aber wurde jede Verbesserung des Rechtsstatus der Juden an die willkürlichen Maßstäbe und Urteile der nichtjüdischen Entscheidungsträger geknüpft. Die Emanzipation erfolgte in den meisten deutschen Staaten nach diesem Muster. Sie wurde nicht sofort vollständig vollzogen, wie dies in Frankreich während der Französischen Revolution und unter napoleonischer Herrschaft auch in Westfalen der Fall war, sondern schrittweise je nach dem von den Nichtjuden wahrgenommenen Assimilationsfortschritt.

Forderten Nichtjuden die kulturelle Assimilation, schloss dies das Bekenntnis zur deutschen Nation mit ein. Mit ihren Loyalitätsbekundungen wollten Juden beweisen, dass sie der Staatsbürgerschaft würdig seien. Der jüdische Patriotismus war also mit dem Konzept der konditionellen Emanzipation durchaus vereinbar. Er konnte jedoch auch als versteckte Kritik an ihm eingesetzt werden. Jüdische Wortführer versicherten immer wieder, dass die *Dankbarkeit* über die verliehenen Rechte ihren Patriotismus bestärke. Nachdem etwa den preußischen Juden 1812 die Staatsbürgerschaft verliehen worden waren, betonten die Ältesten der Berliner Gemeinde in einer Dankadresse an den preußischen König:

> Unsere Voraelteren haben von jeher mit unerschütterlicher, nie wankender Treue die Pflichten des Unterthanen erfüllt. Das Giebt die Geschichte Zeugniß. Um wie viel stärker und unauflöslicher wird das neue Band den Bürger an die *geheiligte Person Ew. Königlichen Majestät* und an das Vaterland fesseln, da nun zur Ehrfurcht und Liebe sich die höchste Dankbarkeit gesellt.[2]

Mit dieser Argumentation drehten sie das Prinzip der konditionellen Emanzipation um: Wenn zuerst die Rechte verliehen würden, würde die Assimilation folgen. Dies entsprach eher der Definition der Nationszugehörigkeit über das Bekenntnis.

Allerdings hatte auch eine solche Argumentation für deutsche Juden ihre Tücken. Denn solange ihre gesellschaftliche und rechtliche Gleichstellung unvollständig blieb, erschien auch Dankbarkeit unbegründet. Für die Juden in Westfalen ergab sich noch das besondere Problem, dass sie die rechtliche Gleichstellung durch Jerôme Napoléon erhalten hatten. Tatsächlich hatten westfälische Juden ihm während seiner Herr-

Erinnerungstuch an den Gottesdienst zu Yom Kippur vor Metz 1870, nach einem Motiv von Hermann Junker, entstanden während des deutsch-französischen Krieges 1870/71. Darstellung des Yom Kippur Gottesdienstes, an dem 1.200 deutsch-jüdische Soldaten teilnahmen, darüber in hebr. und dt. »Haben wir nicht Alle einen Vater? Hat uns nicht Alle ein Gott geschaffen?« In den vier Ecken ist eine Hymne auf den Gottesdienst abgedruckt, die dem Rabbiner Ludwig Philippson zugeschrieben wird. (Mindener Museum für Geschichte, Landes- und Volkskunde)

Abraham, genannt Albert Rosenbaum aus Raesfeld während seiner Militärdienstzeit beim (4. Westfälischen) Infanterie-Regiment Graf Barfuß Nr. 17 im lothringischen Mörchingen, im Bild rechts außen (Slg. Adalbert Friedrich, Raesfeld)

schaftszeit ihre Dankbarkeit und Loyalität versprochen. Für Judenfeinde war dies ein Zeichen der nationalen Unzuverlässigkeit.

Es finden sich aufgrund dieser Problematik immer wieder auch jüdische Autoren, die betonten, dass ihr Patriotismus nicht an ihre gesellschaftliche Stellung gebunden sei. Bei der Einweihung eines Gefallenendenkmals in einem jüdischen Waisenhaus in Paderborn 1871 betonte etwa der Rabbiner in seiner Ansprache:

> Wahrlich wir dürfen es bekennen, selbst in den trübsten düstern Zeiten des politischen Druckes und schnöder Rechtsverkümmerung, wo [...] einer nicht im Andern den ebenbürtigen Bruder zu erkennen vermochte, da selbst fühlte Israel im patriotischen Herzen für das Land, das Ruhe gönnte, dem Ballen seines müden Fusses, nannt's Vaterland, ob's auch nicht Vater- und Mutterliebe übte.³

Die Bestimmung der Nationszugehörigkeit über das patriotische Bekenntnis barg schließlich noch ein weiteres Problem: Denn, wie eine jüdische Zeitung 1870 bedauerte, »Gefühle lassen sich nicht erweisen.«⁴ Ein Bekenntnis konnte auch als Lippenbekenntnis abgetan werden. Das erklärt die Bedeutung, die die Kriegsteilnahme für Juden erhielt: Denn die Bereitschaft, für das Vaterland zu sterben, schien den Patriotismus unwiderleglich unter Beweis zu stellen.

Patriotismus im Krieg

Als eine der wichtigsten Voraussetzungen für die Verleihung von Staatsbürgerrechten galt der Kriegsdienst. Emanzipationsgegner bestritten indes die Militärtauglichkeit der Juden: Vor allem drei Argumente nannten sie immer wieder. Erstens erblickten sie in der jüdischen Religion ein Hindernis für den Militärdienst. Besonders die Sabbatruhe und die Speisevorschriften seien nicht mit dem Kriegsdienst vereinbar, hieß es immer wieder.⁵ Zweitens unterstellten Emanzipationsgegner, dass die Juden, weil sie auf die in der Thora verheißene Rückkehr nach Palästina warteten, keine national gesinnten und loyalen Soldaten sein könnten. Drittens schließlich argumentierte man, die Juden seien aufgrund ihrer angeblich mangelnden Körpergröße oder -konstitution zum Militärdienst ungeeignet. Allen drei Argumenten widersprachen jüdische wie nichtjüdische Emanzipationsbefürworter.

Der Militärpflicht wurde von den jüdischen Wortführern eine besonders große Bedeutung beigemessen: An erster Stelle sei es der Kriegsdienst, welcher die Juden zu vollwertigen Staatsbürgern mache. In der Zeitschrift *Sulamith* hieß 1816, nach den sogenannten Befreiungskriegen, in denen erstmals jüdische Soldaten in deutschen Armeen ins Feld gezogen waren: »Nachdem nun aber überall in Deutschland die Israeliten an der Verteidigung des Vaterlandes den pflichtmäßigen Anteil genommen und sich mit den Waffen in der Hand als Bürger bewährt haben, so sind sie eben dadurch auch zu Bürgern wirklich geworden.«⁶

Auf dieses Verständnis von Nationszugehörigkeit und Staatsbürgerschaft beriefen sich deutsche Juden bis ins 20. Jahrhundert hinein. Prägnant formulierte in den 1830er Jahren der deutsch-jüdische Politiker Gabriel Riesser: »Es gibt nur eine Taufe, die zur Nationalität einweihte: das ist die Taufe des Bluts in dem gemeinsamen Kampf für Freiheit und Vaterland!«⁷ Als 1842 unter Berufung auf das Prinzip des christlichen Staates diskutiert wurde, eine neue Judenordnung zu erlassen, die unter anderem auch die Militärpflicht für Juden aufheben sollte, brach in der jüdischen Öffentlichkeit ein Proteststurm aus. »Eine Dispensation vom Militärdienst [...] würde eine völlige Vernichtung des Staatsbürgerrechtes enthalten«, schrieb etwa der Historiker Isaak Markus Jost.[8]

Auch wenn deutsche Juden erkannten, dass das Prinzip in der Praxis für sie keine Geltung hatte, ließen sie nicht davon ab, auf seine Richtigkeit zu pochen. 1857 hieß es in einer Geschichtsdarstellung:

> Der Befreiungskampf von 1813–14 und das Blut der jüdischen Jünglinge, die für Deutschlands Befreiung freudig in den Tod gingen, hat vor dem Richterstuhl der Geschichte den Bund feierlich und unauflöslich besiegelt, den die Bekenner des Judenthums mit ihrem neuen Vaterlande geschlossen. [...] Der deutsche Jude ist seit jenen Tagen ein Deutscher, möge ihn das Landesgesetz als solchen anerkennen oder nicht.[9]

In ihrer Geschichte der allgemeinen Wehrpflicht urteilt die Historikerin Ute Frevert, dass jüdische Dienstleistende in ihrer vaterländischen Begeisterung »geradezu vorbildliche Soldaten« gewesen seien.[10] Tatsächlich teilten wohl viele jüdische Soldaten die patriotische Einstellung, mit dem Eduard Kley und Carl Siegfried Günsburg, zwei jüdische Studenten, 1813 an ihre Glaubensgenossen appellierten. In ihrem *Zuruf an die Jünglinge, welche den Fahnen des Vaterlandes folgen*, forderten diese auf, mit der freiwilligen Meldung die Dankespflicht für die verliehenen Staatsbürgerrechte zu erfüllen:

> Jetzt Brüder! Jetzt ist der Augenblick gekommen, wo ihr bezahlen, wo ihr mit eurem Blut, mit eurem Leben danken könnet; jetzt ist der Zeitpunkt da, wo ihr beweisen müsset, dass ihr nicht unwerth seyet dieser Huld, dass ihr dem König und dem Vaterlande nicht weniger ergeben seyd als eure anderweitigen Mitbrüder [...].[11]

Bis in den Ersten Weltkrieg hinein sollten deutsche Juden von nun an immer wieder betonen, dass ihr soldatischer Einsatz ihre Loyalität unter Beweis stelle.

Während religiöse Bedenken gegen die Kriegsbeteiligung von Juden schon zu Beginn des 19. Jahrhunderts in der Regel aufgegeben wurden, bereitete ihnen der Umstand, dass im Krieg Juden gegen Juden kämpfen mussten, weit größere Gewissensqualen.[12] Für die deutschen Juden war es überdies besonders schwierig zu rechtfertigen, dass die Kriege sich immer wieder gegen Frankreich richteten. Damit bekämpften sie das Land, das eine Vorreiterrolle in der Juden-Emanzipation einnahm und das ihnen daher seit der Französischen Revolution als Vorbild galt. Die deutschen Juden konnten nicht bestreiten, dass die Stellung ihrer französischen Glaubensgenossen in vielen Punkten besser war als in Deutschland. Juden in Frankreich hielten ihren deutschen Glaubensgenossen daher vor, gegen die gemeinsame jüdische Sache zu kämpfen.

Gefangennahme eines Franctireur-Offiziers 1870 durch den jüdischen Dragoner Louis Lesser aus Berlin (Künstlerpostkarte, Motiv von Hermann Junker, Frankfurt/M. 1900)

Viele Juden versuchten diesem Dilemma zu entgehen, indem sie Krieg und Nationalismus zu humanisieren suchten, soweit dies möglich erschien. Gerade weil Juden in allen Armeen kämpften, schrieben viele deutsch-jüdische Autoren ihnen eine besondere Friedensmission zu. Auch hier kann uns der Jakob Loewenberg als Beispiel dienen. 1896 forderte er in einer Rede:

> Die Grenzpfähle unseres Landes, und sei es noch so groß, dürfen nicht die Grenzpfähle unseres Menschentums sein. In diesem Sinne sind wir international und wollen es sein. Wir sind zerstreut unter alle Völker, und obgleich wir mit den engsten Banden mit ihnen verbunden sind, es spielen daneben doch noch unsichtbare, zarte Fäden herüber und hinüber zwischen Juden und Juden. Ist es nicht ein schöner Traum, wenn wir hoffen und wünschen,

Heimkehr des Freiwilligen aus den Befreiungskriegen zu den nach alter Sitte lebenden Seinen (Jüdisches Museum, New York)

daß sie dereinst als Kettenfäden dienen zum Gewebe der Völker- der Menschenverbrüderung?[13]

Und noch während des Ersten Weltkrieges äußerte er die Hoffnung, der Jude »der weit umhergetrieben, der alle Länder und Völker kennt, möchte der Mittler zwischen den Völkern werden, der ihre Leiden und Qualen erfahren, möchte sie verknüpfen zu einem Bund, zu einem Friedensbund«.[14] Trotz des in Deutschland immer stärker und aggressiver werdenden Militarismus, beschwören viele deutsche Juden die Ideale von Frieden, Völkerverständigung und Kosmopolitismus. Auch Aufrufe gegen Hass und Feindschaft finden sich im Krieg wie im Frieden bei deutsch-jüdischen Autoren deutlich häufiger als sonst in der deutschen Öffentlichkeit. Überdurchschnittlich viele Aktivisten der im ausgehenden 19. und beginnenden 20. Jahrhundert noch kleinen Friedensbewegung waren Juden, so zum Beispiel auch Jakob Loewenberg.

Die nichtjüdischen Reaktionen

Ich komme zu meinem dritten Teil, den nichtjüdischen Reaktionen auf den jüdischen Patriotismus. Der jüdische Patriotismus stieß bei vielen Nichtjuden auf Anerkennung, insbesondere während Kriegszeiten. Sowohl in den sogenannten Befreiungskriegen, wie auch in den Einigungskriegen und schließlich im Ersten Weltkrieg wurden jüdische Soldaten ausgezeichnet und in Offiziersränge befördert. Dennoch gelang es nicht, bei Judenfeinden die verbreiteten antijüdischen Zweifel an der Loyalität der Juden zu zerstreuen. Im Laufe des 19. Jahrhunderts wurden die traditionellen Vorbehalte durch ethnische Argumente ergänzt, die den Bemühungen der Juden, die Nationszugehörigkeit über Kultur oder Bekenntnis zu definieren, keinen Raum ließen. Der Antisemitismus wurde im ausgehenden 19. Jahrhundert immer stärker und aggressiver. Judenfeinde deuteten dabei auch die jüdischen Appelle an Frieden und Völkerverständigung als Zeichen mangelnden Patriotismus und sahen sich damit in ihrer Überzeugung bestätigt.[15]

Bei den Juden erweckten Auszeichnungen und Beförderungen jüdischer Soldaten während der Kriegszeiten Hoffnungen auf eine Besserung der rechtlichen und gesellschaftlichen Stellung. Doch schon nach den Befreiungskriegen mussten die Juden herbe Rückschläge im Emanzipationsprozess einstecken: Der den Kriegsteilnehmern versprochene Anspruch auf eine Anstellung in den Staatsdienst galt für sie nicht. Und auch die Offizierslaufbahn wurde für Juden wieder verschlossen. Nach den Einigungskriegen erlebten die Juden wieder Enttäuschungen: Zwar waren sie seit 1869 in Preußen und 1871 dann im gesamten deutschen Reich rechtlich gleichgestellt. Die Diskriminierung bei der Vergabe von höheren Staatsämtern war damit jedoch nicht beendet. Jakob Loewenberg ist hierfür abermals ein Beispiel. Er wurde nicht zum höheren Schulamt im Staatsdienst zugelassen. Auch der Erste Weltkrieg brachte schließlich eine herbe Enttäuschung. 1916 wurde aufgrund antisemitischer Zweifel am patriotischen Einsatz der Juden die sogenannte »Judenzählung« angeordnet, mit der überprüft werden sollte, wie viele Juden im Felde standen. Für die deutschen Juden war dies eine harsche Demütigung.

Trotz dieser immer neuen Rückschläge richteten viele deutsche Juden ihren Blick eher auf die Zeichen der zunehmenden gesellschaftlichen Integration und der schrittweisen Verbesserung ihrer rechtlichen Stellung. Wie so viele ihrer Zeitgenossen vertrauten sie auf den Fortschritt. Als Beispiel für den Fortschrittsoptimismus lässt sich nochmals Jakob Loewenberg anführen. 1912 schrieb er:

> Die Entwicklung der Menschheit schreitet langsam vorwärts, aber sie schreitet vorwärts. [...] vor 100 Jahren erhielten wir die Bürgerrechte. Nach abermals hundert Jahren – wir haben hoffen und warten gelernt – wird es vielleicht keinem einzigen mehr einfallen, zu bezweifeln, daß wir Deutsche sind, wie denn schon heute ungezählte der besten und feinsten Geister es nicht tun. Nur dürfen wir unsrer Menschenwürde nichts vergeben, nur müssen wir uns selber als Deutsche fühlen und als Deutsche wirken – trotz alledem.[16]

Fazit

Die Analyse des jüdischen Patriotismus soll nicht dazu verleiten, diesen als instrumental in einen Gegensatz zu einem wie auch immer gearteten nicht-instrumentalen Patriotismus zu stellen. Ebenso wie für die Juden war auch für Nichtjuden der Nationalismus deshalb so attraktiv, weil er Teilhabe versprach. Und ebenso wie die Nichtjuden deuteten deutsche Juden den Patriotismus als ein natürliches Gefühl, das vor allem durch die Liebe zur deutschen Kultur entstehe, mit der sie sich geschichtlich verbunden sahen. Das nationale Bekenntnis war für sie, wie die Historikerin Shulamit Volkow betont, »im Herzen gefühlt«.[17]

Wer den deutschen Juden vorhält, dass sie trotz der fortdauernden Enttäuschung an ihrem Patriotismus festhielten, verkennt, wie wirkmächtig das nationalistische Partizipationsversprechen war, welches staatsbürgerliche und nationale Teilhabe in Aussicht stellte. Juden, die an der Emanzipation interessiert waren, konnten sich dieser Verheißung kaum entziehen: Sie mussten ein patriotisches Bekenntnis abliefern, auch und gerade, wenn sie – wie in Deutschland – nur eine Teilemanzipation erfahren hatten und staatlich und gesellschaftlich weiterhin diskriminiert wurden. Fortschrittsgläubig wie so viele ihrer Zeitgenossen hofften sie, dass der Lauf der Geschichte früher oder später ihren Integrationsbemühungen Erfolg verleihen werde.

Die Enttäuschung über Antisemitismus und Emanzipationsdefizite ließen ihren Patriotismus indes nicht ohne Ambivalenzen. Dass auch Loewenberg diese verspürte, kann man schon seinem Gedicht *Mein Vaterland* entnehmen. 1917, angesichts der wachsenden Judenfeindschaft im Ersten Weltkrieg, schrieb er in seinem Tagebuch:

> Ob wohl so ein Leutnant, ein Vorgesetzter ahnt, was in der Seele einer solchen jungen [jüdischen] Kriegers vorgeht? In der Seele eines jungen Juden, der hochgesinnt seine Pflicht bis zum äußersten tut u. dem jede Anerkennung versagt wird, weil er Jude ist: die Kameraden brauchen nur gegen den äußeren Feind zu kämpfen, brauchen nur ihr Leben zu wagen und zu opfern, aber er muß auch gegen den innern kämpfen, muß die Zweifel seine Seele unterdrücken, muß sich, was den anderen so selbstverständlich ist, immer wieder sagen: Trotz alledem und trotz euer mein Vaterland![18]

Nur eine Minderheit gab aufgrund solcher Ambivalenzen die Hoffnung auf eine Integration in die deutsche Gesellschaft auf: etwa die Emigranten nach Frankreich in der ersten Hälfte des 19. Jahrhunderts oder die Zionisten im ausgehenden 19. und beginnenden 20. Jahrhundert. Die meisten deutschen Juden indes hielten am deutsch-nationalen Bekenntnis fest. Viele von ihnen bemühten sich aber darum, dem gängigen religiösen und später ethnischen Nationsverständnis einen liberalen Gegenentwurf entgegenzustellen, der auch ihnen die nationale Teilhabe erlaubte und der sich darum bemühte, Nationalismus und Kosmopolitismus zu verbinden.

Wenn diese Ausprägung des jüdischen Patriotismus in der Forschung kommentiert wird, findet sich mitunter das Urteil, die Juden seien »ihrer Zeit voraus« gewesen. Das zeigt, welche Kraft auch heute der Fortschrittsglaube noch besitzt. Dennoch lehrt uns gerade die Geschichte der deutschen Juden, dass Rechtsgleichheit, die Akzeptanz ethnischer oder religiöser Minderheiten und Frieden fragile Güter sind, deren Wahrung keineswegs durch den Fortschritt garantiert ist.

Andreas Meyer
»Oh, welche Luhust, Soldat zu sein«[1]

Otto Meyer war einer von 90.000 Juden, die im Ersten Weltkrieg auf der Seite des Kaiserreichs kämpften. Während seines Kriegsdiensts von 1915 bis 1918 stieg er innerhalb der preußischen Armee vom Rekruten zum Leutnant der Landwehr auf. Nur wenige jüdische Soldaten erreichten einen so hohen Rang. Das Bild zeigt Meyer im Jahr 1915 als Rekrut in Metz. (Slg. Andreas Meyer, Israel)

Mehr als drei Jahre diente Otto Meyer dem Kaiserreich an der Westfront. Nur selten konnte er vom Krieg Heimaturlaub nehmen. Darum schrieb Meyer von der Front regelmäßig seiner Familie. Vielen seiner Feldpostbriefe legte er eigene Fotos oder handgezeichnete Illustrationen bei. Vor allem seine Kinder sollten so leichter verstehen, wohin es den Familienvater plötzlich verschlagen hatte. Dieses Bild von 1918 zeigt Otto Meyer mit seiner Frau Trude und seinen drei Kindern Brigitte, Justus und Heinrich. (Slg. Andreas Meyer, Israel)

Von der Kriegszeit meines Vaters weiß ich vor allem aus einer großen Holzkiste. In sie packte mein Vater, Otto Meyer, 1937 unter anderem Zeichnungen, Fotos, handgeschriebene Briefe – und ein Eisernes Kreuz. Es waren die persönlichen Sachen meines Vaters aus dem Ersten Weltkrieg. Er machte sie und unseren gesamten Hausrat transportfertig, um mit meinen Geschwistern, meiner Mutter und mir auszuwandern – von Rheda in Westfalen nach Nahariya im heutigen Staat Israel.

Drei Jahre nachdem mein Vater von der Front heimkehrte, kam ich auf die Welt. Ich habe nie erlebt, wie es war, als er dem Kaiserreich im Weltkrieg diente, wie meine Mutter zu Hause Tag für Tag auf neue Lebenszeichen wartete und wie meine zwei älteren Brüder und meine im Krieg geborene Schwester damals eigentlich mit der Situation umgingen, ihren Vater möglicherweise nie wieder zu sehen.

Aber: Ich habe die Kiste.

Zwei Dinge machen den Fund nicht nur für mich besonders. Zum einen fotografierte mein Vater an der Front. Auch wenn es – anders als im Zweiten Weltkrieg – in den ersten Jahren des Ersten Weltkriegs kein offizielles Fotografier-Verbot gab, waren private Schnappschüsse eher eine Rarität. Apparate und Filme kosteten damals ein kleines Vermögen. Mein Vater hatte sich allerdings vor Kriegsbeginn eine Kamera, Fotoformat sechs mal neun Zentimeter, gekauft, die er sich von meiner Mutter per Post aus Rheda zuschicken ließ, nachdem er 1915 an die Front geschickt wurde.

Die zweite Besonderheit war die Feldpost, die mein Vater regelmäßig nach Hause schrieb. Um vor allem meinen Geschwistern klarzumachen, wohin es den Vater plötzlich verschlagen hatte, legte er den Briefen nicht nur Fotos bei, sondern illustrierte seine Erlebnisse mit Zeichnungen in Farbe. So bekamen sie fast den Eindruck, dass Papa eigentlich nur auf einem längeren Ausflug war. Er skizzierte sich und seine Kameraden: wie sie sich im Unterstand versteckten, wie sie dort Karten spielten oder wie sie an der Westfront kämpften. Sein Zeichentalent pflegte mein Vater von Kindesbeinen an, es war allerdings nie mehr als ein Hobby.

Nach dem Tod meines Vaters 1954 fing ich an, mich näher mit dem Inhalt der Kiste zu beschäftigen. Einen Teil der Dokumente übernahm mein älterer Bruder Justus, das meiste blieb jedoch bei mir. Sorgsam prüfte ich Bild für Bild, mit meinem ersten Computer digitalisierte ich die alten Fotos und Dokumente, die ich seitdem wie einen Schatz hüte.

Doch noch etwas unterschied meinen Vater von einem Großteil seiner Kameraden: Er war Jude. Von Martin Albrecht, einem Historiker in Berlin, dem ich das Zeitzeugenmaterial gezeigt habe und der sich intensiv mit der Geschichte meines Vaters beschäftigt hat,

»Lieber Justus, lieber Heinrich! Da oben auf dem Bild ist es mal kalt, nicht? Da sitzt ein Häslein im Mondschein mitten im Schnee und friert und denkt: ›Ach, wenn ich doch eine kleine Maus wäre und mich in die Erde verkriechen könnte!‹« Brief von Otto Meyer vom 1. Dezember 1915 an seine beiden Söhne (Slg. Andreas Meyer, Israel)

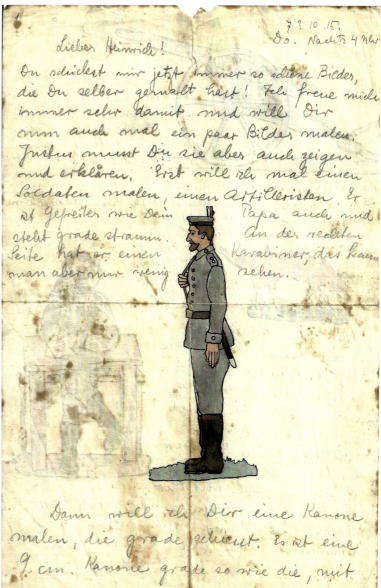

»Lieber Heinrich! Du schickst mir jetzt immer so schöne Bilder, die Du selber gemalt hast! Ich freue mich immer sehr damit und will Dir nun auch mal ein paar Bilder malen. Justus musst Du sie aber auch zeigen und erklären. Erst will ich mal einen Soldaten malen, einen Artilleristen. Er ist Gefreiter wie Dein Papa auch und steht grade stramm. An der rechten Seite hat er einen Karabiner, das kann man aber nur wenig sehen. Dann will ich Dir eine Kanone malen, die grade schiesst. Es ist eine 9 cm Kanone grade so wie die, mit…« (Slg. Andreas Meyer, Israel)

weiß ich: Mein Vater gehörte damit zu einer kleinen Gruppe im kaiserlichen Militär.

Noch 1907 rangierten unter den 33.607 Offizieren und Beamten mit Offiziersrang gerade einmal 16 Juden, recherchierte Albrecht. Der Verein zur Abwehr des Antisemitismus hatte ein paar Jahre vorher festgehalten: »Die Stellung der Juden im deutschen Heere entspricht in keiner Weise dem verfassungsmäßigen Grundsatz konfessioneller Gleichberechtigung.«

Während des Weltkriegs verbesserte sich die Situation leicht: Nun durften auch gläubige Juden wieder Offizier werden. Von den 90.000 Juden, die auf Seiten des Kaiserreichs kämpften, erreichten immerhin etwas mehr als 3.000 diesen Rang. Auch mein Vater sollte einer von ihnen werden.

Seinen Kriegsdienst begann er als Rekrut der preußischen Armee in Metz. Auch wenn mein Vater seine Aufgabe anfangs sicher nicht von ganzem Herzen freiwillig antrat, so war er doch ein Bürger der wilhelminischen Ära: wissbegierig, interessiert an allem Schönen, künstlerisch begabt – und kaisertreu.

Am 11. April 1915, als er mit dem *Rheinischen Fußartillerie-Regiment Nr. 8* an die Westfront zog, schrieb mein Vater voller Tatendrang an meine Mutter: »Ich bin funkelnagelneu feldgrau eingekleidet, habe einen Segeltuchtornister, der mit meiner gesamten Ausrüstung sicher 50 Pfund wiegen dürfte, und freue mich auf die Aussicht, dieses Gewicht dauernd mit mir herumzutragen. Liebchen, nun ist es doch noch schneller gekommen, als ich dachte.« Mehr als drei Jahre sollte es nach diesem Brief dauern, bis er endgültig zurück zu seiner Frau und seinen Kindern konnte.

»Das Geschoss ist ein Schrapnell, das kann man an der blauen Farbe sehen. Wenn das Geschoss braun oder gelb ist, ist es eine Granate. Nun zeichne ich noch einen Fuchs, weil hier in den Wäldern viele davon herumlaufen. Neulich hat ein Offizier mehrere davon geschossen und wir haben sie gegessen. Es hat ganz gut geschmeckt. Nun zum Schluss noch einen Mann, der am Telefon sitzt, im Unterstand, wo es sehr heiss ist und eng und schlechte Luft, und der viel lieber schlafen möchte. Weisst Du wer der Mann ist? Dann sage es Mama leise ins Ohr. Justus kannst Du es aber auch laut sagen. Gieb Mama und Justus einen Kuss und sei selber geküsst von Papa.« Brief von Otto Meyer an seinen ältesten Sohn Heinrich im Oktober 1915 (Slg. Andreas Meyer, Israel)

Für die Ausrüstung der zahlreichen Reserve- und Landsturmtruppen standen lange keine modernen Waffen zur Verfügung. Die Landsturmbatterie meines Vaters benutzte antiquierte Kanonen der Marke Krupp, Kaliber neun Zentimeter, deren Ursprungsmodelle noch auf eine Konstruktion von 1873 zurückgingen. Im Kampf war der entscheidende Nachteil dieser Museumsstücke, dass sie nach jedem Schuss durch die Wucht des Rückstoßes zurückrollten. Mein Vater und seine Kameraden waren daher froh, wenn sie nicht mit ihren Kanonen schießen mussten.

Doch an der Westfront tobte ein verlustreicher Stellungskrieg. Verdun, die Argonnen, Aisne, Marne und Maas – das sind Namen, die für Zehntausende Gefallene auf beiden Seiten stehen. Mein Vater hat diese verheerenden Schlachten miterlebt. Seine Einheit stand aber unter einem guten Stern: Die Truppe meines Vaters wurde hauptsächlich defensiv oder flankierend eingesetzt – und erlitt so vergleichsweise überschaubare Verluste.

Den Alltag an der Front beschrieb mein Vater nach einem Monat so:

Heute ist [...] ein stiller Tag. Meistens haben wir allerdings so einige 20–30 Schüsse am Tag bekommen, die eigentlich zwei Batterien galten, die rechts und links von uns stehen. Unsere eigene Batterie liegt auf freiem Feld hinter einer kleinen Bodenböschung. Eingesehen werden können wir nur durch Fesselballon oder Flieger und das ist enorm schwer. [...] Unsere Unterstände sind der Mühe entsprechend auch sehr fest, 2 Lagen dicke Eichenstämme, darüber Erde, dann 2 Lagen Eisenbahnschienen, darüber wieder Erde.

Seinen gesamten Kriegsdienst über blieb mein Vater an der Westfront. Seine Einheit wurde ab 1916 mehrmals umformiert und wechselnden Divisionen unterstellt, als neues Artilleriematerial die Kriegsführung modernisierte.

So wurden die veralteten Kanonen vom Kaliber neun Zentimeter durch neue 15-Zentimeter-Kaliber ersetzt.

Als *Landwehr Fußartillerie-Batterie 405* deckte die Einheit meines Vaters 1916 einen einigermaßen ruhigen Abschnitt östlich von Verdun, wo sie rasch in den Sog der Schlacht hineingezogen wurde. Am 22. Februar schrieb mein Vater nach Hause:

Schwaches Feuer in unserem Abschnitt, sehr schweres Trommelfeuer aus Richtung Etain. Unsere Flugzeuge scheinen die Aufgabe zu haben, jedes feindliche Flugzeug zu vertreiben. Sie kreisen fast ständig und greifen jeden feindlichen Flieger an. Regelmäßig weicht der Franzose, einen wirklichen Erfolg konnten wir aber nicht beobachten.

Nur sechs Wochen später verschärfte sich die Lage offenbar: »Heute besonders heftige Beschießung. Halb drei am Nachmittag: Volltreffer im Geschützstand. 4 Stämme durch. [...] Gestern soll [...] Einer übergelaufen sein. Möglich, dass der Schweinehund unsere Stellung verraten hat.«

Immer mehr tauchte mein Vater in die Taktik des Stellungskriegs ein, anstatt direkt in ihm kämpfen zu müssen. Bereits in seinem ersten Jahr war mein Vater zunächst zum Gefreiten, dann zum »überzähligen Unteroffizier« aufgestiegen. Als solchen setzten die Kommandeure ihn zunehmend als Beobachter ein. Am

Schon als Kind entdeckte Otto Meyer sein künstlerisches Talent. Mehr als ein Hobby war das Zeichnen für den Soldaten allerdings nie. Studiert hatte Otto Meyer eigentlich Jura. Nach seiner Rückkehr aus dem Ersten Weltkrieg übernahm er das Geschäft seines Vaters im westfälischen Rheda. Auf dieser Zeichnung Meyers blickt ein Hase auf einen Unterstand, aus dem eine Kanone herauslugt. Meyer schickte seiner Frau und seinen Kindern regelmäßig solche Illustrationen, nachdem er 1915 zum Kriegsdienst an der Westfront eingezogen wurde. Das Datum der Zeichnung, der 27. Januar 1916, ist unten links vermerkt. (Slg. Andreas Meyer, Israel)

30. Juli 1916 schrieb er meiner Mutter aus der Nähe von Verdun: »Schatz, an bemerkenswerten Ereignissen ist vor allem zu berichten, dass meine Chancen totgeschossen zu werden sich insofern etwas verringert haben, als ich infolge bestimmter Veränderungen jetzt keinesfalls mehr in den Schützengraben muss.«

Ein Jahr später wurde mein Vater Offiziersaspirant, im April 1917 erhielt er das Eiserne Kreuz II. Klasse. Kurz danach wurde er zum Vizefeldwebel befördert. Aus dem Krieg kehrte mein Vater schließlich als Leutnant der Landwehr zurück. Einen so hohen Rang erreichten nur wenige jüdische Soldaten.

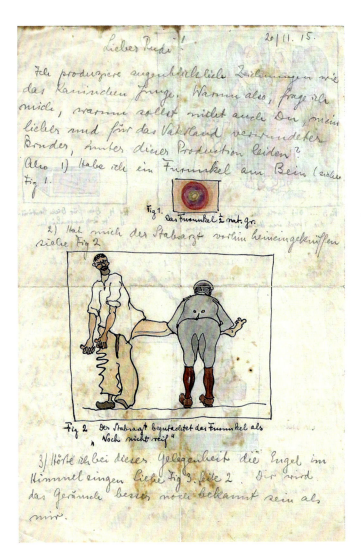
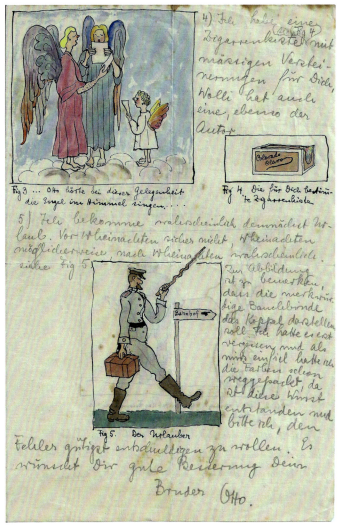

»Lieber Rudi! Ich produziere augenblicklich Zeichnungen wie das Kaninchen Junge. Warum also, frage ich mich, warum sollst nicht auch Du, mein lieber und für das Vaterland verwundeter Bruder, unter dieser Produktion leiden? Also 1) Habe ich ein Furunkel am Bein (siehe Fig. 1) – 2) Hat mich der Stabsarzt vorhin hineingekniffen. – 3) Hörte ich bei dieser Gelegenheit die Engel im Himmel singen (Slg. Andreas Meyer, Israel) Lieder (Fig 3 Seite 2). Dir wird das Geräusch besser noch bekannt sein als mir ...«

»... 4) Ich habe eine Zigarrenkiste (siehe Fig. 4) mit mässigen Versteinerungen für Dich, Wolli hat auch eine, ebenso der Autor. – 5) Ich bekomme wahrscheinlich demnächst Urlaub. Vor Weihnachten sicher nicht, Weihnachten möglicherweise, nach Weihnachten wahrscheinlich. Zur Abbildung ist zu bemerken, dass die merkwürdige Bauchbinde das Koppel darstellen soll. Ich hatte es erst vergessen und als mir's einfiel hatte ich die Farben schon weggepackt, da ist diese Wurst entstanden und bitte ich, den Fehler gütigst entschuldigen zu wollen. Es wünscht Dir gute Besserung Dein Bruder Otto.« Brief von Otto Meyer vom 20. November 1915. Kurz zuvor war sein Bruder Rudolf im Weltkriegseinsatz in Russland schwer verwundet worden. Rudolf Meyer starb etwa ein Jahr später an seinen Verletzungen. (Slg. Andreas Meyer, Israel)

Allerdings war seine militärische Karriere keineswegs frei von Hindernissen. Schon wenige Wochen nach seinem Dienstantritt bekam er judenfeindlichen Äußerungen zu hören. Im April 1915 berichtete er meiner Mutter Trude:

> Von Unteroffizieren, die uns nicht kennen, mit Schimpfworten bedacht, wie wir sie bis jetzt noch nicht gehört hatten, als Jude noch besonders beschimpft. Ich beschwere mich aber nicht hierüber, Liebchen. Du weißt nicht, welche innere Ruhe ich mir errungen habe. Und mein eigentlicher Patriotismus wird dadurch auch nicht berührt, denn was kann das Vaterland dafür!? Na, auch das geht vorüber! Oh welche Luhust, oh welche Luhust, oh welche Lust Soldat zu sein.

Im Oktober 1916 wurden schließlich antisemitische Klagen laut, wonach sich viele jüdische Männer angeblich vor dem Militärdienst drückten. Der preußische Kriegs-

Andreas Meyer

(Slg. Andreas Meyer, Israel)

»Oh, welche Luhust, Soldat zu sein«

minister Adolf Wild von Hohenborn ließ daraufhin alle wehrpflichtigen Juden überprüfen, hundertfach wurden Nachmusterungen angeordnet, mein Vater und andere Juden an der Front erhielten außerdem »einen skandalösen Fragebogen zugesandt«, wie mein Vater schrieb, »der zu einer bis ins Kleinste gehenden Statistik über die Art der Beschäftigung des Juden an der Front […] dienen soll.«

Obwohl er selbst zu diesem Zeitpunkt wohl schon ziemlich kriegsmüde war, entschied sich mein Vater dagegen, einen frühzeitigen Entlassungsantrag zu stellen – wohl auch als Trotzreaktion auf die sogenannte *Judenzählung*, die meinen Vater sehr empörte. Von der Front schrieb er: »Manchmal scheint mir, als ob wir nach dem Krieg erst noch lernen werden, was Willkür und Unterdrückung ist.«

Der Lauf der Geschichte sollte ihm leider Recht geben. Im Januar 1935 verlieh der Landrat von Rheda »dem Kaufmann Otto Meyer« das Ehrenkreuz für Frontkämpfer. Darüber stand: »Im Namen des Führers und Reichskanzlers« – Adolf Hitler. Gut zwei Jahre später packte mein Vater den Container mit der Holzkiste.

»Liebchen! Der Brief soll weg. Freut sich der Heiner über seinen Geburtstag? Küsse die Kinder! In Liebe Dein Mann.« Auszug eines Briefs von Otto Meyer vom 4. Juli 1916 (Slg. Andreas Meyer, Israel)

Andreas Meyer

Gisbert Strotdrees
Eine Minderheit in der Minderheit
Jüdische Landwirte und Landeigentümer in Westfalen von den Emanzipationsgesetzen bis zur nationalsozialistischen »Arisierung« (1800–1939/42)

Einleitung

Im Jahr 1902 erwarben der jüdische Viehhändler Philipp Baum aus Dortmund-Huckarde und seine Ehefrau Martha geb. Herz den Gutshof Beckhaus in Ergste unweit der Ruhr. Baum erfüllte sich damit einen Lebenstraum. Er wollte das Gut »zu einem dauernden Familiensitz« werden lassen, erinnert sich ein Neffe später. Mit dem Kauf des stattlichen Anwesens, dessen Geschichte sich nachweislich bis ins 14. Jahrhundert zurückverfolgen lässt, sahen sich Baum und seine Frau offenbar in der ländlich-kleinstädtischen Gesellschaft Westfalens angekommen. Ihren Nachkommen wollten sie diesen Status sichern. »Dieses Grundeigentum soll niemals verkauft werden können«, legten Martha und Philipp Baum im September 1923 per Testament fest, »auch nicht von unseren Kindern oder dessen Erbnachfolgern«. Um den Wunsch zu unterstreichen, fügten sie hinzu: »Erbnachfolger sollen nur direkte Blutsverwandte werden können.«[1]

Jüdische Landwirte bzw. Gutsbesitzer wie Philipp Baum zählen bis heute zu den »vergessenen Nachbarn«[2] der Agrargeschichte. Juden, die Weiden, Wald und Ackerland besaßen und es im Haupt- oder Nebenerwerb bewirtschafteten bzw. bewirtschaften ließen, tauchen in Untersuchungen zur Agrargeschichte allenfalls am Rande auf. Auch in Darstellungen zur Lokal- bzw. Regionalgeschichte spielen beim Blick auf die wirtschaftlichen Aktivitäten jüdischer Familien die agrarischen Aspekte eine meist vernachlässigte Rolle. Dabei ist die Tätigkeit etwa eines Getreide- oder Viehhändlers im 19. und in der ersten Hälfte des 20. Jahrhunderts im ländlichen Westfalen kaum zu trennen vom Besitz bzw. der Bewirtschaftung von Acker- und Weideland, wie gering diese Flächen im Einzelfall auch immer sein mochten.

Jüdische Bauern bzw. Gutsbesitzer – auf »Vollerwerbsbetrieben«, wie man heute sagen würde –, gab es ebenfalls, auch wenn ihr Anteil unter den Juden Westfalens gering war. Vom Beginn ihrer rechtlichen Gleichstellung im 19. Jahrhundert bis zu ihrer systematischen Verfolgung und Ermordung in nationalsozialistischer Zeit waren und blieben sie eine Minderheit in der Minderheit. Auf sie soll in diesem Beitrag der Blick gelenkt werden, ebenso auch auf jüdische Initiativen, die sich seit der Jahrhundertwende für eine Stärkung dieser Minderheit, für ein intensiveres Engagement in der Landwirtschaft einsetzten: sei es aus »vaterländischen« Gründen, zur inneren Kolonisation oder als Beitrag zur Integration, sei es aus dem Geist des Zionismus, um sich auf landwirtschaftlichen Lehrgütern für die Ausreise und das Leben in Palästina vorzubereiten. Ein solches »Kibbuz«, wie es sich selbst nannte, existierte in den 1930er Jahren auch in Westfalen.

Das Emanzipationsgesetz von 1812 und die Folgen

Der eingangs genannte Dortmunder Philipp Baum erfüllte mit dem Kauf des Gutes eine Vorstellung, wie sie 120 Jahre zuvor der aus Lemgo stammende liberale preußische Vordenker Christian Wilhelm Dohm in seiner Programmschrift »Ueber die bürgerliche Verbesserung der Juden«[3] entfaltet hatte. In ihrer bisherigen Unterdrückung und ihrer »eingeschränkten Beschäftigung« sah Dohm die Ursache ihrer schlechten Lebensverhältnisse, »die wahre Quelle ihrer Verderbtheit«[4]. Das Ziel, »wie die Juden glücklichere und bessere Glieder der bürgerlichen Gesellschaften werden könnten«[5], glaubte Dohm in neun Schritten erreichen zu können. Dazu zählte der Reformer – neben der vollständigen rechtlichen Gleichstellung, der Aufhebung von Beschränkungen in Handel und Handwerk sowie der »sittlichen Bildung und Aufklärung der Juden«[6] – auch die Förderung von Juden in der Landwirtschaft. Wörtlich schrieb er:

> Auch mit dem Ackerbau sich zu nähren müßte den Juden nicht verwehrt seyn. (...) Indeß würde ich von der Beschäftigung des Ackerbaues im Grossen, nicht eben sehr erhebliche Vortheile in Absicht der bürgerlicher Verbesserung dieser Nation erwarten, weil diese Beschäftigung, wie schon oben bemerkt ist, zu viel Aehnliches mit dem Handel hat, zu sehr den Geist der Speculation und des Gewinns nährt. Nicht zu grossen Güterbesitzern und Pächtern (wozu ohnedem nur wenige das Vermögen haben,) wünschte ich die Juden ermuntert zu sehn, als vielmehr zu eigentlichen selbstarbeitenden Bauern. Das Geld, welches man in vielen Staaten auf Kolonisten wendet, würde in manchen Fällen gewiß besser angelegt werden, wenn man für dasselbe einheimischen betriebsamen Juden kleine noch unbebauete Stücken Landes und Wohnungen anwiese, und sie bey den ersten Auslagen für den Ackerbau unterstützte. Auch würde es vielleicht zuträglich seyn, den Geist dieser Beschäftigung bey der Nation von neuem zu beleben, wenn man bey den jüdischen Pächtern oder Besitzern grosser Güter es zur Bedingung machte, daß sie dieselben mit einer gewissen Anzahl jüdischer Knechte bearbeiteten.[7]

Mit diesen Ausführungen rüttelte Dohm an damals gängigen Vorstellungen und tradierten Verboten. Dass Juden es angeblich ablehnten, sich in der Landwirtschaft zu betätigen, zählte zum Vorrat antijüdischer Vorurteile, der sich über Jahrhunderte hinweg hierzulande angesammelt hatte. Dabei zeigte schon ein Blick in die mittelalterliche Geschichte wie auch in die Realität europäischer Nachbarländer um 1800, dass sich Angehörige der jüdischen Minderheit sehr wohl auf Ackerbau und Viehhaltung verstanden und sie jahrhundertelang betrieben.[8] In den Territorien des Reiches indes hat sich diese Art wirtschaftlicher Betätigung nie ausbilden können, da den Angehörigen der jüdischen Minderheit bis zum Beginn des 19. Jahrhunderts der Erwerb bzw. Besitz von Grund und Boden untersagt war.

Es gab allerdings Ausnahmen. So sind etwa im lippischen Kirchdorf Schötmar[9] bereits für das 18. Jahrhundert jüdische Einwohnerfamilien dokumentiert, die Ländereien besaßen und bewirtschafteten und mit deren Hausstätten das Recht verknüpft war, eine bestimmte Anzahl an Nutztieren auf die Gemeinheiten des Kirchdorfes zu treiben – kurzum: Sie konnten Landwirtschaft in ähnlichen Formen betreiben wie seinerzeit ihre christlichen Nachbarn. Ein jüdischer Hofagent besaß in Schötmar in den Jahren 1789 ff. sogar ein landtagsfähiges Rittergut. Er war allerdings nolens volens zu diesem Eigentum gekommen, weil ein von ihm anvisierter Käufer vom Kauf zurückgetreten war und er nun selbst alle Rechte und Pflichten, insbesondere die Aufrechterhaltung des landwirtschaftlichen Betriebes, wahrzunehmen hatte.

Die große Mehrheit des Landjudentums in Westfalen indes sah sich gezwungen, das Einkommen auf anderen Wegen zu erzielen, insbesondere durch den lokalen und regionalen Handel mit Vieh, Getreide, Textilien und anderen Produkten der Landwirtschaft bzw. des ländlichen Handwerks.

Diese Einschränkungen wurden im preußischen Emanzipationsedikt vom 11. März 1812 aufgehoben. Es erklärte die in Preußen wohnhaften Juden und deren Familien zu »Einländern« und »preußischen Staatsbürgern«, die fortan »gleiche bürgerliche Rechte und Freiheiten mit den Christen genießen«. Ausdrücklich und konsequenterweise wurde ihnen in § 10 die Niederlassungsfreiheit »in Städten sowohl als auf dem platten Lande« zugesprochen. Das Recht auf Grundbesitz und Landkauf, in § 11 des Ediktes niedergelegt, war eine weitere Konsequenz ihrer bürgerlichen Rechte: »Sie können Grundstücke jeder Art, gleich den christlichen Einwohnern, erwerben, auch alle erlaubten Gewerbe mit Beobachtung der allgemeinen gesetzlichen Vorschriften treiben.«[10] Das Edikt galt in den neu bzw. wiedergewonnenen Landesteilen Preußens. In Westfalen trat es flächendeckend und endgültig erst 1847 in Kraft.

Der Anteil derjenigen Juden, die dieses Recht des Landkaufs und der Landnutzung wahrnehmen bzw. wahrnehmen konnten, blieb in den folgenden Jahrzehnten gering.[11] In Preußen lebten in der Mitte des 19. Jahrhunderts 51,8 % aller erwerbstätigen Juden von Handel, Gewerbe und Gastwirtschaft, 19,4 % von Industrie, Gewerbe und Handwerk, 13,9 % wurden in der Kategorie »Häusliche Dienste, Militär, Tätigkeit im öffentlichen Dienst und freie Berufe« gezählt, aber nur 1,1 % in der Landwirtschaft. Diese Verteilung änderte sich bis in das 20. Jahrhundert hinein nur geringfügig.

So lag der Anteil der jüdischen Erwerbstätigen in der Landwirtschaft in allen preußischen Provinzen 1907 bei 1,2 % und stieg bis Mitte der 1920er Jahre auf 1,5 %.

Ähnliches galt für die Sozial- und Wirtschaftsstruktur der jüdischen Minderheit in der preußischen Provinz Westfalen. Die preußische Statistik verzeichnet hier allerdings – auf niedrigem Niveau – eine bemerkenswerte Veränderung. Demnach stieg der Anteil jüdischer Erwerbstätiger in der Landwirtschaft von 0,5 % (1852) über 1,1 % (1882 und 1895) auf 2,7 % (1907).

Landwirte im Voll- und Nebenerwerb

Jüdische Bauern bzw. Landwirte im »Vollerwerb«, um diesen modernen Begriff zu verwenden, bildeten also eine verschwindend kleine Gruppe innerhalb der Minderheit der Juden in Westfalen des 19. und der ersten Hälfte des 20. Jahrhunderts. Doch es gab sie, und einige Orte, Zahlen und Namen seien an dieser Stelle exemplarisch genannt:

297 Grundbesitzer jüdischen Glaubens soll es in den 1820er Jahren allein in Paderborn und Corvey gegeben haben, wenn man einem Bericht des westfälischen Oberpräsidenten Ludwig Vincke folgt, eines ausgewiesenen Kenners gerade der landwirtschaftlichen Verhältnisse. Unter ihnen seien »sehr bedeutende Grundeigentümer, zum Teil von mehreren hundert Morgen«, so Vincke.[12]

Felix Löwenstein in Borgholz (bei Beverungen-Dalhausen, Kreis Höxter) wurde »als einer der ersten Juden in Westfalen Landwirt«, so der Befund der Historikerin Margit Naarmann.[13] Nach ihren Recherchen hat Löwenstein in der ersten Hälfte des 19. Jahrhunderts eine ausgedehnte Schafzucht aufgebaut und betrieben.

– Ein umfangreicher Güter- bzw. Landbesitz zwischen Hamm und Welver, ist eng verknüpft mit der Geschichte der 1825 gegründeten Marks-Haindorf-Stiftung in Münster, die sich in der »Beförderung von Handwerken unter den Juden« sowie als Schulanstalt für Waisenkinder engagiert und weit über Westfalen hinaus gewirkt hat.[14] Der Hammer Kaufmann Elias Marks (1765–1854), Schwiegervater des Stiftungsgründers Alexander Haindorf, hatte 1820 das Rittergut Caldenhof (nach anderer Schreibweise: »Kaldenhof(f)«) in Westtünnen bei Hamm erworben, außerdem später weitere Güter und Ländereien zwischen Hamm und Soester Börde. Den Caldenhof hat Marks selbst zumindest zeitweilig bewirtschaftet, die übrigen Güter offenbar verpachtet. Nach Marks' Tod ging das Eigentum auf Alexander Haindorf, 1862 an dessen Tochter Sophie und deren Ehemann Jakob Loeb über. Der aus Mülheim stammende Jakob Loeb soll seiner Ausbildung nach Forstmeister gewesen sein.[15] Elias Marks hatte noch dafür gesorgt, dass Loeb auch eine landwirtschaftliche Ausbildung absolvierte, unter anderem auf Gut Ickern des westfälischen Oberpräsidenten Ludwig von Vincke. Loeb, der 1862 die Leitung des Vereins, aus dem die spätere Marks-Haindorf-Stiftung hervorging, übernommen hatte, und in den

Satzungen der Stiftung wiederholt als »Gutsbesitzer«[16] firmierte, erwarb 1886 noch das Klostergut Kentrop und Haus Mark.[17] Der Familienbesitz, den dessen 1863 zum Protestantismus konvertierte Sohn Richard Loeb als Fideikommiss zusammenführte, umfasste um die Jahrhundertwende in Westfalen mehr als 570 ha Eigentum. Neben dem Gut Caldenhof mit 70 ha gehörten dazu das ehemalige Klostergut Kentrop in Hamm, das Rittergut Haus Mark in Rhynern, drei Höfe in Westtönnen und Scheidingen sowie ein Rittergut, ebenfalls in Scheidingen.[18]

- In Peckelsheim, Kreis Höxter, sind im 19. Jahrhundert weitere sechs jüdische Landwirte namentlich bekannt, deren Betriebe »zum Teil mehrere hundert Morgen« groß gewesen sein sollen.[19]
- Der Paradieshof in Steinheim, 1729 vom Paderborner Fürstbischof als Amtshof des Rentmeisters errichtet, wurde 1839 vom ortsansässigen Kaufmann Lippman Lilienthal gekauft.[20] Er hatte zuvor bereits mit anderen Bauern des Ortes gemeinsam Grundstücke erworben oder gepachtet. Zum Paradieshof gehörten ein Wohnhaus, eine Branntweinbrennerei, die Lilienthal stilllegte, eine Scheune sowie 21 ha Wiesen, Weiden und Ackerland. Lilienthal bewirtschaftete mit einem Knecht den landwirtschaftlichen Betrieb, blieb aber weiterhin auch als Kaufmann tätig.
- 1844 übernahm sein Sohn Levi Lilienthal das Erbe und erwarb weitere rund 9 ha hinzu. Levi Lilienthal war überdies führend in agrarischen Institutionen aktiv.[21] So finden wir ihn als Mitglied im Gründungsvorstand des 1837/38 ins Leben gerufenen Landwirtschaftlichen Kreisvereins Höxter. 1855 eröffnete er eine Vertretung der »Kölnischen Hagelversicherungs-Gesellschaft« – sowie auch einer Kölner Lebensversicherungsgesellschaft – in Steinheim. 1861 gab Lilienthal die Landwirtschaft auf. Altersgründe und das Fehlen eines Erben dürften den Ausschlag für diese Entscheidung gegeben haben. Die Hofstätte verkaufte Lilienthal an eine Bauernfamilie, die Ländereien an einen Gutspächter.
- In Lübbecke bewirtschaftete die jüdische Familie Rosenberg um 1850 ein Hofgut mit 10,6 ha Landbesitz. Über eine ähnliche Flächenausstattung verfügte die jüdische Eigentümerfamilie des »Cornberg'schen Hofes«, ebenfalls in Lübbecke.[22]
- Der Bürener Kaufmann Heinemann Aronstein gründete 1852 ein eigenes Gut südlich von Büren bei Siddinghausen, Kreis Paderborn.[23] Die Landausstattung stammte aus erworbenem Besitz und Zuteilungen nach Separationsverfahren. Das Gut, das er nach seiner Ehefrau Edel, geb. Herz »Gut Edelborn« nannte, verfügte nach Tausch, Teilung und Erwerb um 1880 über 67 ha Eigentum. Nach dem Tod des Vaters 1878 übernahm der Sohn Hermann Aronstein das Gut, das er gemeinsam mit seiner Frau Julia geb. Heimann von Büren aus bewirtschaftete. Zwanzig Jahre später, 1898, wird die Größe des Aronstein'schen Gutes bzw. Landbesitzes mit 160 ha[24] angegeben, davon 123 ha Ackerland, 10 Wiesen und

Jakob Loeb, Besitzer des Ritterguts Caldenhof bei Hamm wird in der Landwirtschaftlichen Zeitung für Westfalen und Lippe, Nr. 1, vom 5. Januar 1855 als neues Mitglied des Landwirtschaftlichen Hauptvereins Münster genannt. (Archiv Landwirtschaftliches Wochenblatt, Münster)

26 ha Hutung – eine Vergrößerung, die offenbar das kaufmännische wie landwirtschaftliche Geschick Aronsteins bezeugt. Wie die Nachbarbetriebe war auch Gut Edelborn auf Schafzucht spezialisiert. Da nach Hermann Aronsteins Tod 1909 keines seiner fünf Kinder dieses Erbe antrat, wurden das Gut parzelliert und verkauft, ein Restgut blieb erhalten.
- Philipp Baum, der eingangs erwähnte Viehhändler in Dortmund, betätigte sich auf seinem 1902 erworbenen Gut zumindest in den ersten beiden Jahrzehnten aktiv als Landwirt, ehe er das Gut im Februar 1930, ein Jahr vor seinem Tod, verpachtete. Zu diesem Zeitpunkt gehörten zum Gut 111 ha Land, davon 22 ha Wald und 25 ha Ackerland, weitere 52 ha wurden als Grünland genutzt. »Niekammer's

Güteradressbuch« gibt den Tierbestand des Gutes Baum wie folgt an: 8 Pferde, 45 Stück Rindvieh, davon 26 Milchkühe, sowie 19 Schweine. Mit diesen Betriebsdaten zählte »Gut Baum« zu den größten im damaligen Landkreis Iserlohn. Hugo Sternberg, der als Viehhändler in Schwerte lebte und wie Baum zur jüdischen Gemeinde gehörte, erinnerte sich später: »Herr Baum hatte eine große Viehzucht und einen ausgedehnten Viehhandel und hat deshalb einen erheblichen Teil des Gutes als Weideland benutzt. Daneben wurden jedoch Getreide, Kartoffeln, Hackfrüchte, Futter etc. angebaut. Das gesamte Gut bestand aus gutem, fruchtbarem Boden, der sowohl als Ackerland als auch als Weideland geeignet war. Herr Baum hatte auch eine umfangreiche Milchwirtschaft auf dem Gut betrieben.«[25]

Weitaus häufiger indes waren gerade auf dem Land die – statistisch schwer zu erfassenden – jüdischen Landeigentümer, -besitzer und -nutzer im »Neben-« oder »Zuerwerb«. Um 1850 verfügten deutlich mehr Landjuden in Westfalen, als es die Angabe der »1,1 % Landwirte« in der preußischen Statistik vermuten lässt, über ein Stück Land, das sie entweder erworben oder gepachtet hatten. Wenn sie selbst die Flächen nicht bewirtschafteten, so geschah dies mit fremder Hilfe bzw. in Lohn- und Auftragsarbeit durch ihre christlichen Nachbarn. So wird mit Blick auf Grundbesitz jüdischer Eigentümer aus Rahden bereits am 9. Juli 1824 berichtet: »Das Land ist bis auf das eigene Haushaltungsbedürfnis vermietet und die Bestellungen werden durch Ackerleute verrichtet.«[26]

Die jüdischen Eigentümerfamilien nutzten das Land vornehmlich zur Selbstversorgung, wie sie »auf dem Dorf« weithin üblich war. Der Landbesitz bildete darüber hinaus eine wichtige Voraussetzung für ihre Tätigkeit im Getreide- und mehr noch im Viehhandel. Dieser begrenzte Wirtschaftssektor war der einzige, in dem Juden im ländlichen Westfalen des 19. und 20. Jahrhunderts eine tatsächlich dominierende Rolle spielten.[27] Sie schlossen die Lücke zwischen lokalem Viehhandel und den Schlachthöfen der Industriestädte, übten damit eine zentrale, für die Landwirtschaft wie auch für die Versorgung der Städte kaum zu überschätzende Funktion im Austausch agrarischer Produkte aus.

Der Viehhandel war unter damaligen Bedingungen eng mit dem Besitz von Land, vor allem von Futterweiden, verknüpft. Auf ihnen wurden die Pferde gehalten und das Handelsvieh vor dem Weiterverkauf bzw. der Lieferung an den Schlachthof zeitweise ausgetrieben bzw. gemästet. Der Landbesitz der jüdischen Viehhändler in Westfalen war oft kleinteilig und überschritt nur selten eine Flächengröße von 2 ha. Er konnte aber in Einzelfällen durchaus stattlichere Ausmaße aufweisen, wie folgende Beispiele zeigen:

- Die Familie Humberg, seit den 1880er Jahren in Dingden bei Bocholt ansässig, lebte vor allem vom Textilhandel und einer Metzgerei, besaß dazu auch eigenes Vieh und 10 ha Land.[28]
- Die Viehhändlerfamilie Steinfeld in Versmold bewirtschaftete in den 1920er und 1930er Jahren 15 ha »Judenwiesen«, wie die Flächen unter der Versmolder und Greffener Bevölkerung genannt wurden.[29]
- Der Münsteraner Viehhändler Salomon Gumprich (1852 Borghorst – 1938 Düsseldorf-Kaiserswerth) besaß bei Lüdinghausen ein Landgut von rund 150 ha. Die Flächen nutzte er vornehmlich zur Pferdehaltung. Dort wurden alljährlich im Frühjahr die Pferde auf die Weiden getrieben und im Herbst verkauft. In Münster bewohnte Gumprich mit seiner Familie ein ansehnliches Bürgerhaus an der Neubrückenstraße und betrieb neben seinem Viehhandel eine Manufakturwarenhandlung.[30]
- Hugo Hertz (1875 Coesfeld – 1937 Münster) betrieb von Münster aus Pferdehandel im überregionalen Maßstab, teils sogar mit Handelsverbindungen nach Frankreich, Russland und Persien. Hertz gehörte landwirtschaftliches Eigentum in Gremmendorf, Mecklenbeck und Lienen, außerdem besaß er Weiden in Hiltrup, Kleingärten im Geistviertel sowie »Stallungen für hunderte von Pferden« in der Nähe seines Wohnsitzes an der Annenstraße. Genaue Größenangaben sind nicht überliefert.[31]

Das Land musste beackert, bewirtschaftet, gepflegt werden. Diese Arbeiten wurden, wenn sie nicht als Auftrag an Nachbarn bzw. Bauern im Dorf vergeben wurden, von den Händlern selbst bzw. von ihren Familien und deren Knechten und Mägden erledigt. Damit waren sie, auch wenn sie vornehmlich als Händler bzw. Kaufleute galten, eben auch landwirtschaftlich tätig bzw. mit diesem Wirtschaftssektor eng verbunden – enger jedenfalls, als es der Begriff des Kaufmanns oder Händlers ahnen lässt. Viele betrachteten sich selbst in erster Linie als Landwirte. So schrieb der Wolbecker Viehhändler Salomon Hoffmann im Juni 1938:

> Ich bin Kaufmann und Viehhändler, habe jedoch großen landwirtschaftlichen Besitz und habe von Jugend an mich selbst in der Landwirtschaft, namentlich in der Weidewirtschaft persönlich betätigt, indem ich jährlich 50–100 Stück Rindvieh weidete. Ich konnte jedoch unter den heutigen Verhältnissen in Wolbeck nicht mehr bleiben und habe bereits meinen Wohnsitz vorläufig nach Münster verlegen müssen und will jetzt meine Auswanderung nach Palästina betreiben. Da ich selbst immer intensiv körperlich gearbeitet habe und mit fast allen Zweigen der Landwirtschaft vertraut bin, glaube ich mich auch in Palästina als Landwirt betätigen zu können.[32]

Gerade im ländlich-kleinstädtischen Milieu Westfalens waren Handel und Landwirtschaft kaum voneinander zu trennen. Das zeigt der Blick auf die Eheleute Karl und Katharina Mendels in Harsewinkel, damals Kreis Warendorf. Bis zur gewaltsam erzwungenen Emigration im Frühjahr 1939 lebte die Familie Mendels von Textilhandel, Viehhandel und Landwirtschaft. Sie besaß in der Stadt bzw. im Umland 4,2 ha Land, laut Grundbuch bestehend aus acht Parzellen »Weide«, »Viehweide«

und »Acker«³³. Katharina bzw. Kate Mendels beschrieb später in wenigen Strichen das ineinandergreifende Geflecht der wirtschaftlichen Tätigkeiten:

> Wir hatten (in Harsewinkel) ein großes Haus mit drei Stockwerken. Der Tuchwarenladen lag dahinter, dann das Vieh- und Pferdehandelsgeschäft, was bedeutete, das wir immer Tiere in unseren Pferdeställen hatten, im Sommer auch auf unserer Pferdekoppel in der Stadt. Außerdem hatten wir einen großen Obst- und Gemüsegarten hinter dem Haus und einen weiteren, der etwa eine halbe Stunde entfernt lag. Dort waren auch die großen Felder mit Rüben, Möhren und Kartoffeln, die wir als Futter für das Vieh benötigten. Wir hatten immer zwei Bauernmädchen, von denen eine immer bei der Feldarbeit zu helfen hatte, sowie auch einen jungen Mann als Knecht beschäftigt.³⁴

Nicht erst der Handel mit Agrarprodukten bzw. Vieh, sondern schon solche ausgesprochen landwirtschaftlichen Tätigkeiten verschafften den Juden eine besondere Nähe zur landwirtschaftlichen Praxis und damit zum Lebensalltag ihrer benachbarten Bauernfamilien bzw. der ländlichen Bevölkerung. Auf diese unmittelbare Weise erhielten sie von lokalen bzw. regionalen landwirtschaftlichen Verhältnissen eine intensive Kenntnis – und ohne diese Kenntnis wiederum waren die Abläufe im Vieh- und Getreidehandel kaum zu organisieren. Diese Nähe zur agrarischen Praxis erklärt auch, dass Juden vor 1933 im landwirtschaftlichen Sachverständigen- und Schiedsgerichtswesen überproportional stark vertreten waren.³⁵

Mit den Vorgaben preußischer Statistik war diese komplexe Mischökonomie, waren diese wechselseitig sich ergänzenden, ja bedingenden Tätigkeiten im primären und sekundären, bisweilen auch tertiären Sektor kaum zu erfassen. Dabei bildete sie eine Besonderheit jüdischen Lebens und Wirtschaftens auf dem Land. Gerade diese wechselseitige Verschränkung versprach Stabilität in ökonomischen Krisen und barg zu allen Seiten hin Entwicklungsmöglichkeiten. Der Lehrer Hugo Rosenthal, 1887 in Lage geboren und bis 1910 in Gütersloh tätig, brachte diese agrarische Mischwirtschaft und ihre Potenziale auf den Punkt, als er schrieb: »Die Mitglieder meiner kleinen Gemeinde waren fast durchweg Viehhändler und Metzger. Die meisten hatten etwas Land, das sie selbst bebauten, in der Hauptsache mit Futterrüben oder ähnlichem Viehfutter. Wirkliche Landwirtschaft betrieb keiner, aber sie hätten alle gute Landwirte sein können.«³⁶

Grenzen der Emanzipation und antijüdische Politik

Warum wurden es nicht mehr? Warum wandten sich im Jahrhundert nach den preußischen Emanzipationsgesetzen von 1812 nicht deutlich mehr Juden in Westfalen dem Beruf des Landwirts zu? Den meisten fehlte in den Jahrzehnten nach den Emanzipationsgesetzen schlicht das Kapital, um ausreichend Grund und Boden für einen vollständigen bäuerlichen Betrieb zu erwerben. Auch Tradition und Erfahrungswissen fehlten und waren nicht binnen weniger Jahre aufzubauen.

Für einen Neubeginn ausgerechnet in der Landwirtschaft waren die Zeiten überdies ungünstig. Schwere Agrarkrisen belasteten vor allem zwischen den Jahren 1817 und 1847 ff. die Bevölkerung gerade im ländlichen Westfalen, verschärften die Massenarmut und lösten flächendeckende Auswanderungswellen nach Amerika aus. Warum sollten diesem krisengeschüttelten Wirtschaftszweig, der zum Einstieg nicht gerade einlud, sich ausgerechnet Juden zuwenden? »Ihr Instinkt und gesunder Menschenverstand«, so urteilte der Historiker Arthur Prinz, »bewahrten sie davor, in einer Zeit, in der die deutsche Landwirtschaft den großen bäuerlichen Nachwuchs nicht auf dem Lande zu halten vermochte, sondern Millionen von Menschen teils durch Auswanderung, teils durch Abwanderung in die Städte verlor, gegen den Strom zu schwimmen.«³⁷

Hinzu kamen Anfeindungen und Beschränkungen von außen. Der preußische Oberpräsident Ludwig Vincke führte in seiner berüchtigten Judendenkschrift vom 2. November 1826³⁸ unter anderem das alte Vorurteil an, »der Jude« sei ein Mensch, »der den Ackerbau und das Handwerk meidet, weil jede ruhige anhaltende und körperliche Anstrengung erfordernde Arbeit, die nur langsam und mäßigen Gewinn verspricht, ihm zuwider ist«.

Andererseits wertete Vincke die frühen agrarischen Aktivitäten der Juden auf dem Land als Bedrohung der Landwirtschaft. In der Tradition physiokratischer Auffassungen des 18. Jahrhunderts betrachtete Vincke die Landwirtschaft als »das solideste Fundament des Gebäudes der öffentlichen Wohlhabenheit«³⁹. Dieses »Gebäude« indes sah Vincke bedroht – durch die Juden. Dass die Verschuldung der Bauern gewachsen, die Zahl der Konkurse ihrer Hofstätten stark gestiegen sei, führte der Oberpräsident pauschal auf die Aktivitäten allein der jüdischen Vieh-, Getreide- und Geldhändler zurück. Konkrete Nachweise für diese Behauptungen blieb Vincke schuldig. Sie sind weder von ihm noch anderen antijüdisch eingestellten leitenden Beamten je vorgelegt worden.

Angesichts der tatsächlichen Machtverhältnisse im ländlichen Westfalen, insbesondere der Dominanz des Adels auf dem Land, ist Vinckes Propaganda vom angeblich jüdischen Bauernlegen als »absurder Vorwurf« gewertet worden. Er hätte »mit mehr Recht gegen den Adel erhoben werden können«⁴⁰. Schon Zeitgenossen Vinckes, auch adlige, sahen das ähnlich. Sie wiesen scharfsinnig auf die konfliktträchtige Konkurrenz zwischen potenziellen jüdischen Landkäufern und adligen Gutsbesitzern hin. Viel zitiert ist das Urteil Friedrich Harkorts, nach dem nicht die »mosaischen Juden« die Bauern ruinierten, sondern »die Juden mit Sporen und Stiefeln«, wie er den Adel titulierte.⁴¹ Eine von Vincke durchaus abweichende Sicht hatte bereits der adlige Paderborner Landrat Franz Philipp von Wolff-Metternich formuliert.⁴²

Oberpräsident Vincke allerdings setzte sich mit seiner Sicht durch. Auf seine Initiative geht die berüchtigte preußische Kabinettsorder vom 20. September 1836 zurück, die »für die ganze preußische Monarchie einzigartig«⁴³ war. Sie galt ausschließlich für die jüdische Bevölkerung in den westfälischen Kreisen Büren, Höxter, Paderborn und Warburg und untersagte ihnen, Bauernhöfe bzw. Grundstücke zu erwerben, »wenn dieselben nicht selbst und mit jüdischem Gesinde bewirtschaftet werden«⁴⁴.

Diese Kabinettsorder wurde 1847 aufgehoben. Ihr Ungeist aber wirkte nach. Der Zugang zu landwirtschaftlicher Ausbildung und Förderung etwa, wie sie die seit den 1830er Jahren entstehenden, vom Adel und höherer Beamtenschaft dominierten Landwirtschaftlichen Kreisvereine⁴⁵ systematisch ausbauten, blieb den wenigen agrarisch tätigen Juden faktisch verschlossen. Während Juden in den Viehhandelsorganisationen in Westfalen seit Ende des 19. Jahrhunderts ein starkes Gewicht besaßen, waren sie in den halbstaatlichen landwirtschaftlichen Vereinen nicht vertreten. Dass – wie oben erwähnt – ein jüdischer Landwirt und Kaufmann wie der Steinheimer Levi Lilienthal im Gründungsvorstand eines solchen Kreisvereins aktiv sein konnte, blieb für Westfalen eine ebenso einzigartige wie bemerkenswerte Ausnahme.

Auch der Beitritt zu bäuerlich-landwirtschaftlichen Interessenverbänden wurde den wenigen jüdischen Landwirten bzw. in Landwirtschaft und Viehhandel aktiven Juden Westfalens verwehrt. Der Westfälische Bauernverein etwa, 1862 im Münsterland gegründet, hatte in seiner Satzung festgelegt: »Der Aufzunehmende muß einer der beiden christlichen Konfessionen angehören, und zwar nicht bloß dem Namen nach.«⁴⁶ Das entsprach der ständisch-konservativen Position des Verbandsgründers, des Zentrumspolitikers und »Bauernkönigs« Burghard von Schorlemer-Alst, der mit seiner mitunter polemisch vorgetragenen Haltung zur »Judenfrage«, von religiös-wirtschaftlich geprägtem Ressentiment getragen, in offenem Dissens zum Parteivorsitzenden Ludwig Windhorst stand. Schorlemer lehnte die liberalen preußischen Gesetze zur Judenemanzipation ab, betonte aber 1893 im preußischen Herrenhaus, es sei ein Fehler, »nachdem man einmal den Juden die staatsbürgerlichen Rechte gegeben hat, sie ihnen wieder zu entziehen«. Die Aufhebung, wie sie die Antisemiten-Bewegung seinerzeit forderte, bezeichnete Schorlemer als »vergeblich« und als »ein Unrecht«.⁴⁷

Unter dem Strich blieb den jüdischen Landwirten bzw. Viehhändlern und »Nebenerwerbsbauern« im Laufe des 19. Jahrhunderts auf Provinzialebene die Unterstützung und die quasi-offizielle Anerkennung ihrer christlichen Berufskollegen verwehrt.

Jüdische Initiativen: Umschulung, Hachschara und der »Kibbuz Westerbeck«

Nicht zuletzt gegen diese Formen berufsständischen Ausschlusses wandten sich seit der Jahrhundertwende mehrere Initiativen jüdischer Selbstorganisation. Sie entstanden nach dem Vorbild der älteren »Gesellschaft zur Verbreitung der Handwerke und des Ackerbaues unter den Juden im preußischen Staate«, deren Vorläufer aber bereits 1813 in Berlin gegründet worden war und diesen Namen seit 1847 trug. Eine enorme Bedeutung in Westfalen und darüber hinaus hatte, wie oben erwähnt, der 1825 von Alexander Haindorf gegründete »Verein zur Beförderung von Handwerken unter den Juden und zur Errichtung einer Schulanstalt«⁴⁸ erlangt, aus dem 1866 die Marks-Haindorf-Stiftung hervorging war. Ihr erklärtes und bis etwa 1900 umgesetztes Ziel war es, jüdische Jungen zu Handwerkern auszubilden. Die Vermittlung landwirtschaftlicher Kenntnisse hingegen stand nie auf dem Programm der Schule.

Zu den um 1900 neuen, überregional wirkenden Vereinen ist das »ORT-Aufbauwerk – Organisation – Rehabilitation – Training zur Förderung von Handwerk und Landwirtschaft unter den Juden« sowie vor allem der 1897 in Berlin gegründete »Verein zur Förderung der Bodenkultur unter den Juden Deutschlands« zu zählen. Dieser Verein war eher städtisch-bürgerlich geprägt, wie der Blick auf die Gründer zeigt. Unter ihnen finden sich ein Oberamtmann und ein Rechtsanwalt aus Berlin, ein Rabbiner aus Frankfurt und ein Konsul aus Hannover. Der einzige landwirtschaftliche Praktiker im Gründungsvorstand kam aus Westfalen: Es war der – oben erwähnte – Gutsbesitzer Aronstein aus Büren⁴⁹.

Gut zehn Jahre nach Gründung verfügte der Verein im gesamten Reich über rund 1.500 Mitglieder, unter ihnen 24 mit Wohnsitz in Westfalen. Neben Industriestädten wie Dortmund, Recklinghausen, Wanne-Eickel oder Hattingen wohnten einige der Vereinsmitglieder in ländlichen Kleinstädten oder Dörfern wie Büren, Dülmen, Haaren oder Pömbsen.⁵⁰

Der »Verein zur Förderung der Bodenkultur« sah sein vornehmliches Ziel darin, unter den Juden ein stärkeres Engagement in der Landwirtschaft zu fördern und damit die als traditionell empfundene Berufsstruktur aufzubrechen. Der Vorstand argumentierte einerseits mit nationalen, »vaterländischen« Motiven, andererseits mit dem Streben nach sozialer und politischer Integration. So heißt es im 13. Jahresbericht des Vereins im Jahr 1911/12: Die Innenkolonisation von Mooren, Sandflächen, Ödländereien etc. sei dringend notwendig, um »in einem noch so mächtigen Lande in abnormen Zeitverhältnissen absolute Sicherheit der Nahrungszufuhr von außen« zu sichern. Juden dürften da nicht fehlen, denn:

> Sollten in dem jedem Lande unentbehrlichsten, dem Bauernstand, gerade nur die Juden fehlen, während sie sonst in allen Berufsarten reichlich, sogar überreichlich vertreten sind, so könnten – und dann sogar mit unbestreitbarem Recht – verhängnisvolle Schlußfolgerungen hieraus gezogen werden. Ein solcher Staat oder dessen Leiter und Gesetzgeber könnten dann, und zwar logisch unbestreitbar, behaupten: »Eine Klasse von Staatsbürgern, die sich zu einem der allerwichtigsten Berufsarten, und noch dazu zu dem unentbehrlichsten weder eignet noch Willens ist, hat auch keine vollen Anrechte auf alle Freiheiten, Würden, Ämter und Rechte, die den übrigen Landesbewohnern gewährleistet sind.«⁵¹

Soweit erkennbar, entfaltete dieser Verein in Westfalen keine größeren Aktivitäten. Immerhin gelang es den Verantwortlichen, um 1907 bei Celle ein Gut mit rund 220 ha Fläche zu erwerben. Der größte Teil, 150 ha, bestand aus Moor und Heide und musste kultiviert werden. Der Betrieb wurde zum »Land- und Lehrgut« umgebaut, in dem jährlich 15 landwirtschaftliche Lehrlinge (»Eleven«) jüdischer Herkunft eingestellt und unterrichtet wurden.[52]

Doch dem Verein blieb ein größerer Erfolg verwehrt. Dazu trugen interne Debatten um die Vereinsziele ebenso bei wie eine agrarromantisch eingefärbte Realitätsferne mancher Verantwortlicher in der Vereinsleitung, von der die Jahresberichte Zeugnis ablegen. Vor allem aber war es das Vereinsziel selbst, dass die Realitäten des ausgehenden Kaiserreiches gerade für Angehörige der jüdischen Minderheit übersah: Den jungen Leuten boten sich in den Städten ungleich bessere Aussichten des wirtschaftlichen und sozialen Aufstieges als auf dem Land bzw. im agrarischen Sektor.[53]

In Westfalen aktiver wurde eine andere jüdische Initiative, die gerade nicht die bürgerliche Gleichstellung bzw. Integration anstrebte, sondern vielmehr die Auswanderung nach Palästina in den Blick nahm. Vom Geist des Zionismus geprägt, hatten jüdische Pfadfinder bzw. Jugendpioniere der »Hechaluz«-Bewegung bereits in den 1920er Jahren in Deutschland landwirtschaftliche Lehrgüter geschaffen. Sie sollten auf die spätere Tätigkeit der Siedler in Palästina vorbereiten. Diese »Hachschara« (hebr. für: Vorbereitung, Tauglichmachung) wurde unter dem Druck zunehmender NS-Repressalien nach 1933 von der »Reichsvertretung der Deutschen Juden« gesteuert und ausgebaut – unter anfänglicher Duldung seitens des NS-Regimes, dessen Ziel der »restlosen Auswanderung der Juden« zwischen 1933 und 1938 sich mit der Hachschara-Politik der Reichsvertretung deckte. Ein internes Memorandum des SD zur Judenpolitik vom 24. Mai 1934 an Reinhard Heydrich betonte, die Umschulung der Juden auf landwirtschaftliche und handwerkliche Berufe sei »zu dulden, solange sie in geschlossenen Lehrgängen und nicht bei deutschen Bauern und Handwerkern erfolgt und soweit sie die Auswanderung vorbereiten soll«. Sie sei zu unterbinden, »wenn ersichtlich ist, daß die Juden dadurch eine Existenz in Deutschland aufbauen wollen«.[54]

1935 gab es in Deutschland 31 Hachschara-Lehrbetriebe für Landwirtschaft und Gärtnerei, in denen sich allein im Jahr 1938 5.520 Juden umschulen ließen.[55] Die Ausbildungsstätten waren für viele deutsch-jüdische Jugendliche eine der wenigen Möglichkeiten, der NS-Verfolgung zu entkommen. Zwischen 1933 und 1938 konnten aufgrund des Umschulungsprogramms mehr als 18.000 jüdische Jugendliche aus Deutschland emigrieren, die meisten von ihnen nach Palästina. Das war etwa jeder vierte aus der Generation der 6- bis 25-Jährigen.[56]

Unter den landwirtschaftlichen Lehrgütern befand sich eines in Westfalen: in der Bauerschaft Westerbeck bei Westerkappeln im nordöstlichen Münsterland. Die Existenz dieses »Kibbuz Westerbeck«, wie die Pfadfinder das Lehrgut selbst nannten, ist in der lokalen Geschichtsforschung oberflächlich und in Bruchstücken dokumentiert, aber bislang nicht systematisch erforscht worden und in der überregionalen Historiographie Westfalens unbeachtet geblieben.[57]

Das Lehrgut war auf einem Bauernhof bei Westerkappeln mit der Adresse »Westerbeck Nr. 74« untergebracht. Der Hof gehörte ursprünglich einer Westerbecker Bauernfamilie namens Elstroth und umfasste 1931 insgesamt 31 ha Fläche, darunter 10 ha Ackerland, 14 ha Grünland sowie 4 ha Holzungen und Wald. Der Viehbestand ist mit 2 Pferden, 12 Stück Rindvieh, darunter 8 Milchkühe, sowie 7 Schweinen angegeben.[58]

Im Zuge einer Zwangsversteigerung hatten der Osnabrücker Pferdehändler Rudolf Stern und sein Bruder, der ebenfalls in Osnabrück tätige Kaufmann Leo Stern, im Dezember 1932 den Hof erworben.[59] Die Brüder nutzten einige Wiesenflächen des Betriebes für ihren Pferdehandel. Das Haupthaus samt Stallungen und Scheune sowie die landwirtschaftlichen Nutzflächen verpachteten sie im Frühjahr 1933 »der Reichsvereinigung der Juden in Deutschland als Ausbildungsstätte für jüdische Jungen und Mädchen zur Vorbereitung der Auswanderung nach Palästina«[60]. Die Reichsvereinigung stellte das Lehrgut dem Pfadfinderbund »Makkabi Hazair« zur Verfügung, der dort eine Ausbildungsstätte der »Mittleren Hachschara« (MiHa) betrieb. Die MiHa wandte sich an Schulabgänger im Alter von 15 bis 17 Jahren.[61]

Zum Personal der Ausbildungsstätte zählten ein Verwalter, eine Lehrkraft, ein Gärtner und eine Wirtschafterin sowie »ca. 25 Jungens und Mädels«, wie Alois Krösche aus Osnabrück, der von 1936 bis 1938 als Verwalter auf dem Hof tätig war, später berichtet hat.[62]

Die Meldeakten des Amtes Westerkappeln[63] für den Hof Stern, Westerbeck 74, weisen zwischen Januar 1934 und August 1938 insgesamt 104 Lehrlinge auf dem Hof nach. Sie hielten sich dort laut Eintragungen zwischen einem Monat und rund anderthalb Jahren auf – sieht man von wenigen jungen Leuten ab, die dort nur einige Tage blieben und den Hof offenbar als Zwischenstation auf ihren Ausreise- bzw. Fluchtwegen nutzten. Im statistischen Durchschnitt blieb ein Jugendlicher etwa drei Monate auf dem Hof Stern.

Die Herkunftsorte der Lehrlinge bzw. »Pioniere«, wie sie sich selbst nannten, lagen verstreut im gesamten nord- und mitteldeutschen Raum. Am häufigsten tauchen in den Meldelisten die Herkunftsstädte Berlin (16 Personen) und Leipzig (6 Personen) auf. Aus Westfalen werden Orte wie Bielefeld, Dortmund, Gelsenkirchen, Hagen oder Warburg genannt. Ländlich-dörfliche Herkunftsorte wie etwa Madfeld bei Brilon, Herzlake im Landkreis Emsland oder Westerstede im Ammerland sind eher selten vertreten. Die weiteste Strecke legten drei junge Pioniere zurück, die als Herkunftsorte Amsterdam, Gnesen und Krakau angaben. Die allermeisten besaßen die deutsche, zwei die polnische und einer die türkische Staatsbürgerschaft.

Auf dem Hof Stern fanden offenbar keine fest terminierten Lehrkurse statt. Für die Jahre 1933 bis 1937/38 verzeichnen die Meldekarten vielmehr ein unregelmä-

Eine Minderheit in der Minderheit

Impressionen der Ausbildung auf Hof Stern, aus dem Fotoalbum von Alfred Eliezer Wertheim
(Archiv Kibbuz Givat Brenner, Israel)

ßiges Kommen und Gehen. Die einzelnen Jugendlichen verließen Westerbeck, sobald sich ihnen eine realistisch erscheinende Möglichkeit zur Emigration bot.

Über die Inhalte der Ausbildung und die alltägliche Lehr- und Lernpraxis lassen sich derzeit kaum verlässlichen Angaben machen. Der Osnabrücker Hans Leichtentritt erinnert sich später, er habe auf dem Hof in Westerbeck »gemeinsam mit ca. 20 jungen Glaubensgenossen, gegen Entgelt, eine dürftige landwirtschaftliche Ausbildung bekommen«, um »auf das Leben als sogenannte ›pioneers‹ in Palästina« vorbereitet zu werden.[64]

Fotoaufnahmen in einem erhaltenen Album zum »Kibbuz Westerbeck« vom Mai 1935 dokumentieren die Auszubildenden beim Gang zum Melken, beim Hühnerfüttern oder der Reparatur einer Wasserpumpe, aber auch beim Tanz und bei der gemeinsamen Lektüre in einer Lehrstube, an deren Wand im Hintergrund Fotos aus Palästina unter der plakativen Überschrift »Erez Israel« hängen.[65]

Wie viele der mehr als hundert jugendlichen »Pioniere« im Holocaust ermordet wurden, ist derzeit nicht bekannt und bedarf weiterer Recherchen. Ebenso wenig bekannt ist die Zahl derjenigen, die über die Zwischenstation des Hofes Stern in das rettende Ausland emigrieren konnten. Dass die Flucht einigen »Westerbecker« gelang, mögen vier biographische Beispiele zeigen:

Die Graphikerin und Karikaturistin *Frieda »Friedel« Stern* (* Leipzig 16. Januar 1917 – † Tel Aviv 29. Oktober 2006) hatte zunächst die »Höhere Töchterschule« und die Kunstgewerbeschule in Leipzig besucht und sich dann – offenbar auf Anraten ihrer Mutter – der zionistischen Bewegung angeschlossen. Am 20. März 1936 gelangte sie auf den Hof Stern in Westerbeck. Nach den Meldeunterlagen blieb sie nur drei Monate, ehe sie am 20. Juni 1936 nach Leipzig zurückreiste. Offenbar bot sich eine günstige Gelegenheit zum Auswandern. Über Italien gelangte sie im August 1936 per Schiff nach Palästina. Dort arbeitete sie kurzzeitig in einem Kibbuz, um anschließend an der Kunsthochschule in Jerusalem

ein Studium aufzunehmen. Später wurde sie eine der bekanntesten Karikaturistinnen Israels und erinnerte sich noch im hohen Alter an ihren Aufenthalt in Westerbeck.[66]

Werner Pfingst/Finks (* 18. Februar 1915 Berlin-Friedenau – (Sterbetag unbekannt) November 1978 Philadelphia, USA) in Düsseldorf und Osnabrück aufgewachsen, gelangte nach dem Abitur in Düsseldorf 1933 und einer kaufmännischen Ausbildung in Hannover über sein Engagement in der jüdischen Pfadfinderbewegung auf den Hof Westerbeck. Mit seiner Schwester Margot Pfingst meldete er sich in Westerkappeln am 14. Februar 1936 dort an. Während seine Schwester sich bereits am 20. Juni 1936 abmeldete und über Minden und Düsseldorf nach Palästina ausreisen konnte, zog ihr Bruder Werner Pfingst – vermutlich noch im Sommer 1936 – nach Schweden, wo er in der Landwirtschaft tätig war. Später kehrte er auf den Hof Stern zurück. Die näheren Umstände sind unbekannt. Am 18. Februar 1938 meldete er sich in Westerkappeln ab. Er erhielt ein Einreisevisum in die USA, nachdem Verwandte eine Unterstützungszusage gegeben hatten. Am 4. Mai 1938 reiste Pfingst per Schiff von Hamburg nach New York. Auf der Passagierliste gab er als Beruf »Farmer« an. Von August 1941 bis Juli 1945 war er wehrpflichtiger Soldat (Unteroffizier) in der US-Army. Ob er 1944/45 als GI nach Deutschland zurückkehrte, an der Besetzung Westdeutschlands teilgenommen und sogar die Bombardierung seines Geburtsortes Düsseldorf-Oberkassel verhindert hat, wie später berichtet, lässt sich angesichts widersprüchlicher Dokumentenlage nicht zweifelsfrei klären. Werner Finks, so sein amerikanisierter Name, kehrte 1945 nach Philadelphia zurück, war als selbstständiger Kaufmann tätig und pflegte bis zu seinem Tod 1978 enge freundschaftliche Kontakte zu ehemaligen Mitschülern und deren Familien in Düsseldorf.[67]

Der spätere Diplomat *Kurt Lewin* (18. August 1907 Berlin – 19. Januar 1971 Bangkok), hatte sich während seines Studiums der Rechtswissenschaften in Berlin, Freiburg, Heidelberg, Paris und Basel im jüdischen Sportclub

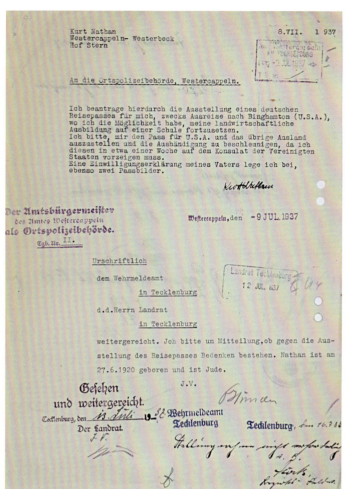

Kurt Nathan beantragte am 8. Juli 1937 bei der Ortspolizeibehörde in Westerkappeln einen deutschen Reisepass, den er zur Auswanderung in die USA benötigte. (Ortsarchiv Westerkappeln)

Makkabi-Bar Kochba engagiert und war 1936 Vorstandsmitglied der Makkabi-Jugendbewegung geworden. Zwischen September 1937 und Februar 1938 hielt er sich als Leiter einer Hachschara-Jugendgruppe in Westerbeck auf. Nach den Novemberpogromen 1938 wurde er inhaftiert und in das KZ Sachsenhausen-Oranienburg deportiert. Im Dezember 1938 gelang ihm die Emigration nach Palästina. Dort engagierte er sich in der Aliyah, ehe er 1945 als Delegationsleiter der Jewish Agency nach Deutschland zurückkehrte und bei der Organisation der Hilfsaktion »Exodus«, der Ausreise der jüdischen Überlebenden nach Palästina, mitarbeitete. Später war er als israelischer Diplomat in Wien, Japan, Korea und Den Haag tätig.[68]

Im Leben und Werk von *Kurt Nathan* (geb. 27. Juni 1920 in Essen) hinterließ die landwirtschaftliche Ausbildung auf Hof Stern in Westerbeck ihre wohl am deutlichsten nachwirkende Prägung. Nathan hatte – nach seinem Schulabschluss in Essen – vom 21. Juni 1936 bis 31. Oktober 1937 fast anderthalb Jahre auf dem Hof Stern gelebt und gearbeitet, so lange wie nur wenige andere Pioniere des »Kibbuz Westerbeck«. Noch 1937 konnte er mit seinen Eltern in die USA auswandern. Seine landwirtschaftlichen Interessen, offenbar in Westerbeck geweckt, führten ihn in den USA zu einer Ausbildung in Landwirtschaft und Gartenbau, die er von 1941 bis 1943 in Bucks County/Pennsylvania absolvierte. Das nachfolgende Studium am College of Agriculture der Cornell University in Ithaca/New York schloss Kurt Nathan 1946 als Bester seines Jahrgangs ab. Als »assistant professor« für Agrarwissenschaft unterrichtete Nathan – neben Mathematik und deutscher Sprache – insbesondere Landtechnik: zunächst an der Cornell University, von 1948 bis 1951 am Delaware Valley College in Doylestown/Pennsylvania. 1955 trat er an der Rutgers University in New Brunswick/New Jersey eine Professur für Agrarwissenschaft (»Biological and Agricultural Engineering«) an, die er bis zu seiner Pensionierung im Juli 1982 innehatte. In seinen Forschungen beschäftigte sich Nathan vor allem mit Fragen der künstlichen Be- und Entwässerung der Landwirtschaft, der Urbanisierung ländlicher Räume sowie der Landtechnik. Bereits 1949 hatte er sich mit dem Einsatz von Mähdreschern in der US-Landwirtschaft befasst. Neben zahlreichen Aufsätzen legte er in den 1960er und 1970er Jahren eigenständige Buchveröffentlichungen zu Grundfragen der Landschaftsarchitektur vor. Nathan betätigte sich überdies in vielen kommunalen bzw. staatlichen Agrarprojekten. Zudem war er in einer Reihe berufsständischer Organisationen der US-amerikanischen Agrarforschung in leitenden Funktionen tätig. Zu nennen sind vor allem die *National Society of*

Professional Engineers, die *American Society of Agricultural Engineers* und die *Soil Conservation Society of America*.[69]

Das NS-Regime hatte die jüdischen Auswanderer-Lehrgüter anfangs geduldet, spätestens aber nach den Pogromen im November 1938 zu Zwangsarbeitslagern umfunktioniert und schließlich gewaltsam aufgelöst. Bereits im Februar 1938 hatte eine Gruppe von 18 Auszubildenden nahezu geschlossen den Hof Westerbeck verlassen. Als in der Pogromnacht vom 9./10. November 1938 Mitglieder eines benachbarten NS-Arbeitskommandos den Hof Stern überfielen, das Mobiliar zerstörten und Fensterscheiben einschlugen, lebten auf dem Hof neben dem Verwalterehepaar noch drei Auszubildende. Sie wurden zeitweilig in Westerkappeln inhaftiert, konnten aber im Februar 1939 den Ort – nach Auskunft der Meldekarten – nach Gelsenkirchen, Bremen und Warburg verlassen. Ihr weiteres Schicksal ist bislang ungeklärt.

Der Eigentümer Rudolf Stern wurde in der Pogromnacht vom 9./10. November 1938 in Osnabrück verhaftet und in das Konzentrationslager Buchenwald deportiert. Stern, der den Holocaust überlebt hat, notierte später im Zuge des Rückerstattungsverfahrens:

»Während meiner Inhaftierung 1938 im K. Z. Buchenwald zwang mich die Gestapo – um lebend wieder aus dem Konzentrationslager herauszukommen – den Hof durch einen Auktionator verkaufen zu lassen.«[70]

Die gewaltsame Enteignung beendete die Geschichte des Lehrgutes bzw. des »Kibbuz Westerbeck«. Fortan wurde »auch auf dem Hof Stern keine jüdische Person mehr geduldet«.[71]

Repressalien und die »Arisierung des Grundbesitzes«

Jüdische Landwirte und Landbesitzer in Westfalen hatten seit 1933 die Repressalien und die Gewalt des NS-Regimes erfahren. Bereits das Reichserbhofgesetz vom September 1933 schloss sie ausdrücklich von der »Erbhoffähigkeit« aus. Laut § 13 konnte Erbhofbauer »nur sein, wer deutschen oder stammesgleichen Blutes ist«; ausgeschlossen wurde, wer »unter seinen Vorfahren väterlicher- oder mütterlicherseits jüdisches oder farbiges Blut hat«. Das Reichserbhofgesetz war das erste Gesetz des NS-Regimes, das den Begriff des »jüdischen Blutes« benutzte und als entscheidendes Kriterium einführte.[72] Aus Westfalen sind Fälle alteingesessener Bauernfamilien dokumentiert, denen wegen jüdischer Vorfahren bzw. jüdischer Ehepartner nach diesem Gesetz die »Ehrbarkeit« bzw. die »Erbhofwürde« abgesprochen und die Eintragung in die entsprechende Erbhofrolle verweigert wurde.[73]

Eine Fülle an Einschränkungen, Sonderregelungen und Verbote kam in den folgenden Jahren hinzu:[74]
- »Volljuden« und »Mischlinge« wurden von der Landhilfe ausgeschlossen.
- Auf »arischen Erbhöfen« durften Juden weder ausgebildet oder angestellt werden.
- Der Handel mit Vieh war laut Verordnung vom 25. Januar 1937 nur noch »deutschstämmigen« Viehhändlern erlaubt. Sie bedurften überdies einer besonderen Zulassung, die nur bei »persönlicher Zuverlässigkeit« erteilt wurde. Diese Zulassung wurde in Westfalen nur 170 von 448 Viehhandelsbetrieben erteilt.[75]
- Der Kauf bzw. Verkauf von Acker- oder Waldflächen stand seit Januar 1937 unter scharfer staatlicher Kontrolle und war Juden faktisch untersagt. Trete ein Jude als Käufer auf, so hieß es in der Führung des Reichsnährstandes, dürfe dies nicht genehmigt werden, weil dadurch »bei der heutigen Auffassung von Blut und Boden das öffentliche Interesse verletzt« sei.[76]
- Boykottmaßnahmen erschwerten es Juden schon 1933, Märkte zu beschicken. Spätestens ab 1938 war dies vollständig untersagt, ebenso auch die Mitgliedschaft in einer der ländlichen Genossenschaften. Damit war es für sie praktisch unmöglich geworden, Betriebsmittel wie Pflanz- und Saatgut, Dünger oder landwirtschaftliches Gerät zu erwerben.

Nach den Pogromen im November 1938 schließlich wurde den jüdischen Landwirten und Landbesitzern buchstäblich der Boden entzogen. Die »Verordnung zur Ausschaltung der Juden aus dem deutschen Wirtschaftsleben« vom 12. November 1938 nahm nicht nur die staatliche Enteignung und Zerschlagung jüdischer Unternehmen in Industrie, Handel, Gewerbe und Dienstleistungen in den Blick, sondern auch in der Land- und Forstwirtschaft.[77]

Die Behörden des Reichsnährstandes 1938/39 waren aufgefordert, die dafür notwendigen Daten zu ermitteln. Diese Statistiken liefern – aus der Sicht der Täter bzw. des NS-Regimes und bereits unter dem Eindruck von Repressalien, Flucht und vorherigen Verkäufen – noch einmal ex negativo einen Überblick zur Struktur der Land- und Forstwirtschaft in jüdischem Eigentum. Demnach besaßen die deutschen Juden insgesamt 45.900 ha Land, das sich im Eigentum von 12.000 »Besitzeinheiten« befand. Die Durchschnittsgröße einer Hofstätte in jüdischem Besitz betrug deutschlandweit 3,8 ha.

In Westfalen zählten die Beamten der Siedlungsbehörden bzw. der NS-Landesbauernschaft 807 jüdische »Besitzeinheiten« mit insgesamt rund 1756 ha, in Lippe-Detmold kamen sie auf weitere 45 »Besitzeinheiten« mit zusammen 113 ha. Die durchschnittliche Größe lag demnach bei rund 2,2 ha in Westfalen, bei 2,5 ha in Lippe. Meist handelte es sich um das schmale Eigentum etwa von Obst- und Gemüsegärten in den Dörfern, von Viehweiden oder Kartoffel- und Rübenäckern, die vornehmlich der Eigenversorgung dienten. Rechnet man die Kleinstflächen heraus, so ergibt sich in Westfalen ein Bild, nach dem unter den jüdischen Landeigentümern »bäuerlicher Mittel- und Kleinbesitz« vorherrschte.[78]

Der Blick auf die westfälischen Kreisstatistiken[79] weist auf regionale Besonderheiten hin. So gab es Kreise wie Bocholt, Gladbeck oder Warendorf, die Ende 1938 auffallend wenige jüdische Landeigentümer mit geringem Besitz aufwiesen, während die größte Zahl von Eigentümern in den Kreisen Brilon, Höxter und Warburg ansässig war. Die Durchschnittsgröße »jüdischer Besitzeinheiten« hingegen war in den Kreisen Unna (7,5 ha), Steinfurt (8,47 ha) und Iserlohn (31 ha) am größten. Das allerdings waren »nur« statistische Durchschnittswerte, die vor allem aufgrund der Größe einzelner Güter – wie des Gutes Baum in Ergste, Kreis Iserlohn – besonders heraus stachen.

Bis Ende 1942 waren sämtliche jüdischen Grundeigentümer in Deutschland enteignet und deportiert worden. Die Verfügungsgewalt über die Flächen lag in Händen der regionalen halbstaatlichen Siedlungsgesellschaften, die den Weiterkauf der Flächen organisierten.

In Lippe war dieser Schritt bereits zu einem frühen Zeitpunkt abgeschlossen. Schon im Dezember 1940 waren hier sämtliche Flächen und Güter aus ehemals jüdischem Besitz verkauft bzw. »arisiert« worden – das war, sieht man von Hamburg ab, in keinem anderen Territorium in Deutschland so früh und so vollständig der Fall.

In Westfalen wurden bis Juni 1942 84 % der Flächen aus ehemals jüdischem Besitz veräußert. Der Rest befand sich weiterhin im Eigentum bzw. in Verwaltung der Siedlungsgesellschaft »Rote Erde«.[80]

Bis zum Sommer 1942 hatten in Westfalen Flächen im Wert von 3,02 Mio. Reichsmark den Besitzer gewechselt. Als Käufer waren Landwirte (2 %), Kommunen (13 %) und die Siedlungsgesellschaft »Rote Erde« (6,8 %) aufgetreten, vor allem aber, so die amtliche Statistik für Westfalen, »sonstige Käufer«.[81]

Die Arisierung von Gärten, Wiesen und Ackerland war, wie die Historikerin Verse-Hermann bündig geurteilt hat, ein »Bereicherungsgeschäft für viele«.[82] Manche nahmen davon Abstand, die ohnehin unter Druck stehenden, ja an Leib und Leben gefährdeten jüdischen Verkäufer ebenfalls zu erpressen bzw. ihre Situation zu eigenen Gunsten zu nutzen, wie der Historiker Avraham Barkai schildert. Insgesamt überwiegt nach seinem Urteil das Bild »einer widerlichen und habgierigen Preisdrückerei, die vor keinem Mittel zurückschreckte, um den größtmöglichen Vorteil herauszupressen«.[83]

Epilog: Die Ereignisse auf »Gut Baum«

Um zu zeigen, was der abstrakte Begriff der »NS-Arisierung« bedeutete und in welche Abgründe er die Beteiligten führte, sei die Geschichte Philipp Baums, seiner Familie und seines Landbesitzes abschließend erzählt.[84] 1930 hatte Baum die Arbeit im Stall und auf den Feldern aus Altersgründen aufgegeben. Das Gut verpachtete er für eine Laufzeit von zwölf Jahren an einen Landwirt aus Stockum bei Unna. Ein Jahr später, 1931, starb Baum. Seine Kinder bildeten nach seinem Tod eine Erbengemeinschaft, zogen sich aber ansonsten – entgegen den Wünschen des Vaters – aus der Landwirtschaft zurück.

Nur eine Woche nach den Pogromen vom 9./10. November 1938 wechselte das Gut mit allen zugehörenden Ländereien den Eigentümer – und das unter dubiosen Begleitumständen. Bei dem Verkaufsakt in Schwerte war kein Kind der Eheleute Philipp und Martha Baum anwesend. Auch sonstige Angehörige der Eigentümerfamilie fehlten. Die erbenden Geschwister Baum wurden vielmehr von einem »Bevollmächtigten« vertreten, den sie weder bevollmächtigt hatten noch überhaupt kannten.

Der Hagener Landwirt Fritz Weyergraf erwarb das Gut. Er bewirtschaftete zu diesem Zeitpunkt ein rund 300 ha großes Pachtgut. Für seinen neuen Besitz hatte er 205 000 Reichsmark zu zahlen. Allerdings bezog sich diese Summe nur auf einen Teil des Gutes. Ein anderer Teil war zuvor abgetrennt und von der Siedlungsgesellschaft »Rote Erde« übernommen worden. Bezahlt wurde dafür nichts. Diese Teile des Hofes seien entschädigungslos beschlagnahmt worden, stellte später einer der Erben Philipp Baums fest. Es sei nicht einmal der Wert dieses Anteils festgestellt worden.

Philipp und Martha Baum hatten vier Kinder. Deren Lebenswege im Zeichen des Holocaust lassen sich aus den Akten des späteren Wiedergutmachungsverfahrens nachzeichnen:

– Arthur, geboren am 25. Juni 1889, lebte bereits seit 1914 in den USA und hatte 1925 die amerikanische Staatsbürgerschaft angenommen.
– Friedrich Jacob, geboren am 27. August 1890, starb ein Jahr nach seinem Vater, im Dezember 1932. Seiner Frau Erna Baum geb. Harf gelang später, 1938/39, von Dortmund aus mit den beiden Kindern Irmgard und Werner die Flucht in die USA.
– Herbert, geboren am 24. Juni 1893, wurde im Juli 1942 mit seinen Angehörigen von Dortmund aus deportiert und am 14. Oktober 1942 im KZ Theresienstadt ermordet.
– Elsa, geboren am 19. Juni 1896, »verwitwete Strauss, verheiratete Kahn«, war 1939/40 die Flucht gelungen und seit September 1940 in New York, später in San Francisco ansässig, wo sie den Familiennamen Kent führte.

Ende Juli 1946 gingen die beiden Geschwister Arthur Baum und Elsa Kahn sowie die Schwägerin Erna Baum von den USA aus gegen die faktische Enteignung vor. Der »Verkauf« sei unter Zwang geschehen und somit nicht gültig, argumentierten sie. Die Verkaufssumme habe nur einen Bruchteil des wahren Wertes des Gutes abgebildet, und selbst von dieser Summe sei nichts an sie gelangt.

Das Gerichtsverfahren erstreckte sich über Jahre und durchlief mehrere Instanzen: vom Landgericht Hagen über das Oberlandesgericht Hamm bis zum obersten Rückerstattungsgerichts-hof in Herford. Erst im September 1964, fast 26 Jahre nach dem Zwangsverkauf, erhielten die Erben des Philipp Baum ihr Recht und das Eigentum des Hofes zugesprochen. Sie verkauften ihn wenige Monate später an einen unbeteiligten Landwirt aus Dortmund. Denn selbst auf dem Gut leben und Landwirtschaft betreiben – das wollte von den Erben Baum niemand mehr. Der Traum ihres Vaters vom »dauernden Familienbesitz« war zerstört. Für immer.

Thomas Ridder
»die Juden allmählich in die nämlichen Rechte und Freiheiten zu setzen«[1]
Der lange Weg vom geduldeten Schutzjuden zum deutschen Staatsbürger

In der christlichen Gesellschaft des Mittelalters galten die Juden als Bürger minderen Rechts. Es gab kaum Schutz vor Diskriminierungen. Über den problematischen Rechtsstatus der Juden geben die sogenannten Judeneide Aufschluss. Aus Westfalen sind drei unterschiedliche Judeneidformeln aus Dortmund und Soest bekannt. Das Eidesritual war in der Regel ein demütigendes und entehrendes Spektakel. Die erzwungene Selbstverfluchung der Schwörenden wurde als Schutz vor einem jüdischen Falscheid angesehen.[2]

Vom 12. bis zum 18. Jahrhundert war jüdisches Leben in Westfalen wie anderenorts auch von einem ständigen Auf und Ab gekennzeichnet. 1350 traf die aufstrebende jüdische Gemeinschaft eine Katastrophe, die zu einer fast vollständigen Zerschlagung alles Jüdischen führte. Wie in vielen Teilen Europas wurden auch die westfälischen Juden von ihren christlichen Nachbarn für den heimtückischen »Schwarzen Tod«, die Pest, verantwortlich gemacht und, so berichten einige Chroniken, »wie Vieh geschlachtet«[3]. Es gab zu dieser Zeit Friedhofsgemeinden in Dortmund, Minden, Münster, Osnabrück und möglicherweise auch in Soest. Diese waren für die kleinen Judengemeinschaften zuständig, die auf 30 Ortschaften verteilt im Lande lebten. Nach der Pestkatastrophe wurden im Mittelalter nur zwölf Orte noch einmal von Juden bewohnt: Bielefeld, Dortmund, Hamm, Herford, Kamen, Lemgo, Minden, Münster, Paderborn, Recklinghausen, Soest und Unna. Die westfälische Judenschaft hat sich von den Verlusten des Pestpogroms nie mehr erholt. Bis zum Ende des Mittelalters gab es nur in Dortmund mit Sicherheit noch einmal eine Gemeindebildung. Im 15. Jahrhundert dürfte in Minden zeitweise ebenfalls eine jüdische Gemeinde bestanden haben.[4]

Nirgendwo in Westfalen haben Juden zwischen 1367 und 1500 zahlenmäßig oder wirtschaftlich eine größere Rolle zu spielen vermocht, so wie sie sie vor der Pestkatastrophe in den fünf damaligen Zentren besessen zu haben scheinen. Zwischen 1350 und 1400 lebten in nur noch neun Städten nachweislich Juden. Nachdem zu Beginn des 15. Jahrhunderts die Zahl auf 12 Orte angestiegen war, fiel sie zum Ende des Jahrhunderts auf maximal sechs Städte zurück.[5]

In dem Maße, wie die Juden durch Ausbeutung und Unterdrückung an wirtschaftlicher Bedeutung verloren, ließ auch das Interesse der Landesherren und Städte an ihnen nach. Ausweisung und Vertreibung aus vielen Städten und Regionen war die Folge. Ausgeplündert, verachtet und gefährdet war ihre Zukunft in Westfalen ungewiss. Nur die territoriale Zersplitterung und die politische Zerrissenheit im Reich verhinderten eine völlige Vertreibung, wie dies in Flächenstaaten wie England oder Frankreich der Fall war.

Die nachfolgenden Jahrhunderte bis zum Ende des Dreißigjährigen Krieges bedeuteten für die Juden in Westfalen den Tiefpunkt jüdischer Geschichte vor der Zeit des Nationalsozialismus. In der ständigen Gefahr ausgewiesen zu werden, bei oftmals nur kurzfristigen Niederlassungserlaubnissen, von vielen größeren Städten ausgeschlossen und daher überwiegend auf dem Lande siedelnd sowie auf nur wenige Berufe beschränkt, lebten die meisten Juden fast ständig am Rande des Existenzminimums. Hinzu kamen die immer wiederkehrenden Vorwürfe des Ritualmords, der Hostienschändung und der Brunnenvergiftung, die meist zu blutigen und grausamen Verfolgungen führten. Nur zögernd kehrten die Juden nach Westfalen zurück. Sie erreichten vermutlich erst gegen Ende des 16. Jahrhunderts wieder die Stärke, die sie um 1350 gehabt hatten.

Die Initiativen zur Ausweisung der Juden gingen häufig von den Zünften oder den Landständen aus. Doch ließen sich die Ausweisungsbeschlüsse bzw. die Ansiedlungsverbote nicht in allen Landesteilen konsequent durchsetzen. In Coesfeld scheiterte im 16. Jahrhundert ein Ansiedlungsversuch am Widerstand der Stadt, während im Nachbarort Dülmen die Juden seit 1580 vor Ausweisungen geschützt waren. So mussten Juden die Stadt Münster 1554 nach nur zehn Jahren wieder verlassen. Es blieb hier bei einem Ansiedlungsverbot bis zum Jahre 1810. In Dortmund wurden die Juden 1596 erneut ausgewiesen, nachdem sie immerhin fast fünfzig Jahre in der Stadt hatten leben können. Erst 1808 konnten sich wieder Juden in Dortmund niederlassen.[6]

Erst nach und nach kehrten Juden wieder in alle westfälischen Landesteile zurück und konnten sich trotz versuchter Vertreibungen weitgehend halten. Um den Landständen im Herzogtum Westfalen entgegenzukommen, die 1599 eine Ausweisung verlangt hatten, erließ Kurfürst Ferdinand von Köln 1614 eine Ordnung für die Juden, die deren Rechte und Pflichten bis ins kleinste Detail regelte. Diese älteste Judenordnung für Westfalen hatte bis zum Ende des Heiligen Römischen Reiches Bestand.

Die geplanten und die wirklich ausgeführten Vertreibungen von Juden zeigen, dass sie von der christlichen Ständegesellschaft aus religiösen und wirtschaftlichen Gründen verachtet, diskriminiert und angefeindet wurden. Das ständige Misstrauen ihnen gegenüber konnte schnell in offene Gewalt umschlagen. Die Vertreibung aus den Städten und die Ansiedlungen auf dem Lande führten zu einem weitaus engeren Kontakt mit der christlichen Bevölkerung. Diese war in ihrem

Verhalten zur jüdischen Bevölkerung vor allem durch Feindseligkeit und Vorurteile geprägt. Die Juden hatten deshalb ständig Demütigungen und Erniedrigungen zu ertragen.[7]

Da aber auch die Christen aus der Anwesenheit der Juden wirtschaftlichen Nutzen zogen, kam es immer wieder zu pragmatischen und gelegentlich auch zu nachbarschaftlich-freundlichen Beziehungen. Diesen Kontakten zwischen Christen und Juden standen gesetzliche Bestimmungen entgegen, die meist streng reglementiert wurden, um die Trennung der Konfessionen zu gewährleisten. Verschiedene Judenordnungen verpflichteten die Juden zu bescheidener Kleidung und zu einem unauffälligen öffentlichen Auftreten. An christlichen Feiertagen durften Juden oftmals ihre Häuser nicht verlassen.

Insgesamt stabilisierten sich die Lebensbedingungen während der frühen Neuzeit. Es gab nur noch selten größere Vertreibungen. Meist scheiterten entsprechende Vorhaben an den Interessen der Landesherren. Diese konnten die Juden aber nicht vor antijüdischen Ausschreitungen der Bevölkerung schützen. Gerade in wirtschaftlich angespannten Zeiten machte sich die Unzufriedenheit oftmals in Angriffen gegen die Juden Luft. Aber auch religiöse Motive konnten zu lokalen Pogromen führen. Die Juden hatten andererseits erkannt, dass sie sich gegen derartige Übergriffe mithilfe der staatlichen Behörden und Gerichte juristisch schützen konnten.

Die Aufenthaltsrechte regelten Schutzbriefe, auch Geleitbriefe genannt, die von den jeweiligen Landesherren für einen einzelnen Juden oder die gesamte Judenschaft gegen eine meist beachtliche Gebühr ausgestellt wurden. Das Aufenthaltsrecht konnte auf ein Jahr befristet sein, aber auch mehrere Jahre gelten. Dann musste es wieder erneuert werden. Das Schutzbriefsystem stellte daher auch eine wichtige Einnahmequelle für den Territorialherren dar. Durch den Erwerb eines Schutzbriefes erhielt ein Jude zugleich Schutz und Rechtssicherheit für sich und seinen Besitz zugesagt. Mit den Jahren trat die Bedeutung der Schutzansprüche der Juden gegenüber dem Besteuerungsrecht der Landesherren in den Hintergrund. Diese hatten erkannt, dass sie die Juden mit Steuern und Abgaben belasten konnten und dadurch enorme Einnahmen verzeichneten.[8]

Erst mit dem Ende des 18. Jahrhunderts, mit den Auswirkungen der Französischen Revolution auf Westfalen, kam es zu kurzfristigen, und dann mit dem Beginn der preußischen Ära ab 1811 zu langfristigen Veränderungen und Verbesserungen der Lebensbedingungen.

Die rechtliche Emanzipation der Juden und die deutsche Einigung unter preußischer Führung fielen zeitlich fast zusammen. Die auf jüdischer Seite damit verbundenen Hoffnungen auf volle gesellschaftliche Anerkennung erfüllten sich jedoch nicht.

In Westfalen, das nach den 1815 gefassten Beschlüssen des Wiener Kongresses endgültig zu Preußen gehörte, galten zunächst fünf verschiedene Judenordnungen.[9] Die Veränderung von einer reinen Agrarwirtschaft zu einer zunehmend industriell geprägten Wirtschaft führte auf dem Lande bei Bauern und Handwerkern zu großer Unsicherheit. Viele von ihnen sahen in den Juden die Hauptnutznießer und Verursacher des freien Handels. Antijüdische Propaganda steigerte und bündelte diese Judenfeindschaft. Es kam immer wieder zu lokalen und regionalen Ausschreitungen, so 1844 in Minden und Geseke.

Unterstützung fand die Forderung nach einer Emanzipation der Juden hingegen bei den Liberalen. Wollte man den Juden zunächst nur Rechtssicherheit und Freizügigkeit gewähren, so wurde die Emanzipation der Juden in den 1840er Jahren allmählich zu einer Grundforderung. Nur die Freiheit selbst könnte zur Freiheit erziehen, hieß es nun bei den Liberalen.[10]

Mit dem Gesetz »die Verhältnisse der Juden betreffend« vom 23. Juli 1847 konnte die unterschiedliche Gesetzgebung vereinheitlicht werden. Es gewährte den Juden die Freizügigkeit sowie das passive Wahlrecht auf kommunaler Ebene. Weiterhin blieben den Juden aber staatliche Funktionen, ständische Rechte und die akademische Laufbahn, insbesondere in der Philosophischen Fakultät, versagt.[11]

Große Hoffnungen auf die überfällige Emanzipation weckte die Märzrevolution von 1848. Zu den Parlamentariern gehörte auch eine Reihe von prominenten Juden. Nach dem Verfassungsentwurf sollten die Juden die vollen bürgerlichen Rechte erhalten. Die Verfassung trat jedoch nie in Kraft. Die Ziele der Revolution konnten nicht verwirklicht werden. Der Artikel 12 der preußischen Verfassung von 1850 bestimmte zwar, dass der »Genuss der bürgerlichen Rechte unabhängig von dem religiösen Bekenntnisse« zu gewährleisten sei, schränkte dies aber mit dem Artikel 14 ein. Dort wurde die christliche Religion zur Grundlage all der Einrichtungen erklärt, die in Zusammenhang mit der Religionsausübung standen.

Die Jahre zwischen 1850 und 1873 brachten einen allgemeinen wirtschaftlichen Aufschwung, der dem industriellen Kapitalismus zum Durchbruch verhalf und der Landwirtschaft und dem Handwerk ebenfalls wirtschaftlichen Aufschwung brachte. Dieses und der wiedererstandene Liberalismus wirkten in einer Weise politisch so zusammen, dass den Juden auch in Preußen die vollständige Gleichberechtigung nicht mehr vor enthalten werden konnte. Am 3. Juli 1869 trat im Norddeutschen Bund, einem Zusammenschluss aller 22 Klein- und Mittelstaaten nördlich der Mainlinie und der Freien Hansestädte, ein Gesetz in Kraft, das »alle noch bestehenden, aus der Verschiedenheit der religiösen Bekenntnisse hergeleiteten Beschränkungen der bürgerlichen und staatsbürgerlichen Rechte« aufhob. Mit der Gründung des Deutschen Reiches erhielt dieses Gesetz reichsweite Gültigkeit. Dennoch gab es weiterhin eine faktische Benachteiligung der Juden in Verwaltung, Heer, Polizei, Justiz, Schule und Universität.[12]

Je mehr sich die Juden als deutsche Staatsbürger verstanden, desto stärker verlor die Religion ihre Bindungskraft. Scharfe Kritik am Wandel der jüdischen Tradition übte der Münsteraner Landrabbiner Abraham Sutro (1784–1869). Sein Kampf gegen die liberale

(8)

DESIGNATIO
Deren
Von Ihro Churfürstl. Gnaden zu Cölln, Bischoffen zu Münster, 2c. 2c. Unserm gnädigsten Herrn im Hochstifft Münster gnädigst vergleideten Juden.

Amt Wolbeck.

Ahlen.
Meyer Joseph an statt seines verstorbenen Vatters Berend Meyer.
Salomon Levi.
Levi Marcus.
Philipp Meyer.
David Heuman.
Isaac Levi.
Coppel Abraham.

Beckum.
Levi Joseph an statt der Wittiben Joseph Salomon.
Meyer Philipp an statt Philipp Salomon.
Jacob Salomon an statt Salomon Mendel.
Joseph Levi.
Salomon Ansel.
Philipp Meyer.
Joseph Levi.

Sendenhorst.
Alexander Abraham.
Lazarus Jacob.
Samuel Lazarus.

Telgte.
Salomon Philipp an statt Philipp Ansel.
Wittibe Philipp Meyer.
Wittib Isaac Mangen, nun des Calmon Samuels Weib.
Meyer David an statt der Wittib Elckana, so er geheyrathet.
Hertz Abraham an statt des Abraham Salomon.
Jacob Abraham.

Wolff Samuel.
Meyer Joseph an statt des Berend Meyer.

Wolbeck.
Samuel Lazarus.
Meyer Abraham.

Amt Horstmar.

Billerbeck.
Samson Salomon an statt der Wittiben Samuel Marcus.
Benedict Moyses an statt Joseph Benedict.
Hertz Isaac.

Borchorst.
Seligman Hertz an statt Hertz Simon.
Isaac Israel.
Salomon Israel an statt Lefman Isaac von Bocholt.

Coesfeldt.
Jacob Hertz.
Wittib Salomon Isaac.
Isaac Salomon an statt Joël Meyer.
Lazarus Isaac.
Moyses Abraham an statt Abraham Moyses.
Abraham Isaac an statt Isaac Salomon.
Benedict Isaac.
Abraham Bassem.

Horstmar.
Levi Moyses an statt der Wittiben Meyer Gumpert.
Bernd Moyses.

Schöp-

Das hier abgebildete Hauptgeleit für die Münsterische Judenschaft aus dem Jahre 1763 listet 166 namentlich aufgeführte Personen auf, die sich zusammen mit ihren Familien im Stift Münster niederlassen durften. Sie hatten einen jährlichen Tribut von mindestens 300 Reichstaler zu entrichten. Ausgestellt wurde das Edikt vom münsterischen Fürstbischof Maximilian Friedrich am 7. März 1763. Er gewährte darin allen Juden, die bei seinem Amtsantritt im Stift Münster mit einer Niederlassungserlaubnis seiner Vorgänger lebten, weiteres Aufenthaltsrecht. (Jüdisches Museum Westfalen)

Gemeindereform konnte aber nicht verhindern, dass sich in Westfalen ein modernes jüdisches Selbstverständnis durchzusetzen begann.[13]

Im Wilhelminischen Kaiserreich gab es zum ersten Mal seit dem hohen Mittelalter für die jüdische Minderheit in der deutschen Gesellschaft keine benachteiligenden oder ausgrenzenden Gesetze mehr. Doch was seit den 1860er Jahren nach jahrzehntelangem Ringen hatte erreicht werden können, wurde durch den sich ausbreitenden Antisemitismus in der Gesellschaft wieder infrage gestellt.[14]

Verwaltung und Militär boykottierten die verfasste Gleichstellung. Juden hatten keine Chancen, Diplomaten oder aktive Offiziere zu werden, selbst zu Reserveoffizieren wurden sie zwischen 1885 und 1914 nicht mehr befördert. An den Universitäten erreichten sie allenfalls Extraordinariate. 1909 waren von den unbesoldeten Privatdozenten zehn Prozent jüdisch. Auch im Justizdienst erreichten Juden kaum das Richteramt oder die Funktion eines Staatsanwalts. Der Staat sollte christlich geprägt sein und durch Christen verwaltet werden.[15]

In den 1920er Jahren hatten die Emanzipationsbestrebungen der deutschen Juden ihre Ziele, zumindest vordergründig, erreicht. Die jüdische Gemeinschaft und die Synagogengemeinden waren laut Weimarer Verfassung Körperschaften öffentlichen Rechts. Die rechtliche Anerkennung betraf damit nicht mehr nur die einzelnen Juden, sondern erstmals auch das deutsche Judentum als Gesamtheit. 1925 wurde im preußischen Staatshaushalt zudem ein gesonderter Posten für die jüdische Religionsgemeinschaft verabschiedet. Diese dem Status der Kirchen entsprechende Rechtsstellung verlangte nach organisatorischen Zusammenschlüssen auf Landesebene. 1922 wurde ein preußischer Landesverband jüdischer Gemeinden gegründet.

Die politische Lage der Juden wurde in den 1920er Jahren auf zweifache Weise bestimmt. Auf der einen Seite stand der wieder erstarkte Antisemitismus, auf der anderen Seite stand die Hoffnung, die im Kaiserreich beschränkte gesellschaftliche Gleichstellung werde nun vollendet werden. Politisch wählte die Mehrheit der jüdischen Bevölkerung die Deutsche Volkspartei und die Deutsche Demokratische Partei, das hieß die bürgerliche Mitte.

Elisabeth Cosanne-Schulte-Huxel
Das Hauptbuch des Schuhmachers Heinrich Christoph Lütkemeier aus Werther

Ein gutes nachbarschaftliches Verhältnis mit Juden war für die Familie Lütgemeyer (früher: Lütkemeier) im kleinstädtischen Werther eine Selbstverständlichkeit. Sie pflegte viele Jahre freundschaftliche und wirtschaftliche Beziehungen mit den jüdischen Familien in Werther, und auch mit den Überlebenden der Shoah im Ausland; eine Tradition, die nachweislich über mehrere Generationen anhielt.

Heinrich Christoph Lütkemeier, 1808 auf einem Bauernhof in Steinhagen geboren, eröffnete im Jahre 1839 am Kirchplatz in Werther eine Schuhmacherwerkstatt. Für diese Investition nahm er eine Hypothek von 300 Talern auf, die erst sein Enkel tilgen konnte. Der Arbeitsbereich mit Werkstatt und Lederkammer war in das Wohnhaus integriert. Einzelne Räume, zum Beispiel die »Gute Stube«, wurden vermietet. Werther hatte um 1840 rund 1900 Einwohner, davon 111 – also 5,8 % – Juden.[1]

Mindestens sieben weitere Schuhmacherbetriebe waren zur gleichen Zeit in Werther aktiv. Der Schuhmacher Heinrich Christoph Lütkemeyer legte ein sogenanntes Hauptbuch an, worin seine Kunden – Familien und ihre Angehörigen – alphabetisch aufgelistet waren und alle Geschäftsbelange akribisch vermerkt wurden. »Das alte Buch zeigt das geschäftliche Leben innerhalb der engen Stadt und seiner zum Kirchspiel gehörenden Bauernschaften« so der Urenkel Paul Lütgemeyer 1983. Dieses mit kleinen verschiedenen Lederstücken eingeschlagene Buch, geführt von 1839–1876, zeugt von den guten Beziehungen seines Urgroßvaters zur jüdischen Kundschaft. Wir finden rd. 236 Namen nichtjüdischer Kunden und 15 Namen jüdischer Kunden u. a. die Familien Goldstein, Sachs, Elson, Meierson, Neustädter, Hirsch, Weinberg, Goldschmidt, Meyerson, Lilienthal und Grewe.

Wenn wir die nichtjüdischen Namen mit dem Faktor 2,5 multiplizieren, da auch ihre Familienangehörigen mit Schuhwerk versorgt wurden, so kommen wir nach vorsichtiger Schätzung auf 590 Nichtjuden und 61 Juden, für die Heinrich Christoph Lütkemeier die unterschiedlichsten Schuhe anfertigte und ausbesserte. Wenn diese Annahmen stimmen, dann mochte sein jüdischer Kundenanteil ca. 10 % ausgemacht haben [...]. Wie allgemein üblich, erwartete auch Lütkemeier nicht, dass seine jüdischen Kunden ihn sofort oder überhaupt mit Bargeld für seine Dienstleistungen bezahlten. Er akzeptierte Gegenwerte in unterschiedlichen Formen: eine Ziege, Heu, Stroh, Fleisch, Weißkohl, Kartoffeln, eine Taschenuhr, Textilien.[2]

Porträt des Schuhmachers Heinrich Christoph Lütkemeyer (Slg. Joachim Lütgemeyer, Werther)

Das besondere aber an diesem alten Hauptbuch sind die letzten Seiten: hier sind zwei Rezepte in jüdisch-deutscher Kursivschrift niedergeschrieben.

Jüdisch-deutsch wurde natürlich von den jüdischen Viehhändlern auch in der mündlichen Sprache beim Kaufen und Verkaufen auf den Märkten verwendet und spielte historisch gesehen die Rolle einer gruppenspezifischen Berufssprache. Da jedoch Käufer und Verkäufer mehrheitlich Nichtjuden waren, verwundert es nicht, dass sie sich die hebräischen Zahlen aneigneten und mit ihnen zu verhandeln verstanden.[3]

Die zwei Rezepte muten wie eine Geheimsprache an. Es geht um »die ›Rübelau‹ als Heilmittel gegen Geschwulste und ›Saft aus Schwarzbrot‹ als Mittel gegen ›schlimme Augen‹«[4] Die Abbildung und das Rezept finden sich hier im Buch.

Wo hatte Heinrich Christoph Lütkemeier diese Schrift erlernt? Sein Ur-Ur-Enkel Joachim Lütgemeyer vermutet, dass die Anfänge in seinen Lehr- und Gesellenjahren gelegt wurden, die er eine Zeitlang zusammen mit dem Juden Meyer Gutmann verbrachte. Oder erlernte er es bei seinen jüdischen Mietern, dem Lehrer Baruch Alge Elson und dem Händler Salomon Lilien-

thal mit ihren Familien? Oder auch durch die jüdische Schule? Bis 1912 war ein Raum im Hause der Lütgemeyers am Kirchplatz vermietet. Daran konnte sich der Urenkel Paul Lütgemeyer erinnern: »In meiner Kindheit befand sich deren Schule in meinem Elternhaus. Mit den Kindern der jüdischen Familien war ich befreundet.«[5]

Während diese häufigen ökonomischen Kontakte mit den jüdischen Einwohnern von Werther und ihren Verwandten in Halle die gruppen- und milieuübergreifende Offenheit des Schuhmachermeisters zeigten, so ging seine gutnachbarliche Einstellung zu seinem jüdischen Mieter Salomon Lilienthal und seiner Familie daraus hervor, dass seine Frau für diese Familie wusch und die Gebühren für den Schornsteinfeger auslegte, »für Weißen auf der Dehl« und andere Bedürfnisse kleinere Geldbeträge vorgestreckt wurden, die Frau Lilienthal borgte.[6]

Rund 300 Jahre lebten Juden in Werther. »Ich habe von dem Weinberg-Stammbaum einen kleinen Auszug gemacht und füge eine Kopie bei. Daraus ist zu ersehen, dass Artur Sachs, meine Frau und ich denselben Ahnen haben, der seit mindestens 1703 in Werther lebte«, doku-

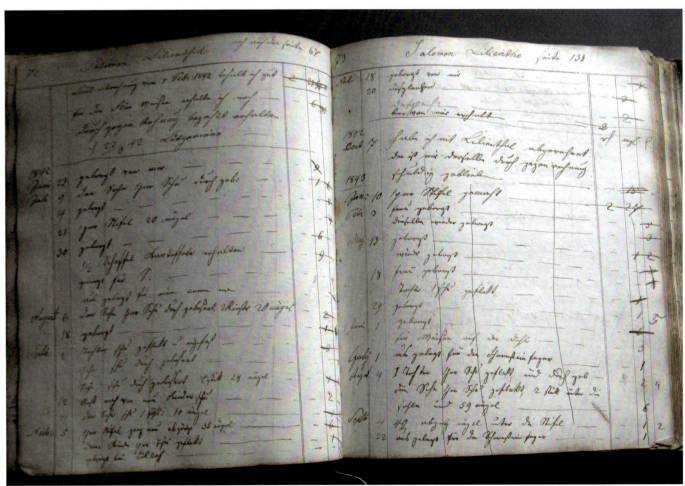

Das Kundenbuch des Schuhmachers Heinrich Christoph Lütkemeyer, später Lütgemeyer (1808–1876). Das Kundenbuch enthält zahlreiche Einträge jüdischer Kunden. (Slg. Joachim Lütgemeyer, Werther)

mentiert Kurt Weinberg seine lange Familiengeschichte in einem Brief an Paul Lütgemeyer.[7]

Aber auch in Werther wurden während der Nazi-Zeit die jüdischen Bürger vertrieben und ermordet. Dass viele ehemalige jüdische Wertheraner Bürger ambivalente Gefühle gegenüber ihrer Heimatstadt hegten, kann nicht verwundern, ebenso wenig, dass sie nie wieder Kontakt mit Werther aufnahmen. Eine Ausnahme davon bildet die Familie Lütgemeyer und besonders Paul Lütgemeyer, der in der vierten Generation das Schuhmacherhandwerk in Bielefeld erlernte, später nach Berlin übersiedelte und bei der Firma Leiser in Berlin tätig war.

»Vor allen Dingen habe ich ja in Berlin bis Ende 1938 mit vielen jüd. Kollegen gearbeitet, die nach und nach in die USA oder nach Südafrika und auch nach Argentinien ausreisten. Ich weiß, was es denen kostete, die Ausreise zu bekommen und die weniger Geld hatten. Aber alle meine näheren Bekannten sind rechtzeitig weggekommen«, vermerkte Paul Lütgemeyer 1984. Von den emigrierten Überlebenden bekam die Familie Lütgemeyer nach dem Krieg viele Care-Pakete. Von dieser Rarität zeugt noch heute eine gute erhaltene Dose.

Paul Lütgemeyer hat den Kontakt zu den Überlebenden jüdischen Bürgern stets gesucht und geholfen, deren Familiengeschichten zu entschlüsseln. Kurt Weinberg dankt ihm 1984: »Da meine Familie seit dem 17. Jahrhundert bereits in Werther sesshaft war, bedeutete es viel für mich, jemanden zu hören, für den die Vergangenheit wichtig ist und der das Leben der Juden in Werther kannte.«[8]

In den in jüdisch-deutscher Kursivschrift verfassten Rezepten geht es um die »Rübelau« als Heilmittel gegen Geschwulste und um »Saft aus Schwarzbrot« als Mittel gegen »schlimme Augen«.

Blechdose aus einem der Carepakete, die Paul Lütgemeyer, Urenkel des Schuhmachers, in der Nachkriegszeit regelmäßig von jüdischen Freunden aus den USA erhielt (beide Slg. Joachim Lütgemeyer, Werther)

Klaus Pohlmann
Jüdische Handwerker in Lippe im 19. Jahrhundert
Das Scheitern der beruflichen Umschichtung

Am 30. Juni 1858 wurde das »Gesetz, die Feststellung der bürgerlichen und staatsbürgerlichen Verhältnisse, der gottesdienstlichen Einrichtungen und des Schulwesens der Juden betreffend« erlassen,[1] das sog. »Emanzipationsgesetz« für die Juden des Landes Lippe.

Die Rechtsgleichheit sollte aber nicht uneingeschränkt gelten. Von Ämtern, die mit »Ausübung einer richterlichen, polizeilichen oder executiven Gewalt verbunden« sind, wie auch von Wahlen zu Landes-Abgeordneten sollten sie ausgeschlossen bleiben. (§ 2) Von Bedeutung für ihren Gewerbebetrieb waren die folgenden Paragraphen: Die »Befugnis zum Betriebe des Handels oder eines anderen Gewerbes« sollte für sie unter denselben Bedingungen wie für Christen gelten.(§ 3) In den Städten mussten sie sich, wenn sie dort ein zünftiges Gewerbe betreiben wollten, in die Zunft zu den dort gegebenen Bedingungen aufnehmen lassen, »und die Zunft darf ihnen die Aufnahme nicht verweigern.« (§ 4) Ein Gesetz über die rechtliche Stellung der Juden war nötig geworden, nachdem die im Revolutionsjahr 1848 verkündeten »Grundrechte des Deutschen Volkes«, die Rechtsgleichheit gebracht hatten, aufgehoben worden waren. Ein Grund für die lange Dauer der Gesetzesvorbereitung lag im Bestreben des seit 1851 regierenden Fürsten, die Verfassung des Landes ganz nach den Grundsätzen der Restaurationsphase umzugestalten; dafür hatte er ein eigenes Kabinettsministerium berufen, das der Regierung vorgesetzt wurde. An die Spitze desselben hatte er den erzreaktionären Laurenz Hannibal Fischer aus Oldenburg berufen, der in Fragen der Behandlung der Konfessionen – und dazu rechnete er die Juden – die Gleichstellung aller Untertanen gefordert hatte. Im Juli 1855 war er nach heftigen Streitigkeiten mit Mitgliedern der alten Regierung entlassen worden.[2] Ein anderer Grund waren lange Verhandlungen über die Forderung des Landesherrn nach Entschädigung für die seit 1849 nicht mehr gezahlten Schutzgelder der Juden an die Fürstliche Rentkammer.

Im Zusammenhang mit der Erstellung des »Emanzipationsgesetzes« wurde eine Umfrage durchgeführt über Zahl, Art des Gewerbebetriebs, Abgabenleistungen und Synagogenzugehörigkeit der Juden.[3] Genannt werden hier 193 Haushalte[4] bei einer Gesamtzahl von 1070 Juden (Einwohnerzahl insgesamt: 106086). Für 80 Haushalte wurde Handelstätigkeit – ohne Einbeziehung von Schlachtung – angeführt, darunter findet sich in 8 Fällen die Bezeichnung »Kaufmann« bzw. »Kaufmannschaft«, eine Benennung, die wohl als Ausdruck eines gewachsenen Sozialprestiges aufgefasst werden darf. Für 53 Haushalte wurde Schlachtung als Tätigkeitsbezeichnung genannt,[5] Schlachtung als alleinige Tätigkeit aber nur für 9 Haushalte, von denen drei als gänzlich verarmt bezeichnet wurden, zweimal mit dem Hinweis, dass es sich um alte Leute handele. Für die übrigen Haushaltungen wurden neben der Schlachtung noch andere Tätigkeiten genannt, 26-mal Vieh- und Fellhandel (Viehhandel ohne Schlachtung nur sechsmal). Schlachtung als Haupt- oder Nebengewerbe wurde also in mehr als einem Viertel aller jüdischen Haushalte in Lippe betrieben. Als alleiniges Gewerbe wurde es viermal für die Stadt Detmold angegeben, dem noch ein fünfter Betrieb hinzuzurechnen ist, dem eine Seifensiederei angegliedert war. In den beiden größten Städten des Landes, Lemgo und Detmold, hatte es eine ganz unterschiedliche Entwicklung gegeben. In Detmold hatten sich schon im 18. Jahrhundert die jüdischen Schlachter gegen Beschwerden der Zunft behaupten können,[6] in Lemgo dagegen scheiterte noch 1863/64 der Versuch eines Juden, der 1862 Bürger geworden war, sich als Metzger niederzulassen, am Widerstand der dortigen Zunft.[7]

Das Detmolder Beispiel einer Metzgerei, der eine Seifensiederei angeschlossen war, zeigt die Nähe beider Tätigkeitsfelder. Seifensiederei, ein nichtzünftiges Handwerk, wurde auch deshalb mehrmals angestrebt, weil hier eine äußerst kurze Lehrzeit genügte, um eine Niederlassungskonzession zu erhalten und eine in Aussicht genommene Heirat so schnell zu realisieren. In Horn hatte Marcus Sostberg, der seinem Bruder bei der Metzgerei half, die dieser auf Grundlage seines Geleits ausübte, einen Antrag auf Niederlassung als Metzger gestellt. Zur Begründung gab er an, dass er zusammen mit seinem Bruder die Meinberger Kurhäuser und fast ganz Meinberg mit Fleisch versorge.[8] Nach Ablehnung des Antrags, auch eines auf Niederlassung in Meinberg, absolvierte er eine viermonatige Lehrzeit in Beverungen, stellte dann den Antrag auf Konzession und Niederlassung in Horn, nachdem er sich schon ein Haus gekauft hatte, musste aber eine Probe ablegen, die negativ ausfiel, musste erneut eine Probe bestehen, die trotz Bedenken akzeptiert wurde, erhielt dann die Konzession, ausdrücklich mit Verbot jeglichen »jüdischen Schacherhandels« und der Schlachtung, und musste eine Kaution hinterlegen. An das Verbot, Schlachtung zu betreiben, hielt er sich einige Zeit, arbeitete dann aber wieder mit seinem Bruder zusammen als Metzger, die Seifensiederei ließ er ruhen. In der Erhebung vom Juli 1858 heißt es zu seinem Gewerbe: »Fell-, Woll- und Viehhandel, früher Erlaubnis erhalten, sich als Seifensieder niederzulassen, dieses Geschäft aber nur ein paar Jahre geführt«.

Zwei weitere Beispiele aus Lage: Bereits 1824 hatte Pinchas Grünewald die Erlaubnis erhalten, von Zeit zu Zeit zu schlachten, weil er aus gesundheitlichen Gründen die Seifensiederei nicht mehr recht betreiben könne. Dass die Familie allein von der Schlachtung lebte, wurde nach seinem Tod deutlich, als seine Tochter 1844 den Antrag stellte, die Schlachtung weiter betreiben zu dürfen. Dieser Antrag wurde abgelehnt.[9] Israel Vogelstein hatte ursprünglich erwogen, eine Lehre als »Parapluie- und Parasol-Macher« in Münster zu absolvieren, diesen Plan auf Zureden der Familie aber aufgegeben und sich für die Seifensiederei entschieden. Er war bereits über 30 Jahre alt, wollte nach kurzer Lehrzeit sich in Lage niederlassen und heiraten. Er absolvierte eine viermonatige Lehrzeit in Detmold, erhielt dann nach mehreren Anläufen 1839 Konzession und Heiratserlaubnis. Schon ein Jahr später stellte er einen Antrag auf Zulassung zum Handel mit Höckerwaren, weil er von der Seifensiederei nicht leben könne, der ebenso abgelehnt wurde wie sein zwei Jahre später gestellter Antrag auf Zulassung zum Handel mit Kolonialwaren. 1844 meldete er, nunmehr völlig überschuldet und verarmt, Konkurs an. Er erhielt schließlich 1846, trotz des Protestes zweier Metzger in Lage, die Erlaubnis zur »Schlächterei bis auf weiteres«, nachdem ihm schon zuvor erlaubt worden war, »dann und wann ein Stück Rindvieh« zu schlachten.[10] Diese Angaben lassen erkennen, in welch bedrückenden Verhältnissen sein 1841 geborener Sohn Heinemann aufwuchs, der später als Rabbiner in Stettin eine der führenden Persönlichkeiten im liberalen Judentum Deutschlands wurde. Dessen Tochter, Julie Braun-Vogelstein, schrieb – anders als die Angaben in den Akten – über ihren Großvater: »Israel Vogelstein, mein Großvater, hatte in früher Jugend das Handwerk eines Seifensieders erlernt. Nach seiner Verheiratung betrieb er eine Zeitlang eine winzige Seifensiederei, später ergänzte er die Einkünfte, indem er für die Bauern der umliegenden Ortschaften das Getreide nach Lemgo und Detmold verkaufte.«[11] In der Erinnerung der Familien Vogelstein wird er als »Seifensieder und Kornhändler« geführt.[12] Ein Beispiel schon am Ende des 18. Jahrhunderts: Ein Sohn eines Detmolder »Schutzjuden« beantragte 1792, nachdem sein Antrag auf Geleiterteilung zurückgewiesen war, eine Konzession zur Errichtung einer Seifensiederei in Hiddesen. Gegen den Widerstand der jüdischen Deputierten, die meinten, dass er unter dem Deckmantel der Seifensiederei »jüdischen Wucher treiben werde,« erhielt er die Konzession, verzichtete aber auf die Einrichtung, erhielt später ein Geleit für Niederlassung im Dorf Hillentrup.[13] Ein Nachkomme, Victor Kramer, wird in der Erhebung von 1858 als Tagelöhner geführt.

Die Schlachtertätigkeit galt als »jüdisches Gewerbe«, als »Profession«, wenn sie von einem christlichen Metzger betrieben wurde. In den alten Geleitbriefen war den Juden Schlachtung für den Eigenbedarf und Verkauf der Teile des Schlachtviehs gestattet worden, die sie nach ihren Religionsvorschriften nicht selbst gebrauchen durften. Dieses Zugeständnis gehörte damit zu der Erlaubnis, nach ihren Religionsgesetzen leben zu dürfen. Die Einhaltung dieser Beschränkungen war naturgemäß schwer zu kontrollieren, und so hatte sich, gerade für die ärmeren Juden, hier ein Betätigungsfeld eröffnet, das sie zu ihrem Lebensunterhalt nutzten. In einer Erhebung aus dem Jahr 1788 über die Gewerbe der Juden wurde unter 163 Haushaltungen die Schlachtung für 36 Haushalte genannt, daneben wurden 57 als arm bezeichnet. Da man davon ausgehen kann, dass in den als *arm* bezeichneten gelegentlich Schlachtung betrieben wurde, kann man sagen, dass in mehr als einem Drittel der jüdischen Haushalte Schlachtung für den Lebensunterhalt sorgte.[14] 1843 war den mit einem Geleit versehenen Juden Schlachtung und Verkauf des Fleisches ohne Beschränkungen freigegeben, der Hausierhandel verboten worden.[15]

Der Anteil der Metzgerei an den Tätigkeiten, die von Juden ausgeübt wurden, hatte sich in der ersten Jahrhunderthälfte also nicht wesentlich verändert, und sie blieb auch nach Einführung der Gewerbefreiheit nach dem Anschluss Lippes an den Norddeutschen Bund 1867 weit verbreitet. Am Ende der Weimarer Republik waren etwa 50 % aller in Industrie und Handwerk tätigen Juden in diesem Berufszweig beschäftigt. Unter den 466 Fleischern des Landes waren mindestens 21 Juden, von denen mehr als ein Drittel daneben noch Viehhandel betrieb.[16]

Nach der Umfrage vom 20.7.1858 gab es neben der Metzgerei mehr als 20 jüdische Haushalte, für die handwerkliche Tätigkeitsfelder genannt wurden: 3 Gerber, 2 Sattler, ein Buchbinder, 2 Färber, 2 Drechsler, ein Weber, 2 Klempner, ein Messerschmied und ein Maler, insgesamt also 15 in traditionellen Handwerkerberufen. Dazu kommen 2 Seifensieder, 2 Schröpfköpfesetzer, 2 Frauen, die sich von Nähen und Stricken ernährten, 2 mit Zigarren- und Tabakfabrikation Beschäftigte, wobei unklar ist, ob es sich um Produktion und/oder Vertrieb handelt; für Detmold werden noch 2 »Putzgeschäfte« erwähnt – auch hier ist unklar, ob und inwieweit hier Herstellungsprozesse stattfanden; dazu kommt noch ein Tagelöhner.

Für das Jahr 1843 war angegeben worden, dass es – »eingezogener Erkundigung nach« – im Fürstentum Lippe 18 jüdische Handwerker gebe, die »ihr Gewerbe für eigene Rechnung betreiben, nämlich: 3 Sattler, 2 Klempner, 2 Buchbinder, 1 Bürstenbinder, 1 Glaser, 1 Baumwollenzeugweber, 2 Blaufärber, 3 Drechsler, 2 Gerber und 1 Tischler«.[17]

Innerhalb der 15 Jahre, die zwischen beiden Aufstellungen liegen, zeigen sich Entwicklungen, die – freilich nur in Grenzen – nachvollzogen werden können. Der Bürstenbinder (Isaak Gans in Lemgo), noch 1856 als Professionist bezeichnet, lebte nun im Haushalt seiner Mutter (Lenzberg). Der in Salzuflen als Glaser Aufgenommene (Moses Katzenstein) betätigte sich jetzt als »Kornmakler« und wird als verarmt bezeichnet, »infolge der immerwährenden Krankheit seiner Frau und der vielen Kinder«. Einer der Gerber (Salomo Goldstein in Salzuflen), dessen Vermögensverhältnisse noch 1855 als »gut« bezeichnet worden waren, handelte nunmehr »mit rohen Viehhäuten, Lumpen und sonstigen zum Verkauf angebotenen Gegenständen«, ist arm, »weil er seine irre Frau u. einen irren Sohn im Irrenhaus unterhalten muß«. Bei einem anderen Gerber in Salzuflen (Moses Silberbach), der 1838 seine Konzession erhalten hatte, war Louis (Levi) Robertson aus Lemgo kurze Zeit in der Lehre, fand Niederlassung als Lohgerber in Lage und zog dann nach Detmold. In der Erhebung von 1858 wird er als »Lederfabrikant« geführt. Er betrieb neben der Lohgerberei Schuhproduktion im Verlagssystem. Die fertig zugeschnittenen Lederzutaten wurden den Schuhmachermeistern des Landes angeboten und die Schuhe dann von Robertson übernommen. Sein Betrieb wurde schon bald nach der Gründung zu den bedeutenden Unternehmungen des Landes gezählt,[18] hatte aber nicht lange Bestand, auch nicht eine nachfolgende »Detmolder Lederfabrik«, die er mit einem Compagnon betrieb. Die Familie wanderte 1867 nach Amerika aus. Sein Salzufler Lehrherr wird vier Jahre nach seiner Konzessionierung in einem Bericht der Stadt über die Lage der Juden nicht mehr erwähnt. Von einem selbständig arbeitenden Tischler ist mir nichts bekannt. Einer der Sattler (Abraham Joseph Burghard in Lage), der in beiden Auflistungen auftaucht, galt bereits vor der ersten Nennung als gänzlich verarmt. Einer der Buchbinder (Jakob Kahn in Lage) konnte von seinem Geschäft nicht existieren und war 1851 nach Amerika ausgewandert. Die Drechsler lebten allesamt in äußerster Armut; einer hatte zwischenzeitlich das Land verlassen, ein anderer lebte vom Lumpensammeln.[19] Das sind Beispiele für Abstiegsprozesse innerhalb der 15 Jahre zwischen 1843 und 1858. Eine Ausnahme stellt Louis Robertson dar, der als einziger in Lippe aus dem Handwerkerstand zum Unternehmer sich entwickelte, dessen familiale Verhältnisse freilich auch andere Voraussetzungen boten als in den meisten Handwerkerfamilien; sein Vater war einige Jahre Vorsteher der Landjudenschaft gewesen und er war Ziehsohn des Mendel Lenzberg in Lemgo, gehörte also einem durchaus begüterten Familienverband an.

In Lippe hatte die Politik, die Juden zu Handwerksberufen hinzuführen, wie anderswo auch in den achtziger Jahren des 18. Jahrhunderts unter Bezug auf die von Christian Wilhelm Dohm entwickelten Vorstellungen Über die bürgerliche Verbesserung der Juden (1781 und 1783) begonnen. Die zahlreichen Gutachten, die von der Regierung angefordert wurden, zeigen, dass die lippische Beamtenschaft die Schriften Dohms kannte. Der Gedanke, die Juden vom »Schacherhandel« abzuziehen, sie auf »nützliche« Gewerbe zu verweisen und sie damit zu dem Staat »nützlichen« Gliedern zu machen, war Allgemeingut. Dohm hatte gerade in der handwerklichen Tätigkeit ein Mittel gesehen, das im Besonderen als Erziehungsmittel geeignet war. Um die Juden zur Ergreifung dieser Mittel zu bewegen, sollte durchaus auch Zwang angewendet werden können. Die lippische Regierung folgte diesem Muster, Druck durch Erschwernis und Reduzierung der Geleiterteilungen einerseits bei Aussicht auf Konzessionierung, Heirat und Niederlassung im Lande mit deutlich geringeren Abgabenlasten andererseits. Konsequent durchgeführt wurde diese Politik allerdings erst in der Regierungszeit der Fürstin Pauline (1802–1820). Ein Glücksfall war es, dass sie in dem begüterten Vorsteher der Judenschaft, Salomon Joel Herford, eine Person fand, die willens war, sie in Fragen der *Verbreitung der Handwerke unter den Juden* voll zu unterstützen. Zwischen Regierung und jüdischer Vorsteherschaft kam es zu ganz enger Zusammenarbeit. Herford sorgte dafür, dass jüdische Lehrlinge aus verarmten Familien Lehrherren fanden, auch in zünftigen Gewerben, zahlte auch selbst die Lehrgelder. 1809 richtete er eine Lohgerberei ein, in der neben jüdischen auch christliche Lehrlinge ausgebildet werden sollten, ließ auch seinen Stiefsohn das Lohgerberhandwerk erlernen und sorgte schließlich für die Gründung einer Unterstützungskasse für die Handwerkerausbildung. Hatten Einzelförderung und Betriebsgründung mehr Beispielcharakter, wurde diese Unterstützungskasse, deren Einrichtung Herford weitgehend auf eigene Faust durchsetzte,[20] das entscheidende und wirkungsvolle Instrument für eine Breitenförderung. Die Finanzierung dieser Kasse sollte erbracht werden durch eine Steuer, die von den Knechten der »Schutzjuden« erhoben werden sollte. Damit war diese Kasse eine staatliche Einrichtung, die Beiträge wurden von den Behörden eingezogen. Gegen diese Kasse und die »verhaßte Knechtsteuer« gab es von jüdischer Seite massive Proteste, die Regierung hielt daran fest, ließ nach Herfords Tod 1816 nur eine Änderung im Finanzierungsmodus zu. Die Beiträge wurden nun bei Geleittransfers eingezogen. In dieser Form bestand diese Kasse bis in die Revolutionsjahre 1848/49; der größte Teil der Juden, die in diesen Jahrzehnten sich Handwerksberufen zuwandten, erhielt aus dieser Kasse Unterstützungszahlungen. Diese wurden als zinslose Darlehen gegeben für die Lehrkosten und Beschaffung von Arbeitsmaterialien. Außerdem musste die Verpflichtung eingegangen werden, nach der Niederlassung unentgeltlich einen jüdischen Lehrling auszubilden. Bis 1840 waren mehr als 35 Lehrlinge unterstützt worden, von denen sich mindestens zwanzig als Handwerker in Lippe niederließen. Zwei von ihnen hatten ihre Lehre bei jüdischen Meistern absolviert, die ihrerseits aus der Handwerkskasse unterstützt worden waren. Trotz dieser Zahlen wurde die Wirkung dieser Kasse von jüdischer Seite zu Beginn der vierziger Jahre als nicht genügend erachtet. Der Arzt Dr. Oltendorf und Rechtsanwalt Spanjer Herford gründeten 1841 nach dem Vorbild des Mindener Vereins einen »Verein zur Beförderung der Handwerke unter den Israeliten«,[21] in dem Juden und Christen Mitglieder sein konnten. Sie meinten, dass ein Privatverein eher als eine Behörde imstande sei, Juden zur Erlernung eines Handwerks zu veranlassen. Ausdrücklich sollte die Metzgerei von der Unterstützung ausgenommen bleiben, und im Mai 1845 wurde beschlossen, dass vorzugsweise »die Erlernung und Betreibung der schweren Handwerke, welche nicht so leicht ein Zurückfallen in den Schacherhandel befürchten lassen, z. B. der Tischler-, Schmiede-, Zimmermanns-, Maurer-, Schlosser-, Bäcker-Profession usw.« unterstützt werden sollten.[22] 1844 wurde Pastor Dr. Heinrichs in den Vorstand gewählt. Dieser Verein hatte nur wenige Jahre Bestand, auch er löste sich 1848/49 auf. Die Mitgliedszahlen waren von 80 auf 63 im Jahr 1847 zurückgegangen; 1848 war der Verein nicht mehr in der Lage, einen zugesagten Ausbildungszuschuss von 20 Rtlrn. zu leisten, während die

Wanderbuch des Tischlergesellen Salomon Katz Rosskamm aus Hillentrup, er begann seine Wanderung im März 1838 und beendete sie im September 1839 (Burgmuseum Horn 90/217, verschollen)

Jüdische Handwerker in Lippe im 19. Jahrhundert

Handwerkskasse, die anteilig gleichfalls 20 Rtlr. übernommen hatte, ihren Teil noch zahlte. Mit der Auflösung dieser Kassen war die Unterstützung jüdischer Handwerker und damit die materielle Förderung des seit mehr als einem halben Jahrhundert geplanten beruflichen Umschichtungsprozesses der Juden beendet. Insgesamt 57 Personen hatten aus diesen Kassen Unterstützung erhalten. Ein Bericht des Salzufler Magistrats aus dem Jahr 1842 zeigt, wie die Bedeutung dieser Kassen – hier wohl auf die Handwerkskasse bezogen – von nichtjüdischer Seite eingeschätzt wurde: »Junge Israeliten, welche sich einem Handwerk widmen wollen, finden dazu durch die judenschaftliche Handwerker-Casse eine so liberale Unterstützung, wie sie den christlichen Jünglingen fehlt.«[23]

Trotz der positiven Einschätzung dieser Unterstützungskassen und der durchaus beeindruckenden Zahl der durch die Kassen in Handwerksberufe gebrachten Juden ist letztlich doch der Versuch gescheitert, eine berufliche Umschichtung dauerhaft zu erwirken.[24] Dafür sind verschiedene Ursachenfelder zu benennen.

Von Anfang an wurden die Bedingungen des ökonomischen Umfeldes kaum in Rechnung gestellt. Die Regierungspolitik hielt am Gedanken der Erziehung, der »Verbesserung« der Juden fest, der judenschaftliche Vorsteher Herford zielte auf den Abbau von Vorurteilen auf jüdischer wie christlicher Seite. Als es ihm gelungen war, einen Lehrling bei einem Detmolder Schneidermeister unterzubringen, nannte er dies als Beispiel, das werde »bei andern Zünften von großer Würkung sein und die Vortheile nach und nach entfernen, womit dieselben sonst gegen die Juden eingenommen waren.«[25] Die Frage, ob der zukünftige jüdische Schneider von seinem Handwerk werde leben können, wurde überhaupt nicht erwogen. Dreißig Jahre zuvor, als die Regierung erste Ansätze gemacht hatte, die Juden auf handwerkliche Berufe zu verweisen und ihnen die Konzessionierung eines Glasers als nachahmenswertes Beispiel vor Augen gestellt hatte, hatten diese ihre Zurückweisung mit der mangelnden Konkurrenzfähigkeit wegen der zusätzlichen Feiertage und der höheren Kosten der von den Religionsgesetzen geforderten Speisen begründet.[26] Im von Herford ausgehandelten Lehrvertrag des Joseph Burghard mit Sattlermeister Werder in Detmold hieß es nach dem Hinweis darauf, dass der Lehrling auch das zu befolgen habe, was für einen christlichen Lehrling gelte, lapidar: »Übrigens den Gesetzen des jüdischen Ceremonials unbedingt getreu bleibt.«[27] In seinem Antrag auf die Anlage einer Lohgerberei verwies Herford auf die Zielsetzung, neben der Schaffung von Existenzmöglichkeiten für Kinder aus verarmten Familien »vorzüglich einen Theil meiner Glaubensgenossen, denen dadurch ihr Vortheil benommen würde, keine Gelegenheit zu haben, etwas verdienen zu können, in Thätigkeit zu setzen.«[28] Als nach dem Tod Herfords die landjudenschaftlichen Vorsteher mit Verweis auf die geringe Zahl jüdischer Lehrlinge die Handwerkskasse in eine allgemeine Unterstützungskasse umwandeln wollten, führten sie wieder die in Religionsvorschriften begründete mangelnde Konkurrenzfähigkeit jüdischer Handwerker an. Diese Auffassung wies die Regierung als »leeres Vorurtheil« zurück, da auch die Erfahrung schon bewiesen habe, »daß der Jude, wenn ihm Fleiß und Geschicklichkeit nicht fehlen, sich ebensogut durch ein Handwerk zu ernähren imstande ist wie der Christ.«[29] Die Gründungsväter des »Vereins zur Beförderung der Handwerke unter den Israeliten« gaben in ihrem Antrag, in dem sie durchaus auch auf die allgemein schwierige Situation der Handwerker im Land verwiesen, als Besonderheit des Privatvereins an, dass mit ihm auf die »Gesinnung« des Handwerkers mehr Einfluss genommen werden könne, als es einer Behörde möglich sei. Sie zielten also wie auch mit der besonderen Förderungswürdigkeit der »schweren Handwerke« auf Erziehung und den Abbau von Vorurteilen.

»Fleiß und Geschicklichkeit«, also individuelles Vermögen, wurden als Voraussetzung für eine erfolgreiche berufliche Karriere betrachtet. Die Frage nach Entfaltungsmöglichkeiten, die das wirtschaftliche Umfeld bot, traten dahinter zurück. Das Beispiel eines Webers (Abraham Klaremeier) aus dem Dorf Belle zeigt, dass das Vertrauen auf die eigenen Fähigkeiten und die Durchsetzung des Berufswunschs auch eine durchaus erfolgreiche Berufsentwicklung zur Folge haben konnte. Den Warnungen des Amtes entgegen, das die Weberei angesichts der ausländischen Konkurrenz für aussichtslos erklärte, führte er seinen Betrieb erfolgreich. Es hieß, dass er mehrere Gesellen beschäftige und gut verdiene; zwei Lehrlinge bildete er aus.[30] Einige Jahre nach seiner Niederlassung im Dorf Belle, wo er die Weberei im Nebenhaus seines Bruders, eines »Schutzjuden«, betrieben hatte, verlegte er Werkstatt und Wohnung nach Horn. Dort arbeitete er bis zu seinem Tod 1862. Über eine Weiterführung des Betriebs in der Familie ist nichts bekannt.

Es ist möglich, dass die zumindest zeitweise erfolgreich betriebene Baumwollweberei durch die familiale Nähe zu dem Handelsbetrieb eines »Schutzjuden«, der den Absatz der Ware übernehmen konnte, zustande kam. Anzunehmen ist dies für den Betrieb eines Sattlers (Matthias Arensberg) in Meinberg, der mit der handwerklichen Produktion der Familie, die Pferdehandel betrieb, zuarbeiten konnte. Ihm wurde 1837 attestiert, dass er gut und billig arbeite und reichlich Beschäftigung finde. In einem Eintrag in das Geburts-, Copulations- u. Sterberegister wird er 1864 als »Sattler und Pferdehändler« geführt, sein Sohn als Pferdehändler.[31]

Absicherungen und Voraussetzungen für Entfaltung des handwerklichen Betriebs waren hier durch das familiale Umfeld gegeben. Wo es solche Bedingungen nicht gab, also in den verarmten Familien, aus denen die Mehrzahl der jüdischen Handwerker kam, waren Verpflichtungen gegenüber der Familie Hemmnisse in der beruflichen Entwicklung. Mithilfe oder gar zeitweise Vertretung im elterlichen Handelsgeschäft, z. B. bei Krankheiten, wurden als Rückfall in den »Schacherhandel« bewertet. Es gibt das Beispiel eines Tischlers, der nach Abschluss seiner Lehre auf die Wanderschaft verzichten und als Tagelöhner arbeiten musste, um wenigstens etwas zum Unterhalt der Familie beizusteuern.[32]

In diesen verarmten Familien war die Ausbildung zum Handwerker nur mit Unterstützung der Handwerkskasse möglich. Die Erlernung eines Handwerks war die einzige Möglichkeit für eine Niederlassung im Land und die Gründung einer Familie. Das für die Ermächtigung zur Niederlassung nötige Kapital, das die Antragsteller ausweisen mussten, kam häufig nur durch Einrechnung der bräutlichen Mitgift zustande, die aber in vielen Fällen nur aus Gegenständen bestand, die für eine Haushaltsführung nötig waren. Kaum einer konnte wie z. B. ein Lohgerber in Bösingfeld auf Zuschüsse auswärtiger Verwandter bauen.[33] Dazu kam noch in den Amtsbezirken die Forderung nach Hinterlegung einer Kaution, die verhindern sollte, dass im Falle der Verarmung die Armenkassen einspringen mussten. Bei dem Kapitalmangel war die berufliche Existenz so schon bei der ersten Krise gefährdet. Hinzu kamen Bedingungen, die es unmöglich machten, Produkte etwa im Tauschhandel loszuschlagen oder, wie z. B. bei den Färbern, mit den Tuchen Handel zu treiben.

Die äußeren Bedingungen, unter denen der berufliche Umschichtungsprozess der Juden sich vollziehen sollte, bildeten hohe Hürden. Gewerbefreiheit gab es nicht, die Zünfte verloren ihren Einfluss endgültig erst mit dem Beitritt des Landes zum Norddeutschen Bund (1867). Daneben gab es das »Landhandwerk«, ursprünglich begrenzt auf Handwerke zur Deckung des Bedarfs der Landbevölkerung. Das bestimmende Privileg von 1470 wurde zwar immer wieder noch bis ins 19. Jahrhundert fortgeschrieben, dennoch ließ es sich nie vollständig durchführen. Eine Tätigkeit in diesem Bereich wurde durch landesherrliche Konzession ermöglicht, für die jährliche Abgaben zu entrichten waren. Diese Abgaben, die an die Fürstliche Rentkammer gingen, entwickelten sich zu einer wichtigen Einnahmequelle des Landesherrn. »Aus der ausnahmsweisen Ansetzung von Freimeistern wurde ein Gewohnheitsrecht der Rentkammer, aus diesem ein staatlich anerkanntes Gewerberegal.«[34] Konzessionen für Betriebe der Wirtschaft und des Handels mussten alle drei Jahre erneuert werden, der einzelne Handwerker zahlte jährlich sein Professionistengeld. Das Land hielt an einer Finanzverfassung fest, in der Staatshaushalt und Fürstlicher Haushalt ineinander griffen. Eine Trennung gab es erst nach 1868, endgültig erst 1919, die Umwandlung der Konzessionsabgabe in eine Gewerbesteuer erst nach 1871. Hinzu kamen die Ablehnung eines gemeinsamen Ausbaus der Verkehrswege mit Preußen in der nachnapoleonischen Zeit, der bis 1841 hinausgezögerte Anschluss an den Zollverein und der verspätete Anschluss an das Eisenbahnnetz (nach 1880). »Lippe blieb auf der Stufe eines Agrarstaates.«[35]

Das Festhalten an alten Regelungsmechanismen führte bei kontinuierlicher Bevölkerungsvermehrung (Verdoppelung im Verlauf des 19. Jahrhunderts von 70.309 Einwohnern im Jahr 1807 auf 150.937 im Jahr 1910) u. a. zu massiver Überbesetzung der Handwerke, zu Verelendung, Tagelöhnerarbeit und Ausweichen auf Wan-

Lehrbrief des Drechslergesellen Abraham Löbenstein (Löwenstein) aus Brake (Landesarchiv NRW, Abteilung Ostwestfalen-Lippe, L 108 Brake, Nr. 91)

Das Wanderbuch des Schneidergesellen Benjamin Kaiser-Blüth aus Köln (Leo Baeck Institute, New York)

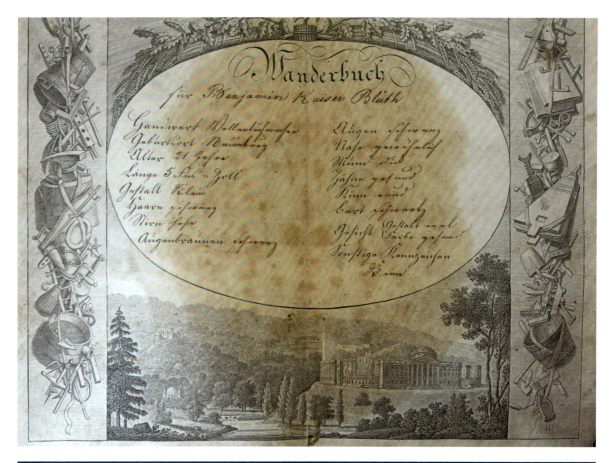

Benjamin Kaiser-Blüth machte auch in Westfalen Station. Er arbeitete als Schneidergeselle in Witten, Hagen, Meschede und Brilon, wie die Einträge in seinem Wanderbuch belegen. (Leo Baeck Institute, New York)

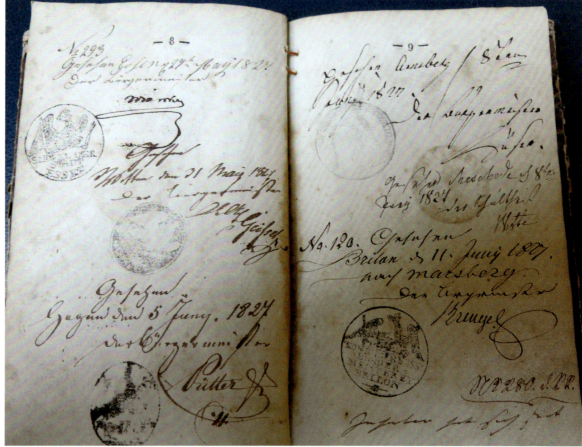

derarbeit. Die in den vierziger Jahren in öffentlichen Medien vorgelegten Zahlen und Appelle geben davon ein deutliches Bild[36] und auch die jüdische Seite hatte – wenngleich in zurückhaltender Form – auf die Hemmnisse hingewiesen, die durch die Regierungspolitik selbst bewirkt worden waren.[37]

Das Scheitern der beruflichen Umschichtung der Juden mit dem Ziel, sie den handwerklichen Berufen zuzuführen, darf also auch den Folgen der im Fürstentum Lippe praktizierten Handels- und Gewerbepolitik zugerechnet werden. Die Zahl der jüdischen Einwohner, in den ersten Jahrzehnten des 19. Jahrhunderts leicht ansteigend (von 1063 im Jahr 1807 auf 1.125 im Jahr 1867), ging nun kontinuierlich zurück (auf 780 im Jahr 1910), war in den Städten noch bis 1890 stetig gestiegen (von 380 im Jahr 1807 auf 599 im Jahr 1890) und nahm dann auch hier ab. Von den 780 jüdischen Landesbewohnern im Jahr 1910 lebten 485 in den Städten, viele der kleineren Landgemeinden hatten sich aufgelöst.

Ein wenigstens kurzzeitiges Gelingen der Umschichtung gab es dort, wo Familienbindungen zu Haushalten bestanden, die Handelsgeschäfte betrieben. Diejenigen, die verarmten Familien zugehörten, auch selbst nur über geringes Startkapital verfügten, hatten kaum Chancen. Unterstützungskassen und Behörden gingen davon aus, dass ein Gelingen von der Befähigung des Einzelnen abhängig sei. Dass trotz widriger Umstände das Vertrauen auf die eigene Tüchtigkeit auch zum Selbstbild des Handwerkers gehören konnte, soll abschließend an einem Beispiel aufgezeigt werden. Ein in größter Armut lebender Drechsler in Brake, nach Aussage des Armenarztes »ein treuer und unermüdlicher Arbeiter in seinem Geschäfte«, wollte einen seiner Söhne noch 1860 das Drechslerhandwerk erlernen lassen.[38] Trotz der eigenen Erfahrung und auch des Beispiels seines Lehrherrn im nahegelegenen Lemgo, der 1859 nach Aussage des dortigen Magistrats seine Profession nicht mehr treibe, sondern nur noch mit Pfeifen und dergleichen handele, »im übrigen [...] ein s. g. Schacherjude« sei,[39] hatte er seinen Sohn zwei Jahre lang selbst in die Lehre genommen und wollte ihn nun, da er selbst nach eigenem Eingeständnis nicht die Befähigung hatte, ihn »gründlich« auszubilden, in einem dritten Lehrjahr bei einem christlichen Drechslermeister in Detmold auslernen lassen. Da er die dafür geforderten 30 Rtlr. nicht aufbringen konnte, stellte er einen Antrag auf Unterstützung aus der Handwerkskasse, von deren Auflösung zwölf Jahre zuvor er offenbar keine Kenntnis hatte.

Aubrey Pomerance

»Das Mekka der Zimmerleute«
Die Firma M. Mosberg in Bielefeld[1]

Ihr Anblick ist in den letzten Jahren seltener geworden. Gesellen auf Wanderschaft in traditioneller Kluft: Schwarzer Schlapphut mit einer breiten Krempe, schwarze Weste und Jacke mit Perlmuttknöpfen, weißes kragenloses Hemd und schwarze Cordhose mit Schlag, über der Schulter ein Bündel, in dem Werkzeuge, Hab und Gut fest geschnürt sind. Junge Männer und Frauen, die nach ihrer Lehrzeit für mindestens drei Jahre durchs Land ziehen, um Arbeits- und Lebenserfahrungen zu sammeln auf dem Weg zu einer festen Anstellung und womöglich zu einer späteren Meisterprüfung.

Weltweit führend in der Herstellung der spezifischen Zunft- und Berufskleidung war im ersten Drittel des 20. Jahrhunderts unter anderem ein von jüdischen Unternehmern in Bielefeld geführtes Geschäft: M. Mosberg. Hervorgegangen aus einer 1850 durch Moses Mosberg gegründeten Stoffhandlung in der Breiten Straße, in der auch Damenmäntel und Kinderkleidung verkauft wurden, wuchs der Betrieb unter der Führung der Brüder Max und Julius Mosberg ab 1890 zu einem der größten Spezialgeschäfte in Deutschland heran. Nicht nur Zimmermänner kleidete M. Mosberg von Kopf bis Fuß ein, sondern auch Dutzende weiterer Handwerksgruppen, darunter Maurer und Dachdecker, Schornsteinfeger und Steinmetze, Bäcker und Köche, Kellner und Hoteldiener. Manchesterhosen, Fuhrmannswesten, Lodenjoppen, Barchenthemden, Schutzkittel, Friseurjacketts, Schlachterschürzen, Kesselanzüge und Kutschermützen waren nur einige der angefertigten Gewänder. Uhrenketten, Ohrringe, Krawattennadeln und Fingerringe gehörten ebenso zum Angebot wie Pfeifen und Stammseidel. Einen zweiten wichtigen Zweig der Firma bildeten Fertigstellung, Verkauf und Versand von Werkzeugen.

Das nach außen sichtbarste Zeichen der Firma war jedoch das große Werbetuch, in dem die Gesellen Kleider und Werkzeuge einwickelten und als Bündel mit auf die Walz nahmen. Im allgemeinen wurde dieses Bündel *Charlottenburger* (oder *Charlie*) genannt: Der Name verweist auf das dort im 19. Jahrhundert einge-

Werbetuch der Firma Max Mosberg, Maxe Mosberger oder Bielefelder genannt, das von den Wandergesellen als Bündel auf der Walz verwendet wurde. (Jüdisches Museum, Berlin)

Zimmermänner mit ihren Maxe Mosbergern (Jüdisches Museum, Berlin)

führte Verbot, Gesellen mit den damals üblichen fellbezogenen Rucksäcken den Zugang zur Stadt zu gewähren, aus Furcht vor Läusen und Ungeziefer. Doch die von M. Mosberg fabrizierten Tücher erhielten ihre eigene Bezeichnung und wurden als *Maxe Mosberger* oder *Bielefelder* bekannt. Im Verlauf der Firmengeschichte sind mindestens drei verschiedene Motive produziert worden. Alle Tücher trugen das Markenzeichen der Firma, zwei in Kluft gekleidet Handwerker, zuletzt umkreist von dem alten Gesellenspruch »Die Welt ist rund, drum Brüder lasst uns reisen«.

Bereits 1907 errichtete das Unternehmen eine neue große Fabrik in der Jöllenbecker Straße in unmittelbarer Nähe zum Bahnhof; 1921 waren dort mehr als 200 Mitarbeiter beschäftigt. Die Maße aller Kunden wurden verzeichnet und aufbewahrt. So konnten die Handwerker von ihrem jeweiligen Aufenthaltsort aus neue Kleidungsstücke nachbestellen, die man ihnen in kürzester Zeit maßgeschneidert zulieferte, ein Service, der sicherlich viele Kunden an die Firma gebunden hat. Ihre Treue zeigt sich dadurch, dass Max Mosberg aus aller Welt zahlreiche Fotografien von Gesellen auf der Walz zugeschickt bekam, die er in einem großen Glaskasten in seinem Bielefelder Laden aushängen ließ. Auf vielen war das Firmentuch prominent zu sehen, sei es in seiner Hauptfunktion als Bündel, aufgehängt auf Baustellen oder in Szene gesetzt als Karnevalsbekleidung. Ein überlieferter Brief aus den Zeiten des Ersten Weltkrieges berichtet sogar vom Hissen eines *Bielefelders* nach dem Erstürmen eines Forts in Kowno.

Die Qualität der Mosberg-Erzeugnisse besang ein der Firma zugesandtes Gedicht, das über die lebensbedrohliche Lage eines Maurers berichtete, der in 20 Metern Höhe mit seiner Hose am Nagel eines abgebrochenen Gerüsts hängen blieb.

[…] und es sei hier zugegeben,/die Hose rettete sein Leben./Unten alles schrie Hurra und die Hose sich besah./Voll Freuden rief der Maurermann,/Ja, seht euch diese Hose an,/die schickte für sehr wenig Geld, M. Mosberg mir aus Bielefeld./Ich trage sie, das ist sicher wahr,/schon Tag für Tag ein ganzes Jahr.

Der Firmensitz in der Breiten Straße 45 in Bielefeld, um 1907 (Jüdisches Museum, Berlin)

»Das Mekka der Zimmerleute«

Das Ladengeschäft in der Jöllenbeckerstraße, um 1930 (Jüdisches Museum, Berlin)

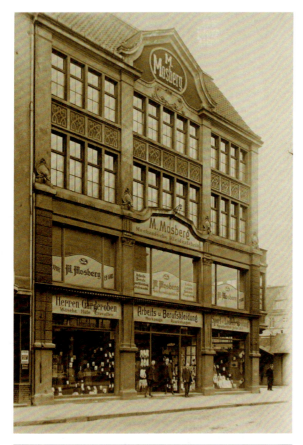

Gesellenkrug der Zimmerleute aus der Produktion der Firma Max Mosberg (Slg. Martin Reimers, Niederaichbach)

Lokale Konkurrenz hatte das Unternehmen ausgerechnet aus der eigenen Familie. Die Firma Louis Mosberg, gegründet 1868 von einem Onkel von Max und Julius, stellte ebenfalls Berufskleidung her. In ihrer Werbung aus den 1920er Jahren wurde betont, »ein echtes Fabrikat schlichtweg Mosberg genannt gibt es nicht.« M. Mosberg konterte mit einer Seite in seinem Katalog unter dem Titel »Was ein jeder wissen muss!«, auf der buchstäblich hervorgehoben wird, dass »Original M. Mosberg die erste, älteste und größte Spezialfabrik dieser Art in der Stadt« sei, welche »die Fabrikation der Zunftbekleidung in Bielefeld eingeführt und begründet« hat. Es war jedoch ein Wettbewerb unter Ungleichen, bei dem der große M. Mosberg offenbar Kundenverlust durch Namensverwechslung zu befürchten hatte.

Mit der Machtübernahme der Nationalsozialisten gerieten die jüdischen Textilunternehmen im ganzen Land ins Visier des neuen Regimes. Schon 1933 entstand die Arbeitsgemeinschaft Deutsch-Arischer Fabrikanten der Bekleidungsindustrie, um die jüdische Konkurrenz auszuschalten. Allem Anschein hielten jedoch die meisten Mosberg-Kunden der Firma die Treue, was nicht nur durch weitere postalische Mitteilungen und zugesandte Fotografien der Gesellen belegt wird, sondern auch durch zwei in der Presse veröffentlichte Abbildungen, die einer gewissen Ironie nicht entbehren: Im April 1936 erschien in der *Bochumer Nationalzeitung* ein Foto eines gewissen Reichsleiters Stein beim Ansehen eines »zünftigen Bündels eines Zimmermanns«, das nichts anderes war als ein *Maxe Mosberger*. Bei der Verabschiedung hunderter Wandergesellen im Berliner Lustgarten im Mai 1937 durch den Reichsorganisationsleiter Robert Ley, erbitterter Antisemit und Leiter der Deutschen Arbeitsfront, standen ebenfalls Zimmermänner mit Mosbergschen Bündeln in der ersten Reihe, wie sowohl in der Berliner Zeitung *Die Woche* als auch in der heimatlichen *Westfälischen Zeitung* in Bielefeld zu sehen war.

Die Tage der Firma waren dennoch gezählt. Ende September 1938 meldeten Bielefelder Tageszeitungen die *Arisierung* von M. Mosberg. Neuer Inhaber war der Kaufmann Hermann Vick aus Braunschweig, der auch dort schon vom Zwangsverkauf eines jüdischen Grundstücks profitiert hatte. Der nunmehr »entjudete« Betrieb übernahm das »gesamte arische Personal der alten Firma«. Ansehen und Erfolg des Unternehmens verdeutlichen nicht nur die Bezeichnung in den Pressemeldungen zu seiner Arisierung als »weltbekanntes und weitverzweigtes Geschäft«, sondern auch die Tatsache, dass der neue Inhaber sich um eine Sondergenehmigung bemühte, um das Markenzeichen und den alten Namen für den Export weiterführen zu können.

Knapp sechs Wochen nach dem Besitzerwechsel von M. Mosberg wurden bei den Novemberpogromen zahlreiche jüdische Geschäfte in Bielefeld zerstört, darunter das der Firma Louis Mosberg. Max und Julius Mosberg sowie ihre Söhne Hans und Paul die leitende Stellen in der Firma innehatten, entgingen der Verhaftungswelle. Letztere schafften es, aus Deutschland zu entkommen. Hans Mosberg emigrierte im August 1939 nach England,

Charivari, Uhrkette aus der Produktion der Firma Max Mosberg (Slg. Martin Reimers, Niederaichbach)

wo er im Juni 1940 als feindlicher Ausländer interniert und anschließend nach Kanada deportiert wurde. Hier verbrachte er fast zweieinhalb Jahre in mehreren Internierungslagern und ließ sich nach seiner Entlassung in Montreal nieder. Paul Mosberg konnte erst im August 1940 fliehen und fuhr über Russland, Japan und Shanghai nach Vancouver. Max Mosberg und seine Frau Johanna geb. Vorreuter wurden zusammen mit seinem Bruder Julius und dessen Gattin Anne Mosberg geb. Rosenberg Ende Juli 1942 nach Theresienstadt deportiert. Erstere wurden im September des Jahres nach Treblinka transportiert und dort ermordet, Julius und Anne Mosberg kamen in Theresienstadt um.

Mitte der 1950er Jahre strebten Hans und Paul Mosberg ein Wiedergutmachungsverfahren an, das erst mehr als zehn Jahre später mit einer Entschädigung zu Ende ging. Hans Mosberg hat sich jahrelang eher schlecht als recht als Geschäftsmann durchgeschlagen und starb 1986. Sein Cousin Paul betrieb bis zu seinem Tod ein Fotolabor in Seattle.

Ganz in Vergessenheit ist das Unternehmen M. Mosberg nicht geraten. Im Jahre 2009 erhielt das Jüdische Museum Berlin ein eindrucksvolles Album aus dem Besitz von Hans Mosberg mit Fotografien, Warenkatalogen, Zeitungsausschnitten und sonstigen Memorabilia als Stiftung von seinem langjährigen Freund Leo Klag. Das Historische Museum der Stadt Bielefeld widmet der Firma eine Vitrine in seiner Dauerausstellung, und im Jahr 2013 veranstaltete das Stadt- und Landesarchiv Bielefeld eine Ausstellung mit dem Titel »MOSBERG: Unternehmen – Familie – Kunst – Theresienstadt«. Darüber hinaus wird das Schicksal der Firma in einigen Veröffentlichungen zur Geschichte der Juden in Bielefeld geschildert.

Auch das Jüdische Museum Westfalen in Dorsten hat während der Vorbereitungen zu der Ausstellung »Heimatkunde. Westfälische Juden und ihre Nachbarn« einige Bestandteile der Zimmermannskluft aus der Pro-

Reichsorganisationsleiter Robert Ley 1937 beim Verabschieden eines Wandergesellen, der einen »M. Mosberg«-Charlottenburger trägt. (Jüdisches Museum, Berlin)

»Das Mekka der Zimmerleute«

duktion der Firma Mosberg in den Fundus aufnehmen können. Darüber hinaus hat das Museum zahlreiche Exponate und Fotos von einem vormaligen ehrbaren Wandergesellen erhalten, der heute das Archiv seiner Gesellenvereinigung, des *Fremden Freiheitsschachts* verwaltet, darunter Warenkataloge, Liederbücher und weitere Veröffentlichungen der Firma Mosberg für die Wandergesellen, einen Zunftkrug und eine komplette Kluft.

Somit bleiben zumindest einzelne Zeugnisse der Firma erhalten, deren Name und Waren zahllose Handwerker jahrzehntelang in die Welt hinaustrugen.

In seinem Bielefelder Ladengeschäft richtete Max Mosberg eine Vitrine ein, um die Postkarten und Fotos auszustellen, die er aus aller Welt von den Gesellen auf der Walz erhielt. Meist war der Maxe Mosberger im Bild zu erkennen. (Jüdisches Museum Westfalen)

Gisela Möllenhoff
Aspekte zum jüdischen Vereinswesen in Westfalen im 19. und 20. Jahrhundert

1. Emanzipationszeit

Nach den revolutionären Umbrüchen der napoleonischen Epoche entstanden neue Territorien auf dem Gebiet des ehemaligen Heiligen Römischen Reiches Deutscher Nation. Preußen konnte einen erheblichen Machtzuwachs an Rhein und Ruhr verzeichnen: Westfalen wurde 1815 preußische Provinz. Aufgrund der Emanzipationsgesetzgebung (11. März 1812) erhoffte sich die jüdische Minorität eine grundlegende Verbesserung der Lebensumstände. Der Staat andererseits forderte die Aufgabe ihrer Religion und ihre gesellschaftliche Einbindung: Juden sollten konstruktive Staatsbürger werden. Zwischen diese beiden Pole der hochgesteckten jüdischen Erwartung wie andererseits unrealistischer staatlicher Forderungen gerieten die Juden im 19. Jahrhundert.

Unter französischer Herrschaft hatten sie bereits die Anerkennung als gleichwertige Bürger erlangt. Aufgrund der 1808 gewährten Niederlassungsfreiheit konnten sie sich in frei gewählten Ortschaften ansiedeln. Neue Gemeinden, u. a. in Soest, Iserlohn und Münster, wurden gegründet. In der Phase der Nachkriegskonsolidierung unter preußischer Verwaltung wurden jedoch nach 1815 die gesetzlich verbürgten Rechte der Juden teils erneut beschränkt, teils auf dem Verwaltungsweg kleinlich ausgelegt.

Zeitlich setzen hier Überlegungen zu jüdischen Vereinsgründungen ein, wie sie im folgenden Beitrag skizziert werden. Die Gründungen der Vereine sind Antworten auf Entwicklungen innerhalb der Gesamtgesellschaft. Einerseits zeigen sie, auf welche Weise die Forderungen der Mehrheitsgesellschaft nach Assimilation von den Juden umgesetzt wurden bzw. mit welchen Schwierigkeiten diese zu kämpfen hatten, andererseits geben sie Anhaltspunkte, wie die Minorität auf Rückschläge des Emanzipationsprozesses oder bei gesellschaftlichen Anfeindungen reagierte.

Die zahlreichen jüdischen Wohltätigkeitsvereine bleiben an dieser Stelle unberücksichtigt. Als gemeindeinterne Vereine widmen sie sich dem Kultus, der Armen- und Krankenfürsorge sowie der Bestattung der Toten und zählen generell zu den elementaren Aufgaben jeder Religionsgemeinschaft.[1] Im Folgenden werden in einem historischen Längsschnitt die Entwicklungslinien der nichtreligiös orientierten und politisch-kulturellen Vereine aufgezeigt, die in Westfalen Spuren hinterließen.

1.1 Der Haindorfsche Verein

Juden wie Nichtjuden bemühten sich seit der Aufklärung um eine Korrektur der jüdischen Lebensumstände. Juden sollten mit Hilfe einer grundlegenden Elementarbildung – möglichst auf christlicher Basis – zu »guten« Staatsbürgern erzogen werden. Den Zeitgenossen galten Juden als rückständig und jeder körperlich harten Arbeit abgeneigt. Ihre fast ausschließliche Betätigung im Handel bewirkte in den Augen der christlichen Bevölkerung einen schädlichen Einfluss auf den Charakter. Zur Widerlegung dieser Vorurteile setzten reformorientierte Juden die humanistischen Bildungsimpulse der Aufklärung um und gründeten mit eigenen Mitteln Schulen, in denen den Kindern eine zeitgemäße Bildung vermittelt wurde.[2]

Wie es um die schulische Situation jüdischer Kinder in Westfalen bestellt war, geht aus der Beschreibung des Oberpräsidenten von Westfalen aus dem Jahre 1820 hervor: »Der jüdische Schulunterricht kann kaum schlechter bestellt sein, als er wirklich ist. Nur in Münster haben die Juden einen Schullehrer, welcher nicht zugleich Schächter ist«, urteilte Freiherr von Vincke.[3] Eine enorme Kluft bestand zwischen Stadt und Land. In ländlichen Synagogengemeinden gab es kaum einen geregelten Unterricht.[4] Es war vielmehr üblich, für kurze Zeit einen polnischen oder böhmischen Talmudschüler, der selten des Deutschen mächtig war, gegen Kost, Logis sowie geringes Entgelt unter Kontrakt zu nehmen, der die nötigen Hebräisch-Kenntnisse vermittelte. Die Resultate waren unbefriedigend, die Klagen groß. Um diesen Missständen Einhalt zu gebieten, entstanden seit 1820 in mehreren Regionen Deutschlands etwa 50 Vereine[5], denen neben der Berufsumschichtung vom Handel zum Handwerk die Hinführung an christliches Bildungsgut ein Anliegen war.

Auf Anregung Vinckes gründete der Mediziner Dr. Alexander Haindorf[6], eine der bedeutendsten jüdischen Persönlichkeiten Westfalens im 19. Jahrhundert, 1825 in Münster einen Verein zur Ausbildung von jüdischen Volksschullehrern mit angeschlossener Übungsschule, die zukunftweisend für Westfalen wurde. Als »Verein zur Beförderung von Handwerken unter den Juden und zur Errichtung einer Schulanstalt«, seit den 1860er Jahren »Marks-Haindorf-Stiftung« genannt, erhielt die Lehranstalt weit über die Grenzen Westfalens einen hohen Bekanntheitsgrad und bewirkte Erhebliches »für die Hebung des kulturellen Niveaus der rheinisch-westfälischen Juden.«[7] Hier wurden jüdische Zöglinge im Geiste des Gründers zu fähigen Lehrern ausgebildet und Schulabgänger in Handwerksberufe vermittelt. Religiös liberal und aufgeschlossen der christlichen Umwelt zugewandt – wohl aufgrund des selbst erlebten Dranges nach Bildung – erwartete Haindorf von seinen Glaubensgenossen, in der bürgerlichen Gesellschaft einen »achtenswerten« Platz einzunehmen.[8] Der Weg zur »Veredelung« der Juden sollte – bei Beibehaltung der jüdischen Identität – durch »Amalgamierung mit christlichen Sitten und Denkgewohnheiten« erreicht werden, um dadurch die »eingewurzelten Vorurteile« zu widerlegen.[9] »Deutsche Lehrer jüdischen Glaubens« heranzubilden, lautete das nahezu 100 Jahre wirksame Credo der Marks-Haindorf-Stiftung.[10] Der eingeschlagene »pädagogische« Weg Haindorfs verbreitete den religiös liberalen Geist seines Gründers über die Lehrkräfte in den westfälisch-rheinischen Raum und darüber hinaus.[11]

In der angegliederten Elementarschule konnten die angehenden Lehrer erste praktische Erfahrungen sammeln. Noch zu Lebzeiten musste Haindorf erkennen, welche Schwierigkeiten die Eingliederung der Juden in die Mehrheitsgemeinschaft mit Hilfe der Schulbildung bereitete. Jenseits der Ausbildung von Lehrern war der jüdischen Bevölkerung das Bewusstsein über den Wert fundierter Schulbildung zu vermitteln.[12] Dieser Prozess zog sich über Jahrzehnte hin, denn in weiten Teilen Westfalens, besonders in den ländlichen Kleingemeinden, lebte die jüdische Bevölkerung um 1850 noch großenteils als Trödler und Kleinhändler[13] in ärmlichen Verhältnissen, die in der kostspieligen Ausbildung des Nachwuchses keinen Vorteil zur Verbesserung der eigenen wirtschaftlichen Situation sah.

Was wie mangelnder »Bildungswille«[14] aussah, hatte seinen Grund vor allem in den fehlenden finanziellen Ressourcen. Die examinierten Lehrer klagten besonders darüber, dass sie respektlos von der Gemeinde behandelt würden, teilweise wie »gemeine Dienstboten«, ferner über die armselige Unterbringung und die Verpflegung in wechselnden Familien (sog. Wandeltisch) bei einem knappen Jahresgehalt von 80 bis 90 Talern.[15] Als Ernährer einer Familie waren sie oft gezwungen, entweder einem Nebenerwerb nachzugehen oder den Lehrberuf zugunsten einer Handelstätigkeit aufzugeben.[16]

Aus diesen Gründen kam es zu häufigen Lehrerwechseln.[17] Da die Unterhaltskosten für Schule, Lehrer, Synagoge und Kultus laut »Gesetz über die Verhältnisse der Juden« vom 23. Juli 1847 zu den Aufgaben der Gemeinden zählten, waren die Lehrer vom finanziellen Wohlverhalten der Vorsteher einerseits und deren Interesse an schulischer Ausbildung andererseits abhängig. Die Aufrechterhaltung der Schulen und die Finanzierung eines Lehrers konnten jedoch nur dann gelingen, wenn eine genügende Anzahl zahlungskräftiger Eltern zum Unterhalt beitrug und die Schule nicht wegen geringer Schülerzahlen aufgegeben werden musste.[18] Zwar fanden die examinierten Lehrerzöglinge der Marks-Haindorf-Stiftung aufgrund wachsender Nachfrage eine Anstellung in jüdischen Gemeinden des Rheinlands und Westfalens,[19] doch blieb ihr soziales Ansehen wie das des Lehrerstandes allgemein weiterhin gering. Münster wurde nach dem Urteil des Oberpräsidenten von Vincke zwar zum »Zentrum der jüdischen Lehrerbildung« und Westfalen zur Region mit der dichtesten Lehrerzahl pro Kind,[20] doch langfristige Anstellungsverhältnisse der Lehrer waren noch selten. »Nirgends warm, überall arm«,[21] dieser Ausspruch kennzeichnet treffend die Situation der jüdischen Lehrer bis in das 20. Jahrhundert hinein, besonders in den ländlichen Kleingemeinden. Um diesem Missstand abzuhelfen bemühte sich Haindorf intensiv um Hebung des Sozialprestiges der jüdischen Lehrer, das er durch ein jahrelanges, besser noch lebenslanges Beschäftigungsverhältnis und eine leistungsgerechte Besoldung hoffte verwirklichen zu können.

1.2 Verein Israelitischer Elementarlehrer für Westfalen und Rheinprovinz

Da der preußische Staat jüdischen Schulen und Lehrern nur einen Privatstatus zumaß, war weder eine staatliche Besoldung noch ein lebenslanges Beschäftigungsverhältnis vorgesehen. Angesichts dieses Nachteils gegenüber christlichen Berufskollegen wurde 1856 in Hamm der »Verein israelitischer Elementarlehrer für Westfalen und Rheinprovinz« gegründet,[22] um bei der Regierung eine größere Resonanz zu finden. Nach Billigung der Statuten von Seiten der Regierung fehlte es dem Verein an finanzkräftigen Geldgebern. Außerdem erfolgte der Beitritt der Lehrer nur schleppend, so dass der Vorstand 1864 an die Solidarität der jüdischen Bevölkerung Westfalens appellierte: »Der Lehrer Sache ist unsere Sache, und was wir für sie thun, das thun wir für uns selbst.«[23]

Neben der Forderung nach langfristiger Anstellung,[24] initiierte der Verein 1862 die Gründung einer Versorgungs- und Unterstützungskasse,[25] um bei Arbeitsunfähigkeit oder Tod eines Lehrers den Witwen und Waisen beistehen zu können.[26] Ihre finanziellen Mittel rekrutierte sie aus Mitgliedsbeiträgen, freiwilligen Beiträgen der jüdischen Gemeinden und der Wohltätigkeitsvereine sowie aus privaten Spenden und Zinserträgen, von denen unterstützungsbedürftige Lehrernachkommen ab 1872 profitierten konnten.[27]

Als Interessenvertretung der Pädagogen forderte der Lehrerverein in den 1890er Jahren den Erhalt der meistens als Zwergschulen existierenden jüdischen Schulen, die Errichtung neuer Elementarschulen und die Anerkennung der jüdischen Schulen als öffentliche Schulen. Bis zur Jahrhundertmitte waren nur die Haindorfsche Einrichtung in Münster (1839) und die Elementarschule in Burgsteinfurt (1841) als solche anerkannt worden und hatten kommunale Mittel erhalten.[28] Ein weiterer Vorteil für die jüdischen Lehrer an öffentlichen jüdischen Schulen war, dass sie nur mit Genehmigung der Regierungsbehörden und nicht willkürlich vom jüdischen Gemeindevorstand entlassen werden konnten.[29] Die Neugründung von Elementarschulen wurde von jüdischen Pädagogen, die sich immer noch »nur zu einem kleinen Teil in festen Angestelltenverhältnissen« befanden, regelrecht »herbeigesehnt«, in der Hoffnung, »bessere Existenzbedingungen« zu erlangen.[30] In Lehrerkreisen erörterte man auch die Vor- bzw. Nachteile von Konfessions- und Gemeinschaftsschulen, wobei einer gemeinsamen Erziehung der Kinder verschiedener Konfessionen der Vorzug gegeben wurde.[31] Die nicht gelösten Probleme bestanden bis ins neue Jahrhundert.

Statistische Unterlagen belegen 1905 für Gesamtpreußen 338 jüdische Elementarlehrer, die meisten angestellt in jüdischen Privatschulen, nur 48 an paritätischen Anstalten.[32]

Mitte der 1920er Jahre gehörten insgesamt 56 jüdische Lehrer aus Westfalen dem »Verein Israelitischer Lehrer der Rheinprovinz und Westfalen e. V.« an.[33] Ein langjähriges Mitglied dieses Vereins, Joseph Feiner, Realschullehrer in Hamburg und Absolvent des Haindorfschen Lehrerseminars, war von 1908 bis 1922 Vorsitzender des »Verbandes der jüdischen Lehrervereine im Deutschen Reich«.[34] Er hatte im Jahre 1900 zum 75-jährigen Bestehen der Marks-Haindorf-Stiftung die Festrede gehalten.[35]

1.3 Exkurs: Mitgliedschaft von Juden in überkonfessionellen Vereinen und Organisationen

Während die jüdische Bevölkerung, großenteils getragen vom gesellschaftlichen Wohlwollen, in Eigeninitiative Vereine im Bildungs- und Ausbildungssektor schuf, bemühte sie sich gleichzeitig um Teilhabe am gesamtgesellschaftlichen Geschehen, um Mitwirkung in Gemeindegremien oder Mitarbeit in Berufsorganisationen. Diese Mitgliedschaften sind Indikatoren dafür, in welchem Maße die jeweilige Dorf- oder Stadtgesellschaft bereit war, jüdische Neu- oder Altbürger als gleichberechtigt in ihre Reihen aufzunehmen. Erfolgreiche Berufslaufbahnen und wachsender Wohlstand förderten in vielen Fällen das Sozialprestige der Minderheit.[36] Die Aufnahme des Arztes Dr. Haindorf in den 1825 gegründeten »Verein für Geschichte und Altertumskunde Westfalens« (Münster) und dessen Vorsitz im »Kunstverein für die Rheinlande und Westfalen« waren um 1830 noch absolute Ausnahmen,[37] doch die nach 1850 vermehrten Beitritte von Juden in Honoratiorenvereine begünstigten auch die Bereitschaft, Juden als Stadtverordnete zu berufen, wie beispielsweise in Bochum, Hamm, Hagen, Iserlohn (1850) oder Bielefeld (1865).[38] In Münster war die Situation eine andere. Hier gaben Behördenmitarbeiter, Beamte und das Militär, oft Männer des Adels, den Ton an. Erstmals wurde im Jahr 1904 ein jüdischer Kaufhausbesitzer von der katholischen Zentrumspartei auf die Wahlliste zum Stadtverordnetenkollegium gesetzt.[39] Insgesamt fanden sich Juden in Preußen selten in staatlich dotierten Stellungen, eine Ausnahme war der Arzt Dr. Abraham Strauss aus Brilon, der 1864 als Kreisphysikus des Kreises Halle in Westfalen fungierte.[40]

Da Schützenvereine im dörflichen und städtischen Leben Westfalens eine bedeutende Rolle spielten, war eine Mitgliedschaft gleichzusetzen mit Teilhabe am gesellschaftlichen Leben. Vorurteilsfrei handelte die Stadt Iserlohn, die bereits 1841 den jüdischen Akademiker Dr. Ruthenberg ins Kavalleriekorps des Bürgerschützenvereins aufnahm.[41] In Steinheim fanden seit Gründung des Schützenvereins »Königsschützen« 1842 neben Juden auch Protestanten Aufnahme.[42] Schützengesellschaften, die sich als Bruderschaften verstanden und kirchliche Rituale pflegten, verweigerten dagegen häufig die Aufnahme von Juden.[43] Als aber 1842 zum bevorstehenden Besuch Königs Friedrich Wilhelm IV. von Preußen ein »Allgemeines Bürgerschützen-Corps« in Münster aufgestellt wurde, das nicht von kirchlicher Tradition geprägt war, erhielten zahlreiche jüdische Bürger dort die Mitgliedschaft.[44]

Auch der Turngemeinde Münster von 1862 traten jüdische Sportler bei. Zu den Ehrenmitgliedern zählte 1932 der Mitinhaber des bekannten Kaufhauses I. M. Feibes.[45] In den vor oder nach dem Ersten Weltkrieg gegründeten Sportvereinen, u. a. Preußen 06, im Ballonverein oder im Segelsportverein waren jüdische Münsteraner aktiv. Ebenso ist ihre Mitwirkung im Vaterländischen Frauenverein, in Kegelclubs oder Gesangvereinen nachweisbar.

Auch in Berufsvereinigungen und gemeinnützigen Verbänden in Münster finden sich jüdische Mitglieder. Isidor Steilberg war z. B. Angehöriger des »Allgemeinen deutschen Arbeitgeberverbandes« für das Schneidergewerbe und 1872 auch Mitbegründer der Freiwilligen Feuerwehr in Münster. 1922 wurde er anlässlich seiner 50-jährigen Mitgliedschaft als Brandmeister des Ersten Löschzuges zum Ehrenbrandmeister ernannt. Zum 100. Firmenjubiläum (Militäreffekten und Uniformschneiderei) im Jahre 1914 bedankte er sich bei der Stadt für das »stets erwiesene Wohlwollen« mit einer »Armenstiftung«.[46] Im münsterischen »Verein der Kaufmannschaft« engagierten sich im Jahr 1900 vier jüdische von insgesamt 95 Kaufleuten.[47] Münsteraner Getreideimporteure wurden aufgrund ihrer Sachkompetenz in Fragen des internationalen Handels zu Rate gezogen,[48] Viehhändler engagierten sich in Viehhändlervereinigungen.[49] Auch die jüdischen Juristen fühlten sich eingebunden in ihren Berufsstand. Das bekundeten sie z. B. 1928 mit ihrer Beteiligung am Anwaltsschützenfest. Unter den 27 teilnehmenden Anwälten befanden sich fünf der insgesamt sieben in Münster niedergelassenen jüdischen Rechtsanwälte.[50]

In der »Abendgesellschaft des Zoologischen Gartens« (AZG) findet sich die größte Anzahl jüdischer Mitglieder. Professor Hermann Landois, ein münsterisches Original, hatte 1875 diesen Förderverein zur Gründung eines Zoos ins Leben gerufen und den jüdischen Schuhhändler und Verfasser plattdeutscher Gedichte, Eli Marcus, zum Kreis der »Hausdichter«, ernannt, die Schwänke und Lustspiele in münsterländischem Platt verfassten, um diese zur Karnevalszeit aufzuführen. Da das rein männliche Laienensemble gleichermaßen die Frauenrollen übernahm, wurden die Darbietungen zu wahren Publikumsmagneten und füllten die Zookasse.

Seit den 1860er Jahren konnten die Juden daher voller Zuversicht auf ihre fortschreitende Anerkennung in der Gesellschaft hoffen. Die 1869 für den Norddeutschen Bund und 1871 für das Deutsche Reich garantierte verfassungsrechtliche Gleichstellung der Juden gab Anlass, auch im Hinblick auf die wirtschaftlichen Fortschritte, mit Stolz auf den Aufstieg ins mittlere bis gehobene Bürgertum zurückzublicken.

2 Kaiserreich
2.1 Verbandsbildungen auf Gemeindeebene

Im Laufe der Zeit hatten sich unterschiedliche Tendenzen in den jüdischen Gemeinden ausgebildet: auf der einen Seite die reformorientiert-liberale, auf der anderen Seite die traditionell-konservative Richtung. Meinungsverschiedenheiten über eine zeitgemäße Gestaltung des jüdischen Gottesdienstes führten häufig zu gemeindeinternen Differenzen, manchmal auch mit dem preußischen Staat.[51]

Die meisten Mitglieder der jüdischen Gemeinden Westfalens waren in der zweiten Hälfte des 19. Jahrhunderts religiös liberal eingestellt und sahen sich als Deutsche jüdischer Konfession. 1891 schlossen sie sich unter dem Vorsitz von M. Katzenstein (Bielefeld) zum »Verband der Synagogengemeinden Westfalens« zusammen.[52] Aufgrund des gesellschaftlichen Wandels sowie veränderter religiöser Bedürfnisse verfolgten die führenden Köpfe eine übergemeindliche Regelung auf dem Gebiet der Armenpflege, der Gottesdienstgestaltung (Einführung eines einheitlichen Gebet- und Gesangbuches) und der Aufstellung von verbindlichen Lehrplänen für den Religionsunterricht. Auch Überlegungen zur Einrichtung einer Schlichtungsstelle bei Streitigkeiten sowie einer Anlaufstelle für die Unterstützung finanzschwacher Gemeinden und zur Einführung eines regelmäßigen Jugendgottesdienstes kamen zur Sprache.[53] Diesem Verband schlossen sich alle größeren (u. a. Bielefeld, Münster, Dortmund, Bochum, Gelsenkirchen) und die Mehrheit der mittleren und kleinen Gemeinden an.[54] Mit seiner finanzieller Unterstützung wurde die Durchführung eines regelmäßigen Religionsunterrichtes auch in kleinen Gemeinden ermöglicht.[55] Um die »Wanderbettelei« in geordnete Bahnen zu lenken, wurde vereinbart, in Bielefeld nach Bochumer Vorbild einen zweiten »Central-Armen-Verband« einzurichten.[56] 1892 stellte die Gemeinde Münster den Antrag, ein Gebet- und Gesangbuch »in vorherrschend deutscher Sprache« abzufassen, während die Gemeinde Herford – ohne Erfolg – die Kürzung des Gottesdienstes und die »Verringerung der vieltägigen Feste« (Passah und Sukkoth) jeweils um zwei Tage forderte.[57] Moderne Gottesdienstgestaltung hatte in einigen Gemeinden längst Einzug gehalten: u. a. waren die deutsche Sprache in der Liturgie sowie Chorgesang und Orgelbegleitung eingeführt worden. Konservativ-orthodoxe Juden sahen darin sowie in der zunehmenden Säkularisierung und der wachsenden Assimilationstendenz die jüdische Identität infrage gestellt. Sie plädierten für eine Rückkehr zu den Traditionen.

Letztendlich führte 1894 die Einführung des Gebetbuchs für alle westfälischen Gemeinden, zusammengestellt von dem in Lage (Lippe) geborenen und in Stettin tätigen Vorsitzenden der »Vereinigung der liberalen Rabbiner«, Rabbiner Dr. Heinemann Vogelstein (1841–1911), zur Spaltung zwischen traditionellem Judentum und Reformern.[58] Die Gegner der Reformbestrebungen gründeten daraufhin 1896 in Dortmund den »Verein zur Wahrung des überlieferten Judentums in der Provinz Westfalen«,[59] dessen Sitz zunächst Warburg (Rabbiner Dr. Gerson Lange), seit 1903 bis 1922 in Recklinghausen und Gelsenkirchen war. 1930 bis 1934 wurde vorübergehend Borken unter Dr. Klein und Dr. Köhler zum Hauptsitz, von 1934 bis 1938 erneut Recklinghausen.[60] Gesetzestreues Judentum gab es in 39 Gemeinden Westfalens, besonders im Münsterland,[61] nach der Jahrhundertwende konnten einige jüdische Gemeinden aus dem Sauerland und aus Ostwestfalen hinzugewonnen werden. Mit besonderer Genugtuung wurde 1914 im Jahresbericht die Gründung eines (orthodoxen) Betvereins in der »Hochburg des Liberalismus«, in Bielefeld, erwähnt. Der Betverein sah es als seine besondere Aufgabe an, den Religionsunterricht auch in die kleinsten Gemeinden zu tragen. Er regelte mit Schlachthausdirektoren die Frage des Schächtens, verhandelte mit Speisegaststätten über koschere Mahlzeiten und gab Anstoß zur Erneuerung oder zum Neubau von Ritualbädern sowie zur Dienstbefreiung jüdischer Soldaten an jüdischen Feiertagen oder zur koscheren Beköstigung von Strafgefangenen.[62] Um 1934 umfasste das orthodoxe Bezirksrabbinat 19 Synagogengemeinden mit ca. 600 Mitgliedern, von denen 400 in Recklinghausen wohnten.[63]

Dem liberalen »Verband der Synagogengemeinden Westfalens« in Bielefeld gehörten dagegen 1932 insgesamt 72 Gemeinden an.[64] Während das liberale Judentum in der weit verbreiteten »Allgemeinen Zeitung des Judentums« seit 1837 sein Publikum ansprach, erreichte das konservativ-orthodoxe Judentum seine Anhängerschaft mit der Zeitschrift »Der Israelit«. Die Presseorgane beider Strömungen wurden im Spätherbst 1938 von den Nationalsozialisten verboten.

2.2 Vereinsgründungen als Reaktion auf antisemitische Agitation

Die nach der Reichsgründung sich rasch ausbreitende Bewegung des Rassenantisemitismus brachte das Selbstverständnis der Juden als deutsche Staatsbürger ins Wanken. Zwar hatte die »Antisemitenpetition«[65] von März 1881 keine Auswirkung auf ihre rechtliche Stellung, doch erregte sie große Besorgnis, da diese neue Bewegung – besonders nach den propagandawirksamen antisemitischen Äußerungen des Historikers Heinrich von Treitschke in den »Preußischen Jahrbüchern« 1879/80 – im gebildeten Bürgertum auf Resonanz stieß, auf dessen Resistenz die Juden große Hoffnungen gesetzt hatten. Die »bis zur Aufgabe der eigenen Identität betriebene Assimilation«[66] führte zu einer Rückbesinnung auf das Judentum.

2.2.1 »Centralverein deutscher Staatsbürger jüdischen Glaubens« (CV)

Als Antwort auf die Ausbreitung des Antisemitismus erfolgte 1893 in Berlin die Gründung des »Central-Vereins deutscher Staatsbürger jüdischen Glaubens«, der seine Aufgabe im Kampf um den Erhalt der staatsbürgerlichen Rechte und der gesellschaftlichen Gleichstellung der Juden sah.[67] Er rief die Juden zur argumentativen Selbstverteidigung (»Wehr dich«) bei verbalen und tätlichen Attacken auf.[68] Seit 1896 mit eigener Rechtsschutzabteilung versehen, gewährte der CV juristische Hilfe, machte Rechtsverletzungen publik und erwirkte gerichtliche Entscheidungen. Außerdem korrigierte er in der deutschen Öffentlichkeit die oft verzerrten Darstellungen über Juden. Als publizistisches Organ diente die Zeitung »Im Deutschen Reich«, seit 1922 die wöchentlich erscheinende CV-Zeitung, die auch von Christen abonniert wurde. Unter den jüdischen Abwehr-Vereinen war der CV der bedeutendste, 1924 mit 72.500 Mitgliedern.[69] 1929 umfasste er 39 Landesverbände mit ca. 500 Ortsgruppen.[70] 1932/33 werden für Westfalen-Lippe 13 Ortsvereine aufgelistet.[71] Vermutlich gab es darüber hinaus viele Einzelmitgliedschaften in kleineren Orten Westfalens.

Aus Münster gehörten 1893 54 angesehene Geschäftsleute zu den frühen Unterstützern des CV in Westfalen; später bildete sich eine eigene Ortsgruppe mit mehr als 75 Mitgliedern. Zu den Gründungsmitgliedern zählte der Kaufhausbesitzer Siegfried Feibes, der im Jahre 1904 von der Zentrumspartei Münsters als erster jüdischer Stadtverordneter aufgestellt wurde. Vorsitzender der CV-Gruppe Münster war 1918 der Getreideimportkaufmann Karl Zeiller. Eine rege Vortragstätigkeit setzte nach dem Ersten Weltkrieg ein: bekannte Persönlichkeiten wie z. B. Dr. Wiener, Berlin, und der Syndicus des CV, Dr. Holländer, referierten 1919/20 u. a. in Münster zu unterschiedlichen Aspekten des Themas »Antisemitismus«. Seit 1922 leitete Rabbiner Dr. Fritz Leopold Steinthal den münsterischen Ortsverein.[72] Seine Auffassung, die rechtsgerichteten deutschvölkisch-antisemitischen »Schutz- und Trutzbündler« durch persönliche Ansprache zu überzeugen statt angriffsfreudige Öffentlichkeitsarbeit zu führen, löste in der Gemeinde wie im Verband unterschiedliche Reaktionen aus;[73] es kam offensichtlich zu Austritten in Münster.[74] Ende 1927 übernahm der rührige Rechtsanwalt Dr. Walter Ostwald die Leitung dieses Ortsvereins. Den in Essen ansässigen Landesverband machte er in seiner umfangreichen Korrespondenz auf antijüdische Tendenzen in Publikationen aufmerksam.[75]

Als sich Ende der Weimarer Republik jüdische Ladenbesitzer über Geschäftsbehinderungen und Boykottaufrufe rechter Kreise beschwerten, legte der Landesverband des CV umfangreichen Protest bei den Regierungen ein,[76] geriet jedoch wie auch die örtlichen Vertreter aufgrund des Einschreitens zugunsten ihrer Glaubensgenossen in die Schusslinie der Nationalsozialisten.[77] Die eher moderat gehaltene öffentliche Presseerklärung des CV zu den Boykottvorgängen im April 1933[78] zeigte bei den Nationalsozialisten keine Wirkung. Wie NS-Aktivisten die rege Beratungs- und Aufklärungstätigkeit des CV und aller weiteren Assimilationsvereine auf Reichsebene beurteilten, erhellt ein Schreiben der Gestapo (gez. Heydrich) vom 10. Februar 1935. Dort heißt es, dass jüdische Vortragsversammlungen, in denen für den Verbleib der Juden in Deutschland plädiert werde, verboten werden sollten, da eine »ordnungsgemäße Überwachung nicht gewährleistet« sei. Der Vorsitzende des CV in Münster, Dr. Ostwald, wurde im Mai 1935 Opfer seines Beharrens auf der deutsch-jüdischen Identität, als er in einem Vortrag in Bielefeld die Juden – ganz im Sinne der Ideale des CV – aufrief, sich ihre deutsche Heimat nicht nehmen zu lassen. Er wurde von der Gestapo verhaftet und bis November 1935 im KZ Esterwegen im Emsland inhaftiert.[79]

Nach Erlass der »Nürnberger Gesetze« 1935 musste der CV seinen Namen in »Centralverein der Juden in Deutschland« umändern, 1936 in »Jüdischer Centralverein«. Seine Arbeit richtete er nun vermehrt auf eine berufliche Ausbildung zur Vorbereitung einer Auswanderung.[80]

2.2.2 »Verein für jüdische Geschichte und Literatur«

Die tiefgreifenden Veränderungen im 19. Jahrhundert hatten besonders in den Städten zu einer nachlassenden Bindung an das Judentum geführt. Während die jüdische Minorität durch wirtschaftlichen Erfolg, rechtliche Gleichstellung und Aneignung des allgemeinen Bildungsgutes einen ungeahnten sozialen Aufstieg in das mittlere bis gehobene Bürgertum erlebte, verlor die Religion ihre zentrale Bindungskraft.[81] Auflösungserscheinungen durch Taufe oder Indifferenz machten sich bemerkbar.

Anders als der politisch agierende CV hoffte Gustav Karpeles, seit 1900 Chefredakteur der »Allgemeinen Zeitung des Judentums«, mit seiner 1893 erfolgten Gründung des »Verbandes der Vereine für jüdische Geschichte und Literatur« in Berlin die sich immer mehr von ihren Wurzeln entfernenden Juden wieder auf ihre reichen Traditionen zurückführen zu können. Durch die Wiederentdeckung der jüdischen Geschichte und Literatur sollten sie mit neuem Stolz auf ihre Religion und deren kulturelles Erbe blicken. In einer Untersuchung heißt es: »Die durch den Antisemitismus ausgelöste intellektuelle Reflexion über die eigene soziopsychische Situation kann als ein Wendepunkt in der Geschichte des deutschen Judentums angesehen werden«. Trotz Assimilation und Akkulturation hatten sich »Elemente einer noch vorhandenen jüdischen Gruppenidentität« erhalten.[82] Die große Resonanz religionsferner Kreise auf die Vereinsgründung zeigt das tiefe Bedürfnis, neue Zugänge zur jüdischen Kultur zu entdecken.[83]

Der Verband stellte den Ortsvereinen kompetente Redner zu religiösen und literarischen Themen in Vergangenheit und Gegenwart zur Verfügung. Mit seiner finanziellen Unterstützung erhielten auch kleinere Orte ein volksnahes Bildungsangebot. Zwei Jahre nach der Gründung hatten sich aus Westfalen sechs Gemeinden angeschlossen. Die außerordentliche Erfolgsgeschichte lässt sich in Zahlen greifen: 1910 gab es 221 Mitgliedsgemeinden, unter ihnen mit 226 Mitgliedern Münster als zahlenmäßig stärkster Verein in Westfalen.[84] 1911 erreichte die Verbandstätigkeit mit 229 Ortsgruppen ihren Höhepunkt. Nach dem Ersten Weltkrieg schränkten viele Ortsvereine ihre Aktivitäten aus Finanznot ein, da neue Institutionen (z. B. Volkshochschulen) sich im Bildungsbereich engagierten.[85] Münsters Verein verzeichnete 1919 noch 150 Mitglieder. Die studentische Korporation »Rheno-Bavaria« in Münster hielt ihre Mitglieder an, an dessen Treffen teilzunehmen. Eli *(links)* Erich Simons, genannt »Pisterich«, als Mitglied der jüdischen Studentenverbindung »Rheno-Bavaria«, Münster 1919

(rechts) Jochen Domp als chargierter einer jüdischen Studentenverbindung (vermutlich »Licaria«) in München, um 1930

Der stud. jur. Max Steinweg als Verbindungsstudent der »Ghibellinia« Freiburg, um 1905

Gesuch zur Gründung der zionistisch orientierten »Verbindung jüdischer Studenten« an der Westfälischen Wilhelms-Universität Münster, 28. Februar 1919   (alle: Slg. Gisela Möllenhoff, Münster)

Marcus, stadtbekannter Kaufmann und Dichter plattdeutscher Lyrik, führte den Vorstand nach dem Wegzug des Gründers, Seminardirektor Dr. Meier Spanier, an. Wann die Vortragstätigkeit eingestellt wurde und der Verein in Münster sich auflöste, lässt sich anhand der Mitteilungen aus dem »Verband der Vereine für jüdische Geschichte und Literatur in Deutschland«, die 1920 letztmalig erschienen, nicht feststellen. Die Jahrbücher erschienen von 1898 bis 1931 und von 1936 bis 1938.[86] U. a. in Recklinghausen, Castrop-Rauxel und Hattingen hatten die »Literaturvereine« bis zu Beginn der 1930er Jahre die allgemeine Auflösungswelle überdauert.[87]

3 Weimarer Republik
3.1 Studentenverbindungen

Jüdische Korporationen waren Ende des 19. Jahrhunderts als Reaktion auf die verweigerte Aufnahme jüdischer Studenten in Burschenschaften und konfessionelle Verbindungen entstanden. Der ersten 1886 in Breslau etablierten schlagenden Studentenverbindung »Viadrina«, zu deren Gründungsmitgliedern der später in Dortmund amtierende Rabbiner Dr. Benno Jacob zählte, folgten bald weitere an anderen Hochschulen.[88] Zahlreiche Neugründungen nach dem Ersten Weltkrieg sind als Antwort auf verschärfte antisemitische Aktivitäten zu verstehen. Zu diesen gehörte die »Rheno-Bavaria« im »Kartell-Convent der Verbindungen deutscher Studenten jüdischen Glaubens«, die am 5. Dezember 1918, »inmitten des Festes der Makkabäer« in Münster gegründet wurde.[89] Sie verteidigte ihre deutsch-jüdische Identität. Die 22 Mitglieder zählende Aktivitas an der einzigen, noch im Aufbau befindlichen Universität Westfalens rekrutierte sich aus den aus dem Krieg heimkehrenden Studierenden. Die Verbindungsfarben Gold-Rot-Gold interpretierte der Dortmunder Rabbiner Dr. Benno Jacobs folgendermaßen: »aus Treue in den Kampf, aus dem Kampf zurück zur neu bewährten Treue«.[90] Die Fahne zierte ein springendes Westfalenross, während die gekreuzten Klingen die Bereitschaft zur Selbstverteidigung symbolisierten.[91]

Als die rheinischen Universitäten 1919 noch nicht wieder geöffnet waren, stieg die Zahl der jüdischen Studenten in Münster vorübergehend an und zwei weitere jüdische Verbindungen etablierten sich in diesem Jahr an der Westfälischen Wilhelms-Universität: die farbentragende schlagende Korporation »Palatia«, wie die Rheno-Bavaria auf nationaldeutschem Boden stehend, und die zionistisch orientierte »Verbindung jüdischer Studenten.« Das Ziel der »Palatia« war die »Pflege deutsch-nationaler Gesinnung«, ferner »Geselligkeit in Form von wissenschaftlichen Abenden, geselligen Veranstaltungen sowie körperliche Übungen.«[92]

Die zionistische »Verbindung jüdischer Studenten« strebte danach, die »Mitglieder zu Männern [zu] erziehen, die in dem Bewusstsein der natürlichen Einheit der jüdischen Gemeinschaft entschlossen sind, für eine der Vergangenheit des Judentums würdige Erneuerung des jüdischen Volkstums einzutreten.«[93] Deren Statuten legten den Studenten die Verpflichtung auf, ihre Kenntnisse des Hebräischen »als der lebendigen Sprache des jüdischen Volkes zu vervollkommnen«. Die Beschäftigung mit der Geschichte des jüdischen Volkes und der jüdischen Literatur sollten ebenso intensiv verfolgt werden wie die Auseinandersetzung mit Problemen der Gegenwart.[94] Eine Satisfaktion mit der Waffe war verboten. Diese Korporation hatte in Münster keine große Resonanz, war man in Westfalen doch bestrebt, sich der christlichen Umwelt anzugleichen. Möglicherweise waren die Aktivitäten antisemitischer Kreise besonders aus dem studentischen Milieu ausschlaggebend für ihre Gründung gewesen.[95]

Keiner dieser Verbindungen war in Münster eine lange Lebensdauer beschieden. Die mitgliederstärkste »Rheno-Bavaria« erreichte im Sommersemester 1919 zwar die Höchstzahl mit 52 Studenten, verlor danach jedoch kontinuierlich Mitglieder, so dass sie zum Wintersemester 1922/23 aufgelöst wurde. Die »Palatia«, die nie über die Anzahl von sieben Korporationsstudenten hinauskam, wurde im Januar 1923 aufgehoben. Das gleiche Schicksal hatte die zionistische »Verbindung jüdischer Studenten« bereits im Juni 1921 ereilt.[96]

3.2 Jugendvereine

Allen jüdischen Vereinsgründungen Ende des 19. Jahrhunderts liegen vermutlich Erfahrungen mit einem latent bis aggressiv agierenden Antisemitismus zugrunde. Wahrscheinlich schon vor 1918 existierte als Regionalverbund der »Westdeutsche Bezirksverband der jüdischen Jugendvereine« mit Sitz in Düsseldorf. Details zur Gründung und zur Mitgliederentwicklung der Jugendvereine[97] in Westfalen sind nicht bekannt, ebenso wenig deren Statuten. Deshalb sei hier auf die Gründung eines rheinischen Jugendvereins (in Duisburg) verwiesen. Er konstituierte sich 1906 mit dem Bestreben, jungen Juden, »denen der Zutritt in fast allen kaufmännischen und vielen wissenschaftlichen Vereinen versagt ist«,[98] einen Ort zu geben, um durch Vorträge zum Judentum und zu Gegenwartsfragen die eigene Meinungsbildung zu fördern. Der Verein stand allen Richtungen offen und bot neben persönlichkeitsbildenden Abenden Staatsbürgerkunde sowie gesellige, musische und sportliche Veranstaltungen an. Neu war, dass – im Gegensatz zu den kirchlichen Verbänden – sowohl Jungen als auch Mädchen Mitglied werden konnten. Nicht zu verkennen ist, dass die Verbandsgründungen auch in Abgrenzung zu und im Wettlauf mit den Zionisten erfolgten, denn beide Richtungen hofften, die Jugend jeweils für ihre Ziele begeistern zu können. Zum Verbandsvorstand gehörten Vertreter des Rabbinerverbandes, des CV, des »Deutsch-Israelitischen Gemeindeverbandes«, des Lehrerverbandes und des jüdischen Frauenbundes.[99] Zu einem Eklat kam es 1913 auf einer Versammlung des »Verbandes der jüdischen Jugendvereine« in Frankfurt/M. mit 180 Delegierten aus 113 Vereinen, die 14.500 Einzelmitglieder vertraten.[100] Als ein CV-Mitglied sich kritisch zur zionistischen Bewegung äußerte, forderten zwei Delegierte – ohne Erfolg – den Ausschluss des CV aus dem Vorstand mit der Begründung, dieser verletze die statutengemäße Neutralität.[101] Rechtsanwalt Dr. Apfel, Berlin, beschuldigte die Zionisten, sich ihrerseits nicht an den Grundsatz des CV zu halten, der in der »unbeirrten Pflege deutscher Gesinnung bestehe«, während sie selbst (die Zionisten) nur als »Gast im fremden Wirtshaus und national nur als Jude« aufträten.[102] In einem »Mahnwort« aus Berlin wurden 1922 besonders die deutschnationalen Eltern angehalten, ihre Kinder in jüdische Jugendvereine zu schicken, um diese vom häufigen – vermeintlich verderblichen – Kinobesuch abzuhalten und ihnen stattdessen geistige Nahrung und sportliche Ziele anzubieten. Folgt man dem »Führer durch die jüdische Gemeindeverwaltung« von 1932/33, war dieses Postulat in zwanzig Gemeinden Westfalens verwirklicht worden. In zwei Städten existierten sogar je zwei Jugendgruppen, in Dortmund ein neutraler Verein und ein Wanderverein bzw. in Detmold ein jüdischer Pfadfinderbund und ein jüdischer Jugendbund.[103] Jugendausschüsse waren inzwischen gebildet worden, um ein Gegengewicht zu bilden gegen »die außerordentlich intensive Jugendarbeit im völkischen Lager«.[104]

In den ländlichen Kleingemeinden waren aufgrund mangelnden Nachwuchses keine Jugendvereine entstanden. Jüdische Kinder wurden in örtliche Sportvereine integriert.[105] Im Juni 1933 informierte die CV-Zeitung ihre Leser über die Bedeutung der veränderten Lage nach dem Machtantritt der Nationalsozialisten: Die jüdischen Jugendbünde waren aus dem »Reichsausschuss der deutschen Jugendvereine« ausgeschlossen worden. Das bedeutete u. a., dass jüdische Jugendgruppen weder in Jugendherbergen übernachten konnten noch Fahrpreisermäßigungen bei Eisenbahnfahrten erhielten.[106]

3.3 Der Reichsbund jüdischer Frontsoldaten (RJF)

Der Erste Weltkrieg hatte im Schützengraben Christen und Juden zu Kameraden zusammengeschweißt, die ihr gemeinsames Vaterland verteidigten und der gleichen Gefahr ausgesetzt waren. Nicht nur ernüchtert, sondern geradezu desillusioniert erlebten daher jüdische Frontkämpfer die »Judenzählung« vom 11. Oktober 1916, die das Kriegsministerium angeordnet hatte.[107] Angesichts der Vorwürfe angeblich mangelnder Kampfbereitschaft der Juden initiierte 1919 Dr. Leo Löwenstein, Hauptmann a. D., in Berlin den »Reichsbund jüdischer Frontsoldaten« (RjF), mit dessen publizistischer Tätigkeit diese entkräftet werden sollten. Resultat akribischer Nachforschungen war die Publikation »Die jüdischen Gefallenen«, ein Buch mit den Namen sämtlicher jüdischer Gefallenen, das Vertreter des RjF 1932 dem Reichspräsidenten von Hindenburg überreichten. In Westfalen hatten sich sieben RjF-Ortsgruppen gebildet: in Bocholt, Gelsenkirchen, Münster, Paderborn, Dortmund, Hagen und Lüdenscheid.[108] Die Mitglieder trafen sich zu Kameradschaftsabenden und betreuten Kriegshinterbliebene, daneben legten sie großen Wert auf sportliche Ertüchtigung. Die jüdische Gemeinde Münster verdankte dem Verein die Gestaltung von zwei Gedenktafeln an die Gefallenen des Ersten Weltkriegs, die Ende der 1920er Jahre im Beisein des Oberbürgermeisters Dr. Sperlich in der Aufbahrungshalle des jüdischen Friedhofes angebracht wurden.[109]

4. Nationalsozialismus
4.1 RjF-Sportvereine

Die Verbundenheit zur deutschen Heimat, zu deren Kultur die Juden im Kaiserreich und in der Weimarer Zeit ihren Beitrag geleistet hatten, wurde 1933 schlagartig auf Reichsebene beendet, wie im Folgenden am Beispiel der gesellschaftlichen Isolation der Juden verdeutlicht werden soll. Was die jüdische Bevölkerung seit der Emanzipationszeit im Laufe mehrerer Generationen an persönlicher Freiheit, an Gleichberechtigung, an beruflichen Aufstiegschancen und Teilhabe am öffentlichen Leben zum Teil mühsam errungen hatte, machten die Nationalsozialisten innerhalb weniger Wochen zunichte.

Als das NS-Regime die demokratischen Strukturen beseitigte, Vereine gleichschaltete und Juden aus bürgerlichen Vereinen ausschloss[110], betraf dies auch jüdische Sportler in den überkonfessionellen Vereinen. Mit zeitweisen Anfeindungen hatte die Minderheit schon früher leben müssen und auf diese mit Aufklärungsarbeit durch die Abwehrvereine reagiert. Die radikale Verdrängungs- und Vertreibungspolitik der Nationalsozialisten beantwortete die Mehrzahl der Juden Westfalens mit ihrem Bekenntnis zur deutsch-jüdischen Identität.

Nach dem Ausschluss aus Sport- und geselligen Vereinen forderte der RjF – zu Beginn der NS-Herrschaft hatte er etwa 30.000 Mitglieder in 360 Verbänden[111] – seine Ortsgruppen auf, eigene jüdische Sportvereine zur Freizeitgestaltung für Kinder und junge Erwachsene zu bilden. In keinem westfälischen Ort außer in Bochum (gegr. 1925) hatte bis dahin eine solche Einrichtung existiert.[112] Die Notsituation setzte jedoch nach der Überwindung des Schocks ungeahnte Fähigkeiten frei. Ihrem Selbstverständnis entsprechend, schlossen sich die meisten westfälischen Gemeinden 1933 dem nationaldeutschen antizionistischen RjF-Sportverband an,[113] denn eine von den Zionisten propagierte »Heimat« Palästina kam ihrer Meinung nach nur für die verfolgten Juden im russischen Reich infrage. Im Münsterland wurde die münsterische RjF-Ortsgruppe führend in der Organisation und bei der Starthilfe zur Gründung kleinerer Ortsvereine.[114] Ihre Gründungsfeier am 24. September 1933 erlebten über 100 Mitglieder. Der Bericht über das Aufnahmeritual[115] gibt Aufschluss über den dort wie andernorts herrschenden nationalen Zeitgeist: Die jungen jüdischen Sportler bestätigten mit ihrem Gelöbnis, keiner marxistischen Organisation anzugehören und sich jeder antinationalen Aktivität zu enthalten. Sie verpflichteten sich, dem »Führer des Reichsbundes jüdischer Frontsoldaten« und den von ihm bestellten Unterführern im Rahmen der allgemeinen Staatsgesetze vorbehaltlos Gefolgschaft zu leisten und deren Anordnungen zu gehorchen.[116] Wie die Formulierungen entlehnten die Initiatoren auch das Zere-

Erich Gottschalk aus Bochum war ein begeisterter Sportler und Mitglied im Makkabi-Sportverein Bochum. Das Foto zeigt ihn (stehend 2. von rechts) in der Fußballmannschaft, um 1930. (Jüdisches Museum Westfalen)

Turnerinnen und Turner des Reichsbundes jüdischer Frontsoldaten, Gelsenkirchen, 1932 (Institut für Stadtgeschichte Gelsenkirchen)

moniell der bündischen Tradition, denn der RjF wollte sowohl die sportliche Betätigung der jüdischen Jugend wie deren geistige Erziehung im »deutsch-vaterländischen Geist«.[117] Im Bewusstsein der Zugehörigkeit zu Deutschland sollte um das Lebensrecht in diesem Land gekämpft werden. Der Leitspruch lautete: »Für Deutschland und um Deutschland.«[118] Da das NS-Regime die Bildung und Betätigung jüdischer Sportvereine nicht untersagte,[119] erschien dies der Minderheit als hoffnungsvolles Zeichen für eine Zukunft in Deutschland, wurden doch andererseits die Vereine katholischer und evangelischer Organisationen verboten, die Betätigung in jüdischen Vereinen jedoch gefördert,[120] um die Juden vom nichtjüdischen Sportleben zu isolieren. Ende des Jahres 1933 unterstanden dem RjF 90 Sportvereine mit ca. 7.000 Aktiven, ein Jahr später wurden 156 Vereine mit 17.000 Mitgliedern gezählt, unter diesen die Vereine in Bochum, Gelsenkirchen und Dortmund (Gau Ruhr) mit einer Mitgliederzahl zwischen 257 bis 270 Personen.[121] Selbst in kleineren Gemeinden bildeten sich RjF-Sportgruppen, wie z. B. in Marsberg/Sauerland[122] oder in Büren; Letztere umfasste 1935 21 Mitglieder aus den Orten Büren, Brenken und Haaren.[123]

Die unter Beobachtung von Polizei und Gestapo stehenden Sportgruppen, deren Freizeitaktivitäten von der SA bespitzelt wurden,[124] boten je nach den örtlichen Gegebenheiten eine Vielzahl von Aktivitäten an: angefangen von Tennis, Tischtennis, Hand- und Fußball über Schwimmen, Leichtathletik, Boxen und Schachspielen bis zu Waldlauf, Boxveranstaltungen, Turnen, Hallensport und Gymnastik im Winter.[125] Voraussetzung waren geeignete Spielstätten und ausgebildete Trainer. Da jüdische Gemeinden nur in Ausnahmefällen über eigene Sportplätze verfügten, war man auf die Zuteilung städtischer Spielplätze angewiesen. Diese waren manchmal völlig unzumutbar und wurden mit fortschreitender Durchsetzung der antisemitischen Agitation aufgekündigt. Den Mangel an geschultem Personal erkannten die RjF-Organisatoren früh und organisierten im Mai 1934 einen Schulungskurs in Frankfurt.[126] Im Oktober 1935 standen erstmals 16 nach sportpädagogischen Richtlinien ausgebildete Lehrer zur Verfügung.[127] Solche konnten sich nur größere Gemeinden mit entsprechender Infrastruktur und finanzieller Ausstattung leisten. Als »Trainer« fungierten in der Regel frühere Aktive und sportbegeisterte Jugendliche. In den Großgemeinden bildeten sich Schwerpunkt-Aktivitäten. So legte Dortmund großen Wert auf Selbstverteidigung und besaß in dem Medizinstudenten Rolf Bischofswerder einen ehemals aktiven Boxer, der Boxkämpfe organisierte, gleichzeitig Box-Obman im Landesverband war und somit auf Verbandsebene Vorbild für andere Vereine wie Duisburg, Köln und Münster war. Mit Herbert Gollubier stellte Dortmund auch den Leichtathletik-Obmann des Landesverbandes Westdeutschland, der Trainings- und Kampfrichterkurse ausrichtete.[128] Der Sportclub Schild Bochum (früher Hakoah), der im Fußball eine hervorragende Rolle spielte,[129] konnte im Mai 1934 ein eigenes Sport- und Jugendheim beziehen.[130] Unter der Führung des Zahnarztes Dr. Goldschmidt, der zum Sportfunktionär im Landesverband Westdeutschland mit Schwerpunkt im Mannschaftssport aufstieg, wurde Schild Bochum zum größten RjF-Regionalverband in Deutschland.[131]

Überregionale Bezirkssportfeste, die z. B. in Münster zunächst im heruntergekommenen Stadion einer am Stadtrand gelegenen Radrennbahn, dann auf einem Sportplatz des mit Sportverbot belegten katholischen Jugendverbandes Deutsche Jugendkraft (DJK) ausgerichtet wurden, trugen zur Dynamik des Gemeindelebens bei. Der Landessportverein Westdeutschland konnte Ende 1934 – als die Organisationsstruktur des Sportbundes endgültig Gestalt angenommen hatte – rein zahlenmäßig eine vielversprechende Jahresbilanz vorweisen. Die nun in die vier Bezirke Mittelrhein, Niederrhein, Ruhrbezirk (Bezirksleiter: Dr. Paul Eichengrün, Gelsenkirchen) und Westfalen[132] – mit den Kreisen Münster, Rheine und Hamm (Bezirksleiter: Fritz Windmüller, Leiter der Sportgruppe Münster) – untergliederte Organisation hatte insgesamt 269 Veranstaltungen durchgeführt, darunter allein 150 Fußballmeisterschafts- bzw. »Gesellschaftsspiele«, 38 Handballturniere und 19 leichtathletische Veranstaltungen. Die Zahl der aktiven Sportler lag bei 3.004 Männern und Frauen, die in den 43 im Landessportverband Westdeutschland vereinigten RjF-Sportgruppen organisiert waren.[133] Die sog. »Reichsmeisterschaften« der RjF-Gruppen in der Leichtathletik fanden in Berlin statt.[134]

Die erstaunliche Aufbauleistung erfüllte alle Beteiligten mit großer Genugtuung. Ganze Gemeinden waren vom Schwung dieser Jahre mitgerissen. Die Begeisterungsfähigkeit Einzelner[135] und der Wille vieler, der feindlichen Umwelt zu trotzen, mobilisierte die Kräfte: Geschäftsleute stellten ihre Fahrzeuge zur Beförderung der Sportler und Zuschauer zur Verfügung, Gemeindemitglieder sorgten für den reibungslosen Ablauf, für Verpflegung, für die Markierung von Feldern oder wirkten als Schiedsrichter, als Betreuer bei den Wettbewerben und im Organisationsteam mit. Zum Leichtathletiksportfest 1935 in Münster traten 240 Sportler aus 16 Ortsgruppen an und lieferten den 600 zahlenden Zuschauern ein packendes Sportereignis.[136]

Die begeisterte Aufbaustimmung, die aus den Berichten über die Sportveranstaltungen zwischen 1934 und 1936 spricht, wich jedoch mit zunehmender Emigrationstendenz der Ernüchterung. Trotz wachsender Unzulänglichkeiten und schlechterer Lebens- wie sportlichen Rahmenbedingungen errang Schild Bochum 1936 und 1937 jeweils die Vizemeisterschaft und feierte am 26. Juni 1938 im Kampf gegen Schild Stuttgart seinen größten Triumph, die »Deutsche Meisterschaft«.[137] Für die Zeit nach 1937 wurden keine überregionalen leichtathletischen Sportveranstaltungen in Westfalen mehr bekannt. Das Sportfest in Köln im Juni 1938, an dem u. a. eine Gruppe von 12 Münsteranern teilnahm, war vermutlich die letzte Veranstaltung dieser Art.[138] Fortan wurde in der Verbandsarbeit vermehrt auf handwerkliche Fähigkeiten Wert gelegt und auf den Erwerb einer modernen Fremdsprache, später auch der hebräischen Sprache,[139] um nach einer notwendig werdenden Emigration im Zufluchtsland schneller Fuß fassen zu können. Der Elan der ersten Stunde erstarb unter den harten Bedingungen des nationalsozialistischen Alltags. Die Sportler selbst standen zunehmend unter dem Druck des wirtschaftlichen Existenzkampfes. Der auf Breitensport angelegte und voller Optimismus gegründete Sportverein RjF war durch die Emigration seiner Mitglieder und Trainer bereits in Auflösung begriffen, noch bevor er nach dem Novemberpogrom verboten wurde. »Die ganze Tragik der Fehleinschätzung konsequent durchgeführter nationalsozialistischer Rassenpolitik« wird in den vergeblichen Versuchen des RjF deutlich, durch unzählige Denkschriften an den Reichspräsidenten von Hindenburg und an Reichskanzler Hitler, die »Eingliederung in den nationalsozialistischen Staat« zu erreichen.[140]

4.2   Freizeitverein für Jugendliche: »Bund deutsch-jüdischer Jugend« (BdjJ)

Wie im Sport wurde in allen gleichgeschalteten Freizeitvereinen der »Arierparagraph« durchgesetzt, der Juden von der Mitgliedschaft ausschloss.[141] Jüdische Lehrer und Gemeindeleiter sahen sich daher aufgerufen, die Jugendarbeit neu zu strukturieren. 1933 gründete sich der »Bund deutsch-jüdischer Jugend« aus mehreren liberalen Jugendvereinen.[142] In der Gruppe sollte das Selbstbewusstsein der verunsicherten jüdischen Kinder gestärkt und eine neue Heimat abseits vom feindlichen Umfeld geboten werden. Fähnleingruppen wurden gebildet und deren Betreuung in die Hand älterer Jugendlicher gelegt. Gemeinsam begangene religiöse Feiern stifteten Identität. Spielnachmittage, Aufführungen, Ausflüge in die nähere Umgebung mit Picknick im Freien, dazu Wanderungen mit Übernachtungen in Jugendherbergen dienten dem intensiven Gruppenerlebnis. Bevor im Sommer 1935 Juden in einigen Teilen Deutschlands Jugendherbergsaufenthalte untersagt wurden,[143] hatte der RjF bereits ein umfangreiches Selbsthilfeprogramm initiiert. In einem Wald- und Heidegelände in der Nähe von Schermbeck/Dorsten stellte Julius Goldschmidt aus Gelsenkirchen das Ferienheim »Haus Berta« zur Verfügung, das der Münsteraner Rabbiner Dr. Steinthal am 29. Juli 1934 einweihte. Fahnenappelle und Flaggenhissung erzeugten eine deutschnationale Atmosphäre. Neben einem Sportplatz bot ein 20 Morgen umfassendes Gelände den Jugendlichen Gelegenheit, die landwirtschaftliche Bearbeitung des Bodens zu erlernen.[144]

In vielen Orten Westfalens gründeten sich in den Jahren 1934/35 jüdische Jugendgruppen und bereicherten das innerjüdische Leben auch über den regionalen Bereich hinaus, denn manche jüdische Gemeinde schloss sich mit anderer Orten zusammen wie beispielsweise Paderborn mit Salzkotten, Geseke und Bad Lippspringe. Der Name des Jugendverbandes war Programm. Die Jugendlichen verstanden sich – wie die Erwachsenen – als Deutsche und Juden. Der Münsteraner Gymnasiast Otto Katzenstein kleidete dies in die Gedichtzeile:

»Zwei Dinge sind's, für die wir kämpfen,/es ist dies Deutsch- und Judentum./Für unseren Glauben woll'n wir streiten,/und für des Heimatbodens Ruhm.«[145] Nach Erlass der »Nürnberger Gesetze« wurde dem BdjJ als Zeichen des zwangsweisen Ausschlusses der Juden der neutrale Vereinsname »Der Ring« oktroyiert, zum 30. Dezember 1936 die Auflösung angeordnet.[146]

Um arbeitslose Jugendliche für eine eventuell erforderliche Auswanderung vorzubereiten, propagierte auch der BdjJ die Umschulung auf handwerkliche Berufe und richtete 1936 ein Auswandererlehrgut in Groß Breesen bei Trebnitz (Schlesien) ein, das bis 1942 existierte.

4.3   Zionistische Gruppierungen

Der dominierenden heimatverbundenen jüdischen Mehrheit stand eine Minderheit der Zionisten gegenüber, die in Westfalen ihre Anhängerschaft zunächst zum großen Teil aus den ostjüdischen Familien im Ruhrgebiet rekrutierte. Selbständige zionistische Organisationen bestanden 1936 im Regierungsbezirk Münster in folgenden sieben Orten: Beckum, Burgsteinfurt, Münster, Recklinghausen, Gelsenkirchen, Ahlen und Gladbeck. Einen zionistischen Frauenverein gab es nur in Münster,[147] dessen Vorsitz hatte Lucie Kaufmann, Frau eines Rechtsanwaltes. Auch unter nationalsozialistischem Druck kam es zu keiner Überbrückung der ideologischen Gegensätze. Der Graben zwischen nationaldeutsch orientierten Gruppierungen und den Zionisten vertiefte sich vielmehr im Laufe der Jahre auch im sportlichen Bereich.[148] Nur in wenigen Gemeinden wie z. B. in Brakel und Burgsteinfurt behauptete sich der zionistische Verein Makkabi-Hazair.[149] Dem Turn- und Sportverband Makkabi in Recklinghausen gehörten laut SD-Bericht Mitte 1936 197 Mitglieder an. Um am Sportleben teilnehmen zu können, reihten sich kleine zionistische Gruppierungen bei Wettkämpfen in den breiter aufgestellten RjF-Sportbund Schild ein.[150]

Auch bei den Zionisten gab es Freizeitverbände mit unterschiedlicher Ausrichtung. Das zeigen Interviewaussagen jüdischer Emigranten und Überlebender, die belegen, dass z. B. in Münster Gruppen wie Hechalutz (Pionier) und ein zionistischer Pfadfinderbund »Hashomer hazair« nebeneinander existierten.[151] Dort fanden sich zionistisch orientierte Jugendliche im privaten Kreis zusammen, organisierten Vortragsabende über Palästina und lernten Hebräisch.[152] In Ahlen machte der Lehrer Adolf Tint seine Gemeinde mit Palästina als möglicher Heimat vertraut. Ca. ein Drittel der Gemeindemitglieder fanden schließlich dort Aufnahme.[153] Der seit 1930 in Borken angestellte Lehrer Locker, der der orthodox-zionistischen Arbeiterbewegung angehörte, gründete 1931/32 die Jugendabteilung »Brit Hanoar«, die jüdische Jugendliche in handwerklich-technischen Berufen ausbilden wollte. Regelmäßiger Unterricht in Iwrith erwies sich als gute Voraussetzung zur Emigration nach Palästina.[154] In Paderborn umfasste im Jahr 1935 die zionistische Makkabi Hazair Pfadfindergruppe 24 Mitglieder, darunter 14 aus dem jüdischen Waisenhaus.[155]

4.4 Freizeitverein für Erwachsene: Kulturbund

Gegründet als »Kulturbund Deutscher Juden« im Juli 1933 von dem stellvertretenden Intendanten der Städtischen Oper Berlin-Charlottenburg, Kurt Singer, sollte der Kulturbund nach der Entlassung jüdischer Musiker und Schauspieler aus dem staatlichen Kulturbetrieb auf der einen Seite die an ihrer deutschen Identität zweifelnden Juden seelisch aufrichten und andererseits entlassene Künstler weiterbeschäftigen. Der Kulturbund basierte auf Abonnementbasis, konnte also mit einem Stammpublikum und fester Kartenabnahme rechnen. Er kam dem Bedürfnis nach Geselligkeit und Kultur in einem geschützten Bereich entgegen. Der Schwerpunkt der Veranstaltungen lag bei Theateraufführungen, gefolgt von Rezitationsabenden, Vorträgen, Kammermusikveranstaltungen und Gesangdarbietungen.[156] Durch Ablenkung vom Alltagsgeschehen sowie Stärkung von Lebensmut und Gruppenidentität erreichten die Künstler in der beständig unter Gestapo-Kontrolle befindlichen Zwangsgemeinschaft von jüdischem Publikum und jüdischen Künstlern ein neues Zusammengehörigkeitsgefühl. »Die Beziehungen zur ›deutschen‹ Kultur aufrecht zu erhalten und zu festigen« – so der Dramaturg Gerhard-Walter Rosenbaum 1934 –, sah der Kulturbund als Hauptaufgabe an.[157] Dem Berliner Vorbild folgten regionale Gründungen in zahlreichen Landesteilen. Im rheinisch-westfälischen Gebiet entstand im Herbst 1933 in Köln der »Kulturbund Rhein-Ruhr«, die zweitgrößte Organisation nach Berlin, dem sich die westfälischen Städte Bochum, Gelsenkirchen und Dortmund (1934/35) anschlossen, und in Herford (1934) der Kulturbund »Ostwestfalen und angrenzende Gebiete«. Da er außerhalb der Großstädte auch in das ländliche Hinterland mit seinen Mittel- und Kleingemeinden vordrang, überwanden die dort lebenden Juden ihre geistige, gesellschaftliche und seelische Vereinsamung.[158] Die Geschäftsführung in Herford[159] übernahm Dr. jur. Hans Davidsohn, Syndikus des CV. Die nicht mit Großgemeinden versehene ländliche Region umfasste schließlich so weit entfernt gelegene Orte wie Münster und Osnabrück, Hamm und Soest, Rheda, Gütersloh, Paderborn und Warburg sowie Detmold, Minden und Hameln.[160] Der 1934 gegründete Paderborner Ortsverein hatte eine beträchtliche Mitgliederzahl von 116 (1936) bzw. 61 (1938) Personen. Auf der Grenze zwischen dem Rhein-Ruhr-Bezirk des Landesverbandes Westdeutschland und der Regionalgruppe »Ostwestfalen und angrenzende Gebiete« gelegen, schloss sich die jüdische Gemeinde Münster der Letzteren an.[161] Ab 1936 zeigte sich hier wie in den anderen Vereinen die Erosion: der Elan des Neuanfangs war verpufft, die Zuschauerzahlen sanken um 20 Prozent. Geschuldet war dieser Abwärtstrend nicht nur dem Wegzug in größere Städte, sondern auch der wachsenden Auswanderung und der wirtschaftlichen Not.[162] Künstlerische Darbietungen blieben in der Folgezeit in den Kleingemeinden Westfalens auf Kammermusik, Solistenkonzerte, Vorträge und Rezitationen beschränkt.[163]

Zusammenfassung

Die aus Bemühungen um eine qualifizierte Beschulung jüdischer Kinder erwachsene Bildungsinitiative des münsterischen Arztes Dr. Alexander Haindorfs trug zur Entstehung eines staatlich geprüften jüdischen Volksschullehrerstandes bei und zog weitere Vereinsgründungen nach sich. Zukunftsweisend wirkte auch die Verbesserung der sozialen Stellung der Volksschullehrer und ihrer Versorgung im Alter. Durch das Wirken einiger Absolventen der Haindorfschen Lehrerbildungsanstalt in Großstädten reichte die Ausstrahlung des Vereins über Westfalen und die Rheinlande hinaus.

Mit Hilfe der Vermittlung der Bildungsinhalte der Mehrheitsgesellschaft gelang den Juden die Integration in die nichtjüdische Umwelt. Die durch die professionell ausgebildeten Lehrer forcierte Ausbreitung der Reformgedanken auch in kleinste Gemeinden bewirkte eine starke Tendenz zur Akkulturation. Das führte zu divergierenden Auffassungen zwischen religiös liberalem und konservativ-orthodoxem Judentum und kann als Vorbote der Weltanschauungskämpfe zwischen nationaldeutsch und zionistisch orientierten Juden angesehen werden.

Auf den Rassenantisemitismus am Ende des 19. Jahrhunderts reagierte die Judenschaft mit der Gründung von Abwehr- und Kulturvereinen wie mit jüdischen Studentenverbindungen und Veteranenverbänden. Die zunehmende Ausgrenzung der Juden aus dem gesellschaftlichen Leben Deutschlands ab 1933 führte zur Aktivierung neuer Kräfte (Bildung jüdischer Sport- und Freizeitvereine), deren Bewegungsspielraum der NS-Staat immer weiter einschränkte. Um jüdische Organisationen aus dem Gedächtnis der Öffentlichkeit zu tilgen, mussten sie sich umbenennen: Die Nationalsozialisten wollten weder im Vereins- noch im Kulturleben »deutsche« Juden dulden. Rednern wurde unter Androhung von KZ-Haft verboten, sich für den Verbleib der Juden in Deutschland einzusetzen und auf ihrer Verwurzelung im deutschen Kulturraum zu beharren. Sozialkontakte zur nichtjüdischen Bevölkerung mussten mehr und mehr eingeschränkt werden und führten schließlich zur vollständigen Isolierung der Juden.

Iris Nölle-Hornkamp, Elisabeth Cosanne-Schulte-Huxel
Die Schützen und die Juden in Westfalen

Als Ausgangspunkt für die Bewertung eines nachbarschaftlichen Zusammenlebens von Juden und Christen in Westfalen, seine Voraussetzungen und Veränderungen, bietet sich das westfälische Vereinswesen an. Innerhalb des Brauchtums und Vereinslebens in Westfalen nimmt das westfälische Schützenwesen den vielleicht herausragendsten Platz ein. Wie im westfälischen Nachbarschaftswesen liegt auch hier der Ursprung in den Not- und Wehrgemeinschaften des Mittelalters. So können viele der heute noch existierenden westfälischen Schützenvereine ihren Ursprung bis auf die spätmittelalterlichen Schützengilden oder Bürgerwehren zurückführen. Die wohl ältesten Vereine gibt es in Dortmund (1378), Nottuln im Kreis Coesfeld (1383), Breckerfeld im Ennepe-Ruhr-Kreis (1396), Datteln im Kreis Recklinghausen (1397), Hattingen im Ennepe-Ruhr-Kreis (1403), Attendorn im Kreis Olpe (1410), Geseke im Kreis Soest (1412) und Brilon im Hochsauerlandkreis (1417).

Die erste urkundliche Erwähnung einer Schützengesellschaft in Westfalen stammt aus dem Jahre 1378, als in Dortmund bereits eine »armborstes schutten selschop« gab, die auf einen Papagei zu schießen pflegte. In Bocholt ist bereits für das Jahr 1407 eine in Altersklassen gegliederte Schützengesellschaft belegt, die ebenfalls auf den Papagei schoss und einen Umhang als einheitliche Bekleidung trug. In den Jahresrechnungen des Amtsrentmeisters von Ahaus werden 1482 die »Schutten von Ahaus und Lohn« erwähnt, denen er ein Fass Bier ausgab, weil sie ihm stets willig und zu Diensten gewesen waren. Es dürfte sich hierbei um die Schützen von Stadtlohn handeln, die dem Amtsrentmeister in Angelegenheiten der Burg Ahaus oder des fürstbischöflichen Jagdrevier behilflich gewesen waren. Aus Anholt ist aus dem Jahre 1493 bekannt, dass die Schützen mit der Armbrust bei einer Prozession vor dem Marienbildnis hergingen. Die Vogelstange des Ahauser Bürgerschützenvereins wird 1531 genannt. 1557 wurde den Schützen in Nienborg von den Burgmännern eine Tonne Bier gespendet. Das Vogelschießen war in jenen Zeiten offensichtlich in jeder befestigten Ortschaft und in vielen Bauerschaften des Fürstbistums Münster üblich und wurde teilweise so aufwendig betrieben, dass der Landesherr 1571 dagegen einschritt:

> »Betreffend das Vogelschießen will man gestatten und nachgeben, daß solchs an einem jeden Ort des Jahrs einmal beschehe, doch daß niemandt aus frembden Bawrschaften darzu gefordert und je auf zwantzig Personen eine Tonne Biers und nit mehr angeschlagen oder bestalt werde. Soll auch solche Gesellschaft lenger nit als einen Nachmittag wehren, und ein jeder bei Tag zeitlich widerumb sich gen Hauß begeben.«[1]

1925 erkor der Schermbecker Karl Schulz Paula Adelsheimer zu seiner Schützenkönigin und ein Jahr lang wurde sie als »Königin ihrer Heimatstadt respektiert und bewundert. Etwas mehr als ein Jahrzehnt später wurde sie deportiert und in Birkenau vergast und verbrannt.« (Marga Silbermann Randall)

Die Schützen und die Juden in Westfalen   111

Die Plakette, die an Paula Adelsheimers Regentschaft erinnert, befindet sich bis heute an der der Schermbecker Königskette. (Kilian Schützengilde Schermbeck von 1602, Schermbeck)

Beitritte jüdischer Schützen lassen sich jedoch erst für das frühe 19. Jahrhundert nachweisen, als es in der Geschichte der westfälischen Schützenvereine zu einer Zäsur bzw. einer Neuorientierung mit zahlreichen Vereinsgründungen oder -neugründungen kam.

1807 hatten die Franzosen im Anschluss an die französische Besetzung deutscher Gebiete jegliche Schützenvereine verboten, weil man ihnen Wehrkraft und militärische Bedeutung beimaß. Nach den Befreiungskriegen von 1813–1815 lebte in der Bevölkerung wieder ein reges Interesse an der Pflege nachbarschaftlicher Geselligkeit und ebenso an Schießwettbewerben auf. Es gründeten sich allmählich neue Vereinigungen, nun keine Schützenbruderschaften wie in der Frühzeit, sondern Schützen- und Bürgerschützenvereine, auch spezielle Junggesellenschützenvereine, die eine enge Verbindung zur Kirche pflegten, sodass es häufig zu Auseinandersetzungen zwischen den Schützen aufgrund der unterschiedlichen Konfessionen kam.[2]

Eine zunehmend gewichtige Rolle kam den Schützenvereinen während der Revolutionsjahre 1848/49 zu, als in den deutschen Staaten intensiv über »Volksbewaffnung« und »Bürgerwehren« diskutiert wurde. Seit der Reichseinigung 1870/71 orientierte sich der größte Teil der Schützenvereine an der konservativ-militärisch geprägten Leitkultur des neuen Kaiserreiches,[3] das lässt sich bis heute an den Uniformen und der Galakleidung des Königspaares erkennen. In der Folgezeit ging es dann kaum mehr um Wehrdienst oder sozialen Einsatz, wie bei den Schützengilden der Frühzeit, nun führte die Freude an aufwendigen Gesellschaften und Festen zu immer neuen Vereinsgründungen.[4] Die Mitgliedschaft im Schützenverein wurde zur Prestigefrage, wer in der städtischen Gesellschaft eine führende Position hatte, dokumentierte dies auch mit entsprechenden Ämtern im Schützenverein, auf dem Land war es nicht anders. Häufig ermöglichte man demjenigen den »Königs-schuss«, der das kostspieligste Fest finanzieren konnte. Die in regelmäßigen Zeitabständen stattfindenden Schützenfeste entwickelten insbesondere in Westfalen Volksfestcharakter. Bis heute ist das Vogelschießen ein weitverbreitetes Brauchtum in Westfalen und prägen die Schützenvereine in vielen Orten das Gemeinschaftsleben. Beliebtes Motto: »Glaube, Sitte, Heimat.« Rund zwei Millionen Mitglieder sind heute in rund 15.000 Schützenvereinen organisiert.

Die Verbundenheit vieler Vereine mit dem nach Beendigung des Ersten Weltkrieges untergegangenen Kaiserreich und die damit einhergehende Ablehnung der Weimarer Republik erleichterten schließlich den Nationalsozialisten 1937/38 die erzwungene Gleichschaltung der Vereine unter der Führung des nationalsozialistischen Reichsbundes für Leibesübungen. Die letzten Nachweise jüdischer Mitglieder, die wir bisher ermitteln konnten, datieren bereits 1932, unmittelbar mit der Machtergreifung der Nationalsozialisten bzw. spätestens 1934 wurden selbst bis dahin hochdekorierte Mitglieder aus den Reihen der Honoratioren der westfälischen Städte aus den Vereinen ausgeschlossen.

In der Folge haben westfälische Schützenvereine die Ziele des NS-Regimes aktiv unterstützt. Nachgewiesen wurde das beispielsweise erst kürzlich exemplarisch für das katholisch geprägte Lippstadt, das eher linksorientierte Lünen und das evangelisch dominierte Hattingen.[5]

Im 19. Jahrhundert sah das zuweilen anders aus. Schützenvereine, die die Aufnahme von jüdischen Mitgliedern zuließen und auch in ihren Statuten keine Ausgrenzungen bei der Übernahme von Ämtern, Rang und Würde mehr verzeichneten, wie es für die frühen Schützengilden noch die Regel war, finden sich in Westfalen erstaunlich häufig.

Etwa in Arnsberg, dort wurde 1820 die nach dem Heiligen Fabian und dem Heiligen Sebastian benannte Bruderschaft der Arnsberger Schützen, eine religiöse Gemeinschaft, in der von ihrem Selbstverständnis her lange Zeit die Aufnahme von Juden nicht möglich war, wieder begründet und gleichzeitig in eine Schützengesellschaft umgewandelt.

Damit hatte man allen Bürgern das Tor zur Mitgliederschaft ohne religiöse Einschränkung geöffnet. Aber natürlich lebte der »alte Schützengeist« auch in der neuen Gesellschaft fort. Nach wie vor war es selbstverständlich, daß Schützenbruder nur werden konnte, wer im Ort ansässig war, einen »anständigen« Beruf ausübte, einen guten Leumund hatte, hilfsbereit war und es an der nötigen Liebe zum Vaterland nicht fehlen ließ. Jeder Bürger betrachtete es daher als große Ehre, Mitglied der Arnsberger Bürgerschützengesellschaft zu werden. Trotz all dieser Einschränkungen verzeichnete die Arnsberger Schützengesellschaft bereits seit 1825 zwei jüdische Mitglieder.[6]

Ein weiteres Beispiel, aus dem Münsterland: In der Mitgliederliste der »Südlohner Junggesellen-Compagnie«

vom 23. Januar 1765 erscheint der Name des in Stralsund in Pommern geborenen Hendrick Levi, der nach Südlohn eingeheiratet hatte und möglicherweise ein zum Christentum konvertierter Juden war. Damit findet sich der erste bekannte Beleg für einen jüdischen Schützen. In Südlohn sind erst 1841 mit Nathan und Samuel Wolff wieder jüdische Mitglieder einer Schützengesellschaft, hier der Südlohner »Junggesellen-Compagnie«, nachgewiesen.

Im Aufnahmeprotokoll für Simon Wolff wurde bemerkt, dass er, wie nach altem Recht bei den Juden üblich, nicht »gefähndelt« wurde, d. h., auf das Aufnahmezeremoniell mit Verzehr von Salz und Brot sowie Schwurformel verzichtet wurde. Er hatte aber die gleichen Rechte wie die anderen Mitglieder. Auch in den Jahren 1882 bis 1930 traten regelmäßig junge jüdische Männer dem Schützenverein bei. Eugen Wolff bekleidete zeitweise das Amt des Vorsitzenden, Erich Wolff ein Amt im Vorstand. Bei der Jubelfeier zum 200jährigen Bestehen des Vereins wurden 1865 mit allen Bürgern selbstverständlich auch die Juden Südlohns zum Neujahrsball eingeladen. Mit Rücksicht darauf, dass deren Kalender nicht mit dem christlichen übereinstimmte, wurde aber darauf verzichtet, ihnen den Segen (eine Abkürzung für: »Christus möge dieses Haus segnen«) und die Jahreszahl an die Haustür zu schreiben.[7]

Auch der Schützenverein in Lippstadt nahm bereits in der ersten Hälfte des 19. Jahrhunderts jüdische Mitglieder ungeachtet der Konfession auf, dort ist der Name des Levi Bacharach 1836 in den Annalen des Schützenbuchs belegt.[8] In Bochum verlegte man 1842, als das Schützenfest auf einen hohen jüdischen Feiertag fallen sollte, sogar den vorgesehenen Termin um eine Woche, um den jüdischen Mitgliedern und ihren Familien die Teilnahme zu ermöglichen.[9]

1869 wurde in Salzkotten mit Mathilde Ostwald eine Jüdin zur Schützenkönigin bestimmt, in Vreden schoss 1877 Levi Auerbach den Vogel ab, in Dülmen war es fünf Jahre später Jacob Leeser, der die Königswürde errang. Legden hatte mit Cossman Cosmann 1887 und Ramsdorf mit Leeser Landau 1894 einen jüdischen Schützenkönig. Im selben Jahr wurde David Gottschalk Schützenkönig im Nienborger Schützenverein, er ließ ein Königsschild für die Schützenkette fertigen, das in der NS-Zeit spurlos verschwand.[11] In Ibbenbüren nahmen zahlreiche jüdische Bürger am Vereinsleben der Bürgerschützen teil. So werden 1884/85 Josef Goldschmidt, Moses Kaufmann und Metzger Winkler als Mitglieder der »Bürgerschützen« verzeichnet, ab 1887/88 Albert Löwenstein und Meyer Rosenthal. 1916 hatte der Verein sechs jüdische Mitglieder. Joseph Rosenthal gehörte Ende des 19. Jahrhunderts dem »Schafberger Schützenverein« an. Als 1904 zudem ein »Junggesellen-Schützenverein« gegründet wurde, gehörten Sally Goldschmidt, Alfred Rosenthal und Josef Rosenthal zu den Mitgliedern der ersten Stunde.[12]

Die Liste der jüdischen Schützenkönige in Westfalen setzt sich fort mit Moritz Winkler 1895 in Ahaus, wie auch dort ein Schild an der Schützenkette dokumentiert[13], weiterhin Sally Jacoby 1900 in Kamen, Julius Weingarten 1904 in Herford, Hugo Kanaker 1906 im Lemgo, Julius Rollmann 1907 in Ahlen, Louis Cleffmann 1910 in Rhede, Otto Cohen 1912 in Burgsteinfurt, Julius Mildenberg gleich zweimal, 1913 und 1914, in Lengerich.[14] 1921 wurde der in Oelde ansässige Viehhändler Louis Steinberg Schützenkönig der »Schützengesellschaft von 1858«, als Königin wählte er Maria Mühlbeck, die Frau eines Oelder Hoteliers, und der Hofstaat bestand aus den Spitzen der Oelder Gesellschaft, darunter auch weitere jüdische Bürger der Stadt.[15] 1901 wurde Sophie Landau in Gemen zur Schützenkönigin der Junggesellen gewählt. Oskar Löwenstein war lange Jahre führend in Gemener Schützenwesen tätig und wurde 1928 sogar zum Vizepräsidenten des prestigeträchtigen Bürgerschützenvereins gewählt und noch 1930 ernannte man Adele Moises zur Ehrendame im Schützenverein Wulfen.[16]

Auch in Bocholt[17] gehörten schon früh mehrere jüdische Fabrikanten und Geschäftsleute zu den Mitgliedern der Schützenvereine und nahmen auch Vorstandsfunktionen wahr. Bereits 1863 ist die Mitgliedschaft von Aron Berla und Heymann Gumpfel in den Dokumenten des St. Georgius-Schützenvereins verzeichnet. Als 1897 Leo (Levy) Nußbaum seinen Dienst als Lehrer der jüdischen Gemeinde antrat, wurde der als offen und weltgewandt geltende Pädagoge Mitglied im St.-Georgius-Schützenverein und gründete in der Gemeinde 1901 einen Synagogenchor.[18]

1911 wurde Paul Braunschweig als Schriftführer Vorstandsmitglied, im selben Jahr gehörten Max Friede und Max Rosenberg der 1. Kompanie des Vereins an, wie an den Einträgen aus dem Festprogramm zu sehen ist. 1930 dann wurde u. a. der Vorsitzende der jüdischen Gemeinde, Louis Ostberg, für seine über 50-jährige Vereinszugehörigkeit wurde geehrt, für 25 Jahre der Vorsitzende der Repräsentantenversammlung, Bertold Löwenstein, sowie Max Friede.

Gründungsurkunden, Chroniken und zahlreiche Festprogramme aus Bocholt sind erhalten und bieten die Möglichkeit, den Weg der jüdischen Bürgerschützen von der Neugründung des St. Georgius Schützenvereins 1863 bis ins 20. Jahrhundert zu verfolgen. Bis 1932 werden sie in den Festprogrammen mit Ämtern und Würden und auch als Ehrenmitglieder mit bis zu 60jähriger Mitgliedschaft regelmäßig benannt, mit dem Programmheft für 1933, dessen Titelblatt die Konterfeis von Hitler und Hindenburg trägt, sind die jüdischen Namen verschwunden.[19]

Diese Beispiele könnten den Eindruck erwecken, als wäre die Integration der westfälischen Juden innerhalb der Schützenvereine tatsächlich gelungen, doch dieser Eindruck trügt:

Vielerorts wurden die Ausschlüsse jüdischer Bürger bereits in den Statuten der Vereine festgelegt, etwa in Meschede, um eines aus der Fülle möglicher Beispiele zu nennen: Dort heißt es im Statut der Schützenbruderschaft – »Ein jedes, als Schützenbruder aufgenommene

Hugo Spiegel 1960 als Mitglied des Throns des Warendorfer Schützenvereins »Hinter den drei Brücken« (www.3bruecken.de)

Mitglied muss sich zur christlichen Religion bekennen. Ein anderer kann nicht ins Schützenbuch eingetragen werden. Jedoch kann ihm von den Vorgesetzten erlaubt werden, an der Lustbarkeit und am Schießen teilzunehmen.«[20] Auch in Horstmar wurde 1839 dem Buchbindermeister Leeser Buchheimer die Aufnahme in die örtliche Schützengesellschaft verweigert, weil er, wie die Schützenbrüder argumentierten, nicht das volle Bürgerrecht besaß.[21]

Der »Bürgerschützenverein St. Johannes« im katholischen Drensteinfurt verweigerte Siegfried Terhoch noch 1913 wegen seines Glaubens die Aufnahme. Als allerdings 1925 der Junggesellenschützenverein gegründet war, gehörten zwei Mitglieder seiner Familie, die Brüder Hubert und Alex Terhoch zu den Initiatoren.[22]

Auch im sauerländischen Attendorn ändert 1849 die dortige Schützengesellschaft unter dem Vorzeichen bürgerlicher Toleranz ihre Statuten, die bis dahin keine jüdischen Mitglieder zugelassen hatten, und 1851 hatte eine Gruppe konservativer Schützen dort keinen mehr Erfolg mit dem rigorosen Antrag, allen Nichtkatholiken die Teilnahme an kirchlichen Festen in den Reihen der Schützen zu untersagen. Als dann aber tatsächlich ein jüdischer Schützenbruder an einer katholischen Prozession teilnahm und zudem einen der sogenannten »Iserköppe«[23], angeblich im Dreißigjährigen Krieg von den Schweden erbeutete Helme, der Prozession vorantrug, erfolgte mit Erlass vom 10. Juli 1851 das Verbot des Generalvikariats Paderborn. Es heißt in dem Schreiben, »dass die Schützengesellschaft ... ohne Rücksicht auf Kirchen- und Gottesgebote es sich hat beifallen lassen, in diesem Jahr einen Juden ihrem Zuge bei der den katholischen Christen so heiligen Fronleichnamsprozession an die Spitze zu stellen (derselbe trug die alte Schwedenrüstung) und mit herum ziehen zu lassen, und es nicht berücksichtigt hat, welche schweren Strafen Gottes wegen eines solchen Frevels sie über sich und die ganze Bürgerschaft erwirken könnten.«[24]

Abschließend ein Beispiel für einen Skandal mit lang wirkenden Folgen, der durch das Bemühen eines Juden dem örtlichen Schützenverein beizutreten, ausgelöst wurde und sich beim Schützenfest der westfälischen Kleinstadt Werl im Jahr 1826 entwickelte. Auslöser war, dass der weitreichend bekannte Kaufmann, Reformrabbiner und zeitweilige Obervorsteher der Judenschaft in Westfalen Levi Lazarus Hellwitz[25] ein Gesuch um Mitgliedschaft bei den Werler Schützen eingereicht hatte.

1819 hatte Levi Lazarus Hellwitz (1786–1866) sein Werk *Die Organisation der Israeliten in Deutschland* in

116 Iris Nölle-Hornkamp, Elisabeth Cosanne-Schulte-Huxel

Hugo Spiegel 1962 als Schützenkönig des Warendorfer Schützenvereins »Hinter den drei Brücken« (www.3bruecken.de)

Magdeburg »zum Besten armer Handwerker« drucken lassen, damit war ein beachtenswerter reformjüdischer Beitrag aus dem Raum des ehemals geistlich regierten Herzogtums Westfalen gekommen.

Doch das erste Viertel des 19. Jahrhundert endet nicht gut für Levi Lazarus Hellwitz und sogar tödlich für einen der Handwerker, die sich mit ihm gut verstehen: Unter Hinweis auf die fehlende staatsbürgerliche Integration der Juden und den »christlich-religiösen Verbrüderungscharakter« des Schützenfestes wird ihm die Mitgliedschaft im Schützenverein Werl verwehrt.

Ein unvorhergesehen stürmisches Ende nahm das Schützenfest Werl des Jahres 1825. Dieser Skandal hatte seine Ursache darin, dass die Bemühungen des Juden Levi Lazarus Hellwitz (Prediger, Kaufmann und Synagogenvorsteher) um Mitgliedschaft bei den Schützen die Bürgerschaft in zwei Lager spaltete.[26]

Die Statuten des Schützenvereins sahen ausschließlich die Aufnahme von Christen vor, deshalb wurde Hellwitz unter Hinweis auf die fehlende staatsbürgerliche Integration der Juden und den »christlich-religiösen Verbrüderungscharakter[27] des Vereins die Mitgliedschaft verweigert. Hellwitz hatte in Werl zahlreiche Unterstützer, etwa befreundete Geschäftspartner oder auch Anhänger des Aufklärungsgedankens. Dem stand jedoch ein etwa gleich großes Gegenlager gegenüber, das sich überwiegend aus Katholiken rekrutierte, die den alten kurfürstlich-kölnischen Zeiten nachtrauerten und in der Parteinahme gegen Hellwitz eine Möglichkeit des Protestes gegen die liberale preußisch-protestantische Regierung sah.

Zur Eskalation kam es, als die Hellwitz-Befürworter dessen Auftritt auf dem Schützenfestplatz am ersten Festtag 1825 quasi gewaltsam erzwingen wollten. Die Aggression zwischen den einander gegenüberstehenden Parteien entwickelte eine unkontrollierbare Eigendynamik, es kam zu einer heftigen Schlägerei, in die auch die Polizei eingreifen musste. Hellwitz wurde dabei tätlich angegriffen und musste um sein Leben fürchten, denn eine Gruppe, wie die Werler Tageszeitung schrieb, »gewisser Werler Weiber« aus dem katholischen Lager begann, mit Steinen zu werfen. Hellwitz konnte sich nur mit Mühe in seine Wohnung retten. Als trotz militärischer Präsenz in der Stadt am Abend ein weiterer Streit mit tätlichen Übergriffen ausbrach, bei der »ein der Judenpartei angehörender Schreinergesell« mit einer Wagenrunge erschlagen wurde, erfolgte ein behördliches Verbot für Veranstaltung weiterer Schützenfeste, das 23 Jahre lang aufrecht erhalten wurde, erst 1849 konnte in Werl wieder ein Schützenfest gefeiert

Die Schützen und die Juden in Westfalen

werden. Hellwitz verließ die Stadt bald nach den Zusammenstößen für immer und ließ sich in Soest nieder.

Epilog

Der Heimatforscher Ludwig Mikus stieß bei seinen Recherchen zum Schützenwesen in Bad Lippspringe auf die Geschichte des jüdischen Jungen Werner Lorch, den er auf einen Foto von 1924 als Edelknaben des Schützen-Hofstaates identifizierte. 12 Jahre später ist Werner Lorch dem damaligen Schützenkönig Hugo Aldegarmann dann erneut begegnet. In der Reichskristallnacht gehörte Aldegarmann zu denjenigen, die die jüdischen Bewohner durch die Stadt jagten und sie zwangen, im Kurpark in die Lippequelle zu springen, dabei schlugen und traten sie auf die Opfer ein. Nach dem Krieg wurden die Täter von einem Paderborner Gericht freigesprochen, Werner Lorch, der zwischenzeitlich in die USA emigriert war, kommentierte das Urteil in einem Brief: »Auch 1949 glaubte man den Nazis mehr als den Juden.«[28]

Und das Schützenwesen in der Nachkriegszeit? Nach dem Zweiten Weltkrieg verhinderten die Alliierten zunächst jegliche Neugründungen von Schützenvereinen und untersagten die Ausübung des Schießsports. Erst zu Beginn der 1950er Jahre wurden sie in der Bundesrepublik Deutschland nach und nach wieder zugelassen, insbesondere in Westfalen entwickelten sich die Schützenfeste schnell wieder zu bedeutenden Volksfesten.

Als der legendäre amerikanische Fotograf Leonard Freed 1965 einen Bildband mit dem Titel *Deutsche Juden* (München 1965) veröffentlichte, fand sich darin auch das Porträt eines Schützenkönigs aus Westfalen.[29]

»In Warendorfs Schützenverein ›Hinter den 3 Brücken‹ wurde mein Vater 1962 Schützenkönig, zweifellos ein Ereignis mit symbolischem Charakter. Zum ersten Mal wurde ein Jude in Warendorf und im Münsterland und wohl auch in Deutschland Schützenkönig«, schreibt Paul Spiegel, Präsident des Zentralrats der Juden in Deutschland von 2000 bis 2006, über seinen Vater Hugo Spiegel in seinen Erinnerungen *Wieder zuhause?*[30]

»Stolz wie ein wahrer König trug er die Kette, die ihm verliehen worden war. Ein würdiger König war er – aber kein gedankenloser. Als wir nach all dem Trubel endlich allein waren, sagte er, der nie über die Vergangenheit sprach, zu Mutter und mir: ›Seht ihr! Es war richtig, heim nach Warendorf zu kehren!‹ Und dann, fast verstummend: ›Wenn unser Roselchen das hätte erleben können ...‹«

Die Collage auf den Seiten 114 und 115 zeigt (in chronologischer Reihenfolge) Mitglieder der Bielefelder Schützengesellschaft mit der Jüdin Speyer als Throndame (1892), die Lemgoer Freischießen-Gesellschaft mit Hugo Kabaker (1894), eine Königsplakette von Leeser Landau in Ramsdorf (1894), Alex Rosenthal beim Schützenfest in Vreden (1901), den Schützenkönig Hugo Kabaker mit dem gesamten Schützenthron in Lemgo (1906), die Junggesellen-Schützengesellschaft Raesfeld mit den drei Brüdern Rosenfeld (1907), Isaak Strauß als Mitglied der Piken-Kompanie in Lüdinghausen (1908), das Schmallenberger Schützenfest mit Max Frankenthal als Vizekönig (1910), Otto Cohen als Bürgerschützenkönig in Steinfurt (1912), Abraham Lipper beim Schützenfest in Blomberg (1920), eine Throngesellschaft in Oelde mit Louis und Mimi Hertz (1920), Louis Steinberg als Oelder Schützenkönig (1921), den Hofstaat des Littfelder Schützenvereins (1925), das Junggesellenschützenfest in Drensteinfurt mit Hubert Terhoch im Hofstaat (1925), Joseph Gottschalk in Vreden mit der Tanzgruppe des Schützenvereins (1928), Paula Adelsheimer als Schermbecker Schützenkönigin (1929), Lotti Hochfeld als Throndame in Lemgo (1930), Max und Walter Rosenbaum beim Schützenfest in Raesfeld (1930), den Schützenthron in Lemgo mit Lotti Hochfeld als Throndame (1930) und eine Anzeige mit Hochzeitsglückwünschen des Junggesellen-Schützenvereins Drensteinfurt für Hubert Terhoch (1931).

Iris Nölle-Hornkamp, Elisabeth Cosanne-Schulte-Huxel
Die Schwerter Schichte
Jüdische Nachbarn in den westfälischen Nachbarschaftsorganisationen am Beispiel Schwerte

Um der Frage nach der Entstehung und Entwicklung, ebenso den Störungen, eines nachbarschaftlichen Zusammenlebens von Juden und Christen in den westfälischen Städten und Gemeinden nachzugehen, hat sich das organisierte Nachbarschaftswesen, wie man es im Rheinland und in Westfalen, hier insbesondere im Münsterland, findet, als lohnender Untersuchungsgegenstand erwiesen, der unter der Blickrichtung auf die jüdische Beteiligung bisher wenig ausgelotet worden ist.

Mit Nachbarschaftswesen sind vereinsähnlich organisierte Zusammenschlüsse der Bewohner einzelner Straßenzüge oder Straßenabschnitte gemeint, die den Zweck verfolgen, bestimmte soziale Aufgaben unmittelbar vor Ort selbst zu regeln. In früheren Zeiten umfassten diese Aufgaben u. a. die Kranken-, Not- und Sterbevorsorge, aber auch wehrhafte Funktionen und Ordnungsaufgaben. Dabei existierten diese privat organisierten Nachbarschaften stets parallel zu den offiziellen verwaltungstechnischen Einteilungen des Stadtgebietes.

Innerhalb des westfälischen Nachbarschaftswesens sind die sogenannten Schwerter »Schichte« besonders ausführlich dokumentiert. Urkundlich sind die Schwerter Schichte (der Name ist abgeleitet von dem räumlichen Begriff »das Schicht«) erstmals im 16. Jahrhundert belegt, möglicherweise haben sie sich an älteren, vorreformatorischen Vorbildern orientiert, denn sie übernahmen den Quatember, das sog. Fronfasten als Zahltermine, wie zuvor die Bruderschaften, von denen auch in Schwerte zwei bestanden, ehe sie in der Reformation aufgelöst wurden.

Seit dem Mittelalter stellten die Schichte eine Variante unterer Verwaltungsbezirke dar und waren in einer festgelegten Form der Selbstverwaltung mit entsprechenden Aufgaben betraut, etwa dem Aufbringen der Steuern, die innerhalb eines Schichts erhoben und vom Schichtmeister an die Stadt abgeführt wurden. Dazu gehörte auch der Feuerschutz, die eigentliche Hauptaufgabe, ferner die Erhaltung und Reinigung von Wegen, Gräben und Teichen sowie des Schwerter Waldes. Von den Schichten wurden Wachdienste geleistet, sie übernahmen Bau, Pflege und Verteidigung der Wallanlagen, die Feuerlösch- und Abwasserführung, die Schweinemast im Schwerter Wald und das Salzholen in der Nachbarstadt Unna. Ebenso zählten Krankenpflege und Totenbestattung zu den Aufgaben der 10 Schwerter Schichte, die aus je 30 Häusern innerhalb der Wälle bestanden. Ab dem 17. Jahrhundert besaßen sie auch ein Mitspracherecht bei kommunalen Streitfragen. Als im Laufe des 19./20. Jahrhunderts der alte Schwerter Ortskern seine zentrale Bedeutung einbüßte und die Stadt über ihn hinauswuchs, entstanden nach und nach 16 weitere Schichte außerhalb der Stadtmauern.

Als »Nachbarn« galten ursprünglich nur Hausbesitzer, die mit einem »Winnegeld« (eine Tonne Bier zu 114,5 Liter) das Erbnachbarrecht erwarben. Das Erbnachbarrecht galt für Mann und Frau sowie deren Kinder lebenslang. Mieter gewannen das volle, gültige Nachbarrecht jeweils durch Zahlung eines jährlichen Betrags.

Eine der Hauptpflichten innerhalb der nachbarschaftlichen Gemeinschaft war das Ansagen des Todes innerhalb des Schichtes sowie das Totenläuten bei einem Sterbefall. Vorgeläutet wurde am Todestag und nachgeläutet bei der Beerdigung. Auch wurde der Verstorbene von den Nachbarn zu Grabe getragen. Hier sprach man vom so genannten »Notnachbarn«.

An der Spitze der Nachbarschaften standen jeweils ein erster und ein zweiter zuständiger Schichtmeister, die von der Jahresschichtversammlung für ein Jahr gewählt wurden. Zum Abschluss seiner Amtszeit gab der erste Schichtmeister einen Überblick über das zu Ende gehende Jahr, übergab dem zweiten Schichtmeister das Schichtbuch und legte Rechenschaft über den Kassenbestand ab. Das Schichtmeisteramt war ein Ehrenamt, das niemand ohne triftigen Grund ablehnen durfte. Die Schichtmeister hatten die Aufgabe, über Pflichten und Rechte der Bürger ihres Bezirks zu wachen.

Mitte Januar versammelten sich die einzelnen »Schichte« zu ihren Schichtabenden, um vor den Nachbarn Rechenschaft über die geleistete Arbeit des vergangenen Jahres abzulegen.

Die Teilnahme an diesen Jahresschichtversammlungen war für die Nachbarn Pflicht, ein unbegründetes Fernbleiben wurde bestraft. Es wurde plattdeutsch gesprochen und ohne Rücksicht auf Rang, Namen und Würde wurde jeder mit »Nachbar« angesprochen.

Die Nachbarn trafen sich zudem alljährlich am Samstag vor Fastnacht zu einem Nachbarschaftsmahl mit urwestfälischen Speisen, etwa dem »löblichen westfälischen Schinken mit Sauerkraut und Püree« oder »Pfefferpotthast«. Ausgeschenkt wurden ausschließlich Bier und Schnaps. Die Frauen trafen sich acht Tage nach dem Essen der Männer zu einer Kaffeetafel, erst 1926 durften die Frauen vor dem Kaffee auch ein Festessen einnehmen.

Diese Nachbarschaftsregeln sind insbesondere dadurch lebendig geblieben, dass in den einzelnen Schichten »Schichtbücher« geführt wurden und auch noch immer geführt werden, in denen die Einnahmen, Aufgaben, Positionen und Ereignisse in der Nachbarschaft minutiös aufgezeichnet wurden.

Die ältesten Schichtbücher stammen aus dem 18. Jahrhundert, die Dauer der Aufzeichnungen in den

Einträge aus dem Nachbarschaftsbuch des 3. Schwerter Schichts mit Nennung jüdischer Nachbarn (Stadtarchiv Schwerte)

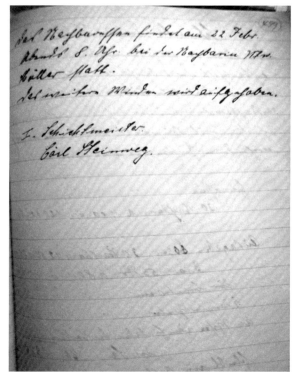

Büchern variiert dabei stark: so führte Schicht 6 sein Buch über 64 Jahre (1730–1794), Schicht 10 über 175 Jahre (1764–1939) und Schicht 3 sogar über 253 Jahre (1754–2006).

Einige heute noch gut erhaltene Exemplare aus dem Archiv des Schwerter Oberschichts sind im örtlichen Stadtarchiv einzusehen.

Jüdische Nachbarn in den Schwerter Schichten

Innerhalb der Aufzeichnungen finden sich zahlreiche Hinweise auf die Integration jüdischer Nachbarn in die Schwerter Schichten. Juden beteiligten sich dort am nachbarschaftlichen Leben, sie zahlten »Gewinngeld« für das Erbnachbarschaftsrecht oder das jährliche

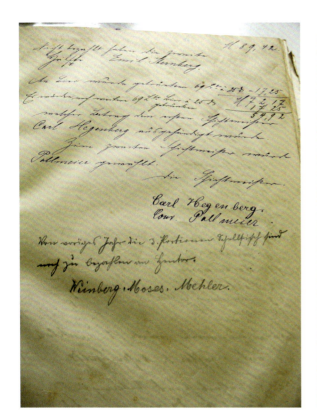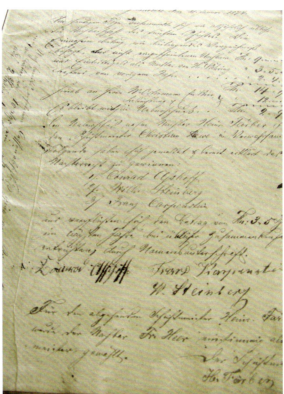

Einträge aus dem Nachbarschaftsbuch des 5. Schwerter Schichts mit Nennung jüdischer Nachbarn (Stadtarchiv Schwerte)

Nachbarschaftsgeld für Mieter. Und sie übernahmen tragende Aufgaben, die bis zum 1. Schichtmeister gingen.

Der früheste Eintrag ist für das Jahr 1610 zu finden, hier wird der Jude Nathan im 8. Schicht benannt, weitere Namen erscheinen dann ab 1730 regelmäßig. Vielfach steht neben dem Vor- bzw. Nachnamen der Zusatz »Jude«. Auch ist die Schreibweise der Namen sehr unterschiedlich.

Bis Ende des 18. Jahrhunderts wird eine beachtlich große Zahl jüdischer Nachbarn in die Schichte aufgenommen, die Schichtbücher belegen, dass sich diese jüdischen Bürger der Stadt besonders intensiv am Nachbarschaftsleben beteiligten und hier ein hoher Integrationsgrad der Juden in Schwerte angenommen werden kann.

Am Beispiel von vier Schichten lässt sich diese Entwicklung näher beschreiben.

So sind für das Schicht 9 (Unteres Kampschicht) in den Jahren 1817 bis 1925 11 jüdische Familien verzeichnet, sie alle hatten die Nachbarschaft »gewonnen«, so weist es das Nachbarschaftsbuch aus. 1858 wurde mit Wilhelm Steinberg ein jüdischer Schichtmeister gewählt, der diese Funktion bis 1865 innehatte. Im Jahre 1884 wählten die Nachbarn mit Ruben Dickhoff erneut einen Juden zum 1. Schichtmeister. Der Pflichttag dieser Nachbarschaft wurde zudem ab 1884 bei dem jüdischen Gastwirt Sternberg veranstaltet. Und in den Jahren 1907 bis 1914 schickte der inzwischen nach Hamburg verzogene Wilhelm Sternberg seiner alten Nachbarschaft jedes Jahr aus Verbundenheit eine Zuwendung von 20 Mark.

Auch in den Aufzeichnungen des 3. Schichts wird von jüdischen Nachbarn und besonderen Begebenheiten berichtet, die ihre Integration verdeutlichen. Bereits 1811 weist hier ein Eintrag den Nachbarn Moses aus und 1819 stiftete Salomon Jacob dem Schicht eine Tonne Bier. 1823 bezahlte »Juden Rabbi« (gemeint ist der Rabbiner Moses Frankfurter) 12 Stüber in die Kasse des Schichts. 1896/97 wurde auch in diesem Schicht mit Jacob Wolf ein Jude zum Schichtmeister gewählt. Als 1908 der jüdische Nachbar David Stern starb, untermauert der Eintrag im Schichtbuch die allgemeine Wertschätzung für das langjährige Mitglied des Schichts: »der all bekannte Nachbar ist gestorben, die Nachbarn erheben sich von ihren Plätzen und ehren ihn«.

In einer 1916 erstellten Gesamtliste mit den Namen und den Aufnahmetagen aller Nachbarn des 3. Schichts werden u. a. Bernhard Stern und Heinrich Ruhr aufgeführt, als Gastwirt des Schichts wurde Louis Weinberg vermerkt, der damals kein Hausbesitzer, sondern noch Einlieger war. Und als 1924 beschlossen wurde, alle dem Schicht länger als 30 Jahre angehörenden Nachbarn zu »Nachbar Ältesten« zu ernennen, gehörte Jacob Wolf zu diesen besonders Geehrten. Bis 1930 werden zwölf jüdische Familienvorstände genannt, die dem Schicht angehörten und auch besondere Funktionen übernahmen. So wurde noch 1929 Carl Steinweg zum 2. Schichtmeister gewählt, 1930 dann sogar zum 1. Schichtmeister.

In den Jahren nach 1930 werden die jüdischen Nachbarn nicht mehr in den Schichtbüchern genannt, obwohl manche von ihnen noch in den alten Nachbarschaften lebten.

Auch im Buch des Schicht 5 waren jüdische Nachbarn verzeichnet, Moses Weinberg, Israel Sternberg sowie über viele Jahre Emil Sternberg und Emil Cohen.

Einträge aus dem Nachbarschaftsbuch des 5. Schwerter Schichts mit Nennung jüdischer Nachbarn (Stadtarchiv Schwerte)

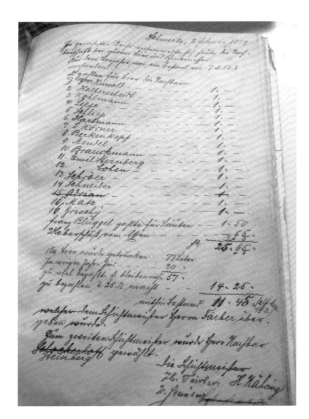
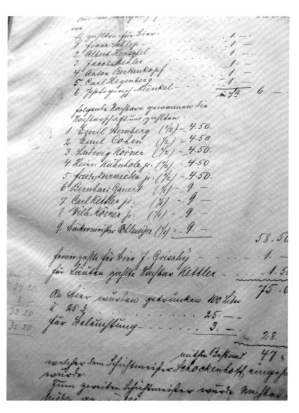
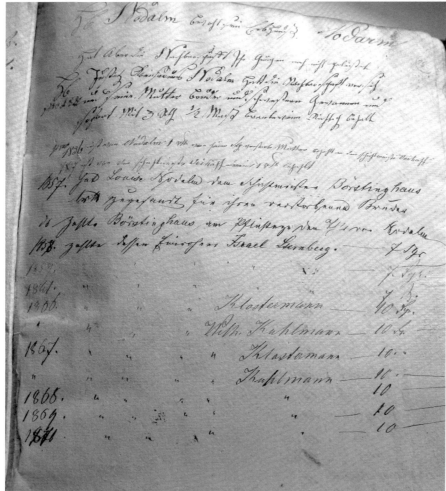

»Ißt auch keinen Schinken nicht ...«

Die Verbundenheit der Nachbarn im 7. Schicht betonte der Schwerter Arzt Dr. Friedrich Theodor Tütel in seinem heiteren »Schwerter Nachbarschaftslied« von 1885, hier beschreibt er, dass, um den jüdischen Mitbürgern, die die Kaschrut befolgten, die Teilnahme am Nachbarschaftsmahl zu ermöglichen, speziell auch ein koscheres Gericht vorbereitet wurde.

Ein lustiges Nachbarlied
in dem siebenten Schicht
der Stadt Schwerte zu singen
nach der Melodie »Prinz Eugen der edle Ritter«
oder »König Wilhelm saß ganz heiter« —

Nachbarschaft – die ist ja heute
Und es sind die Nachbarsleute
Alle schon im Wirtslokal,
Um das Nachbarbier zu trinken,
Und es brät der Nachbar-Schinken
schon zum saften Nachbar-Mahl.
Nun geht's zu den Tafelfreuden:
Tütel muß den Schinken schneiden.
Alles setzt sich hin zum Mahl. –
Nur der Sänger schaut verdrießlich,
Und auch ist die Lage mißlich
Unserm Moses Felsenthal.
Simon, der mit seiner Nase
Nur zu selten steckt im Glase
Ißt auch keinen Schinken nicht,
Dieweil Moses anbefohlen,
Daß die Kinder Israels sollen
Meiden jeglich Schweinsgericht.
Doch ein Schellfisch muß es machen,
Und der bringt dann auch zum Lachen
Uns're Nachbars-Judenleut. —
Und so sind wir alle heiter,
Essen, trinken, spielen weiter,
Nichts geht über Nachbarfreud'.

Nachbarschaftslied in der Abschrift des Oberschichtmeisters Norbert Kaufhold (Stadtarchiv Schwerte)

Die Schwerter Schichte

Adalbert Friedrich
Die Raesfelder Nachbarschaften

Kinder machen Reklame für »Kornfranck« 1933–1934 – untere Reihe Mitte Johanna Rosenbaum

Auch in Raesfeld gab es Nachbarschaften, zu denen jüdische Familien gehörten. Diese lang währenden nachbarlichen Verbindungen mit ihren festgelegten und überlieferten Verpflichtungen können als geeignetes Beispiel für das Verhältnis zwischen den christlichen und jüdischen Bürgern angesehen werden.

Zu bedenken ist dabei, dass die jüdischen Nachbarn die meisten nachbarlichen Pflichten und Aufgaben aus religiösen Gründen nicht übernehmen konnten. so das Tragen des Täuflings auf dem Weg zur Kirche, und während der Taufe, das abendliche »Totenbeten« im Sterbehaus, das Läuten der Totenglocke, das Sargtragen bei der Beerdigung, das Schmücken und Aufstellen der Altäre bei den Prozessionen.

Somit blieben für sie die Aufgaben der häuslichen Hilfe bei Krankheiten und Unglücksfällen und andere nachbarliche Dienste. Bei Hochzeiten und anderen Festlagen in der Nachbarschaft wurden die zugehörigen jüdischen Familien nicht ausgeschlossen. Jedoch verbot ihnen hier ihr Glaube, von allem zu essen, was auf den Tischen stand.

Zu einer Primizfeier im Grundmannschen Saal saßen 1931 auch Nathan Elkan und seine Frau Regina mit den Nachbarn an der festlichen Tafel. Wie die anderen Familien in der Gemeinde, so hatten auch die jüdischen ein gutes Verhältnis zu den Heiligenstädter Schulschwestern. die sich 1899 in Raesfeld niedergelassen hatten. Sie betätigten sich in der ambulanten Krankenpflege und unterhielten eine »Kinder-Bewahrschule«, zu der auch einige jüdische Eltern ihre Kinder schickten. Zu den Wohltätern dieser mittellosen Ordensfrauen zählte auch Frau Max Rosenbaum. Für den regelmäßig in ihrem nachbarlichen Kolonialwarenladen hinterlegten Geldschein erhielten die Schwestern ein Pfund Kaffeebohnen mit der dazugehörigen Zuckertüte.

In der Passah-Woche baten die Kinder in der Nachbarschaft bei den Juden um das »Matzenbrot«, um das »ungesäuerte Brot«.

Auch die Übernahme der Hausarbeit durch eine Nachbarsfrau am Schabbat im Hause des Juden zählte zum nachbarlichen Dienst, wurde aber zum Teil auch von den jüdischen Nachbarn mit Geld honoriert.

Das Nachbarschaftsbuch der Schloßfreiheit berichtet über Feste, Bürgerversammlungen, Bürgermeisterwahlen und Schützenfeste. In einer dieser Bürgerversammlungen, am 27. Juni 1872, wurden Joseph Rosenbaum, Fritz Buß und Dr. Claar in die Nachbarschaft aufgenommen. Zum Bürgermeister dieser Nachbarschaft wurde im Jahre 1912 Nathan Rosenbaum, ein Sohn von Joseph Rosenbaum, gewählt.

Die Jugendmannschaft des DJK Raesfeld um 1935 – mittlere Reihe rechts Erich Rosenbaum

Schützenfest 1930 – oben rechts Walter Rosenbaum, unten in der Mitte hinter den anderen Schützen Max Rosenbaum

Nathan Rosenbaums Eintrag in die Brandunterstützungsliste

Aus dem Nachbarschaftsbuch der Schloßfreiheit, Nathan Rosenbaum wird 1912 zum Bürgermeister gewählt
(alle: Slg. Adalbert Friedrich, Raesfeld)

Die Raesfelder Nachbarschaften

Werner Weinberg
»Jüdischdeutsch«[1]

Die Rede ist von einer besonderen Sprache der Juden in Deutschland. Die Tatsache einer solchen Sprache ist in der Linguistik durchaus anerkannt, doch ist die treffende Bezeichnung für sie umstritten. Dies ist der Grund, dass wir die Überschrift in Anführungsstriche gesetzt haben.

In ihrer langen Geschichte haben die Juden zwei nationale Sprachen besessen, die erste Hebräisch, die zweite Aramäisch, beides semitische Sprachen. Hebräisch im zweiten Millenium (v.) war ein Glied der westsemitischen Untergruppen der kanaanitischen Sprachen, zu welchen z. B. auch Phönizisch, Moabitisch und Amonitisch gehörten. Nach der Niederlassung der Israeliten in einem Teil des kanaanitischen Gebietes wurde dann Hebräisch die gemeinsame Sprache der hebräischen Stämme, in der das alte Testament der Bibel geschrieben ist. Diesen Anfang setzen die meisten Historiker in das elfte Jahrhundert (v.). Als dann um das Jahr 1000 David das erste vereinigte Königreich von König Saul übernahm und Jerusalem zu seiner Hauptstadt machte, unterschied sich Hebräisch bereits deutlich von den kanaanitischen Sprachen der angrenzenden Völker und wurde zur Nationalsprache. Es blieb auch die Nationalsprache mit kleinen Veränderungen durch natürliche Entwicklung der beiden unabhängigen jüdischen Königreiche Juda und Israel, die durch Teilung nach König Salomons Tode entstanden waren. Als Israel im Jahre 720 (v.) von den Assyrern und Juda 586 (v.) von den Babyloniern erobert wurden und der Großteil der Überlebenden in die Siegerländer deportiert wurde, verstummte Hebräisch – wenn auch nie gänzlich – sowohl in seiner ehemaligen Heimat als auch allmählich in den Exilländern.

Inzwischen hatte nämlich Aramäisch, ein nördlicher Zweig des Semitischen, sich über einen großen Teil der alten Kulturwelt, von Ägypten bis Mesopotamien und Persien ausgebreitet. Der Perserkönig Cyrus erlaubte den Nachkommen der Exilanten die Rückkehr nach Jerusalem, doch die Bemühungen ihrer Führer, die anschaulich in der Bibel beschrieben werden (Neh. 13, 24), die hebräische Sprache wieder zu beleben, konnten der linguistischen Entwicklung nicht entgegen wirken; allmählich wurde eine Form des Aramäischen die Volkssprache (Jesus sprach Aramäisch) und Hebräisch in weiterentwickelter Form wurde die Sprache der Gebete und der nachbiblischen religiösen Literatur.

Schon lange vor dem Fall des zweiten Tempels und der Zerstörung Judäas im Jahre 70 (n.) durch die Römer hatten sich jüdische Gemeinden in Städten wie Alexandria und Rom gebildet. Nach 70 gab es keinen jüdischen Staat mehr. In den Städten und Ländern ihrer fortgesetzten Ausbreitung sprachen die Juden bald die Sprache der Gastländer. Durch ihr Festhalten an der angestammten Religion, mit der Hebräisch und Aramäisch untrennbar verbunden sind, sprachen sie Persisch, Griechisch oder Latein – wenigstens für den inneren Gebrauch – auf ihre eigene Weise. Dies äußerte sich nicht nur im Vokabular, sondern auch in Aussprache, sowie in Wort- und Satzbildung. Sie hielten auch an ihrer Schrift fest und schrieben jede der neuen Sprachen in ihrem hebräischen Alphabet. (Wieder muss man sagen »für den inneren Gebrauch«; zu allen Zeiten und in allen Ländern gab es Juden, die Sprache und Schrift der jeweiligen Gastnation einwandfrei beherrschten.)

Diese *jüdischen Sprachen* sind seit dem 19. Jahrhundert wissenschaftlich untersucht worden. Obwohl sie nicht als Mischsprachen, sondern als unter eigenen historischen, kulturellen und geographischen Bedingungen organisch gewachsene Sprachgebilde betrachtet werden müssen, werden sie gewöhnlich mit Doppelnamen und Bindestrich bezeichnet, also etwa Jüdisch-Arabisch, Jüdisch-Persisch, Jüdisch-Griechisch usw.

Im Laufe des ersten Jahrtausends (n.) kamen Juden mit den Römern nach Gallien und mit den Mauren zur iberischen Halbinsel. Um das Jahr 1000 (n.) gab es schon jahrhundertealte jüdische Gemeinden am Rhein, von denen besonders Speyer, Worms und Mainz oft in der Literatur genannt werden.

Von den vielen jüdischen Sprachen jener Ausbreitungszeit erhielten sich als lebende Sprachen bis heute die jüdischen Sprachen, die in Spanien und in Deutschland gewachsen waren. Die erstere zunächst »Jüdisch-Spanisch«, dann als Eigengebilde »Spaniolisch«, »Ladino« und letztlich »Dschudesmo« genannt, liegt außerhalb unseres Interessenbereichs. Dagegen wollen wir uns in großen Zügen mit dem Jüdisch-Deutschen beschäftigen.

Schon die Tatsache, dass die Sprachbezeichnung in diesem Aufsatz ohne Bindestrich, in einem Wort erscheint, muss als Ausdruck der Ansicht des Verfassers angesehen werden, der die Theorie einer oberflächlichen Mischung von Sprachen ablehnt und die Eigenentwicklung betont. Eine solche hat übrigens nur unwesentlich mit der wiederholten Ghettoisierung der Juden in Deutschland zu tun, obwohl lange Perioden der Abgeschiedenheit vom Deutschen gewiss die Eigenheit und Andersartigkeit des Jüdischdeutschen förderten.

Dass die Sprache der Juden in Deutschland bereits ein Eigengebilde war, bevor sie sich am Rhein ansiedelten, zeigt sich in ihrem Gehalt an romanischen Worten (Französisch, Italienisch, eventuell noch Lateinisch), von denen sich viele bis in die Gegenwart erhalten haben. Als Beispiel mögen *oren* »beten« (*orare*), *benschen* »segnen« (*benedicere*) und *Schalet*, ein Sabbatgericht, das über Nacht heiß gehalten wird (*caldo*), dienen.

Jüdischdeutsch entwickelte sich durch natürlichen Kontakt, parallel mit Mittelhochdeutsch. Nicht nur war sein deutscher Wortgehalt ungleich höher als der hebräisch-aramäische Bestandteil, seine Satz- und Wortbildung, Deklination, Konjugation, Vor- und Nachsilben waren praktisch gänzlich deutsch. Auch seine Literatur – immer im hebräischen Alphabet geschrieben – beschäftigte sich neben biblischen und jüdisch-religiösen Themen intensiv mit deutschen Rittergeschichten! Und doch war Jüdischdeutsch als Sprache verschieden genug, dass einerseits die christliche Umwelt sie nicht verstand und andererseits Juden normatives Deutsch fast wie eine Fremdsprache erlernen mussten (wenn sie es beruflich nötig hatten oder es aus Lern- und Wissensdrang taten). Es war nicht nur – wie oben schon gesagt – die jüdische Religion, die das Leben des Juden bis auf den nötigsten Broterwerb umfassend bestimmte und seinen gesamten Denk- und Sprachbereich bestimmte. Es waren das Bewusstsein der eigenen Geschichte und der eigenen Kultur sowie sein Leben im eigenen sozialen Milieu, das seine Sprache andersartig werden ließ. Zur jüdischen Kultur gehörte z. B. eine starke Neigung zu Traditionen und konservativem Denken. Man darf dies wohl als Ursache dafür anführen, dass, während Jüdischdeutsch sich zusammen mit normativem Deutsch entwickelte, es ihm in dieser Entwicklung jedoch nachhinkte. So war denn eines (aber auch nur eines) der Elemente der Unterschiedlichkeit und Fremdheit der Sprachen, dass Jüdischdeutsch neben dem jeweiligen Deutsch der christlichen Umgebung altväterlich und fremd erschien.

Trotz diesem ständigen Zurückbleiben ist die fortwährende Mitentwicklung eine linguistische Tatsache. Diese wird deutlich durch den Abbruch dieser Mitentwicklung illustriert. Als nämlich die Vertreibung der Juden aus Deutschland und ihre Ansiedlung im Osten sie des lebendigen Kontaktes mit der deutschen Sprache beraubte, entwickelte sich ihre jüdische Sprache weitgehend autonom (der slawische Kontakt und Einfluss auf die Sprache war bedeutend geringer als der deutsche). Nach etlichen Jahrhunderten unterschied sie sich deutlich von der der in Deutschland verbliebenen Juden.

Jedenfalls kam die Weiterentwicklung des Jüdischdeutschen im Westen zu einem jähen Ende und sein Weiterbestehen war in Frage gestellt, als im 18. Jahrhundert die starken Ströme der Aufklärung und des Rationalismus auch die Juden mit sich rissen. Innerhalb weniger Jahrzehnte änderte sich das gesamte Lebensbild vieler Juden dahingehend, dass die neuen Geistesströmungen begehrenswert und auch für sie da zu sein schienen. Man musste nicht einmal die alte Religion dafür aufgeben – eines aber war nötig: Man konnte sich der neuen Welt nicht mehr mit Jüdischdeutsch nähern. Das Erlernen und die vollkommene Beherrschung vom Deutsch der Aufklärer – Berlin und Königsberg galten damals als Zentren – war eine Voraussetzung.

Des altgewohnten Jüdischdeutsch konnte man sich im inneren Kreise, im Sprach- und Schriftverkehr ruhig weiter bedienen.

Der jüdische Philosoph, Literat, Bibelübersetzer und Verfechter der Emanzipation der Juden, Moses Mendelssohn (1729–1786), liefert ein gutes Beispiel auch für diese neue Beziehung zwischen Jüdischdeutsch und Deutsch.

Er war in Dessau geboren und studierte die hebräische Bibel, den aramäischen Talmud und die rabbinischen Schriften in nachbiblischem Hebräisch von frühester Jugend an. Er hatte praktisch keine Berührung mit der nichtjüdischen Umwelt und seine Muttersprache war Jüdischdeutsch. Als sein Lehrer eine Berufung als Rabbiner nach Berlin erhielt, folgte ihm der damals Vierzehnjährige. Um diese Zeit gab es in der *aufgeklärten* Hauptstadt Friedrichs des Großen bereits eine Anzahl jüdischer Familien (die Zahl der Juden mit Aufenthaltserlaubnis in Berlin, wie in fast allen deutschen Städten, war drakonisch festgelegt) von Stellung, Wohlstand und Bildung. Menschen aus diesen Kreisen nahmen sich des hochbegabten jungen Mannes an, der bald Deutsch lernte (und nebenbei auch Englisch, Französisch, Latein und Griechisch). Sein Deutsch war so brillant, dass er einer der bedeutendsten Literaturkritiker seiner Zeit wurde. Er war Lessings Freund auf Lebzeiten und gewann ein philosophisches Preisausschreiben, an dem sich sogar Kant beteiligte. Die Korrespondenz mit seiner Braut und mit vielen jüdischen Freunden wurde jedoch auf beiden Seiten in Jüdischdeutsch geführt.

In jeder Generation nach Mendelssohn nahm der Gebrauch des Jüdischdeutschen unter den Juden Deutschlands ab. Sieht man einmal von *Sprachinseln* im Elsass und in der Schweiz ab, bestand es in den ersten Jahrzehnten dieses Jahrhunderts nur noch in Resten. Mit seinem langsamen Verschwinden vergrößerte sich das Interesse jüdischer und christlicher Philologen des 19. Jahrhunderts in seinem linguistischen und kulturellen Charakter. Wie oben gesagt, benannte man das Sprachgebilde (auf Grund von Nennungen, die bis ins 16. Jahrhundert zurückgehen) »Jüdischdeutsch«, manchmal auch »Judendeutsch«; später sprach man von »Jargon« und unfreundlicherweise von »mauscheln«. Erst damals, als man es zu erforschen begann, wurde deutlich, dass diese Sprache eigentlich gar keinen rechten Namen für sich selber entwickelt hatte. In der ältesten Literatur findet man nur ganz wenige Andeutungen von Sprachbezeichnungen. Hierunter sind: aschkenasisch-deutsch, *loschen-aschkenas* »die Sprache von Deutschland« (oder eines weiteren Gebietes, das Osteuropa einschloss), *leschonejnu* »unsere Sprache« und auch eben dieses, nämlich »unsre Sprach«. »Jüdisch« kommt vor, doch nicht so sehr als Name für die Sprache, wie als allgemeines Adjektiv, so dass ein Satz wie »er spricht jüdisch« eben bedeutete »wie ein Jude«. Bei Mendelssohn selber haben wir nur zweimal einen Namen für die Sprache gefunden, die er sprach, und in der er schrieb. In einem Brief von 1777 schreibt er: *Leschon jahadutdeutsch*, eine merkwürdige Zusammenstellung, die vielleicht als »Sprache des deutschen Judentums« oder so ähnlich verstanden werden muss. Ein anderes Mal nennt er seine Pentateuchübersetzung *chibbur aschkenazi*, wörtlich »deutscher Aufsatz«. Mit fast allen hier genannten Namen wurde im Zusammenhang hauptsächlich der Gegensatz zu Hebräisch betont. Mendelssohn Sohn Joseph, gebraucht in einem Brief von 1841 das Wort »jüdischdeutsch«, doch meint er dort die Art, deutsch mit hebräischen Buchstaben zu schreiben, eine der Bedeutungen des Wortes, die es noch heute hat. In der Jugend des Verfassers hörte man neben dem immer verächtlichen Namen »mauscheln«, die Wendung »jüdische Ausdrücke gebrauchen«, was sicher kein Name ist; aber damals war es auch keine Sprache mehr, sondern mit jüdischdeutschen Wortbrocken und Wortbildungen durchsetztes regelrechtes Deutsch. Einige verwandten mehr solcher Ausdrücke, besonders die Viehhändler, andere weniger, und bei vielen Juden, besonders denen des höheren Mittelstandes, war es gänzlich verpönt.

Warum dann nicht einfach »Jiddisch«, eine Bezeichnung, die vor allem nach dem Kriege in Deutschland geläufig geworden ist? Dieses Wort als Sprachbezeichnung taucht zum ersten Male in seiner englischen Form »Yiddish« in einer »jiddischen« Zeitschrift in den 1860er Jahren in London auf. Als in den 1880er Jahren die große jüdische Auswanderung von Russland nach den USA einsetzte und sich dort bald eine vielfältige jiddische Presse entwickelte, war »Yiddish« ganz von selber der Name dieser Sprache geworden.

Wir Juden in Deutschland im ersten Drittel des 20. Jahrhunderts kannten selbstverständlich auch die Sprachbezeichnung »Jiddisch«, aber es wäre uns nicht im Traum eingefallen, diese Bezeichnung auf unser Deutsch *mit jüdischen Ausdrücken* anzuwenden. Jiddisch war die Sprache der *Ostjuden*. Ihr Jiddisch war uns unverständlich, und das ist kein Wunder.

Vier bis sechs Jahrhunderte nach den Austreibungen der deutschen Juden und ihrer Ansiedlung im Osten hatte sich deren jüdische Sprache von der der westeuropäischen Juden weg entwickelt. Ungefähr zur gleichen Zeit als die jüdischen Aufklärer in Berlin ihre jüdische zugunsten der normativ-deutschen Sprache aufzugeben begannen, war Jiddisch im Osten eine Kultursprache geworden, und wenige Jahrzehnte später erreichte es seinen literarischen Höhepunkt in den Werken bedeutender Dichter und Schriftsteller (von denen wir in Deutschland vieles in deutscher Übersetzung lasen und schätzten).

Es ist wahr, dass viele deutsche Juden, besonders Nichtzionisten, auf die Ostjuden herabsahen und sozialen Verkehr mit ihnen mieden. Dies war eine traurige und unwürdige Haltung (die sich rächte, als wir z. B. nach Holland auswanderten und in den Augen vieler holländischer Juden plötzlich selber *Ostjuden* waren), doch ist sie von sozio-linguistischer Bedeutung. Als Entschuldigung für die Haltung der deutschen Juden wurde gewöhnlich angeführt, dass die Ostjuden in Deutschland »Risches machten« (ein jüdisch-deutscher Ausdruck, der bedeutet »Antisemitismus verursachen«). Es war noch nicht so viele Generationen her, dass die deutschen Juden emanzipiert wurden und sich in Sprache, Kleidung, Geschäftsethik, sozialer Stellung und Bildung der Umgebung angepasst hatten. Trotz dieses Bemühens aber war der »Risches« zum Mindesten noch latent vorhanden und durchbrach von Zeit zu Zeit die Kruste der jüdischen Assimilation ans Deutschtum. Viele Ostjuden, besonders in der ersten Generation, veränderten ihre Kleidung, ihre Sitten und ihre Sprache nicht, und die deutschen Juden befürchteten, dass der Unwille der sich in Deutschland gegen das Fremdhafte dieser Juden richtete, sich auch auf die Alteingesessenen ausbreiten könnte.

Gleichviel ob diese Verteidigungs- (oder Angriffs?) stellung Hand und Fuß hatte, Tatsache ist, dass die Abneigung von deutschen Juden gegen Ostjuden, sich auch auf ihre Sprache, Jiddisch, bezog. Wie gesagt, es war für uns eine Fremdsprache. Dass wir im Jiddischen einzelne Worte aus unserem Jüdischdeutschen oder aus dem Hebräischen des Religionsunterrichtes wiedererkannten, im übrigen aber eine Art *verdrehtes* Deutsch als Sprachunterlage heraushörten, gab ihm nur den zusätzlichen Onus eines bis zur Unkenntnis *verderbten* Deutsches. In kleinen Orten wie meiner westfälischen Heimatstadt, kannten wir Ostjuden überhaupt nur als »Schnorrer« (ein jüdischdeutsches Wort mit mittelhochdeutscher Etymologie), die sich von Gemeinde zu Gemeinde durchbettelten (wir hielten sie alle für *Galizier*). Wie konnten wir Laien ahnen, dass jene *verderbte* deutsche Grundlage ihrer uns unangenehmen Sprache das Deutsch der Zeit war, in der sie aus Deutschland vertrieben wurden und das sich losgelöst von der deutschen Sprache entwickelt hatte. Es war der Sprachgelehrte S. A. Birnbaum, ein Vorläufer moderner Linguistik, der das jüdische Deutsch des Westens und das Jiddisch des Ostens als eine Einheit darstellte. Während im ersten Weltkrieg, schon aus politischen Gründen, (damals galt es, die Juden Polens und Russlands für Deutschland zu gewinnen) Autoren wie H. Struck und H. Löwe betonten, wie großartig die jüdische Bevölkerung Osteuropas ihr angestammtes Deutsch beibehalten hatte, schrieb Birnbaum seine *Praktische Grammatik der jiddischen Sprache*, in der er keinen wesentlichen Unterschied zwischen dem jüdischen Idiom des Westens und dem Jiddisch des Ostens machte. Ersteres war eben eine frühere (und geographisch die westliche) Form ein und derselben Sprache, die man nach dem, inzwischen völlig geläufig gewordenen Namen für das letztere, nur »Jiddisch« nennen konnte. Auch im *Jüdischen Lexikon* (1929), in der 15. Auflage des großen *Brockhaus* (1931) und in der *Encyclopaedia Judaica* (1932) schrieb Birnbaum die Artikel »Jiddisch« und legte die Bezeichnung »Jüdisch-deutsch« als eine Verirrung der Gelehrten des 19. Jahrhunderts dar und bezeichnete den fortgesetzten Gebrauch als altmodisch und unsachgemäß.

Die neue Generation von Linguisten und Jiddiisten nach dem Zweiten Weltkrieg, allen voran Max Weinreich, wussten nur noch von einem Jiddisch, dessen frühere Prägung »Westjiddisch« und die spätere »Ostjiddisch« hießen. Weinreich gebrauchte einen Vergleich mit Englisch: Die alte Form, die Philologen ehedem separat als »Angelsächsisch« studiert hatten, war nun »Altenglisch« geworden, also Teil einer natürlichen Einheit; warum sollte dann nicht das ehedem »Jüdischdeutsch« (oder »Jüdisch-Deutsch«) benannte Idiom der deutschen

Juden von ca. 1000 (n.) bis rund 1750 (n.) nicht »Westjiddisch« sein? Der Unterschied, dass Englisch sich auf eigenem Boden als ein Kontinuum von Alt- zu Mittel- und zu Neuenglisch entwickelt hatte, während das Jüdischdeutsche des Westens vom 12. bis 14. Jahrhundert (nach den Verfolgungen der Kreuzzüge und denen des *Schwarzen Todes*) von seiner Sprechgrundlage losgerissen und sich unter ganz andersartigen kulturellen und sozialen Bedingungen als neuer Zweig einer jüdischen Sprache entwickelt hatte, zählte nicht.

Deutsche Juden meiner Generation haben in den Ländern, wohin sie selbst als Emigranten gekommen sind, allen Grund gehabt, jedes Vorurteil gegen *Ostjuden* abzulegen. Wenn ich aber in diesen Kreisen erwähne, dass unsere *jüdischen Ausdrücke* (die wir immer noch gebrauchen) nun als Jiddisch, genauer als Reste von Westjiddisch angesehen werden, begegne ich nur drei Möglichkeiten einer Reaktion: Ungläubigkeit, lautem Lachen oder tiefer Entrüstung. Wenige meiner Schicksalsgenossen würden die Bezeichnung »Jüdischdeutsch« von selbst aufbringen; aber wenn ich sie gebrauche, weiß jeder sofort was ich meine.

Es bleibt noch zu berichten, dass das Jüdischdeutsche seinerseits vom Mittelalter bis in die Gegenwart zweierlei Einfluss in Deutschland ausgeübt hat. Der eine bezog sich auf die Gaunersprache, das Rotwelsche. Die aus allen Städten und Dörfern immer wieder vertriebenen Juden, die nicht nach Polen, Litauen oder Ungarn usw. auswanderten, führten auf den deutschen Straßen ein Vagabundenleben. Sie mischten sich mit Banden von wandernden Schauspielern, aber auch von Dieben und Räubern und brachten ein reiches Vokabular mit sich (oder fabrizierten es aus jüdischdeutschen und hebräischen Bestandteilen), das sich ausgezeichnet als Geheimsprache eignete. Abgesehen davon, dass rotwelsche Worte jüdischdeutschen Ursprungs ins Deutsche drangen (nicht gerade ins feinste Deutsch), wie z. B. »ausbaldowern« oder »kess«, fanden viele Dutzende jüdischdeutscher Wörter, meist aus dem hebräischen Bestandteil, auf direktem Wege eine Herberge im Deutschen. Ein solcher Weg führte z. B. von jüdischen Viehhändlern zu christlichen Bauern und Schlächtern, ein anderer von jüdischen Familien zu den christlichen Dienstmädchen oder von jüdischen Hausierern zu beiden, zum Großhändler und zum Kunden. Hier folgt eine kurze Auswahl jüdischdeutscher Worte, die weit in christlichen Kreisen verstanden und benutzt werden: (Sie sind alle im Duden zu finden.)

Acheln, beseibeln, betucht, Chuzpe, Dalles, dibbern, Ganove, Ische, Kaffer, kapores, Katzoff, Kippe, machulle, Macke, Maloche, Massel, mauscheln, meschugge, mies, Moos (Geld), *pleite, Reibach, Rochus, schachern, schächten, Schadchen, Schaute, schicker, Schlammassel, Schlemihl, Schmiere stehen, Schmus, schmusen, Schofel, stiekum, Stuss, Tinnef.* Es ist wie ein Hohn, dass auch in der Nazisprache – und nicht nur in antisemitischen Hetzblättern – sich jüdischdeutsche Worte fanden, darunter: *Bocher, Goi, Massematten, Miesmacher, Mischpoche* und *Schickse.*

Da wir diese Betrachtungen mit Hebräisch als jüdischer National- oder Staatssprache anfingen, wollen wir auch damit schließen. Wie war es möglich, dass Hebräisch, welches seit 1700 Jahren (mit ganz seltenen Ausnahmen) nicht mehr gesprochen worden war, die vibrante und schöpferische Sprache des Staates Israel geworden ist (eine Tatsache, die keine Parallele in der Weltgeschichte hat)? Es wurde ja bereits gesagt, dass Hebräisch immer die Gebetssprache der Juden in der Diaspora blieb, weiter wurden fast alle religiösen Texte in Hebräisch geschrieben, gelesen und gelernt. Doch dies allein ist nicht genug (und gewiss nicht ohne Parallele). Als in der Aufklärungszeit Jüdischdeutsch den Rückzug antrat und normatives Deutsch seinen Platz einzunehmen begann, leiteten die Aufklärer gleichzeitig eine Renaissance des Hebräischen ein. Noch zu Zeiten Mendelssohns erschien bereits die hebräische Zeitschrift *Harneasse* (*Der Sammler*) in Königsberg. Jüdischdeutsch machte für zwei Sprachen Platz, für Deutsch und Hebräisch; das letztere zunächst nur für eine geistige Elite, und nur in seiner klassischen, d. h. biblischen Form. Vom Anfang des 19. Jahrhunderts an vermehrten sich die hebräischen Zeitschriften. Sie enthielten Kurzgeschichten, Gedichte, wissenschaftliche Aufsätze, auch Polemik. Im Jahre 1853 erschien der erste hebräische Roman, immer noch in biblischem Hebräisch. Dann sprengte die hebräische Renaissance die biblischen Fesseln – es gab gar keinen anderen Weg. Wissenschaftliche Bücher erschienen und ein großer Teil der Weltliteratur wurde ins Hebräische übersetzt, sogar Goethe's *Faust* war dabei. So erwachte die hebräische Sprache zu neuem Leben. Für hundert Jahre – rund 1780–1880 – reifte sie, immer in schriftlicher Form, bis dann in den 80er Jahren des 19. Jahrhunderts die erste Einwanderungswelle von russischen Juden nach Palästina erfolgte, mit dem Vorsatz, die Heimkehr nach Zion einzuleiten, die Wüste wieder grün zu machen. Ein fanatischer russischer Jude, Elieser Ben-Jehuda, setzte es durch, dass man das neu entwickelte Hebräisch auch sprechen konnte. Er weigerte sich, russisch oder jiddisch zu sprechen (selbst mit seiner Frau). Seine Kinder waren die ersten, für die Hebräisch die Mutter- oder wohl eher die Vatersprache wurde. Welle auf Welle folgten die Einwanderungen nach Palästina. Bald gab es ein hebräisches Schulsystem vom Kindergarten bis zur Universität. Als 1948 der Staat Israel proklamiert wurde, war Hebräisch schon lange eine moderne Sprache unter den modernen Sprachen der Welt.

Jiddisch, d. h. Ostjiddisch, wird noch gesprochen; es gibt noch eine Presse, Bücher und Theater. Gerade in unserer Zeit erlebt es einen neuen Aufschwung als Universitätsfach. »Westjiddisch« dagegen, unser Jüdischdeutsch, ist nun ein Sprachfossil geworden, dessen Reste wohl bald verschwinden werden.

Rico Quaschny
Ein jüdischer Fotograf in Iserlohn: Leopold Cohen (1838–1911)

Foto des Siegesdenkmals, 1888 (Stadtarchiv Iserlohn)

Leopold Cohen gehört zur ersten unmittelbar fassbaren Fotografengeneration in Iserlohn. Die ihm nachfolgenden Fotografen Paul Müsse und Theodor Osterhold genießen weit größere Bekanntheit und haben umfangreiche fotografische Arbeiten hinterlassen. Leben und Wirken von Leopold Cohen können dagegen nur sehr bruchstückhaft rekonstruiert werden.

Leopold Cohen wurde am 24. Juli 1838 als Sohn des Kaufmanns Isaak Cohen und dessen Frau Friederike, geborene Mayer, in Ampen bei Soest geboren. Die Familie gehörte zur jüdischen Gemeinde der Stadt Soest, in die sie 1854 übersiedelte.

Kaum drei Jahrzehnte nach der Bekanntmachung der ersten fotografischen Verfahren etablierten sich auch in vielen größeren westfälischen Orten ab den 1850er und 1860er Jahren einzelne Fotografen. Cohen war als technisch interessierte und künstlerisch begabte Person so fasziniert von dem neuen Medium, dass er es wagte, seine berufliche Existenz darauf aufzubauen. Schon 1864 und 1868 lässt sich Leopold Cohen in Soest als Fotograf nachweisen.

Welche Gründe für den Umzug Leopold Cohens nach Iserlohn ausschlaggebend waren, wissen wir nicht. Die wirtschaftlich bedeutende Stadt gehörte mit über 15.000 Einwohnern damals zu den größeren Städten in Westfalen. Leopold Cohen, inzwischen verheiratet mit Rosine Beer, ließ sich um 1870 in Iserlohn als Fotograf nieder. Die fünf gegenwärtig bekannten

Blick von der Alexanderhöhe aus, nach 1864 (Stadtarchiv Iserlohn)

Kinder des Ehepaares Cohen wurden zwischen 1871 und 1880 in Iserlohn geboren. Die Wohnung der Familie Cohen und das Fotoatelier befanden sich für mehr als zwei Jahrzehnte an der Ecke Hagener Straße, Gerichtsstraße (ehemalige Bleiche). 1891 erfolgte ein Umzug in die Treppenstraße.

1882 warb Cohen im Adressbuch mit verschiedenen Angeboten: Er fertigte von vorhandenen Fotografien lebensgroße Vergrößerungen, führte Bilder in Öl-, Pastell- und Aquarell-Malerei aus, setzte Porträts auf Porzellan, Elfenbein und Milchglas um, verkaufte Rahmen und bot Architektur-, Landschafts- und Gruppenaufnahmen an. Ein zusätzliches Einkommen wurde offenbar durch den Verkauf von Zigarren erzielt.

Während Cohen noch im Adressbuch von 1905 als Fotograf genannt wird, findet sich im Adressbuch von 1908 nur die Angabe »Agent«. Vermutlich hatte sich der inzwischen verwitwete Cohen aus Altersgründen als Fotograf zur Ruhe gesetzt.

Gesamtansicht von Iserlohn, 1878 (Stadtarchiv Iserlohn)

Cohen gehörte zu der Generation von Juden in Preußen, die sich als gleichberechtigte Bürger gesellschaftlich engagierten und patriotisch eingestellt waren. Als preußischer Soldat hatte er an den Deutschen Einigungskriegen 1866 und 1870/71 teilgenommen. Ungeachtet seiner Religionszugehörigkeit genoss er hohes Ansehen in Iserlohn. So war er Vorsitzender des Vereins 64/66 (Kriegsveteranen von 1864/66) und Mitglied des Iserlohner Kriegervereins. In der Synagogen-Gemeinde gehörte er dem Repräsentanten-Kollegium und zuletzt dem Vorstand an.

Leopold Cohen starb am 30. Juni 1911 in seiner Wohnung im Haus Kaiserplatz 7 (heute Alter Rathausplatz 7), wo er seit 1908 mit seinen unverheirateten Töchtern lebte. Er wurde auf dem Jüdischen Friedhof am Dördel beigesetzt. Neben seiner Familie veröffentlichten auch der Kriegerverein 1864/66, der Iserlohner Kriegerverein und der Vorstand der Synagogen-Gemeinde Traueranzeigen. Ein Grabstein von Leopold Cohen blieb nicht erhalten. Mindestens drei Kinder der Familie Cohen und ein Enkelsohn wurden Opfer des Holocaust.

Das fotografische Werk von Leopold Cohen wird nur durch wenige Aufnahmen dokumentiert. Gemessen an den vier Jahrzehnten seines Wirkens ist der Bestand der bekannten Aufnahmen äußerst gering.

Die von Leopold Cohen erhaltenen Aufnahmen gehören zu den ältesten im Stadtarchiv überlieferten Fotografien Iserlohns. Die im Stadtarchiv vorhandenen Werke Cohens lassen sich folgenden Gruppen zuordnen: Iserlohner Stadt- und Stadtteilansichten, Gebäudeaufnahmen, Lithografien und Ansichtspostkarten. Zudem ist die Aufnahme einer Personengruppe von 1891 erhalten, die Kriegsveteranen am Gedenktag für die Schlacht von Königgrätz in Iserlohn zeigt. Nur wenige Porträtaufnahmen sind bisher bekannt.

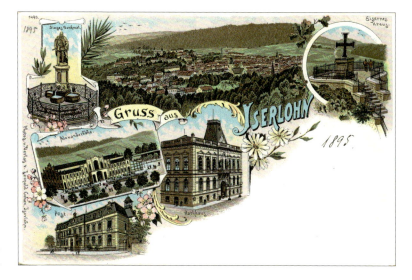

Postkartenlitho nach Leopold Cohen, 1895 (Stadtarchiv Iserlohn)

Ein jüdischer Fotograf in Iserlohn: Leopold Cohen (1838–1911)

Christina Goldmann
Selbstbesinnung und Opposition
Der Centralverein deutscher Staatsbürger jüdischen Glaubens in Westfalen 1903 bis 1938

Mit dem Centralverein deutscher Staatsbürger jüdischen Glaubens, kurz CV, formierte sich am 26. März 1893 die größte außerparlamentarische Interessenvertretung von Juden für Juden in Deutschland. Dieser organisatorische Schritt rechtfertigte sich aus der Notwendigkeit, den seit der Gründung des Deutschen Kaiserreichs erstarkten Rassenantisemitismus einzudämmen. Unter Berufung auf die Verfassung von 1871, die Blindheit des Staates gegenüber den Konfessionen vorschrieb, steckten sich die Berliner Vereinsväter ein ehrgeiziges Ziel: Unter dem Dach des CV sollte jeder deutsche Jude ein Anwalt seiner eigenen politischen und rechtlichen Emanzipation werden.

Konzeptionell verstand sich der CV als Rechtsschutzverein, durch den die staatsbürgerliche Gleichstellung der deutsch-jüdischen Minderheit verteidigt werden sollte. Mit Ausnahme der 1935 letztmalig novellierten Vereinssatzung unterschieden die Vorläuferinnen drei zivile Verteidigungsmethoden: die unmittelbare Einflussnahme auf die staatlichen Organe, gerichtliche Maßnahmen sowie die Aufklärung in Wort und Schrift.[1]

Ditese ersten CVer verstanden sich als geistige Erben der liberal-nationalen Bewegung in Deutschland. Die Ideen von Gleichheit, Freiheit und dem Bildungsideal wurden mit dem preußisch-deutschen Einheits- und vermeintlichen Kulturstaat verknüpft. Geradezu dogmatisch hielten viele Vereinsmitglieder bis zum Erlass der Reichsbürgergesetze 1935 an diesem ideologischen Fundament fest.

Im Gründungsjahr 1893 jedoch war das Bewusstsein vom Rechtsanspruch auf Chancengleichheit sowie von der Möglichkeit der politischen Partizipation unter den deutschen Juden noch unterentwickelt. Nur langsam gewann der Verein deshalb außerhalb der Hauptstadt Kontur. Zudem erschwerte in der ehemaligen preußischen Provinz Westfalen die um die Jahrhundertwende noch weiträumige Abwesenheit der Judenfeindschaft die Sammlung der Mitglieder.[2] Es dauerte zehn Jahre, ehe der CV in Essen seine erste Ortsgruppe im Westen Deutschlands gründen konnte. Die Initiative ging von arrivierten Selbstständigen aus, so seitens des Bankiers Isaak Hirschland, zu dessen Kunden Stinnes und Krupp zählten. Initiativ wurde ferner der Arbeitsrechtler und Notar Max Abel, rühriges Mitglied nicht zuletzt der Essener Glück-Auf-Loge. Sein Sozius, der 1875 in Posen geborene Karrierist, Ernst Herzfeld, hatte es unmittelbar vor der Ortsgruppengründung in die hoch industrialisierte Region gezogen. Ebenso gehörte der Essener Rabbiner Salomon Samuel am 28. November 1903 dem Gründungskomitee an.[3]

Ehrenamtlich warben sie ausschließlich in jüdischen Kreisen um aktive Teilnahme an der Verteidigung einer gewaltfreien Rechtskultur, von der man annahm, sie stünde in der Tradition jüdisch-christlicher Sittlichkeit und der Emanzipationsbewegung als Ergebnis der Aufklärung.

Seit der Ortsgruppengründung in Essen 1903 erfolgte die Werbung zuerst in den leicht zugänglichen Städten des Ballungsraumes im Ruhr- und Rheingebiet mit ihren verhältnismäßig starken, mittelständisch geprägten jüdischen Bevölkerungsteilen. Die wirtschaftlichen Möglichkeiten hatten – früher als es politisch-rechtliche Reformen vermochten – Integration und landsmannschaftliche Verbundenheit gefördert.

Erfolgreich band der CV, nicht zuletzt infolge der für die deutschen Juden eher einseitigen Berufsstruktur, Juden aus den Handels- und Dienstleistungssektoren. Viele von ihnen hatten den Sprung ins Besitz- und Bildungsbürgertum und schließlich in die Führungsetagen des Vereins geschafft. Sie drückten dem CV den Stempel eines Honoratiorenvereins auf, in dem die Überzeugung herrschte, dass die als selbstverständlich erachtete kulturelle Assimilation zuerst auf freien ökonomischen Grundlagen aufbaue. Eine weitere Überzeugung setzte sich in der Phase des Vereinswachstums durch: Nicht mehr nur mithilfe dezentraler Organisationsstrukturen auf lokaler, sondern fortan auch auf regionaler Ebene konnten die politisch-rechtlichen Vereinsaktivitäten und die Mitgliederwerbung optimiert werden.

Nachdem am 10. Dezember 1905 in Düsseldorf westdeutsche CVer die Gründung eines gemeinsamen Agitationsausschusses für Rheinland und Westfalen initiiert hatten, wurde Essen Zentrale des westdeutschen Centralvereins.[4] Rechtsreferendar Alfred Apfel, 1882 in Düren geboren, warb von Köln aus in der Rheinprovinz.

Seitdem entfalteten sich die Ortsgruppen vielerorts aus eigenem Antrieb. Seit 1907 wurden die kleinen, so genannten Propagandaorte die gängige Organisationsform für die CVer, die in den vielen, verstreut liegenden jüdischen Gemeinden in den rheinisch-westfälischen Agrargebieten lebten und sich überwiegend im Landhandel verdingten. Auf die jeweiligen Bedingungen vor Ort reagierte der Vereinskörper somit flexibel und dies ebenso mit Blick auf eine lastenausgleichende Haushaltsführung.

Doch das zahlende Vereinsmitglied verlangte mittlerweile auch formell abgesicherte Mitspracherechte. Für die Berliner Führungselite meinte Demokratisierung aber lediglich Masse. Eine Delegiertenversammlung bereicherte dennoch seit 1907 den Verein. Da diese allerdings nur alle zwei Jahre stattfand, wurden die Geschicke des Vereins letztlich derart zentralistisch von Berlin aus dirigiert, dass Kritiker noch Mitte der 1920er Jahre von der konstitutionellen Monarchie sprachen, die im Verein konserviert worden war.[5] Dieses demokratische Defizit widersprach dem Vereinsziel, das den mündigen deutsch-jüdischen Bürger anstrebte.

Statt demokratischer Gesinnung stand vereinsintern die »Pflege deutscher Gesinnung«[6] im Vordergrund. Sowohl die innerjüdische Diskussion um die tatsächliche kulturelle und nationale Zugehörigkeit, die in Westfalen namentlich durch den Duisburger Rechtsanwalt und Zionisten Harry Epstein befeuert wurde, als auch die mittlerweile zum Alltagsgeschäft gehörenden Abwehrmaßnahmen des Vereins gegen den Rassenantisemitismus strapazierten die patriotischen Befindlichkeiten der CVer. Im August 1914 kulminierten die deutschtümelnden Äußerungen in einem gemeinsamen Aufruf des Centralvereins und des Verbandes deutscher Juden, »freiwillig zu den Fahnen zu eilen«[7] und den Burgfrieden angesichts des Kriegs zu wahren, der zum Verteidigungskrieg verklärt wurde. Neun Prozent der 3.927 westfälischen Juden folgten diesem Ruf.[8]

Geradezu vorausschauend hatten seit Kriegsbeginn auch die westfälischen CV-Ortsgruppen Statistiken über die Höhe der jüdischen Kriegsteilnehmer geführt. Zwei Jahre später war das kaiserliche Wort, »ich kenne nur noch Deutsche«[9], als propagandistische Lüge enttarnt. Denn nach zahlreichen Verleumdungen wegen angeblicher Drückebergerei, jüdischer Kriegswucherer und Spionagevorwürfen führte das preußische Kriegsministerium eine ehrverletzende Erhebung über die Anzahl der Dienst tuenden Juden durch. Doch trotz dieser Diskriminierungen und anhaltenden Demütigungen unterstützte der Verein den uneingeschränkten U-Boot-Krieg und plädierte bis 1918 für die Zeichnung der Kriegsanleihen.[10]

Nach Krieg und Revolution reorganisierte der Verein rasch seine alten Gruppen, gründete erfolgreich neue und dies angesichts einer bis dahin nicht gekannten organisierten Judenfeindschaft. Seit 1919 machte es sich der westfälische CV zudem zur Aufgabe, das gleichermaßen gefährdete parlamentarisch-demokratische Weimarer Staatsmodell unbedingt zu verteidigen.

Unmittelbar nach in Kraft treten des Versailler Friedensvertrages und infolge der Besetzung des Rheinlandes spaltete sich 1920 der Agitationsausschuss für Rheinland und Westfalen in zwei unabhängig voneinander arbeitende Verbände. Obwohl in der Rheinprovinz rund 50.000 Juden lebten, band der neue linksrheinische Landesverband nie mehr als 5.000 Mitglieder. Es war primär der Schutz seitens der Besatzer und nicht liberale oder katholische Traditionen, der hier den Radauantisemitismus eindämmte und sich negativ auf die Vereinsentwicklung auswirkte.[11]

Anders im Landesverband Rheinland-Westfalen, den bis 1928 Ernst Herzfeld mit seinem Sozius, dem Sozialdemokraten David Krombach, leitete. Den Akten zum CV aus dem ehemaligen Moskauer Sonderarchiv zufolge bereiteten in Westfalen von Anfang an völkische Gruppierungen ungehinderter die späteren Erfolge der Nationalsozialisten vor. Besonders aktiv waren zuerst in den ländlichen Räumen der unter dem erodierenden Mittelstand agitierende Deutschvölkische Schutz- und Trutzbund, ferner der Deutsche Handlungsgehilfenverband sowie der 1919 von Arthur Mahraun gegründete Jungdeutsche Orden. Infolge der damit einhergehenden antijüdischen Gewaltbereitschaft nahmen zunehmend Mitglieder des 1919 gegründeten Reichsbund jüdischer Frontsoldaten etwa den Saalschutz von CV-Veranstaltungen wahr, wobei dessen Mitglieder nicht selten auch die Mitgliedschaft im CV erworben hatten.

Demgegenüber kam namentlich in den Großstädten und Hochburgen der SPD im Ruhrgebiet, etwa Dortmund, dessen CV-Ortsgruppe Rabbiner Benno Jacob leitete, noch bis 1927 »eine völkisch-antisemitische Bewegung weniger als in manchen anderen Ortsgruppen«[12] zur Geltung.

Infolge der frühen Pogromängste, aber auch infolge antikommunistischer, patriotischer Instinkte, die zuerst die Novemberrevolution, dann der Kapp-Putsch, schließlich die Ruhrbesetzung auslösten, organisierte der Essener Verband bis 1924 immerhin knapp 30 Prozent der rund 22.000 westfälischen Juden. Im selben Jahr erreichte auch der Gesamtverein den höchsten Mitgliederstand seiner Geschichte: Von den gerundet 550.000 Juden band er 72.000 Einzelmitglieder.

Jüdische Industriearbeiter aus Osteuropa waren nicht darunter. Zu ausgeprägt war der im Verein herrschende Kulturchauvinismus. Außerdem riss wegen des Überfremdungsmythos und der politisch ausgeschlachteten Fremdenfeindlichkeit die innerjüdische wie öffentliche Diskussion über die »Ostjudenfrage« im Ruhrgebiet nicht ab.[13] So schwankte das Verhältnis der CVer zu den Glaubensbrüdern zwischen deutschen Interessen und jüdischer Solidarität: einerseits wurde etwa ihre Loyalität mit den deutschen Streikenden während des passiven Widerstands 1923 betont, andererseits dem »Ostjudenproblem« mit Vorschlägen wie Repatriierung und dem Ausbau jüdischer Kolonien in Osteuropa begegnet. Palästina wiederum stellte aufgrund des im CV kultivierten Antizionismus keine Alternative dar. Und »Internierungslager für lästige Ausländer« in Deutschland vor 1933 lösten nur vereinzelt Empörung aus.[14]

Mit Beginn der Konsolidierungsjahre setzte eine Erosion in den Mitgliederreihen ein, die der rechtsextremistischen innenpolitischen Entwicklung diametral entgegenstand. Im beschaulichen katholischen Münster etwa, dessen CV-Ortsgruppe der liberale Bezirksrabbiner Dr. Fritz Steinthal, Studiendirektor der Marks-Haindorfschen Stiftung, Ausbildungsstelle für jüdische Handwerker, leitete, ging die die Vereinsarbeit lähmende »Schlafkrankheit«[15] um. Zudem zwangen die verheerenden Folgen der Hyperinflation und die wachsende apolitische Neigung gerade solventerer deutsch-jüdischer Kreise die Vereinsfunktionäre zu zwei zukunftsorientierten Maßnahmen: zum einen neue Mitglieder aus den Reihen der bis dahin der Vereinsarbeit noch weitgehend fern stehenden Frauen, Angestellten sowie der jüdischen Jugend zu gewinnen; zum anderen verstärkt die Netzwerke zu nichtjüdischen Verbündeten auszubauen.

Wenngleich es ein kaum zu realisierendes Ziel war den CV auf der Basis eines neutralen politischen und wirtschaftlichen Vereinskonzepts zu einer Repräsentanz aller Juden in Deutschland auszubauen, so gelang ihm nicht einmal die Umsetzung seines Minimalprogramms. Die wenigen Schulungskurse, die für die CV-Damen erst seit 1929 angeboten wurden, griffen zu kurz.[16] 1931 zählte der rheinisch-westfälische Landesverband gerade einmal 444 weibliche Mitglieder.[17] In den Leitungsetagen suchte man sie nahezu vergeblich.

Auch die Werbung unter den von Arbeitslosigkeit und Boykott bedrohten jüdischen Angestellten blieb hinter den Erwartungen zurück. Der liberal-bürgerliche Verein war für die zumeist mit sozialistischen Ideen sympathisierenden Angestellten wenig attraktiv.[18] Trotzdem hatte der CV damit begonnen, sich fortan auch als wirtschaftliche Interessenvertretung zu profilieren.

Und die Jugendarbeit des CV, der seit Mitte der 1920er Jahre auf der drängenden Suche nach Nachwuchstalenten war? Sie stand von Anfang an in Konkurrenz zu einem kaum mehr zu überschauenden Organisationsangebot in der Provinz. Entsprechend halbherzig wurden seit 1928 unverbindliche Jugendarbeitsgemeinschaften in Abhängigkeit lokaler Bedingungen gegründet. Vorträge und Diskussionen sollten einseitig in akademischen Jugendkreisen den deutsch-jüdischen Gedanken stärken.

Seit der zweiten Hälfte der 1920er Jahre trieb die CVer die Sorge um, die jüdisch-nationale, zionistische Pionierbewegung könnte eine gefährliche Wirkung auf den Nachwuchs ausüben. Bis auf wenige Ausnahmen, so in Wanne-Eickel oder Duisburg, fand sich die ideologische Konkurrenz jedoch nicht im Zionismus. In der kleinen Schar des Nachwuchses fanden vielmehr die Ideen des 1920 gegründeten, zwischen Anti- und Asemitismus schwankenden Jungdeutschen Ordens Verbreitung. Militaristische Vorbilder und die romantische Idee einer vermeintlich wahren Volksgemeinschaft ungeachtet aller Klassen, Parteien und Konfessionen unterstrichen die quälende gesellschaftliche Isolation, die diese Jugendlichen empfanden. Sie entstammten zumeist einem gutbürgerlichen, städtischen Milieu, wobei jene aus Münster besonders auffielen. Immerhin hatte die laue CV-Jugendarbeit aber deutlich gemacht, dass sich der Vereinsnachwuchs von der liberal-individualistischen Ideenwelt der Elterngeneration zugunsten eines bündischen deutsch-jüdischen Gemeinschaftsgedankens verabschiedet hatte.[19]

Zu lange hatten die leitenden Vereinsfunktionäre den wirtschaftlichen und strukturellen Wandel in der Region ignoriert, obwohl der gesellschaftliche Absturz vieler mittlerweile bis weit in die vom CV geförderte Mittelschicht reichte. Berlin versuchte in Kooperation mit Essen, Versäumtes zu kompensieren. 1930 wurde daher auch das Fusionsergebnis ›Staatspartei‹ als Wahlalternative vorgestellt. In beiden Geschäftsstellen des Vereins hatte sich die Überzeugung durchgesetzt, dass den antijüdischen Hassausbrüchen nicht mehr allein pädagogisch-aufklärerisch, sondern ergänzend autoritär begegnet werden müsse. Unmut regte sich hierüber an der westdeutschen Vereinsbasis, zumal frühere Warnungen, keine Stimme einem Antisemiten zu geben, mit dieser Wahlempfehlung unwirksam geworden waren.

Bis dahin hatte der CV in Westfalen nur die Parteien der Weimarer Koalition durch Propaganda und diskrete Spendenzuwendungen – seit 1924 ergänzend im Rahmen der Straßenwahlkämpfe – unterstützt. Im rheinisch-westfälischen Landesverband fand vornehmlich die schwächelnde linksliberale DDP die Unterstützung des Vereins, womit für die Landesverbandsebene die Forschungsergebnisse Arnold Pauckers bestätigt sind, der 1968 die Geschichtsschreibung zum CV initiiert hat.[20]

Aber diese Nähe brachte dem Verein nicht selten den Geruch der Parteilichkeit ein. Wohlgemessene Distanz war ratsam, zumal in den Mitgliederreihen ein heterogenes Meinungsspektrum herrschte. Auch in Abhängigkeit der politischen Verhältnisse vor Ort konnten daher ebenso finanzielle Zuwendungen an die liberalkonservative Deutsche Volkspartei sowie die sich durch unbeugsame Loyalität auszeichnende SPD nachgewiesen werden. Endlich sei betont, dass es dem CV unverhältnismäßig selten gelang, Kontakte zur katholischen Zentrumspartei zu knüpfen. Dabei dominierte diese Partei die Großwahlräume in Westfalen. Und die Gewinne, die die NSDAP noch vor der Weltwirtschaftskrise einfuhr, gingen in erster Linie auf Kosten des Zentrums.

Bis 1930 war es dem CV nicht gelungen, die staatsrechtliche Stellung der deutschen Juden durch tragende politische Seilschaften abzusichern. Folglich war er gezwungen, sich stärker auf mögliche Bündnispartner unter den Glaubensgenossen zu besinnen. Seit Ende der 1920er Jahre bemühten deshalb die in deutscher Sprache erzogenen CVer die hebräische, zionistisch gefärbte Vokabel Klal-Israel, die vollmundig die Einheit der Juden transportierte.

Ein Ergebnis dieser Sehnsucht war der 1930 gegründete Reichstagswahlausschuss, der erstmals gemeinsam mit den Zionisten der Abwehr der NSDAP diente. Dieser Berliner Bündnisschluss war aber letztlich nur eine gestrichelte Verteidigungslinie. Die Allianz währte nur drei Wochen und war im Ergebnis eine Pleite, nicht zuletzt weil der noch kleine, aber zähe rheinisch-westfälische Gruppenverband der Zionistischen Vereinigung für Deutschland zur Zurückhaltung aufgerufen hatte.[21] Zu scharf traten weiterhin zwei entscheidende innerjüdische Gegensätze hervor: zum einen der Streit über die tatsächliche kulturelle und nationale Zugehörigkeit der Juden. Während der CV diese Zugehörigkeit fraglos mit dem Attribut ›deutsch‹ belegte, strengten sich die Zionisten an, eine ›jüdisch-nationale‹ Identität sowie Staatlichkeit zu fördern und dafür die Unterstützung von erklärten Nichtzionisten zu finden; zum Zweiten wurde über das Wesen der Synagogengemeinden

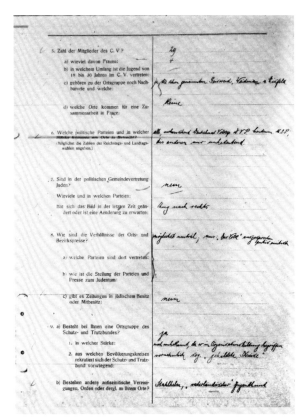

Fragebogen der Siegener Ortsgruppe des C.V., 1922, ausgefüllt von Simon Grünewald, dem stellv. Vorsitzenden der Bezirksgruppe Südwestfalen (The Central Archives for the History of the Jewish People, Hebrew University of Jerusalem)

Selbstbesinnung und Opposition

gestritten, wobei eine Vielzahl von diesen dem CV korporativ angeschlossen war. Streng laizistisch geprägt sahen die CVer in diesen jedoch lediglich Religionsgemeinden ohne politische Funktion. Die Zionisten hingegen strebten autonome Volksgemeinden an, aus deren Mitte die Abwehr des Antisemitismus geführt werden sollte. Auch die Stellung der so bezeichneten Ostjuden versuchte das zionistische Integrationsmodell zu stärken, wohingegen die CV-Politik diesen Industriearbeitern und kleinen Händlern mit geneigter Borniertheit begegnete.

Auf die zionistische Agitation reagierte der CV ausgesprochen dünnhäutig. Immer offensiver und entgegen seiner Neutralitätsbekundungen politisierte er seinerseits das innerjüdische Klima, beförderte die Blockbildung und dies keineswegs immer redlich.

Denn die Balance zwischen deutschen und jüdischen Interessen wurde ebenso in den eigenen Reihen gesucht und auf den Vereinsflügeln erbittert debattiert. Zum Verdruss vieler leitender CVer drang diese Debatte in den öffentlichen Diskurs. Preußische Beamte und politische Verbündete äußerten sich zusehends irritiert ob der Glaubwürdigkeit der nationalen Gesinnung deutscher Juden.

Unter dem doppelten Erwartungsdruck der jüdischen wie der nichtjüdischen Öffentlichkeit gipfelte die Suche nach einer klar nachvollziehbaren Haltung 1928 in einem Beschluss des Hauptvorstandes. Dieser Beschluss war das bis dahin schärfste Dementi angesichts der Unterstellung, insgeheim doch eine doppelte nationale Gesinnung zu pflegen. Bei dieser Gelegenheit gestand Ludwig Holländer, Direktor des Gesamtvereins, entwaffnend offen ein, die jüdische Seite der deutsch-jüdischen Zwienatur vernachlässigt zu haben, und versprach Besserung – mit einer entscheidenden Einschränkung: Juden, die nicht deutschnational gesinnt waren, wurden eindringlicher als jemals zuvor dazu aufgefordert, die Reihen des Vereins zu verlassen. Das Jahr 1928 wurde zu einem Wendepunkt in den CV-Annalen: Er hatte sich von einem neutralen Rechtsschutzverein in eine deutsch-jüdische Gesinnungsgemeinschaft gewandelt.[22]

Diese Reform stieß im rheinisch-westfälischen Landesverband lediglich auf gemessenen Zuspruch, denn die Belebung des gesamtjüdischen Gemeinschaftssinns war mittlerweile für Viele ein nicht mehr zu vernachlässigender, emotional stabilisierender Faktor. Der Sittenverfall nahm zu. CV-Versammlungen wurden gesprengt, Studentenkrawalle von Nationalsozialisten angezettelt, das Rheinland und Westfalen gehörten hinter Bayern zu den traurigen Spitzenreitern auf der Liste der Friedhofs- und Synagogenschändungen.

Infolge dieser innenpolitischen Entwicklung waren die CVer nicht überrascht über die Regierungsübernahme Hitlers. Umgehend musste der Verein seine politische Arbeit einstellen. Allerdings blieb ihm bis 1938 das Einspruchsrecht, das angesichts des brutalen Ausgrenzungs- und wachsenden Auswanderungsdrucks von den Vereinsanwälten umtriebig ausgeschöpft wurde.

Opposition und Selbstbesinnung lauteten die Antworten auf die seit Februar 1933 einsetzenden Überwachungen, Durchsuchungen, Verhaftungen »unzähligen Einzelfällen«[23], sowie auf die Aufrufe zum »Massenmord«[24], die von den CV-Funktionären sorgfältig dokumentiert wurden und überliefert sind.

Unterdessen stellte der CV-Geschäftsführer in Essen, der Jurist Dr. Ernst Plaut, fest, dass die Mitglieder der Möglichkeit, ins angrenzende Ausland zu flüchten, überwiegend widerstanden. Plaut führte diesen Umstand nicht zuletzt auf die Arbeit zurück, die die seit dem 14. März 1933 im Rahmen der zu Beratungsstellen für Wirtschafts- und Rechtsangelegenheiten umgebauten Geschäftsstellen leisteten.

Im Rahmen der beiden westfälischen CV-Beratungsstellen in Essen und Düsseldorf, die unentgeltlich in Anspruch genommen werden durften, schöpften Spezialdezernenten die Lücken in der unausgereiften, so genannten Ariergesetzgebung aus. Außerdem kannte die Wirtschaft noch keinen ›Arierparagrafen‹. Die Wettbewerbs-, Vertrags-, Gewerbe- und Marktfreiheit blieben ebenso wie die Besitzverhältnisse trotz der anhaltenden Boykottbewegung – zumindest de jure – bis 1938 unangetastet. Aus diesem Grund erfolgte auch der Ausschluss der jüdischen Arbeitnehmer und Unternehmer weder ad hoc noch traf er alle Berufsgruppen gleichzeitig. Infolgedessen keimte im CV die zeitweilig nicht unberechtigte Hoffnung, zumindest die Wirtschaft bliebe ein von Rassismus geschützter Rechtsbereich und würde das Überdauern der deutschen Juden ermöglichen. Auf der Basis der verbliebenen Interventionsmöglichkeiten starteten die CVer ihre wirtschaftsliberalen Verteidigungsmaßnahmen, wobei die Behörden die Ordnungsrufe der noch mandatierbaren, da zumeist unter den Frontkämpferparagraf fallenden Vereinsanwälte durchaus wahrnehmen.

In der Praxis stießen die CVer aber dort an die Grenzen ihrer Leistungs- und Leidensbereitschaft, wo die NSDAP mithilfe der gleichgeschalteten Berufsverbände und sogenannter Einzelaktionen den Ausschluss der Juden aus der Wirtschaft durchsetzen konnte. Die Wirkung war lokal sehr verschieden, auch weil sie maßgeblich vom Ausmaß richterlicher Befangenheit und behördlicher Duldung abhing.

Generell traf der Ausschluss zuerst die Juden in den Landgemeinden, wo infolge des stillen Boykotts vielerorts bereits 1935 keine geregelte Lebensmittelversorgung mehr gegeben war. Außerdem hatte die Aussperrung vom Binnenmarkt gerade dort gravierende marktwirtschaftliche und sozialpolitische Folgen, wo die Branchenkonzentration von Juden am größten war.

Zu diesem Zeitpunkt hatte der Centralverein seine Beratungsstellen bereits der am 17. September 1933 gegründeten Reichsvertretung der deutschen Juden beigeordnet. Hinsichtlich dieser Zweckehe von weiterhin selbstständigen und als solche miteinander um Einfluss konkurrierenden jüdischen Organisationen wurde von einem Essener Produkt gesprochen, denn die Gründungsinitiative ging von Essen aus, und sie glückte.[25]

Indem der CV die anfangs fragile Führungsrolle dieser neuen Gesamtvertretung unter der Leitung Rabbiner Leo Baecks anerkannte, gab er seine bis dahin dominante Stellung innerhalb des jüdischen Organisationsgefüges freiwillig auf. Der innerjüdische Alltag aber war weiterhin konfliktgeladen. Im Überlebenskampf luchste man sich gegenseitig Mandanten und Mitglieder ab. Die Rivalitäten mäßigte erst der Erlass der Reichsbürgergesetze am 15. September 1935.

Mit dem Versagen der staatsbürgerlichen Gleichstellung musste der CV seinen symbiotischen deutsch-jüdischen Standpunkt aufgeben. Der bis dahin erstaunlich große Durchhaltewille in seinen Reihen schwand. Die Zahl der Zwangsverkäufe der überwiegend merkantilen CV-Klientel in den westfälischen Großstädten zog ebenso an wie die der Flüchtlinge. Auf diese neue Entwicklung reagierte daher vor allem der Essener Zweig. Seine Funktionäre unterstützten nun auch die planvolle, allerdings außerpalästinische Wanderung, während zeitgleich massive Konzentrationsmaßnahmen in diesem bis dahin verhältnismäßig stabilen Landesverband vorgenommen wurden. Unzählige interne Berichte über die individuellen Leidenswege der CV-Mitglieder begleiteten diesen Schrumpfungsprozess auch im trügerisch ruhigen Jahr der Olympischen Spiele 1936. Die Empörung nichtjüdischer Bürger über die Boykottaktionen verstummte. Im zweiten Halbjahr 1938 schließlich stieg dann auch die Zahl der Terrormeldungen exponentiell an. Vor diesen Vorzeichen sah sich der letzte Vorsitzende des Gesamtvereins, der Essener Bürger Ernst Herzfeld, dazu veranlasst, rechtzeitig zumindest Teile des verbliebenen Vereinsvermögens den CV-Mitarbeitern auszuhändigen. Noch vor der Pogromnacht sah man das Ende des deutschen Judentums nahen, das der CV 45 Jahre lang repräsentiert hatte. Ungeachtet der Integrationsbereitschaft seiner Mitglieder wurde er am 10. November 1938 reichsweit verboten. Geblieben ist das bundesrepublikanische Konzept der streitbaren Demokratie, zu dessen Wegbereitern der Centralverein deutscher Staatsbürger jüdischen Glaubens zählt.

Siegfried Kessemeier
Heimat in der Sprache
Der jüdische Mundartautor Eli Marcus[1]

Einführung

Erwähnt man, dass es einst – das heißt vor der Shoah – auch jüdische Plattdeutsch-Autoren gab, stößt man meist auf ungläubiges Staunen. Dabei ist dies, in historischem Zusammenhang betrachtet, keineswegs etwas Ungewöhnliches.

Mit der bürgerlichen Emanzipation der deutschen Juden seit der Mitte des 19. Jahrhunderts ging eine stärkere Verwurzelung am jeweiligen Lebensort einher. Daraus konnte ein neues Heimatgefühl entstehen. Juden hatten nun nicht mehr nur ein – um mit Heine zu sprechen – »portatives Vaterland« (was bedeutet: überall zuhause sein im Eigenen), sondern Heimat an einem konkreten Ort in Gemeinschaft mit anderen. Das schloss bodenständige Sprache, also Mundart, wesentlich mit ein. Als sich gleichzeitig eine neuniederdeutsche Literatur entfaltete, traten auch jüdische Mundartschreiber auf. Sie wurden angenommen wie alle anderen. Die Sprache war Legitimation genug. Einige brachten es zu bemerkenswerter Popularität, ja leisteten einen wichtigen Beitrag zur niederdeutschen Literatur.

Eli Marcus als Natzohme im Theaterstück »Mester Tüntelpott«

Dazu gehörte der Münsteraner Eli Marcus (1854–1935). Es lohnt sich, an diesen Autor zu erinnern, weil er als Theaterautor und Lyriker etwas durchaus Eigenes zur niederdeutschen Literatur und Kommunikation beisteuerte. Er war darüber hinaus als Schauspieler ein begabter Vermittler seiner Texte, die Säle waren prall voll, wenn er in Münster auftrat.

Lebensgang

Eli Marcus (eigentlich Elias, später nur Eli genannt) wurde am 26. Januar 1854 geboren als Sohn des Lederhändlers Samuel Marcus, der aus einer alteingesessenen jüdisch-westfälischen Familie in Burgsteinfurt stammte und seit 1842 in Münster lebte. Nach Elementarschule und Realschule in Münster (bis 1867) kam er in ein jüdisches Pensionat in Sondershausen in Thüringen; er besuchte dort drei Jahre die jüdische Religionsschule und die Realschule. Anschließend machte er 1870 bis 1872 eine kaufmännische Lehre in Bochum. 19-jährig kehrte er 1873 nach Münster zurück, wo sein Vater mit seinen Söhnen – ihm und Julius (geb. 1855) – ein Schuhgeschäft gründete. Als der Vater 1890 starb, führten es die Söhne weiter. Es war eine bekannte Adresse am Roggenmarkt im Zentrum der Stadt Münster. Nach dem Tod des Bruders 1911 wurde Eli Alleininhaber.

Marcus heiratete erstmals 1888; seine Frau starb bereits ein Jahr später. 1891 schloss er eine zweite Ehe, aus der vier Kinder – zwei Töchter und zwei Söhne – hervorgingen. Zwei Kinder studierten: eine Tochter Nationalökonomie, ein Sohn Jura. Der Sohn Ernst fiel im Ersten Weltkrieg; er war ein begabter Zeichner. Eli Marcus wurde von diesem Schicksalsschlag schwer getroffen. Er verkaufte im Herbst 1917 sein Schuhgeschäft. Ab 1921 betrieb er einen Kunst- und Antiquitätenhandel. In der Inflation 1923 verlor er sein Vermögen.

Als die NS-Herrschaft beginnt, ist Marcus 79 Jahre. An seinem achtzigsten Geburtstag gehört er als Jude schon zu den Ausgegrenzten. Er stirbt am 13. Dezember 1935 mit 81½ Jahren und wird auf dem jüdischen Friedhof in Münster begraben. Der Grabstein ist erhalten.

Plattdeutscher Autor

Parallel zu dieser familiären und beruflichen Lebensgeschichte läuft eine plattdeutsche. Marcus wurde neben den Autoren gleicher Generation Hermann Wette und Augustin Wibbelt zu einem der bekanntesten Vertreter westfälischer Mundartliteratur des ausgehenden 19. und beginnenden 20. Jahrhunderts.

Er trat hervor als Autor und Coautor zahlreicher Schauspiele der Abendgesellschaft des Zoologischen Gartens in Münster, bei denen er auch selbst als Schauspieler mitwirkte und großen Erfolg hatte. Dies vollzog sich zwischen 1880 und 1910 über eine Spanne von dreißig Jahren. Schon seit den 1880er Jahren auch Gedichte schreibend und in allen wichtigen Westfalen-Anthologien vertreten, war er verstärkt seit 1900 bis etwa 1920 als Lyriker produktiv. Er fand als solcher auch über Westfalen hinaus – z. B. 1906 bis 1910 in der Zeitschrift *Niedersachsen* – Beachtung. Nach den Gedicht- und Erzählbänden *Schnippsel vom Wege des Lebens* (1902) und *Düörgemös* (1909) war seine wichtigste Publikation der 1913 erschienene Gedichtband *Sunnenblomen*.[2]

Eli Marcus blieb in Münster und im Münsterland – trotz zwölfjährigen Verdrängens in der NS-Zeit – unvergessen. 2003 erschien endlich wieder eine Auswahl aus seinem Werk, verbunden mit einem Lebensbild: *Ick weet en Land. Ein jüdischer Mundartdichter Westfalens*.[3] Da es nach seinem Tod keine Buchausgabe mehr gab, kam dieser Band einer Wiederentdeckung gleich.

Jüdischsein

Von seinem jüdischen Lebensbezug wird nur wenig erkennbar. Bekannt ist die religiöse Erziehung in seinen Jugendjahren im Pensionat des Rabbiners Philipp Heidenheim, der liberal eingestellt war. Sein Religionsunterricht schloss hebräischen Sprachunterricht ein, wichtige Grundlegung einer jüdischen Identität. Dass Marcus später noch Interesse an jüdischer Eigenheit hatte, zeigt seine seit 1911 bestehende Mitgliedschaft im *Verein für jüdische Geschichte und Literatur*; er wurde dessen zweiter Vorsitzender. Ebenso war seine Frau Anna in der jüdischen Gemeinschaft Münsters engagiert; man weiß von ihrer Mitgliedschaft im *Israelischen Frauenverein*.

Kennzeichnend für Marcus' selbstbewusste Haltung als Jude ist nicht zuletzt, dass er bereits 1893 Mitglied des *Vereins zur Abwehr des Antisemitismus* wurde, der Ende der 1880er Jahre gegründet worden war.

Mit seiner jüdischen Prägung drängte sich Marcus, der voll in seine Heimatszene integriert war, nicht vor. Nur gelegentlich sprach er jüdische Thematik an: so wenn er 1898 in einem Theaterstück ironisch die Dreyfus-Affäre erwähnte,[4] oder wenn er seine Sammlung *Aolle Döhnkes un Vertällsels* von 1910 und 1925 mit einer jüdisch akzentuierten Anekdote einleitete.[5]

Es war ein Glück für ihn, dass es in dem unkonventionellen und liberalen Milieu der Plattdeutschen um Professor Landois keinerlei Vorbehalte gegenüber jüdischen Mitgliedern gab. Ermutigt durch diese Annahme und die Anerkennung als Volksschauspieler, konnte er sein Talent voll entfalten.

Schauspiele und Gedichte

Marcus wurde mit seinem aus einer erfolgreichen Rolle abgeleiteten Beinamen »Natzohme« neben Landois zu einem der populärsten Vertreter der Abendgesellschaft, die seit 1881 jährlich ihre Stücke aufführte. Bis 1900 wirkte Marcus als Mitverfasser, dann auch als alleiniger Autor.

Vom Genre her waren die Stücke volkstümliche Komödien, ganz auf Wirkung und Unterhaltung angelegt, in denen sich Triviales mit Groteskem mischte und die Pointierung wesentlich aus dem Plattdeutschen und den von Männern gespielten Frauenrollen hervorging. Man wählte sowohl Themen aus der Geschichte als auch

Eli Marcus im Kreise der Hausdichter der Zoologischen Abendgesellschaft

aus der bäuerlich-ländlichen Gesellschaft der Zeit und dem münsterschen Milieu. Immer waren auch Anspielungen auf das politische Zeitgeschehen dabei. Höhepunkte bildeten die eingefügten Gesangspartien, die »Couplets«, die den Schauspielen eine gewisse operettenhafte Note gaben. Im Ganzen wurde hier mehr geboten als nur situationskomische Unterhaltung: lebendiges Volkstheater von unverkennbarer Originalität, das oftmals ernste Probleme der ländlichen Gesellschaft des Münsterlandes ansprach. Etwa in *Mester Tüntelpott* die Prozesssucht der Landbewohner, in *Söffken van Gievenbieck* die Folgen der Leibzucht, des Rückzugs der Älteren auf ihr Altenteil, oder in *Hoppmarjännken* das Unrecht, das aus dem münsterländischen Anerbenrecht folgen konnte. Überdies lassen die Stücke, bei aller auch vorhandenen Situationskomik, ein beachtliches Maß an sozialer Charakterisierungskunst erkennen.

Zweifellos hat Marcus jedoch in seinen Gedichten das Beste geschaffen. Aus ihnen spricht innige Verbundenheit mit dem Land, das er als das seine begreift, aber auch Verbundenheit mit den Menschen, die hier leben. Die Liebesgedichte und Kindergedichte bezeugen es ebenso wie jene, die Schwere und Bedrängnis des Lebens zum Thema haben. Nicht zuletzt zeigt sich die Fähigkeit zu lyrisch-dramatischer Gestaltung in seinen Balladen, anknüpfend an klassische Tradition. Doch er meistert auch die Umsetzung anekdotischer Themen ins Gedicht.

Ausflug der von Professor Hermann Landois gegründeten »Zoologischen Abendgesellschaft«, die plattdeutsches Theater spielte und das gesellige Leben in Münster und Umgebung um die Jahrhundertwende maßgeblich prägte, Eli Marcus ist in der Bildmitte zu sehen, mit Hut und Bart, um 1890

Aufmerksamkeit verdienen Marcus' letzte, 1921 in der Zeitschrift *Münsterland* erschienene Gedichte – ein bewegender elegischer Abgesang, besonders das Gedicht *Well röp mi dao ...*, dessen hohen Rang und ahnungsvolle Bedeutung die Zeitgenossen wohl kaum erkannt haben.[6]

Well röp mi dao ...

Well röp mi dao deip in de Nacht,
Well hät dao mienen Namen schreit?
Ick häb mi up den Daud verfacht't,
De Hiärtschlag an de Kiähl' mi geiht.

Well reip mi drei Maol düsse Nacht?
Söll dat ne Vüörgeschichte sien?
Nu ligg ick hier un holl de Wacht –
Bedüd et Glück, bedüd et Pien?

Well schreide dao so üöwerluut,
Äss wenn he seit in Angst un Naut?
Will een mi warschaun, datt et ut,
Dat bolle kümp Gevatter Daud?

Well hät dao schreit in deipe Nacht?
Steiht jüst villicht en Hiärtschlag still
Van Enen, de met aller Macht
Mi noch wat Leiwes säggen will?

Nu ligg ick dao in kaollen Schweet
Un wochte, datt de Muorgen lacht –
Et wiest sick ut – ick weet – ick weet,
Well nao mi reip deip in de Nacht.

Das Werk innerhalb der niederdeutschen Literatur Westfalens

Um Eli Marcus' Schaffen angemessen werten zu können, muss man es auch im Zusammenhang der niederdeutschen Literatur Westfalens betrachten.[7] Er begann im Umkreis von Hermann Landois plattdeutsche Gedichte zu schreiben. Anfangs anonym in Sammlungen von Landois verborgen, erschienen sie anschließend unter seinem Namen in verschiedenen Westfalen-Anthologien und machten ihn über Münster hinaus bekannt, bevor er 1902 und 1913 seine eigenen Gedichtbände herausbrachte.

Inzwischen waren neue plattdeutsche Autoren in Westfalen und anderen Landschaften Niederdeutschlands hervorgetreten, formbewusster und literarisch anspruchsvoller, darunter die Münsterländer Ferdinand Krüger (geb. 1843) und Hermann Wette (geb. 1857). Ihre Romane und Gedichte bedeuteten eine Wende. Davon blieb auch Marcus in seinem Schaffen nicht unberührt. In seinen Gedichten gewann er einen neuen Ton.

Augustin Wibbelt (geb. 1862) als Erzähler und Lyriker, Karl Wagenfeld (geb. 1869) als Erzähler und Dramatiker waren schon Autoren einer weiteren Entwicklung. Hinter ihrer zunehmenden Geltung und Produktivität trat Marcus zurück. Den Wert seines lyrischen Werkes mindert das nicht. Mit seiner anekdotischen Kurzprosa indes war er nur einer unter vielen anderen.

Eli Marcus, am Anfang der Weimarer Republik gerade 65 Jahre alt, blieb noch mit mehreren selbstständigen und verstreuten plattdeutschen Publikationen bis 1925 in der plattdeutschen Szene präsent, seine Stücke erlebten neue Auflagen und er genoss weiterhin hohes Ansehen. Der Autor Bernard Hüsemann widmete ihm

1925 sein Schauspiel *Moders Krüß* mit den bezeichnenden Worten: »Dem Altmeister des münsterländischen Volksstückes«.

Die niederdeutsche Literaturgeschichte – mehr als mancher wahrhaben will auch Kommunikationsgeschichte – bietet immer noch Überraschungen. Eli Marcus ist dafür bezeichnendes Beispiel. An seinem Werk lässt sich jedoch ebenso erkennen, dass plattdeutsche Literatur jüdischer Autoren keineswegs eine besondere Kategorie ist, sondern Teil eines Ganzen. Wenn man schon spezifizieren will: eher Zeugnis geglückter Symbiose und personaler Selbstfindung denn anderes. Das gelungene Werk ist der Zugewinn, der auch andere beschenkt.

Eli Marcus bei einer Aufführung der Posse »Söffken van Gievenbieck« der AZG (alle: Slg. Abendgesellschaft Zoologischer Garten e. V., Münster)

1913 erschien Eli Marcus Gedichtband *Sunnenblomen. Dichtungen in der Mundart des Münsterlandes.* (Slg. Gisela Möllenhoff, Münster)

Heimat in der Sprache | 141

Walter Gödden

»Leichte Kunst ist schwer«[1] oder »Kunst bringt Gunst«[2]
Der Vortragsvirtuose Joseph Plaut[3]

Autogrammkarte, um 1914 (Deutsches Kabarettarchiv Mainz)

Joseph Plaut ist nur 30 Jahre nach Peter Hille, dem Literaturvaganten aus Erwitzen und ersten »Kabarett-Heroen« Westfalens, geboren, und doch liegen Welten zwischen beider Leben und Werk. Plaut war kein Autor im eigentlichen Sinn, wenngleich er zahlreiche Humoresken verfasste. Bekannt wurde er vor allem als Vortragskünstler. Anders als Hille ging es ihm nicht um »hehre Kunst«, sondern darum, sein Publikum anspruchsvoll zu unterhalten.

Das Kabarett im Hause nannte Joseph Plaut eine seiner literarischen Kompilationen. Der Untertitel erläutert, worum es geht: »Ein vergnügliches Vortragsbuch von Joseph Plaut. Der Altmeister des Humors bringt in dieser Anthologie der Fröhlichkeit die schönsten Stücke aus seinem Vortragsprogramm; u. a. Beiträge von Erich Kästner, Manfred Kyber, Detlev v. Liliencron, Theodor Fontane, Otto Julius Bierbaum, Aug. Kopisch, Fred Endrikat, Chr. F. Gellert usw.«

Kein politisches Kabarett also, sondern literarisches. Vier Bücher hat Joseph Plaut herausgegeben und alle stehen in unmittelbarem Bezug zu seinem Bühnenprogramm. Sein Repertoire umfasste – in der gedruckten Form – rund 250 Stücke von nahezu 90 Autoren sowie 72 eigene Prosastücke. Die Zahlen sind den beiden umfangreichen Plaut-Dokumentationen Eugen Heinens aus dem Jahr 2004/2006 entnommen.[4] Diese bieten eine kritische Würdigung dieses »Großmeisters des deutschen Humors«. Beigegeben ist eine CD mit 18 Original-Schallplattenaufnahmen Plauts. Die Hörproben lassen sogleich erkennen: Plaut war ein Virtuose seines Fachs, ein Bühnendinosaurier, der das Publikum schnell in der Hand hatte. Heinens Veröffentlichungen sind zugleich eine späte Wiedergutmachung an einem Autor, der wegen seines jüdischen Glaubens schwerste Zeiten zu überstehen hatte. Der vorliegende Beitrag fußt maßgeblich auf dem von Heinen zusammengetragenen Material.

***

»Großmeister des deutschen Humors« – von hierher ergeben sich viele Parallelen zu Fred Endrikat[5]. Plaut hatte dessen Texte ebenfalls in seinem Programm. Wie Endrikat trat auch Plaut in bekannten Häusern auf, unter anderem in Wilhelm Schaefers Berliner »Kabarett der Komiker«. Dennoch bezeichnete sich Plaut nicht als Kabarettist, sondern bevorzugt als »Vortragskünstler« oder, wortspielerisch, als »Plauterer«.

Plaut war einer der beliebtesten deutschen Sprechkünstler seiner Zeit. Er stand unzählige Male auf der Bühne, war im Rundfunk und auf Schallplatte zu hören. Im Fernsehen war er Gast in beliebten Unterhaltungssendungen von Peter Frankenfeld, Hans-Joachim Kulenkampff, Hans Rosenthal oder Heinz Schenk. Zu seinen Bühnen-Partnerinnen zählten Ursula Herking, Carsta Löck und Lilli Palmer.

Plaut trat aber auch auf ganz kleinen Bühnen auf, in Kurorten etwa oder im Detmolder oder Lemgoer Gymnasium. Er stand überhaupt gern im Rampenlicht, sei es als Schauspieler, Sänger oder Rezitator.

Plauts eigene runde Geburtstage und Jubiläen waren große Gala-Veranstaltungen. Bei seinem 50-jährigen Bühnenjubiläum war Hans Albers einer der ersten Gratulanten. Auch zum 60-jährigen Bühnenjubiläum erschienen zahlreiche würdigende Presseberichte, Rundfunkinterviews und eine Fernsehsendung. Seinen 70., 75. und 80. Geburtstag feierte Plaut öffentlich. Anlässlich seines 75. versicherte Ursula Herking: »Wir sind so froh, dass es so was wie dich gibt, lieber Joseph Plaut.«[6] Zum 80. Geburtstag widmete ihm der Westdeutsche Rundfunk eine eigene Sendung. Am 27. Mai 1959 wurde ihm auf Vorschlag des Ministerpräsidenten von Nordrhein-Westfalen das »Verdienstkreuz am Bande des Verdienstordens der Bundesrepublik Deutschland« verliehen.

Das alles machte Plaut zu einer Größe der deutschen Medienlandschaft. Über ihn wurde seitenlang in der Presse berichtet.[a]

Auf dem Höhepunkt seiner Karriere, Ende der 1920er Jahre, war Plaut als freischaffender Sänger, Schauspieler und Vortragskünstler

> ein reicher Mann. Er erhielt nicht nur aus ganz Deutschland, sondern auch aus dem deutschsprachigen Ausland, selbst aus Amerika Auftrittsangebote. Seinen ständigen Wohnsitz hatte er in jener Zeit mit seiner Frau Maria Plaut-Schneider, einer Berliner Sopranistin, in Berlin-Falkensee (Reinickestraße 8). Ihr Wohnhaus, ein modernes holzverkleidetes Gebäude im Stil der ›Neuen Sachlichkeit‹, hatten die Eheleute 1928 von einem italienischen Architekten errichten lassen. Seine Vortragsreisen unternahm Plaut mit eigenem Chauffeur und eigenem Wagen, einem eleganten amerikanischen Auto der Marke Buick.[8]

***

Joseph Plaut wurde am 5. Juni 1879 in Detmold geboren. Er entstammte einer jüdischen Familie. Sein Vater war Lehrer und Schulinspektor. Er hielt auf Tradition und praktizierte die jüdischen Glaubensgebote orthodoxer als sein Sohn Joseph. Der junge Joseph besuchte zunächst die jüdische Grundschule und wechselte 1888/89 in die Sexta des Gymnasiums Paulinum. Er war ein mäßiger Schüler.

Einige Monate vor seinem 16. Geburtstag trat er in Vlotho eine Kaufmannslehre bei der Firma »Manufakturwaren der Gebrüder Rüdenberg« an. Plauts Tätigkeit bestand darin, im Außendienst Kunden anzuwerben. Dies gelang ihm offensichtlich so gut, dass ihm das dritte Lehrjahr erlassen wurde. Anfang 1899 suchte sich Plaut eine neue Arbeit in Hildesheim bei »Loebenstein & Freudenthal«. Von seinem Gehalt kaufte er sich modische, auffällige Kleidung (was er zeitlebens beibehielt) und besuchte das Theater und Konzerte. Nach einem Jahr kehrte er nach Detmold zurück und beschloss, seine Militärausbildung beim 55er Regiment zu absolvieren. Aufgrund seiner jüdischen Herkunft waren ihm Aufstiegsmöglichkeiten verwehrt.

21-jährig fasste er den Entschluss, seine Ersparnisse aufzuwenden, um sich in Berlin künstlerisch ausbilden zu lassen – eine Entscheidung, die im Elternhaus auf keine Akzeptanz traf: In der Einleitung zum *Heiteren Plaut-Buch* (Band I, S. 3) heißt es: »Wie ich zur Bühne kam? Der übliche Weg, Sturm und Drang, glühende Liebe zur Kunst, unglücklich im praktischen Beruf, Kampf, Tränen, Zerwürfnis mit der Familie usw. usw., dann alle Brücken abgebrochen, und an der Schmiere sehen wir uns wieder!«[9]

In Berlin schrieb sich Plaut am Stern'schen Konservatorium ein, der damals berühmtesten Ausbildungsstätte für Gesang. Sein Debüt als Sänger gab er 1902 in der Rolle des »Kilian« in Carl Maria von Webers »Freischütz« oder 1903 am Stadttheater in Wismar als »Adam« in Karl Zellers »Vogelhändler« – seine eigenen Angaben sind diesbezüglich widersprüchlich. »Zu Joseph Plauts Berliner Zeit gibt es nur einige spärliche und wenig aussagefähige Belege. Er scheint dort seine Gesangsausbildung aus finanziellen Gründen nicht bis zur Abschlussprüfung durchgehalten und sich mit Gelegenheitsarbeiten, vielleicht auch mit der Übernahme kleinerer Gesangsrollen, über Wasser gehalten zu haben. 1951 sagte er in einem Presseinterview dazu: »[...] nur ein Jahr, dann war das Geld alle! Das war mein Glück, sonst hätte ich viele Jahre vergeudet!«[10]

Dass es eine entbehrungsreiche Zeit war, beschrieb Plaut mit dem ihm eigenen Humor:

> Als ich vor vielen Jahren hier in Berlin das Stern'sche Konservatorium besuchte, aß ich nicht bei Borchardt, auch nicht bei Kempinsky, sondern bei Lehmann in der Bernburger Straße – – kennen Se die? Na, det is doch das Lokal, Sie wissen doch, in die Bernburger Straße, wo die Droschkenkutscher verkehrten. [...] Um nun auf Frau Lehmann zu kommen! – Also, ich will sagen, ich verkehrte dort; einmal, weil ich gezwungenermaßen nach Kalorien leben musste, nicht aus sanitären, sondern aus pekuniären Gründen – Gott, ich war damals noch so schlank – dann aber, weil ich dort das ideale Lokal zu lokalen Dialektstudien gefunden hatte.[11]

Nach dem Abgang vom Stern'schen Konservatorium blieb Plaut zunächst in Berlin und suchte sich eine Stelle an einem »Schmierentheater«:

> So wandte ich mich an einen der kleinen Theateragenten, j. w. d. [›janz weit draußen‹], Hinterhaus, vier Treppen hoch, und der brachte mich an die Schmiere, die ja bekanntlich die beste Schule für den werdenden Künstler sein soll. Ich habe es nie bereut! Mein erster Vertrag war ein Unikum, ich war darauf nicht nur als Sänger und Schauspieler verpflichtet, sondern auch, so stand's am Rand geschrieben, als Bürogehilfe und Theaterbibliothekar![12]

Bereits in dieser Zeit begann Plaut damit, Anekdoten über Theatergrößen zu sammeln und aufzuschreiben.

Von seinem 24. bis 33. Lebensjahr war Plaut an deutschen Provinzbühnen in Wismar, Schleswig, Rendsburg und Metz beschäftigt. Hieran schloss sich eine mehrjährige Verpflichtung am Stadttheater Essen an (1907–1912). Dessen Direktor Georg Hartmann nahm Plaut mit nach Berlin-Charlottenburg an die »Deutsche Oper«, die 1912/1913 ihre Arbeit aufnahm. Plaut wirkte bis 1914 an 15 namhaften Opernaufführungen mit. An der »Deutschen Oper« lernte Plaut auch seine Frau, die Schauspielerin Maria Schneider, kennen, die er 1913 heiratete und mit der er viele Male gemeinsam, auch bei seinen eigenen Programmen, auf der Bühne stand. So im April 1914 in mehreren Aufführungen in Detmold (»Fürstliches Interimstheater« und »Neues Lichtspielhaus«). Es han-

»Lippe-Detmold, eine wunderschöne Stadt«, das Soldatenlied aus der Zeit des Ersten Weltkriegs wurde von Joseph Plaut ohne jegliche militärische Attitude als ironisches Antikriegslied vorgetragen. (Jüdisches Museum Westfalen)

delt sich um die ersten gemeinsamen Auftritte des Ehepaars in Detmold, denen später noch weitere folgen sollten.[13] Der »Heitere Abend« am 28. April 1914 im »Interimstheater« ist der erste Beleg für einen Auftritt Plauts als Sprechkünstler. Er rezitierte Texte von Daudet, Fontane, Fritz Reuter und Tschechow, seine Frau sang Lieder und Arien von J. Marx, Reger, Taubert, Wagner und Weingärtner.

»Vom 1. August 1914 bis 1918 kam das dicke Engagement am Welttheater. Gespielt wurde ›Mit Gott für König und Vaterland‹«[14] – die nonchalante Formulierung Plauts spielt auf seine mehrjährige Tätigkeit als Truppen-Unterhalter im Ersten Weltkrieg an. Als »ehemalig Gedienter« war er gleich eingezogen worden. Im *Heiteren Plaut-Buch* (Bd. I, S. 3 f.) schreibt er:

Der Weltkrieg 1914/18 sah mich als ehemalig Gedienten bereits in seinen Anfängen in den Vogesen. Hier wie späterhin im Osten hatte ich mehr denn je Gelegenheit, neben meiner artilleristischen Tätigkeit den Humor zu pflegen, denn nirgends ist man lüsterner auf Unterhaltung und Zerstreuung als da draußen. So wurde ich bald entdeckt, zumal einige »Schlorndorfer« (Spitzname für Charlottenburger) mich vom Deutschen Opernhaus, Charlottenburg, kannten, dem ich bis dahin als Tenorbuffo angehört hatte. Bald hieß es: »Wir haben einen Opernsänger in der Batterie!« Kurz, es sprach sich herum, und nun wurde ich von allen Seiten animiert: »Schieß mal los!« oder »Josef, mache mal een Ding!« oder »Kennst de det scheene Lied: Kipp mir mal det Wasser aus dem Stiebel?« Jeder hatte seine persönliche Art der Aufforderung. Natürlich musste ich mich künstlerisch vollständig umkrempeln; denn als Opernsänger ohne Kulissen, Kostüm und Maske wirkt man nicht. Ich legte mich also aufs Humoristische, und mein Ansehen stieg. Bald war ich der Liebling der Kameraden, bald auch erfreute ich mich der Gunst der Herren Offiziere! – Kunst bringt Gunst! – Aber auch welch eine Anregung für mich, wenn es mir gelang, eine trübe Stimmung im Keime zu ersticken oder das Fest der Heiligen Barbara (ein artilleristisches) zu verschönen! Dann auch die Vielseitigkeit der Ansprüche! »Kulicke« wollte was anderes hören als die Herren Offiziere! Vor allem aber die herrliche Gelegenheit, Dialekte zu studieren! Denn tatsächlich war in unserer Batterie alles Typische vertreten: Berlin, Ostpreußen, Mecklenburg, Sachsen, Bayern, Württemberg, Elsaß, sogar »Lippe-Detmold, eine wunder-s-chöne Stadt« hatte einen Soldaten, und der war ich selbst. So erlernte und erlauschte ich da draußen alle Phasen jeglichen Dialektes, seinen Witz, seinen Zorn, seine Freude, seine Wehmut, kurz jede Stimmung, und so wurde ich durch den Krieg auf mein eigentliches Kunstgebiet gebracht.[15]

Ins eigentliche Kriegsgeschehen war Plaut wohl nicht einbezogen.

Nach Ende des Kriegs zog Plaut mit den wichtigsten Attributen eines Vortragskünstlers »feldmarschmäßig ausgerüstet durch Deutschlands Städte, und überall erwarb ich mir Anhänger und Freunde.«[16] Die Zeiten und mithin die Theaterlandschaft hatten sich verändert. Die »Deutsche Oper«, wie andere Theater auch, litt unter akuter Finanzknappheit. Der Spielbetrieb war 1916/1917 erheblich eingeschränkt worden. Nach dem Krieg bot sie »weder Joseph Plaut noch seiner Ehefrau Maria Schneider-Plaut eine durchgehende Beschäftigung mehr an«.[17]

Plaut besann sich auf seine Talente als Rezitator: »Als der schlechte Spaß [des Ersten Weltkriegs] zu Ende war, fing ich meine eigenen Späße an, und zwar als Vortragskünstler. Das vierjährige Engagement [als Frontunterhalter] hatte mich allerlei gelehrt, und mit diesen Erfahrungen ausgerüstet, vor allem der Erkenntnis, dass neben der Tragik die Komik steht, reiste ich durch die Lande.«[18]

Plaut hatte durchschlagenden Erfolg. Die *Lippische Landes-Zeitung* meldete am 19. Mai 1925, dass Plaut in Berlin bereits über 300 Abende veranstaltet und damit den größten Rekord eines einzelnen Künstlers errungen habe.[19] Ebenso erfolgreich waren die »Heiteren Plaut-Abende«, mit denen Plaut und seine Frau seit Mitte der 1920er Jahre in zahlreichen Badeorten gastierten.

In die 1920er Jahre fallen auch Plauts Buchveröffentlichungen *Das heitere Plaut-Buch, eine Sammlung feinkomischer und lustigster Gedichte und Vorträge aus dem Programm der heiteren Plaut-Abende* (um 1920/1921), dem bald eine zweite Sammlung gleichen Titels folgte, sowie *Hille-Bille. Original-Vorträge aus dem Programm der heiteren Plaut-Abende* (1929). Plaut konnte man auch im Rundfunk und auf Schallplatte hören: Im Deutschen Rundfunkarchiv sind aus dem Jahrzehnt 1923 bis 1933 über vierzig Rundfunkmitschnitte und Schallplattenaufnahmen Plauts erhalten, größtenteils aus den Jahren 1927 und 1928.[20] Alle großen Schallplattenfirmen (u. a. Ariola, Deutsche Grammophon, Gloria, Imperial, Odeon, Polydor, Telefunken, Vox) hatten Plaut im Programm. In wirtschaftlicher Hinsicht ging es Plaut blendend. Agenten und Veranstalter rissen sich um ihn. »Seine Kunstreisen von Charlottenburg bis zum Bodensee waren

Triumphzüge, begleitet vom Klickern der Eintrittsgelder; ausverkaufte Häuser säumten seinen Weg.«[21]

Ein Theaterkritiker der *Lippischen Landes-Zeitung* schrieb am 13. April 1929:

> Blicke ich auf die lange Reihe von Disören [Sprechern] und Disösen [Sprecherinnen] zurück, die ich in meinem Leben gehört habe, so fällt mir im Augenblick nicht einer ein, der mit so zarten Mitteln arbeitete wie Plaut. Eine leise Schattierung der Stimme, eine leichte Grimasse, ein Fingerwink, eine kaum angedeutete Körperbewegung genügen ihm, um eine Situation aufzustellen, eine Gestalt greifbar zu machen, eine Gemütsbewegung nachfühlen zu lassen. Es offenbart sich darin ein hoher Grad von leiblicher Phantasie, von nachbildendem Anschauungsvermögen, ein feiner Sinn für Gestaltung in der Kontur. Anekdoten, lippische Kindheitserinnerungen, ein bisschen Fritz Reuter, ein bisschen Gorch Fock, ein bisschen Mark Twain, Schauspielerstammtischschnurren […] bildeten das Programm. Jedes war ein Nichts und doch ein süßes Etwas, und alles löste die ungemischte Freude des verständnisvollen Publikums aus. Das Publikum machte mir dabei ebenso viel Freude wie der inzwischen hübsch rundlich gewordene Mann auf der Bühne, und zwar deshalb, weil sein überquellendes herzliches Lachen sein Gefühl für feine und diskrete Kunst bewies.[22]

***

Doch die ungetrübten Jahre hielten nicht lange an. Im Gefolge der Wirtschaftskrise mussten Ende der 1920er Jahre hunderte Theater schließen, tausende Künstler verloren ihre Engagements. Als Plaut in so bedrängter Zeit am 11. April 1932 in Detmold einen »Heiteren Abend« gab, inszenierten lippische Nazis eine Provokation. Sie warfen Stinkbomben, riefen »Deutschland erwache, Juda verrecke!« und stimmten das »Horst-Wessel-Lied« an. »Dieser ›Theaterskandal‹ führte in den folgenden Wochen in Lippe zu einer regelrechten Presseschlacht und endete mit zwei Strafverfahren vor dem Detmolder Amts- und Landgericht.«[23]

Nach Hitlers Machtergreifung wurde Plaut seine »braune Mitgliedskarte« in der Reichsmusikkammer im August 1935 aberkannt und ihm somit die Möglichkeit zu weiteren Auftritten genommen. Dennoch stand er 1936 noch auf der Bühne. Dann wurde die Situation für ihn so gefährlich, dass er auf Drängen seiner Frau Deutschland verließ. Sein Bruder Sigfried und dessen Frau Martha sowie seine Tante Ernestine mit ihren Töchtern Ellen und Hanna wurden in Theresienstadt und Auschwitz ermordet.

Über die entbehrungsreiche Zeit seines Exils berichtete Plaut nach seiner Rückkehr nach Detmold (1949) galgenhumorig:

> Mit zehn Mark in der Tasche verließ ich 1935 [muss heißen: 1936] Deutschland, verdiente mir in der Schweiz, wo ich wohl bekannt bin, schnell meine Überreise nach Südafrika und begab mich zu meinen Geschwistern, die in Johannisburg leben, Dort traf ich auf eine englische Operngesellschaft, »The Royal Carl Rose Opera Company«, gastierte auf Engagement als Eisenstein [»Die Fledermaus«] in Englisch. Blut und Wasser schwitzte ich, denn Angst plus Tropenhitze ist fast zuviel für den einzelnen. Ich bestand und ging mit ihnen [1937] nach England, von Stadt zu Stadt, und lernte so das Land gründlich kennen. Da kam der Krieg und aus dem Tenor-Buffo wurde ein feindlicher Ausländer. Entlassen, gründete ich beleidigt schon nach kurzer Zeit mein eigenes Theater in Ramsay auf der Insel Man, allerdings hinter Stacheldraht und ohne Gage, aber dafür engagierte ich meine mitgefangenen Kollegen mit derselben Gage, bei voller Verpflegung. Meine Frau, stets geneigt, mir's nachzutun, spielte nun auch Gefangene, zwar nicht in England, aber woanders, auch bei voller Verpflegung, »voller« ist zuviel gesagt, »Verpflegung« vielleicht auch. Aber sie wollte ja immer schlanker werden. Sie brachte es denn auch auf 95 Pfund bei ihrer Befreiung. Doch beileibe keine Traurigkeit. »Here we are«, wie der Engländer sagt, oder besser auf lippisch: »Wir seint' er wieder!« Aller Kummer sei vergessen, denn schließlich bin ich ja Komiker und habe Fröhlichkeit zu bringen, was ich nach Herzenslust auch zu tun gedenke.[24]

Plattencover zu Joseph Plauts westfälischen Liedern (Jüdisches Museum Westfalen)

»Leichte Kunst ist schwer« oder »Kunst bringt Gunst«

In Südafrika und England hatte Plaut am Rande des Existenzminimums gelebt und sich, abgesehen von kleineren Engagements, mit gelegentlichen Auftritten und Schauspielunterricht, durchgeschlagen. Vor allem litt er unter der Trennung von seiner Frau, die weiterhin in Berlin lebte. Er war umtriebig wie eh und je, doch hatte er in der Fremde (und aufgrund mangelnder Sprachkenntnisse und der politischen Umstände) kaum Entfaltungsmöglichkeiten. Mit der »Royal Carl Rose Opera Company« bereiste er im Frühjahr und Sommer 1937 Südafrika und Rhodesien. In England, wo er seit 1937 lebte, war er 1939, nach Kriegsausbruch, wie viele deutsche Emigranten, eine Zeitlang auf der Isle of Man interniert. Auch hier versuchte Plaut das Beste aus seiner Lage zu machen, organisierte ein Kulturprogramm für die deutschsprachigen Internierten und führte einen »Heiteren Plaut-Abend« sowie einen »Lieder- und Arienabend« auf.

Nach seiner Entlassung aus dem Internierungslager zog Joseph Plaut nach London. Er behielt hier noch lange Zeit einen Wohnsitz, auch als er wieder Gastspiele in Deutschland gab. Ende September 1949 kehrte er nach Detmold zurück. Kurz zuvor war sein erster Auftritt nach dem Krieg am 18. September 1949 in Berlin von seinen früheren Anhängern bejubelt worden. Die Presse schrieb: »[…] Heute, bei seiner Wiederkehr nach vierzehn Jahren, beweisen die alten Nummern – mit einigen Ausnahmen – noch immer ihre alte Zündkraft. Wieder erregen seine Volkslied- und Freischützpersiflagen, sein ›Dialektisches‹, seine Prosa-Stücke Lust und Jubel, und das Parkett des Renaissance-Theaters will sich auch eine Viertelstunde nach Schluß der Vorstellung noch nicht leeren. […] ein neuer Triumphzug sollte ihm sicher sein.«[25]

Der Umzug von London nach Detmold fiel ihm leicht, weil Plaut nach wie vor für die »wunderschöne Stadt« und den »Reiz der lippischen Heimat« schwärmte. Im Frühjahr 1950 trat er in Berlin mehrmals in Willi Schaeffers »Kabarett der Komiker« auf, im Herbst 1951 im »Theater am Kurfürstendamm« und in den Jahren 1953/1954 weit über einhundert Mal in der Rolle des »Emanuel Striese« (»Raub der Sabinerinnen«) im Berliner Hebbel-Theater. In der ehemaligen DDR gab er unter anderem Gastspiele in Berlin, Leipzig und Dresden. Heinen zählt 40 bundesdeutsche Städte und Kurorte auf, in denen Plaut auftrat – überall wurde er begeistert empfangen. Das war auch noch der Fall, als er das achtzigste Lebensjahr schon überschritten hatte.

»Das Ehepaar Plaut unternahm bis ins hohe Alter Reisen zu Verwandten in Südafrika (1963) und Israel (1957, 1965). Auch dort gab Plaut Vorstellungen in Kibuzzim und Seniorenheimen. In Tel Aviv, Haifa und Jerusalem trat er auch öffentlich auf. Die weite Reise nach Südafrika (1963) war gleichzeitig die ›Goldene Hochzeitsreise‹ des Ehepaars Plaut. Auch über diese Reise berichtete die Presse.«[26]

Auch auf dem Buchmarkt wurde Plaut mit *Das Kabarett im Hause. Ein Vergnügliches Vortragsbuch* (Berlin 1952, Neuauflage unter dem verkürzten Titel: *Vergnügliches Vortragsbuch*, Neuwied 1963) sowie *Humor des Herzens* (1960) aktiv. Die Textsammlungen knüpften an seine Veröffentlichungen aus den 1920er Jahren an. Sie enthielten teilweise identische Texte, die Plaut um neue, persönlich gefärbte Anekdoten anreicherte.

***

Humor des Herzens – Plauts Buchtitel bringt es treffend auf den Punkt. Das besondere Kennzeichen der Plautschen Texte ist ihr versöhnlicher Humor. Intellektuelle Schärfe, das Anprangern von Missständen und die Welt der Politik – all das ließ er außen vor. Sein Repertoire war rückwärtsgewandt und nicht auf Konfrontation angelegt.

Er stand mit einer solchen Meinung nicht allein. Sein Publikum war zwar an anspruchsvoller Unterhaltung interessiert, wollte dabei jedoch nicht »überfordert« werden. Es besuchte seine Veranstaltungen, um sich abzulenken, sich an Dichtung und Plauts genialer Darstellungskunst zu erfreuen und nicht, weil es auf politische Meinungsbildung aus war. In dieser Hinsicht machte Plaut Programm für all jene, die nicht zum Establishment gehörten oder an den Schalthebeln der politischen Macht saßen. Der »Humorist der alten Schule« und sein Publikum waren, wie es in einer Kritik heißt, »eine große Familie«. In dieser Hinsicht wurde Plaut als »der letzte große Humorist aus der Schule von Otto Reutter und Marcel Salzer« bezeichnet, »deren Witz ohne scharfen satirischen Stachel die komischen Seiten des Lebens gemütvoll beleuchtet«.[27]

Der *Philosoph in der Westentasche* (ein Titel Plauts) scheute sich anzuecken. Peter Schütze hat diesbezüglich

Ankündigung eines Auftritts von Joseph Plaut in Cambridge (Deutsches Kabarettarchiv Mainz)

ein Plautsches Charakterbild gezeichnet, dem nichts hinzuzufügen ist:

> Er zog es vor, Gemüt zu zeigen, Schnurrpfeifereien vorzutragen. Er rieb sich nicht an stachligen Zeitgenossen. Brecht, Mehring, Tucholsky – von Plaut vorgetragen? Heine? Hier und da. Nein, die Welt, die Plaut der unbehausten großen entgegenzuhalten hatte, war beschaulicher, kleiner. Um einen Birnbaum herum, wie in Fontanes »Herr von Ribbeck auf Ribbeck«, ließ sich auch die ganze Welt gestalten, ihr Stirb und Werde, Güte, Geiz, sozialer Unterschied und Verantwortung. Und alles ließ sich ins Reich der gesprochenen Töne transponieren. Und wenn sich ein Takt singen ließ (»Jesu meine Zuversicht«), dann sang er ihn mit der rührenden Zittrigkeit der trauernden »Bauern und Büdner mit Feiersicht«. Der Vortragskünstler Plaut war ein Genremaler. Ein Schilderer. Kein Kritikus. Kein Engagierter. Er biss nicht, er lächelte. Er griff nicht an. er ließ vergnügt paradieren. Er karikierte nicht, er pinselte aus. Er brauchte Partner in der Literatur, die ähnlich dachten und fühlten. Selbst Ringelnatz, Morgenstern, sogar Wilhelm Busch tauchen nur gelegentlich bei ihm auf. Deren poetische Kreise berührten die seinen; die aber füllte er mit eigenen Texten, mit seinen Humoresken und mundartlichen Szenen.[28]

Es ist nicht zu leugnen: Plaut blendete dunkle Kapitel der deutschen Geschichte und auch sein eigenes jüdisches Schicksal aus. Er verdrängte es. Zumindest auf der Bühne. Nicht, weil Plaut ein unkritischer Mensch war, sondern weil es nicht zum Naturell dieses »geborenen Optimisten« passte. Wenn er mit seinem Wahlspruch »Schwamm drüber!« auch sein eigenes jüdisches Schicksal hinwegwischte, klingt das leichtfertig, passt aber zum Wesen eines Künstlers, der sein wahres Gesicht hinter der Maske des Schauspielers verbergen konnte. Peter Schütze: »Plaut [...] versteckte sich hinter den Dialekten, die er imitierte. Er gewann damit wohl auch Distanz zu der Welt, die er darstellte.«[29] Und sein Schauspielkollege Edgar Selge ergänzt: »Wie sonst hätte er als Jude mit seiner Verzweiflung umgehen können? Er musste doch sein positives Weltbild retten!«[30]

Ankündigung eines Auftritts von Joseph Plaut in Cambridge (Deutsches Kabarettarchiv Mainz)

Angelika Weide
Leo Steinweg, Motorrad-Rennfahrer aus Münster

Leo Steinweg, geb. 1906 in Münster, gestorben 1945 im KZ Flossenburg träumte bereits als Kind davon Rennfahrer zu werden. Nach abgeschlossener Mechaniker-Lehre gelang es ihm über Kontakte mit der örtlichen DKW-Vertretung Verbindung zu den DKW-Werken im sächsischen Zschopau aufzunehmen. Im Frühjahr 1924 nahm man den gerade 19-jährigen dort als Fahrer unter Vertrag.

In den nächsten Jahren wurden die 400 Meter Zement- oder Holzbahnen in Gelsenkirchen, Hamborn, Elberfeld, Dresden, Hannover, Stettin und Münster das sportliche Zuhause für den jungen Rennfahrer, zuerst auf 175 ccm- Maschinen, später auch in der 250er Klasse. Der bald von der Presse als »Held des Tages« gefeierte Motorradsportler belegte dabei fast immer einen der vordersten Plätze. Mit den Preisgeldern konnte Steinweg im Jahre 1929 schließlich ein eigenes Motor- und Fahrradgeschäft mit angeschlossener Werkstatt eröffnen. Trotz all seiner sportlichen Erfolge erlebte er in diesen Jahren schon antisemitische Anfeindungen, und seine katholische Freundin Emmy musste sich die Frage gefallen lassen, warum sie sich mit einem »Juden« einließe.

Die Machtergreifung der Nazis am 30. Januar 1933 war für den jüdischen Sportler Steinweg der Anfang vom Ende einer erfolgreichen Karriere. Als erstes wurde am 1. April sein bis dahin gut gehendes Geschäft von SA-Leuten besetzt und vorübergehend geschlossen.

Dennoch übte er vorerst weiter seine Rennfahrertätigkeit aus, bis er im Juli 1933 ein Lizenzformular für die Ausübung des Rennsportes für das Jahr 1934 erhielt, in dem unter anderem die Frage nach einen Ariernachweis gestellt wurde. Spätestens jetzt erkannte Steinweg, dass er seinen Beruf würde aufgeben müssen, er nahm jedoch, solange es noch möglich war, weiter an Motorradrennen teil.

Im Sommer 1933 heiratete er seine Freundin – gerade noch rechtzeitig vor Inkrafttreten der Nürnberger-Rassegesetze 1935, die eine Eheschließung zwischen Juden und sogenannten Ariern unter Strafe stellten.

Den Vorschlag seiner Frau, Nazi-Deutschland zu verlassen, lehnte Leo Steinweg noch immer ab, er war fest davon überzeugt, dass das Hitlerregime nur eine vorübergehende Ära sein würde. Das Münsteraner Geschäft des einstmals so erfolgreichen Rennsportlers geriet in immer größere finanzielle Schwierigkeiten – die Kunden blieben weg oder bekamen Probleme, wenn sie bei einem jüdischen Geschäftsmann ein Motorrad kauften.

Ein Freund, der zur der SS gehörte, riet ihm im Sommer 1938 dringend zur Ausreise, und diesmal folgte Leo Steinweg dem Rat. Als Leo Israel, mit einem »J« im Pass und 30 Reichsmark in der Tasche, überquerte er am 1. September – als Besucher – die deutsch-niederländische Grenze bei Gronau-Enschede (zu diesem Zeitpunkt hatte die niederländische Regierung bereits ein offizielles Einreiseverbot für Juden erlassen). In Münster kündigte seine Frau die gemeinsame Wohnung und verkaufte alle Möbel. Bei der Auflösung des Geschäftes musste sie einen Verlust im sechsstelligen Bereich hinnehmen – die Käufer wussten sehr wohl, dass der einst hochgelobte Radrennfahrer Leo Steinweg so schnell nicht zurückkommen würde.

Die einzigen Andenken an seine erfolgreichen siebenjährigen Rennfahrer-Karriere – zwei Kisten mit Silberpokalen, Silberschalen und Kranzschleifen – konnte er vor der Ausreise noch bei seinen Schwiegereltern deponieren.

In den Niederlanden wurde Steinwegs Pass bald darauf von der Polizei eingezogen. Er konnte in Utrecht untertauchen – und hierhin folgte ihm später auch seine Frau Emmy. Im Mai 1940 überfielen deutsche Truppen die Beneluxstaaten. Das Ehepaar Steinweg lebte danach über zwei Jahre versteckt in der obersten Etage des Hauses Hartingstraat 18.

Am 28. August 1942 wurde Leo Steinweg mitten in der Nacht abgeholt, kurz darauf mit dem Zug über Amsterdam ins Durchgangslager Westerbork deportiert und Anfang November ins Konzentrationslager Auschwitz. Mit Hilfe eines Wehrmachts-Bewachers konnte er jedoch weiterhin brieflichen Kontakt mit seiner im niederländischen Exil lebenden Frau halten. Wiedergesehen hat er sie allerdings nicht mehr – kurz vor der Befreiung durch die Alliierten starb Leo Steinweg im nahe der tschechischen Grenze gelegenen KZ Flossenburg. Seine Ehefrau Emmy erfuhr erst 1948 von seiner Ermordung.

Am Start auf der Rennbahn

Aus dem Fotoalbum von Emmy Herzog, verw. Steinweg

Dem Sieger, 1926

oben: Rennen, 1929   unten: Mit Emmy

Auf der Hammerstraße in Münster, vor dem Motorradgeschäft Hünteler

Ankunft nach der Länderfahrt am Verspoel in Münster, 1932 (alle: Slg. Gisela Möllenhoff, Münster)

Hubert Schneider
Unermüdliche kulturelle Aufbauarbeit
Dr. Carl Rawitzki: Sozialdemokratischer Rechtsanwalt und führender Kulturpolitiker in Bochum (1879–1963)[1]

Die Stadtverordnetenversammlung der Stadt Bochum beschloss in ihrer Sitzung am 3. Mai 1962, dem Rechtsanwalt und Notar Dr. Rawitzki, Bochum, das Ehrenbürgerrecht zu verleihen. In der Begründung hieß es:

> Dr. Rawitzki besitzt besondere Verdienste um die Stadt Bochum. Er war von 1919–1932 Stadtverordneter, Mitglied und Vorsitzender verschiedener Ausschüsse und von 1925 bis 1932 stellv. Stadtverordnetenvorsteher. Nach Rückkehr aus der Emigration als politisch Verfolgter gehörte er der Stadtverordnetenversammlung seit 1952 als Mitglied und Vorsitzender des Kulturausschusses an.
>
> In dreiundzwanzigjähriger kommunalpolitischer Tätigkeit hat Dr. Rawitzki insbesondere das Kulturleben der Stadt Bochum maßgeblich ausgerichtet und beeinflusst. Auf die erfolgreiche Entwicklung des Bochumer Schauspielhauses hat er seit der Gründung im Jahre 1919 durch Initiative und Tatkraft verdienstvoll eingewirkt. Seine unermüdliche kulturelle Aufbauarbeit wirkt sich nachhaltig auch in der Förderung der Shakespeare-Dramaturgie, in Bereichen des städtischen Musikwesens, der Stadtbücherei, des Museumswesens und der Kunstgalerie aus.
>
> Mit seiner hervorragenden Tätigkeit hat sich Dr. Rawitzki um die kulturelle Entwicklung der Stadt Bochum besonders verdient gemacht. Die Wirksamkeit seiner außerordentlichen Leistung für die Bundesrepublik Deutschland hat der Bundespräsident am 11. November 1959 durch die Verleihung des Verdienstkreuzes 1. Klasse ausgezeichnet.
>
> Auf Grund der Empfehlung des Ältestenausschusses vom 18. 4. 1962 und des Hauptausschusses vom 25.4.1962 faßt die Stadtverordnetenversammlung folgenden Beschluß:
>
> Die Stadtverordnetenversammlung hat am 3. Mai 1962 beschlossen, Herrn Rechtsanwalt und Notar Dr. Carl Rawitzki das Ehrenbürgerrecht der Stadt Bochum zu verleihen.
>
> Sie wünscht mit dieser höchsten Auszeichnung, die eine Gemeinde zu vergeben hat, einen Stadtverordneten mit Dank und Anerkennung zu ehren, der seit 1919 die kulturelle Entwicklung der Stadt Bochum durch besondere verdienstvolle Leistungen erfolgreich gefördert hat.
>
> Die Stadt Bochum verleiht das Ehrenbürgerrecht einem Bürger der Stadt, der in dreiundzwanzigjähriger ehrenamtlicher Tätigkeit mit Rat und Tat zum Nutzen der Bürgerschaft selbstlos gewirkt hat.[2]

Die verschollene Ehrenbürgerurkunde der Stadt Bochum für Dr. Carl Rawitzki (Hubert Schneider, Bochum)

Wer war dieser so hoch geehrte Mann, der erste Ehrenbürger Bochums nach dem Zweiten Weltkrieg, der nach den Worten von Bochums Oberbürgermeister Heinemann das *Kulturleben Bochums* geformt hatte? Nach ihm wurde eine Straße in Weitmar benannt, heute ist er aber weitgehend vergessen.

Carl Rawitzki wurde am 21. Oktober 1879 als einer von drei Söhnen des jüdischen Kaufmanns Salo Rawitzki und dessen Ehefrau Regina geb. Posnanski in Thorn geboren.[3] Er besuchte das Gymnasium seiner Stadt und studierte nach dem Abitur in Berlin, München und Königsberg Jura. Die erste juristische Prüfung legte er 1901 ab, die Große Staatsprüfung 1906 in Berlin. 1902 wurde Rawitzki zum Doktor jur. promoviert. 1907 war er erstmals Anwalt in Bochum. Am Ersten Weltkrieg nahm Rawitzki von 1916 bis 1918 als Armierungssoldat teil. Gleich nach dem Krieg, noch vor Abschluss des Waffenstillstandes, ging er als Legationsrat nach Warschau. 1919 ließ er sich endgültig in Bochum als Anwalt nieder.

Den stärksten politischen Anstoß, sich politisch zu betätigen, gab Rawitzki ein Vortrag von Klara Zetkin, die er als junger Mann 1899 in Berlin hörte – er trat noch im selben Jahr in die SPD ein.[4]

Wie kam der junge Sozialdemokrat von Berlin nach Bochum?

In Berlin lernte Rawitzki durch den alten Freund und Kollegen Ernst Heilmann – er wurde 1940 in Buchenwald ermordet – Hermann Sachse und Otto Hue kennen. Hermann Sachse war damals Vorsitzender des sog. Alten Verbandes der Bergarbeiter und Otto Hue Chefredakteur der Bergarbeiter-Zeitung. Beide bestürmten ihn, sich in Bochum als Anwalt niederzulassen. Sie erklärten ihm, in Rheinland und Westfalen gäbe es keinen Anwalt, der ihre Interessen so vertreten würde, wie sie es wünschten.[5]

So wurde Rawitzki der erste sozialdemokratische Rechtsanwalt Bochums. Nach einer Übergangszeit eröffnete er seine Kanzlei – zusammen mit dem Rechtsanwalt Koppel – in dem damals Friedrichstraße genannten Abschnitt der heutigen Kortumstraße. 1920 wurde Rawitzki zum Notar ernannt. Wie er sich später erinnerte, wurde er damals nicht gerade freundlich von der Kollegenschaft aufgenommen.

Der Sozialdemokrat Rawitzki engagierte sich – neben seiner Anwaltstätigkeit – sofort kommunalpolitisch. 1919 wurde er in den Stadtrat gewählt. Dort nahm er zahlreiche Funktionen wahr, vor allem im kulturellen Bereich: Er war u. a. Mitglied der gemeinsamen Theaterkommission Bochum/Duisburg, der Musik- und Theaterkommission, der Ausschüsse der Stadtbücherei und der Gemäldegalerie. Von 1925 bis 1933 war er stellvertretender Stadtverordnetenvorsteher.[6]

Carl Rawitzkis besondere Liebe galt der schöngeistigen Literatur, besonders der Theaterliteratur. Einen großen Anteil seiner ca. 12.000 Bände umfassenden Bibliothek bildeten, neben den deutschen Klassikern, die Originaltexte der ausländischen Roman- und Theaterautoren, namentlich der englischen und der französischen Literatur. Das Theater besuchte er regelmäßig. Vor diesem bildungsbürgerlichen Hintergrund wird nachvollziehbar, dass seitens Rawitzkis und somit der Bochumer Sozialdemokraten in den zwanziger Jahren kein Widerstand gegen die Politik des für das Theater zuständigen besoldeten Stadtrats Wilhelm Stumpf zu erwarten war. Beide ermöglichten dem Theaterintendanten Saladin Schmitt, seine Vorstellungen von einem Theater umzusetzen: Schmitt inszenierte ausdrücklich bürgerliche Bildungserlebnisse für ein erlesenes Publikum, die den Anspruch der Stadt Bochum bekräftigen sollten, sich zu einem Bollwerk geistigen Lebens im Ruhrgebiet zu entwickeln. Und das in einer Stadt, deren Alltag durch die Industrie und die Arbeiterschaft geprägt wurde. Matthias Uecker kommt in seiner Untersuchung denn auch zu dem Ergebnis: »Wohl kaum ein Theaterproduzent der zwanziger Jahre hat so konsequent alle Besonderheiten des Ruhrgebiets ignoriert und blindlings ein Programm realisiert, das von dieser Region und ihren Bewohnern einfach keine Notiz nahm.«[7]

Einziges erhaltenes Porträtfoto von Carl Rawitzki (Hubert Schneider, Bochum)

Rawitzki und Stumpf arbeiteten einvernehmlich und waren auch aufeinander angewiesen: Rawitzki fand in Stumpf einen Partner, der seine Vorstellungen vom Theater, wie es Intendant Schmitt führte, umsetzte. Und Stumpf fand in Rawitzki einen durchsetzungsfähigen Politiker, der dafür sorgte, dass die zweitgrößte Fraktion im Stadtrat diese Theaterpolitik nicht störte. Seinen Einfluss konnte Rawitzki auch als Vorsitzender der sozialdemokratisch-gewerkschaftlichen *Freien Volksbühne*, neben dem christlich-konservativen *Bühnenvolksbund* die einflussreichste Publikumsorganisation, geltend machen.

Rawitzki wurde also zu einer prominenten Persönlichkeit des öffentlichen Lebens, trat dabei in Wahlkämpfen immer offensiv für die SPD auf, scheute dabei auch Auseinandersetzungen mit den Juristen-Standesorganisationen nicht.[8] Er hatte in dieser Zeit auch immer wieder den Bergarbeiterverband und die Sozialdemokratische Partei in den damals nicht seltenen Strafprozessen vertreten, in den letzten Jahren vor der Naziherrschaft auch das Reichsbanner. In den letzten Jahren vor 1933 kam es im Stadtparlament immer wieder zu Auseinandersetzungen mit der NSDAP: In seiner Eigenschaft als Leiter der Stadtverordneten-Versammlung wurde er häufig von den Mitgliedern der nationalsozialistischen Fraktion als Jude beschimpft und musste mehrfach die nationalsozialistischen Stadtverordneten wegen ungebührlichen Benehmens aus den Sitzungen ausschließen. Die Nationalsozialistische Zeitung *Rote Erde* brachte deshalb wiederholt Schmähartikel gegen ihn und drohte ihm öffentlich mit Repressalien, wenn Hitler an die Macht käme.[9]

So geschah es dann auch:

Unermüdliche kulturelle Aufbauarbeit

In der Nacht vom 10. zum 11. März 1933 wurde Dr. Rawitzki durch die SA aus seiner Wohnung heraus verhaftet, in der Wirtschaft Schäfer, Ringstraße, festgehalten und am nächsten Tage zum Polizeipräsidium gebracht. Nach der Entlassung aus der Haft verließ Rawitzki mit seiner Frau Bochum, er tauchte in Berlin unter und emigrierte 1939 nach London. Bereits am 9. Juni 1933 verlor er seine Zulassung als Rechtsanwalt beim Amts- und Landgericht Bochum und wurde auch als Notar entlassen – *weil Sie sich im kommunistischen Sinn betätigt haben*, hieß es in den entsprechenden Dokumenten.[10]

Flucht aus Deutschland, Leben in England

Die unmittelbare Folge der Flucht nach England war – wie damals üblich – die Aberkennung des Doktortitels für Carl Rawitzki durch die Universität Leipzig am 28. Mai 1940.[11] Außerdem wurde dem Ehepaar Rawitzki – auch das war damals üblich – im Juli 1940 die deutsche Staatsbürgerschaft entzogen.[12]

Auch in Großbritannien war Carl Rawitzki politisch aktiv. In verschiedenen Emigrantenorganisationen bereitete er sich auf die Rückkehr nach Deutschland nach dem Ende der Naziherrschaft vor: Er beteiligte sich 1941 an der Arbeitsgemeinschaft *Deutschland und Europa nach dem Kriege* und wurde 1943 Mitglied der Emigrantenvereinigung *Freie Deutsche Bewegung*, ab 1944 war er Mitglied des Präsidiums dieser Bewegung.[13] Diese Organisation wurde besonders wichtig für Rawitzki. Auf der Gründungsversammlung hielt er das Hauptreferat über die Aufgaben und Ziele der Bewegung. Zu den wichtigsten Anliegen der neuen Organisation gehörten demnach:

- Die Schaffung eines breitestmöglichen antifaschistischen Bündnisses deutscher Emigranten unterschiedlicher Weltanschauungen und parteipolitischer Richtungen, um den verbrecherischen Hitlerfaschismus vom Ausland her wirkungsvoll zu bekämpfen;
- die Gewinnung aller wehrfähigen deutschen Emigranten bis 35 Jahre in Großbritannien für dem Kampf gegen das Naziregime;
- die weitere Aufklärung des britischen Volkes über den wahren Charakter des Faschismus;
- die frühestmögliche Eröffnung einer zweiten Front gegen die Achsenmächte in Westeuropa;
- die Bildung einer Freien Deutschen Brigade innerhalb der britischen Armee;
- die Mitwirkung an der britischen Frontpropaganda gegenüber den deutschen Truppen;
- die Gestaltung eigener Rundfunksendungen nach Deutschland hinein;
- die Teilnahme an der humanistischen-demokratischen Umerziehung der deutschen Kriegsgefangenen in Großbritannien.[14]

Im Schlussteil des Aufrufs wurden die Zielvorstellungen der *Freien Deutschen Bewegung* in Großbritannien für ein »Deutschland nach Hitler« umrissen. Schwerpunkte darin waren

- Verzicht auf jegliche Eroberungen;
- Wiedergutmachung der verursachten Schäden;
- Bestrafung aller Kriegsverbrecher und -gewinnler;
- dauerhafte Verhinderung erneuter Kriegsvorbereitungen;
- Beseitigung aller Zwangs- und Rassegesetze;
- Wiederherstellung der Menschenrechte;
- Gewährleistung der bürgerlichen Freiheiten sowie
- Schutz rechtmäßig erworbenen Eigentums.[15]

Es kam immer öfters zum Streit in Sachfragen zwischen den kommunistischen und sozialdemokratischen Mitgliedern der Organisation, der schließlich in der grundsätzlichen Frage gipfelte, inwieweit Kommunisten und Sozialdemokraten überhaupt zusammenarbeiten können und sollen. Gegenseitig warf man sich Unredlichkeit vor. Alte, nicht verheilte Wunden und ideologische Differenzen standen einer echten Annäherung im Wege. Als keine Aussicht mehr auf Einigung bestand, bekämpfte man sich auf die altbekannte Weise wie zuvor in der Weimarer Republik – und das zunehmend in der Öffentlichkeit. Als der SPD-Vorstand von seinen Mitgliedern verlangte, sie sollten die *Freie Deutsche Bewegung* verlassen, folgten einige ihrer Mitglieder nicht, unter anderen auch Carl Rawitzki. Als sie unbeirrbar an dem Bemühen einer Verständigung mit den Kommunisten festhielten, wurden sie Ende 1944 aus der SPD ausgeschlossen; ein Beschluss, der nach Kriegsende wieder aufgehoben wurde.[16]

Die Prinzipien und Zielsetzungen der *Freien Deutschen Bewegung* bestimmten auch die praktische Arbeit Rawitzkis in England.

In der von ihm im Jahre 1944 in London gegründeten *Vereinigung deutscher Juristen*, deren Vorsitzender er bis zu seiner Rückkehr nach Deutschland blieb, sollten die Mitglieder für den Aufbau einer demokratischen Gesellschaft in Deutschland nach dem Krieg vorbereitet werden.

In dieser Zeit fertigte er eine Anzahl größerer und kleinerer Arbeiten für die alliierte Kommission zur Untersuchung deutscher Kriegsverbrechen an, eine Voraussetzung dafür, alle Kriegsverbrecher und Kriegsgewinnler zu finden und zu bestrafen.[17] Rawitzkis Vortragstätigkeit in deutschen Kriegsgefangenenlagern in den Jahren 1946 und 1947 diente dem Ziel, diese Kriegsgefangenen für ein Leben nach *humanistischen Prinzipien* in einer *demokratischen Gesellschaft* vorzubereiten. Und die Prinzipien der *Freien Deutschen Bewegung* geboten es auch, nach Kriegsende nach Deutschland zurückzukehren, um sich hier einzusetzen für die *Wiedergutmachung* in Nazideutschland geschehenen Unrechts, für den Aufbau einer *demokratischen Gesellschaft* im *humanistischen Geist*.

Dass die Rückkehr des Ehepaares Rawitzki nach Deutschland, nach Bochum nicht direkt nach Kriegsende erfolgte, scheiterte zunächst an dem Misstrauen und den Vorbehalten der britischen Behörden gegenüber politisch aktiven Remigranten, aber auch daran, dass es in Bochum schwierig war, eine Wohnung für das Ehepaar zu finden.

Rückkehr nach Deutschland und Wirken in Bochum 1949–1963

Warum kehrte Carl Rawitzki 1949 nach Deutschland, nach Bochum zurück?

Dass Juden, die der Vernichtung nur durch die Flucht ins Ausland entgangen waren, nach 1945 nach Deutschland zurückkehrten, war nicht selbstverständlich. Sie wussten, was das bedeutete: Die tägliche Konfrontation mit Menschen und Behörden, die zugelassen hatten bzw. daran beteiligt gewesen waren, dass die alte jüdische Gemeinde ausgelöscht worden war. Dazu kam, dass mit dem Kriegsende der Antisemitismus in Deutschland ja nicht verschwunden war. Was das bedeutete, davon legt das ab 15. April 1946 alle 14 Tage erscheinende *Jüdische Gemeindeblatt für Nord-Rheinprovinz und Westfalen* regelmäßig Zeugnis ab.[18] Dieses Gemeindeblatt wurde in den folgenden Jahren zum Sprachrohr der vor allem in der britischen Zone Deutschlands lebenden Juden. Berichtet wird über Erfahrungen mit Antisemitismus, über die zum Alltag gehörenden regelmäßigen Schändungen jüdischer Friedhöfe, über den zögerlichen Fortgang der Wiedergutmachung, über Entnazifizierungs- und Gerichtsverfahren gegen Naziverbrecher, über die Arbeit der städtischen und staatlichen Behörden in der Behandlung der Juden vor Ort. Und natürlich ist das Thema *Auswandern oder Hierbleiben* ein Dauerthema.

Im Juni 1945 lebten in Bochum vier Juden.[19] Dennoch wurde im Dezember 1945 wieder eine neue jüdische Gemeinde gegründet, deren Zahl bis Ende 1947 auf 55 Mitglieder anwuchs. Die meisten Gemeindemitglieder waren die jüdischen Partner aus sogenannten Mischehen oder deren Kinder, die lange Zeit durch ihre christlichen Partner bzw. Väter und Mutter geschützt, dann aber Ende September 1944 in Arbeitslager bei Kassel und in Berlin oder nach Theresienstadt verschleppt worden waren. Sie hatten zumeist überlebt. 29 von ihnen schlossen sich der neuen Gemeinde an, fast ebenso viele, 27 Namen sind bekannt, blieben außerhalb der Gemeinde. Hinzu kamen zehn vormals aktive Mitglieder der alten jüdischen Gemeinde, die Verfolgung und Deportation überlebt hatten und zumindest zeitweise nach Bochum zurückkamen, die meisten nur solange, bis sie ein Emigrationsland gefunden hatten. Andere Überlebende der alten jüdischen Gemeinde kehrten nicht nach Bochum zurück, auch nicht vorübergehend. Sie warteten in einem der zahlreichen Displaced Person-Camps auf die Einreisegenehmigung in ein anderes Land. Die anderen Mitglieder der Gemeinde waren Displaced Persons, die ursprünglich in Osteuropa gelebt hatten. Sie wollten jetzt nach Palästina und schlossen sich in der Wartezeit zumindest zeitweise den neuen jüdischen Gemeinden an, in Bochum waren es 16 Mitglieder. Diese neue jüdische Gemeinde hatte mit der alten jüdischen Gemeinde, deren Mitglieder sich ja zumeist selbstbewusst als *Deutsche jüdischer Konfession* gesehen hatten, wenig zu tun. Im Zentrum standen die jüdischen Partner aus sogenannten Mischehen bzw. deren Kinder. Diese hatten vor 1933 zumeist am Rande der jüdischen Gemeinde gelebt oder überhaupt keinen Kontakt mit ihr gehabt. Sie blieben hier, weil es ja hier den christlichen Teil der Familie gab. Es waren auch nicht immer nur die religiösen Überzeugen, die sie zu Mitgliedern der Gemeinde werden ließen. Die erzwungene Rückführung auf die jüdische Identität – allein dadurch, dass man durch das Regelwerk der Nürnberger Rassegesetze unweigerlich mit ihr konfrontiert worden war – und die Erfahrungen der Zwangs- und Schicksalsgemeinschaft während der NS-Zeit wurden zu wichtigen Bestandteilen ihrer Nachkriegsidentität. Hinzu kam noch das Bewusstsein, die Shoah überlebt zu haben und in einer persönlichen Verantwortung gegenüber den Überlebenden und Toten zu sein.

Siegbert Vollmann war von 1945 bis zu seinem Tod 1954 Vorsitzender der neuen jüdischen Gemeinde. Er hatte – verheiratet mit einer evangelischen Frau – im Judenarbeitslager in Berlin überlebt. Er wurde immer mehr zum Kontaktmann zu den Überlebenden der alten jüdischen Gemeinde in aller Welt. Ein umfassender Briefwechsel legt davon Zeugnis ab.[20]

Vollmann verschickte das jüdische Gemeindeblatt in alle Kontinente. *Über Deutschland seid ihr ja über unser Gemeindeblatt informiert* wird zur Standardformulierung in den meisten Briefen. Und je mehr Zeit verging, umso mehr bewegte Vollmann die Frage: Kann man als Jude noch in Deutschland leben? Seinem eigenen Sohn, der in Holland überlebt hatte, riet er, dort zu bleiben, und das, obwohl die Reisemöglichkeiten für seine Frau und ihn sehr beschränkt waren, sie die wachsende Familie des Sohnes (3 Enkel) kaum zu sehen bekamen. Großes Verständnis hatte er für alle, die Deutschland, Bochum verlassen hatten bzw. verlassen wollten. Viele Briefe legen davon Zeugnis ab. So schrieb er am Ende eines langen Briefes am 19. November 1949 an einen alten Freund, der jetzt in Amsterdam lebte:

> [...] Der Antisemitismus sitzt noch tief im Volke und in unserer jüdischen Zeitung kann man von ihm und den vielen Gräberschändungen reichlich genug lesen. Die jüngeren Menschen, die hier noch leben, hätten gut getan auszuwandern, statt Familien zu gründen. [...][21]

Das ist genau der Zeitpunkt, an dem Carl Rawitzki und seine Frau nach Bochum zurückkehrten. Es ist anzunehmen, dass sie über die Situation der Juden in Deutschland, auch in Bochum, genau informiert waren. Warum kamen sie also? Warum gingen sie beispielsweise nicht nach Israel, wo ein Bruder Carls lebte? Rawitzki war ein sehr politisch denkender Mensch. Während der Jahre in England hatte er sich, wie wir hörten, intensiv im Kampf gegen den Nationalsozialismus engagiert, zugleich sich und andere für den Aufbau eines neuen Deutschland nach Hitler vorbereitet. Jetzt war die Zeit gekommen, sich aktiv in das politische Leben in Deutschland, in Bochum einzuschalten. Er definierte sich als Demokrat und Sozialist, nicht als Jude. Dazu kam: Rawitzki war ein deutscher Bildungsbürger, tief verwurzelt in der deutschen Kultur. Das Kulturleben in Bochum hatte er ja in den zwanziger Jahren entscheidend geprägt. Und er konnte damit rechnen, an diese Arbeit wieder konkret anknüpfen zu können. Ob es eine emotionale Bindung an Bochum gab, dafür fehlen alle Belege. Wohl gab es persönliche Beziehungen, nicht nur in Bochum, aber auch in Bochum, an die man anknüpfen konnte. Und ganz wichtig war: In Bochum wollte man ihn haben.

Nach seiner Rückkehr wurde Rawitzki alsbald wieder als Rechtsanwalt beim Amts- und Landgericht Bochum zugelassen und zum Notar ernannt. Seine Kanzlei betrieb er fortan in der Freiligrathstraße 5. Das Haus, das im Krieg nicht zerstört worden war, hatte früher dem jüdischen Unternehmer Aaron Meyer gehört, dessen Familie in den USA überlebt hatte. Nach der Rückgabe des Hauses an die Familie Meyer hatte diese die Immobilie an die Stadt Bochum verkauft. Die Stadt brachte hier Menschen unter, deren Rückkehr erwünscht war – neben Rawitzki beispielsweise den Intendanten Hans Schalla.

Auch politisch knüpfte der inzwischen siebzigjährige Carl Rawitzki an seine frühere Arbeit an: Ab 1953 nahm er als SPD-Stadtverordneter zahlreiche Funktionen wahr: Er war u. a. von 1952 bis 1962 Vorsitzender des Kulturausschusses, 1952 bis 1956 Mitglied und 1956 bis 1962 stellvertretendes Mitglied des Hauptausschusses. Von 1956 bis 1962 war er Altersvorsitzender der Stadtverordnetenversammlung.

Rawitzki, der als Jude verfolgt worden war, obwohl er nach seiner Heirat mit der evangelischen Grete Schulze 1921 aus dem Judentum ausgetreten war, trat 1950 wieder in die kleine neue jüdische Gemeinde Bochum ein.[22] Als Anwalt vertrat er die Interessen vieler Überlebender der alten jüdischen Gemeinde in deren sogenannten *Wiedergutmachungsverfahren*. Kompetent wie kein zweiter Anwalt in Bochum, konnte er diese Aufgabe wahrnehmen. Hatte er doch genügend Erfahrungen bei seinem eigenen *Wiedergutmachungsverfahren* sammeln können.[23]

Das Wirken Rawitzkis in Bochum wurde 1954 und 1959 anlässlich seines 75. und 80. Geburtstages und seiner 50-jährigen Anwaltschaft in Bochum 1957 in zahlreichen Presseartikeln ausführlich gewürdigt.[24] Hervorgehoben wurde immer wieder besonders sein großes Interesse für das Theater und seine ungewöhnliche Kenntnis der dramatischen Literatur. In kulturellen Fragen galt sein Wort in der Bochumer SPD ungemein viel und man war sich darin einig, dass eigentlich er allein es war, der in den 20er Jahren den Bochumer Theaterplänen in seinen Kreisen, nicht immer ohne Überwindung von Widerständen, den Weg bereitet hatte. Der Volksbühnengedanke hat durch ihn in Bochum Fuß fassen können. Er hat der Volksbühne vorgestanden und sie bis zum Schluss geleitet. Übereinstimmend wird Carl Rawitzki in seiner Bedeutung für die Entwicklung der Bochumer Kultur gleichberechtigt neben dem langjährigen Kulturdezernenten Wilhelm Stumpf gesehen.

Der Ehrenbürger der Stadt Bochum Dr. Carl Rawitzki starb am 18. April 1963, kurz nach seiner Ehefrau. Die offizielle Trauerfeier der Stadt Bochum fand am 24. April 1963 in der großen Trauerhalle des Hauptfriedhofes am Freigrafendamm statt. Seine Urne wurde in einem Ehrengrab auf dem Friedhof an der Blumenstraße beigesetzt. Seine Bedeutung für die Stadt würdigte der Bochumer Oberbürgermeister in einer Ansprache während der Trauerfeier:

> Dr. Rawitzki war eine feinsinnige, allen Bereichen kulturellen Lebens aufgeschlossene Persönlichkeit. Er nahm daher an der Kulturpflege unserer Stadt regen Anteil. Durch seine langjährige Mitwirkung und in der Führung der Musik- und Theaterkommission und im Kulturausschuss hat er die Entwicklung ihrer kulturellen Einrichtungen weitgehend gefördert und beeinflusst. Er verfügte über ein ausgezeichnetes Gedächtnis, so dass er sich noch in den letzten Wochen seines Lebens bestimmter Ereignisse und Erlebnisse erinnerte. Zahlreiche bekannte Künstler zählten zu seinen Freunden, da sein Rat geschätzt war.
> Durch seine edle Geistigkeit, seine Belesenheit und sein vielseitiges Wissen war er dazu berufen, kulturell zu wirken. Er besaß umfassende literarische Kenntnisse, zumal es ihm seine Sprachbegabung ermöglichte, die Originaltexte ausländischer Autoren, namentlich der englischen und französischen Literatur, ohne Schwierigkeiten zu lesen.
> Dr. Rawitzki war ein bedeutender Kenner Shakespeares, wie sich auch der bekannte englische Shakespeare-Forscher, Prof. Dr. John Hoven Wilson aus Edinburgh bei einem Besuch in Bochum geäußert hat. Den Freunden der »Brücke« werden seine Shakespeare-Vorträge »Die Weiße und die rote Rose«, in denen er die Königdramen behandelte, und »Das englische Theater zur Zeit Shakespeares« in Erinnerung bleiben.
> Seine besondere Liebe galt aber stets dem Theater. In der schwierigen wirtschaftlichen und finanziellen Situation Ende der 20er Jahre, als der Bestand der kulturellen Einrichtungen gefährdet erschien, hat er sich mit Nachdruck für ihre Erhaltung eingesetzt. Mit Spannung erwartete er die jährlichen Spielpläne, für die er aus seiner reichen Kennerschaft der modernen dramatischen Literatur im Kulturausschuss und in Gesprächen wiederholt Anregungen gegeben hat. Aber nicht nur der künstlerische Theater- und Musikbetrieb, auch die Theater- und Orchesterverwaltung und insbesondere Besucherfragen fanden sein Interesse. Schon nach dem 1. Weltkrieg förderte er mit Rat und Tat die Bestrebungen der Volksbühne, der heutigen Theatergemeinde. Es gibt wohl nur wenige Aufführungen des Bochumer Theaters und Hauptkonzerte des Orchesters, die Karl Rawitzki nicht besucht hat. Dass ein Literaturkenner wie Dr. Rawitzki zu den Freunden der Stadtbücherei zählte, liegt wohl nahe. Die Interessen der Bücherei fanden in ihm einen warmherzigen Fürsprecher. [...] Diese kurzen Ausführungen aus seiner kulturellen Mitarbeit lassen die Aufgeschlossenheit des Verewigten für kulturelle Dinge, für alles Gute, Wahre und Schöne erkennen. [...].[25]

In Bochum ist Dr. Carl Rawitzki heute vergessen.[26]

Elizabeth Petuchowski
»Ausgerechnet Bochum«
Autobiographisch-jüdisches Nachdenken über Westfalen[1]

Ist es wichtig, woher man kommt? Unter denjenigen, die meinen, dass ein Geburtsort von Bedeutung sei, war Leo Baeck (1873–1956),[2] Rabbiner, Gelehrter, Denker und Lenker der deutschen Judenheit, denn zugleich mit dem Namen eines hervorragenden, in Deutschland wirkenden Juden gab er oft dessen Geburtsort an und wies somit auf die Tragweite der Herkunft hin, wie »Franz Rosenzweig aus Kassel«, »Moses Heß, geboren in Bonn«, »Karl Marx aus Trier«, »der badische Dichter Berthold Auerbach«, Moses Mendelssohn ist gleich »Moses Dessau«, Walther Rathenaus Mutter, »die aus Frankfurt stammte«, »Leopold Zunz aus dem Anhaltlichen Lande«, auch »Dr. Georg Hirschland, Essen«. Spiegelbildlich und im Andenken an Leo Baeck aus Lissa verfasste der auch aus Lissa stammende Geschichtswissenschaftler Eugen Täubler (1879–1953) einen Aufsatz über das einstige jüdische Leben dort, überzeugt von der Wirkungskraft des Geburtsortes, denn es ist schließlich weniger die nicht zu unterschätzende geographische Lage als die geistige Beschaffenheit des Ortes, die einflussreich werden kann und die Leo Baeck auch manchmal kennzeichnete, z. B.: »Otto Hirsch [geschäftsführender Vorsitzender der Reichsvertretung der Juden in Deutschland] stammte aus Württemberg, einem Lande, das im allgemeinen fruchtbar wie wenige andere Länder in Deutschland an Begabung und auch an Genie war.« Ähnlich: »Julius L. Seligsohn [vom Hilfsverein der deutschen Juden und der Gemeinde Berlin] hatte alle die guten Eigenschaften des Berliners, und im besonderen des jüdischen Berliners«, und Leo Baeck hob einige hervor.

Doch auch nicht Namhafte verfügen über eine Herkunft. Meine Wiege – genauer mein Korbwagen – stand in Bochum. Wie wäre Bochum in Westfalen als jüdischer Ursprungsort zu bewerten? Eine Ansicht geht aus einer bündigen und dennoch nicht unwesentlichen Äußerung hervor.

Westfalen ist eben nicht der Ort, wo der Ausdruck von Leidenschaft in höchster Achtung steht. Andere Qualitäten werden respektiert, darunter die Treue, die auch Heine, wie oben zitiert, zu den westfälischen Tugenden zählt und die der Linguist Werner Weinberg mit einem Beitrag zur westfälisch-jüdischen Geschichte veranschaulicht. Wie seine Ehefrau Lisl überlebte er das Konzentrationslager Bergen-Belsen und konnte, unter mehreren anderen Schriften, ein Heft *Rhedaer Schmus*, Band I der *Rhedaer Schriften* verfassen, in dem er die munteren Eigenheiten und sonderlichen Redensarten dieser ehemaligen jüdischen Gemeinde festhielt.

Auf der Rottstraße in Bochum hing bei meinen väterlichen Großeltern, in einem kleinen ungeheizten Zimmer, ein gerahmtes historisches Bild auf Tuch, »Jom Kippur vor Metz,« das den Festtagsgottesdienst im Kriegslager von 1870 darstellt, zur Zeit des deutsch-französischen Kriegs. Oft stand ich mit gerecktem Hals davor, um Einzelheiten auszumachen. Die Beter in Felduniformen standen dicht gedrängt nebeneinander, die Köpfe über ihre Gebetbücher geneigt. Im Vordergrund hatten sich zwei Soldaten in sehr beträchtlichen Gebetmänteln abgesondert, vielleicht bald an der Reihe, den Vorbeter abzulösen; im Hintergrund ragten Kanonen und eine Burg. Zu viel ging hier vor sich, ich fand keinen Ansatzpunkt, die Großeltern je zu fragen, was es damit auf sich habe, warum es dort hing.

Überhaupt waren mir die Großeltern in Bochum wichtig. Großmutter Julchen wirkte ehrenamtlich im Wohlfahrtswesen Bochums. Sie hatte »ein hörendes Herz« und brachte mir, wenn sich Gelegenheit bot, praktische Anwendung von Güte und verständnisvollem Takt bei. Weil alle möglichen Leute zu ihr in die Küche kamen, gab es viele Gelegenheiten.

Wir wohnten zu dieser Zeit auf der Scharnhorststraße. Dort erlebte ich als junges Kind den Aufstieg des Nationalsozialismus, behüte nicht als Ideologie, sondern als hörbares und sichtbares Vorbeimarschieren von Reihen und Kolonnen von westfälischen Parteimitgliedern, die, in braune Uniformen gekleidet, mit Fahnen versehen und mit Trommeln ausgestattet, an unserer Eckhauswohnung in vorbildlich gewichsten hohen Lederstiefeln übertrieben stramm die Hacken aufs Pflaster schlugen und herausfordernd, wie aus einem Munde Texte grölten, wie »denn heute gehört uns Deutschland, und morgen die ganze Welt.« Das sah und hörte ich von unserem Erkerfenster aus und es war unentrinnbar. Der Erker ging vom Wohnzimmer ab, das, weil dort ein Bechstein stand, an andere Klänge gewöhnt war.

Im Erker hing eine sternförmige Sabbatlampe aus schwerem Messing von der Decke, ein Ziergegenstand, der nie gebraucht, doch ab und zu poliert wurde, und darunter stand ein Tisch mit einer runden Messingplatte voll mit Kakteen; wenn eine davon blühte, war es ein Ereignis.

Nicht weit von unserer Wohnung machte die bis hierhin ebene und geradlinige Arndtstraße eine Kurve, nach der sie dann mäßig steil abfiel. Der Asphalt dort war glatt und glänzte, und an dieser Stelle, an der ich als Kind oft vorbeikam, mochte es geschehen, dass ein Pferd, das einen Milchwagen oder sonst einen schweren Wagen zog, ausrutschte, stürzte und trotz rasender, panischer Versuche nicht wieder ins Stehen kam. Es war schwer, die Anstrengungen dieser gewaltigen Leiber mit anzusehen. Mit entblößten Zähnen und wilden Augen warf solch ein Tier den Kopf hin und her. Selten nur blieben wir lange genug dabei, bis Rettung kam und eine Decke aus Segeltuch untergeschoben wurde, an

Ein städtischer Innenhof in Westfalen (Elizabeth Petuchowski, Cincinnati)

der viele Hände zerrten, bis das erschöpfte Pferd aufgerichtet wurde.

Wie elementar dieser Schrecken war, wie die bedrohte Kreatur vor uns gleichsam ein fatales Schicksal verkörperte auf dieser sonst von Stiefeln strapazierten Straße in Westfalen, kam mir erst später zum Bewusstsein, denn eins dieser Pferde erkannte ich auf Picassos *Guernica* wieder, einem mächtigen Gemälde, das gleichfalls ein spezifisches Ereignis, nämlich die dokumentierte Zerstörung der baskischen Stadt Gernika am 26. April des Jahres 1937 zu universaler Bedeutung erhebt und dessen Anblick den gleichen Schauder auslöst. Ein verletztes, vor Schmerz sich windendes Pferd, wütend vor Machtlosigkeit, bildet mit spitzen Zähnen etwa die Mitte der Komposition, von der die grau, weiß und schwarz dargestellten Resultate eines Gewaltstreichs in alle Richtungen ausgehen. Die glatte Arndtstraße und Picassos Pferd hatten Machtergreifung erfahren.

Auch in der Wohnung auf der Scharnhorststraße war es, als ich eines Nachts von lauten Männerstimmen im anliegenden Schlafzimmer der Eltern aus dem Schlaf geweckt wurde. Ich öffnete die verbindende Tür und wurde mehrerer, mir unbekannter Männer ansichtig, die zwischen dem Fußende des Betts und dem Toilettentisch kaum Platz hatten und dabei waren, meinen Vater, der sich ein Jackett anzog, mit sich zu nehmen. Erst viel später erfuhr ich, dass mein Vater verhaftet wurde, weil er der Präsident der Loge Bne Briss in Bochum war – oder war er der Vorsitzende der Ortsgruppe des Central-Vereins Deutscher Staatsbürger jüdischen Glaubens? Heute verwechsle ich die beiden Wirkungsbereiche meines Vaters.

Bald danach zogen wir in eine Parterrewohnung auf der Neustraße. Nur wenige Bilderbücher kamen mit – es ging ja schon auf *Nesthäkchen* zu – darunter ein Gedichtbuch mit scharf umrissenen Zeichnungen in zarten Farben. Meine das Mitnehmen rechtfertigende Lieblingsseite zeigte einen Specht, dessen geschäftiges Hämmern einem lang währenden Trost glich und in unerschütterlicher Bestätigung abklang:

Sagte der Specht:
du hast recht
du hast recht
du hast recht
du hast recht
du hast recht

Im weißen Schrank mit einer Kleiderstange, Schubladen und Bücherregalen stand neben dieser Konzession an eine bisher unbelastete Kindheit ein verblüffender Nachbar: der *Pentateuch*-Band der neuen deutschen Bibelübersetzung von Buber/Rosenzweig, die erst im Jahre 1961 komplett wurde. Leo Baeck, seit 1924 Großpräsident der deutschen Loge Bne Briss, hatte die Loge bewogen, 12.000 Exemplare dieses ersten Teils der Bibelübersetzung zu erstehen, damit jeder Bruder ein Exemplar für sich und seine Familie erhalte, zu einer Zeit, wo ein aktiviertes jüdisches Bildungsprogramm in den Gang geleitet worden war. (Auch die Bändchen der Schocken-Bücherei gehörten zu diesem Programm.) Auf diese Weise erhielt mein Vater diesen Band, und anstatt ihn in den Bücherschrank der Erwachsenen zu stellen, gab er ihn mir. Ich mochte diesen Band, vielleicht aus einem ganz falschen Grunde. Ich handhabte ihn gern des knisternden Papiers wegen: nur mit Fingerspitzen wandte ich die Seiten. Ich saß dabei auf meiner im langen Flur hängenden Schaukel, an der man ein Trapez oder Ringe anbringen konnte zum Turnen, oder ein Brett zum Sitzen. Auf dem Brett schaukelte ich mit dem schönen Buch in der Hand, meine Arme rechts und links um die Seile der Schaukel. Ich las die Geschichten, die Fräulein Hirsch erzählt hatte, und ich las sie auch laut. Sie klangen altertümelnd merkwürdig und knallmodern.

Heute beschäftige ich mich fast wöchentlich mit dieser Buber/Rosenzweig Übersetzung, schon, weil mir als Germanistin etymologische Wissbegier eigen geworden ist. Bei diesem Werk ergeben sich, wie befunden wurde, »manche sprachliche Absonderlichkeiten«, die sich teils aus deutscher Sprachlehre erklären lassen, aber sich hauptsächlich eng an die Wurzeln des Hebräischen halten, das seinerseits mit Wiederholungen und mit lautlichen Echos Muster aufweist, die diese Übersetzung in der Zielsprache oft reproduziert. Sie werden verständlich vom Original her, denn sie nehmen das Hebräische, das ja ursprünglich für Stimme und Ohr war, semantisch »beim Wort«, geben sehr oft die Rhythmen der Ausgangssprache wieder und nehmen mit ihrer Anordnung auf der Seite Rücksicht auf Atemeinheiten. So orientiere ich mich mit Bubers Hilfe im Hebräischen.

Ein einziges Beispiel – aus der Perikope, die zur Zeit meines Schreibens in Synagogen verlesen wird, also ein willkürliches – mag etwas davon veranschaulichen.

Das Hebräische von Levitikus 19:15 lautet:

lo tissa f'ne-dal, welo teh'ddar p'ne gadol;
b'zedek tischpot 'amitecha,

ein Gesetz, das Luther wiedergibt als

vnd [Jr] solt nicht furziehen den Geringen/noch den Grossen ehren/Sondern du solt deinen Nehesten recht richten,

das in der King James-Version gewissenhaft detailliert übersetzt wird:

thou shalt not respect the person of the poor, nor honour the person of the mighty: but in righteousness shalt thou judge thy neighbour,

indes die Einheitsübersetzung den letztlichen Sinn kurzerhand zusammenzieht:

Du sollst weder für einen Geringen noch für einen Großen Partei nehmen; gerecht sollst du deinen Stammesgenossen richten,

zielgerichtet und praktisch. Geopfert wird das lebhaft Visuelle des Originals, dessen Luther eingedenk blieb und das Buber und Rosenzweig in ihrer Übersetzung mit getreuester Achtung des Originals feierten:

Emporhebe nicht das Antlitz eines Geringen,/ beschöne nicht das Antlitz eines Großen,/nach Ordnung richte deinen Volksgesellen.

Warum spiele ich heute mit dieser Übersetzung? Zum Teil, weil meine Bekanntschaft damit in meiner westfälischen Kindheit in Reichweite auf einem Regal oben links im weißen Kinderkleiderschrank anfing. Selbstverständlich ist es jetzt nicht mehr das Exemplar von der Neustraße, das ist verschwunden. Ebenfalls verschwunden sind die Leser, die diese Übersetzung als ein achtes Weltwunder erwogen hätten, denn Menschen, die im Hebräischen beheimatet sind, haben es nicht nötig, sich mit einer deutschen Übersetzung aufzuhalten, und die Mehrzahl der Literaturwissenschaftler, die hier diesen oder jenen -ismus aufspüren wollen, ist des biblischen Hebräisch unkundig.

Im ersten und zweiten Jahr auf der Neustraße mehrten sich die Interessen, die meinen jüngeren Bruder und mich verbanden. Die Wohnung hatte neben meinem Zimmer eine Glasveranda, die herrlich hell war und reichlich Platz bot zum Ausbreiten unserer jeweiligen Projekte. Als mein Bruder und ich ein Theaterstück in gereimten Versen schrieben, diente die breite und tiefe Fensterbank zwischen der Veranda und meinem Zimmer zur Bühne, wo ein beleibtes Stehaufmännchen, die Käte Kruse-Puppe, der Teddybär mit dem Knopf im Ohr und seine plüschigen Mittiere als dramatis personae auftraten. Wir hockten auf der Verandaseite, ungesehen vom im Kinderzimmer sitzenden Publikum von Eltern und Verwandten, die uns den Text sprechen hörten. Gewiss war das Spiel mindestens zum Teil von den eigenartigen Darstellern bedingt, und es kulminierte in dem Verspaar:

Und die Moral von der Geschicht?
Gehorche deinen Eltern nicht.

Elisabeth Mayer im Wintergarten mit Schularbeit und Hund Bärbel (Elizabeth Petuchowski, Cincinnati)

Daraus lässt sich unser Alter einschätzen, doch war es eine Zeit, in der ich rasch reifte, nicht zum wenigsten, weil, nachdem mein Vater sein Geschäft nach dem Boykott nach Berlin verlegt hatte und mein Bruder bald in die Schweiz in eine Boardingschool kam, meine Mutter und ich in Bochum allein verblieben waren, so dass sie nur mich hatte, ihre Bedenken zu besprechen. Es ging oft darum, vorsichtige Briefe ins Ausland aufzusetzen, denn man rechnete mit der Zensur der SS, und Auswanderungspläne, bzw. Einwanderungsmöglichkeiten wurden gleichsam chiffriert mit schon emigrierten Verwandten erwogen, und meine Mutter meinte, mein gesunder Kinderverstand könnte das am besten bewerkstelligen. So bekam ich Übung als Amanuensis, indes mein Spielsinn stark beschleunigt schwand. Die albernen Teenjahre fielen bei mir aus. Zwischen dieser denkbar beängstigenden Existenz und meinem Schulleben bestand keine Verbindung.

Ich besuchte nun das Freiherr vom Stein-Lyzeum, das mir behagte. Abgesehen von dem Geographie- und Geschichtslehrer, der das Klassenzimmer in seiner SA-Uniform betrat und davon Abstand nahm, die jüdischen Schülerinnen aufzurufen, waren die Lehrer und Lehrerinnen »anständig«, so hieß das. Heute sage ich mir, dass ich eine viel zu großzügige Toleranz für das Abnorme entwickelt hatte, ich schaute einfach viel aus dem Fenster, wenn dieser Erzieher vor der Klasse stand. Er war Nazi, basta, und wir lebten in der Nazi Zeit; das mag mein westfälisch-vernünftiges Übereinkommen mit der Realität gewesen sein.

Fräulein Meschede hingegen, die Französisch unterrichtete, trat beladen mit den korrigierten Hausaufgaben ins Klassenzimmer, so dass sie nie den rechten Arm frei hatte zum Hitlergruß. »Bonjour, Mesdemoiselles,« sagte sie, statt »Heil Hitler.« Studienrat Aldekamps Methode, Geometrie zu unterrichten, war packend und faszinierend. Er warf Fragen auf, deren Antworten wir, Arier und Nichtarier, ausknobelten um am Ende mit Triumph ein Theorem zu erreichen, das uns dann wie unsere eigene Errungenschaft vorkam, ganz anders als später in der Mädchenschule in England, wo wir nur die Wahrheit einer längst bestehenden, mir gleichgültigen Regel zu beweisen hatten; sehr langweilig. Von der Turnlehrerin in Bochum, Fräulein Knocke, klein und athletisch, wurde die Klasse durch die Straßen zum städtischen Schwimmbad geführt. Ein Schnupfen tat nichts zur Sache: »Rein mit, raus ohne«, war ihr Schlagwort, was sogar zutraf. Ein Schild, »Juden unerwünscht«, hing damals noch nicht in Bochum.

Der Musiklehrer des Lyzeums, namens Schneck, dessen Schulkonzerte dem Schuljahr unvergessliche Höhepunkte setzte, fungierte zusätzlich als Organist und Chordirektor in unserer Synagoge, bis es ihm eines Tages nötig wurde, sich von einem jüdischen Organisten, Herrn Rosenthal, ablösen zu lassen.

Selbst Fräulein Crämer, Deutschlehrerin, die drei Jahre unsere Klassenlehrerin war und uns mit leuchtenden Augen vom Reichsparteitag in Nürnberg vorschwärmte, hatte nichts gegen die Jüdinnen in ihrer Klasse. Ich lernte viel in dieser Schule, und das nachhaltigste wohl bei ihr, denn sie ermöglichte uns Gelegenheit zum Nachdenken. Sie verlangte einen täglichen Aufsatz, auf den nicht mehr als eine Stunde zu verwenden war. Der Aufsatztitel mochte ein beliebiges Thema andeuten oder sich auf durchgenommene Lektüre beziehen. Eines Tages lautete er: »Hilde als Heldin der Erzählung ...« aus dem Lesebuch. Obgleich Hildes blaue Augen, ihr Haar und ihre Kleidung Aufmerksamkeit verdienten, war mir aufgegangen, dass Hilde nicht für sich existierte, sondern in der Entwicklung der erfundenen Geschichte eine Funktion erfüllte. Als das Produkt einer Vorstellung wurde sie vom Schriftsteller auf zielvolle Weise dem Leser so dargeboten, dass sie inmitten anderer fiktiver Figuren als Heldin hervortrat: eine wichtige Entdeckung. In dieser Klasse, glaube ich, fing bei mir ein Maß von Wachheit beim Lesen von Texten an.

Das Deutsch, das in Westfalen gesprochen wurde, kam denen, die es sprachen, als dialektfrei vor; wir waren stolz, dass wir lediglich den Hamburgern an Reinheit der Aussprache nachstanden. Doch nahm ich bei meinem oben erwähnten Besuch in Essen wahr, dass alle Leute genau wie ich sprachen und es niemandem auffiel, dass ich dem Dialekt nach wohl aus Westfalen käme. Mit regionalen Sprachunterschieden war ich vom Taunus her vertraut, wo das Süddeutsche ansprechend melodisch klang. Dort lebte meine mütterliche Großmutter, die ich in dem damaligen Camberg, heute Bad Camberg, oft besuchte. Dort auch traf ich fast alljährlich die gleichaltrige Elsbeth aus Mainz, die, wie ich, einen Teil der Ferien bei ihrer Großmutter zubrachte, der Nachbarin meiner Großmutter. Eines Tages gingen Elsbeth und ich ins Freibad, das auf einer waldigen Anhöhe gelegen war. Als wir uns anschickten, den schattigen Hügel hinunter nach Hause zu gehen, sagte Elsbeth zu mir: »Du hast dein Kleid dehinnerscht devorderscht.«

Ich war bass erstaunt und besah mein Kleid aus mittelblauem Kattun mit winzigen weißen Blümchen, meine Eltern hatten es mir aus England mitgebracht. Weil es eine Taille hatte, die in einer zu bindenden Schärpe endete, war es unmöglich, es falsch herum anzuziehen.

»Du musst dich irren«, antwortete ich.

»Ich weiß«, sagte Elsbeth, »ich wollte nur ›dehinnerscht devorderscht‹ sagen.« Wahrhaftig, das klang so schön und lieblich, man musste ihr verzeihen. Auch war es viel, viel wohltönender als irgendetwas, was uns in Westfalen, oder in Mainz, von den Lippen ging.

Unter Mitschülerinnen im Lyzeum war Irmgard, die die Haltung und den Gang einer angehenden Tänzerin hatte; als eine Unidentifizierbare in einer Balletttruppe von Hunderten, wenn nicht Tausenden, »tanzte sie vor dem Führer« – so wurde das ausgedrückt – bei den olympischen Sommerspielen in Berlin im Jahre 1936. Mit der Zeit kamen die meisten Klassenkameradinnen in ihren BDM [Bund deutscher Mädchen] Miedern zur Schule, wahrscheinlich weil sie sich sofort nach dem Schulunterricht zu intensiver Indoktrinierung meldeten. Die Zahl der jüdischen Schülerinnen wurde geringer, als die Familien nach und nach auswanderten.

Es war doch verwunderlich – so scheint es mir heute – dass der Name Freiherr vom Stein, nach dem unsere Schule benannt war, nie erwähnt wurde. Nicht etwa, dass er erwähnt wurde und ich es vergessen hätte, nein. Schon sein Geburtsort Nassau wäre mir in Erinnerung geblieben, denn meine Mutter stammte dorther. Stein, Staatsmann für Innen- und Außenpolitik, unterbreitete soziale Zielvorstellungen, die noch heute bahnbrechend anmuten, selbst wenn er als Edelmann aus altem Geblüt einigen Idealen des Mittelalters nachhing. Nach Lehrjahren in Berlin war er ab 1782 mehr als ein Jahrzehnt in Westfalen tätig, wo er im Bergbau und in der Eisenindustrie grundlegende Verwaltungsreformen bewirkte, ehe er im Jahre 1804 in das preußische Generaldirektorium nach Berlin berufen wurde. Im Alter zog er sich zurück auf sein Gut in Cappenberg, Westfalen.

Weshalb wohl wurde er in der höheren Schule in Bochum nicht erwähnt? Er war kein untertäniger Beamter, sondern hielt an seinen Prinzipien fest: Der König von Preußen, Friedrich Wilhelm III. (1770–1840), nannte ihn »einen widerspenstigen, trotzigen, hartnäckigen und ungehorsamen Staatsdiener.« Mehr als einmal wurde Stein aus dem Staatsdienst entlassen, doch seines Wissens und unersetzlichen Talentes wegen wieder zurückgerufen. Er machte sich auch in einigen seiner Briefe nicht die Mühe, diplomatisch ein Blatt vor den Mund zu nehmen. Am 29. Dezember 1781 hatte er an Friedrich Wilhelm Graf von Reden, Oberbergrat im Berg- und Hüttendepartement, geschrieben: »Dummköpfe erhalten die ersten Stellen im Staat, und Unwissenheit, Trägheit gibt Ansprüche auf Belohnung«. Am 17. September 1811 beschwerte er sich bei Karl August Freiherrn von Hardenberg (1750–1822), dem preußischen Staatskanzler, über das »Phlegma der nördlichen Deutschen, der Weichlichkeit der oberen Stände, de[n] Mietlingsgeist der öffentlichen Beamten.« Die unverblümte Sprache behielt er bei, als er am 25. September 1812 aus Petersburg, wo er Zar Alexander I. beriet, an Ernst, Reichsgraf zu Münster-Ledenburg, schrieb: »Das Lumpengesindel der deutschen Fürsten wird vor den nordischen Bundesgenossen kriechen«. Der Aufenthalt in Westfalen hatte den Stil des ehemals französisch schreibenden Adligen nicht im Geringsten beeinträchtigt. Freiherr vom Stein wurde in der Schule nicht erwähnt, weil ein Staatsbeamter von Format und dazu noch mit Courage nicht dem Ideal des nationalsozialistischen Regimes entsprach, das fügsame Typen vorzog und später, wie sich herausstellte, überhaupt keine Opposition zuließ, wo Kritik oder ein Murren einem das Leben kosten konnte. Steins vorausgesetzte Vaterlandsliebe war etwas anderes als der neue geforderte blinde Gehorsam, der wie Vaterlandsliebe aussehen mochte und auch in der Schule betont wurde.

Im Lesebuch stand ein Gedicht von Ferdinand Freiligrath (1810–1876), »Die Auswanderer«, mit dessen Hilfe ich versuchte, mich in die larmoyante Lage eines Auswanderers zu versetzen:

Ich kann den Blick nicht von euch wenden
Ich muß euch anschaun immerdar;
Wie reicht ihr mit geschäftgen Händen
Dem Schiffer eure Habe dar!
[...]

Wie wird das Bild der alten Tage
Durch eure Träume glänzend wehn!
Gleich einer stillen frommen Sage
Wird es euch vor der Seele stehn.

Mit diesen Auswanderern konnte ich mich nicht identifizieren. Ich machte mich in Gedanken los von Deutschland und meiner westfälischen Umgebung.

Plötzlich im Jahr 1938, in der Mitte der Untertertia, kam mein Schulunterricht am Freiherr vom Stein-Lyzeum zu Ende. Die Synagogen in Deutschland waren in Brand gesteckt, jüdische Geschäfte zerstört, jüdische Wohnungen verheert und jüdische Männer in Konzentrationslager gebracht worden, und als eine fast nebensächliche Begleiterscheinung wurden jüdische Schüler von den städtischen Schulen verwiesen. Das »Abgangszeugnis« mit dem Hakenkreuzstempel liegt bei mir noch irgendwo. Bochum in Westfalen machte die Gewaltverbrechen in der Nacht vom 9.–10. November mit.

Ich rief die Polizei an: »Neustraße 17. Wir haben Einbrecher.«

Die Firma meines Großvaters und seiner Söhne hatte im neuen Polizeipräsidium die Installation besorgt; mein Vater muss auf diesen Auftrag sehr stolz gewesen sein, denn als ganz kleines Kind an seiner Hand durfte ich mir den Arbeitsplatz einmal ansehen, ehe der Gebäudekomplex fertig stand.

»Lassen Sie sie doch«, kam die Antwort.

Elizabeth Petuchowski (Archiv Jüdische Literatur in Westfalen, Paderborn)

»Lassen Sie sie doch«, hatte der Repräsentant der öffentlichen Sicherheit in Bochum zu mir gesagt. Er hatte uns für vogelfrei erklärt.

Am nächsten Morgen, als ich mich an die Luft wagte, erschien Helga Schmidt in der Haustür, die weit offen stand, vielleicht hing sie noch nicht wieder in der Angel. Helga Schmidt war eine Klassenkameradin, mit der ich nicht einmal eng befreundet war, doch kannten wir uns. Sie wollte sich erkundigen, wie es uns gehe. Das vergisst man natürlich nicht.

Ich kehrte sie schnell von unserer Schwelle fort, ich fürchtete um sie. Sie war die älteste Tochter des protestantischen und politisch aktiven Pfarrers Albrecht Schmidt[3], der sich der Bekennenden Kirche angeschlossen hatte und keinen Hehl aus seiner Verachtung für die nationalsozialistische Diktatur machte, mit erschütternden Auswirkungen.

Jüdische Schüler und Schülerinnen wurden von einem Tag auf den anderen von den städtischen Höheren Schulen entlassen, blieben aber weiter schulpflichtig, denn Ordnung muss sein, nicht wahr. Die wenigen Kinder in Bochum, deren Familien noch nicht emigriert waren, wurden in das Klassenzimmer auf der ersten Etage der jüdischen Volksschule umgesetzt. Die Trümmer der Synagoge nebenan waren von diesem Zimmer aus sichtbar. Sie wurden abgetragen und die Stelle stand leer.

Kurz vor Ausbruch des Krieges bestiegen wir mit unserem Foxterrier Bärbel ein Flugzeug nach England und ließen Westfalen, so vertraut wie auch entsetzlich, hinter uns. Nach Jahrzehnten bin ich weiterhin in Westfalen geboren. Ob die heute in Westfalen lebenden Juden, viele aus anderen Ländern, wohl schon lispeln? Es wird einige Generationen dauern, bis ihre Nachkommen als Juden aus Westfalen betrachtet werden. Warten wir's mal ab.

Ulrike Schneider

Der Begriff Heimat und seine Bedeutungszuschreibungen bei Jean Améry und Jeanette Wolff

Wieviel Heimat braucht der Mensch? Diese Frage, von Jean Améry in seinem gleichnamigen Essay gestellt,[1] thematisierten zahlreiche deutschsprachige Autoren und Autorinnen nach 1945 in autobiographischen, aber auch fiktionalen Texten. Die Auseinandersetzung mit dem Heimatverlust, die Beschreibung der (unerfüllten) Suche nach einer *neuen* Heimat sowie die Frage nach der eigenen Verortung in der Welt waren durch die Erfahrung von Exil und Fremde, dem Verlust der eigenen kulturellen und sozialen Identität, von Verfolgung, Entrechtung und Schutzlosigkeit sowie durch das Durchleben der nationalsozialistischen Konzentrations- und Vernichtungslager bestimmt. Die Rechts- und Schutzlosigkeit, der die europäischen Juden innerhalb der deutschen Konzentrationslager ausgeliefert waren, war die letzte, die zerstörerischste Heimatlosigkeit, da sie die Gefangenen ihrer Staatszugehörigkeit, Menschenrechte und menschlichen Würde vollständig beraubte. Die Rückkehr in die Welt nach der Befreiung aus den Lagern und dem Ende des Zweiten Weltkriegs, der Versuch in der Welt wieder *heimisch* zu werden, verband sich oftmals mit dem Entwurf einer *neuen* Heimat in den Exilländern oder einem Neuanfang in dem Herkunftsland, aber auch mit der Erinnerung an die und der Verlusterfahrung der alte(n) Heimat. Die Begründung einer *neuen* Heimat basierte auf der Konfrontation mit den eigenen Erfahrungen, vor allem aber auf der Auseinandersetzung mit der Gesellschaft des Herkunftslandes und der damit verbundenen Frage nach dem eigenen Selbstverständnis und der von der Gesellschaft zugeschriebenen Identität. Während der österreichisch-jüdische Exilant Jean Améry (1912–1978) sich in mehreren Essays mit der Heimatthematik, der Frage von gesellschaftlicher und kultureller Zugehörigkeit und Ausgrenzung, auseinandersetzte, findet sich weder in den politischen Reden noch in den autobiografischen Aufzeichnungen der aus Westfalen stammenden Politikerin Jeanette Wolff (1888–1976) eine explizite Erörterung des Themas. Dennoch kann die politische Dimension des Begriffes Heimat auf Wolff angewendet werden, da sich darüber die wichtigsten Punkte ihres politischen Handelns in der Nachkriegszeit eruieren lassen.

Heimat – Bedeutungszuschreibungen und Definitionsprobleme

Etymologisch wird das Wort *Heimat* von dem Begriff *Heim* abgeleitet und ist eine suffixale Erweiterung des Terminus. Das Substantiv benennt daraus hervorgehend einen »Ort, [an dem] man sich niederlässt«, ein »Lager«[2].

In der wissenschaftlichen Forschung werden die disparaten Bestimmungen des Begriffes einem Ordnungsschema unterstellt, mit dem versucht wird, konkrete Definitionen zu schaffen. Offensichtlich wird daran vor allem, dass es keine eindeutigen Schemata hinsichtlich des Terminus gibt, die verschiedenen Einordnungen sich vielmehr überlappen und einem ständigen Änderungsprozess unterliegen: »Die einzige Konstante des Heimatbegriffs […] liegt in seiner permanenten Bedeutungsveränderung, die vor allem aus der Unerschöpflichkeit an kulturellen wie subjektiven Konnotationen, Assoziationen und Deutungen hervorgebracht wird.«[3] Zu ergänzen ist jedoch, dass neben der »Bedeutungsveränderung« von bestimmten Gruppen bis heute eine Festschreibung des Begriffes als politisch-konservativer Wert unternommen wird. Andrea Bastian definiert das inhaltliche »Begriffsfeld ›Heimat‹«[4] auf der Folie von drei Komponenten: *Territorialität*, *Politik/Gesellschaft* und *Kultur*. Mit diesen Kategorien werden zugleich die gängigsten Zuschreibungen erfasst, die Ina-Maria Greverus unter der Trias *Raum* als topographische, natürliche Umgebung, *Gemeinschaft* als soziale und *Tradition* als kulturelle Komponente zusammenführt.[5] Als fest umrissener geographischer Raum ist Heimat ein bestimmter Ort, eine Landschaft, eine Region, aber auch die Wohnung oder das Haus. Als soziale Kategorie gedacht, werden Familie, Freunde, Gemeinschaft sowie Normen- und Wertvorstellungen der Gesellschaft zu Konstituenten des Begriffes. Diese bieten den Mitgliedern der jeweiligen Gemeinschaft eine notwendige Verhaltenssicherheit und Vertrautheit innerhalb des sozialen Umfelds. Diese Vertrautheit ist zugleich Grundlage für das emotionale Empfinden von Heimat, das Geborgenheit, Anerkennung impliziert. Mit diesen Bestimmungen wird Heimat zum Herkunftsort, dem das Erleben der Kindheit und Jugend eingeschrieben ist, sowie zum Bereich des alltäglichen Lebens. Heimat als Erinnerungsraum wird retrospektiv gebildet und geht mit einer an die Vergangenheit geknüpften Sicherheitsvorstellung einher. Muttersprache, Familie und Gemeinschaft werden zu Koordinaten der erinnerten Welt. Oftmals mit einer Verklärung der Vergangenheit korrespondierend, wird der Begriff, insbesondere bei Exilanten, zum Sehnsuchtsmoment und gerät zu einer idealisierten Version des vertrauten Ausgangsortes.

Bis ins 19. Jahrhundert war mit den Heimatrechten der juristische Charakter von Heimat verbürgt. Mit der Herausbildung des deutschen Nationalstaats und der Reichsgründung 1871 trat an die Stelle der bisherigen Heimatrechte der Staat, das »bisherige Rechtsgebäude Heimat«[6] wurde aufgelöst. Gleichzeitig wurde der Begriff Heimat zum Parallelbegriff von Volk, Nation und Vaterland, indem über ihn emotionale Bindungen zu dem neu etablierten Staatssystem hergestellt werden sollten. Nach Neumeyer ist es jedoch gerade die emotionale Aufladung, der »Bezug zu einem bestimmten Ort, einer konkreten Gemeinschaft [im engeren Sinne] mit ihren spezifischen psychologischen und sozialen Komponenten«,[7] die den wesentlichen Unterschied zwischen den beiden Begrifflichkeiten Heimat und Staat darstellt. Aus den seit dem 16. Jahrhundert gewährten Heimatrechten blieb die jüdische Bevölkerung in den jeweiligen deutschen Kleinstaaten zumeist ausgeschlossen. Erst zu Beginn des 19. Jahrhunderts änderte sich der bis dahin weitgehend rechtlose Status der Juden. Abhängig von den Entwicklungen in den jeweiligen Kleinstaaten – ab 1797 gewährten die unter Napoleonischer Herrschaft stehenden linksrheinischen Gebiete früher rechtliche Sicherheiten als Preußen oder Bayern[8] – kam es mit der Reichsgründung zur rechtlichen Gleichstellung, die jedoch keine gänzlich umfassende war. Parallel zu diesem Prozess formierte sich ausgehend von der säkularen Mehrheit das jüdische Bürgertum, das auf den Grundpfeilern Bildung und Besitz basierte und die Trennung zwischen dem Privatraum des Hauses, der Familie und dem öffentlichen Raum der (männlichen) Erwerbstätigkeit adaptierte. Im Gegensatz zum deutschen Bürgertum hielt nach Monika Richarz das jüdische Bürgertum dennoch an bestimmten jüdischen Traditionen fest und stand den Modernisierungstendenzen offener gegenüber.[9] Hauptsächlich über den Erwerb von Bildung – der Aneignung der deutschen Sprache, Geschichte, Kultur und Literatur – glaubte die Mehrheit der deutschen Juden eine gleichberechtigte Position zu erlangen, die abseits von Herkunft und Religion definiert war. Die enge Bindung an die deutsche Kultur prägte auch die Heimatvorstellung des akkulturierten Bürgertums. Es war der topographische Ort, vielmehr aber waren es die kulturellen Werte, die Verehrung deutscher Geistesgrößen, die – einhergehend mit emotionalen Komponenten – einen Heimatraum eröffneten. Die Aberkennung dieses ideellen und kulturellen Raumes durch die Nationalsozialisten, die Ausgrenzung aus der sozialen Gemeinschaft und die daran anschließende Verfolgung, Exilierung, Deportation und Ermordung ging mit der Aberkennung der Bildungsheimat einher.

Wesentlich für die politische Implikation des Begriffes ist die Aufnahme der Vorstellung einer selbstbestimmten und mitbestimmenden Anwesenheit des Individuums in der Welt, die die seine wird, indem es in ihr anerkannt handeln kann. Begreift man den Menschen als »heimatliches Wesen«,[10] das sich selbst Heimat schaffen kann, so muss der jeweilige Staat die Bedingungen für die Begründung dieser legen, u. a. durch einen rechtlichen Schutzraum, der durch den Erwerb und die Garantie der Staatsbürgerschaft gesichert ist. Nicht der Staat selbst kann somit Heimat sein, sondern die Heimat kann im Staat liegen. Die politische Bestimmung des Begriffes bezeugt mit der Terminologie Hannah Arendts das Recht auf Heimat und das Recht auf einen »politischen Status«,[11] mit dem die »Zugehörigkeit zu der Gemeinschaft, in die man hineingeboren ist«,[12] als selbstverständlich verbürgt angesehen wird. Was nichts anderes bedeutet, als an einem Ort rechtlich anerkannt und geschützt zu leben. Heimat wird zum Rechts- und Schutzraum, in dem das Staatsbürgerrecht und die Gewährung der menschlichen Würde verankert sind. Dass sich dieses Rechtsverhältnis jeder Zeit aufheben und ins Gegenteil verkehren kann, bis hin zur Aufhebung der *juristischen Person*, zeigen die politischen Entwicklungen des 20. Jahrhunderts:

> [...] daß, wer nicht in das Netz internationaler Gegenseitigkeitsverträge gehört, weil für ihn keine Regierung und kein nationales Gesetz zuständig sind, aus dem Rahmen der Legalität überhaupt herausgeschleudert ist und aufgehört hat, eine juristische Person zu sein. [...] War so auf der einen Seite für den [staatenlosen] Flüchtling objektiv kein Raum gelassen, in den er sich vor der ihn verfolgenden Regierung flüchten konnte, so konnte auf der anderen Seite der Flüchtling nur subjektiv beweisen, daß er überhaupt ein Flüchtling war.[13]

Als zu erreichender gesellschaftlicher Idealzustand kommt der utopischen Dimension des Begriffes daher eine besondere Bedeutung zu. In dem Verständnis von Heimat als exterritorialer Ort sind die Vorstellungen von religiösen und ideellen Heimaträumen als mögliche, erst zu schaffende Gesellschaftsräume enthalten. Nicht das Bestehende und Bewahrende wird dabei in den Blick genommen, sondern das gesellschaftlich zu Leistende. Dies nimmt die Vorstellung Ernst Blochs auf, der Heimat als einen Idealzustand des Glücks und Ineins-Seins mit der Umwelt und Gesellschaft auswies.

Im heutigen Sprachgebrauch wird der Begriff einerseits mit Wertvorstellungen aufgeladen, denen eine starke ethnische und kulturelle Intention inhärent ist und die auf Abgrenzungsprozesse innerhalb der Gesellschaft verweisen. Andererseits fungiert er – gerade für eine junge deutschsprachige Autorengeneration, die nicht in Deutschland geboren wurde – als Ausgangs- und Reibungspunkt für die Konzeption neuer grenzüberschreitender ethnischer, kultureller und sozialer Räume.

Jean Améry und die Frage nach Heimat

1966 veröffentlichte der bis dahin kaum bekannte Essayist Jean Améry, der 1939 nach Belgien emigrierte und nach seiner Befreiung aus den Konzentrationslagern 1945 nach Brüssel zurückkehrte, im Szczesny Verlag den Essayband *Jenseits von Schuld und Sühne. Bewältigungsversuche eines Überwältigten*. Der Band umfasste fünf Essays, die zwischen 1964 und 1966 bereits als einzelne Sendungen im Süddeutschen Rundfunk ausgestrahlt und von Améry selbst gelesen wurden. Der Essayband bildete nicht nur den Beginn von Amérys intensiver journalistischer und essayistischer Tätigkeit als Kritiker und Autor sowie seiner Etablierung im westdeutschen Literaturbetrieb, er begründete zugleich den Dialogversuch des Intellektuellen mit dem westdeutschen Publikum über die deutsche Vergangenheit und Gegenwart.

Der Ausgangspunkt der Auseinandersetzung mit unterschiedlichen Konzepten von Heimat ist Amérys Erfahrung der Exilierung.[14] Die Beschreibung der Flucht aus Österreich Ende 1938/Anfang 1939 steht am Beginn des Essays *Wieviel Heimat braucht der Mensch?*. Die Anlage des Textes beruht auf dem Spannungsfeld Heimat – Exil/Fremde, das von Améry aus unterschiedlichsten Perspektiven erörtert wird. In seinem Exposé zur Konzeption des Textes, hebt er hervor, dass er »das Gefühl des Heimatlichen als die Sicherheit des Geborgen-Seins«[15] zu beschreiben versuche. Zugleich verweist er auf die Engführung des geplanten Aufsatzes, die auf die Darstellung des unwiderruflichen Heimatverlustes ausgerichtet sei.

Wird der Text einerseits durch die Beschreibung des Exils als ökonomisch äußerst fragiler Existenzort, als Verlust des geographischen und soziokulturellen Bezugsraumes, als Ausschluss aus der Muttersprache und damit als Verlust der Heimat bestimmt, trennt Améry im Hinblick auf die Exilierung scharf zwischen unterschiedlichen Erfahrungsräumen. Zum einen differenziert er zwischen der Erfahrung des jüdischen Verfolgten und der der deutschen Vertriebenen nach 1945, da den deutschen und österreichischen Juden nicht nur der rechtliche Schutzraum entzogen, sondern zugleich die kulturelle Bildungsheimat aberkannt wurde:

> Es werden sich denn meine Überlegungen aus mancherlei Gründen sehr deutlich abheben von denen jener Deutschen etwa, die aus ihren im Osten gelegenen Heimatländern vertrieben wurden. […] Für uns, die wir damals nicht zurückkehren durften und darum heute nicht zurückkehren können, stellt sich das Problem in einer dringenderen, atemloseren Weise. […] Wir aber hatten nicht das Land verloren, sondern mußten erkennen, daß es niemals unser Besitz gewesen war. Für uns war, was mit diesem Land und seinen Menschen zusammenhing, ein Lebensmißverständnis.[16]

Zum anderen grenzt er sein Erleben des Exils von der Emigration bekannter deutscher Schriftsteller ab, indem er hier ebenfalls den Entzug des kulturellen Raumes als entscheidenden Unterschied anführt. Grundlage von Amérys Argumentation bildet die Vorstellung von Heimat als Nations- und Kulturbegriff, sie bezieht sich auf die Frage der legitimierten Repräsentation der deutschen Kultur während des Exils einerseits, andererseits auf den gleichberechtigten Zugang zur Heimat. Die Stigmatisierung als Jude durch die Gesetze der Nationalsozialisten schließt für ihn die Aberkennung des bisherigen Traditionsraumes ein, da es sich in seinem Fall nicht um eine freiwillige, aus politischen Gründen erfolgte Emigration handelte, sondern seine Exilierung an die zerstörerische Rücknahme des jüdischen Emanzipationsprozesses gebunden war. Die existenziellen Grundlagen der eigenen Person, aber auch die bis dahin bestimmenden sozialen, kulturellen und rechtlichen Parameter der eigenen Biographie wurden ausgelöscht, die nach Zudrell für seine Vorfahren durch den Rechtsstatus verbürgt waren.[17] Deutlich wird damit, dass Améry die rechtliche, soziale Kategorie des Begriffes Heimat unmittelbar mit der kulturellen Komponente verbunden sieht. Die Einlösung des rechtlichen Schutzraumes seitens des Staates, der die Unantastbarkeit der juristischen und physischen Person garantiert, stellt die unabdingbare Grundlage für die kulturelle Beheimatung dar. Zugleich enthalten diese Aspekte den Sicherheitsfaktor, der sich im sozialen und kulturellen Bereich als Begriff des Vertrauten und Vertrauens manifestiert:

> Heimat ist Sicherheit, sage ich. In der Heimat beherrschen wie souverän die Dialektik von Kennen-Erkennen, von Trauen-Vertrauen: Da wir sie kennen, erkennen wir sie und getrauen uns zu sprechen und zu handeln, weil wir in unsere Kenntnis-Erkenntnis begründetes Vertrauen haben dürfen.[18]

Die radikale Betonung der subjektiven Erfahrung, die nicht nur diesen Essay prägt, sondern kennzeichnendes Merkmal des Améry'schen Schreibprogrammes ist, bestimmt die Argumentationsstruktur des Textes und definiert die gegen jeglichen Philosemitismus gerichtete Position Amérys. Signifikanter als seine Darstellung der *authentischeren* Erfahrung des Exils im Gegensatz zu der deutschen Elite der Schriftsteller und Intellektuellen ist seine Berufung auf den in den 1960er Jahren nicht unumstrittenen Begriff Heimat. Indem er ihn zum zentralen Gegenstand erhebt, bindet er ihn an seinen Erfahrungsraum und reagiert auf dessen Vereinnahmung durch konservative und politisch rechts stehende Gruppierungen. Zugleich wird über den Terminus die Verankerung der spezifisch jüdischen Erfahrung der Exilierung vollzogen, die als gleichberechtigter Bestandteil der öffentlichen Erinnerung eingeführt wird.[19] Dass er dezidiert als stellvertretender Sprecher der österreichischen und deutschen akkulturierten, der Bildungsschicht angehörenden vertriebenen Juden auftritt und damit seiner Sprecherposition eine politische Nachdrücklichkeit verleiht, wird durch das im Text an wichtigen Stellen verwendete Pronomen »wir« evident.

Während die Aberkennung des sozialen und rechtlichen Schutzraumes für Améry nicht revidiert werden kann, da das aktive politische Handeln der deutschen und österreichischen Gesellschaft, auch nach 1945, ausgeblieben sei, die Widerrufung der Widerrufung durch die Gesellschaft nicht statt gefunden habe,[20] begehrt er gegen den Entzug der Bildungsheimat auf. Ist die Argumentation hinsichtlich des Entwurfes einer geistigen Heimat im 1965 entstandenen Essay erst marginal ausgeprägt, findet sich in den 1971 und 1980 (posthum) veröffentlichten Essaybänden *Unmeisterliche Wanderjahre* und *Örtlichkeiten*, die ebenfalls zuvor als Rundfunksendungen beim Süddeutschen Rundfunk bzw. Deutschlandfunk 1970/71 bzw. 1974/1975 ausgestrahlt und nach dem gleichen Strukturprinzip der biographischen Stationen konzipiert wurden, das Konzept des »Wörterlands«.[21] Mit diesem wird eine gleichberechtigte kulturelle und intellektuelle Zugehörigkeit zum deutschen Traditionsraum etabliert. Die Einschreibung als deutsch-jüdischer Autor in die deutsche Geistesgeschichte erfolgt über die Berufung auf philosophische und literarische Schulen, wobei dem Aufklärer Lessing eine besondere Bedeutung zukommt, aber auch über die Definition eines vom französischen Existenzialismus entscheidend geprägten engagierten Literaturbegriffs. Über diesen Literaturbegriff wird ein Prozess der »Rückschreibung deutsch-jüdischer Schriftsteller in die deutsche Geistesgeschichte«[22] vollzogen. Die Konstruktion einer nachträglichen und gegenwärtigen Bildungsheimat unterstützte Amérys eigene Verortung im westdeutschen Literaturbetrieb. Diese war jedoch keineswegs eine sichere, sondern sie wurde von zahlreichen Kontroversen hinsichtlich des Ortes der jüdischen Erfahrung in der öffentlichen Erinnerung begleitet. Somit blieb letztendlich auch das »Wörterland« als Bildungsheimat ein fragiles Konstrukt, da es für Améry nicht losgelöst von der jüdischen Erinnerung und einem dezidert politischen Engagement verstanden werden konnte.

Jeanette Wolff – Heimat als politische Aufgabe

Die in einem sozialistischen Elternhaus aufgewachsene Jeanette Wolff wurde 1919 als Mitglied der SPD, und als erste Jüdin, Stadtverordnete in Bocholt.[23] Zudem im Jüdischen Frauenbund aktiv bildete ein wichtiges Feld ihrer politischen Arbeit die gleichberechtigte soziale Stellung der Frau in der Weimarer Republik, wobei sie sich insbesondere für »Themen wie die Familienplanung, Empfängnisverhütung, Abtreibungsfrage«[24] einsetzte. Das Selbstverständnis als Sozialdemokratin tritt auch in ihrem 1946 unmittelbar nach ihrer Befreiung aus den Konzentrationslagern verfassten Erlebnisbericht *Sadismus oder Wahnsinn*[25] hervor. Als Sozialdemokratin und Jüdin verfolgt, gemeinsam mit ihrem Mann und den Töchtern 1942 in das Ghetto Riga deportiert, werden das politische und jüdische Verständnis zur Grundlage einer zweifach empfundenen Gruppenzugehörigkeit, die als sozialer Widerstandsakt dem Lagerleben entgegengesetzt wird. Nach der Befreiung stellt die Aufklärung über die nationalsozialistischen Konzentrationslager und osteuropäischen Ghettos einen Schwerpunkt ihrer politischen Arbeit dar. Dabei tritt die private Erfahrung der Lager hinter der objektiven Beschreibung zurück. Aufklärung versteht Wolff als gesellschaftspolitischen Auftrag, über den die Strukturen der Lager erklärt, die Grausamkeit des Systems und die Entmenschlichung des Einzelnen dokumentiert werden sollen. Untrennbar damit verbunden, ist ihre politische Position. Sie wird zum Motor eines kritischen sozialgesellschaftlichen Engagements, mit dem sie einen neuen Heimatraum initiieren möchte. Die tiefe Verwurzelung in der Sozialdemokratie erlaubt ihr anstelle der ideologischen Utopie die konkrete gesellschaftliche Aufgabe zu setzen, die für sie im Aufbau einer humanen Gesellschaft besteht. Obgleich der Begriff von ihr nicht verwendet wird, liegt es nah, ihre politischen Aktivitäten in Bezug zum Heimatbegriff zu setzen.[26] Der Rekurs auf ein selbstbestimmtes Handeln, das sich in einer mit den Mitmenschen solidarischen Haltung, in der moralischen Verpflichtung gegenüber den Mitmenschen ausdrücken muss und in einem Rechts- und Schutzraum verankert ist, enthält die wesentlichen Parameter des politischen Heimatbegriffes. Wolffs Engagement nach 1945 – u. a. war sie von 1952 bis 1961 Bundestagsabgeordnete, von 1965 bis 1975 stellvertretende Vorsitzende der Jüdischen Gemeinde Berlin – war nicht allein auf die Frauenbewegung und die Entschädigung der NS-Opfer ausgerichtet. Einen wichtigen Bestandteil stellte darüber hinaus die Wiederbeheimatung jüdischen Lebens in der Bundesrepublik dar. Der gesellschaftspolitische Raum der Bundesrepublik musste für die jüdischen Überlebenden ohne Einschränkungen die Aufgaben eines gleichberechtigten sozial und rechtlich gesicherten Bezugsraumes erfüllen. Der Einlösung dieses Vorhabens verschrieb sich Wolff mit ihrer politischen und gesellschaftlichen Arbeit, die von einer Kompromisslosigkeit hinsichtlich verklärender geschichtlicher Darstellung in Bezug auf den Nationalsozialismus geprägt war. Sie sah in der Verwirklichung eines demokratischen, humanen Deutschlands die Möglichkeit, einen politischen Raum zu etablieren, in dem jüdisches Leben seinen gleichberechtigten heimatlichen Ort hat. Im Gegensatz zu Améry war es nicht die Bildungsheimat, die für sie im Vordergrund stand und auf einen geistigen Raum ausgerichtet war. Dem demokratischen Aufbau eines neues Deutschlands verpflichtet, konnte für sie nach 1945 die Verwirklichung politischer Hoffnungen nur in der Schaffung eines rechtlich verbürgten Heimatraumes bestehen.

Werner Weinberg
Mein Verhältnis mit Rheda[1]

Werner Weinberg
(Archiv Jüdische Literatur in Westfalen, Paderborn)

Nein, Rheda ist keine Frau. Es ist eine Stadt in Westfalen. Mein Verhältnis mit ihr begann bei meiner Geburt. Und es ist immer noch nicht beendet – obwohl ich sie vor fast 50 Jahren verlassen habe.

Wieso bei meiner Geburt? Man erzählte mir immer wieder, am 30. Mai 1915, dem Tag, an dem ich geboren wurde, sei ein Trupp englischer Kriegsgefangener nach Rheda gebracht worden. Dies galt als gutes Omen. Jetzt würde der Krieg bald zu Ende gehen. Zu Weihnachten schon würden unsere Soldaten siegreich wieder zu Hause sein. Obwohl sich diese Weissagung nicht erfüllte, nannte man mich noch jahrelang den »kleinen Engländer«. Später – ich muss schon drei Jahre alt gewesen sein – sah ich die Engländer selbst. Sie waren in der Turnhalle am Werl einquartiert und durften sich auf einem eingezäunten Platz auch im Freien bewegen. Es waren aber wohl nicht mehr die gleichen Kriegsgefangenen, die zu Ehren meiner Geburt in Rheda Einzug hielten.

Und wieso dauert unser Verhältnis noch an? Es haben sich neue Verbindungen angebahnt und allerlei Vereinbarungen wurden getroffen, die meine dauernde Aufmerksamkeit beanspruchen. Ein lebhafter Briefwechsel hat sich zwischen Cincinnati, USA, und Rheda entwickelt, selbst gelegentliche Besuche in Rheda wurden nötig. Wahrscheinlich wird sich mein Verhältnis mit Rheda noch einige Jahre hinziehen …

Eine jüdische Kindheit wie meine – so harmonisch im deutschen Milieu zugebracht – war wohl nur in kleinen Städten möglich. Rheda hatte damals 5.000 Einwohner, eine Kirche und eine Schule für seine Katholiken, dasselbe für seine Protestanten und auch eine Synagoge für seine Juden. Es gab keine Trennung von Kirche und Staat, und niemand vermisste eine solche.

Zugegeben, da waren ein paar *Rescho'im* in der Stadt (in unserem Jüdischdeutschen bedeuteten *Rosche* und die Ableitung *Risches*: Antisemit bzw. Antisemitismus). Sie riefen uns jüdischen Kindern Grobheiten nach, wobei »Stinkjude« ihr Lieblingswort war. Manchmal wurde ich auch angerempelt und lief weinend nach Hause. Im Großen und Ganzen jedoch sah ich diese Dinge im Lichte der damals bestehenden Intoleranz zwischen allen drei Konfessionen, die am ehesten unter den Kindern zum Ausdruck kam. Einige meiner katholischen und evangelischen Spielgefährten bedachten sich gegenseitig mit noch viel schlimmeren Ausdrücken, und sie erzählten schaurige Geschichten über die religiösen Sitten und Gebräuche der jeweils anderen Kirche.

Meine Freunde erfüllte meine Religion zunächst mit einiger Neugierde. Diese legte sich aber, nachdem sie Matzen probiert hatten. Matzen schenkte meine Mutter unseren christlichen Nachbarn als Gegengabe für deren Ostereier. Die Neugierde nahm sogar noch mehr ab, nachdem ich zu ihrer Zufriedenheit erklärt hatte, wieso Hebräisch in »verkehrter Richtung« gelesen wird und wieso die Männer in unserer Kirche Hüte tragen. Zu *Chanukah* erhielten meine besten Freunde auch einen »Teller voll«: Nüsse, Äpfel und selbstgebackene Plätzchen, alles schön auf einem Teller arrangiert. Ich meinerseits, kam unter den Weihnachtsbäumen meiner Freunde in den Genuss genau der gleichen Leckerbissen. Zusätzliche Parallelen, wie z. B. das Fasten am *Jom Kippur* und die österliche Fastenzeit (obwohl ich die jüdische Auffassung des völligen Fastens für überlegen hielt), die Tatsache, dass die Synagoge an *Schawuot* und die katholischen Kirchen an Pfingsten mit jungen Birkenbäumchen geschmückt wurden, unser *Lulaw* und ihr Palmzweig – wir sahen mehr gemeinsame als trennende Merkmale in unseren Religionen. Jeder von uns muss wohl seine Religion den beiden andern gerade um soviel überlegen angesehen haben, dass er sie mit Großmut und Wohlwollen beurteilte.

Das Verhältnis von Juden und Christen war vielleicht gerade deswegen zwanglos. Selbstverständlich gab es da keine »Zusammenarbeit« im modernen Sinn. Es bestand eine durchaus freiwillige und in keiner Weise als aufgezwungen empfundene Trennung, nicht zu vergleichen mit der amerikanischen »equal but separate«-Situation oder südafrikanischer Apartheid. Wenn Juden und Christen, einzelne oder Gruppen, für irgendeinen Zweck Kontakt suchten, dann geschah das auf ganz normale Weise, ohne Schwierigkeiten und Hintergedanken. Sonst war es meistens ein durchaus unproblematisches »Jeder für sich und Gott für uns alle«. Wenn wir Juden in unseren besten Kleidern an einem jüdischen Feiertag in Familiengruppen zur Synagoge gingen und an den hohen Feiertagen die jüdischen Ladengeschäfte geschlossen hatten, dann gehörte dies zur Normalität unseres kleinen Ortes.

Gesellschaftliche Gelegenheiten, bei denen Juden und Christen sich mischten, waren nicht allzu zahlreich. Tanzstunden und Bälle für »junge Leute« gehörten dazu. Und wenn jüdische Kinder weniger mit anderen jüdischen Kindern als mit gleichaltrigen christlichen befreundet waren, dann lag das auch daran, dass es in den 1920er Jahren nur noch wenige jüdische Kinder im Orte gab. Aber selbstverständlich hatten der jüdische Ladenbesitzer oder Viehhändler mit ihren christlichen Kunden Kontakt und die jüdische Familie mit den christlichen Dienstmädchen. Gesellschaftlicher und kultureller Verkehr zwischen erwachsenen Juden und Christen war, sieht man von der kleinen Oberschicht wohlhabender Juden ab, selten. Doch gab es mindestens dreimal einen jüdischen Schützenkönig. Im Sport- und Turnverein waren immer vereinzelte Juden. Die jüdischen »jungen Leute« hatten zwei Vereine, die nach entsprechenden deutschen Mustern aufgebaut waren. Für diese Altersgruppen spielten unter den jüdischen Festen v. a. *Purim* und *Simchat Tora* eine Rolle, weil es dann Bälle gab. Eine eigentliche »Entfremdung« gab es zwischen dem jüdischen Bevölkerungsteil, der in den 1920er und frühen 1930er Jahren etwa 50 Familien umfasste, und dem christlichen Teil unseres Städtchens nicht.

Eine erste, milde Art von Entfremdung zwischen Rheda und mir geschah eher in meiner persönlichen Biografie, als ich in die Bielefelder Oberrealschule kam. Rheda hatte damals keine höhere Schule. Ich musste mit dem Zug zur Schule fahren und verbrachte über die Hälfte des Tages in der Großstadt. Dieser Zeitfaktor war ein Grund, wieso ich mich etwas von Rheda loslöste; der zweite war das Entstehen eines neuen Freundeskreises in Bielefeld und der dritte war, dass mir die soziale Kluft zwischen den meisten meiner Rhedaer Freunde und Kindern wie mir, die fremde Sprachen lernten und Klavierstunden nahmen, bewusst wurde.

Als viele meiner Rhedaer Freunde Lehrlinge wurden und den ganzen Tag beschäftigt waren, verstärkte sich die Distanz. Aber es bedeutete keinen wirklichen Bruch. Wir verbrachten immer noch Abende und Wochenenden zusammen, und das eine, alles überwiegende Interesse der nächsten paar Jahre – die Mädchen – war gleichmäßig zwischen meinen Bielefelder und Rhedaer Kreisen verteilt.

Nicht eigentlich das Aufkommen des Nazismus entfremdete mich von Rheda. Meine Freunde und ich sahen uns zusammen die Fahnen und Uniformen an, hörten den Gesängen, Parolen und Drohungen zu, waren Zeugen der ersten Gewalttaten. Es erschien alles für Rheda außerordentlich unpassend. Nein, zu einer wirklichen Entfremdung kam es erst, als ich nach dem Abitur sowohl Rheda als auch Bielefeld verließ und meine Studien im jüdischen Lehrerseminar in Würzburg fortsetzte. 1936 machte ich dort das Examen.

Es gab genügend Stellen für uns Absolventen. Jüdische Kinder mussten die christlichen Schulen verlassen und jüdische Lehrer begannen auszuwandern. Eine der so freigewordenen Stellen gab es in Rheda. Ich will nicht zu analysieren versuchen, warum: aber ich war der einzige von den 42 fertig gewordenen Lehrern, der eine Stelle in seiner Heimatstadt annahm.

So wurde ich jüdischer Lehrer – ein Amt, das Funktionen als Rabbiner, Vorbeter und Erzieher umfasste – in der Synagoge, wo meine Vorfahren gebetet hatten und in der Schule, in der mehrere Kinder mit mir verwandt waren. Drei Dinge hatten sich geändert, als ich nach Rheda zurückkehrte: Ich war ein bewusster und verhältnismäßig gelehrter Jude geworden. Zusammen mit den Lehrern und Geistlichen der christlichen Schulen und Kirchen war ich nun eine »Standesperson«. Und die Naziherrschaft in Rheda war stärker geworden.

Die Rhedaer Nazis waren im Grund unsere alten *Rescho'im*, verstärkt durch eine eigenartige Koalition aus erzkonservativen Familien, einigen abtrünnigen Kommunisten und dem Abschaum der Stadt. Zusammen machten sie nicht mehr als ein paar Dutzend aus. Aber hinter ihnen stand eine gewaltige Macht; nichts und niemand konnte sie zurückhalten, und die Straßen gehörten ihnen.

Einige Unerschrockene hatten 1936 dem Nazi-Terror und der Nazi-Mentalität noch nicht nachgegeben. Unter Sozialisten, unter Geistlichen, Lehrern, Polizisten (Rheda hatte drei!), Stadt- und Kreisbeamten, Kaufleuten und Angehörigen der oberen Berufe gab es immer noch »anständige Leut'«, was hier das Gegenteil von *Rescho'im* bedeutete. Diese Leute waren nicht so sehr Widerstandskämpfer; eher hegten sie die Illusion, man könne selbst in einer totalitären, politischen Situation Anständigkeit im privaten und öffentlichen Leben bewahren.

Dieser Rest solcher Anständigkeit wurde erst später zerstört. Die »Unzuverlässigen« wurden boykottiert und terrorisiert, manche kamen ins Gefängnis. Von der Polizei oder dem Bürgermeister konnten Juden keinen Schutz oder Beistand mehr erwarten. Zwar blieben einige meiner Freunde anständig, doch wollte ich sie nicht in Verlegenheit bringen oder einer Gefahr aussetzen und so hielt ich mich von ihnen fern.

Meine wichtigste Aufgabe war, der kleiner werdenden jüdischen Gemeinschaft zu dienen. Ich widmete mich ihr voll und ganz und versuchte der uns umgebenden Feindseligkeit gelassen zu begegnen. Ich unterbrach die Gottesdienste in der Synagoge nicht, als die bunten Glasfenster eingeschlagen waren; ich ging zur Synagoge und Schule, obwohl man mich vom Gehsteig hinunterstieß.

Eines Nachts kehrte ich spät mit dem Zug von Oelde zurück, wo ich den Purimgottesdienst gehalten hatte. In meiner Aktentasche trug ich die Esther-Rolle und einen kleinen, einbändigen *Kitzur Schulchan Aruch*, ein Buch jüdischer Religionsgesetze, mit mir. Der Bahnhof war leer bis auf zwei der schlimmsten Nazis, die mir aufgelauert hatten. Ich begann zu laufen, aber sie holten mich ein und schlugen mich bewusstlos. Einige Tage später wurde ich zum Rathaus beordert, wo mir meine Aktentasche ausgehändigt wurde. Ihr Inhalt war auf dem Empfangsformular angegeben: Antike Pergamentrolle 1 Hebräischer Talmud 1.

Ich bestätigte den Empfang.

Die Rhedaer Juden konnten ihren Lebensunterhalt nicht mehr verdienen. Um 1937 hatte die Hälfte von ihnen die Stadt verlassen. Einige retteten sich, indem sie auswanderten; andere zogen in größere Städte innerhalb Deutschlands, wo der Terror sich nicht so sehr gegen einzelne richtete. Ich, meinerseits, nahm eine Stellung an der jüdischen Schule von Hannover an, die immer noch ziemlich groß war. An den Wochenenden fuhr ich nach Rheda, um dort den Gottesdienst und den Religionsunterricht zu halten.

Die Kristallnacht am 10. November 1938 fand mich in Hannover. Nachdem ich diesem Schrecken entkommen war, ohne persönlich Gewalt erlitten zu haben, telefonierte ich, recht naiv, nach Rheda, um anzukündigen, dass am kommenden Freitag und Sabbat, wie gewöhnlich, Gottesdienste gehalten werden und am Sonntag die Schule für die Kinder weitergehen würde. Ich erfuhr, dass es keine Synagoge mehr gab, keine Schule und keine Gemeinde. Alle jüdischen Männer waren verhaftet worden; mein Name hatte als oberster auf der Liste gestanden.

Ich kehrte erst 27 Jahre später nach Rheda zurück.

Meine letzte Verbindung mit Rheda hörte auf, als alle Versuche scheiterten, meine Mutter herauszuholen und nach Holland zu bringen. Sie zog nach Köln und wurde von dort nach Lodz deportiert.

Danach kamen die fünf dunkelsten Jahre: Verstecken in Scheunen und Heuschobern, Evakuierung der Juden von Amsterdam und schließlich Gefangennahme und Konzentrationslager. Rheda war weit entfernt von meinen Gedanken, so unwirklich wie alles andere, das zu meinem früheren Leben gehört hatte. Nur auf eines kam es an: morgen noch am Leben zu sein!

Ich erwähnte, dass ich erst 27 Jahre nach der Kristallnacht nach Rheda zurückkam. Das stimmt, ist aber doch nicht ganz richtig: Es gab da eine Begegnung, kurz nach Kriegsende. Auf unserem Transport von Bergen-Belsen zu einem unbekannten Bestimmungsort waren wir von der russischen Armee befreit worden. Unter uns wütete damals eine Flecktyphusepidemie, deshalb hatten die Russen uns zunächst in Quarantäne gehalten, aber schließlich wurden wir in einen Zug zurück nach Holland gesetzt. Ich wusste, dass wir – so hatte ich die Eisenbahnlinien in Erinnerung – durch Rheda kommen würden, und ich versuchte, mich gegen den Ansturm von Gefühlen innerlich zu wappnen.

Der Zug fuhr tatsächlich durch Rheda, und – als ob es nur das Schicksal noch schwerer machen wollte – er hielt dort! Vielleicht musste die Lokomotive Wasser nehmen oder Kohle laden. Leute von unserem Transport stiegen aus und standen auf dem Bahnsteig. Ich blieb im Abteil sitzen. Plötzlich wehten vertraute Töne durch das Fenster. Es war Samstagabend, die Glocken beider Kirchen läuteten den Sonntag ein. Ich war, wie die meisten deutschen Juden, ein großer Goethe-Verehrer und so fiel mir sofort die Stelle ein, in der Faust, nach der nächtlichen Verzweiflung, die Osterglocken läuten hört und den Giftbecher von den Lippen nimmt: »Die Träne quillt, die Erde hat mich wieder!«

Ich stieg aus dem Zug und vom Bahnsteig aus sah ich in einiger Entfernung das rote Dach meines Vaterhauses hinter alten Kastanienbäumen. Plötzlich stürzte ein uniformierter Mann auf mich zu, und mein Herz wollte stillstehen. Doch es war nur der Bahnvorsteher, und der rief: »Bist du's denn wirklich? Mensch, Werner, bist du zurück?« Es war ein früherer Klassenkamerad von mir, einer von den »Anständigen«. »Du kannst in Rheda alles werden, was du willst«, fuhr er fort, »sogar Bürgermeister!« Ich schüttelte nur den Kopf, »Auf Wiedersehen, Rudolf, ich muss weiter!« Dann pfiff die Lokomotive ...

Noch lange Zeit nach dem Kriege lehnten es die deutschen Juden, die wie wir sich ein neues Leben in einem anderen Land aufgebaut hatten, ab, jemals wieder deutschen Boden zu betreten, obwohl eine neue Generation Deutscher versuchte, das wiedergutzumachen, was geschehen war. Über dem Land lag für uns ein Bann; wir wollten es nie wieder sehen. Jedoch nach zehn oder fünfzehn Jahren hatte die Zeit ihr geduldiges, ameisenartiges Werk verrichtet, hatte Biss um Biss an Erinnerungen, Wirklichkeit und Wahrheit genagt. Eigentlich hatte sich nichts geändert, aber um 1960 begannen deutsche Juden nach Deutschland zu reisen. Der am häufigsten vorgebrachte Grund dafür war, dass sie die alten Friedhöfe besuchen wollten, um Gräber von Familie und Freunden wieder in Ordnung zu bringen.

Als unser Leben gesicherter, ja sogar angenehm geworden war, als glücklicherweise wieder normale Tätigkeiten unsere Zeit einnahmen, entdeckte ich, dass ich gelegentlich an Rheda dachte. Kindheitserinnerungen und Familienszenen huschten durch den Kopf, und Rheda nahm einen immer größeren Platz in meinen Träumen ein. Besonders ein Traum kehrte wieder: Ich war in Rheda und erstaunt, wie genau ich jede Einzelheit wiedererkannte; plötzlich wurde es mir im Traum klar, dass ich ja gar nicht träumte, sondern dass ich wirklich in Rheda war ...

Die Neugierde, was die Stadt und einige ihrer Menschen betraf, ließ mir keine Ruhe. Ich hörte, dass Rheda in der Nachkriegszeit zu einer Stadt von über 20.000 Einwohnern angewachsen war. Es fiel schwer, sich das vorzustellen. Gerne hätte ich gewusst, welche von meinen Jugendfreunden den Krieg überlebt hatten. Und ich versuchte, mir den Gesichtsausdruck gewisser Menschen, guter und schlechter, vorzustellen, wenn sie sähen, dass ich noch am Leben sei. Langsam vermischte sich die Neugierde mit zuerst kaum bewusstem, unterdrücktem Verlangen, das sich schließlich als ein ganz gewöhnlicher Fall von Heimweh entpuppte.

Dieses Gefühl konnte nur irrational sein. Und so bekämpfte ich es recht erfolgreich. Selbst als ich erfuhr, dass Anna, unsere frühere, treue Haushälterin, Kindermädchen und Ladenverkäuferin in einem, noch in Rheda lebte, schrieb ich dieser so lieben Person, aber es kam mir nicht etwa der Gedanke, sie zu besuchen.

Dann aber wollte die Universität von Münster meine Studien über die Besonderheiten in der Sprache vieler deutschen Juden veröffentlichen und lud mich 1965 ein, von Münster aus jüdische Überlebende, Alteingesessene oder Rückkehrer, zu interviewen. Und ich hatte das Gefühl, dass ich diese Einladung »im Interesse der Wissenschaft« annehmen musste (obwohl ich schon eine genügende Zahl älterer Leute in den USA und Israel interviewt hatte).

Ich würde also den Sommer in Münster verbringen. Und da Münster nur eine Autostunde von Rheda entfernt ist, beschloss ich, diese Gelegenheit zu benutzen, um den Gedenkstein auf dem Grabe meines Vaters zu ersetzen. Ich hatte gehört, dass er abgerissen und verschleppt worden war. Aus dieser Idee wuchsen ganz von selbst drei oder vier Folge-Ideen: Auf dem neuen Stein sollten auch die Namen meiner Mutter und meiner ältesten Schwester stehen, beide Opfer des Holocaust; ein Treffen von uns drei überlebenden Geschwistern bei der Einweihung des neuen Steines war zu organisieren; dies sollte die Gelegenheit zu einem größeren Gedächtnis-Gottesdienst sein, dem ersten jüdischen Gottesdienst in Rheda seit 1938. Dazu sollten Überlebende und Rückkehrer aus nahegelegenen Orten, wie Münster und Bielefeld, eingeladen werden.

Als ich dann freilich in Münster war, vermied ich die kurze Bahnfahrt nach Rheda, obwohl doch die Anbringung der hebräischen Buchstaben, die auf einen jüdischen Grabstein gehören, ein Treffen mit dem Bildhauer in Rheda nötig machte. Eines Tages jedoch, ganz unvorbereitet, lud mich ein Mitglied der winzigen neuen jüdischen Gemeinde von Münster ein, ihn im Auto nach Rheda zu begleiten, wo er einige geschäftliche Angelegenheiten zu erledigen hatte. Ganz aus der Fassung gebracht, sagte ich zu!

Als wir uns Rheda näherten, schien mir jeder Baum, jedes Haus, jedes Feld und jede Wiese unheimlich vertraut. Jener Traum hatte sich ins Gegenteil verkehrt: Dies konnte nicht die Wirklichkeit sein; ich träumte! Als wir an dem Feldweg, der zum jüdischen Friedhof führt, vorbeikamen, bat ich meinen Bekannten, mich dort herauszulassen; er könnte mich dann auf seinem Rückweg wieder abholen.

Der Friedhof war in verhältnismäßig guter Ordnung. Die Mauer war reparaturbedürftig, Unkraut und abgefallene Zweige waren schon einige Zeit nicht entfernt worden. Jedoch gab es auch Anzeichen von Pflege. Offensichtlich hatte die Stadt hier in unregelmäßigen Abständen Arbeiten veranlasst, wahrscheinlich, weil jüdische Friedhofsbesucher dies moniert hatten. Ich fand das Grab meines Vaters ohne den Stein. Mein Vater war 1934 gestorben, und ich erinnerte mich, wie mein Amtsvorgänger in Rheda den Gedanken aussprach, der später zum Kehrreim meiner eigenen Trauerreden wurde, die ich in den nächsten Jahren zu halten hatte: – man könne Gott dafür danken, dass der Hingeschiedene eines natürlichen Todes gestorben sei und, nach Vorschrift, im Beisein der für das *Kaddischgebet* notwendigen zehn jüdischen Männer im geheiligten Boden begraben wurde; denn niemand könnte sagen, was uns, den Lebenden noch bevorstehen würde …

Ich konnte mich nicht auf ein Gebet oder eine Meditation konzentrieren. Ich war ruhelos, mir der Nähe der Stadt sehr bewusst, und ich machte mir Vorwürfe über meine Feigheit, sie zu betreten. Als mein Reisebegleiter zurückkehrte, überraschte er mich mit der Ankündigung, er habe noch ein wenig Zeit, um mit mir eine Rundfahrt durch die Stadt zu machen. Ich konnte nur nicken.

Den eigentlichen Stadtkern von Rheda konnte man damals, wie heute in fünf Minuten umfahren. Mein Elternhaus steht innerhalb dieses Kreises. Der Platz, auf dem die Synagoge stand, ist außerhalb des Stadtkerns, und man braucht weitere fünf Minuten, um dorthin zu gelangen.

Der Geschäftsmann aus Münster war kein sentimentaler Typ. Er fegte an meinem Elternhaus vorbei und hielt auch nicht am Platz der Synagoge. Ich hatte

Werner Weinbergs Manuskript einer Rede zur Einweihung des Gedenksteins für die zerstörte Synagoge in Rheda (Slg. Weinberg, Leo Baeck Institute, New York)

Mein Verhältnis mit Rheda | 167

gerade noch Zeit zu sehen, dass der Platz, auf dem sich früher die Synagoge befunden hatte, dem Gemüsegarten des Nachbarn einverleibt worden war. Dieser kurze, touristische Besuch von Rheda bedeutete für mich eine starke nervliche Belastung. Ich war froh, als wir wieder auf der Schnellstraße nach Münster waren. Damals entstand in mir der feste Wunsch, einmal ein paar Stunden ganz allein in Rheda zu verbringen, nur um langsam, ziellos und unbemerkt durch die Straßen zu gehen. Als ich jedoch, wenige Wochen später, diesen Plan wirklich ausführte, hatte ich bereits Zweck und Programm angestückelt: Ich wollte mit dem Bildhauer die Inschrift besprechen und meine alte Anne besuchen. Erst als ich beides hinter mir hatte, begann ich meinen »ziellosen« Gang durch die Stadt. Ich erkannte eine Anzahl Leute, aber ich selbst gab mich nicht zu erkennen. Ich erinnere mich noch an ein geheimes Gefühl von Überlegenheit, fast als hätte ich jenes kabbalistische Ziel »sehen, ohne gesehen zu werden« erreicht. Ich lehnte mich träumerisch an das Eisengitter eines gewissen Gemüsegartens, und ich beobachtete das Haus meiner Geburt und Kindheit aus sicherer Entfernung.

Viele meiner Bekannten, die ihre Heimatstadt wieder besuchten, haben beschrieben, wie sie mit den jetzigen Bewohnern ihres früheren Heimes gesprochen hatten und wie die neuen Eigentümer ihnen einen Rundgang durch das Haus gestattet hätten. Dieser Gedanke war mir schrecklich! Ich kehrte nach Münster zurück und fuhr mit demselben Bummelzug, den unsere ganze Familie in den zwanziger Jahren an Sonntagnachmittagen benutzt hatte, um in einer Gartenwirtschaft Kuchen zu essen und Limonade zu trinken.

Die Einweihung des neuen Grabsteines, die am 11. August 1965 stattfand, war ein bemerkenswertes Ereignis. Eine ziemlich große Zahl Juden war zusammengekommen, sogar aus Holland angereist, und natürlich waren auch meine Schwestern, die eine aus England, die andere aus Israel, anwesend. Als Teil des Gottesdienstes hatte ich einen Abschnitt aus unserem amerikanischen Gebetbuch übersetzt, etwas über die Opfer des Holocausts deren »Ruhestätten in entfernten Wäldern und einsamen Feldern den Augen trauender Familienmitglieder entzogen sind«. Jeder in dieser Versammlung muss das Gewicht der Geschichte auf sich lasten gefühlt haben. Mir schien, als hätte die Zeit still gestanden und es war mir, als übte ich erst jetzt den letzten Akt meiner Amtstätigkeit in Rheda aus. Das Ereignis war nicht publik gemacht worden. Nur ein Nichtjude war zugegen, der Bildhauer, der nach dem Gottesdienste verdiente Komplimente entgegennahm. Merkwürdigerweise gab mir diese Gedenkfeier die Stärke, Bergen-Belsen zu besuchen, jenem Ort, wo meine Frau und ich Unsägliches gelitten hatten.

Vier Jahre später, 1969, lud mich das Institutum Judaicum der Universität Münster ein, eine Vorlesung zu halten. Diesmal war der Abstecher nach Rheda schon selbstverständlich. Auch mein Programm dort stand fest: der Friedhof, ein Besuch bei Anna, ein Gang vorbei am Elternhaus und ein stilles Verweilen am Platz der ehemaligen Synagoge. Jedoch eine bedeutende Neuerung war dem Programm hinzugefügt: Meine Frau und ich blieben über Nacht in Rheda. Wir wohnten in dem eleganten, alten Hotel, das ich in all meinen Rhedaer Jahren niemals von innen gesehen hatte. Dies war mein vierter Besuch, und ich war immer noch inkognito geblieben.

Sommer 1973: Auf unserem Weg zum »Weltkongress für Judaistik« in Jerusalem, machten wir »in Europa« halt, eine Routine, die natürlicherweise England, Holland, Münster, Rheda und Bergen-Belsen einschloss. Das elegante alte Hotel in Rheda war endgültig geschlossen, aber das andere Hotel war modernisiert worden, und wir stiegen dort ab. Der Besitzer erkannte erst meinen Namen und danach mich selber. Meine Frau und ich machten einen langen Spaziergang, bei dem mir ein neues Ladengebäude mit großem Firmenschild mit einem Namen auffiel. Ich erzählte meiner Frau, dass der Mann dieses Namens zu meiner alten Freundesgruppe gehört hatte. Die Familie war streng katholisch gewesen, und der ältere Bruder meines Freundes war einmal von den Nazis verhaftet worden.

Eine kurze Beratschlagung folgte: Sollte ich hineingehen oder nicht? In diesem Augenblick gab ich meine Anonymität auf. Ich ging in den Laden, und mein Freund und ich umarmten uns voll Freude. An jenem Abend brachte er eine Gruppe der Kameraden aus der alten Zeit ins Hotel. Das Thema der Unterhaltung war sozusagen: »Mensch, Werner!« Ich konnte jedoch nicht recht auftauen. Ich kannte nicht alle gut genug, um sie in meinem Herzen von der großen Schuld freizusprechen. Der Abend wirkte ernüchternd auf mich. Wir hatten vorgehabt, mehrere Tage zu bleiben, doch wir verließen Rheda am nächsten Morgen.

Im Verlaufe der für die Jahrhundertfeier des *Hebrew Union College* in Cincinnati im Oktober 1975 stattfindenden Festlichkeiten übergab ich die Rhedaer Thora der College-Synagoge. 1976 veröffentlichte ich die »Geschichte einer Thora-Rolle«.

Als ich den historischen Teil dafür vorbereitete, hatte ich mich an das Rhedaer Stadtarchiv gewandt. Als Dank für die Hilfe, die ich von dort bekommen hatte, sandte ich ein Exemplar der Broschüre dorthin.

Dem folgte nun eine interessante Kette von Ereignissen. Zuerst erhielt ich Zeitungsartikel über den »amerikanischen Professor«, der eine wertvolle Rhedaer Thora gerettet hatte und seiner Heimatstadt offenbar nichts nachtrug. Als nächstes fragte ein Englisch-Lehrer vom Rhedaer Gymnasium (mein Gott, es gab jetzt ein Gymnasium in Rheda!) um Exemplare an, damit er die Geschichte mit seinen Klassen lesen könne. Dann regte der Stadtdirektor (also, Rheda hatte nun sogar einen Stadtdirektor!) an, das Büchlein ins Deutsche zu übersetzen und von der Stadt herausgeben zu lassen. Schließlich erfolgte eine Einladung vom Direktor des Gymnasiums, einen Vortrag über den Holocaust, vom lokalen Gesichtspunkt aus, in der Aula zu halten.

Ich war von all dem überwältigt. Doch am tiefsten hatte mich bewegt, dass die neue höhere Schule den Namen »Albert-Einstein-Gymnasium« trug.

Plan zur Rekonstruktion der Synagoge in Rheda (Slg. Weinberg, Leo Baeck Institute, New York)

Dies führte im Weinbergschen Haus in Cincinnati zu einer tiefschürfenden Gewissenserforschung. Sollte ich die Einladung annehmen? Und am wichtigsten: konnte ich die Belastung ertragen, in Rheda zu sein, unbeschützt von Tarnkappe und Anonymität, im Rampenlicht öffentlicher Aufmerksamkeit? Ich erwog alle möglichen Handlungsweisen. Ich wäre wahrscheinlich immer noch am Hin- und Herüberlegen (ist es eine gute, heilsame Tat oder Prinzipienlosigkeit, ein Akt des Mutes oder persönliche Wichtigtuerei?) – wenn nicht die Ereignisse die Entscheidung aus meinen Händen genommen hätten. Die Routine, der feststehende Zyklus entschieden statt meiner. Im Sommer 1977 sollte der nächste Judaistenkongress stattfinden, welcher seinerseits die Route vorschrieb: England, Holland, Münster, Rheda …

Ich wollte es ihnen aber nicht so einfach machen. Die Rhedaer würden auch etwas tun müssen. Und so schrieb ich dem Stadtdirektor, dass ich die Einladung nur dann mit gutem Gewissen annehmen könnte, wenn die Stadt ein Mahnmal auf dem Platz der ehemaligen Synagoge errichten würde. Denn der Gemüsegarten war eine Beleidigung. Doch die Stadt hatte das sowieso schon in Betracht gezogen, und der Direktor antwortete zustimmend; man hatte auch eine neue Mauer für den Friedhof vorgesehen. Es hieß weiter in dem Brief, dass die Schüler gespannt auf meinen Besuch warteten; dass der Englisch-Lehrer seine Übersetzung der Thora-Geschichte mit mir besprechen wollte und dass eine Sitzung mit mir im Rathaus vorgesehen war, gefolgt von Kaffee und Kuchen im Hause des Stadtdirektors.

Selten im Leben war ich so freudig erregt wie während meines Vortrags und den darauf folgenden Fragen und Antworten in der Aula des Albert-Einstein-Gymnasiums. Mehrere Hundert junge Deutsche, nein, Rhedaer Jugend – ein Spiegel meiner eigenen Vergangenheit – folgten mit gespannter Aufmerksamkeit meinen Ausführungen und dann flogen die Fragen. Qualität und Dringlichkeit dieser Fragen zeigten, dass dies wirklich eine neue Generation war – frei, intelligent, interessiert und so unbefangen, dass sie Albert Einstein nur als deutschen Wissenschaftler und Nazigegner kannten. Als ich ihnen sagte, dass er auch ein Jude war, trug dies nicht weiter zu der Vorstellung bei, dass dies der Mann war, nach dem ihre Schule benannt war. Ein junger protestantischer Pfarrer, Religionslehrer an der Schule, fragte, ob denn die Rhedaer Geistlichen den Juden nicht in ihrer Not beigestanden hätten. Er tat mir leid, als ich ihm antworten musste, dass der katholische Pfarrer zwar gelegentlich und ganz privat unmittelbaren jüdischen Nachbarn sein Mitgefühl ausdrückte, dass aber der protestantische Pfarrer nichts von Juden wissen wollte und bei uns als *Rosche* galt.

Am Tag meiner Rede am Einsteingymnasium wurde ich an Annas Totenbett gerufen. Ihr letztes Lächeln war für mich. Wir blieben zur Beerdigung, und ich hielt eine Ansprache, in der ich auf den hebräischen Ursprung ihres Namens hinwies: »mit Anmut begnadet«. Nach

Mein Verhältnis mit Rheda

diesen Ereignissen entschied ich, dass mein sechster Besuch in Rheda tatsächlich eine »gute Tat«, eine *Mitzwa*, gewesen war.

Der jüdische Friedhof hatte inzwischen eine ganz neue Mauer. Die Gräber und die Wege waren gut in Ordnung gehalten. Was man jetzt tun müsste, dachte ich, das wäre eine Bestandsaufnahme aller Grabsteine, das Reinigen der Inschriften und das Fotografieren für ein *Pinkas* – ein »Gedenkbuch« für die *Kehilla Kedoscha*, die »heilige Gemeinde« von Rheda. Dies war eine historische Aufgabe, die Wochen erfordern würde. Ein Mahnmal mit einer Gedenktafel für die Synagoge, inmitten einer schönen Anlage, war mir, als Teilprojekt eines größeren Stadterneuerungsplanes, bereits versprochen worden.

Ein siebter Besuch war nun unvermeidlich. Ich musste für die Einweihung des Synagogen-Denkmals zugegen sein. Für diese Gelegenheit würde ich versuchen, alle Rhedaer Juden, die noch am Leben waren, in den Ländern ihrer Immigration zu erreichen.

Eine unerwartete Korrespondenz entwickelte sich mit dem jungen Geistlichen, der jene gewissensschwere Frage über seinen Amtsvorgänger in der Verfolgungszeit gestellt hatte. Als ich einmal den Gedanken eines Gräberinventars im jüdischen Friedhof erwähnte, schritt er zur Tat und machte dies zu einem gemeinsamen Projekt für die protestantischen Konfirmations- und die katholischen Firmungsklassen. Er besorgte offizielle Flur- und Katasterkarten, trug jedes einzelne Grab ein und entwarf ein Nummerierungssystem. Die jungen Leute reinigten und fotografierten alle Grabsteine. Nach einigen Monaten empfing ich ein Paket mit berufsmäßig aufgezogenen Plänen und Hunderten von Fotos. Ich war überwältigt! Am meisten wunderte mich, dass die katholische und protestantische Jugend ohne Reibung zusammenarbeitete; in meiner Jugend wäre das kaum denkbar gewesen. Ich war aber auch ein wenig enttäuscht: mein kunstvoller Arbeitsplan, der einen 2- bis 3wöchigen Aufenthalt in Rheda für meine »historische« Aufgabe erforderte, war mir genommen worden.

Im Sommer 1978 schrieb mir derselbe Pfarrer und kündigte große Pläne an, um der »Kristallnacht« vom 10. November 1938 an ihrem 40. Jahrestag würdig zu gedenken. Er bat mich, einen Augenzeugenbericht für die örtliche Presse zu schreiben. Ich willigte ein und endete den Artikel mit der Bitte um ein Bild der Synagoge »vor, während oder nach dem Brande«, denn es gab kein Bild von ihr, nicht einmal im Stadtarchiv. Ich erhielt Bilder von drei verschiedenen Lesern, es war jedesmal die gleiche Fotografie mit Synagoge und Schule. Ein Leser jedoch sandte mir ein ganzes Album mit Fotografien von Rheda, die um 1930 aufgenommen waren: das Schloss, das Rathaus, die Bahnstation und das Postgebäude, die katholische und protestantische Kirche, die beiden Schulen und Krankenhäuser und die Synagoge. Im Begleitbrief schrieb er, dass er mich das Bild im Zusammenhang sehen lassen wollte; es hätte eine Zeit gegeben, in der die Synagoge zu den wichtigen Gebäuden in Rheda gehört hätte – gerade so, wie damals die Juden als geachtete Bürger angesehen wurden. Nun ja, das wusste ich schon. Jedenfalls schätzte ich die freundliche Geste.

In dem Album waren auch die Fotografien von den beiden Kriegerdenkmälern. Das »alte«, in den 70er Jahren des letzten Jahrhundert errichtet, ehrte die Gefallenen von drei Kriegen: dem dänisch-preußischen von 1864, dem österreichisch-preußischen von 1866 und dem französischpreußischen von 1870–71. Das »neue« Denkmal war 1930 nur einige Jahre alt; es war den Gefallenen des Ersten Weltkrieges geweiht und das Werk eines Rhedaer jüdischen Bildhauers, der in Deutschland nicht unbekannt war: Wolfgang Meyer-Michael. Dieses Denkmal war demontiert worden. Die Nazis hatten schon immer behauptet, dass Meyer-Michael es teuflischerweise so entworfen habe, dass es einen halben Davidstern darstellte. Bei meinem letzten Besuch in Rheda hatte ich den Stadtarchivar gefragt, was mit dem neuen Kriegerdenkmal geschehen sei. Er antwortete, dass er bisher ohne Erfolg Gerüchten nachgegangen sei, nach denen es gesprengt worden sei und die Stücke irgendwo vergraben seien.

Ich werde meine Affäre mit Rheda bald weiterführen. Muss ich doch die Inschriften auf einigen Grabsteinen entziffern, die auf den Fotografien unleserlich sind; Finanzierung und Herausgeber für die Dokumentation über den jüdischen Friedhof finden; Konferenzen mit den Verantwortlichen über die Anlage und die Inschrift auf der Synagogen-Gedenkplatte halten ... Dann sollte ich doch auch auf einer ernsthaften Suche nach den Resten des »neuen« Kriegerdenkmals bestehen. Ich sollte einen Kreis gründen, der es restauriert und es zu seinem Platz, ganz nahe der Synagoge zurückbringt ... übrigens, es könnte auf dem Platz der Synagoge selber wieder aufgerichtet werden ... irgendwie sollte eine Verbindung zum Gedenkstein bestehen ... ja, das Kriegerdenkmal, von einem Rhedaer jüdischen Künstler geschaffen, könnte doch selbst das Erinnerungsmal sein ... die Namen der einst so geachteten, dann aber umgebrachten, jüdischen Bürger könnten darauf vermerkt werden ... vielleicht aber auch ... oder ... wirklich es gibt noch so viel für mich zu tun in dieser deutschen Stadt! Meine Affäre mit Rheda ist noch lange nicht zu Ende.

»Unsere Trauer ist in unser Leben eingewebt«
Erinnerungen und Reflexionen von Imo Moszkowicz und Marga Spiegel
eingeleitet von Iris Nölle-Hornkamp

In der Dauerausstellung »Lebenswege« des Jüdischen Museums Westfalen finden sich zwei Biografien, die mit dem westfälischen Ahlen verbunden sind. Die aus Hessen stammende Marga Spiegel, eine geborene Rothschild, verschlug es durch ihre Heirat mit dem Pferdehändler Siegmund Spiegel in die Provinz; Imo Moszkowicz, dessen Familie durch die Kriegsgefangenschaft des Vaters nach Ahlen geraten war, lebte hier als Kind einer bitterarmen ostjüdischen Schuhmacherfamilie mit Eltern und sechs Geschwistern, bis die Familie von den Ahlener Nazis vertrieben wurde.

Marga Spiegel konnte mit ihrer Tochter und ihrem Mann im Versteck bei westfälischen Bauern überleben,[1] verlor ihre Eltern, ihre Schwester und viele Familienmitglieder. Imo Moszkowicz kehrte 1945 nach der Befreiung auf dem Todesmarsch aus Auschwitz als einziger Überlebender seiner Familie zurück, abgesehen vom Vater, dem es nicht gelungen war, seine Frau und die sechs Kinder ins Exil nach Argentinien nachzuholen.[2]

Wie sehr die gebildete, blonde und blauäugige Zugezogene in der Provinz auffiel und auch den kleinen ostjüdischen Jungen bezauberte, schildert Imo Moszkowicz in einer kurzen Erzählung, die er Marga Spiegel zu ihrem 100. Geburtstag widmete:

Imo Moszkowicz und Marga Spiegel bei einem Workshop zu Imo Moszkowicz Leben und Werk, der im November 2003 im Museum für Westfälische Literatur – Kulturgut Haus Nottbeck in Zusammenarbeit des Projekts »Jüdische Literatur in Westfalen« und der Literaturkommission für Westfalen veranstaltet wurde. (Archiv Jüdische Literatur in Westfalen, Paderborn)

Marga und der Lehrer Tint

Ungefähr zehn Jahre war ich alt, sie selbst so um die zweiundzwanzig, als Marga nach Ahlen kam. Sie hatte bald darauf Menne geheiratet und etwas später kam Karin auf die Welt.

Bis zu diesem Zeitpunkt wusste ich noch nichts von jener Ahlener Menschenfeindlichkeit, die uns bald mit all ihrer demütigenden und beleidigenden Gewalt verfolgen sollte.

In meiner Erinnerung war unsere kleine jüdische Gemeinschaft damals zu einer Einheit verschmolzen. Wir Juden lebten noch in einer friedfertigen Selbstverständlichkeit, auch wenn Reichtum und Armut eindeutige Unterschiede erzeugten. Davon hatte ich freilich zu jener Zeit noch keinen rechten Begriff.

Weiß ich das wirklich so genau – oder baue ich hier doch auf eine verklärte Erinnerung ohne wirklich präzises Erinnern?

Jedenfalls kam Marga in meiner Wahrnehmung als völlig neuer, anderer Mensch in meine junge Welt. Sie war für mich durch ihre beeindruckende Erscheinung und eine Art von Bildung, wie sie mir bisher noch nicht bewusst geworden war, etwas Besonderes, das ich bald mit großer Zuneigung zu schätzen begann – durch sie ich erfuhr ein Glücksgefühl, das dem Zehnjährigen bislang unbekannt gewesen war. Mein kindliches Leben wurde reicher, obwohl meine Zuneigung noch sehr naiv und unbeholfen war.

Solche Erfahrungen von Glück können hinter der Erinnerung verschwinden, sie können aber, auch wenn es unverhältnismäßig erscheinen mag, zu einem wichtigen Teil des Lebens werden wie das folgende kleine Ereignis.

So beauftragte mich eines Tages der Lehrer Tint, der einzige Lehrer unserer mehrklassigen jüdischen Schule, für ihn in dem kleinen Laden an der Klosterstraße, der einige Meter von unserer Schule entfernt lag, eine Tafel Schokolade zu besorgen: die »Feodora bitter«.

Sie, die »Feodora bitter«, habe ich noch immer vor Augen, so als hätte ich sie heute erst gekauft.

Der Auftrag von Lehrer Tint war eine besondere Auszeichnung, durch die mein Leben einen gewaltigen Sprung machte. Durch diesen Vorgang widerfuhr mir eine Veredelung, die man wohl als Erwachen von Selbstbewusstsein deuten kann.

Auch dies war eine Erfahrung von Glück, die sich wie ein flash meiner Erinnerung unauslöschlich eingeprägt hat. Damals entstand für mich eine neue Welt.

Sie bestand aus Zuneigung und Anerkennung, aber auch der Ahnung, dass es noch anderes gab als das Leben unter den Einschränkungen alltäglicher Armut, das für uns eine unwiderfragte Selbstverständlichkeit war. Zu dieser meiner Welt gehörte auch die Rolle des »Postillons«. Marga verehrte unseren Lehrer, weil – wie ich es später erst verstand – beide eine Intellektualität verband, die in unserem Lebenskreis etwas Besonderes war.

So wurde ich zum »Postillon d'esprit«, da Marga dem Lehrer gelegentlich ein Briefchen schrieb, das ich ihm weitergeben durfte.

Oder war das alles nur der Fantasierausch eines verliebten Buben?

Ich glaube nicht. In meiner Erinnerung und in meinem Gefühl sind jene Stunden voller ungewöhnlicher Zuneigung zum Lehrer Tint und zu Marga in aller Deutlichkeit gegenwärtig, denn sie waren von immenser Bedeutung für mein Leben: Ich hatte zum ersten Mal begriffen, was Glück ist.

Waren zu dieser Zeit bereits Anfeindungen an der Ahlener Tagesordnung, mit denen unsere Welt sich verdüsterte?

Ich erinnere mich nicht daran, weil das Glück meines jungen Seins meine ganze Aufmerksamkeit in Anspruch nahm.

Von Hass ahnten wir Kinder zu jener Zeit nichts; die sich anbahnende Gefahr war für mich, wie für alle Kinder, noch ohne Bedeutung.

Lehrer Tint und die neue Ahlenerin habe ich damals zu achten, vielleicht sogar zu lieben gelernt. Diese Erfahrungen bedeuteten eine wunderbare, besondere Welt, die in meiner Kindheit mein ganzes Glück war.

Nach 1945 begegneten sich die beiden Überlebenden wieder, die geteilten Erinnerungen und die gemeinsame Trauer schufen ein unlösbares Band. Nun war es Imo Moszkowicz, der Marga Spiegel beeindruckte, durch die Kraft und Begabung, mit der er seinen künstlerischen Weg als Schauspieler, Regisseur und Fernsehpionier gestaltete. Mitte der 1980er Jahren begann man auch in Ahlen sich der unrühmlichen Vergangenheit zu stellen, insbesondere durch die verdienstvollen Untersuchungen von Hans-Werner Gummersbach, deren Mittelpunkt auch ausführliche Interviews mit Imo Moszkowicz, nun ein bekannter Regisseur, und Marga Spiegel, inzwischen mit einer führenden Rolle in der wieder erstandenen jüdischen Gemeinde Münster, bildeten.[3]

Wie mühevoll sich Imo Moszkowicz sich herantastet, die über lange Jahre zurückgehaltenen Erinnerungen nun im Interview auszusprechen und dann in ersten Aufzeichnungen und seiner Biografie[4] zu formulieren, zeigen einige Tagebucheinträge aus dieser Zeit.[5]

Tagebuch,
Mittwoch, den 17.2.1993 geschrieben:

»Seht! Es schneeet!«, rief meine Mutter uns Kindern zu, wenn wir verschlafen aus unseren Betten krabbelten. Das deutsche »ei« im Wort »schneien« wollte ihr nicht über die jiddische Zunge.

Genau genommen ist es ja auch viel logischer aus »Schnee« »schneeet« zu machen, denn das zwingt die Alliteration dem Sprachklang auf.

Meine Tochter Daniela fand ja auch das Wort »Restaurant« falsch, denn es müsse »Ess taurant« und »Stewardess«, fand sie ganz dumm, denn »F luar dress« schien ihr, lange Zeit, richtiger; wie gescheit!

Nun schneet es endlich und mich befällt eine heimliche Behaglichkeit, wie ich sie schon in der Kindzeit empfunden habe, wenn es warm war in der Stub' und vorm Fenster sich die Umwelt ein dickes, weißes Tuch umlegte.

Einstmals war ich wochenlang krank. Eigentlich hatte ich gar nichts, ich fühlte mich lediglich nicht wohl in dieser Welt, zog mich in mich zurück und gab mich einer ungekannten Sentimentalität hin.

Damals glaubte ich ein Dichter werden zu müssen und schrieb ein Gedicht über das Vogelhäuschen, das im Hof, vor der Ahlener Synagoge, vor unserem Fenster stand.

Vor meinem Fenster steht ein Haus
ein Vogelhaus.
Die Vögel fliegen ein und aus,
mit Braus und Saus.
Wie blendet mich der weiße Schnee,
wenn ich aus meinem Fenster seh'!
Wie kristallen
da die flinken Flocken fallen!

An mehr kann ich mich nicht erinnern, denn damals war ich so etwa 8 oder 9 Jahre alt/jung.

Mit meiner Frau beim Frühstück sprachen wir über die Schwierigkeiten der genaueren Erinnerungen.

Gestern sahen wir uns den Film »Rashomon« an. Das ist ein gutes Beispiel! Was tut die Fantasie, die doch sonst so willkommen ist, uns da an! Zumal, wenn es sich um Vorgänge handelt, die, als sie geschehen waren, nicht für ›erinnerungswürdig‹ erachtet werden konnten.

Nur, so rasch es geht, vergessen! Weg damit und vergessen und neugierig dem nächsten zustreben, das, hoffentlich, weniger bedrohlich scheint. Das neue, nächste Ereignis will jedoch wiederum verdrängt werden, und so schieben sich die Vorgänge, Schicht um Schicht, immer tiefer in das Bewusstsein, bis sie sich vermischen und nur noch als rudimentäre Fetzen der Erinnerung mitgeschleppt werden.

Tagebuch,
Sonntag, den 28.2.1993 geschrieben.

... Mit dem geschriebenen Wort hatte und habe ich so meine Komplikationen, weil ich die Rechtschreibung eigentlich niemals gut erlernt habe. Das hat mir (so durch die Jahre hin!) etliche Minderwertigkeitskomplexe eingetragen und es hat mir nie geholfen, dass viele Schreiber, die die Möglichkeit zum Schriftstudium hatten, noch weniger mit dem Schreibrecht umzugehen wissen – als ich.

Wenn ich mich recht erinnere, so habe ich das Kommasetzen beim Lehrer Tint, in der Ahlener Jüdischen Schule, nie gelernt; vom Satzbau, von einer Syntax, war auch nicht die Spur im Schulunterricht zu finden.

Anderes zu lehren war meinem Lehrer sicherlich wichtiger: er las gerne Geschichten vor, lehrte gern Sprachen.

So lehrte er auch Spanisch, obwohl er keine Ahnung davon hatte, mit einem Lehrbuch für Anfänger. Er erlernte die Sprache mit seinen Schülern. Ich erinnere mich, dass er beim Abhören von Vokabeln seine dicken Augengläser abnahm, sie anhauchte, dann mit dem Taschentuch lange putzte, nur um selbst nicht im Lehrbuch die Übersetzung der abgefragten Wörter zu lesen. Ohne Brille hatte er etwas Keusch Anmutendes und der Zwischenbügel der Brille zeigte eine tiefe Furche über seinem Nasenrücken. Sein blutleeres Gesicht wirkte noch blasser als sonst; er wirkte dann sogar ungewaschen. Mit der Brille auf der Nase war seine vornehme Intelligenz wieder da, wie mit einem Simsalabim.

Er musste das neuerliche Aussehen selbst gespürt haben, denn – nach kurzen Momenten – kniff er Daumen und Mittelfinger in die Augenwinkel, diese leicht reibend oder auch den oberen Teil des Nasenrückens massierend.

Es waren Grenzen der vollkommenen Konzentration, als wollte er sein Gehirn melken.

Tagebuch,
Samstag, den 27.3.1993

Im Kortnerbuch gelesen, das ich gern lese, weil es fabelhaft formuliert ist. Seine erste Liebe, die er Lilith 1 nennt, sich in Lilith 2 wiederholt, von der Orska reflektiert wird, ist den Vergleich mit meiner 1. Liebe herausfordernd.

Meine Gedanken kreisen um Mädi Hahn und die Erinnerung an sie nimmt breiten Raum in meiner verdrängten Herzenswelt. Kortner quält sich durch seine Liebesleidenszeit, die über etliche Jahre ihn zernagte, ich erinnere mich an wenige Stunden süßester Gefühle, weitab von jeglicher Erotik, nur belastet durch den damoklesschwertartigen Umstand, dass ein äußeres Ereignis diesem Erkennen zweier Seelen ein Ende setzen könnte.

Und als es passierte, dass das zarte Mädchen den Transport in den Osten antreten musste, gab es keinerlei Abschied, nur ein voneinander weggehen. Eine Liebe verwehte wie ein Atemzug, den Riss in meinem Herzen versuchte ich mit Trotz zu heilen, drängte vor der Hässlichkeit der Zeit das Durchlebte in den tiefen Grund des Vergessens. Erst Hanna Drucker machte mit ihren direkten Aussagen über unsere ersten Lieben den Verschluss wieder auf.

Mädi wurde weggelöscht, starb den »Hitlertod«, wie Kortner sagt, meine Angst vor überstarken Gefühlen vertilgte sie aus meinem Herzen.

Mit Mädi drückte ich die gleiche Schulbank, lernte ich das ABC und das Aleph-Beth, wir lernten die gleichen Lieder und Gedichte; erst aber als wir ins Pubertäre gelangten, bemerkten wir einander und alles Kennen wich einem Erkennen und da war ein sanftes Vertrauen zwischen uns, sodass der abendliche Abschiedskuss im Hauseingang, bevor die Sperrstunde schlug, von nicht zu schildernder Keuschheit war. Ihre unglaublichen Augen, ihr reifender Körper duldeten keine Heftigkeit und so lernte ich in wenigen Augenblicken den Respekt, den Liebe braucht, um sich nicht permanent zu zerstören.

Meine Erinnerung zerdehnt diese Sekunden zu einer Ewigkeit, die mich in meinem tiefsten Unterbewusstsein eigentlich immer begleitet hat. Das aber weiß ich erst jetzt und es gibt einer kaum begreifbaren Zeit einen Schimmer von Einmaligkeit, einem Eigentum gleich, das man zwar seit langem schon besitzt, aber nicht bemerken wollte, weil alles was damit verbunden scheint schmerzhaft ist.

Ist die Erinnerung ein Paradies, aus dem man nicht vertrieben werden kann? Oft ist es auch die Hölle, stärker als die Sonnenseite. Verlustängste sind das Resultat und die Qual, dass die Einmaligkeit nicht wiederholbar ist.

Kortners erste Liebe beschäftigte ihn viele Jahre, suchte – selbst in negativen Begegnungen – nach einer Wiederholung und fand sie auch prompt. Mir war die Chance dazu durch einen elektrisch geladenen Stacheldraht verwehrt.

Von Albert Bassermann in »Gespenster« erzählt Kortner, von den schönsten Erinnerungen aus seiner ersten Theaterzeit. Selbst die Verehrung für Moissi tritt da beinahe in den Hintergrund.

Nach dem Krieg habe ich Bassermann in »Gespenster« gesehen: es gehört zu meinen deprimierendsten Eindrücken meiner Anfängerzeit.

Alles wirkte wahnsinnig geschwollen auf mich; die Bühnenarmut war so erregend, dass ich dem Chef GG (Gustaf Gründgens) mitteilte: »die spielen ohne Dekoration in Bühnenvorhängen!«

Bassermann war nach Deutschland zurückgekehrt und versuchte mit einer Tournee wieder auf sich aufmerksam zu machen.

GG ließ über Nacht eine Dekoration bauen und befahl dem gesamten Ensemble, incl. Technik und Hausmeister, in die Vorstellung zu gehen, weil kaum eine Karte verkauft war. Bei der Abrechnung der Abendkasse, die mit dem Gast zu einem bestimmten Schlüssel zu teilen war, ging GG von einem überfüllten »Ausverkauft« aus.

Tagebuch,
Mittwoch, den 7.4.1993

Das Kortner-Buch zu – und das Klüger-Buch aufgeschlagen; ich versinke in verehrender Faszination.

In »Weiter leben« ist eine Schilderung des Unschilderbaren gelungen, den Vorgängen eine treffende Analyse zugesellt – hier ist Dichtung entstanden, obwohl doch von Brutal-Realem zu berichten ist. Wie gleichen sich die Bilder unserer beider Vergangenheit in fast allen Erlebnissen; nur, scheint mir, dass ich diese Kraft des Erinnerns nicht mehr habe.

Auch ist mein Wissen allgemeiner Art zu gering, meine Formulierungskunst zu arm, um auch nur annähernd Ähnliches für die Nachwelt zu notieren.

Werde ich im Herbst dennoch den Versuch wagen weiterzuschreiben? Gern hätte ich, dass Literatur daraus werden könnte.

Bei diesem Workshop überreichte Imo Moszkowicz Marga Spiegel den ersten Entwurf des Drehbuchs für den späteren Film »Unter Bauern«, damals noch unter den ursprünglich geplanten Titel »Vom Ende einer langen Nacht«. (Archiv Jüdische Literatur in Westfalen, Paderborn)

Wohl ein vergebliches Hoffen.

Sowohl beim Kortner, als auch bei Ruth Klüger, als auch bei mir ist die Verbindung zur Dichtung, zur deutschen Sprache jene Brücke, über die wir uns hangeln konnten. Mir entziehen sich vergleichende Bilder, fallen einfache Erklärungen, die die Vorgänge erst verständlich – wenn auch nicht begreiflich – machen, nicht ein.

Mein Denkvermögen scheint blockiert zu sein, sobald ich die Erinnerung (mit der ich ja ständig lebe) auf Genauigkeit strapaziere.

Ich scheue Urteile und Verurteilungen, weil ich mir deren Unzulänglichkeiten bewusst bin, und ertappe mich dabei, dass ich diese Behauptung nicht mit kontrollierbaren Worten, geformten Sätzen vermitteln kann.

Mir fehlt's an Bildung!

Der Block 10 in Buna IG-Farben (Auschwitz) war eben doch eine Universität anderer Art; hier wurde nur gelernt, wie man den nächsten Tag erleben kann, nicht ein komplettes langes Leben. Die Angst vor dem nächsten Ereignis wurde zur Gewöhnung und die Erinnerung an die vergangene Stunde durfte im Weiterdenken keinen Platz einnehmen.

* * *

Die Erinnerungen von Imo Moszkowicz und Marga Spiegel liegen längst in Buchform vor, wurden in vielen Auflagen gedruckt,[6] der Film *Unter Bauern*[7], über lange Jahre erkämpft und vorbereitet von Imo Moszkowicz, hat die Überlebensgeschichte von Marga Spiegel mit ihrem Ehemann und ihrer Tochter im Versteck bei westfälischen Bauern weltweit bekannt gemacht, es gibt zudem eine filmische Dokumentation zu Marga Spiegels Leben. Im ersten Jahrzehnt des 21. Jahrhunderts akzeptierten beide die Ehrenbürgerschaft ihrer früheren »Heimatstadt«, sie würdigten und unterstützten insbesondere das von den Ahlener Schulen geförderte große Engagement junger Menschen für die Aufarbeitung der Vergangenheit und gegen neuen Rassismus. Die Distanz zu der Stadt, die sich als erste im Reich »judenfrei« gemeldet hatte und aus der sie vertrieben worden waren, blieb dennoch bestehen, obwohl Marga Spiegel hier nach 1945 mit ihrer Familie bis zum Tod ihres Mannes weiterlebte. Imo Moszkowicz kehrte nur als Besucher zurück.

Ein intensiver Briefwechsel der beiden Überlebenden zeugt von ihrer tiefen Verbundenheit und lebenslangen Freundschaft, Briefe, in denen stets ihre unstillbare Trauer und unauslöschliche Sehnsucht nach den ermordeten Familienmitgliedern mitschwingt. Imo Moszkowicz hat die Briefe 2010 kurz vor seinem Tod noch selbst zusammengestellt, von ihm stammt deshalb auch der Titel dieses kleinen Einblicks in die Sammlung. Auch Marga Spiegel, die 2014 im Alter von fast 102 Jahren verstorben ist, hatte sich die Veröffentlichung der Briefe ausdrücklich gewünscht.[8]

Aus dem Briefwechsel von Imo Moszkowicz und Marga Spiegel

27 02 83

Liebe Marga,

Dank für Deinen Gruss aus ~~XXXXXXXX~~ Gran Canaria. Wie abhängig wir irdischen Wesen von der Sonne sind, das merke ich momentan ganz besonders. Graue Tage beherrschen uns hier und wenn man nicht besonders auf sich aufpasst, so erstickt man in ebenso gefärbte Depression. Wie gut, Dich in der Sonne zu wissen. Da sie lebensspendende Kraft gibt, hoffe ich, dass sie auch Dir zu neuem Leben den Impuls geben wird. Dazu gesellt sich die leidlich zart heilende Zeit.

Wenn Du Anfang März wieder in Ahlen bist, wirst Du es rumoren hören, dass ich seit Wochen versuche in der Ahlener Vergangenheit zu kramen. Mir ist in meiner Erinnerung ein Mordfall geblieben, der Mord an der sogenannten 'schwarzen Marie', der in Ahlen, ich weiss nicht mehr in welchem Jahr, geschah. Dem angeblichen Mörder bin ich später in Auschwitz begegnet. Aus dieser Begebenheit will ich ein Filmdrehbuch schreiben, vor diesem Hintergrund die politische Situation der Nazijahre abhandeln. Die Ahlener sollen mir nicht auskommen! Da niemand sich so recht erinnern kann (und will!), ist in Ahlen ein neues Gesellschaftsspiel entstanden, so scheint es, und die Ahlener beginnen in ihrer Vergangenheit zu kramen. Ein toller Vorgang. Einmalig.

Der Bürgermeister will endlich die Geschichte der Juden der Stadt Ahlen schreiben lassen. Da müssen sich die guten Leut' aber beeilen!

Morgen fahren wir für einige Wochen nach Wien. Eine Gastprofessur am Reinhardt-Seminar, sowie ein Film über die Schüsse von Sarajewo wollen vorbereitet sein. Im April/Mai sind wir wieder in Ottobrunn und im Juni in Bad Hersfeld. Dort inszeniere ich AMADEUS in der Stiftsruine für die Festspiele. Kommst Du? Vielleicht sehe ich Dich vorher hier bei uns, vielleicht auch komme ich, in Sachen 'schwarze Marie', für ein paar Tage nach Ahlen. Lass mich wissen, was Deine Pläne sind. Sobald ich exakte Termine weiss, gebe ich Laut. Grüss' mir Deine Kinder und Enkel und sei von mir umarmt und von uns gegrüsst.

Stets

Dein Imo

»Unsere Trauer ist in unser Leben eingewebt«

Marga
Siegmund Spiegel

Beethovenstraße 12
D-4730 Ahlen
W.-Germany
Telefon 02382/2483

13.3.1983

Mein lieber Imo,

bei meiner Rückkehr(wohin?) hat mir Dein Schreiben Freude bereitet: Du gedenkst meiner, empfindest mir ähnlich die Kraft der Sonne, der Helligkeit an sich, und- wie Du es ausdrückst"der leidlich heilenden Zeit!

Vom Rumoren ist mir noch nichts zu Ohren gekommen, habe ich auch noch nicht mit dem immer rührigen Ludger Schulz Kontakt aufgenommen. Er sagte mir vor meinem Weggehen, dass sie unbedingt ein Erinnerungsmal für die Synagoge wünschten und ich verwiess ihn an Werne, wo dies meiner Ansicht nach- ohne Juden in der Stadt- verwirklicht wurde.
Falls Du es nur bewerkstelligt hättest, dass sie mal kramen müssten, hätte Dein Vorhaben schon allein deswegen Vorschusslorbbeeren verdient!
Imo, hab auch mal was von der "Schwarzen Marie" gehört, weiss aber nichts Genaues. Erfahre ich es mal von Dir? Kannst Du nicht so weit gehen bei der politischen, damaligen Situation in Ahlen, auch noch den Mord oder besser den Tod des armen Siegmund Spiegel vom 9/10.11.38 festhalten, vielleicht als Verbindung zu Deinem gewählten Thema?- Mich wunderte es schon immer, dass Du Dich nicht früher eines ähnlichen Stoffes annahmst. Hieltest Du Dich für befangen, wie wir alle es natürlich sind? Ich dachte stark an Dich als der Schriftsteller Heym(DDR) bei der Diskussion um die meines Erachtens nach sentimentalen Schnulze Holocaust, die Frage aufwarf, warum nicht ein deutscher Schriftsteller, beispielsweise Hochhut das Drehbuch verfasst hätte, und da hatte er Recht--und ich dachte, warum nicht Imo?

Ich bin glücklich, Dich bei mir zu sehen, wenn Du nach Ahlen kommst, Du kannst mit Deiner Frau- die ich gern kennenlernen möchte- bei mir wohnen. Ich bin bis z. 28.4. hier erstmal. Ist im Juli auch die Amadeus Aufführung in Hersfeld? Ich komme bestimmt, Karin kommt am 9. Juli. Schicke mir die Aufführungsdaten,bitte! Wir werden dann Menne selig seinen Stein setzen: Eine abgebrochene Säule.- Imo, Du hast sicher eine schöne Zeit in Wien gehabt und gewiss Erfolg Gib Laut-köstlich- wenn Du zurück bist und hierher kommst. Ich bin zufrieden, wenn wir in Kontakt bleiben und uns bald sprechen würden. Bis dahin denke ich gern an Dich und grüsse Dich,

Deine Marga

29 03 83

Meine liebe Marga,

die Motivsuche zu dem Sarajewo – Film hat mich länger in Österreich aufgehalten als ich vermuten konnte. Es ist ein schwieriger Film, in deutsch und englisch gedreht, der nicht aus dem Ärmel zu schütteln ist.
Gegen ein Erinnerungsmal in der Wandmacherstiege ist nichts einzuwenden; wie und wann soll das geschehen ?
Du hast richtig kombiniert: mit dem Film über die 'schwarze Marie' will ich den Tod vom NEES'CHEN SPIEGEL festhalten. Es ist bemerkenswert, dass dieser Tod niemals untersucht wurde. Wurde er umgebracht , zu Tode gehetzt ? Ich sah ihn zugedeckt liegen in der Strasse die vom Rathaus weg parallel zur Südstrasse führt, vor dem Haus eines Wagenmachers. Wir waren auf der Flucht vor den Schergen, suchten in der Nacht einen Umweg zur Kolonie und sahen auf dem Bürgersteig den Toten liegen. Es war der erste Tote in meinem Leben, das Erkennen das Menschen auch sterben können. So mein Filmthema: eine ganze Stadt ist nicht in der Lage den Mord an einer 'Unmoralischen' zu klären – den Mord an einem Juden auch nicht. Vielleicht werde ich diesen Film nie machen, vielleicht zerreissen vorher meine Nerven, vielleicht werde ich den notwendigen Abstand zu den Ereignissen niemals erreichen...
Immer war ich der Meinung, dass wir in eigener Sache nichts auszusagen haben, so wahr uns Gott helfe, nun holt mich mit fast jedem Gedanken die Vergangenheit ein und fordert mich zu einer Stellungnahme heraus.
Ist es mit dem Schreiben der Geschichte der Ahlener Juden denn getan ? Diesem Vorgang will ich nicht entgegenstehen und mich daran beteiligen, was auch immer das Ergebnis sein mag. Ludger Schultes Aktivitäten müssen unterstützt werden. Sobald ich genauere Kenntnisse von meinen Drehterminen habe, müssen wir mit ihm ein Treffen in Ahlen haben. Dank Dir für die Einladung, wir kommen gern. Dass unser Haus auch Dir zu jeder Zeit ein 'Willkommen' zuruft, habe ich Dir bereits gesagt und bedarf nicht der permanenten Wiederholung.
AMADEUS hat in Hersfeld am 6. Juli Premiere. Die Aufführungen erstrecken sich bis in den August. Ich werde veranlassen, dass Du einen Spielplan bekommst. Ich werde nach der Premiere nicht mehr in Hersfeld sein, die Pflicht ruft mich nach Wien. Das ist bedauerlich, aber nicht änderbar. Da Karin aber erst am 9. Juli kommt, könntest Du doch zur Premiere er=scheinen, oder ? Lass mich wissen, was Du planst.

Ich will versuchen, gelassen zu sein. Es will nur schwer gelingen.

Sei umarmt !
Grüsse Deine Kinder!

Herzlichst und immer

ms

15.4.1983

Mein lieber Imo,

schwer glaubhaft, dass ein Brief von Dir jedesmal einem kleinen
Festakt gleichkommt! Immer wieder von mir gelesen.. umso schwieriger,
eine Erklärung zu finden, weshalb dann nicht früher die Beantwortung
erfolgte. Ich versuch's: Dinge,die getan werden müssen, dazu auch
die dazugehörige Korrespondenz, werden von mir ziemlich pümtlich
erledigt und sind damit abgehakt! Aber Dinge, die mich sehr be=
schäftigen, die in mir sind und mir zu schaffen machen, bleiben
lange in meiner Verarbeitung und ich benötige genügend Zeit und die
Ruhe, mich zu äussern.-

Gleich zur Sache: Das Erinnerungsmal scheint erstmalig in greif=
bare Nähe gerückt zu sein. Herr Schulte hat es aufgegriffen, nach=
dem ich schon mit allen dagewesenen"Regierungen" in Ahlen verhandelte
Hans Sänger, der uns vorigen Sommer besuchte, ist davon unterrichtet,
wie Du es wohl auch erfahren wirst.- Ich sagte Dir-glaube ich- in
Hamburg, dass er sich eindringlich nach Dir befragte.

Zwischenzeitig war ich tätig, etwas konkretes über die "Schwarze
Marie" zu erfahren. Der Schwiegersohn eines unserer Retter, ist
Kriminalleiter des Bezirks.Es dauerte eine Weile, bis er fündig
wurde: Beim Abtäufen eines Schachts wurde unter der Zechenhalde
die Tote gefunden. Als Tatverdächtiger ist von einem Heinrich
Debsak, oder Debrak die Rede. Er sei nach Cloppenburg verlegt
worden und wäre von Amerikanern befreit worde. Vor 2 Jahren etwa sei
er gestorben. Herr Reckers sagte mir auch, dass der hiesige Kriminalleiter von ihm unterrichtet sei, und er Dir gern behilflich sein
würde.-- Das sind die nüchternen Tatsachen---

Wei mehr beeindruckt mich das, was Du non Nersken Spiegel, Deinen
damaligen Eindrücken und Deinem Zwang berichtest, unsere damaligen
Erlebnisse-so verschieden sie auch sein mögen- zu verarbeiten.
Darin gleichen sich unsere Gedankenwelten bis ins kleinste Detail:
Ich habe mich zu keiner Zeit so verpflichtet gefühlt,unseren Toten ge
genüber, wie jetzt, paralel zu meiner Einsamkeit ist es gewachsen,
noch auszusagen, auch wenn man von vornherein weiss, dass sie aber
auch gar nichts änders. Hängt es doch damit zusammen, dass man
schon wieder von demolierten Gedenkstätten und Tatsachen hört, dass
Achteljüdinnen auf Gymnasien als"Judensau" beschimpft werden? Ist
der Fluch der anscheinend auf uns haftet, auch nicht mit den vielen
Millionen Toten getigt, ist er unersättlich und für immer und ewig
gültig?? Dann lohte es sich überhaupt nicht,gegen ihn anzukämpfen!-

Imo, wir müssen uns sprechen, ich arangiere dann einen Termin mit
Schulte. Lassen wir bald festes ausmachen:Karin kommt am 8.Juli
allerhöchstwahrscheinlich, also können wir nicht zur Premiere sein.
Du aber kannst mit Deiner Frau auf dem Rückweg herkommen. Bitte!
Wir fahren-wie jedes Jahr- dann später nach Oberaula zu unseren Gräbe
bern. Dann sehen wir uns gewiss Deinen Amadeus an, dee auch in
Münster auf dem Spielplan steht. Bitte lass ihn mir von H. zukommen.
Mache Du Deine Pläne für Ahlen, Du bist geforderter. Und bleibe
gelassen, mein Freund, es wird Dir gelingen.Gib nicht auf und lass'

05 05 83

Meine liebe Marga,

was Du vom Kriminalleiter Reckers schreibst, klingt mehr als hoffnungs=
voll. Kennst Du mir den Namen des Ahlener Kriminalleiters sagen, vielleicht
gar auch die Anschrift, der von Herrn Reckers unterrichtet worden ist ?
Dann kann ich mich direkt an ihn wenden. Vom Kreisarchiv in Warendorf
kam beiliegender Brief mit dem vielsagenden Satz:
> 'Wie in fast allen anderen Fällen gibt es kaum Unterlagen
> über die Reichskristallnacht von 1938.'

Ei, wer hat denn da weggeräumt ? Wer Spuren verwischt ? 'Der Schoss ist
fruchtbar noch, aus dem das kroch!' sagt mahnend Bert Brecht. Wie entsetzlich wahr.

Neulich fuhr ich in einem Intercity, von Hannover nach Köln fahrend, im
D-Zug=Tempo durch Ahlen. Da bleiben nur Sekundenbruchteile für einen
Blick in die Oststrasse, einen Blick auf den Bahnhofsvorplatz wo ehemals
der jüdische Freidhof war, und doch: eine komprimierte Welt von Erinnerungen
jagt aufgewühlt durch die Adern. Der Zug hielt nicht einmal in Hamm, was
mir eine veränderte Zeit signalisierte. In Hamm hielt früher jeder Zug.
Hamm war die Drehscheibe in die weite Welt. Hamm...Hamm..Hamm...!
Eine vom Sog der Zeit übersprungene Stadt bist Du geworden, bedeutungslos
für den zielstrebigen Reisenden, der die Gegenwart in der Vergangenheit
sucht, Hamm!
Und wie verändert sich dieses Ahlen hat ! Mein Reisetag war regnerisch
und tiefgrau, verhangen dumpf wie meine Gefühle. Wie gut, dass der Zug
hier nicht hält, hier h e u t e nicht hält, musste ich denken und mich
sofort erinnern, dass ich 1945, als ich damals mit einem Gefangenentrans-
port durch Ahlen kam, ganz das Gegenteil gedacht habe: hoffentlich hält
hier der Zug, ich bin ja hier zu Hause. Wie Hamm hat sich auch das geändert:
das Gefühl, dass ich soeben durch meine Heimatstadt gesaust bin, dieses
Gefühl wollte sich nicht einstellen. Nur der Gedanke, dass Du in dieser
Stadt zu finden bist, liess mich ein Hauch von Freundschaftlichkeit für
diesen plumpen Ort empfinden.

Wann ich kommen werde, weiss ich noch immer nicht. Meine Termine hetzen
mich sehr. Morgen muss ich für vier Tage nach Hamburg. Auch da lässt sich
ein Besuch in Ahlen nicht 'anhängen' - Wien wartet.

Bitte, liebe Marga, lass mich baldigst die Anschrift von dem Ahlener
Kriminalleiter wissen. Danke.

Herzliche Grüsse und eine innige Umarmung.
Grüsse von Renate.

1   xxxx 18779

z.Zt. Waldring 3b App.22 , 7517 WALDBRONN   Tel.07243-66085

11 09 87

Meine liebe Marga,

nun ist schon Halbzeit in Karlsruhe, der
Zeitberg wird kleiner und die Premiere rückt näher. Wieder
mal eine!
Gutes Glück in Deinem neuen Heim in Münster wünschen wir Dir
von ganzem Herzen; möge es Dir stets ein buenretiro sein.
Und was Ahlen angeht, so meine ich, dass sie unsere Wehmut
nicht verdient hat; das Prädikat Heimat stand ihr niemals
zu. Die Erinnerungen gehören uns, uns ganz allein und diese
Stadt kann sie für uns nicht hüten – selbst wenn Gedenksteine
etwas anderes besagen wollen. Steine denken nicht und fühlen
nicht. Sie reflektieren nur und bald schon wird man das Fragen
lassen das vielleicht ein leises Echo hätte erzeugen können.

Deine späte Zusage zu einem Treff im Weingarten bringt mich in
ein terminliches Dilemma. Nicht mehr damit rechnend (obwohl so
sehr erhofft!) ,habe ich mir für die Zeit vom 15. xxxxxxx Okt.
bis zum 1. November das Häuschen vollgeladen mit zwei Bühnenbild=
nern und einer Kostümbildnerin um mit Ihnen die anstehenden
Inszenierungen von ZAR UND ZIMMERMANN und OTHELLO vorzubereiten. *
Nicht nur, dass ich momentan nicht weiss, wo wir Eure Häupter
betten, ich weiss auch garnicht wieviel Zeit ich für Dich haben
werde. Diese Planungen sind in ihrem zeitlichen Ablauf schier
unberechenbar.) Dich'dazuhaben'und doch nicht'mitdirzusein'ist
ein unguter Gedanke. Also: wir müssen neu planen und das tun
wir am besten telefonisch mit dem Terminkalender in der Hand
und ganz endgültig und garnicht vage. Ist das okay ?
Liebend gern würden wir Dich ja auch in unserem Münchner Haus
sehen, mit etwas mehr Luxus und städt. Nähe.
Lass uns telefonieren, die Zukunft fest planen damit ein baldiges
Wiedersehen möglich wird.
In grosser Vorfreude mit dickem Kuss und fester Umarmung schicken
wir diesen Gruss in das hillige Munster.

*VOM 1. BIS ZUM 15. NOV. ABSOLVIERE ICH
MEINE GRAZER PROFESSUR UND BIN GAERTANG
DAMIT BESCHÄFTIGT.

P.S. RUTH IRMWELTHAL BITTE ICH HERZLICHST ZU GRÜSSEN.
SELBSTVERSTÄNDLICH IST SIE WILLKOMMEN, WIR MÜSSTEN
– DER FERIEN WEGEN – NUR FRÜHER PLANEN.

für Ino

In der schlaflosen Nacht:
"Ein paar Tage Erinnern
nach 50 Jahren
oder sind's nicht 55
eher noch mehr?"

Und da kommen sie wieder
alle – die ohne Gräber.
Sie schreien, weil sie nicht fragen
"warum?"

Es gibt keine Antwort.

Ist's genug die Betroffenheit?
Fragen die Alten, die Jünger'n
und die Jugend?
Wie wird die Antwort heißen?
Schweigen, verteidigen, billigen?
Wozu fragen die Jungen?
Ob es denn eine Antwort gibt?

Kann man die eig'ne Geschichte verleugnen
Darf die Wahrheit nicht gesagt werden?
Müssen sich nicht <u>alle</u> erinnern?
An die Zeit deutscher Schmach?
Fragt Ihr die Kirchen?
Geben sie eine Antwort?

Fragen über Fragen
die hoffend meiden.
"Behalt mir's nicht?"
"Warum schweigt Ihr?"
Schreit es heraus!
Sagt die Wahrheit!
Gibt's denn eine Hoffnung?
Doch eine Antwort gibt es nicht

*IMO MOSZKOWICZ*UHLANDSTRASSE 40*8012 OTTOBRUNN*089/6018571*

Sylvester 88

Meine liebe Marga,

in den letzten Stunden des Jahres (es ist ca.5 Uhr am Nachmittag)gehen meine Gedanken zu Dir; Erinnerungen an gemeinsam Durchlebtes, die Dich und mich über ein menschlich ertragbares Maaß beutelten und, bis wir diese Welt verlassen, weiterhin tun werden,haben uns zu einer Verpaarung zusammengeschweisst, die durch nichts auf dieser Welt mehr loslösbar ist.Diese ist mehr als Zuneigung und Sympathie und Freundschaft, ja mehr als Liebe gar;- man müsste für diesen Zustand einen neuen Begriff erfinden.

Ich umarme Dich.

Die Nähmaschine ist da. Mit ihr kam das Buch vom Gummersbach. Bisher konnte ich es nicht lesen,das würgt alles viel zu sehr.Mit dem Familienfoto drückte man mir, an jenem Novemberabend im Ahlener Rathaus, Briefe in die Hand. Heute versuchte ich sie zu entziffern und stellte fest, dass einer davon der Abschiedsbrief ist, den Rosa vor dem Transport an Tante Treschen geschrieben hat. Noch habe ich ihn nicht zuende gelesen, weil Tränen mir das Lesen unmöglich machten und nun werde ich sicherlich Ewigkeiten dazu brauchen, weil es einfach zu viel ist.

Mit Gummersbach telefonierte ich vor zwei Stunden.Er sagte mir,dass der Verkauf des Buches enorm sei und der Verleger mit der Absicht spielt, eine zweite Auflage zu machen.Wie sehr ich ihm das wünsche!
Sollte es in ein oder zwei Jahrhunderten wieder eine jüdische Gemeinde in Ahlen geben, so wird sein enormer Einsatz Zeugnis geben von unser aller Existenz,von unserer Vergangenheit, wird so der Vergesslichkeit entgegenwirken, damit sich Vergleichbares nicht wiederholen kann. Gummersbach hat eine historische Tat getan.

Daniela,(beinahe schon kugelrund) und der neue Schwiegersohn sind im Hause,einige Freunde werden zu einem Champagner – Umtrunk zu uns kommen und wenn die Mitternacht das neue Jahr beginnen lässt, werden wir einen Schluck auf Dein Wohl trinken,Dir vor allem gute Gesundheit wünschend.

Deinen Freunden, Deiner Familie,Dir: alles,alles Liebe von uns.

IMO MOSZKOWICZ

mein Schreibcomputer war bereits hochgefahren um Dir einen 'geharnischten Brief' zu schreiben -denn Dein Schweigen war kaum noch entschuldbar- da kam der Briefträger endlich doch mit dem Brief von Dir, der Dir absolute Absolution zuteil werden lässt. (Geht das eigentlich in der deutschen Sprache: 'absolute Absolution'? 'Uneingeschränkte Freisprechung' kann man das übersetzen, sagt der Duden und trifft den Nagel exakt auf meinen dummen Kopf.
Sofort will ich die Neuausgabe von RETTER IN DER NACHT, schicke Dir mein Buch mit erneuter Widmung; will Deinen Scheck nicht.
Wie wahr ist doch, was der Historiker Aschoff Dir schreibt: dass Du mit Deinem Buch den Rettern ein Denkmal für die Ewigkeit gesetzt hast. Wie wahr! Wir sind verpflichtet von allem Bericht zu geben, von dem Schrecken sowohl als auch von den Mittlern verbliebener Menschlichkeit.
Weisst Du, was ich oft denken muss? Dass Menne und Du und die Aschhoffs gegen den Hitler gesiegt haben. Auf mich trifft das nur bedingt zu, denn ich habe lediglich überlebt, mehr Zufall als Fügung. Denke ich falsch, wenn ich zu dem Schluss komme, dass alle Emigranten, die nicht zurückgekommen sind eigentlich vom Hitler besiegt sind? Denn das war doch genau das was die Schweinekerle wollten! Und Menschen wie die Aschhoffs haben diese mörderische Absicht mit Menschlichkeit unterlaufen, ohne der Angst vor der drohenden Gefahr zu unterliegen.
Weiter muss ich im Kreise denken, dass es dem Massenmörder doch absolut gelungen ist das Ostjudentum ganz und gar zu vernichten, denn das S t e t l gibt es nicht mehr und die verbliebenen Chassiden gehen in der ganzen weiten Welt einem verkrampften Erhalt nach, dem die elendige Armut und die Bedrohung des Galut, der sie einstmals zu Gottesstreitern hat werden lassen, heutzutage fehlen. Gegen Hunger und Frieren und Kosakenpeitsche, gegen degradierendes Verfolgtsein gab es nur eine Hilfe: den Glauben an einen Gott. Jetzt gibt der Reichtum in Amerika und Israel der Gläubigkeit einen völlig veränderten Wert: der Chassidismus nutzt seine Macht mit gefährlichstem Fundamentalismus; ihr Unbeliebtsein erreicht bereits wieder groteske Formen der Intoleranz.
Verstehe einer unsere jüdische Welt?
Sind assimilierte Juden denn keine Juden? Dann wären ja wir zwei auch keine. Das ist nicht zu dulden! Es kann nicht angehen, dass wir von Gesetzen drangsaliert werden, die, grösstenteils, vor über zweitausend Jahren formuliert worden sind.
Die Evolution verlangt Neuerungen, denn unsere Lebensumstände verändern sich ständig, jeglichem beharrenden Tradtionalismus zum Trotz.

Professor Dr. Diethard Aschoff (den ich herzlichst zu grüssen bitte) stehe ich selbstverständlich für sein Buch JUDEN IN WESTFALEN zur Verfügung.

Bis Ende Juli bin ich ganztägig mit dem Synchronisieren meiner Pumucklfilme beschäftigt; es ist anstrengend und schwierig, aber bis Ende Februar 99 bin ich endlich damit fertig; im Herbst 99 wird dann endlich gesendet.

Es geht uns gut. Auf die Frage nach meinem befinden antworte ich seit einiger Zeit: "Ich bin gesund, reich und glücklich." "Auch r e i c h ???", kommt oft die erstaunte Gegenfrage. Dann sage ich: "Da das Erste und das Dritte stimmig sind, ist es ergo auch das Zweite."

Imo Moszkowicz

Post scriptum:

Deinen Brief noch einmal überlesend stelle ich fest, dass ich auch in diesem Brief kein Wort ' zu einer langen Erklärung, die Du mir gegeben hast und die Du vermisst' gegeben habe.

Unsere Gegenwärtigkeit in der Vergangenheit trägt jenen Reichtum in sich, den Horaz mit dem Satz **NON OMNIS MORIAR** umschreibt; zu deutsch: Nicht ganz werde ich sterben.

In seinen Oden ist zu erfahren, dass er damit jene Unsterblichkeit meint, die uns in der Erinnerung der Weiterlebenden lebendig erhält. Erst wenn diese Erinnerung nicht mehr sein kann -wenn keinerlei Nachkommen sich zu erinnern mehr bereit sind- findet die irdische Existenz ein Ende und die Seele -so es sie überhaupt gibt- eine ew'ge Ruh'.

Und wir ehren die Toten wenn wir über sie reden; und dann ist jener Rest gegenwärtig, den Horaz benennt. Nichts jedoch hat Ewigkeit! Wir Menschen nicht und auch nicht die Götter; sind letztere doch nur durch unser Denken geschaffen, fern von jeder Realität, die uns allein durch Sonne und Wasser hat entstehen lassen.

So bewegt sich der Erhalt unserer Verlorenen in den Zwischenbereichen von Mitgefühl und gelebter Erfahrung mit ihnen, und alles was die zeitliche Distanz uns noch erhalten lässt, ist von erlesener menschenwürdiger Kostbarkeit.

Wenn das Erinnern doch nur nicht so schmerzlich wäre, so jäh an unsere eigene Unvollkommenheit gemahnen würde, ich würde mich häufiger diesem schönen Schmerz hingeben, die Gegenwart vertrauernd.

Und immer wird das Positive hauptsächlichen Bestand in unserem Gedenken erzwingen.

Und das ist gut so!

So schaffen wir das angestrebte Himmelreich (das ja auch nur ein Gedankengebäude ist!), jene Seligkeit einfordernd, die auch wir für uns erhoffen --- wenn aller Tage Abend ist.

Noch aber sind Du und ich nicht dort angelangt; obwohl es uns in jeder Minute abrufen kann, zu einem unbekannten Zeitpunkt also, der uns von unseren vielen gelebten Jahren, vom durchlebten Leid, von gelebter Freude, diktiert wird. Geniessen wir ergo unser irdisches Dasein, unser Jetzt, und lassen wir die Gemordeten und Verstorbenen in unserer Erinnerung daran teilhaben, als bäten wir sie zu einem tagtäglichen Festmahl an unserer Seite, von heiteren Reden begleitet.

Iris Nölle-Hornkamp
»Free at Last!« im DP-Lager Kaunitz
Irene Shapiros Erinnerungen

Die New Yorkerin Irene Shapiro war bereits im siebten Lebensjahrzehnt, als die Erinnerungen übermächtig wurden. Fünfzig Jahre lang hatte sie sich ganz auf ihr zweites Leben in den USA konzentriert, bis sich die Schatten der Vergangenheit nicht mehr zurückdrängen ließen. Sie mutete sich Wiederbegegnungen mit verlorenen Stätten ihrer Kindheit und den Orten größter Qual und Verzweiflung zu – und sie schrieb. Das Resultat *Revisiting the Shadows. Memoirs from War-torn Poland to the Statue of Liberty*[1], zeichnet die Geschichte eines jüdischen Teenagers nach – von der trotz antisemitischer Anfeindungen doch geborgenen Kindheit im polnischen Grdziadz über die Kasernierung im Ghetto von Bialystok, die Deportation in vier Konzentrationslager bis zur Befreiung auf dem Todesmarsch nach Bergen-Belsen und dem Weg in die Freiheit, der im DP-Lager Kaunitz in der Nähe von Verl in Westfalen begann.

Irene Shapiro wurde am 6. September 1925 als Rena Hass in Brzezhany in Polen geboren, der Vater Adolf Hass Musikprofessor und virtuoser Geiger, die Mutter Ernestina Schepper-Hass Lehrerin an einer jüdischen Schule. 1938 zog die Familie nach Bialystok, wurde 1941 während der zweiten deutschen Besatzung verhaftet und in das dortige Ghetto gebracht. Nur die jüngere Schwester fand Unterschlupf bei einer katholischen Familie, die sie bis Kriegsende versteckte. Im Ghetto schloss sich die 16-jährige Rena schnell der Widerstandsgruppe »Block Nr. 1« an und war 1943 aktiv am Aufstand gegen die »Aktion Reinhardt« beteiligt. 60.000 polnische Juden wurden im Ghetto von Bialystok oder nach der Deportation in Treblinka ermordet, 1945 gehörte Rena Hass zu den wenigen Überlebenden, die Zeugnis ablegen konnten.

Adolf Hass starb im November 1943 in Majdanek, wo er bis unmittelbar vor seiner Ermordung im Lagerorchester spielen musste, im Januar 1944 starb auch die Mutter in Bergen-Belsen an den Folgen von Erschöpfung und Unterernährung. Rena Hass überstand die Konzentrationslager Treblinka, Lublin-Majdanek, das Auschwitz angeschlossene Zwangsarbeiterlager Blizhyn und ab Mai 1944 Auschwitz-Birkenau. Nach der Revolte des Sonderkommandos von Auschwitz im Oktober 1944 kam sie mit 900 jüdischen Mädchen und jungen Frauen (14 bis 20 Jahre alt), die zumeist aus Ungarn stammten, in das Buchenwald angeschlossene Außenlager Lippstadt, das die dortigen Kruppschen Munitionswerke mit Zwangsarbeitern versorgte.

Als die Alliierten näher rückten, zwang die SS 830 überlebende Frauen auf einen Todesmarsch nach Bergen-Belsen, der am 29. März 1945 in Lippstadt begann. Knapp 25 km hinter Lippstadt, in Kaunitz bei Verl in Westfalen flohen die Aufseher und ließen die Frauen auf einem Feld allein zurück. Am 1. April 1945 wurden sie hier von der US-Armee befreit.

830 Mädchen und Frauen mussten untergebracht werden und so entstand in der kleinen Ortschaft Kau-

(links)
Rena Hass / Irene Shapiro in New York in den 1990er Jahren

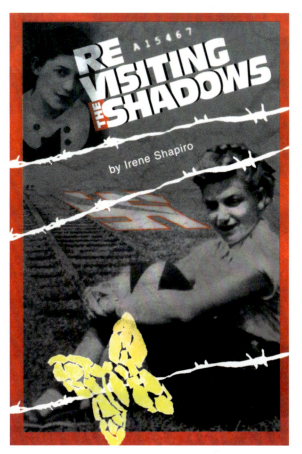

(rechts)
Umschlag der Erinnerungen von Irene Shapiro

nitz, gegen den Widerstand der Bevölkerung, ein Lager für Displaced Persons (DPs). Die Mädchen und Frauen wurden bei örtlichen Familien einquartiert, eine extrem schwierige Situation, die Zwangsgemeinschaften führten zu ständigen Konflikten und erbittertem Widerstand.

Die Displaced Persons teilten sich den Wohnraum mit den deutschen Einwohner der Stadt, woraus vielfache Auseinandersetzungen zwischen den beiden Gruppen entstanden. Durch den Platzmangel mussten manchmal bis zu sechs Personen in einen Raum wohnen, darunter auch Ehepaare. Die Konflikte mit der Bevölkerung, die geringe Größe des Lagers und die fehlenden Beschäftigungsmöglichkeiten führten dazu, dass DPs in Kaunitz extrem anfällig für Apathie waren. Trotz der großen Mangelzustände bei Unterkunft und Verpflegung, Räumlichkeiten und Ausstattung bemühte man sich um einen Ansatz von Gemeinschaftsleben. So wurden etwa 1946 am ersten Jahrestag der Befreiung, mehrere Umzüge und ein Konzert für die DPs und nichtjüdischen Bewohner der Stadt organisiert. Eine Bibliothek wurde gegründet und mobile Kinovorführungen durchgeführt. Die Lagergemeinschaft veranstaltete Tanzabende und kalte Büfetts; häufig kamen die in der Nähe stationierten Soldaten der Jewish Brigade hinzu. Trotz der akuten Ausstattungsmängel gab es ab 1948 eine funktionierende ORT[2] Schule in Kaunitz. Da es den Verantwortlichen im Lager gelungen war, einige Nähmaschinen zu organisieren, und es genügend Altkleider gab, führte die ORT Schule in Kaunitz vor allem Schneiderkurse durch. Ende Mai 1948 wurden dort 40 Schülerinnen zu Bekleidungs- oder Wäscheschneiderinnen ausgebildet. Einige der Insassen konnten schnell in ihre Heimatländer zurückkehren, die Mehrheit jedoch blieb in Kaunitz, bis das Lager 1951 aufgelöst wurde. Die meisten emigrierten später nach Israel oder Nordamerika.[3]

Rena Hass verbrachte nur eine kurze Zeit in Kaunitz, sie arbeitete von dort aus zunächst für die amerikanische und dann für die britische Armee, bereits im Herbst 1945 verließ sie das Lager und begann ein Medizinstudium in Heidelberg, das für Displaced Persons angeboten wurde. Im Mai 1946 gehörte sie zu den ersten hundert DPs, denen Präsident Truman ein Gemeinschaftsvisum für die Einreise in die USA garantiert hatte.

In den USA schloss sie ihr Studium ab, heiratete Marvin Shapiro, wurde Mutter von vier Kindern und arbeitete als Wissenschaftlerin und Lehrerin, von 1964 bis 1987 unterrichtete sie hochbegabte Schüler an der Bronx High School of Science in Biologie. Sie lebte bis zu ihrem Tod am 18. Juli 2007 in Edgemont, New York.

Irene Shapiros Erinnerungen sind nicht nur eindrucksvoll durch die offene und verzeihende Haltung, mit der sie die durchlebten Schrecken aus der Sicht des jungen Mädchens und in der Reflexion der erwachsenen Wissenschaftlerin schildert. Sie sind zudem einzigartig, denn es gibt kaum schriftliche Zeugnisse von Insassen des DP-Lager in Kaunitz, sieht man ab von einigen wenigen Aufzeichnungen des World ORT oder der Zeitung *Unzer Shtimme/Unzer Sztyme*[4] des DP-Camps Bergen-Belsen, die, in jiddischer Sprache in hebräischen Buchstaben verfasst, das Leben in den beginnenden jüdischen Gemeinden in der Britischen Zone von 1945–1947 spiegelt. Dort findet man lediglich kurze Berichte oder Ankündigungen, Irene Shapiros ganz persönliche Einblicke in das Alltagsleben in diesem DP-Lager sind deshalb besonders wertvoll.

In Kaunitz, heute Ortsteil von Verl, wurde nach dessen Auflösung über das Lager stillgeschwiegen und es gab erbitterten Widerstand gegen jede Art von Gedenkort, der erst 1992 durch eine Initiative der Anne-Frank-Gesamtschule Gütersloh[5] durchbrochen wurde. Damals beteiligten sich neun Schüler der 10. Klasse an dem Schülerwettbewerb »Denkmal: Erinnerung – Mahnung – Ärgernis ...« und zeichneten minutiös die Geschichte jüdischer Zwangsarbeiterinnen nach, an die damals nur noch zwei vergessene Kindergräber auf dem jüdischen Friedhof in Gütersloh erinnerten. Die Arbeit erhielt einen zweiten Preis im Schülerwettbewerb und wurde außerdem vom dem Initiativkreis »Demokratisches Handeln« ausgezeichnet. 1993 war das Jahr des ersten Besuchs von elf ehemaligen jüdischen Zwangsarbeiterinnen, die die Schüler in Israel, den USA, Australien und Frankreich ausfindig gemacht hatten, eine Ausstellung und ein Buch dokumentierten die Wettbewerbsergebnisse. Der Versuch, die Erinnerung in Verl-Kaunitz durch ein Mahnmal am Ort der Befreiung, für das die Schüler einen Entwurf eingereicht hatten, wach zu halten, scheiterte am Widerstand und kontroversen Diskussionen innerhalb der Bevölkerung. Stattdessen wurde dort am 1. April 1995, 50 Jahre nach der Befreiung, eine Gedenktafel enthüllt und die Wanderausstellung der Schüler in die Dauerpräsentation des Heimathauses Verl übernommen. Die Filmemacherin Barbara Lipinska-Leidinger drehte einen zweiteiligen Dokumentarfilm *Was uns bleibt* und *Jüdische Frauen am Ort ihrer Erinnerungen* über die Projektarbeit der Schüler, über die Befreiung der Zwangsarbeiterinnen und deren Erinnerungen. 1995 produzierte eine zweite Schülergeneration der Anne-Frank-Schule aus dem bereits erschlossenen Material eine Wanderausstellung, bei der die Lebensgeschichte der in Kaunitz befreiten Jüdinnen im Mittelpunkt stand. Sie wurde mit dem 1. Landespreis im Wettbewerb »Bekämpfung von Antisemitismus und Rassismus«, ausgeschrieben vom israelischen Erziehungs- und Kultusministerium, ausgezeichnet und unter anderem im nordrhein-westfälischen Landtag gezeigt. Als Höhepunkt einer Studienreise durch Israel diskutierten die Schülerinnen und Schüler in der Gedenkstätte Yad Vashem mit 40 ehemaligen jüdischen Zwangsarbeiterinnen aus dem KZ-Außenkommando Lippstadt. Diesen Dialog zwischen NS-Opfern und deutschen Jugendlichen wertete der Direktor der Gedenkstätte als eine selbst für Yad Vashem einmalige Veranstaltung.

Der folgende von Patricia van den Brink übersetzte Text »Free at Last, I Am Free At Last!« ist das vorletzte Kapitel der Erinnerungen Irene Shapiros, wir danken DeForest Press für die Übersetzungsrechte.

Irene Shapiro
Endlich frei! Endlich bin ich frei!
(übersetzt von Patricia van den Brink)

Im April 1993 fand die feierliche Einweihung des Holocaust Memorial Museums in Washington DC statt. Bei der Feier in der Memorial Rotunda auf dem Friedhof Arlington wurden u.a. die Einheiten der amerikanischen, britischen und sowjetischen Streitkräfte geehrt, die die verschiedenen Konzentrationslager in Deutschland befreit hatten. Als mein Mann und ich in der Rotunda saßen und die Präsentation der Fahnen der Militäreinheiten der britischen, russischen und amerikanischen Armeen verfolgten, gingen meine Gedanken in das Dorf Kaunitz in Westfalen, Deutschland, zurück und ich erlebte den 1. April 1945, den Tag meiner eigenen Befreiung durch die amerikanische Armee, erneut. Ich dachte an die ersten Tage, Wochen und Monate meiner Freiheit. Wie war es gewesen, wieder frei zu sein? Als ich wieder frei war, habe ich viel gearbeitet, zuerst bei den amerikanischen und danach bei den britischen Armeeeinheiten in Kaunitz, und die einzigen Menschen, die mir berichten konnten, was für ein Mensch ich – eine junge Jüdin, gerade befreit – damals gewesen bin, waren meine damaligen Vorgesetzten, die zwei Hauptmänner Bill und Pat. Pat verschwand aus meinem Leben, ohne mir seine Adresse zu hinterlassen, weder die in Großbritannien noch die in Südafrika, wo seine Familie wohnte. Aber ich hatte seine Adresse in der Bronx, auch die Armeeadresse von Bill und ihm habe ich zweimal geschrieben; das erste Mal im Herbst 1945 aus Polen und dann im Jahre 1946 aus New York.

Wir haben uns an meiner Arbeitsstelle in der East Bronx getroffen. Er erzählte mir, dass das kurz zuvor befreite Mädchen im Jahre 1945 noch eine etwas unbeholfene junge Jüdin war, sich nicht altersgemäß verhielt, weder Reife noch weibliche Attraktivität oder Selbstbewusstsein zeigte. Viel mehr konnte mir Bill über meine gerade befreite Persönlichkeit nicht berichten, dennoch haben mir seine Geschichten über Kaunitz geholfen, mich an mein Leben in Deutschland nach der Befreiung zu erinnern.

Ich werde in einem richtigen Bett mit sauberer, weißer Bettwäsche, einem wunderbar weichen Kissen und einer richtigen Steppdecke wach und aus dem Radio in unserer kleinen Küche mit Schlafcouch höre ich Musik. Alle sind schon auf. Dinka bereitet Haferbrei zum Frühstück vor und ich melde mich freiwillig: Wir brauchen Milch und ich werde die Kuh melken. Niemand glaubt, dass ich wirklich melken kann, und zwei Mädchen gehen mit, um mir zu helfen. Die Kuh steht im Stall und muht. Sie steht so, als ob sie mir sagen will: »Du musst auf dieser Seite melken!« Aber kein Glück. Sie tritt mich und muht weiter. Ich versuche die andere Seite. Ich drücke das Euter, ich ziehe das Euter, aber alles umsonst. Wir rufen nach den ungarischen Mädchen, die im Erdgeschoss wohnen, aber Bauernmädchen sind nicht dabei. Schließlich kommen zwei afroamerikanische Soldaten über den Dorfplatz vor unserem Haus und halten

Gesamtansicht des Dorfes Kaunitz, in dem das DP-Lager untergebracht ist, 1946–1948

an, um uns zu helfen. Jetzt haben wir Glück. Sie melken die Kuh für uns, nehmen auch für sich Milch mit und versprechen, am Abend zurückzukommen und die Kuh noch einmal zu melken. Wir haben noch nie Afroamerikaner gesehen und die ganze Zeit schauen wir sie neugierig an. Die beiden Soldaten scheint es nicht zu stören; vielleicht sind sie wegen ihrer dunklen Hautfarbe schon häufiger von Europäern angestarrt worden. Am Abend kommen die jungen Männer zurück und wieder gibt es genug frische Milch für sie und auch für uns. Am nächsten Morgen erscheinen die deutschen Besitzer, um ihre Kuh abzuholen, aber sie versprechen, dass sie uns jeden zweiten Tag frische Milch bringen werden. Wir haben nichts dagegen.

Wir verbringen die nächsten paar Tage damit, die verlassenen deutschen Häuser nach Essen und Kleidung zu durchsuchen. Langsam gewöhnen wir uns daran, normal zu essen, bis wir satt sind, statt zu fressen, als ob wir nie wieder etwas kriegen. Langsam tauen wir auch innerlich auf. Erinnerungen werden wach. Unsere Gedanken sind bei den Menschen, die wir verloren haben, und wir weinen. Cesia ist die einzige Mitbewohnerin, die nicht nur glaubt, dass ihr Mann noch am Leben ist, sondern auch denkt, dass er vielleicht in einem der befreiten Lager in der nahe gelegenen Umgebung von Hannover sein könnte. Ich bin natürlich ganz sicher, dass meine Mutter noch lebt und jetzt in Polen ist. Sobald der Krieg vorbei ist, werde ich dorthin fahren.

Unser Dorf wird zu einem *Displaced Persons Camp*. Mit Unterstützung des Bürgermeisters erhalten wir Lebensmittel von der Armee, damit wir jeden Tag unsere Mahlzeiten vorbereiten können. In einem ihrer Gebäude öffnet die Armee auch ein Meldeamt. Wäh-

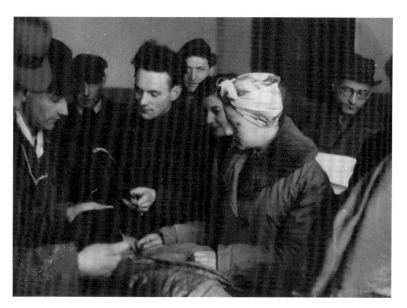

Weibliche DPs bei der Arbeit in der Nähstube des Lagers Kaunitz, 1946–1948

rend der Anmeldung, entdecke ich, dass die Armee schon eine Liste mit unseren Namen besitzt, und ich frage mich, wie dies möglich sein kann. Vielleicht hat jemand in Lippstadt unsere Namen telefonisch übermittelt oder vielleicht wurde unser Lagerkommandant gefangen genommen und hat eine Liste mit unseren Namen weitergegeben. Es kann auch sein, dass einer der gefangen genommenen Wächter eine Zweitausfertigung der Liste bei sich hatte. Jedenfalls ist die neue Version meines Namens schon verzeichnet, und man versichert mir, dass in den USA und sonst wo im Westen Irene, und nicht Rena, ein üblicher Name ist. Und so entscheide ich mich, nicht wieder Rena zu heißen, sondern Irene, und ich nehme auch einen zweiten Namen dazu. Ich erfahre zum ersten Mal, dass im Westen auch zweite Namen benutzt werden, und aus meinem früheren zweiten Namen Ela wird mein neuer zweiter Name Elizabeth.

In diesem Jahr fällt das Pessachfest auf einen Tag ziemlich früh im Monat April und die jüdischen Soldaten und ihr Feldrabbiner veranstalten zusammen mit uns einen feierlichen Sederabend (ein rituelles Mahl zum Auftakt des Pessach-Festes). Für uns ist es der erste Sederabend nach so vielen Jahren. Es wird keine üppige Mahlzeit, aber es gibt Matzen, Gefilte Fisch und Hühnersuppe. Für uns ist dies ein jüdisches Festessen. Die amerikanischen Soldaten wollen, dass wir die Pessachlieder mit ihnen singen, doch viele von uns können die Tränen nicht zurückhalten. Ein Mädchen hat ein lustiges jiddisches Lied über ihre Gedankenreise in »die andere Welt« geschrieben, ein Lied in dem sie *die Velt un yener Velt* (diese Welt und die andere Welt) vergleicht. Und ein Soldat spielt für uns Klavier; er spielt die neuesten Lieder aus den USA. »Alexander's Ragtime Band« wird sofort unser Lieblingslied. Danach spiele ich einige Stücke am Klavier und bin wirklich überrascht, dass ich nach vier Jahren ohne Übung noch immer spielen kann.

Man lädt mich zu einem Gespräch am Kamin mit zwei Soldaten ein – in einem Herrenhaus, das sie, wie sie sagen, »befreit« haben. Für mich ist das eine wunderbare Gelegenheit, die amerikanisch-englische Sprache zu hören, eine echte Herausforderung. Ich versuche Wörter zu verstehen, die tief im Rachen gesprochen werden, Wörter, die zwischen Zähnen hervorkommen, die entweder Kaugummi oder eine Pfeife kauen. Sie sprechen über ihr Leben »zu Hause« und streiten sich über die Brooklyn Dodgers und New York Yankee Bombers und ein Spiel, das »Baseball« heißt. Für mich ist das ein spannendes Erlebnis. Diese jungen Männer haben ihr ganzes bisheriges Leben in Freiheit verbracht und der Reichtum ihrer Welt ist so verlockend. Es ist wunderbar, sich so mit ihnen anzufreunden!

Es scheint, dass das Dorf der »Displaced Persons« (so heißen wir jetzt) voller jüdischer Frauen inzwischen ziemlich bekannt ist und einige Tage nach dem Sederabend kommen Menschen aus dem vor kurzem befreiten Lager Bergen-Belsen nach Kaunitz, um Verwandte und Freunde zu suchen. Wir kommen alle heraus, um sie zu begrüßen, und unter ihnen sind in der Tat auch zwei Frauen und ein Mann aus Bialystok. Ich kann es kaum glauben, doch sie erzählen mir, meine Mutter sei noch immer in Bergen-Belsen. Niemand wisse, wie sie dahin gekommen sei, aber vor kurzem habe man beobachtet, wie sie das *Lazarett* dieses schrecklichen Lagers betreten und wieder verlassen hätte. Ich renne sofort zum Armeehauptquartier, frage nach dem jüdischen Feldrabbiner und bitte ihn, mich nach Bergen-Belsen zu bringen. Der Feldrabbiner gibt meinen Bitten nach, er verspricht mir, dass wir in den nächsten paar Tagen hinfahren werden. Meine Mitbewohnerinnen und ich erhalten ein zusätzliches Bett für die Wohnung und einen großen Koffer voller Kleidung und Schuhe für meine Mutter. Meine Freude ist unbeschreiblich!

Die Fahrt nach Celle dauert nicht lang und von dort aus fahren wir durch die einsamen Wälder zu einem anderen Displaced Persons Lager. Nachdem die britischen Befreier das durch Typhus verseuchte Lager niedergebrannt hatten, wurden die Insassen hierher gebracht. Sofort erkennen wir, was für eine Art Lager Bergen-Belsen war: Ein Vernichtungslager, ein Lager, in dem Hitler die »Endlösung« durchführen wollte, ein Ort für die Vernichtung der noch in Europa lebenden Juden. Hier wurden Juden nicht in Gaskammern oder durch Hinrichtungen ermordet. Hier starben die Menschen, weil sie dem Wetter ausgesetzt waren, sie verhungerten oder verdursteten, Krankheiten wurden nicht behandelt.

Den ganzen Tag suche ich mit dem Feldrabbiner vergebens unter den Toten, den Halbtoten und den noch Lebenden, den völlig ausgemergelten Insassen des neuen Lagers. Meine Mutter ist nicht zu finden! Vor zwei oder drei Tagen wurden die Insassen in ein anderes Lager gebracht und deshalb sind die Listen der Überlebenden noch nicht fertig, es gibt keine zuverlässige Aufstellung der Toten und ich finde niemanden aus Bialystok, der mir sagen könnte, wo meine Mutter sein könnte. Der Feldrabbiner erhält die Erlaubnis, über den Lautsprecher nach meiner Mutter zu fragen und auf Jiddisch, Polnisch und Deutsch zu bitten, wenn jemand etwas über das Schicksal von Ernestyna Hass weiß, möge

er zum britischen Militärpolizeiamt kommen. Es meldet sich niemand. Ich suche unter den Toten in der Leichenhalle, den halb toten Menschen, die in der Sonne sitzen, ich durchsuche die Baracken und die Gruppen ausgemergelter ehemaliger Lagerinsassen. Ich überprüfe sogar gewissenhaft die Totenlisten, die die Deutschen in dem alten Lager geführt haben, aber alles umsonst!

Ein britischer Arzt erzählt uns, dass die Briten tausende von nicht identifizierbaren Leichen fanden, als sie Bergen-Belsen befreiten, und dass sie die SS-Bewacher gezwungen haben, die Leichen in Massengräbern zu verscharren. Und auch die Tausende, die in den chaotischen Tagen nach der Befreiung starben, wurden ohne Namen in Massengräbern verscharrt. Die Totenlisten des alten Lagers sind vollkommen unzuverlässig. In den Wochen vor der Befreiung starben die Insassen wie Fliegen und Sterberegister gab es nicht. Deshalb kann man das Schicksal meiner Mutter nicht richtig klären und nicht einmal feststellen, ob sie überhaupt in Bergen-Belsen gewesen ist. Der Feldrabbiner fleht mich an, die Hoffnung nicht aufzugeben, und mit dieser Hoffnung fahre ich nach Kaunitz zurück. Vielleicht war es gar nicht meine Mutter, die man in das Lazarett herein- und wieder herausgehen gesehen hat.

Unsere ungarischen Nachbarinnen tragen jetzt kleine ungarische Fahnen am Kragen und die tschechischen Mädchen tragen ihre Nationalfarben, damit Landsleute sie leichter erkennen. Die jungen Jüdinnen aus Polen wollen aber die rot-weißen Fahnen unseres antisemitischen Vaterlands nicht tragen. Ich möchte eine kleine rote Fahne am Kragen tragen. Die Sowjetunion war schließlich meine letzte Heimat, meine Eltern hatten sowjetische Pässe und bis heute betrachte ich mich als »links«. Im Dorf achtet niemand auf meine Verzierung, nur ab und zu ein amerikanischer Soldat, der fröhlich »Hi, Russky!« ruft. Aber am Tag meines Besuchs beim Bürgermeister von Kaunitz erweckt meine kleine Fahne doch etwas Aufmerksamkeit.

An dem Tag gerät ein kleines Loch in unserer Bratpfanne zum Zentrum der Aufmerksamkeit und bestimmt unseren Tagesverlauf. Meine Mitbewohnerinnen beauftragen mich, den Bürgermeister aufzusuchen, um eine neue Bratpfanne zu bekommen; denn die Amerikaner hatten uns erzählt, dass zu den Pflichten des Bürgermeisters auch die des Vermieters gehören. Auf meinem Weg zum Bürgermeister hält ein Jeep neben mir an und der Offizier darin fragt mich nach der kleinen roten Fahne. Ich erkläre mit Stolz, warum ich mich dazu entschieden habe, sie zu tragen. Meine Erklärung muss ihn beeindruckt haben, denn er fragt mich, ob ich bei der amerikanischen Armee arbeiten möchte. »Ja, natürlich«, antworte ich. Der Offizier fordert mich auf, in den Jeep einzusteigen, gibt mir die Hand und stellt sich vor. »Ich heiße Bill und bin der Hauptmann, der diese Einheit leitet«, erklärt er. »Ich brauche eine Übersetzerin, die Russisch und ein paar weitere Sprachen spricht und mir bei der Arbeit in den verschiedenen DP- und Kriegsgefangenenlagern in meinem Zuständigkeitsbereich helfen könnte.«

Wir fahren in das Nachbardorf Verl. »Suchen Sie sich ein Haus aus, in dem Sie gern arbeiten würden«, sagt Bill. Kein Haus sieht wirklich einladend aus und ich sage ihm, dass ich mich freuen würde, wenn ich ein Klavier bekäme. Noch immer mit der Bratpfanne der Hand, laufe ich Bill hinterher und wir schauen uns einige Häuser in Verl an, bis wir schließlich ein zweistöckiges Haus mit einem gutgestimmtem Standklavier im Wohnzimmer finden. Der Hauptmann geht in die Küche, lässt meine undichte Bratpfanne dort liegen und nimmt dafür die beste vorhandene Bratpfanne mit. Den Hausbesitzern sagt er, dass er ihr Haus im Auftrag der amerikanischen Armee beschlagnahmt und dass sie binnen 24 Stunden ausziehen müssen.

Zurück in Kaunitz, bittet mich Bill, ihm meine Wohnung zu zeigen. Meine Mitbewohnerinnen sind völlig

(rechts)
Die Seifen-Ration für drei Wochen! Ein kleines Stück minderwertiger Seife stellt die Zuteilung im DP-Lager Kaunitz dar, 1946–1948

(links)
Die Nähstube des Lagers Kaunitz, 1946–1948

Endlich frei! Endlich bin ich frei!

Mutter und Kind in ihrer Unterkunft im Lager Kaunitz, 1946–1948

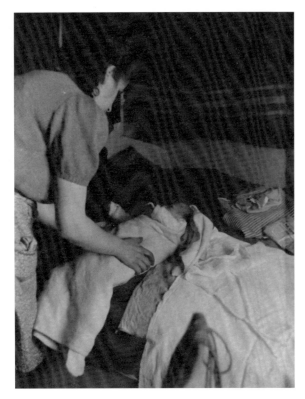

Eine Mutter blickt auf ihre Säuglinge in ihrem Wohnraum im Lager Kaunitz, 1946–1948

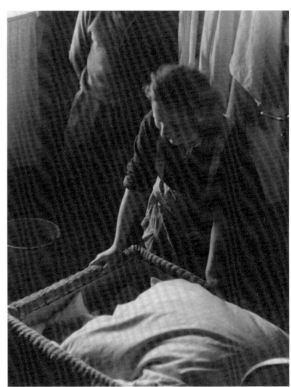

überrascht, als sie Bill sehen, der ihnen nicht nur eine schöne Bratpfanne gibt, sondern sich mit »*Ikh bin a Yiddishe boychik fun der Bron*« vorstellt, um uns mitzuteilen, dass er ein Jude aus der Bronx ist (wir nehmen an, dass die Bronx eine jüdische Stadt ist!). Wir gehen zum Jeep zurück und unterwegs bleibt Bill stehen, um mir zu mitzuteilen, dass er »fortschrittlich« (links) eingestellt ist und sich deshalb für eine junge Frau mit einer roten Fahne als Übersetzerin entschieden habe. Bevor er wegfährt, instruiert er den Fahrer, dass er mich jeden Morgen abholen und jeden Abend nach Hause bringen soll.

Ab der letzten Woche April fast bis Ende Juni 1945 fahre ich jeden Tag ziemlich früh morgens von Kauniz zum Außenposten der US-Armee in Verl. Meine Freundin Gerda, die Berlinerin, fährt mit. Bei unserer Arbeit geht es hauptsächlich um den Schutz und das Wohl der DPs und der russischen Kriegsgefangenen in der amerikanischen Besatzungszone im Nordwesten Deutschlands. Fast jeden Tag besuchen wir beide zusammen mit Bill eines der Lager und kümmern uns um soziale Unterstützung, Disziplin, die Verfügbarkeit von Medikamenten und richtige Ernährung. Wir helfen auch bei der Lösung dringender Probleme. Die paar Sprachen, die ich beherrsche, sind eine große Hilfe, doch Gerda spricht perfekt Deutsch und, wenn wir mit den nichtslawischen Insassen der Lager zu tun haben, ist ihre Hilfe noch wertvoller. Notfälle gibt es auch und manchmal müssen wir auch Lager außerhalb unseres üblichen Gebiets besuchen. Einmal geht es um ein Scheingericht in einem der russischen Kriegsgefangenenlager, in dem zwei Soldaten wegen Kollaboration mit den Deutschen zum Tode verurteilt wurden. Wir brauchen unsere ganze Überzeugungskraft, um die Leute im Lager von der Vollstreckung abzuhalten. Die Verdächtigen kommen in Untersuchungshaft bei der US-Militärpolizei, die den geschädigten sowjetischen Soldaten versichert, dass der Gerechtigkeit genüge getan werde und dass die Täter für ihre Taten verantwortlich gemacht und angemessen bestraft werden. Durch diesen schrecklichen Fall wurde dem Hauptmann deutlich, dass für die sowjetischen Menschen in unserem Zuständigkeitsbereich eine verbindliche soziale Organisation dringend notwendig war. Es sollte eine ihnen bekannte Organisation sein, wie die *Grazhdanskii Comitet* (Bürgerkomitee), auch mit Kulturzentren wie die *Krasnyi Ugolok* (die Rote Ecke) in der Sowjetunion. In Folge unserer Bemühungen wurden wir danach häufig zu Shows und Konzerten in den Lagern eingeladen, manchmal auch nach Dienstschluss.

Normalerweise habe ich an den Wochenenden frei, aber ein Mal kommt ein Notruf aus einem der sowjetischen Kriegsgefangenenlager. Es ist ein medizinischer Notfall. Circa zwölf sowjetische Kriegsgefangene haben selbst gebrannten Wodka (*samogonka*) getrunken, der aus Alkohol destilliert worden ist, den man als Frostschutzmittel benutzt. Glücklicherweise schafft es die Notaufnahme des Krankenhauses, den Männern die Magen leer zu pumpen und alle werden gerettet.

Auf der Arbeit bekommen Gerda und ich jeden Tag zwei Mahlzeiten, die von einem der durch die Amerikaner befreiten italienischen »Refusenik« [Jude, dem die Möglichkeit der Emigration verweigert worden war] vorbereitet werden. Ein großer Teil des Essens kommt aus den K- und C-Rationen des Militärs oder auch aus anderen Rationen, es schmeckt trotzdem wirklich gut, weil die Köche Gewürze und auch Gemüse aus der Gegend benutzen. Jeden Tag sitzen zwei Leutnants, die mit Bill zusammenarbeiten, an unserem Tisch und ich finde es sehr schwierig, sie zu verstehen. Sie kommen aus den Südstaaten der USA. Am meisten überrascht mich ihr lockerer Umgang miteinander und die Tatsache, dass es keine strenge Hierarchie unter den Soldaten gibt.

Bill hat einige Gewohnheiten, die mich manchmal ärgern. Ich kann mich nicht daran gewöhnen, dass er seine Füße auf den Tisch legt, und ich werde wütend, wenn er im Spaß mit seinem Fuß meinen Po berührt, damit ich mich beeile. Ich weiß auch nicht, wie ich reagieren soll, wenn er mich »Toots« nennt. Will er mich kränken oder ist es, wie er behauptet, ein Kosename? Wie verhalten sich Männer aus der Bronx Frauen gegenüber? Benehmen sich Amerikaner wirklich so anders als wir in Europa?

Aber anderseits ist Bill ist schon ein starker Typ. Bei seinen Fahrten durch Deutschland hatte er in einem fürstlichen Herrenhaus eine Begegnung mit einer deutschen Gräfin. Bill behauptete, sie würde die Amerikaner verachten. Als Bill sie deshalb tadelte und fragte, ob sie vielleicht Nazi gewesen wäre bzw. noch Nazi sei, antwortete sie: »*Ich bin ein stolzer Nazi!*« Daraufhin hat Bill ihr ins Gesicht geschlagen und gesagt: »*Und ich bin ein stolzer Jude, Du Nazischwein.*« Auch wenn ich seine schlechte Manieren und Härte den Nazis gegenüber eigentlich gut finde, kann ich diese Härte doch nicht immer tolerieren.

Eines Tages wird ein früherer Wächter aus Lippstadt von Frauen aus Kaunitz festgenommen. Sie bringen ihn zu uns nach Verl. Dieser Wächter hat sie bei der Arbeit furchtbar misshandelt. Zuerst schlägt Bill den Wächter zusammen und danach muss der Mann den Rest des Nachmittags strammstehen. Bill versucht den militärischen Nachrichtendienst telefonisch zu erreichen; er hofft, dass der Deutsche inhaftiert und vor ein Militärgericht gestellt wird, aber die Militärbehörden spielen nicht mit. Die Frauen, die den Mann festgenommen haben, flehen mich an, dem grausamen Menschen keine Barmherzigkeit zu gewähren. Doch vor unserem Haus stehen seine weinende Ehefrau und ihre zwei kleinen Kinder. Seine Frau nimmt meine Hände und fleht mich an, ihren Mann freizulassen. Ich fühle mich zwischen Erbarmen und Gerechtigkeit hin- und hergerissen. Der Hauptmann will jetzt Härte gegen die Nazis zeigen und denkt sich einen Plan aus, um den Deutschen zu töten. Er befiehlt dem GI, der den Deutschen bewacht, den Deutschen sofort zu erschießen, wenn er sich nur ein wenig von der Stelle bewegt. Der Hauptmann steht jetzt an einer Stelle, wo der deutsche Gefangene ihn sehen kann, aber der amerikanische Soldat nicht. Der Hauptmann gestikuliert, dass der Deutsche nach vorne kommen soll. Ich weiß nicht, warum, aber ich konnte gegen diesen Deutschen nicht genug Hass aufbringen, ich konnte es einfach nicht. Und ich schrie so laut ich konnte; »NEIN, NICHT SCHIESSEN!« Bill nennt es meinen »Wankelmut« und wird mir nie verzeihen.

Weich wird er aber dann doch, wenn es um meinen Wunsch geht, meine Mutter zu finden, und er organisiert eine zweite Fahrt nach Bergen-Belsen. Ich möchte dorthin, weil eine junge Frau aus Bergen-Belsen mich mit den Worten empfangen hat: »Grüße von Deiner

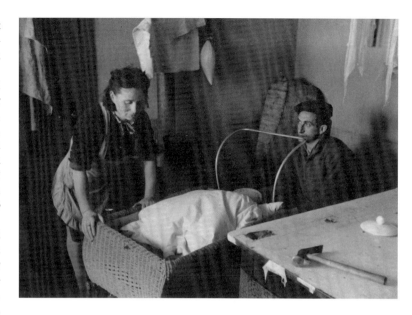

Ein winziger, überfüllter Raum im Lager Kaunitz – typisch für die Lebensbedingungen im ganzen Lager, 1946–1948

Mutter, die sich seit Auschwitz Sorgen um Dich macht!« Ich frage die junge Frau aus und sie sagt, dass sie von den Sorgen meiner Mutter vielleicht nicht in Bergen Belsen, sondern im Frauenlager in Auschwitz-Birkenau gehört hat. Trotzdem behauptet sie weiterhin, dass sie meine Mutter kurz vor der Befreiung des Lagers in Bergen-Belsen gesehen hat. Aufgrund dieser Information und weil das Lager inzwischen besser organisiert ist, gibt Bill mir den Rat, noch einmal dorthin zu fahren, und zu versuchen, zumindest einen weiteren Hinweis auf den Verbleib meiner Mutter zu bekommen.

Inzwischen hat das Lagerbüro in Bergen-Belsen genauere Listen als beim ersten Mal, doch ich finde noch immer keine Spur von meiner Mutter. Ich finde sie weder unter bei den Lebenden noch unter den Toten. Ich treffe einige junge Frauen, die mit meiner Mutter und mir in Blizyn waren, aber sie sind sich sicher, sie hier nicht gesehen zu haben. Sie bezweifeln auch, dass sie in ihrem Alter den Todesmarsch von Auschwitz nach Bergen-Belsen geschafft hätte. Wieder fahre ich nach Kaunitz zurück und habe nicht die geringste Ahnung, wo meine Mutter sein könnte.

Ich mache meine Arbeit weiter, erfahre ich aber bald, dass die Amerikaner ihre Besatzungszone in Westfalen den Briten übergeben werden. Und in der Tat: Kurz danach – im Juni – übernehmen die Briten. Bill verabschiedet sich von mir und drängt mich dazu, in die Sowjetunion zurückzukehren, weil die östlichen Teile Polens, wo ich meine Schwester vielleicht finden könnte, innerhalb der Sowjetunion liegen. Er gibt mir seine private und auch seine Militäradresse und ich verspreche, dass ich ihm schreiben werde. Ich stelle mich auf das Leben unter den britischen Besatzungsmächten ein, was jede Menge Spaß verspricht.

Da es für britische Soldaten ein Fraternisierungsverbot gibt, laden uns deren Vorgesetzte zu den Tanznachmittagen ein, die für ihre Männer organisiert werden. Bei solchen Gelegenheiten hält ein Militärlastwagen auf dem Dorfplatz an, um uns zu der Begegnungs- und Veranstaltungshalle des britischen Militärlagers in Sen-

Endlich frei! Endlich bin ich frei!

Eine ältere Bewohnerin des Lagers Kaunitz blickt aus ihrem Fenster, 1946–1948

(alle: The Wiener Library for the Study of the Holocaust Genocide, London)

nelager zu fahren. Ein Unteroffizier der dortigen Division der britischen Armee (*9th Irish Battery of the Royal Artillery*) begrüßt uns. Wir setzen uns und zusammen mit unseren Gastgebern essen wir Gurkensandwich und trinken Tee. Die Band spielt dazu, meistens Slow Fox und Walzer sowie einige bekannte, jazzige amerikanische Stücke. Die meisten Soldaten kommen aus Schottland oder Irland und zwei Stunden lang tanzen sie ziemlich steif und unbeholfen mit uns. Danach bringt uns der Lastwagen nach Kaunitz zurück. Die meisten jungen Frauen sprechen kein Englisch und so sind die Gesprächsmöglichkeiten mit den Soldaten eher eingeschränkt. Und auch ich muss mehrmals nachfragen, ehe ich die schottische oder irische Aussprache verstehe.

Bei den folgenden Tanzveranstaltungen erschienen mehrere Offiziere und auch der Kommandant, Major Lister, mit einigen seiner Hauptmänner. Der Unteroffizier stellt mich und die jungen Ungarinnen, die Englisch sprechen, den Offizieren vor. Obwohl wir finden, dass sie ziemlich steif tanzen, können wir deren »Oxford English« ganz gut verstehen. Bald bin ich mit Pat befreundet, einem fröhlichen jungen Hauptmann aus Südafrika, halb Bure, halb Brite. Er hat die Aufgaben von Bill und seine amerikanische Einheit übernommen. Man bittet Gerda und mich bei Major Lister zu arbeiten; unsere Aufgaben sind mehr oder weniger wie bei den Amerikanern. Kurz nachdem ich bei den Briten anfange, kommen Minc and Stroka, die jüdischen Polizeioffiziere aus Blizyn, von Bergen-Belsen nach Kaunitz. Sie werden von ihren Freundinnen Bala und Lola begleitet. Was Minc und Stroka betrifft, sind meine Gefühle eher zwiespältig, doch Bala lädt mich ein und ich nehme ihre Einladung an, sie zu Hause zu besuchen. Wieder höre ich, dass meine Mutter irgendwo in Bergen-Belsen sein muss. Bala versichert mir, meine Mutter habe vor kurzem mit ihr gesprochen, vielleicht kurz vor oder nach der Befreiung des Lagers. Und wieder erzählt man mir, dass meine Mutter alleine ins *Lazarett* hineingegangen und wieder herausgekommen sei. Bala hat auch gehört, dass kurz nach der Befreiung einige kranke Insassen von Bergen-Belsen nach Schweden gebracht wurden. Sie sagt, dass der Name meiner Mutter vielleicht auf der Liste der Leute, die nach Schweden gekommen sind, zu finden sein könnte. Das einzige, was mir bleibt, ist wieder nach Bergen-Belsen fahren. Bill Miller, ein gesprächiger Fahrer aus Schottland, fährt mich mit dem Jeep dahin und ich muss mich so anstrengen, um seinen Akzent zu verstehen, dass ich die Sorgen um meine Mutter vergesse.

Dieses Mal erlaubt mir der zuständige britische Offizier alle Listen der Insassen von Bergen-Belsen durchzuschauen, doch erneut kann ich den Namen meiner Mutter nicht finden. Ich treffe meine Freundin Hanka und sie sagt mir, dass, soweit sie weiß, niemand aus Blizyn nach Schweden bzw. in ein anderes Land gelangt sei. Jetzt fange ich an daran zu zweifeln, dass meine Mutter überhaupt je in Bergen-Belsen gewesen ist; ich erzähle Hanka, dass ich vermute, dass meine Mutter in Auschwitz von den Russen befreit worden sein könnte. Um sie zu finden, müsste ich in die Sowjetunion fahren. Hanka ist entsetzt: »In die Sowjetunion fahren. Bist Du verrückt?«

Auf dem Rückweg nach Kaunitz versuche ich erneut alle Variationen des Rätsels von Bergen-Belsen zu durchdenken und komme zu dem Schluss, dass meine Mutter entweder in der Übergangszeit dort gestorben ist, als keine Listen mehr geführt wurden, oder dass sie nie nach Bergen-Belsen gekommen ist. Jedenfalls hätte es keinen Sinn, wieder dort hinzufahren.

Endlich bin ich frei, aber genau wie die meisten Überlebenden der Lager, bin ich ganz allein auf der Welt. Ich bin frei und ich müsste ein neues Leben beginnen, aber jetzt, wo meine Mutter mein Leben mit mir nicht teilen kann, hat es kaum Bedeutung für mich. Eigentlich müsste ich meine Schwester finden, damit ich jemanden für mich habe, jemanden an Stelle meiner Mutter, jemanden mit dem ich meine neu gewonnene Freiheit teilen kann.

Viele Jahre später bin ich in Paris, wo ich Musia treffe, meine Freundin aus dem Ghetto und Blizyn. Sie erzählt mit, dass sie meine Mutter in dem Lazarett in Bergen-Belsen immer wieder besucht habe. Meine Mutter lag dort, ausgehungert und geschwächt, bis zu dem einen Tag, an dem Musia kam und sie nicht mehr vorfand. Meine Mutter war in der Nacht vor Musias letztem Besuch an Hunger und Erschöpfung gestorben. Ungefähr einen Monat vor der Befreiung von Bergen-Belsen, ist meine Mutter in dem Lager gestorben.

1993 fahre ich nach Bergen-Belsen und weine an einem der Massengräber der unbekannten Opfer, die zusammen mit meiner Mutter die Grausamkeiten des Lebens und Sterbens in Bergen-Belsen erlebt haben. Dies war das Lager, in dem das letzte Kapitel der Endlösung stattfand. Ich nehme etwas Erde auf von dem Boden um die Massengräber, Erde, die von nun an stellvertretend für die Asche meiner Mutter stehen soll.

Iris Nölle-Hornkamp
»Es liegt zu viel Sentimentalität in dem Wort Heimat«
*Manifestationen von Heimatverlust
in den Erinnerungen westfälischer Juden im Exil*

Die aktuellen Konnotationen des Begriffs »Heimat« sind so vielfältig, dass sich das deutsche Wort kaum adäquat durch ein einziges Wort in andere Sprachen übersetzen lässt. Wie ein- oder mehrdeutig lässt sich Heimat aus der Sicht des Exils definieren? Uri Avnery[1], der vielfach ausgezeichnete israelische Politiker und Friedensaktivist, als Helmut Ostermann im westfälischen Beckum geboren, bringt es für sich so auf den Punkt:

> Meine Heimat ist Israel, meine Sprache Hebräisch. Das sind keine ideologischen Definitionen, es ist einfach das Leben. – Meine Frau wurde in Berlin geboren, kam mit einem Jahr nach Palästina und sprach mit ihren Eltern auch Deutsch. Obwohl sie es kaum lesen und überhaupt nicht schreiben kann, spricht sie ein überraschend gutes Deutsch. Es würde uns aber nie einfallen, untereinander Deutsch zu sprechen. Es wäre unmöglich. Wir tun es nur, wenn wir deutsche Gäste haben. Das ist wie eine geteilte Heimat, und daran knüpft sich die Frage: Was ist Heimat überhaupt? – Im Deutschen sagt man Heimat, Vaterland, dafür gibt es in der heutigen hebräischen Umgangssprache nur ein Wort, »moledet«, das heißt Geburtsland. Man benutzt es gern im Sinne von Vaterland oder auch von Heimat. Im Englischen gibt es auch kein Wort dafür, man sagt »home«, man könnte »motherland« sagen, aber kein Mensch tut es. »My country« ist eigentlich das gebräuchliche Wort.[2]

Für den deutschsprachigen Raum scheint der Begriff Heimat inhaltlich eindeutiger besetzt zu sein: »der Ort oder das Land, in dem jemand geboren wurde« beziehungsweise »wo jemand zuhause ist«, es gibt vielerorts ein über Jahrhunderte hinweg tradiertes Verständnis dessen, was die Bewohner einer Region, eines Landes oder auch einer Nation als »Heimat« empfunden haben, was »Heimat« sein kann oder auch sein soll.

Im Grunde hat jeder sein individuelles Verständnis dessen was »Heimat« für ihn bedeutet, denn Heimatgefühl« ist eine Befindlichkeit, die sich im Spannungsverhältnis zwischen der Identifikation mit einem größeren Ganzen und dem individuellem Empfinden bewegt.

Bis zur Mitte des 19. Jahrhunderts war »Heimat« dagegen ein rein sachlicher Begriff mit rechtlicher und geografischer Konnotation für Geburtsort, Wohnort oder Herkunftsland und bezeichnete das Aufenthalts- oder Bleiberechts, war also ein juristischer Begriff, der rechtlich und folglich auch emotional Sicherheit verbürgte.

In der Folgezeit entwickelte sich der Begriff Heimat zur einer Art von Projektionsfläche, auf der »Hei-

Uri Avnery mit seiner Familie bei einem Waldspaziergang, um 1930

Uri Avnery, fotografiert von Herlinde Koelbl, 2001

mat« als spezifisches Konstrukt die Bedürfnisse einer jeweiligen Gesellschaft widerspiegelte. Im 19. Jahrhundert prägte die deutsche Romantik den Begriff auf poetische Weise zu einer romantisierten Naturlandschaft um: Es entstanden die Vaterlands-, die Heimatliebe und der Patriotismus. Heimat und Vaterland verschmolzen schließlich zum Synonym durch den parallelen

Gebrauch in der Begrifflichkeit der Heimatschutzbewegung.³ In der ersten Hälfte des 20. Jahrhunderts verschob sich der Heimatbegriff der »Heimatbewegten«, der Propagandisten einer heilen Welt – wie etwa in der Wandervogelbewegung – vollständig in die Realitätsferne. Gleichzeitig bot die semantische Übertragung der Heimat auf das »Vaterland« den Nationalsozialisten ausreichend Anknüpfungspunkte für ihre Blut- und Boden-Ideologie.

Durch die furchtbaren Folgen der nationalsozialistischen Ideologie veränderte sich der Heimatbegriff erneut grundlegend. Insbesondere Menschen im Exil machten es sich zur Aufgabe, die Heimat zu thematisieren, die sie durch Flucht oder Vertreibung verloren hatten. Dabei versuchten sie, ihre Heimat möglichst realistisch so zu beschreiben, wie sie sich in ihren konkreten Erinnerungen darstellte.

Da die positive Konnotation von Heimat als Träger deutscher Kultur im eigenen Land durch den Nationalsozialismus zerstört worden war, schufen sich die Schriftsteller und Intellektuellen des Exils in dieser Zeit eine neue, gänzlich abstrakte Form der Heimat.

Sie nutzten ihre Heimatsprache als vertrautes und angestammtes Ausdrucksmedium, um diesen Heimatverlust zu kompensieren. »Der Emigrant und der Exilierte nehmen das geistig und kulturell Erworbene, sie nehmen ihre Sprache (die Mutter-, die Vater-, die Landessprache) mit und retten damit für sich ein Stück Heimat«, schreibt Walter Hinck 1985.⁴ So wurde für sie die Sprache nicht nur Medium, sondern Ausdruck und schließlich Synonym für Heimat.

Rose Ausländer drückt es in ihrem Gedicht Mutterland so aus: »Mein Vaterland ist tot – sie haben es begraben – im Feuer – ich lebe in meinem Mutterland Wort.«⁵

Und Hilde Domin schreibt: »In anderen Sprachen, die ich spreche, bin ich zu Gast. Gern und dankbar zu Gast. Die deutsche Sprache war der Halt, ihr verdanken wir, daß wir die Identität mit uns selbst bewahren konnten.«⁶

Nicht nur in der literarischen Übertragung wurde die deutsche Sprache das Synonym für Heimat, schon der Klang der Muttersprache findet sich in vielen Erinnerungen als Symbol für den Heimatverlust, wie es etwa der gebürtige Ahlener Hans Gumpert ausdrückt: »In meinen Ohren höre ich noch das Rauschen deutscher Wälder, in meinen Ohren ist der Laut der deutschen Sprache noch Muttersprache.«⁷

Oder, mit anderem Blickwinkel, als der 20jährige Dortmunder Yehiel Ilsar aus Deutschland flüchtete, um später nach Israel zu emigrieren und von dort im Dienst Golda Meirs als Botschafter durch die Welt geschickt zu werden, war der letzte Auslöser für die Flucht, so schreibt er in seinen »Memoiren eines Neunzigjährigen«⁸ und hat es vielfach im persönlichen Gespräch geschildert: die Verhunzung der geliebten Muttersprache durch die laut kreischende Stimme Adolf Hitlers, vor der es kein Entrinnen gab, eine Verunglimpfung der deutschen Sprache, die er nicht mehr ertragen wollte.

Heimat wurde nicht nur abstrahiert und kompensiert, sondern schließlich, wie von Jean Améry als realer Ort grundsätzlich in Frage gestellt, wenn er in seinem Essay »Wieviel Heimat braucht der Mensch« schreibt:

> Es gibt keine »neue Heimat«. Die Heimat ist das Kindheits- und Jugendland. Wer sie verloren hat, bleibt ein Verlorener, und habe er es auch gelernt, in der Fremde nicht mehr wie betrunken umherzutaumeln, sondern mit einiger Furchtlosigkeit den Fuß auf den Boden zu setzen.⁹

Der im westfälischen Ahlen geborene Regisseur Imo Moszkowicz, der die Stadt, obwohl er ihr Ehrenbürger

(rechts) Yehiel Ilsar 2004

(links) Yehiel Ilsar (ganz rechts im Bild) in Kfar Awoda, 1938

wurde, nie mehr mit dem Begriff Heimat in Verbindung bringen wollte, drückte es in seinen Erinnerungen so aus:

> »... weit ist der Weg zurück ins Heimatland, so weit ... so weit ...« Wenn diese Zeile im Buchenwald-Lied beim Ein- und Ausmarschieren gesungen wurde, konnte ich damit gar nichts verbinden. Ein Kitschbegriff, musste ich denken, für andere geschrieben. Nein, hier mache ich mir was vor, denn sie lag ganz und gar nicht weit, diese Heimat. Täglich – auch heute noch – gehe ich in meiner Kindheit spazieren, erinnere ich mich an Straßenbilder, an Spiele mit den Nachbarkindern, mit den Geschwistern, und wenn es irgendwo wie zu Hause riecht, dann brauch' ich nicht einmal die Augen zu schließen, um dort zu sein.[10]

Heimweh also nach der stets erinnerten Heimat der Kindheit.

Noch einen Schritt weiter geht Ernst Bloch, der Heimat neu deutet als einen imaginären utopischen Raum: Für ihn ist sie das eigentliche große Ziel des Menschen, wenn er zu sich selbst und seinen Möglichkeiten gefunden hat, so endet Blochs großes Werk »Prinzip Hoffnung«, dann wird in der Welt etwas entstehen, »das allen in die Kindheit scheint und worin noch niemand war: Heimat«.[11]

Soweit, knapp skizziert, die Entwicklung des Heimatbegriffs bis ins letzte Jahrhundert. Und heute? Der aktuelle Heimatbegriff ist vielfältig und lässt wieder positive Konnotationen zu: Heimat wird heute verstanden als die »Gesamtheit der Lebensumstände, in denen ein Mensch aufwächst, Orte, Bilder, Stimmen, Gerüche – ein fragiles Konstrukt, das die Psyche der betroffenen Menschen entscheidend prägt.«[12] Weniger eine geografische Verbundenheit, mehr eine starke emotionale Bindung, also. Bernhard Schlink lässt in seinem viel gelobten Essay »Heimat als Utopie«[13] den ortsgebundenen Anteil des Begriffs ausdrücklich beiseite und betrachtet Heimat in der Tradition Ernst Blochs als einen »Nicht-Ort«: ein Gefühl, eine Hoffnung, eine Sehnsucht, zu erleben vor allem, wie er schreibt, im Exil, umso intensiver, je weiter man von ihr entfernt ist. Heimaterfahrung wird also vor allem gemacht, »wenn das, was Heimat jeweils ist, fehlt«. [...] »Heimat ist Utopie: Am intensivsten wird sie erlebt, wenn man weg ist und sie einem fehlt; das eigentliche Heimatgefühl ist Heimweh. Erinnerungen und Sehnsüchte machen den Ort der Sehnsucht zur Heimat«.

Für diesen Beitrag bin ich der Frage nach Heimat bzw. dem Ausdruck von Heimatverlust in den Erinnerungen, Memoiren, Berichten exilierter Juden aus Westfalen nachgegangen, mit denen ich bei der Vorbereitung der Ausstellung »Heimatkunde. Westfälische Juden und ihre Nachbarn« und der früheren Arbeit im Projekt für Jüdische Literatur in Westfalen[14] konfrontiert war, eine eher zufällige Auswahl, nicht systematisch, ohne Anspruch auf allgemeingültige Aussagen, aber doch mit einigen, wie ich hoffe, aussagenkräftigen Beispielen.

Bei den ersten Sichtungen dieser Texte war eines sofort eindeutig feststellbar: Anders als etwa die westfälischen Migranten des 19. und frühen 20. Jahrhunderts, die Amerika-Auswanderer und Zionisten der Aliyah, thematisieren die Menschen im Exil Heimat ausschließlich aus der »Verlusterfahrung« heraus. Sie nehmen zwangsläufig den Verlust zum Ausgangspunkt, denn sie haben das gesamte Umfeld, den Boden ihrer Heimat vollständig verloren, ohne wie die früheren Migranten einer neuen Heimat zuzustreben. Die Begrifflichkeiten »alte« und »neue Heimat« kommen deshalb in ihren Erinnerungen zunächst nicht vor. Mehr noch, der Begriff Heimat überhaupt tritt in den frühen Aufzeichnungen kaum einmal in Erscheinung.

So beispielsweise in den Erinnerungen der 1914 in Recklinghausen geborenen Mine Winter, die in der rund 1.500 ungedruckte Autobiografien und Memoiren umfassenden Memoir Collection des Leo Baeck Instituts in New York[15] aufbewahrt werden. Sie nennt ihr 1956 in New York verfasstes Skript »Zehn Jahre später. 1933–1945«[16] und beschreibt auf 55 handschriftlichen Seiten ihre Erinnerungen an das jüdische Leben in einer westfälischen Kleinstadt nach 1933. Der Verlust der Heimat (»Heimat ist Sicherheit« im Sinne Jean Amérys) setzte für sie im Grunde bereits ein, als sie dort 1936 nach dem Tode ihres Vaters und der Auswanderung ihrer Mutter und Geschwister allein zurückbleibt, weil ihre Bemühungen um die Beschaffung eines Visums scheiterten. Heimatgefühl, Geborgenheit, das bisherige Leben, ihre bisherige Identität, all das war verloren, obwohl sie zunächst weiter in ihrer westfälischen Heimatstadt lebte. Sie schildert das Novemberpogrom 1938, ihre landwirtschaftliche Ausbildung auf dem Landwerk Neuendorf, dessen Umwandlung in ein Arbeitslager 1941, ihre Heirat 1942, die Deportation nach Auschwitz 1943, die letzte Begegnung mit ihrem Mann.

Sie berichtet ausführlich über die Zustände in Auschwitz, die Evakuierung des Lagers und den »Todesmarsch«, notiert aber nichts wirklich Persönliches, nichts über ihr eigenes Schicksal. Die Jahre vor 1933 reißt sie lediglich ganz knapp ohne Details auf der ersten Seite an, ein Erinnern an das, was ihr einmal Heimatgefühl gegeben hatte, lässt sie nicht zu oder ist ihr unmöglich. In ihren Aufzeichnungen taucht das Wort Heimat an keiner Stelle auf, es ist, als wäre sie durch den Verlust und das überlebte Grauen so traumatisiert, dass sie nicht einmal in der Kategorie Heimat denken kann. Ob sich dies mit der zeitlichen Distanz geändert hat, lässt sich nicht herausfinden, über Mine Winters Leben in den USA ist lediglich bekannt, dass sie ab 1951 in Chicago gelebt hat, nach 1965 verliert sich die Spur.

In der New Yorker Memoir Collection findet sich eine Reihe ähnlicher Aufzeichnungen: Diese und weitere Zeugnisse von Überlebenden der Shoah aus Westfalen haben Diethard Aschoff und Jörg Deventer[17] untersucht, und es scheint, als sei in den frühesten Berichten der Überlebenden im Exil die Erinnerung ganz auf das durchlebte Grauen fokussiert und der Heimatverlust erst im zweiten Schritt, viele Jahre später, wahrgenommen und thematisiert worden.

Wie Andrea Bastian in ihrer begriffsgeschichtlichen Untersuchung[18] zum Heimat-Begriff konstatiert, entwickelte sich »aus der Entfernung des Exils heraus« häufig eine nüchterne und objektivere Sichtweise auf die »Heimat als Staat, Nation, Vaterland«.

Man muss hier sicher unterscheiden, zwischen denjenigen, die die Shoah überlebt haben, und denjenigen, die rechtzeitig fliehen konnten oder gar selbstbestimmt in die Emigration gingen mit dem Ziel der Aliyah oder eines neuen Lebens.

Wilhelm Buchheim[19], der frühere Vorsteher der jüdischen Gemeinde in Dortmund, konnte der Verfolgung entfliehen, er emigrierte 1939 über England in die USA. Als Rabbiner, Kantor und Lehrer fand er in Long Island und später in New Hampshire einen neuen Wirkungskreis. Seine Tagebücher aus dem Exil beginnen mit dem Eintritt Englands in den Krieg, er reflektiert hier die politische Lage und seine Situation als alien enemy (feindlicher Ausländer), bezieht aber neben den aktuellen Erfahrungen des Exils auch ausführlich die Zeit in Dortmund ein. So findet sich ein 30-seitiger Text über die Israelitische Volksschule in Dortmund, deren Rektor er von 1933–1939 war, er listet die Ereignisse dieser Jahre, die Voraussetzungen und seine Gestaltung des Schulunterrichts minutiös auf, bewertet die antijüdischen Maßnahmen der nationalsozialistischen Behörden und ihre Folgen, sein Ankämpfen gegen die Restriktionen. Persönliche Empfindungen fließen erst ein in die anschließende Schilderung des Novemberpogroms 1938 und seiner Abreise nach England, des Abschieds von der Familie. Gedanken über verlorene Heimat und thematisierten Heimatverlust jedoch habe ich in seinen Tagebüchern bisher nicht gefunden.

Das Zitat »Es liegt zu viel Sentimentalität in dem Wort Heimat«, dass ich dieser Zusammenstellung unterschiedlicher Reaktionen westfälischer Juden auf den Heimatverlust vorangestellt habe, stammt von dem Schriftsteller Arnold Bender.[20]

Er legt es seinem Alter Ego, dem Protagonisten seines letzten unveröffentlichten Romans, – ausgerechnet mit dem Titel »Postille für ein leichtes Leben« – in den Mund, der hier als Vagabund in vermeintlicher Freiheit mit einer Erinnerung an seine Jugend in Deutschland konfrontiert wird.

Arnold Bender konnte Deutschland rechtzeitig verlassen und schafft es wohl deshalb, sich schon in frühen Tagebuchaufzeichnungen bewusst mit dem Heimatverlust auseinanderzusetzen. So schreibt er 1934, anderthalb Monate nach seiner Ankunft in England, in sein Tagebuch:

> Ich mache mir eine Wohnung im Judenviertel, in Cheetham Hill, ausfindig. Komisches Gefühl, in einer sozusagen rein jüdischen Stadt zu wohnen. Hier regiert die Synagoge, nicht die Kirche, die Läden und Kinos sind samstags geschlossen und sonntags offen. Der Mann am Gemüsekarren, der Milchjunge, der Postbote sind Juden. Und ich stelle erstaunt fest, daß ich mich niemals […] so heimatlos, so fremd und wohl auch müde gefühlt habe wie hier, wo ich es eigentlich am wenigsten erwarten sollte. …[21]

Der Dreißigjährige, der sich in diesem orthodoxen Umfeld explizit seiner Heimatlosigkeit bewusst wird, war in Bochum-Werne als Sohn eines gläubigen jüdischen Viehhändlers und Metzgermeisters aufgewachsen, hatte bis zur Machtübernahme in Dortmund gelebt, war dort als freier Mitarbeiter des Dortmunder Generalanzeigers unermüdlich im Einsatz gewesen. 1934 floh er über Dänemark und Schweden nach Großbritannien, wo er von da an lebte. Vor Ausbruch des Krieges reiste er noch mehrfach nach Deutschland, voller Heimweh, das sich in seinen Tagebüchern dokumentiert, aber doch schon in der Gewissheit, dass es für ihn kein Zurück geben konnte, so bei einem Besuch 1934:

> Überall Hakenkreuze eingemeißelt, eingehauen, eingepflastert! Und schon beginnt der ganze Druck dieses mit unterirdischen Mitteln regierten Staates auf mir zu lasten: Ängstlichkeit, Vorsicht, Geraune, Spionenfurcht und das Parteiabzeichen als brüllendes Kommando dazwischen! Ihr stolzen Germanen, wie habt Ihr Euch verändert!

In England fühlte er sich fremd und einsam, erst am 3. September 1939, Englands Eintritt in den Krieg, findet man diesen hoffnungsvolleren Eintrag in seinem Tagebuch: »Die bergeschwere Einsamkeit vergangener Jahre ist dahin. Man kann aufatmen. Man ist nicht mehr allein. Die Menschheit hat ihre Richtung wieder, und es ist unsere Richtung, die sie einschlägt.«

Zu einer tieferen Verwurzelung, einem Versuch, England als neue Heimat anzunehmen, kam es dennoch nicht. 1940, nun als Kriegsfreiwilliger in der englischen Armee kurz vor dem Einsatz, hofft er stattdessen auf einen Neuanfang und zitiert, als wolle er sich selbst wiedersprechen, zugleich ein Lied seiner Kindheit:

> Was immer geschieht: ich kehre nicht hierher zurück. Wenn ich nicht heirate, gehe ich irgendwohin, nach York oder wer weiß. Aber dies hier ist nun vorbei. 5 1/2 Jahre, gute, kostbare Jahre. Nun bin ich 36. Als ich hierherkam, war ich noch jung. Und ohne Furcht. »Wer weiß, wie's uns noch geht«, sagt der Schluß eines Lönsliedes. Ich werde es heute abend singen: »Wer weiß, wie's uns noch geht …«

Aber auch zu dem erhofften Neuanfang kam es nicht, Arnold Bender fehlten dazu der Antrieb und ein positiver Ausblick auf die Zukunft. Er blieb in England, schrieb dort unermüdlich, aber mit wenig Resonanz und übernahm daneben die unterschiedlichsten Tätigkeiten zur Sicherung seinen Lebensunterhalt. Nach dem Zweiten Weltkrieg ist es ihm nur einmal gelungen, in Deutschland zu publizieren, obwohl er stets weiter in deutscher Sprache geschrieben hat. Die Studie *Die Engländer*, in der er die Bewohner seiner Exilheimat kenntnisreich und liebevoll schildert, wurde 1970 in Frankfurt gedruckt. Vielleicht hat er sich damit sein Zugehörigkeitsgefühl zu den Menschen in England und eine »neue« Heimat erarbeiten können. Nach Deutschland kehrte er jedenfalls nie zurück, obwohl er mehrfach mit

(links) Karen Gershon (Käthe Löwenthal) als Vierzehnjährige, 1937

(rechts) Karen Gershon (Käthe Löwenthal), um 1970

dem Gedanken spielte und genaue Pläne für die Übersiedlung machte. Aber er pflegte die Kontakte zu seinen Dortmunder Freunden und kam auch regelmäßig als Besucher in seine Heimatstadt, wo heute auch sein literarischer Nachlass aufbewahrt wird.[22]

Schon der Weg zu der Vorstellung, sich eine ›zweite Heimat‹ erarbeiten oder erobern zu können, erweist sich häufig als belastend und für viele aus der Heimat vertriebene Juden als erfolglos. Der Gedanke wird für die westfälischen Exilierten überhaupt erst dann möglich, wenn sie es geschafft haben, sich emotional von der verlorenen Heimat zu lösen, den Heimatverlust zu verarbeiten oder eher, wie meistens, zu verdrängen und sich mit dem Exilort zu arrangieren. S.Es kann erst dann funktionieren, wenn aus dem Exil eine selbst beschlossene Emigration wird und der Fokus sich allmählich von der verlorenen Welt auf die Gegenwart verschiebt. Wie schwer dieser Weg ist, zeigt das Beispiel der 1923 in Bielefeld geborenen Käthe Loewenthal.

Sie ging einen anderen Weg als die Riege der bekannten Exilschriftsteller, denn für sie war die Muttersprache keine Zuflucht, die sie den Heimatverlust ertragen ließ. Käthe Loewenthal konnte den Holocaust überleben, weil sie im November 1938, zusammen mit ihrer älteren Schwester, mit einem der letzten Kindertransporte nach England entkam. Mit der Flucht verlor sie nicht nur die Heimat ihrer Kindheit, sondern gab zudem ihre Muttersprache auf und schrieb von da an nur noch in englischer Sprache. Bis 1933 war sie in einem behüteten, mittelständischen Elternhaus aufgewachsen, der Vater, ein bekannter Architekt, Ansehen und Wohlstand der Familie waren gesichert. Nach 1933 verändert sich die Lebenssituation der Familie dramatisch. Schon mit 13 Jahren versuchte Käthe Loewenthal die aufkommenden Ängste und Selbstzweifel im Schreiben zu bewältigen, einige ihrer Gedichte und Erzählungen, die sich mit der Situation der Juden im Deutschland der 1930er Jahre auseinandersetzten, erschienen sogar in der Jüdischen Rundschau.

Aus der Familie überlebten nur die beiden nach England entkommenen Töchter, die Eltern starben im Konzentrationslager Riga. Für die geplante Auswanderung nach Palästina erfüllte nur die ältere Schwester die Altersgrenze, so blieb Käthe, als die Trainingscamps der Jugend-Aliyah in England aufgelöst wurden, völlig auf sich allein gestellt zurück. Erst 30 Jahre später, nun verheiratet und Mutter von vier Kinder, emigrierte sie, nun unter dem neuen Namen Karen Gershon (Gershon bedeutet: »ein Fremder in einem fremden Land«), mit ihrer Familie nach Israel.

Sie hoffte noch immer, dort ihre Wurzeln und eine neue Heimat zu finden, musste jedoch erkennen, dass es ihr nicht möglich war, noch einmal die Sprache zu wechseln. Der mühevolle Weg die englische Sprache so zu beherrschen zu lernen, dass sie als Schriftstellerin mit sechs Gedichtbänden, mehreren Romane und ihrer Autobiografie Anerkennung finden konnte, ließ sich für das Hebräische nicht noch einmal wiederholen. Fünf Jahre später kehrte die Familie aus persönlichen und beruflichen Gründen wieder nach England zurück.

In Ihrer Autobiografie beschreibt Karen Gershon, 1994, aus der zeitlichen Distanz, den Moment des Abschieds von der Heimat ihrer Kindheit und bringt ihren Heimatverlust, der für sie ein Leben lang durch nichts zu kompensieren war, explizit zum Ausdruck:

> Vielleicht war sie außerstande, sich über den Augenblick Gedanken zu machen, weil sie alle ihre Energien darauf verwenden musste, ihn zu bewältigen, so schwierig fand sie das Leben. Sie hatte erwartet, dass

ihre Mutter sie am Bahnhof abholte, war dies doch für absehbare Zeit das letzte Mal, dass sie nach Bielefeld zurückkehrte. Mit dieser Überlegung konnte sie fertig werden, obwohl sie die Stadt ihrem Wesen entsprechend so sehr liebte, wie sie einen Ort nur lieben konnte, nämlich mit größter Leidenschaft, auch wenn die Stadt [...] versäumt hatte, ihre Liebe zu erwidern. Wäre ihr in jener letzten gemeinsamen Stunde mit ihren Eltern der Gedanke gekommen, jetzt verlasse ich zum letztenmal mein Elternhaus, dann hätte sie es möglicherweise gar nicht tun können, hätte geweint, geschrien, sich am Türpfosten festgehalten, wäre zurück in die Wohnung gerannt und hätte jeden abgewehrt, der versucht hätte, sie zum Gehen zu bewegen, und auf nichts gehört, was auch immer gesagt worden wäre und wer auch immer auf sie eingeredet hätte. Sie hatte ihr Elternhaus nicht geliebt, nicht gewußt, dass sie es liebte, solange sie es noch hatte: Sie war sich nicht darüber im Klaren, dass es ihre einzige Heimat war und dass jedes Zuhause, das die Zukunft ihr bieten würde, nur Ersatz, nur zweite Wahl sein würde.[23]

Die Exilforschung konstatiert, dass mit der wachsenden Distanz zum Zeitpunkt des Heimatverlusts die Perspektive auf die Zukunft bedeutsamer wird, damit seien der Rückblick, die verklärende Erinnerung und die Emotion wieder möglich. Dieser Prozess, der sich auch für die westfälischen Exilierten erkennen lässt, wird unterstützt durch die minutiöse Aufzeichnung der Erinnerungen: Die Memoiren lassen in detailreichen Beschreibungen die verlorene Wirklichkeit aufleben, mit dem ausdrücklichen Wunsch, sie für die Nachkommen zu bewahren. Dadurch lässt sich kein Heimatverlust aufheben, aber doch ein Vergessen verhindern, ein Ziel, das Orientierung und Trost bieten kann. In vielen Aufzeichnungen enthalten die Einleitungen explizite Hinweise auf diese Intention.

Es ist tatsächlich erkennbar, dass mit wachsendem Abstand und allmählicher Annahme eines neuen Lebens im vorherigen Exilland zumindest gelegentlich auch die emotionale Erinnerung wieder möglich wird, bis zur Verklärung der Kindheit. Der nüchternen, unsentimentalen und möglichst objektiven Schilderung folgt, mit größerer zeitlicher Distanz, vor allem im Alter, bei einigen der jüdischen Heimatvertriebenen eine »verklärende« und wehmütige Erinnerung an die westfälischen Wurzeln, auch dafür finden sich Beispiele.

So bei Ilse Lando, 1920 in Soest als Tochter eines evangelischen Zigarettenfabrikanten und seiner jüdischen Ehefrau geboren, als Auschwitzüberlebende emigrierte sie nach Schweden.

> Ich bin zwei-, dreimal im Jahr in Deutschland und bei meiner Schwester in Soest. Meine Beziehung zu Soest ist wunderbar. Soest ist meine Heimat. Obwohl ich mich in Schweden sehr wohl fühle, habe ich immer Sehnsucht. Ich rufe sehr oft bei meiner Schwester an und lasse mir alles mögliche berichten.

> Ja, Soest liebe ich. Soest ist eine ganz besondere Stadt. Soest ist Soest. Heimat ist Heimat. Soest ist faszinierend und eine so schöne Stadt. Wenn ich von Düsseldorf mit dem Zug komme, und wenn ich dann die Kirchtürme sehe, dann kommen mir die Tränen.[24]

Zu einer solchen Verklärung kann sich das Heimweh also auch entwickeln, die Frage bleibt nur, ob es sich hier nicht mehr um Verdrängung als Grundlage und weniger Aufarbeitung oder gar Bewältigung der Vergangenheit handelt: Lässt sich der unumkehrbare Verlust der Heimat überhaupt bewältigen?

Lore Shelley (geborene Weinberg) aus Werther, hat sich als Überlebende verpflichtet gefühlt nichts zu vergessen oder zu verdrängen. Als Psychologin in den USA hat sie sich in all ihren wissenschaftlichen und biografischen Veröffentlichungen mit Auschwitz auseinandergesetzt, aus eigener Erinnerung und als Chronistin überlebender Augenzeugen. In ihren autobiografischen *Post-Auschwitz Fragments*[25] schreibt sie, aus der zeitlichen Distanz, über Etappen ihres Lebens nach der Shoah, dennoch ist jede Schilderung stets untrennbar mit ihrer Identität als Überlebende und den Ausgrenzungserfahrungen der Kindheit verknüpft. Sie schreibt unsentimental, lakonisch verknappt, mit einer für sie charakteristischen Zurückhaltung, und doch spürt man, sobald sie Erinnerungen an die Heimat ihrer Kindheit und deren Zerstörung zulässt, dass unter der Oberfläche ein nur mühsam unterdrückter Zorn durchschimmert. In ihren Aufzeichnungen findet man keinerlei Sentimentalität oder Verklärung.

Noch ein Beispiel dafür, wie eine Jüdin aus Westfalen im amerikanischen Exil das Gefühl der Heimatlosigkeit, den Heimatverlust auf wieder anderem Wege kompensiert.

Die Schauspielerin Lotte Andor, 1903 als Lotte Mosbacher in Bochum geboren, hat den eigenen Heimatverlust explizit hinterfragt und Heimat für sich als einen Nichtort definiert. Sie stammte aus einer bürgerlichen jüdischen Familie und war vor ihrer Flucht aus Deutschland bereits eine aufstrebende Bühnendarstellerin. Nach der Flucht in die USA konnte sie kaum an ihrer früheren Karriere anknüpfen. Zwei ihrer Rollen sind im Gedächtnis geblieben, 1942 spielte sie die »Frau, die ihre Diamanten verkaufen muss« in Michael Curtiz' legendärem Melodram Casablanca, ihr Ehemann Wolfgang Zilzer (Künstlername: Paul Andor) war der »Mann mit den abgelaufenen Papieren«, und 1976 übernahm sie in John Schlesingers Marathon-Mann eine kleine eindrucksvolle Rolle, sie spielt die Überlebende, die bei einer zufälligen Begegnung ihren Peiniger, den KZ-Zahnarzt Christian Szell erkennt und ihn schreiend durch die 47. Straße von New York City jagt,

Kurz vor beider Tod 1991 wurde ihre Ehe geschieden. Der schwer erkrankte gebürtige Amerikaner Paul Andor wollte in Deutschland sterben, wo er seine Jugend verbracht hatte. Diese Rückkehr war für Lotte Palfi-Andor jedoch unvorstellbar.

Lotte Andors 1980 veröffentlichte Lebenserinnerungen, *Memoiren einer unbekannten Schauspielerin*,

Lore Shelley mit ihrer Tochter Gabriela in New York, 2010

Lore Weinberg, 1928 (beide: Gabriela Shelley, New York)

enden mit diesen Überlegungen zum Verlust der Heimat:

> Ich dachte an Amerika, das uns aufgenommen hat und arbeiten ließ – wenn auch nicht so, wie wir es erhofft hatten. Ich dachte an meine Freunde in New York. Durch sie ist die Stadt meine Wahlheimat geworden – nicht meine wahre Heimat. Ich dachte meine Freunde überall in England, in Frankreich, Spanien Emigranten, wie ich ... Ist Deutschland, meine alte Heimat? Ich dachte an meine lieben Freunde in Berlin, an meine neuen Freunde in Düsseldorf, die mich so liebevoll aufnahmen. Ich weiß jetzt, daß es andere Deutsche gibt als die, die meine Mutter ermordet und Millionen ihrer Landsleute vertrieben und gefoltert hatten. Und doch bin ich auch in Deutschland nicht mehr zu Hause. Wie könnte es nach all den grausigen Begebenheiten anders sein? Bin ich also heimatlos? Ich glaube es nicht. Meine Heimat ist da, wo meine Freunde sind. Meine Hymne lautet: Freundschaft, Freundschaft über alles, über alles in der Welt!²⁶

Heimat als Nichtort und Heimweh und Sehnsucht nach dem Ort der Kindheit schließen sich nicht aus, die Sehnsucht bleibt, vor allem aus der Situation des Verlusts, wenn auch unterschwellig und unbewusst bestehen. Der zu Anfang zitierte Uri Avnery, er kam bereits als 10jähriges Kind nach Palästina und empfindet Israel ganz und gar als seine Heimat, sagt doch im Interview an einer Stelle:

> Zu Deutschland habe ich ein besonderes Verhältnis. Deutschland ist für mich weder Ausland noch Heimat. Da meine Muttersprache Deutsch ist, habe ich nicht das Gefühl, in Deutschland wirklich im Ausland zu sein, aber anderseits auch nicht das Gefühl, in einer Heimat zu sein. Es gibt Dinge in Deutschland, die mir eine vergessene oder unbewußte Heimat zurückbringen, der deutsche Wald zum Beispiel, die grüne Farbe, die es bei uns in Israel gar nicht gibt, der Geruch der Bäume, solche Dinge erinnern mich an meine frühe Kindheit ...
> Wenn ich nach Deutschland komme, zieht es mich beinahe automatisch in den Wald hinein, da will ich spazieren gehen und mich hinlegen. Das ist mir geblieben von meiner frühen Heimat.²⁷

Neben der Muttersprache sind es vor allem die charakteristischen deutschen Wälder, die zum Symbol der Heimat werden, das findet sich ebenso in der bildenden Kunst, etwa bei Jacob Pins aus Höxter.²⁸

Dass der Heimatverlust auch dann für ein ganzes Leben prägend sein kann, wenn die Rückkehr aus dem Exil möglich war, hat der 1905 in Duisburg geborene Schauspieler, Regisseur, Theaterleiter Paul Walter Jacob erleben müssen. Er stand am Anfang einer vielversprechenden Karriere, als er Ende März 1933 von den Städtischen Bühnen Essen, mit einem Hinweis auf »die zur Zeit vorhandene Stimmung weiter Volkskreise« beurlaubt und damit zu einem Emigranten der ersten Stunde wurde.

Amsterdam, Paris, Luxemburg, Prag waren dann die wichtigsten Stationen seines Exils in Europa. Er spielte und inszenierte an deutschsprachigen Bühnen, wo immer das möglich war, und schrieb unter Pseudonym für Exilzeitungen und Zeitschriften. Schließlich ging er

(links) Paul Walter Jacob, 1924

(rechts) Paul Walter Jacob, 1976

(alle übrigen: Archiv Jüdische Literatur in Westfalen, Paderborn)

nach Argentinien und gründete hier die Freie Deutsche Bühne, die im April 1940 ihre erste Premiere feierte und deren Leiter er für zehn Spielzeiten blieb. Nach seiner Rückkehr 1950 arbeitete er als Intendant der Städtischen Bühnen Dortmund, dann als freier Regisseur, als Autor und vor allem als Schauspieler bei Funk und Fernsehen und an vielen Theatern. Sein offizieller Wohnsitz war Dortmund, im Ruhrgebiet, wo er seine Kindheit verbracht hatte, doch der Heimatverlust blieb unüberwindbar, ein Heimatgefühl konnte, wollte er nicht wieder entwickeln, Heimat im Sinne von Sicherheit war für ihn nicht mehr möglich: Sein Biograf Uwe Naumann beschreibt diese Tragik des Exils im eigenen Land:

> Eine Wohnung, die eigentlich nur ein Schlafplatz war? Schlimmer: eine anonyme Verwaltungszentrale, in der die Fäden einer weltweiten Korrespondenz zusammenliefen und in Aktenordner gesammelt wurden, eine Art Zentralarchiv für die Kulturgeschichte der ersten Hälfte diese Jahrhunderts und die eigene Lebensgeschichte, gleichzeitig aber auch ein Depot, in der die Fluchtmittel für verschiedene Eventualitäten bereit gehalten wurden. Dortmund, Hiltropwall 12, ein Domizil auf Abbruch. Da gab es nicht nur den wohlgeordneten Kasten mit den Portemonnaies, die den aufgrund von Exilerfahrungen berechneten Startbetrag in den Währungen verschiedener Länder enthielten. Da gab es Aktentaschen mit einer entsprechenden Grundausstattung an Medikamenten für die unterschiedlichen Klimazonen dieser Erde. Da gab es nach Städten und Ländern geordnete Adressen- und Telefonverzeichnisse. Und da gab es schließlich auch den argentinischen Paß, der alle zwei Jahre verlängert werden mußte. [...]. Ähnliche Depots, nur kleiner, gab es in mehreren Städten in der Bundesrepublik, in Westeuropa und auch Südamerika.[29]

Paul Spiegel
Volle Kraft voraus. Heim, Heimat, Hoffnung
Jüdisches Leben in Deutschland seit 1946[1]

»Wieviel Heimat braucht der Mensch?« Mit dieser Frage setzte sich der österreichische Schriftsteller und Auschwitz-Überlebende Jean Améry in den sechziger Jahren des vergangenen Jahrhunderts auseinander und gelangte zu der Feststellung: »Man muss Heimat haben, um sie nicht nötig zu haben.« An anderer Stelle findet sich das Bekenntnis: »Heim, Heimat, das waren für mich sinnlose Worte. Ich war nirgendwo daheim. Ich war Jude und wollte, sollte es bleiben.« Seine Antworten spiegeln ebenso sehr innere Zerrissenheit wie lebenslange Suche und sicher auch Sehnsucht wider. Mehr als vierzig Jahre später zeigt sich, dass sich viele jüdische Jugendliche, die heute in Deutschland leben, ähnlich schwer tun, den Begriff »Heimat« für sich zu definieren. Das großartige Projekt »Jüdische Jugend in Deutschland« der Konstanzer Fachhochschule, bei dem nichtjüdische Studentinnen und Studenten jüdische Altersgenossen über ihr Leben in Deutschland interviewen, macht deutlich, dass jüdisches Leben in Deutschland im Jahr 2006 bunt und vielfältig ist und Anlass zu Hoffnung gibt (*Jüdische Allgemeine* vom 30. März 2006).

Und doch: Die Vergangenheit ist sehr gegenwärtig, und das Nachdenken über den Begriff »Heimat« treibt die heute in Deutschland lebende jüdische Jugend ebenso um, wie es schon ihre Eltern und Großeltern umgetrieben hat.

Als wichtigstes jüdisches Medium in Deutschland haben die Jüdische Allgemeine und ihre Vorläufer die komplizierte, oft schmerzhafte, aber immer wieder auch hoffnungsfrohe Auseinandersetzung der in Deutschland lebenden Juden mit ihrer »Heimat« in den vergangenen sechs Jahrzehnten begleitet. Die Allgemeine Jüdische Wochenzeitung, wie sie lange hieß, war nicht nur ein gesellschaftliches und politisches Sprachrohr der hiesigen jüdischen Gemeinschaft, sondern auch ein Medium jüdischer Selbstvergewisserung und Selbstbehauptung.

Wer verstehen will, was damit gemeint ist, muss sich in die Jahre nach Kriegsende zurückversetzen. »Rest der Geretteten« nannten sich die etwa 20.000 Überlebenden der Konzentrationslager, die bei Kriegsende zwar befreit waren, für die sich das Lagerleben jedoch in den Displaced-Person-Camps fortsetzte. Die Menschen, die nach der Auflösung der Camps aus unterschiedlichen Gründen in Deutschland blieben, fühlten sich fast alle zeitlebens als Durchreisende. Besonders den vielen osteuropäischen Juden war es unmöglich, ein Heimatgefühl im Land der ehemaligen Mörder zu entwickeln. Deutschland stand in ihrer Wahrnehmung für unendliche Qual, für Entwurzelung und die Vernichtung der eigenen Welt. Entsprechend waren auch die von ihnen gegründeten jüdischen Gemeinden nur als Provisorien gedacht. Es kam jedoch anders: Was

Paul Spiegel als junger Journalist (im Vordergrund mit Notizblock) bei der Grundsteinlegung zum Neubau der Synagoge in Münster 1960 (Archiv der Jüdischen Gemeinde Münster)

ursprünglich nur eine Übergangslösung bis zur Auswanderung sein sollte, bildete im Laufe der Jahre die Grundlage für die Wiederbelebung jüdischen Lebens in Deutschland.

Im Jahr 1948 bestanden in Deutschland zwar wieder rund 100 jüdische Gemeinden. Diese hatten jedoch mit Ausnahme der Frankfurter Gemeinde im Schnitt nicht mehr als 50 Mitglieder. Schon bald gab es Gemeindeblätter. Doch wuchs das Bedürfnis, sich über das lokale Geschehen hinaus mit der Situation der in Deutschland lebenden jüdischen Gemeinschaft als Ganzes auseinanderzusetzen. Einzelheiten über das Gemeindeleben in anderen Städten zu erfahren, half dabei, sich zunehmend wieder als Gemeinschaft wahrzunehmen. Dieser Prozess der Selbstvergewisserung und das keimende Bewusstsein, dass sich so wenige Jahre nach dem Ende des Holocaust wieder jüdisches Leben zu regen begann, beförderte auch das Interesse an überregionalen und internationalen politischen Ereignissen und ihren Einfluss auf deutsch-jüdische Belange. Und damals wie heute befriedigt eine jüdische Presse auch das Interesse der nichtjüdischen Umwelt an dem Innenleben der jüdischen Gemeinschaft.

Bei einem Rückblick auf die vergangenen 60 Jahre jüdischen Lebens in Deutschland und der Beschäftigung mit der Frage nach dem Umgang mit dieser »Heimat« ist die Beziehung zu Israel von zentraler Bedeutung. Charakteristisch für die Mehrheit der in Deutschland lebenden Juden ist seit jeher ein ausgeprägtes Gefühl der Verbundenheit mit dem Staat Israel. Er galt und gilt als eine Art Lebensversicherung, falls sich in Deutschland oder anderswo wieder Juden zur Flucht gezwungen sehen oder das Gefühl der Bedrohung übermächtig wird. Hinzu kommt das bei vielen Überlebenden und ihren Angehörigen noch immer verbreitete Unbehagen, in dem Land zu leben, das der eigenen Familie und der Judenheit insgesamt so viel Leid zugefügt hat, und nicht nach Israel übergesiedelt zu sein.

Dieses Empfinden wurde bis vor wenigen Jahren dadurch verstärkt, dass die nach dem Holocaust in Deutschland gebliebenen Juden innerhalb der jüdischen Welt geradezu verachtet wurden. Ob in Europa oder den USA – die wenigsten dort lebenden Juden konnten nachvollziehen, warum sich Juden im Land des Nazi-Terrors niedergelassen hatten. Wer als Jude in Deutschland heimisch geworden war, galt als Verräter. Erst 1990 setzte eine Wandlung ein, als der World Jewish Congress entschied, seine Jahreskonferenz im wiedervereinigten Berlin abzuhalten.

Die harsche, regelmäßig wiederholte Aufforderung seitens großer jüdischer Organisationen an die in Deutschland lebenden Juden, auszuwandern, schien Anfang der achtziger Jahre aufgrund der Überalterung der deutschen Gemeinden zunehmend überflüssig. Mit der politischen Wende in Osteuropa und der einsetzenden Zuwanderung Juden aus der ehemaligen Sowjetunion änderte sich diese Situation schlagartig.

Paul Spiegel und Imo Moszkowicz bei einer Begegnung in Warendorf in den 1980er Jahren (Archiv Jüdische Literatur in Westfalen, Paderborn)
»Es war die Zeit, da alles neu begann, in der der achtjährige Paul und ich, der knapp Zwanzigjährige, uns in seinem elterlichen Haus in Warendorf begegneten. Um uns die Trauer der gewaltigen Verluste, aber auch das unbegreifliche Glück des Überlebthabens. In seinem Schlafzimmer durfte ich schlafen, wenn die langen Proben an der Jungen Bühne mir nicht erlaubten, nach Ahlen zu fahren. Dann korrigierte ich sein bemühtes Deutsch, tollte mit ihm, wie zwei Brüder, die das Geheimnis des Überlebthabens wie eine Kostbarkeit hüteten und das erlebte Leid in westfälischem Witz und jüdischem Humor vergruben.« (Die Glocke, Ahlen, vom 4.5.2006).

Erfreulicherweise gewannen bestehende Gemeinden neue Mitglieder, und viele Orte kehrten auf die jüdische Landkarte zurück. Deutschland hat sich durch die massenhafte Zuwanderung in nur fünfzehn Jahren zu einer bedeutenden jüdischen Heimstatt, zur drittgrößten jüdischen Gemeinschaft in Europa entwickelt. Die damit verbundenen sozialen Probleme sind hinlänglich bekannt und werden insbesondere von der Jüdischen Allgemeinen ebenso differenziert dargestellt wie die Tatsache, dass dieser Zuwachs an jüdischen Menschen eine unschätzbare Bereicherung bedeutet.

Für die neuen, traditionell heimatverbundenen Gemeindemitglieder ist der Neuanfang schmerzlich und hoffnungsvoll zugleich: Freude und Leid in der neuen Heimat Deutschland, das Heimweh nach dem verlassenen Zuhause und der Versuch, Brauchtum, Tradition und Sprache aus der alten Heimat in der fremden Umgebung zu bewahren – all das ist menschlich nur allzu gut nachvollziehbar, kann jedoch auch die Gefahr der Abschottung fördern und die Integration erschweren. Eingliederung ist für beide Seiten ein mühsamer, kräftezehrender Prozess. Geduld wird noch lange gefragt sein.

Ein großer Teil der aus den Staaten der ehemaligen Sowjetunion nach Deutschland ausgewanderten Juden hatte sich dort massiven antisemitischen Angriffen ausgesetzt gesehen. Die Situation in Deutschland ist in keiner Weise mit der in den Staaten der ehemaligen UdSSR vergleichbar. Von einer Entwarnung in Sachen Antisemitismus kann jedoch ebenso wenig die Rede sein. Den 2003 geschlossenen Staatsvertrag zwischen der Regierung der Bundesrepublik Deutschland und dem Zentralrat der Juden in Deutschland, der auch eine Manifestation gegen Antisemitismus und Rechtsradikalismus ist, empfand die rechtsradikale Szene als Provokation. Dass der Hass in den Köpfen rechtsradikaler Fanatiker ungebrochen ist, spiegelt sich auch in den Zahlen des Verfassungsschutzes wider, die für die letzten Jahre einen Anstieg rechter Gewalttaten und vor allem ihrer Gewalttätigkeit ausweisen. Gleichermaßen alarmierend ist der Befund, dass 20 Prozent der deutschen Bevölkerung als offen oder latent antisemitisch gelten. Die Gewalttäter verfügen also durchaus über Rückhalt in der Gesellschaft. Einige antisemitisch motivierte Straftaten gehen aber auch auf das Konto von Islamisten. So ungewiss der Fortgang des Friedensprozesses nach den Wahlen in den Palästinensergebieten auch sein mag, so groß ist angesichts der Bedrohung die Sehnsucht nach einem dauerhaften Ende der Gewalt im Nahen Osten.

»Es gibt uns noch, kraftvoller denn je!« So ließe sich zum 60jährigen Jubiläum der ersten jüdischen Zeitung in Deutschland nach Kriegsende Bilanz ziehen. Deutschland mag für die hier lebenden Juden zuweilen eine schwierige Heimat sein und die Basis für jüdisches Leben in diesem Land äußerst zerbrechlich erscheinen. Festzuhalten bleibt, dass sich keine der düsteren Prophezeiungen erfüllte, nach denen »Deutschland ein weißer Fleck im jüdischen Bewusstsein werde«, wie Walter Oppenheimer, der spätere Leiter des Frankfurter Jüdischen Jugendzentrums, es einst formulierte.

Paul Spiegel bei einer Ansprache zum 9. November 2000 in der Synagoge in Münster (Archiv der Jüdischen Gemeinde Münster)

Im Gegenteil. Die Ausstellung »Jüdische Jugend in Deutschland«, die auch in Berlin zu sehen sein wird, fesselt die Besucher durch die dort gewährten Einblicke in die Mentalität und Denkweise junger jüdischer Erwachsener, ihren Umgang mit Begriffen wie »Heimat«, »Gemeinschaft« oder »Deutschland«. Die Interviews mit den russisch-jüdischen und deutsch-jüdischen Männern und Frauen vermitteln aber vor allem auch Zuversicht und Vertrauen in eine Generation, die sich anschickt, die Geschicke der jüdischen Gemeinden zu lenken. Entgegen häufig geäußerten Bedenken ist bei allen Befragten spürbar, dass sie sich ihrer Verantwortung sehr bewusst sind, die Erinnerung an das Schicksal ihrer Vorfahren wachzuhalten.

Umso berechtigter scheint im Jahr 2006 die Hoffnung, dass die jüdische Gemeinschaft in Deutschland stetig wächst, sich innerlich festigt und das komplizierte deutsch-jüdisch-israelische Beziehungsgeflecht tweiter an Stabilität gewinnt. Dieses Werden und Wachsen wird sicherlich auch weiter kritisch, informativ – und unterhaltsam – von der Jüdischen Allgemeinen begleitet. Herzlichen Glückwunsch zu 60 Jahren qualitätsvoller jüdischer Berichterstattung!

Cordula Lissner
Heimat und Ambivalenz
Erfahrungen jüdischer Remigranten und Remigrantinnen in Nordrhein-Westfalen

Der folgende Text stellt Ergebnisse aus einem Forschungsprojekt vor, das mich viele Jahre begleitet hat – die Rückkehr aus dem Exil nach 1945, insbesondere die Rückkehr in das nördliche Rheinland und nach Westfalen.[1] Dem Thema *Heimat* als einem Subtext der Remigration widme ich im Kontext dieses Bandes besondere Aufmerksamkeit. Dabei werde ich die Empirie etwas außer Acht lassen und vor allem die Zurückkehrenden in Zitaten und Interviewauszügen selbst sprechen lassen, um Verbindungen aufzuzeigen und Interpretationsvorschläge zu machen. Hierzu gehört auch der Blick auf die Aufnahmegesellschaft und ihre Konstrukte von *Heimat* und *Fremde*.

Eine halbe Million Menschen aus dem deutschen Sprachraum war vor der nationalsozialistischen Verfolgung ins Exil geflüchtet. Die meisten der Emigrantinnen und Emigranten waren jüdisch oder sie wurden als Juden verfolgt, obwohl eine jüdische Familiengeschichte in ihrem Alltag wenig mehr als eine Erinnerung gewesen war. Nur ein sehr kleiner Teil ging diesen Fluchtweg nach dem Kriegsende zurück. Schätzungen bewegen sich zwischen vier und sechs Prozent der Emigration insgesamt bis heute.[2] Innerhalb der Wanderungsströme der Nachkriegsjahre, soviel ist offensichtlich, waren die aus dem Exil Zurückkehrenden auch im Rheinland und in Westfalen eine sehr kleine und zudem kaum öffentlich beachtete Gruppe.

Heimaträtsel

Nur wenige Fotografien sind überliefert, die eine Rückkehr aus dem Exil im Bild zeigen. Ein privates Foto habe ich ausgewählt, an dem ich die mit der Remigration so oft verbundene Ambivalenz erklären möchte. Im Bild zu sehen ist zunächst ein Motiv, das auch das Cover einer Illustrierten der 1950er Jahre zieren könnte: eine kleine Gruppe bestehend aus einem Paar in mittleren Jahren, einer älteren Dame und zwei kleinen Jungen auf einer langen Holzbank, offensichtlich an Deck eines größeren Schiffs. Körperhaltung und Gesichtsausdruck der Erwachsenen, vor allem des Paars, lassen Anspannung, aber auch Erwartung erkennen; eine Situation voller Ungewissheit, auf dem Ozean mitten zwischen zwei völlig unterschiedlichen Welten, ist hier abgebildet. Das Foto ist in der Gedenkstätte *Landjuden an der Sieg* überliefert und zeigt die Rückkehr der Familie Seligmann aus dem kleinen Ort Rosbach an der Sieg. Alfred und Hilde Seligmann, Hilde Seligmanns Mutter Frieda Minkel und die beiden im Exil in Argentinien geborenen Söhne Ricardo und José sind im November 1957 auf dem Rückweg von Argentinien nach Europa. Fast zwanzig Jahre umfasste das Exil von Alfred und Hilde Seligmann. Die 1939 in Argentinien geborene älteste Tochter Mariana, die dort sehr früh geheiratet hat, hatte sich gegen die Rückkehr entschieden und blieb in Südamerika.

Warum sind Alfred und Hilde Seligmann zurückgekommen? Anteil an ihrer Entscheidung hatte den Familienberichten zufolge das hartnäckige Bitten von Max Seligmann, Alfreds Vater. Er und seine Frau Maria waren außer dem nach Argentinien geflüchteten Paar die einzigen Überlebenden einer großen Familie. Anfang der 1950er Jahre waren sie zu Sohn und Schwiegertochter nach Argentinien ausgewandert, aber nach einem Jahr in Südamerika doch wieder nach Rosbach zurückgekehrt. In einer Publikation der Siegener Gedenkstätte findet sich auch ein Bericht von Manuel Seligmann, Enkelsohn von Alfred und Hilde. Er schreibt:

> Wenn man meine Oma Hilde fragte, warum Max die ganze Familie nach Deutschland zurückholte, bekam man immer nur diese eine, unbefriedigende Antwort: Er habe in Argentinien nicht seine gewohnte Zigarettenmarke bekommen können. Eine Frage also, die meiner Oma vielleicht unangenehm war. In jedem Fall aber ein Rätsel.

Hilde Seligmann hat also auf die Frage ihres Enkels nur eine *rätselhafte* Antwort gegeben. Welche Diskussionen und welche Entscheidungsprozesse vorausgegangen waren, bevor sie mit ihrer Familie das Schiff nach Europa bestieg, darüber hat sie nicht gesprochen. Aber die für den Enkel so viele Fragen offen lassende kurze Erklärung verweist auf einen ganzen Kosmos von Alltag, von Gegenständen, Gewohnheiten, Vertrautheit, einen Kosmos, den Menschen mit dem Ort verbinden, an dem sie sich zuhause fühlen oder einmal zuhause gefühlt haben.

Die Familien Seligmann und Minkel während der Schiffspassage mit der MS Madrid von Hamburg nach Buenos Aires (Gedenkstätte »Landjuden an der Sieg«, Rosbach)

Eine handlungstheoretisch orientierte Sozialwissenschaft erklärt uns, wie die Entscheidungen und das Handeln eines Menschen wesentlich auf seinen Deutungen der Wirklichkeit basieren.[3] Fassen wir individuellen Sinn, individuell sinnhaftes Handeln als wissenschaftliche Kategorie, dann haben all diese Alltagsdinge ihren Platz, und es kann erklärt werden, wie individuelle Entscheidungen mitunter eigensinnig – also auch: gegen ein übergeordnetes Sinnangebot – getroffen werden.[4]

Eine Entscheidung, nach dem Mai 1945 in das Land der Vertreibung, in das Land unendlicher Verbrechen, zurückzukehren, kann viele widersprüchliche Bestandteile enthalten. Und es kann schwer sein, aus diesem Konglomerat von Ambivalenz eine eindeutige Erklärung zu formen, nicht nur für Kinder und Enkelkinder, sondern auch für sich selbst.

Remigration als Prozess

Um diese Interpretation zu vertiefen, möchte ich als nächstes Auszüge aus einem Gespräch vorstellen, das 1996 im Restaurant der Kölner Synagogengemeinde mit vier alten Damen geführt wurde, die alle viele Jahre zuvor aus dem Exil zurückgekommen waren.[5] Fridl Liebermann, Elfriede Schönfeld, Anneliese Stern und Paula Tabak hatten sich alle, wie Hilde Seligmann, Ende der 1950er Jahre zur Remigration nach Deutschland entschieden. Der zeitliche Abstand von fast 40 Jahren, die Gemeinsamkeit der Erfahrung und der Anlass des Interviews, die Vorbereitung einer Ausstellung zur Remigration nach Köln, machten es vermutlich möglich, auch über ambivalente Gefühle zu sprechen. Auf die von der Interviewerin gestellte direkte Frage: »Wie war die Rückkehr für Sie?«, antwortete die aus Kolumbien zurückgekehrte Anneliese Stern: »Schlimm. Ich habe Tag und Nacht geweint.« Und Paula Tabak, 1957 aus Israel remigriert, ergänzte: »Mir ging es genauso.« Fridl Liebermann erklärte, sie habe sich in Großbritannien gegen den Rückkehrwunsch ihres Mannes »mit Händen und Füßen gewehrt«, aber, so fuhr sie fort: »Mein Mann überredete mich, er sagte: ›Für ein, zwei Jahre, bis wir ein bisschen auf die Beine kommen.‹« Und im weiteren Verlauf des Gesprächs erklärte Fridl Liebermann, wie aus den ein, zwei Jahren mit immer neuen Aufschüben schließlich, ohne dass es dafür eine eindeutige Entscheidung gegeben hätte, eine dauerhafte Rückkehr geworden war.

Alle Frauen an diesem Tisch in der Kölner Synagogengemeinde hatten enge Verwandte, die Opfer der Shoah geworden waren. Das Bewusstsein, dass potenziell jeder Unbekannte, dem sie begegneten, zu den Tätern gehört haben konnte, begleitete sie in den ersten Jahren ständig. »Damals, 1957, hatte man ja noch ein ganz anderes Gefühl als heute«, erklärte Fridl Liebermann. »Ich sah in jedem Menschen den Nazi an und für sich.« »Das Misstrauen bleibt«, ergänzte Paula Tabak. »Und das ist auch gesünder.«

Diesen hier in den Blick genommenen Remigrationsgeschichten ist gemeinsam, dass sie alle mehr als ein Jahrzehnt nach dem Kriegsende erfolgten, also erst nach jahrelangen Versuchen, im Exilland, im Einwanderungsland, als das sich ja Israel für jüdische Flüchtlinge insbesondere verstand, wirklich heimisch zu werden. Die Ambivalenz und die Dauer der Entscheidung, die auch nach der Ankunft in Deutschland noch keineswegs unumstößlich scheint, legen es nahe, diese Rückwege als Remigrationsprozess zu charakterisieren. Alltagserlebnisse, Freundschaften, der Halt in einer Ehe, Kinder, die in die Schule gehen, oft eher unspektakuläre kleine Schritte und vielleicht auch ein langsamer Gewöhnungsprozess lassen im Laufe der Jahre, wenn auch auf nicht ganz sicherem Terrain, wieder so etwas wie ein Gefühl von Zuhausesein entstehen.

Wiederaneignungen

Zur Interpretation von Heimat in den Erinnerungserzählungen von Remigrantinnen und Remigranten gehören auch Symbole und kulturelle Muster: für KölnerInnen ist das oft der Dom oder auch, gleichwertig konnotiert, die Reibekuchenbude vor dem Hauptbahnhof. Was der Mehrheitsgesellschaft als auch sehr gut vermarktungstaugliches Heimatsymbol dient, kann neu bewertet und einsortiert werden in die Fragmente einer Heimaterzählung nach jahrelangem Exil. Lore Robinson, mit einem Kindertransport aus Köln nach London gerettet, wo sie heute 89-jährig lebt, besteht bei einem Besuch im Sommer 2011 darauf, einen beschwerlichen Weg über Ufersteine bis direkt ans Rheinufer zu gehen, um in den Fluss zu spucken – ein Ritual, das Wiederkommen verspricht, wie sie fröhlich erklärt. Auch das sicherlich eine Interpretation von Heimat, in der Versatzstücke selbstbewusst angeeignet werden.

»Die Reise den Rhein hinunter ließ mein Herz höher schlagen«, beginnt Ernst Loewy die Schilderung einer Rückkehr nach Deutschland, die Ende des Jahres 1956 von Israel aus zunächst durch die Schweiz und über die Grenze bei Basel führte.

> Da waren sie noch, die Dörfer, die kleinen Städtchen, aus Fachwerk gebaut und mauerumwehrt, die Burgen, von denen herab einst die Raubritter die vorbei-

Friedel Schönfeld, Paula Tabak und Fridl Liebermann (von links nach rechts) im Restaurant der Kölner Synagogengemeinde, November 1996 (Hacky Hagemeier)

Lore Robinson erläutert ihre Fotoalben, London, 2010 (Leon Wilmanns)

ziehenden Schiffe überfallen hatten. Das allerdings war Geschichte. Die efeuumrankte Idylle aber war Gegenwart jedenfalls für diesen *einen* Augenblick, in dem die Zeit, *meine* Zeit, stehengeblieben zu sein schien.[6]

Ganz anders als die Fahrt durch eine märchenhafte Flusslandschaft, in der Vergangenheit und Gegenwart verschmelzen, ist die Ankunft in Krefeld schließlich eine sehr ambivalente Erfahrung; der Heimatstadt nähert sich Ernst Loewy »mit gemischten Gefühlen«. Als er schließlich in die Straße einbiegt, in der die Großeltern gewohnt hatten, hat sich das Gefühl von Verlust und in dieser Stadt verloren sein endgültig in den Vordergrund gedrängt: »

> Von dem Haus [...] wo meine Großeltern gewohnt hatten, stand nur noch die Fassade. [...] Mein Großvater war zu Anfang des Krieges gestorben, sein Grab auf dem jüdischen Friedhof nicht mehr auffindbar. Meine Großmutter wurde mit ihren Schwestern nach Theresienstadt deportiert. Keine der Schwestern hat das Lager überlebt.[7]

Ernst und Regina Loewy (Privatbesitz)

Ernst Loewy kehrte dauerhaft nach Deutschland zurück und fand mit seiner aus dem Schwarzwald stammenden Frau Rega schließlich in Frankfurt am Main ein neues Zuhause. Seinem wohl autobiographischsten Buch, 1995 im Druck erschienen, gab er einen Titel, der die bereits in seinen ersten Remigrationserfahrungen enthaltene Ambivalenz erkennen lässt: *Zwischen den Stühlen. Essays und Autobiographisches aus 50 Jahren.*

Das Recht auf Rückkehr

Wenn ich die Rückwege aus dem Exil an den Rhein und nach Westfalen und das langsame Wiedergewinnen eines Gefühls von Zuhausesein nun zunächst als Remigrationsprozesse zu fassen versucht habe, so lassen sich doch für die ersten Nachkriegsjahre zum Teil auch stärker konturierte Muster von Rückwegen erkennen. Ein solches Muster betrifft z. B. die Rückkehr von Mitgliedern der sozialistischen und kommunistischen Parteien und Gruppen, die von ihren Exilorganisationen schon unmittelbar nach Kriegsende zur Rückkehr aufgefordert wurden. Das galt auch, wenn die Emigranten aus einer jüdischen Familie stammten. Im November 1945 findet sich auf dem Titelblatt des Exilorgans der *Freien Deutschen Jugend* ein ganzseitiger Artikel mit dem Titel »Vor der Heimkehr«.[8] Im Text wird beschrieben, wie ungeduldig die Emigranten in Großbritannien auf die Einreisegenehmigung warten, um nach Deutschland zurückkehren zu können. Für wie selbstverständlich die Rückkehr in den Exilorganisationen gehalten wurde, wird exemplarisch an einer Bescheinigung der KPD Bochum für

Gerda Günzburger und ihre Tochter Hanneke 1953 (Privatbesitz)

ihr Mitglied Wilhelm O. deutlich, in der es heißt: »Er ist nun als Antifaschist aus Frankreich ordnungsgemäß in seine Heimat zurückgekehrt.«⁹ Eine Aufforderung zur Rückkehr bekamen auch Fritz und Gerda Günzburger, die aus den Niederlanden nach Herne im Ruhrgebiet zurückgingen. Das Kriegsende brachte für das Ehepaar Günzburger endlich ein Wiedersehen mit der Tochter Hanneke, die sie in ein Kinderheim der holländischen Widerstandsbewegung hatten geben müssen, als die Eltern nach der deutschen Besetzung untertauchten. Auf die viele Jahre später in einem Interview gestellte Frage, warum sie nach Deutschland zurückgegangen seien, antwortete Gerda Günzburger:

> Warum sind wir zurückgegangen? Es gab eigentlich gar keinen anderen Weg. Wir sind hier aufgewachsen. [...] Das waren unsere Wurzeln und da mussten wir auch wieder hin und versuchen, dass sich da etwas Neues, Besseres entwickelt. Wir haben die Illusion gehabt, dass das deutsche Volk sich erziehen lässt.¹⁰

»... da mussten wir auch wieder hin« – ist das nicht auch eine Beschreibung von Heimat?

Auseinandersetzungen

Walter Rohr aus Essen, der mit der US-Armee am 8. Mai 1945 ins Ruhrgebiet gelangt, ist einer der allerersten Rückkehrer. Viele der jungen Männer, die sich im Exilland einer alliierten Armee angeschlossen hatten, hofften zu diesem Zeitpunkt noch darauf, ihre in Deutschland zurückgelassenen Verwandten wiederzufinden. Walter Rohr hielt den Augenblick seiner Rückkehr mit dem Fotoapparat fest. Er fotografierte sich selbst vor dem Ortseingangsschild und vor dem elterlichen Haus im Essener Stadtteil Borbeck. Anschließend fotografierte er die Synagoge und schließlich noch einmal sich selbst auf einem inszenierten Bild: Walter Rohr, aus Deutschland verjagt und zurückgekommen, zertritt am Tag seiner Rückkehr ein Hitlerbild. Am nächsten Tag schrieb er einen Brief an Eltern und Schwester, die sich noch 1941 in die USA hatten retten können, und berichtete ihnen von seinen Erfahrungen. Er schrieb:

> Meine Lieben, [...] diesen Siegestag habe ich zu einem kleinen Trip in unsere Heimatstadt ausgenutzt. [...]. Als Zweck meiner Fahrt hatte ich die Suche nach vermissten Angehörigen angegeben. Ich ging also in Essen gleich ins Polizeipräsidium – wie hat sich da alles geändert. Vor acht Jahren wurde ich in dieses gleiche Gebäude als Schutzhäftling eingeliefert. Ich zitternd vor dem, was nun mit mir geschehen würde, die Polizeibeamten, jeder bereit, mich zu treten, mich zu ohrfeigen! Heute müssen auch die deutschen Beamten mir den meinem Rang entsprechenden Gruß bezeugen. [...] Meine Fahrt ging weiter zu den Nachbarhäusern unserer Angehörigen, aber man konnte mir lediglich sagen, dass sie verschleppt seien. [...] Unser Haus am Borbecker Marktplatz steht

Walter Rohr in Essen, 1945 (Ernst-Schmidt-Archiv, Essen)

noch, wenn auch ohne Fensterscheiben. Ich machte eine Aufnahme. Da sprach mich ein Mädel an: ›Sag mal, du bist doch der Walter Rohr. Ja, bei uns sieht es jetzt schlimm aus.‹ In diesem Augenblick war ich umringt von *guten* Freunden. Alle wollten wissen, wie es uns allen gehe. Ich habe nur noch geschrien: ›Jedenfalls viel besser als euch!¹¹

Die Komposition der Fotos und der Brief an die Verwandten künden in ähnlicher Weise von der Selbstbehauptung eines jüdischen Emigranten, der in die Stadt zurück kommt, aus der er verjagt worden ist. Nazideutschland ist besiegt; mit dem Tritt gegen das Hitlerbild, mit dem Anschreien der früheren Nachbarn, die die Vertreibung tatenlos mit angesehen hatten, wird dieser Sieg konkret. Im Medium dieser privaten Fotos und Texte wird Überlebenswillen und Zorn ausgedrückt, die in einer Historiographie der Rückkehr aus dem Exil nur selten zu finden sind.¹²

Die alliierte Uniform bot Walter Rohr einen gewissen Schutz. Aber diese Sicherheit, die die Alliierten als Befreier und als Besatzungsmächte für die Überlebenden der nationalsozialistischen Verfolger garantierten, führte bei den Mitgliedern der früheren *Volksgemeinschaft* zu gesteigerter Abwehr. Rückkehrer die, so wörtlich, »gegen deutsche Soldaten im Felde gestanden haben«, seien in Deutschland nicht erwünscht.¹³ So erklärte es im April 1947 der Präsident des Kieler Oberlandesgerichts in einer Umfrage der britischen Militärregierung, die die Bereitschaft abklären wollte, jüdische Juristen aus dem Exil zum Neuaufbau eines demokratischen Rechtswesens zu rufen. Die Rückkehr von Walter Rohr im Mai 1945 blieb eine kurze Episode und wurde

Bar Mitzwa von Paul Spiegel, Münster, 1951 (Archiv Jüdische Gemeinde Münster)

nicht zu einer Remigration. Nach wenigen Wochen in Deutschland ging er zurück in sein Exilland USA.[14]

Von Selbstbehauptung und mit der Rückkehr verbundenen Emotionen, in denen auch Wut und erfolgreiche Verteidigung enthalten sind, kündet auch der Rückweg der Familie Spiegel nach Warendorf. Paul Spiegel, 2006 verstorbener Nachfolger von Ignatz Bubis im Zentralrat der Juden in Deutschland, gehört sicherlich zu den prominentesten Rückkehrern aus dem Exil nach Westfalen. Das bewusste Fragezeichen im Titel seiner 2001 erschienenen Autobiographie *Wieder Zuhause?* verweist erneut auf die vielen Ungewissheiten, die mit der Wiederaneignung von Heimat einhergehen können.

Paul Spiegel, als zweites Kind des Viehhändlers Hugo Spiegel und seiner Frau Ruth in Warendorf geboren, war ein Jahr alt, als sein Vater in den Pogromen des 9. und 10. Novembers 1938 fast totgeschlagen worden wäre. Nach dieser Erfahrung brachte Hugo Spiegel sofort die kleine Tochter Rosa zu Verwandten in den Niederlanden und suchte in Brüssel eine Wohnung für die ganze Familie. Nach dem deutschen Überfall auf Belgien wurde Hugo Spiegel verraten, verhaftet, und nach Auschwitz deportiert. Er war einer der Wenigen, die die Deportation in das Vernichtungslager und den Todesmarsch nach Dachau überlebten. Nach der Befreiung kam er noch im Mai 1945 in seinen Heimatort zurück. Ruth Spiegel erhielt in Brüssel die Nachricht, dass ihr Mann in Warendorf auf sie wartete. Sohn Paul schreibt in seiner Autobiographie:

> Alles in meiner Mutter sträubte sich dagegen, nach Deutschland und ausgerechnet nach Warendorf zurückzukehren, wo sie die Unmenschlichkeit und Niedertracht der Nazis und die Passivität der Bevölkerung hatte erleben müssen. Doch sie ordnete ihre Ängste und ihre freie Entscheidung dem Wunsch ihres Mannes unter. [...] Wir kehren zu Papa zurück

erklärte sie ihrem Sohn. Als der kleine Paul in der Warendorfer Volksschule als Jude beschimpft wurde, wendete sich der Vater sofort an die britische Militärpolizei. »Offenbar«, so Paul Spiegel, »hatte Vater dem Schulleiter sehr deutlich gemacht, er sei nicht bereit hinzunehmen, dass ein Jude in Warendorf wieder beschimpft und geschlagen werde.«[15] Und weiter berichtet Paul Spiegel:

> Vater ging Begegnungen mit ehemaligen Nazis aus dem Weg. Wortwörtlich. Wenn ihm ehemals aktive Parteigenossen entgegenkamen, wechselte er auf die andere Straßenseite. Suchte jedoch ein Unbelehrbarer den Konflikt, dann zögerte mein Vater nicht, sich ihm zu stellen. So wurde er von einem Konkurrenten mit den Worten begrüßt: ›Ach, der Jude ist auch wieder da?‹. Mein Vater ließ sich gar nicht erst auf die üblichen Floskeln – ›Es war nicht so gemeint‹ – ein. Stattdessen verdrosch er den antisemitischen Lästerer nach Strich und Faden.[16]

Die Rückkehr der Familie Spiegel wie auch die letztlich nur wenige Tage umfassende Rückkehr von Walter Rohr zeigen eine Selbstbehauptung, die leicht aus dem Blick verschwindet, wenn wir Historiker und Historikerinnen die Rückkehr aus dem Exil zu selbstverständlich als »Heimkehr in die Fremde« interpretieren. Die Frage nach dem »Wieder Zuhause« konnte vielleicht jahrelang offenbleiben, aber es waren die Entscheidungen und es war das Handeln der Überlebenden, was ihnen eine Zukunft in ihrer früheren Heimat eröffnen konnte. Und ihre Interventionen forderten Auseinandersetzung ein.

»Deutschland sind wir«

> Es tönt seltsam herüber aus Emigrantenkreisen. [...] Es wäre besser, die Herren schwiegen. Sie reden sehr magistral von der Schuld des deutschen Volkes. Von ihrer eigenen sprechen sie nicht. [...] Die Herren draußen glauben immer, sie seien die wahren Vertreter des deutschen Geistes. Sie täuschen sich: Deutschland sind wir.«[17] Mit diesem Zitat haben wir die Perspektive gewechselt. Hier spricht die Mehrheitsgesellschaft.[18]

Der Text erscheint in der Wochenzeitung *Die Zeit* am 7. März 1946 und ist eine Replik des Redakteurs Richard Tüngel auf einen offenen Brief, den der Schriftsteller Emil Ludwig aus dem Schweizer Exil geschrieben hatte, und in dem er die Alliierten auffordert, den Menschen in Deutschland ihre historische Schuld vor Augen zu führen. Bereits mit der Überschrift »Emil Ludwig und wir« wird den Leserinnen und Lesern unmissverständlich vor Augen geführt, dass es um eine Grenzlinie geht: Sie, die Emigranten, wir, das deutsche Volk.

Wie sehr sich Abwehr gegen das Exil auch noch viele Jahre nach Kriegsende formieren konnte, zeigt auch ein Foto aus dem Mai 1960, in dem Berliner und Berlinerinnen die Emigrantin Marlene Dietrich mit selbstgemalten Schildern empfangen: »Hau ab« und »Marlene go home!« ist darauf zu lesen.[19]

Der heftige Protest des Jüdischen Gemeindeblatts für die Britische Zone machte die nordrhein-westfälische Regierung im April 1949 darauf aufmerksam, dass die jüdische Gemeinschaft nicht bereit war, öffentliche Diffamierungen von aus dem Exil zurückgekehrten Menschen hinzunehmen. Anlass der Proteste war ein Statement zum neuen nordrhein-westfälischen Haftentschädigungsgesetz, dem ersten Landesentschädigungsgesetz, das auch für aus dem Exil zurückgekehrte Verfolgte relevant sein konnte. Zur Vorlage dieses Gesetzes sprach der CDU-Kreissekretär Otto im Nordwestdeutschen Rundfunk einen Kommentar. Dort hieß es:

> Zweifelhaft erscheint auch, Emigranten für jeden im Ausland verlebten Monat mit 150 DM zu entschädigen. Wer 12 Jahre nationalsozialistischer Herrschaft im Ausland verbringen konnte, kann von Glück reden, denn er war in London und New York, […] keinen persönlichen Verfolgungen ausgesetzt. […] Politische Emigranten hat es zu jeder Zeit und in jedem politischen System gegeben. Schon immer verließen Menschen um ihrer Überzeugung willen ihre Heimatländer, wenn sie dort mit den jeweils geltenden Gesetzen in Konflikt gerieten. Nie aber ist ein Beispiel bekannt geworden, daß die Steuerzahler des betreffenden Heimatlandes den Emigranten nach ihrer Rückkehr Entschädigungsbeiträge zahlten. Es ist eine neuartige Einrichtung in der wiedergeborenen deutschen Demokratie, daß man sich die weltanschauliche Überzeugung vom Volk bezahlen läßt.[20]

Ein Kommentar, der – so übereinstimmende Umfrageergebnisse – der gesellschaftlichen Mitte aus der Seele gesprochen war. Der nordrhein-westfälische Landtag allerdings distanzierte sich auf die Proteste hin deutlich von diesem Statement.[21]

Insbesondere die Geschichte der Restitution und Entschädigung für Remigrantinnen und Remigranten macht eine eigene Dimension von Ausgrenzung deutlich. Unterbliebene Rückrufe, Barrieren für die Rückgabe der deutschen Staatsangehörigkeit und die Nichtanerkennung von Rechten sind hier miteinander verbunden. Das Postulat der nationalsozialistischen *Volksgemeinschaft* blieb insbesondere für jüdische Emigranten und Emigrantinnen Realität, wenn sie bereits in den Mittelinstanzen der Verwaltungen erfuhren, dass sie nur unter großen Schwierigkeiten ihre Staatsangehörigkeit zurückerhalten und damit, wie es in einem Ablehnungsbescheid heißt, »wieder Deutsche« werden konnten.[22]

Von der Volksgemeinschaft zum Erinnerungskollektiv

Aber die Residuen der Volksgemeinschaft, die in Abgrenzung von den aus dem Exil Zurückkehrenden definieren wollte, was Heimat ist, blieben nicht statisch. Schon in den 1950er Jahren begannen sich die Diskurse zu verändern und zu überlagern. Eine neue Ausgrenzung begann, die sich gegen Einwanderung richtete. Hendrik van Dam, Generalsekretär des Zentralrats der Juden in Deutschland, fasste das Mitte der 1950er Jahre in dem Satz zusammen: »Deutschland ist kein Einwan-

Hilde Domin (Archiv Jüdische Literatur in Westfalen, Paderborn)

derungsland, und daher grundsätzlich auch kein Rückwanderungsland für Juden.«[23] Die *Volksgemeinschaft* wurde schrittweise von einer *Erinnerungsgemeinschaft* abgelöst. Sehr bitter schreibt Jean Améry in seinem 1964 entstandenen Text »Expeditionen jenseits des Rheins«:

> Ich kam, sah und verlor […] die Deutschen, abgesprungen aus dem Nichts, hatten im Sprunge schon hinweggesetzt nicht nur über ihre scheußliche Jüngstvergangenheit, sondern auch über deren von den Exilierten verkörperte Negation.[24]

Die aus Köln stammende Dichterin Hilde Domin, aus dem Exil in Santo Domingo zurückgekehrt, hat eine Kluft beschrieben, die sie auch von einer neuen Generation in Deutschland trennen konnte. In der ihren Essays eigenen Kühle schreibt Hilde Domin:

> ›Sie reden von Heimat‹, sagte damals Enzensberger, […]. ›Dazu sind Sie über die Meere gefahren, um uns damit zu kommen. Alles doch nur eine Frage der Kulisse‹. Das schien *ihm* so, die Kulissen hatten sich ja auch für die Zuhausegebliebenen sehr gewandelt.[25]

Fazit

Die hier vorgestellten Wiederbegegnungen mit *Heimat* verliefen individuell sehr unterschiedlich. Die Rückwege konnten selbstverständlich erscheinen, oder sehr schmerzhaft sein und lange dauern, aber es gibt auch eine andere Perspektive, die Gemeinsamkeiten in all diesen Heimkehr-Geschichten suchen kann: Die Remigrantinnen und Remigranten der Jahre nach 1945 haben selbstbewusste Entscheidungen getroffen, sich das »wieder Zuhause?« das sie mit der Rückkehr verbanden, neu anzueignen versucht, sie haben Handlungsspielräume gesucht und genutzt. Auch für die Aufnahmegesellschaft in regionalen und lokalen Kontexten eröffnete die Rückkehr aus dem Exil eine Chance, Heimat in Frage zu stellen und neu zu suchen.

Iris Nölle-Hornkamp
Auf der Suche nach einer westfälisch-jüdischen Geschichtsschreibung
Der Historiker Bernhard Brilling

Bernhard Brilling in der Bibliothek des Institutum Judaicum Delitzschianum in Münster, 1980 (Archiv Jüdische Literatur in Westfalen, Paderborn)

»In Jerusalem kennen mich wahrscheinlich mehr Menschen als hier, zumindest als Wissenschaftler. Aber das ist normal.« So schätzte der Historiker und Rabbiner Prof. h. c. Dr. Bernhard Brilling seine Bedeutung für Westfalen und speziell Münster ein, als er dem WDR 1985 sein erstes und einziges Fernsehinterview gab – das Interview dauerte gerade einmal zwei Minuten, dann wollte der Wissenschaftler nichts mehr sagen. Eva Brilling, Ehefrau und Assistentin ergänzte damals: »Wenn er durch die Straßen geht, erkennen ihn weit mehr Menschen, als er denkt. Er gehört einfach zu Münster.«[1]

Doch Brillings Bedeutung geht weit über die lokale Ebene hinaus. Von ihm, der eigentlich lieber in Jerusalem geblieben wäre, aber die Errichtung eines Archiv für das deutsche Judentum als Lebensaufgabe ansah und deshalb nach Deutschland zurückkehrte, gingen ohne Zweifel die bis heute wichtigsten »Anstöße zur Erforschung der Geschichte der Juden in Deutschland«[2] aus. Und die jüdische Regionalgeschichte Westfalens wäre ohne ihn in der aktuellen Form nicht denkbar.

Am 3. Juni 1906 in Tremessen (Provinz Posen) geboren, wuchs er als ältester Sohn des Kantors der jüdischen Gemeinde Prenzlau in der Uckermark auf. Er war der einzige Schüler, der den am Gymnasium fakultativ angebotenen Hebräisch-Unterricht absolvierte, der für seine berufliche Laufbahn und für seinen späteren Lebensweg von großem Nutzen gewesen ist.[3] Nach dem Abitur besuchte er in Berlin das Hildesheimersche Rabbinerseminar, wechselte 1926 an das Breslauer Jüdisch-Theologische Seminar. 1932 erlangte er dort das Rabbinatsdiplom. Parallel hatte er 1924 ein Studium klassischer Sprachen, der Geschichte und Nationalökonomie an der Universität Berlin aufgenommen, das er dann in Breslau fortsetzte.

Bereits 1927, gerade 21 Jahre alt, wurde Bernhard Brilling für seine Leistung auf dem Gebiet der Geschichte bereits mit dem Heinrich-Graetz-Preis für jüdische Geschichte ausgezeichnet. Er hatte in diesem Jahr als Volontär am schlesisch-jüdischen Provinzialarchiv der Synagogengemeinde in Breslau begonnen und hier das gewünschte Wirkungsfeld als Archivar gefunden, für einige Jahre fungierte er formell als dessen Leiter. Sicher »ging sein historisches Interesse weit über die mit jüdischen Personenstandregistern in erster Linie verbundene Familienforschung hinaus und erstreckte sich auf die gesamte jüdisch-schlesische Geschichte«[4]. Dennoch ist die Breslauer Zeit für seine wissenschaftliche Tätigkeit von entscheidender Bedeutung.

Den geplanten Abschluss seines Studiums durch die Promotion konnte er in der NS-Zeit nicht verwirklichen. Nach dem Novemberpogrom wurde er bis Jahresanfang 1939 im Konzentrationslager Buchenwald inhaftiert und nur unter der Auflage der Auswanderung wieder freigelassen. Im März 1939 gelang es ihm, in das damalige Palästina auszuwandern; seine Frau Eva konnte im April folgen. Die Mitnahme seiner seit Jahren zusammengetragenen Sammlung von Abschriften und Exzerpten zur Geschichte der schlesischen und der angrenzenden Judenschaft wurde ihm unter der Auflage gestattet, zuvor eine präzise Aufstellung der vorhandenen jüdischen Personenstandsregister (mit Verzeichnissen von Geburten, Beschneidungen, Eheschließungen, Beerdigungen etc.) abzuschließen. Auf der Grundlage seiner umfangreichen Materialsammlung konnte er auch in Palästina weitere Artikel zur deutsch-jüdischen Geschichte publizieren, ungeachtet der Schwierigkeiten einer Existenzgründung in dem werdenden Israel – erst ab 1946 fand er eine feste Anstellung bei der Stadt Tel Aviv, zuletzt wieder als Archivar. »Mit Ausnahme von 1942–1944 gibt es bis 1957 kein Jahr, in dem man nicht etwas von ihm lesen konnte«[5], er publizierte zunächst nur in hebräischer und englischer Sprache, dann auch in deutschsprachigen Zeitschriften. So wuchs seine Bibliografie in dieser Zeit um 125 auf 210

Titel an. In das breite Spektrum seiner Themata bezog Brilling während der Jahre in Tel-Aviv nun auch israelische Fragestellungen ein, das Archivwesen des neuen Staates war ihm dabei ein besonderes Anliegen.

Doch sein Hauptinteresse war und blieb die Schaffung eines »Archivs der deutschen Judenheit«, nicht in Israel, sondern im Nachkriegsdeutschland, erste Aufrufe formulierte er bereits 1950 in einer deutschsprachigen Zeitung in Israel.

Wie sehr es dabei auch um sein persönliches Schicksal geht, zeigt ein Brief an einen Freund aus dem Februar 1952:

> Wäre es nicht eine Pflicht der westdeutschen Regierung, den ehemaligen Archivar der Breslauer Synagogengemeinde wieder in sein Archiv zurückzuberufen, aus dem er durch die Nazis herausgeworfen wurde? Diese Judenarchivalien setzen immerhin eine gewisse Kenntnis der jüdischen Geschichte voraus, zumal ein Teil der Register zudem in Hebräisch geschrieben ist, so daß die Anstellung eines jüdischen Archivars für diese Register mir notwendig erscheint. Glauben Sie nicht auch, daß diese meine Anschauung richtig ist und welche Wege sind ihres Erachtens einzuschlagen, um solche Restitution in den früheren Stand zu erreichen.[6]

Um sein Ziel voranzutreiben, kehrte er tatsächlich nach Deutschland zurück und blieb, auch wenn sein Projekt an den unterschiedlichen Interessen sowohl von jüdischer als auch nichtjüdischer Seite zunächst scheiterte. Realisiert wurde ein Zentralarchiv ähnlich den Plänen Brillings erst mehr als 30 Jahre später in Form des ›Zentralarchivs zur Erforschung der Geschichte der Juden in Deutschland‹ in Heidelberg.«[7]

Erstmals kam Brilling 1955 wieder nach Deutschland. Mit Hilfe eines privaten Stipendiums, das ihm ein in São Paulo lebender Verwandter gewährt hatte, konnte er für ein halbes Jahr nach Deutschland reisen, um sich einen Überblick über die in den öffentlichen Archiven noch vorhandenen Quellen zur Geschichte der Juden zu verschaffen.[8]

»Die Archivstudien waren so vielversprechend, dass er vom damaligen Leiter des jüdischen Zentralarchivs in Jerusalem, Dr. Joseph Meisel, den offiziellen Auftrag erhielt, in den verschiedenen deutschen Archiven nach jüdischen Quellenzeugnissen und Dokumenten zu fahnden.«[9] Brilling blieb und besuchte Archive in Frankfurt am Main, Hannover, Göttingen, Emden, Münster, Dortmund, Düsseldorf, Koblenz und München. In Dortmund kam es zu einer Wiederbegegnung mit Horst Oskar Swientek, damals Leiter des Dortmunder Stadtarchivs, den Brilling aus Breslau kannte und mit dem er auch während der NS-Zeit in freundschaftlichem Kontakt geblieben war. Swientek bot ihm die Möglichkeit eines Vortrags vor dem »Historischen Verein für Dortmund und die Grafschaft Mark«, wo Brilling im Februar 1956 über das nun schon westfälische Thema »Die westfälischen Juden und ihre Familiennamen« sprach. Daran schloss sich, erneut durch Vermittlung Swienteks, im Spätherbst 1955 ein vierwöchiger Aufenthalt im Staatsarchiv Münster an, bei dem Brilling die ersten persönlichen Kontakte nach Münster knüpfen konnte.

Als Brilling mit dem Schiff nach Israel zurückreiste, kreuzten sich seine Wege mit denen des Münsteraner Theologen Karl Heinrich Rengstorf, der von der israelischen Regierung zu einem offiziellen Besuch eingeladen war.[10] Rengstorf hatte einige Jahre zuvor das »Institutum Judaicum Delitzschianum« an der Universität Münster neugegründet, wo er seit 1947 einen Lehrstuhl für Neues Testament, Geschichte und Literatur des Judentums innehatte.

> Rengsdorf sah offensichtlich gleich die Chance, mit einem ausgewiesenen jüdischen Geschichtsforscher, der gleichzeitig auch Rabbiner war, den Lehr- und Forschungsbetrieb an diesem Institut um ein weiteres Gebiet, nämlich Geschichte des deutschen Judentums, erweitern zu können. Er machte deshalb Brilling bereits im Jahre 1957 das Angebot, mit Hilfe eines kirchlichen Stipendiums zu ihm nach Münster zu kommen. Brilling bat erneut seinen Dienstherrn, die Stadtverwaltung in Tel Aviv, um Beurlaubung und trat im September desselben Jahres eine mehrmonatige »Studienreise«, wie er sie in einem Brief nannte, an. Aus dem befristeten Besuch in Münster wurde schließlich ein Daueraufenthalt.

In Münster unterrichtete Brilling Hebräisch, gab ein Einführungsseminar in den »Jüdischen Gottesdienst« und widmete sich vor allem seiner Promotion, die er als 51jähriger an der Universität Münster mit seiner bereits 1938 im Manuskript vorliegenden Dissertation »Die Juden und die Stadt Breslau im 16. und 17. Jahrhundert« nachholte.

Rengstorf holte ihn schließlich als wissenschaftlichen Mitarbeiter an das »Institutum Judaicum Delitzschianum«, an dem er die mit Unterstützung des Bundesinnenministeriums eingerichtete Abteilung zur Geschichte der Juden in Deutschland aufbaute und sukzessive seine nach Palästina geretteten Abschriften von im Krieg verloren gegangenen Dokumenten sowie seine umfangreiche historisch-genealogische Sammlung einbrachte.

> Brilling erhielt in Münster eine auf seine Person zugeschnittene Abteilung für die Geschichte der Juden in Deutschland, die ihm alle Möglichkeiten für die Umsetzung seiner wissenschaftlichen Pläne bot. Er vollendete die Sammlung mittelalterlicher Quellen, die mit dem Fürstbistum Münster begann und allmählich territorial erweitert wurde, so daß sie sich bei Veröffentlichung auf ganz Westfalen bezog.[11]

1963 wurde Brilling in das Beamtenverhältnis übernommen. Damit konnte Rengstorf durchsetzen, dass Brilling »so von materiellen Sorgen unbelastet bis zu seiner Pensionierung 1971 unter dem Dach des Institutum Judaicum arbeiten konnte«[12], auch wenn die Archivpläne weiterhin unverwirklicht blieben. Als Judaist und Historiker erfuhr Bernhard Brilling schnell weitreichende Anerkennung, die er jedoch, wie das Eingangstatement unterstreicht, selbst nicht wahrgenommen hat.

Bereits 1955 hatte die in der Bundesrepublik erneut ins Leben gerufene Historische Kommission für Schlesien Brilling zu ihrem ordentlichen Mitglied bestellt. Zehn Jahre später wurde er in gleicher Funktion in die Historische Kommission für Westfalen gewählt. Außerdem gehörte er der Kommission für die Geschichte der Juden in Hessen an. Den ihm erstmals zum Wintersemester 1966/67 erteilten Lehrauftrag »Glaube und Leben der Juden in Deutschland« hat Bernhard Brilling gern und mit großer Gewissenhaftigkeit bis in die achtziger Jahre wahrgenommen.[13]

1970, ein Jahr vor seinem formellen Eintritt in den Ruhestand wurde er zum Akademischen Oberrat ernannt. Seine Arbeit im Institutum Judaicum führte er auch im Folgejahr weiter; seine Stelle wurde nicht wieder besetzt und er erklärte sich bereit, das von ihm aufgebaute Archiv auch nach seiner Pensionierung weiterhin zu leiten. Erst als ein Umzug des Archivs anstand, wurde die Sammlung, soweit sie Eigentum Brillings war, aus dem »Institutum Judaicum Delitzschianum« herausgelöst und bereits zu Lebzeiten Brillings dem damals gerade in Planung befindlichen »Jüdischen Museum« in Frankfurt am Main übergeben, wo sie sich heute zusammen mit dem Nachlass befindet.[14]

Brillings Beitrag zur Erforschung der Geschichte des deutschen Judentums lässt sich nicht nur an seiner umfangreichen Bibliografie[15]. (380 Titel, davon mehr als 170 Publikationen in den drei Jahrzehnten seines Wirkens in Münster) ermessen, sondern auch

an der umfangreichen Korrespondenz, die sich aus zahlreichen Anfragen von Familienforschern, Lokal- und Landeshistorikern ergab. Brilling galt, wie unter anderem die über hundert Anfragen pro Jahr beweisen, in der Bundesrepublik als der wohl beste Kenner der archivalischen Überlieferung jüdischer Gemeinden in Mitteleuropa. Eine weit geringere Breitenwirkung hatten dagegen die Lehrveranstaltungen, die er seit dem Wintersemester 1966/67 an der Universität Münster abhielt.

Meist waren es nicht mehr als ein Dutzend Interessierte, die an der dreiteiligen Vorlesung über »Glaube und Leben der Juden in Deutschland« teilnahmen. Noch geringer waren – durch die Natur der Sache bedingt – die Teilnehmerzahlen an seinen Übungen zur hebräischen Paläographie. Schüler im akademischen Sinne des Wortes hatte Brilling nicht. Er wirkte weniger durch die Lehre als durch seine vielen kleinen landeskundlichen Arbeiten zur Geschichte des deutschen Judentums. Welche Anerkennung Brilling als Historiker über den Kreis seiner Fachkollegen hinaus genoß, zeigt nicht zuletzt die Festschrift zu seinem 80. Geburtstag, die durch seinen plötzlichen Tod schließlich zu einer Gedenkschrift wurde. An ihr beteiligten sieh neben Archivaren und Historikern auch namhafte Vertreter der deutschen Judaistik.[16]

Für seine wissenschaftlichen Arbeiten[17], zu deren Schwerpunkten in der Zeit in Münster auch der Raum Westfalen zählte, wurde er letztendlich gebührend geehrt. Eine besondere Genugtuung bedeutete für ihn die Verleihung des Professorentitels durch den nordrhein-westfälischen Wissenschaftsminister im Jahre 1979. Als ihn der Zentralrat der Juden in Deutschland 1982 mit dem Leo-Baeck-Preis auszeichnete, empfand er dies als hohe Ehre.

Brilling, der am 7. Juli 1987 in Münster starb, hat sich zeit seines Lebens ganz auf seine wissenschaftliche Arbeit konzentriert. In einer Würdigung durch seine Mitstreiter heißt es:

Sein Kenntnisreichtum und die unbegrenzte Bereitschaft, anderen daraus mitzuteilen, bleiben jedem, der sie einmal in Anspruch nehmen durfte, unvergessen. Auch der so bescheidene Mann, der kein Aufheben von sich machte, lebt in unserer Erinnerung fort. Dem Alltag stand der engagierte Forscher in einer Weise liebenswert unpraktisch gegenüber, wie wir es mit dem Bilde einer Gelehrsamkeit alter Schule verbinden.

An Leben und Werk des verdienstvollen Chronisten auch und insbesondere des westfälischen Judentums wird in der Ausstellung »Heimatkunde. Westfälische Juden und ihre Nachbarn« erinnert, wir möchten dazu beitragen, dass man ihn weiterhin nicht nur in Jerusalem, sondern auch in Westfalen in Erinnerung behält.

Iris Nölle-Hornkamp
Wilhelm Sternfeld: Chronist des Exils und Bewahrer der deutschen Exilliteratur

»Manche finden ihre wahre Berufung oder Bestimmung erst in einer Krise; es muß nicht immer ihre eigene sein.« schrieb ein Laudator zu Wilhelm Sternfelds 80. Geburtstag und brachte damit die Lebensgeschichte des Journalisten und Publizisten auf den Punkt. Für ihn begann die eigentliche Lebensaufgabe, als er 1933 ins Exil gehen musste.

Damals war Sternfeld (1888–1976) bereits 45 Jahre alt, hatte als Freiwilliger im Ersten Weltkrieg gekämpft und als Spielzeugverkäufer (in Düsseldorf, Antwerpen und Dortmund) gearbeitet, eine eigene Produktionsfirma für Import und Export von Spielzeug gegründet, war als Kaufmann in Nürnberg und später in Herford tätig gewesen und hatte als Journalist für die *Reichsbanner-Zeitung* und andere Organe geschrieben. Seine Ehe mit der Schauspielerin Hedwig Jakoby war 1924 kurz nach der Geburt der gemeinsamen Tochter Annelies gescheitert, und er war wieder einmal weitergezogen, diesmal von Frankfurt nach Berlin. Dort engagierte ihn 1931 der Soziologe und Zionist Prof. Franz Oppenheimer (1864–1943) als Sekretär für die »Gemeinnützige Siedlungs-Treuhandgesellschaft«, eine halbstaatliche Gesellschaft, die größere Grundstücke aus Konkursmasse aufkaufte und sie in kleineren Einheiten an Obst- und Gemüsebauern verpachtete.

Im Oktober 1933 dann, Oppenheimer war schon nach Palästina emigriert, wurde auch Sternfeld aufgrund seiner Religionszugehörigkeit aus dem Staatsdienst entlassen, er floh zunächst nach Frankreich, um der Verfolgung durch die Gestapo zu entgehen, arbeitete dort u. a. für die deutsche Emigrantenzeitung *Pariser Tageblatt*. Aufgrund der restriktiven Handhabung des Asylrechts in Frankreich erlebte er 1935 die Ausweisung als mittelloser Flüchtling und musste weiterfliehen in die Tschechoslowakei. Er erhielt hier Asyl, konnte als anerkannter, seit Oktober 1937 aus Deutschland ausgebürgerter Flüchtling in Prag leben und sogar als Redakteur verschiedener deutschsprachiger Exilzeitungen seinen Lebensunterhalt fristen. Aber das stand für ihn nicht im Vordergrund, denn »es war eine andere Aufgabe, für die er bestimmt schien: eine Bestimmung, die schnell zur großen Berufung seines Lebens wurde: die Sorge für seine Exilgefährten.« So schreibt Egon Larsen (eigene Übers.), der Sternfeld in Prag erlebte.

Die illegal eingereisten Emigranten und Emigrantinnen mussten zwar keine Abschiebung befürchten, da kein Flüchtling, der aus politischen, rassischen oder religiösen Gründen verfolgt wurde, an Deutschland ausgeliefert werden konnte. Aber sie benötigten eine Arbeitserlaubnis, die sie nicht erhielten; einzig das Schreiben fiel nicht unter diese Auflage, doch davon konnten sie i. d. R. ihren Lebensunterhalt nicht bestrei-

Wilhelm Sternfeld in seinem Londoner Arbeitszimmer, 1957

ten. Wilhelm Sternberg schloss sich der – mit Zustimmung Thomas Manns – gegründeten »Thomas-Mann-Gruppe« an, die den in Not geratenen Schriftstellern und Künstlern im Exil helfen wollte, und wurde 1938 ihr zweiter Sekretär. Er widmete sich dieser Aufgabe mit ganzer Kraft und es gelang ihm, mit Hilfe des Außenministeriums und eines jüdischen Bankiers die nötigen Mittel einzuwerben. Egon Larsen berichtet, dass er diese Aufgabe von seinem Stammplatz im Prager Café Conti mit einer Effektivität und Menschlichkeit vorantrieb, die ihm zu einem »veritable angel of the German intellectual emigration in Czechoslovakia« werden ließ.

Als die Nazis nach München die Tschechoslowakei besetzten, war die Thomas-Mann-Gruppe wiederum der rettende Engel; sie organisierte die Flucht der Intellektuellen über Polen zumeist in den Westen. Bis zum 1. Mai 1939 verhalf Sternfeld gemeinsam mit Ludwig Quidde und Kurt Grossmann Hunderten bedrohter deutscher Emigranten in der Tschechoslowakei zur Flucht. Sie selbst harrten im Untergrund aus, bis auch Prag besetzt war und die Gestapo nach ihnen fahndete. Im Mai 1939 floh Sternfeld schließlich mithilfe einer englischen Flüchtlingsorganisation über Polen nach England. Im selben Jahr entkam auch seine Tochter Annelies mit einem Kindertransport nach England. Sternheim entdeckte ihren Namen später zufällig auf einer Liste und fand sie schließlich in London wieder.

Doch zunächst wurde Sternfeld als »enemy alien« (feindlicher Ausländer) auf der Isle of Man interniert. Unmittelbar nach seiner Freilassung Ende 1940 übernahm er gemeinsam mit Bernhard Menne die Londo-

Sternfeld-Porträt des befreundeten Grafikers Richard Ziegler, 1956 in London entstanden

ner »Thomas-Mann-Gruppe«, die sich auch hier um die deutschen Flüchtlinge kümmerte.

»Die ersten Kriegsjahre und ebenso die ersten fünf Nachkriegsjahre waren die schlimmste Zeit für uns und in der Tat war es Sternfeld, der uns zum Überleben verhalf.« schreibt Egon Larsen. Auch Sternfelds publizistisches Wirken war ganz im Exil verankert, bis 1945 beteiligte er sich an der Herausgabe der *Mitteilungsblätter der Thomas-Mann-Gruppe* und schrieb als Londoner Korrespondent für die New Yorker Exilzeitschrift *Aufbau*.

Als Mitte der 30er Jahre »Der deutsche P. E. N. im Exil« von Lion Feuchtwanger, Ernst Toller, Heinrich Mann und anderen ins Leben gerufen wurde, wurde Wilhelm Sternberg auch hier aktiv: Von 1943 bis 1945 war er Schatzmeister und von 1951–1955 Sekretär des von ihm mitbegründeten Londoner »Deutschen Exil-P. E. N.-Zentrums« und seiner Nachfolgeorganisationen. In diesem umfassenden und selbstlosen Engagement wurzelt seine freundschaftliche Beziehung zu Thomas Mann, der ihm später u. a. schrieb:

> Eine bedeutende Reihe von notleidenden Schriftstellern und Künstlern in aller Welt sieht sich aufgrund Ihrer gewissenhaften Empfehlungen und Darlegungen durch Hilfsaktionen verschiedenen nationalen Ursprungs vor äußerstem Elend bewahrt ... Mit Genugtuung erinnere ich mich ferner Ihrer Initiative vom Jahre 1947, derzufolge das P. E. N.-Zentrum der Vereinigten Staaten beschloß, ›innerdeutsche‹ Schriftsteller, deren politische Integrität außer Frage schien, in seine internationale Hilfsaktion einzubegreifen, – ein Beschluß, der zahlreichen in den Westzonen ansässigen Autoren (in den Jahren 1947–49) zu den so erwünschten ›Care‹-Paketen verhalf. Daß alles, was Sie unternahmen und hilfreich fortführten, ohne jedes Entgelt getan wurde, – ja, daß Sie, ein Mann ganz ohne Vermögen, die nicht unerheblichen Spesen aus selbst erschlossenen Quellen zu decken vermochten, läßt mir Ihre Verdienste um so größer erscheinen.

Bereits ein Jahr nach Kriegsende wurde in Stockholm über die Wiedereinrichtung eines deutschen P. E. N. verhandelt. Die Literatur des Exils kehrte aber nur zu einem Teil nach Deutschland zurück. Viele warteten ab, manche trauten dem Frieden nicht, manche wollten nicht in das »Land der Täter« zurück, für viele wurde die Emigration zum Dauerzustand. Und sie, die inzwischen alt geworden waren, benötigten nun noch dringender Hilfe. Sternfeld kümmerte sich weiter – neben seiner Tätigkeit als ständiger Korrespondent für die *Welt*, die *Welt am Sonntag*, außerdem für die *Frankfurter Rundschau*, die *Neue Zeitung*, die *Deutsche Rundschau*, die *Wandlung* und die *Kultur* und mehrere deutsche Radiostationen. 1951 konnte er den damaligen Bundespräsidenten Theodor Heuss davon überzeugen, Gelder für einen vom Süddeutschen Rundfunk in Stuttgart gegründeten Künstlerfonds bereitzustellen und den Wirkungskreis des Fonds über Deutschland hinaus auszudehnen. Als Vertrauensmann organisierte Sternfeld dann die Hilfsaktionen für Literaten und Künstler, die emigrationsbedingt in Not geraten waren. Insgesamt kamen fast 800.000 DM zusammen, mit denen (über 120) Künstler und Literaturen unterstützt wurden.

Seine nächste Aufgabe fand der »kleine Sternfeld«, wie ihn seine Freunde nannten, im Aufbau der Bibliothek der deutschsprachigen Emigration für die »Deutsche Akademie für Sprache und Dichtung«. Unermüdlich sammelte er die Werke der in aller Welt Verstreuten, die zum Teil in Verlagen erschienen, die schon gar nicht mehr existierten, von deutschen Autoren, die längst gestorben und vergessen waren.

1955 wurde er von der Akademie gemeinsam mit Eva Tiedemann mit der Erstellung einer Bibliografie der deutschen Exilliteratur beauftragt. Akribisch erfasst diese erste Zusammenstellung die beruflichen Werdegänge aller bekannten Exilschriftsteller und -journalisten, ebenso enthält sie Auflistungen ihrer jeweiligen literarischen und journalistischen Veröffentlichungen, die zuvor zumeist unbekannt und vielfach unzugänglich waren. Der ersten, noch gelegentlich improvisierten Ausgabe des sogenannten *Handbuch Sternfeld-Tiedemann* folgte schnell eine erweiterte und korrigierte zweite Fassung, die zum Grundlagenwerk für die Erforschung der deutschen Exilliteratur zwischen 1933 bis 1945 wurde.

Für diese Verdienste wurde Sternfeld 1958 mit dem Bundesverdienstkreuz I. Klasse und zehn Jahre später mit dem Großen Bundesverdienstkreuz ausgezeichnet, er gehörte dem nach dem Krieg neugegründeten P. E. N.-Zentrum der BRD an und wurde zum korrespondierenden Mitglied der Deutschen Akademie für Sprache und Dichtung ernannt.

Aber er kehrte nicht nach Deutschland zurück, hielt Distanz, obwohl er sich seiner alten Heimat immer gefühlsmäßig und geistig verbunden fühlte, wie er in einem Brief an die Stadt Unna betonte. Er hielt Kontakt mit alteingesessenen Unnaer Familien und insbesondere mit einem alten Jugendfreund. 1966 besuchte er seine Heimatstadt ein letztes Mal, hinterließ dem dortigen Hellweg-Museum einige Porträts und eines seiner Bücher mit der Widmung »Meiner Vaterstadt Unna«. Am 26. Dezember 1973 ist er in London gestorben.

Kurz nach seinem Tod erwarb die Deutsche Nationalbibliothek das Archiv des Deutschen Exil P. E. N.-Clubs und auch den umfangreichen Nachlass Wilhelm Sternfelds, der nun eben der Bibliothek der Exilliteratur, zu der er selbst so viel beigetragen hat, angeschlossen ist.

Er enthält vor allem seine umfangreiche Korrespondenz u. a. mit Manfred George, Raoul Hausmann, John Heartfield, Erich Kästner, Else Lasker-Schüler, Ludwig Marcuse, Ludwig Meidner, Franz Oppenheimer, Nelly Sachs, Pamela Wedekind, Ernst Wiechert, Hermynia Zur Mühlen, Arnold Zweig, dazu Sonderkorrespondenzen mit Thomas Mann und Familie und vielen anderen bedeutenden und unbekannten Schriftstellern des Exils.

Für sie alle war der Journalist aus Westfalen so etwas wie der rettende Fels in der Brandung, dessen Unerschütterlichkeit die österreichische Schriftstellerin Hermynia Zur Mühlen so beschreibt: »... für uns Refugees war er vom ersten Tag an, da er nach England kam, eine Art Schutzpatron. Einer, auf den stets Verlass war, einerlei, ob die Bomben niederfielen, die Häuser brannten, die VI und V2 mit ihrem abscheulichen Lärm die Luft erfüllten. Er war immer da, immer bereit, jeden Hilfsbedürftigen – ohne Unterschied der Nationalität, der Konfession und politischen Einstellung – anzuhören, jedem Ratschläge zu geben und tatkräftig zu helfen. Er war es, der es Hunderten von Refugees ermöglicht hat, eine schwere und bittere Zeit zu überstehen ...«

Für das Thema »Heimatkunde. Westfälische Juden und ihre Nachbarn« gilt Wilhelm Sternfeld als die Symbolfigur des Exils, es berührt, wie er seinen eigenen Heimatverlust durch die Chronistenaufgabe und das unermüdliche Engagement für die Schriftstellerkollegen im Exil zu kompensieren versuchte.

Dass zahllose Autorinnen und Autoren sowie Kunstschaffende und Wissenschaftler Deutschland nach 1933 verlassen mussten, ist bekannt und die Exilliteratur im engeren Sinne gehört zu den am besten untersuchten Teilsektionen der neueren deutschen Literatur. Wilhelm Sternfeld machte dabei den Anfang, in der »Bio-Bibliographie« *Deutsche Exil-Literatur 1933–1945* (für die er seine erste persönliche und doch schon umfassende Sammlung zugrunde legte) heißt es eingangs: »Hier noch ein Wort über die exilierten Wissenschaftler. Die Verzeichnung ihrer Namen und Arbeiten ist eine dringende Aufgabe. Es wird sich dabei zeigen, wie außerordentlich umfangreich diese Personengruppe war und was für einen Verlust an geistiger Substanz ihre Vertreibung bedeutete.«

Wilhelm Sternfeld, Anfang der 1950er Jahre (alle: Archiv Jüdische Literatur in Westfalen, Paderborn)

Rita Schlautmann-Overmeyer

Wiederannäherungen nach 1945
Besuche von Emigranten und Remigranten in der »alten Heimat« am Beispiel Münster[1]

»Überlebende des Holocaust mußten nach Hitler ihr Verhältnis zu Deutschland und den Deutschen neu bestimmen und eine Möglichkeit finden, in dem Bewußtsein weiterzuleben, daß zwar das nationalsozialistische Staatsgebilde zerschlagen worden war, es aber eine ›Entnazifizierung‹ des Bewußtseins in der erforderlichen Totalität nicht gegeben hatte.«[2] Mit diesem von Meynert formulierten Aspekt sahen sich auch Juden aus Westfalen konfrontiert. Anlass waren u. a. die überwiegend seit den 1980er Jahren durchgeführten Begegnungswochen in zahlreichen Städten sowie private Initiativen.[3]

An dieser Stelle wird am Beispiel Münster die persönliche Wiederannäherung der in die ganze Welt vertriebenen Juden beschrieben, ferner ihre Eindrücke und Gefühle anlässlich ihres Besuches und ihr Begriff von Heimat. Die Aussagen der Betroffenen, die über zehn Jahre lang das Projekt »Jüdische Familien in Münster«[4] begleiteten und unterstützten, stammen zumeist von Ende der 1980er/Anfang der 1990er Jahre. In den individuell unterschiedlichen Wahrnehmungen spiegelt sich auch ihre Einstellung zum Nachkriegsdeutschland und zur deutschen Bevölkerung. Befragt wurden Frauen und Männer, zwischen 1900 und den 1930er Jahren geboren, aus unterschiedlichen sozialen Schichten, mit unterschiedlichem Bildungsgrad und mit mehr oder weniger antisemitischen Erfahrungen, sowohl Emigranten als auch ehemalige KZ-Häftlinge. Die einen hatten das »Dritte Reich« als Kinder und Jugendliche erlebt, die anderen waren in der NS-Zeit bereits erwachsen. Die Bandbreite der Reaktionen erstreckte sich von genereller Skepsis gegenüber Deutschen über eine zögerliche Annäherung an die eigene Vergangenheit bis zur Genugtuung darüber, dass sich jemand für ihr Schicksal interessierte.[5]

Wiederannäherung an die »alte Heimat« nach 1945

Die Wiederannäherung an die »alte Heimat« fand auf unterschiedlichen Wegen und aus mannigfachen Gründen statt. Die ersten Münsteraner Emigranten, so z. B. Gunther Plaut[6] und Fred Waldeck[7], kehrten als »Befreier« mit der amerikanischen Armee nach Deutschland zurück. Sie kamen in einer Phase der Verunsicherung im Umgang zwischen Juden und Nichtjuden, als viele nichtjüdische Deutsche gegenüber ihren ehemaligen oder neuen jüdischen Mitbürgern sowie anderen Opfern des Nationalsozialismus Schuldgefühle empfanden. Hinzu kam die Angst auch derjenigen, die an den Verbrechen nicht unmittelbar beteiligt waren, vor einer eventuellen Rache der Überlebenden. Jüdische Rückkehrer und Besucher trugen zu einem entspannte-

Das offizielle Gruppenfoto zur Begegnung ehemaliger jüdischer Bürger der Stadt Münster in und mit Münster, entstanden am 6. Juni 1991 (Presseamt Stadt Münster)

Empfang durch den Oberbürgermeister Dr. Jörg Twenhöven (Presseamt Stadt Münster)

ren Verhältnis bei: »Ich bin ... nach Münster gekommen und hab' meine ehemaligen Freunde wiedergetroffen. Dann hat sich das alles normalisiert«, berichtete Kurt May.[8] Er gehörte zu denjenigen, die aus eigenem Antrieb wieder Kontakte nach Münster aufgenommen hatten.[9] Der langjährige Rabbiner der münsterischen Gemeinde, Dr. Fritz L. Steinthal, der Ende 1938 nach Argentinien emigriert war, besuchte Mitte der 1950er Jahre seine alte Wirkungsstätte.[10] Liesel Rosalie Sichel aus Brasilien wusste, dass das Haus der Großeltern noch stand: »Ich wollte mal sehen, was noch von der Südstraße da ist. Und ich wollte grad mal sehen, wie die Stadt aussieht, wo ich geboren bin, weiter nichts.«[11] Andere machten sich auf den Weg, um nach ihren Angehörigen zu forschen, die aus Münster verschleppt worden waren[12] oder um ihre Wiedergutmachungsangelegenheiten zu klären.

Das Wiedersehen löste oft starke Emotionen aus,[13] wie bei Gerda Friedeman, als sie dem Juwelier Nonhoff in Münster begegnete, bei dem ihre Mutter vor ihrer Deportation Schmuckstücke hinterlegt hatte, die dieser Gerda Friedeman nach Kriegsende übergab.[14]

Bei denjenigen, die als Kleinkinder Münster hatten verlassen müssen, war das Bedürfnis, ihre Geburtsstadt wiederzusehen, nicht so ausgeprägt, wie Brigitte Lahat erläutert: »I was in Münster in 1949. I shall never forget it. ... We had just been in Holland. ... I was 17 years old and ... my father wanted ... to see Münster. So we went there. It was all in ruins. It was terrible. For me it was a shock. My parents were quite interested: This is here and this is there, and we went allover. I was glad to get away.« Sie besuchte Münster erst zwei Jahrzehnte später wieder.[15]

Den in die Niederlande emigrierten Schwestern Helge und Lissy Domp lag zunächst nichts daran, ihren Geburtsort wiederzusehen: »Wir haben einen großen Strich unter alles gezogen.« Eine Änderung ihrer Einstellung erzwangen schließlich geschäftliche Begebenheiten: »1945 haben wir gesagt: ›Nie wieder Geschäfte mit Deutschland, nie wieder.‹ Und die einzigen, die Klaviere machten, waren die Ostdeutschen. Da wir nicht mit Heringen oder Kartoffeln handelten, sondern mit Klavieren, sind wir nach Deutschland [gefahren]. Das war sehr schwer«, berichtete Helge Loewenberg-Domp.[16] Der in Israel lebende Werner Cohn, der wie die Domp-Schwestern während der NS-Zeit in den Niederlanden untertauchen konnte, wollte ebenfalls keinen Kontakt mit Deutschland. Da er jedoch eine deutsche Firma in Israel vertrat und deshalb deren Hauptsitz aufsuchte, ergab sich ein Zwiespalt: »Ich kann eigentlich nicht sagen: Ich will Münster nicht mehr sehen, nachdem ich eine solche Firma vertrete, ... das steht nicht im Einklang.«[17]

Sehr ambivalente Gefühle befielen Dagobert Broh, Kurt May[18] und Erich Waldeck,[19] als sie erstmals wieder deutschen Boden betraten und auf uniformierte Deutsche trafen.

Stärker noch als die Emigranten auf Besuch mussten die Remigranten derartige Empfindungen aushalten, wie beispielsweise Heinz Steinweg: »Sehe ich einen Massenaufmarsch, angeführt von einem Fahnenträger, selbst wenn es nur eine Demonstration gegen Tierversuche für medizinische Forschungen ist, läuft mir ein unangenehmes Gefühl über den Rücken. Ähnlich geht es mir, wenn ich Mitgliedern eines Brauchtumsverbandes beim Volkstanz zusehe. Dann erinnere ich mich plötzlich daran, dass es diese Gruppen mit ihren Lagerfeuern und Tänzen waren, die als erste zu den Fahnen

Hitlers überliefen. Ich weiß, dass diese Reaktion nicht logisch ist. Wenn heute jemand Spaß an Volkstänzen hat, darf ich daraus nicht den Rückschluss ziehen, dass er ein Nazi ist oder früher war. Wie so häufig decken sich dann meine Gefühle nicht mit den Erkenntnissen des Verstandes.«[20]

Gründe für und gegen eine endgültige Rückkehr nach Deutschland

Obwohl Deutschland in ihren Augen nicht nur das Land ihrer Väter war, sondern vor allem der Staat, der ihre Angehörigen in den Tod geschickt hatte, fassten einige Emigranten nach dem Ende der Hitler-Diktatur den Entschluss, dauerhaft in ihre alte Heimat zurückzukehren. Nicht nur eine gescheiterte Akkulturation im Emigrationsland veranlasste sie dazu, sondern auch wirtschaftliche Faktoren, klimatisch bedingte gesundheitliche Schwierigkeiten oder wie beispielsweise bei Heinz Steinweg politische Gründe. Sein Bestreben »so wenig wie möglich mit Gegensätzen zwischen meinen Anschauungen und dem praktisch zu bewältigenden Alltag zu leben,« ließ sich mit der Realität in Israel nicht vereinbaren: »Ich verhielt mich so, wie es meine Umwelt von mir erwartete, auch wenn es weder meiner Natur noch meiner Einstellung entsprach. Ich ließ einfach die anderen für mich denken. Was alle für richtig hielten, konnte doch nicht falsch sein!«[21] Er, der mit 17 Jahren 1933 nach Münster, in die Geburtsstadt seines Vaters gekommen und mit Vater und Bruder zwei Jahre später nach Palästina emigriert war, lebte seit 1958 wieder in Deutschland. Seither informierte er in Vorträgen und Ausstellungen viele Jahre lang Interessierte über Israel und über sein Selbstverständnis als Jude.[22]

In Lateinamerika war den Emigranten eine Sozialisation durch den oft antisemitischen deutschstämmigen Bevölkerungsteil einerseits und die politische Instabilität[23] andererseits erschwert worden. Letztere trug in der Hauptsache dazu bei, dass manche nach Ende des Nationalsozialismus ihrem Zufluchtsland den Rücken kehrten.[24] Sie waren nach ihren Erfahrungen während der NS-Zeit in Deutschland nicht gewillt, erneut in einer Diktatur zu leben.[25]

Während die einen vorwiegend aus politischen Gründen aus dem Exil zurückkehrten, spielten bei anderen der kulturelle Neuaufbau Deutschlands nach 1945 und das Wiedergutmachungsgesetz von 1952 ebenso eine Rolle wie der wirtschaftliche Aufschwung in der Bundesrepublik in den sechziger Jahren. Hinzu kamen die Verbundenheit mit der ehemaligen Heimat und der Wunsch nach Wiedersesshaftwerden unter »alten« Bedingungen. In diesem Zusammenhang sah Günther Cohnen die Rückkehr seines Vaters aus den Niederlanden nach Münster: »Durch die Wiedergutmachung konnte er wieder anfangen. Man konnte da einen Kredit kriegen, der sehr günstig war. ... Ich hab' gesagt: ›Geh' nicht nach Deutschland.‹ Er wollte [aber] so gerne.«[26] Die aus Wien stammende Dora Rappoport gab den beruflichen Wünschen ihres Ehemannes nach und seiner Sehnsucht nach seiner Heimatstadt, der Westfa-lenmetropole. Für Ernst Rappoport hatte vor allem die hebräische Sprache eine erhebliche Barriere bedeutet. 1952 erhielt er die Nachricht, sein ehemaliges Amt als Richter wieder übernehmen zu können. Die Entscheidung fiel Mitte der 1950er Jahre: »Er wollte ... in Münster bleiben. ... Das war sein ganzes Leben. Er war kein Deutscher, sondern Münsteraner.«[27]

Die Mehrheit der Emigranten dachte nicht an eine Remigration, da sie sich im Emigrationsland, wo ihre Angehörigen ansässig waren, zu Hause fühlte. Auch der Entschluss zur Rückwanderung von Hochschullehrern nach Kriegsende war von vielfältigen Umständen privater, wirtschaftlicher und administrativer Natur abhängig. Ihre Reaktionen zeigen Skepsis gegenüber dem neuen Deutschland und dem Umgang mit der historischen Schuld. Traumatische Erinnerungen an die eigene Vertreibung und an frühere »Kollegen« kamen hinzu.[28] So schrieb der Zoologe Leopold von Ubisch am 3. August 1946: »Ich bin im Prinzip keineswegs abgeneigt, wiederum eine Professur in Deutschland zu übernehmen. Aber es ist von hier [Norwegen] aus unmöglich mir ein klares Bild von den herrschenden Verhältnissen zu machen. Das gilt sowohl [für] die materiellen Grundlagen für eine ersprießliche Lehr- und Forschertätigkeit (Raumfrage, Chemikalien, Literatur usw.) wie insbesondere die ideologischen. Mein grösstes Bedenken [ist], dass gerade meiner Person aus den Ihnen bekannten Gründen von seiten eines Teiles der Studenten Abneigung und Misstrauen entgegengebracht werden würde, die ein vertrauensvolles Zusammenarbeiten unmöglich machen würden.«[29] Soziale und familiäre Bindungen hielten den Botaniker Emil Hannig von einer Rückkehr an die Westfälische Wilhelms-Universität ab, wie er am 17. März 1948 mitteilte. Wegen seines hohen Alters (76 Jahre) und des Schicksals seines Sohnes[30] möge man begreifen, dass er und seine Frau sich nicht auch noch »von der Familie des übrig gebliebenen älteren Sohnes, der hier in Holland studiert hat, mit einer Holländerin verheiratet ist und als Arzt praktiziert, für die wenigen Jahre, die uns bleiben, trennen« könnten. Außerdem gelänge ihm als Begründer und Herausgeber einer internationalen Fachpublikation, die mit Ausnahme des Krieges seit 1926 erschienen war, »auf Grund der derzeitigen Absonderung Deutschlands von der übrigen Welt« nur von den Niederlanden aus, »das Unternehmen wieder in Gang zu bringen.«[31]

Einige ehemalige Münsteraner zogen zwar eine Rückkehr in Erwägung, setzten sie aber aufgrund unterschiedlicher Überlegungen nicht in die Tat um. Der eine verwarf den Gedanken aufgrund der Einwände seiner Ehefrau,[32] bei anderen spielte die Enttäuschung über das Verhalten der Mehrheit ihrer Mitmenschen während der NS-Zeit eine Rolle.[33] Wieder andere plädierten für ein Leben im eigenen jüdischen Staat.[34] Dass aufgrund der nationalsozialistischen Gräueltaten unrealistische Vorstellungen tradiert worden waren, zeigt folgende Episode. Als der Sohn von Bella Walls in England gefragt wurde, ob seine Mutter nicht wieder zurück nach Deutschland wolle, antwortete dieser: »Nein, sie hat Angst, sie wird Seife.«[35]

Den Überlebenden der Konzentrationslager blieb oft nichts anderes übrig, als nach ihrer Befreiung zunächst an ihren letzten Wohnort in Deutschland zurückzukehren, obwohl ihnen eigentlich nichts ferner lag, wie Ernst Steinweg nach seiner Befreiung in einem Brief 1945 zum Ausdruck brachte: »Wir wollen nicht zurück nach Deutschland. Ich weiss nicht, ob Sie es verstehen, aber wir sind jetzt Europa über und über satt.«[36] Die in Theresienstadt befreite Familie Michel hatte dagegen keine Alternative: »Da meine Eltern nirgendwo anders hinkonnten außer nach Deutschland – mein Vater hatte keinen Beruf –, fiel meiner Mutter ein, dass in Freckenhorst noch ihr elterliches Haus möglicherweise stehen könnte.«[37]

Begegnungswoche (in Münster)

In den 1980er und 1990er Jahren organisierten viele Städte[38] Besuchsprogramme, die sie als »wichtiges Bindeglied zwischen den Generationen« und gleichzeitig als Beitrag, die »jüngste deutsche Vergangenheit in der Erinnerung wach zu halten«, betrachteten.[39] Der ehemalige Chefredakteur des AUFBAU, Henry Marx, beschrieb in seiner Studie vier Phasen der Einladungspraxis: Beginnend in den 1960er Jahren dehnte sich das Projekt in den siebziger Jahren langsam weiter aus und »schwoll in den achtziger Jahren zu einem wahren Strom an, kalendermäßig begründet durch den 50. Jahrestag des Pogroms vom 9. und 10. November 1938.« Seit den 1990er Jahren machten sich auch kleinere Orte auf die Spurensuche.[40] Verglichen mit anderen westdeutschen Großstädten[41], die 1988 zu ihren Besuchsprogrammen befragt wurden, begann Münster mit der Einladung 1980 etwa zehn bis 15 Jahre später als manche andere Stadt.[42] In diesem Zusammenhang ist der Standpunkt des Vorstandes der Jüdischen Kultusgemeinde 1991 zu werten, es sei »höchste Zeit für eine solche Geste aus dem Stadthaus«.[43] Journalisten[44] und Politiker[45] teilten diese Meinung.

In den 1970er und frühen 1980er Jahren erfolgte – laut Umfrage von 1988 unter 13 westfälischen Großstädten – die erste Kontaktaufnahme fast ausschließlich von Seiten der jüdischen ehemaligen Bürger. Die Städte selbst ergriffen, häufig von Privatpersonen dazu angeregt, erst später die Initiative. Dieses gilt auch für Münster. Der Ältestenrat fasste, nachdem sich aufgrund der Berichterstattung über Begegnungswochen in anderen Städten 1979 vier Personen aus Israel und eine aus Brasilien wegen einer Kostenübernahme ihres Aufenthaltes an die Stadt Münster gewandt hatten, am 6. Februar 1980 den Beschluss, die Aufenthaltskosten für die Besucher, nicht aber die Reisekosten,[46] zu tragen. Hierauf wurde bei allen weiteren Anfragen Bezug genommen. Bis Juni 1988 kamen 18 Einzelpersonen zu Besuch. Vom 28. Juni bis zum 4. Juli 1988 befand sich erstmals eine Gruppe von Besuchern[47] in Münster. Nachdem ehemalige Münsteraner, u. a. in Israel, im Rahmen der Recherchen zum Projekt »Jüdische Familien in Münster« ihre Enttäuschung über ein fehlendes Gruppenbesuchsprogramm zum Ausdruck gebracht hatten – der Ratsbeschluss von 1980, dass auf Anfrage die Aufenthaltskosten der Gäste übernommen wurden, war nur wenigen bekannt – übergaben die Autorinnen dieses Projekts 1990 gemeinsam mit der Gesellschaft für Christlich-Jüdische Zusammenarbeit Münster dem Oberbürgermeister etwa achtzig Adressen. Daraufhin sprach die Stadt Münster, nachdem der Rat der Stadt am 4. Oktober 1990 den entsprechenden Beschluss gefasst hatte, zu Beginn des Jahres 1991 im Vorgriff auf das 1200-jährige Stadtjubiläum im Jahr 1993[48] erstmals eine Einladung an alle jüdischen ehemaligen Bürger Münsters aus, deren Anschrift zu dem Zeitpunkt bekannt war. Anders als in manchen anderen Städten,[49] gab es im münsterischen Stadtrat im Vorfeld keine Dissonanzen.[50]

Der Einladung zu einer »Woche der Begegnung«[51] erging an 117 Adressaten (inklusive Begleitpersonen) in zahlreichen Ländern, die Mehrheit in den USA und in Israel (30 bzw. 25 Prozent), einige in Deutschland. Die übrigen Personen lebten – nach abnehmender Häufigkeit – in Großbritannien, Südafrika, Südamerika, Kanada, den Niederlanden, Schweden und Frankreich.[52] Fast zwei Drittel der Angesprochenen nahm die Einladung an. 15 Personen (13 Prozent) reagierten nicht auf das Anschreiben. 22 Prozent sagten aus gesundheitlichen,[53] familiären oder Altersgründen ab. Lediglich 1,7 Prozent lehnten die Reise grundsätzlich ab. Die Absicht, »eine neue Vertrauensbasis zwischen den Emigranten und ihrer alten Heimat«[54] zu schaffen, stieß durchweg auf positive Resonanz. Die Zeitungen appellierten an die Politiker, weitere Anstrengungen zur Verbesserung des Verhältnisses zu unternehmen.[55]

In der Grundstruktur der münsterischen Besuchsprogramme, die denjenigen anderer Städte naturgemäß ähnelte,[56] zeichneten sich im Laufe der Jahre gewisse Akzentverschiebungen ab. Neben einem Empfang beim Oberbürgermeister[57] standen Stadtrundfahrten auf dem Plan. Während 1981 den Gästen mit Besuchen des Marktes und eines Neubaugebietes oder der Besichtigung eines Betriebes auch Einblicke ins Alltagsleben gewährt wurden, standen in den 1990er Jahren kulturelle Veranstaltungen wie Theater- und Konzertbesuche, Ausstellungen und Vorträge im Vordergrund. Der

Die Fotodokumentation »Juden in Münster«, zusammengestellt von Gisela Möllenhoff und Rita Schlautmann-Overmeyer (Presseamt Stadt Münster)

Auf dem Jüdischen Friedhof (Slg. Möllenhoff/Schlautmann-Overmeyer, Münster)

Kontakt zur Jüdischen Kultusgemeinde mit Gottesdienstbesuch war in allen Programmen vorgesehen. 1991, als die größte Anzahl von Gästen in Münster weilte, bot man auch eine Führung auf dem jüdischen Friedhof an.[58]

Um »die Schrecken des Holocaust nicht in Vergessenheit geraten zu lassen«, hatten die Veranstalter der Besuchswoche in Münster Begegnungen zwischen Zeitzeugen und Münsteraner Schülerinnen und Schülern arrangiert,[59] was Oberbürgermeister Dr. Twenhöven als »eine wichtige Grundlage« wertete, sich mit der Geschichte auseinanderzusetzen.[60] Etwa fünfzig Besucher waren bereit, über die Vergangenheit Zeugnis abzulegen. »Wer, wenn nicht wir, kann der Jugend heute berichten, wie es damals wirklich war?«, meinte beispielsweise Helge Domp.[61] Die Zeitzeugen betrachteten es wie Trude Simonsohn als Pflicht der Überlebenden, »für alle die zu reden, die nicht mehr reden können.«[62] Aus diesem Grund war auch Walter Gumprich bereit, mit Kindern, Gymnasiasten, Studenten, Geschäftsleuten oder auch Akademikern zu diskutieren.[63]

Nach dem Besuch bedankte sich Oberbürgermeister Dr. Twenhöven dafür, dass die Gäste das Wagnis auf sich genommen hätten, »trotz der schrecklichen Erinnerungen und der Schatten der Vergangenheit nach Münster zu kommen.«[64] Der in Münster geborene, in Kanada lebende Rabbiner Dr. Günther Plaut bescheinigte ihm, »eine besondere Atmosphäre der Offenheit gefördert« zu haben.[65]

Die Besucher äußerten anschließend zwiespältige Gefühle: zum einen Vertrautheit mit der Umgebung und Freude, z. B. das Elternhaus wiederzusehen, zum anderen Erinnerungen an Ereignisse in der NS-Zeit. Motiviert, »ihren Frieden mit der Geschichte« zu machen, »waren auch immer einige darunter, die sich geschworen hatten, nie wieder deutschen Boden zu betreten, auf dem sie verfolgt und erniedrigt worden waren«.[66] Ihre innere Zerrissenheit beschrieb Lilo Fern folgendermaßen: »Ich wollte gerne noch einmal wiederkommen. ... Ich habe mich an vieles erinnert, hauptsächlich an Menschen, die nicht mehr da sind.«[67] Eva Mitchell aus England hatte zunächst nicht zur Begegnungswoche 1991 nach Münster kommen wollen. Erst als ihr Bruder, der der Einladung gefolgt war, sie von Münster aus anrief, um ihr begeistert von dem Treffen mit vielen alten Freunden zu berichten, flog sie kurzerhand am nächsten Tag in ihre Geburtsstadt. Bedenken, sie seien bei ihrem Besuch in Münster vielleicht immer nur denselben Menschen, nämlich den »judenfreundlichen« begegnet, entkräftete der Oberbürgermeister.[68]

Auch das Thema »Schuld« kam zur Sprache. Die Ansicht von Elie Wiesel – »Nur die Schuldigen waren schuldig. Kinder von Mördern sind keine Mörder, sondern Kinder. Schuld wie Unschuld ist persönlich.«[69] – teilten die Betroffenen aus Münster, so z. B. Kurt May: »Ich kann von einem jungen Menschen nicht verlangen, daß er irgendein Schuldgefühl hat. Schuld ist immer individuell. Eine gewisse Verantwortung dafür, dass so etwas nirgendwo gegen niemanden [mehr geschieht] – ... das ist meiner Ansicht nach sehr verdienstvoll.«[70] Verantwortung von der jungen Generation erwartete auch Heinz Steinweg: »Ich habe sehr viel Hoffnung, dass die jungen Deutschen, besonders die mit einem etwas höheren Bildungsniveau, immun sind gegen alle kleinen und großen Hitlers, die eventuell mal auftreten.«[71]

Das Verhältnis der Emigranten und Remigranten zu Deutschland

Sowohl bei Besuchern als auch bei Remigranten weckte jede Begegnung mit Gleichaltrigen widersprüchliche Gefühle angesichts der Ungewissheit: »Was meinst Du, was der im Krieg war?«[72] Die Mehrzahl verhielt sich ihnen gegenüber deshalb reserviert beziehungsweise mied, wie Kurt May, den Kontakt: »Bevor ich nicht den Eindruck habe, dass es sich um Menschen handelt, die einwandfrei waren – dass sie Nazis waren, schön, damit muss ich mich abfinden – aber wenn ich das Gefühl habe, dass sie möglicherweise in andere Aktivitäten verwickelt waren, dann will ich mit ihnen nichts zu tun haben.«[73] Auch Heinz Steinweg fühlte sich oft in der Gegenwart älterer Menschen unwohl: »Fast alle älteren Leute haben den Juden gegenüber eine besondere Einstellung. Sei es, dass sie sich bemühen, das begangene Unrecht, an dem sie vielleicht selbst gar nicht schuld sind, wiedergutzumachen und dadurch im Gespräch eine Atmosphäre schaffen, in der ich mich bestimmt nicht wohl fühle.«[74] Er erlebte, dass seine Mitmenschen ihre Vorurteile gegenüber Juden durchaus zum Ausdruck brachten, besonders wenn sie nicht realisierten, dass ihr Gegenüber selbst Jude war: »Ich bin jetzt [1988] wieder dreißig Jahre in Deutschland. Sie können sich vorstellen, dass ich in dieser Zeit mit allen Schichten und allen Bildungsgruppen in Deutschland in Berührung kam und wenn man nicht weiß, dass ich Jude bin, – ich stelle mich ja nicht immer vor: ›Mein Name ist Steinweg, Jude‹ – und da es nur verhältnismäßig wenig Juden zur Zeit in Deutschland gibt, vermutet man es auch nicht, dass ich Jude bin. Da ist es manchmal erschreckend, wieviel gerade bei älteren Leuten doch von der nationalsozialistischen Erziehung haften geblieben ist.«[75]

Trotz aller Bedenken wehrten sich Emigranten gegen allgemeine antideutsche Klischees in ihrer neuen Heimat, wie beispielsweise Lotte Ostberg in den USA: »Viele Leute sagen, die Deutschen sind schlecht. Ich sage dann immer: ›Das ist nicht so. Es gibt sehr viele, sehr wertvolle und sehr anständige Menschen.‹«[76] Fanny Goldberg dagegen war auch 1990 noch nicht sicher, ob das deutsche Volk nicht genauso handeln würde wie zur Hitler-Zeit: »Kein Mensch hat angenommen, dass dieses wunderschöne Land, diese Kultur und alles, was da drin ist, dass da jemals so etwas sein kann. Und das ist, was ich heute auch befürchte.«[77] Auch Angehörige der »zweiten Generation« misstrauten den Deutschen: »Mein Sohn ... hat immer gesagt, er hätte es nicht geglaubt, dass so etwas passieren kann. [Seit er in Deutschland war,] glaubt er es. Solch eine Ordnung, wie in Deutschland ist! Es ist so schwer zu [begreifen]. Wenn man hört, dass die anderen [Völker] sind schlecht und machen solche Sachen zum Beispiel in Kambodscha, dann sagt man doch, die sind nicht kultiviert. Deutschland ist nicht kultiviert gewesen? Hitler, ein Verrückter? Er hat doch ein Buch geschrieben. Und keiner hat es [für bare Münze] genommen. Keiner nicht! Nicht die Juden, nicht die [anderen].«[78]

Erst langsam entspannte sich das Verhältnis zwischen Juden und Nichtjuden in Deutschland. »Dann brauchte es wirklich ... Jahrzehnte, über dieses Trauma hinwegzukommen und wieder eine neue Einstellung zu Deutschland zu entwickeln«, resümierte Gerda Friedeman.[79] Auf die Frage, wie er sich in Deutschland fühle, antwortete Heinz Steinweg: »Nicht Sehnsucht nach Deutschland hat mich veranlasst, zurückzukommen. ... Dieses überzogene Nationalbewusstsein [in Israel] in Verbindung mit der Glorifizierung des eigenen Heeres und der Verteufelung des Gegners, *eine* der Wurzeln, aus denen die kriegerischen Auseinandersetzungen der Neuzeit gespeist werden, war für mich eine Veranlassung, mich um eine Arbeitserlaubnis in Australien zu bemühen, leider vergebens. So beschloss ich 1958, mit meiner Familie nach Münster zurückzukehren.« Er ergänzte: »Verstandesmäßig müsste ich eigentlich sagen: ›Ich bin ein Teil des heutigen Deutschlands‹, aber gefühlsmäßig wehre ich mich gegen diesen Standpunkt.«[80]

Die Frage von Schülern, ob er sich in Deutschland fremd fühle, beantwortete der Besucher Rudi Neumark: »Trotz alledem: nein. Unsere Familien waren deutsche Familien. Unsere Eltern wurden als Deutsche erzogen, und die Vorfahren haben etwa seit 1600 in Deutschland gelebt. Diese Bindungen sind stark geblieben.«[81] Er betonte, dass ihn der sich abzeichnende europäische Zusammenschluss hoffen lasse. Diesen Optimismus teilte auch der Rabbiner Dr. Gunther Plaut. Als Hoffnungszeichen sah er die »paneuropäische Neigung der deutschen Jugend«, das »Gemeinsamkeitsgefühl, das die Bürger der früheren Ostrepublik dem Westen mitgebracht haben«, das Wirken der Gesellschaften für Christlich-Jüdische Zusammenarbeit[82] sowie die enge Verbundenheit Deutschlands mit Israel, die er als »moralisches Bündnis« bezeichnete. Beunruhigend

Auf dem Jüdischen Friedhof (Slg. Möllenhoff/Schlautmann-Overmeyer, Münster)

fand er dagegen eine »Renaissance des übertriebenen Nationalbewußtseins«, wiederaufflammenden Antisemitismus und Rassismus.[83]

»Heimat«-Gefühle?

In einer Untersuchung heißt es, Heimat sei ein Raum, in dem die Bedürfnisse des einzelnen Menschen qualitativ befriedigt würden.[84] So empfand das auch die in den USA lebende Lotte Ostberg: »Heimat, [das] sind bestimmte Gefühle und Erinnerungen, die man hatte, als man hier [in Münster] als junges Mädchen gelebt hatte, die Freunde. ... Ich habe festgestellt, daß bei allen Leuten, ob sie in Polen oder in Frankreich geboren sind, ein bestimmtes Gefühl da ist wie [bei] einer Mutter zu ihrem Kind. Da kann sein, was will, da ist eine Liebe, ein Gefühl, das man nicht erklären kann.«[85] Gerda Dubovsky in Israel empfand auch noch zu Beginn des 21. Jahrhunderts: »Heimat ist immer noch mein Deutschland gewesen. ... Da bin ich geboren. Das ist meine Erziehung, das ist meine Sprache.«[86]

Hans Kaufmann hatte eher ambivalente Heimatgefühle: »Heimat ist für mich nicht nur ein geographischer Begriff. ... Dieses Gefühl von Heimat, das habe ich definitiv nicht, wenn ich zum Beispiel nach Münster komme. ... Ich kann auch nicht sagen, dass mein Heimatland heute Schweden ist oder Stockholm meine Heimatstadt. ... Ich fühle mich zu Hause dort, aber Heimat, das ist noch viel mehr!«[87] Jehuda Kavish erklärte: »Ich sehe Israel als meine Heimat an. Immerhin, ich lebe hier, seit ich fünfzehn bin. ... Mit den Erlebnissen, die wir in Deutschland hatten, das hat uns ›geholfen‹, diese Heimat nicht mehr als Heimat anzusehen.«[88]

Als Gerda Friedeman nach ihrer diesbezüglichen Ansicht gefragt wurde, überlegte sie nicht lange: »Münster war meine Heimatstadt, als ich da aufgewachsen bin, und wir waren da glücklich. ... Das war meine Heimat. Aber dann, als wir vertrieben wurden, als wir um unser Leben laufen mussten, da haben wir eine andere Einstellung gehabt. Wir haben unser neues Leben in Amerika angefangen. Hier sind unsere Kinder aufge-

Teilnehmer der Begegnungswoche 1991 auf den Stufen der Marks Haindorf Stiftung

Das Klassenfoto der Jüdischen Volksschule in Münster aus dem Jahr 1940 wurde im Hof der Marks-Haindorf-Stiftung Am Kanonengraben 4 aufgenommen. Nur fünf der 24 Schülerinnen und Schüler überlebten die Shoah. (beide: Slg. Möllenhoff/ Schlautmann-Overmeyer, Münster)

wachsen, hier haben wir neue Wurzeln geschlagen und das ist jetzt meine Heimat. Heimat ist ein Platz, wo man willkommen ist, wo man gerne lebt, wo man Freunde hat, wo man ein gewisses Zugehörigkeitsgefühl hat. Das haben wir jetzt nicht mehr von Münster. Also, meine Heimat ist jetzt Nordamerika.«[89]

Remigranten wurden von Juden im Ausland häufig mit der Frage konfrontiert, wie es für sie nach dem Holocaust möglich sei, wieder in Deutschland zu leben. Heinz Steinweg sah sich veranlasst, seine Rückkehr zu rechtfertigen: »Immer wieder bin ich überrascht, mit welcher Selbstverständlichkeit, man könnte auch Chuzpe sagen, mir dann von fremden Leuten die Frage gestellt wird, wie ich in Deutschland leben kann. Ob ich keine Angst hätte, von den Antisemiten eines Tages erschossen zu werden.«[90] Auch Fanny Goldberg in Israel fand es »unbegreiflich«, wie ihre Tante, Sabine Klausner, Überlebende mehrerer Konzentrationslager, nach 1945 wieder in Deutschland leben konnte.[91] Besonders zur Zeit des Golfkrieges wurden Mitglieder der Jüdischen Gemeinde Münster mit der Frage konfrontiert: »Wie könnt Ihr in einem Land leben, aus dem Vernichtungswaffen stammen, die heute die Existenz Israels bedrohen?«[92]

Fazit

Als in den 1980er Jahren vermehrt Oral History-Projekte ins Leben gerufen wurden, war es sowohl für die Interviewer als auch für die Interviewten insofern ein günstiger Zeitpunkt, als vorher kaum jemand zu fragen gewagt hatte und die Betroffenen auch nicht bereit gewesen wären, zu antworten.[93] Ehemalige Münsteraner sahen sich im Rahmen der Ausstellung »Geschichte der Juden in Münster« 1987/88 erstmals mit Fragen über ihre Vergangenheit konfrontiert.[94] Bei den ersten persönlichen Begegnungen gab es zunächst ein vorsichtiges emotionales Abtasten, da sich die Emigranten Interviewerinnen gegenüber sahen, die der Nation angehörten, die für ihr Leiden verantwortlich war. Für manche war es nach vielen Jahrzehnten das erste Mal, dass sie überhaupt über ihre persönlichen Erlebnisse und zudem erstmals wieder Deutsch sprachen. Die Kontaktaufnahme zu den Betroffenen regte auch deren Nachfahren zur Auseinandersetzung mit der Vergangenheit der Eltern an. Mit Fremden zu sprechen fiel vielen Zeitzeugen leichter, als Nahestehenden ihr Schicksal zu schildern.[95] Obwohl die Eltern sich bemühten, die Kinder nicht mit ihren Erlebnissen zu belasten, führte diese Strategie nicht immer zum gewünschten Erfolg.[96] Gerda Friedeman brachte die Empfindungen vieler Zeitzeugen auf den Punkt: »Man kann nicht jeden Tag an die Vergangenheit denken. Man lebt heute und plant für die Zukunft, ... aber von Zeit zu Zeit kommt die Vergangenheit durch. Es ist wie ein Schatten über unserem Leben. Man kann es nicht beseitigen, es ist da und kommt zum Vorschein. Man spricht nicht immer darüber.«[97]

Fritz Ostkämper

»Seine Landschaften mögen in Israel sein, aber die Bäume sind in Höxter geblieben«
Der israelische Künstler Jacob Pins und seine Wurzeln in Ostwestfalen

»Höxter ist meine Geburtsstadt, meine Heimat ist Israel«,[1] so hat Jacob Pins, 1917 in Höxter geboren und 2005 in Jerusalem gestorben, wiederholt seine Situation als deutschstämmiger Maler und Holzschneider in Israel umrissen, und immer wieder führten ihn Besuche nach dem Krieg nach Höxter, um die Landschaften seiner Kindheit und Jugend, die Weser, den Solling und die Wälder seiner ostwestfälischen Geburtsstadt wiederzusehen. Denn auch als Israeli, der er geworden war, war er von deutscher Kultur »durchtränkt«, konnte er »den Deutschen nicht untreu werden. Auch heute ist dieses Land ein Jugendtraum«, wie er in einem Interview zum 30-jährigen Bestehen des Staates Israel bekannte.[2]

Seinem Vornamen Otto, der ihm »zu teutonisch« klang, hatte er nach der Flucht nach Palästina 1935 den Namen Jacob beigefügt, aber vergessen hat er die ehemalige Heimat nie. Laut einer Bemerkung der ebenfalls aus Deutschland geflohenen Cary Kloetzel war er »niemals ein israelischer Maler, weder in seinen Themen noch in seinen Farben, sondern immer ein europäischer, ein deutscher«.[3] »Seine Landschaften mögen in Israel sein, aber die Bäume sind in Höxter geblieben«, wie es der Neffe Daniel Pins 2008 bei der Eröffnung des *Forums Jacob Pins* in Höxter formulierte.

Otto Pins wurde 1917 in Höxter als Sohn des Tierarztes Dr. Leo Pins und der Kaufmannstochter Ida, geb. Lipper geboren. Wegen der schwierigen wirtschaftlichen Verhältnisse zog die Familie bald nach der Geburt des jüngeren Sohns Rudolph für einige Jahre nach Lüdinghausen. 1926 kehrte die Familie nach Höxter zurück, und der Vater eröffnete seine Praxis im Wohn- und Geschäftshaus Lipper, das die Mutter von ihrem Bruder übernahm. Otto ging nach der Volksschule ab Ostern 1927 auf das hiesige König-Wilhelm-Gymnasium, ebenso wie drei Jahre später sein jüngerer Bruder Rudolph.

»Ich hatte eine wunderbare Kindheit«, blickte Jacob Pins später auf die Spiele mit Freunden in den Wäldern um Höxter zurück. »Ich war doch im Weserbergland aufgewachsen, in der herrlichen Umgebung von Höxter. Ich habe in der Weser geschwommen und bin im Wald groß geworden, mit Eidechsen und Schlangen, Mäusen und Feuersalamandern«,[4] erzählte er 1990 Ralph Giordano, als dieser ihn bei den Recherchen für sein Buch »Israel, um Himmels willen Israel« in Jerusalem besuchte.

Schon in diesen unbeschwerten Tagen der Kindheit in Höxter träumte der Junge einen großen Traum:

> Ich war mit 12 oder 13 Jahren entschlossen, Maler zu werden. Mein Vater war von diesem Plan wenig begeistert und tat alles, um mich davon abzubringen. Immerhin lag damals die Entscheidung noch in weiter Ferne. Zuerst einmal würde ich mein Abitur machen. Das hinderte mich jedoch nicht, mich inzwischen intensiv mit Kunst zu beschäftigen. Ich zeichnete und malte, wo und wann immer ich konnte, verschlang alles, was ich über Kunst und Künstler gedruckt finden konnte. Besonders erinnere ich mich der langen Gespräche über Kunst mit Onkel Richard [Dr. Richard Frankenberg, Arzt in Höxter und Freund der Familie], der meine Neigungen gegenüber meinem Vater verteidigte. Auch meine Mutter nahm oft meine Partei.

Es kam jedoch ganz anders: »Mit dem Aufkommen der Nazis war natürlich mein Traum Maler zu werden zunächst ausgeträumt. Das Wichtigste war zunächst,

Höxter – Geburtshaus des Künstlers (Holzschnitt, 1970) (Privatbesitz)

(links)
Wald (1984)
(Privatbesitz)

(rechts) The Pond in the Woods – Waldweiher (1989)
(Privatbesitz)

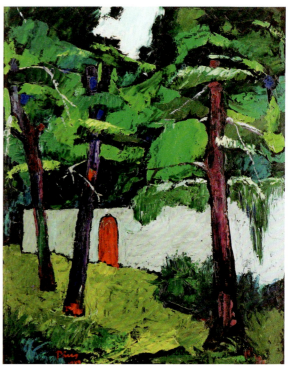

aus Deutschland herauszukommen und dann sich über Wasser zu halten«. Im September 1933 verließ Otto das Gymnasium, um sich in einem Lager der Hachschara bei Stettin auf die Auswanderung nach Palästina vorzubereiten, und seinen Bruder Rudi schickten die Eltern im November 1934 mit einem Kindertransport in die USA. Im August 1936 besuchte Otto ein letztes Mal seine Eltern, um zu packen und von ihnen Abschied zu nehmen – es sollte ein Abschied für immer sein.

Über Marseille gelangte Pins nach Palästina, wo er bis 1941 in einem Kibbuz lebte und arbeitete. Die harte Arbeit in den Zitrusplantagen ließ ihm kaum Zeit für seinen alten Traum vom Künstler. Zudem erkrankte er 1939 an Kinderlähmung, und nur mit eisernem Willen gelang es ihm, seine körperliche Behinderung zu bekämpfen. Die Lage des Kibbuz wurde immer schwieriger, v. a. als nach Kriegsbeginn der Export von Orangen nach Europa eingestellt wurde:

> Wir hatten nicht mehr genug zu essen und litten buchstäblich Hunger. Fast noch mehr litten wir unter der Arbeitslosigkeit. Schließlich, 1941, gaben wir auf und schlossen den Kibbuz, ein seltener Fall. Ich beschloss nun, gegen den Rat aller Freunde und Bekannten, einen alten Traum zu verwirklichen und Kunst zu studieren. […] Nur meinem westfälischen Dickkopp ist es zu danken, dass ich nicht aufgab und nach unendlichen Mühen erreichte, dass ich ein kleines Stipendium bekam, um bei Jakob Steinhardt mein Studium zu beginnen.

Bei Steinhardt, einem aus Berlin stammenden Maler des deutschen Expressionismus, der in Jerusalem eine private Schule für Malerei und Graphik leitete, erhielt Pins seine künstlerische Grundausbildung. Hier trafen nun zwei Dinge zusammen. Von Kindheit an die reiche und differenzierte Farbigkeit der ostwestfälischen Landschaft gewohnt, traf er hier auf das grelle Licht des Orients. »Das Licht fraß alles auf. Es war so grell, dass keine Farbe blieb«, schreibt er, und Freunde berichten: »Für die Wüste hat er nichts übrig gehabt.«

In dieser Situation kam ihm der Holzschnitt entgegen, denn er bot eine Art Ausweg aus dem Dilemma zwischen seiner persönlichen Prägung durch die Farben der Wälder, Wiesen, Flüsse Ostwestfalens und den kahlen und grell beleuchteten Landschaften Palästinas. Amishai-Maisels schreibt:

> The colors were a real problem for Pins, as he found the strong light in Jerusalem very disturbing from an artistic point of view. In Höxter he had painted forest landscapes in different seasons, but in Palestine he found no trees, no true seasons – only objects that seemed whitish grey against the deep blue sky, with hard, sharp shadows. These were not the oriental colors he had expected, and he felt that he couldn't translate these strong light-shade effects into color. Eventually, he decided that they could best be conveyed through black-and-white woodcuts.[5]

1945 hatte Jacob Pins in einer kleinen Jerusalemer Galerie seine erste und gleich erfolgreiche Ausstellung seiner Holzschnitte, an denen die Kritik vor allem den eindrucksvollen Kontrast zwischen Weiß und Schwarz hervorhob. »Zu meiner Überraschung war es ein voller Erfolg, sogar das Museum kaufte eine Arbeit an«, schrieb er später.

Erst in diesem Jahr des Kriegsendes erfuhr er, welches Schicksal seine Eltern gehabt hatten, die im Juli 1944 in Riga ermordet wurden. Dieser Schock prägt in den folgenden Jahren die Motivwahl vieler Arbeiten von Jacob Pins, besonders beeindruckend die unter dem unmittelbaren Eindruck entstandenen Holzschnitte, vor allem die *Apocalypse* (1946) mit ihren fünf Blättern der drei Pferde, die Vernichtung über die Welt bringen.

Immer mehr machte Pins sich frei vom Einfluss seines Lehrers Steinhardt, wozu vor allem ein entscheidender Fund beitrug. In einem »Ramschladen« entdeckte er 1945 einen japanischen Farbholzschnitt, der nicht nur der Grundstock für eine umfangreiche Sammlung japanischer Holzschnitte und anderer Beispiele ostasiatischer Kunst wurde, sondern der auch seine eigene Kunst entscheidend prägte: »Even though the print was of inferior quality, made in European style, I was deeply impressed by the concept and the technique – the shades, the colors, the innnovative way of avoiding light and shade problems, the vast spaces.«[6]

In den folgenden Jahrzehnten entwickelte Pins, seit 1955 Lehrer an der Bezalel Akademie für Kunst und Design in Jerusalem, die ihm 1978 auch die Professur verlieh, eine regelrechte Sammelleidenschaft, die ihn neben einer umfangreichen Sammlung japanischer Holzschnitte auch viele andere Beispiele ostasiatischer Kunst zusammentragen ließ: Plastiken in Holz, Stein, Bronze, Lack und Eisenguss, Malereien in Tusche und Farbe und vieles andere.[7] 1982 veröffentlichte er das noch heute maßgebliche Buch *The Japanese Pillar Print* über den japanischen Pfostendruck.[8]

Vor allem aber konnte Pins mit der Übernahme und eigenständigen Weiterentwicklung der japanischen Holzschnitttechnik auch sein altes Dilemma überwinden und seine durch die Jugend im Weserbergland geprägte Wahrnehmung von Farben, Nuancen und Schattierungen ins Bild zu setzen. Der eigentliche Wendepunkt zu mehrfarbigen Holzschnitten liegt nach Pins' eigener Aussage im Jahr 1955. »Color has enriched me«, erinnerte sich Jacob Pins an eine Reise nach England und Italien in diesem Jahr.[9]

Zudem wandte er sich jetzt stärker der Malerei zu, vielleicht auch eine Folge seiner ersten Reise nach Deutschland im Jahr 1959, auf der er auch Höxter besuchte, um hier die Menschen wiederzusehen, die seine Eltern in der Zeit des Dritten Reiches nicht im Stich gelassen hatten. Zugleich entdeckte er dabei die Stadt und die vielfarbigen Landschaften seiner Kindheit wieder, die ihm in Israel so gefehlt hatten.

Neue Kontakte entstanden, aus denen 1967 und 1970 die ersten Ausstellungen der Werke von Jacob Pins in Höxter hervorgingen. Erinnerten schon in den vorangehenden Jahren die Motive der Bilder mit ihren alten Häusern, Winkeln und Gassen an die Blicke des Jugendlichen auf das Höxter der 1920er Jahre, so wurde jetzt auf einem Holzschnitt von 1970 zum ersten Mal auch die Stadt Höxter mit ihren Fachwerkhäusern, dem Rathaus und der Kilianikirche selbst zum Bildmotiv.

Weitere Besuche in Höxter folgten, und 1988 kam es dabei zu einem für Jacob Pins erschütternden Erlebnis. In einer Ausstellung zum 50. Jahrestag der Pogromnacht entdeckte er auf einem Foto seinen ausgemergelten

The Pond in the Woods – Waldweiher (1989) (Privatbesitz)

Vater auf dem Bahnsteig in Bielefeld beim Abtransport nach Riga. »Als ich das sah auf dieser Ausstellung, war ich ungeheuer bewegt, ich kann Ihnen gar nicht sagen, wie«, erzählte er Ralph Giordano später.[10]

Unter diesem Eindruck erlebte Pins auch die Berge und Wälder seiner Kindheit und Jugend wieder. Einerseits stand der Wald für die freudigen Erinnerungen an die Spiele der Kindheit: »[H]e was […] driven through the darkening late autumn landscape of his childhood and the forests that he had always felt were a part of him.« Denn trotz des grausamen Schicksals seiner Eltern blieben es weiterhin »his beloved woods, with its happier, more bearable memories of his childhood in Germany.«[11]

Jedoch gibt es auch die andere Seite, den von dunklen Bäumen verschatteten Waldweiher wie in zwei Ölbildern von 1989, die ebenso wie andere Bilder die Gefährdung spürbar machen: »Bei seinen zahlreichen Kreidezeichnungen, die nach seinem Aufenthalt in Deutschland 1988 entstanden sind, überwiegen ganz auffällig die dunklen Grautöne, Farben sind verhalten, und wir entdecken nur zarte Lichteffekte. Es sind spontane Bilder, die stark von der Erinnerung an den deutschen Wald geprägt sind. Dieser Wald ist unheimlich mit seiner Ambivalenz von Schutz und Bedrohung.«[12]

Jedoch dominierte das Positive. Pins hatte die Weserlandschaft und damit auch die Erinnerungen seiner Kindheit wiedergefunden, und er hatte erfahren, dass seine Eltern und die anderen Juden in Höxter nicht vergessen waren. Immer wieder hielt er in den 1990er Jahren die Landschaft um Höxter in seinen Bildern fest. Allein den Weserbogen unter dem Ziegenberg hat er fünf Mal gemalt und in einem Holzdruck festgehalten.

Auf diesem Hintergrund ist es sicher auch zu erklären, dass er 1989 zu seiner israelitischen Staatsbürgerschaft auch wieder die deutsche Staatsbürgerschaft erwarb, die er 1936 mit seiner Emigration verloren hatte. Möglicherweise spielte dabei auch die Enttäuschung

The River Weser – Weserbogen (Holzschnitt, 1997) (Privatbesitz)

Landscape with Houses and Church Steeple – Höxter (Holzschnitt, 2000) (Privatbesitz)

über das Kunstestablishment in Israel mit, das ihn nie wirklich akzeptierte, weil er ein *Yekke*[13] war –

> because he was a ›yekke‹ [...] and was never considered sufficiently avant-garde«.[14] Denn ein ›Yekke‹ blieb Pins Zeit seines Lebens: »Das Selbstverständnis von Jacob Pins war das eines Yekkes. Er aß gern Kartoffeln und verwendete große Sorgfalt darauf, Rotkohl schmackhaft zuzubereiten [...]. ›Einmal Yekke, immer Yekke‹, sagte er noch wenige Jahre vor seinem Tod bei einem Besuch in Köln zu Ralph Giordano.[15]

Weitere Besuche in Höxter folgten, immer intensivere Kontakte entstanden, aus denen bald enge Freundschaften wurden, und im Juni 1999 konnte sich Pins in das Goldene Buch der Stadt Höxter eintragen. So entschloss er sich 2002, den Bürgern der Stadt Höxter in einer Stiftung seinen künstlerischen Nachlass zu übertragen, auch um damit die Erinnerung an seine Eltern und die anderen ermordeten Höxteraner Juden wachzuhalten. Am 15. September 2003 wurde Jacob Pins im Rathaus der Stadt Höxter zum ersten Ehrenbürger der Stadt nach dem Krieg ernannt, nachdem ihm bereits neun Jahre zuvor die Ehrenbürgerschaft von Jerusalem verliehen worden war.

In seiner Geburtsstadt übernahm es die *Jacob Pins Gesellschaft – Kunstverein Höxter. e. V.*, die Hunderte von Holzschnitten und Gemälden, Zeichnungen und Aquarellen, Entwürfen und Skizzen zu verwalten und der Öffentlichkeit zugänglich zu machen. So entstand der Gedanke, der unschätzbaren Stiftung in Teilen des seit Jahrzehnten vor sich hindämmernden Adelshof Heisterman von Ziehlberg eine würdige Bleibe zu geben und damit zugleich dieses bedeutende Baudenkmal im Zentrum der Stadt Höxter vor dem Verfall zu retten – eine wegen ihrer finanziellen Dimension kühne Vision. Jedoch dank des Engagements der Mitglieder, der Spendenbereitschaft der Bürger, der Unterstützung der Stadt und der Zuwendungen des Landes Nordrhein-Westfalen und der NRW-Stiftung wurde die Vision Wirklichkeit.

Am symbolischen Baubeginn des *Forums Jacob Pins* im Mai 2005 konnte Pins aus gesundheitlichen Gründen nicht mehr teilnehmen. Aber er war glücklich, weil »dadurch meine Arbeiten und mein Lebenswerk ihren Platz in Höxter finden und zu einem kulturellen Zentrum beitragen können«. Er starb wenige Monate später am 4. Dezember 2005 in seiner Wohnung in Jerusalem.

Seine Witwe Elsa Pins jedoch, die auch die Versendung der Gemälde, Holzschnitte, Zeichnungen, Skizzen, Entwürfe und Dokumente übernahm, konnte mit vielen anderen im April 2008 an der Eröffnung des *Forums Jacob Pins* teilnehmen, in dem seitdem die Werke von Jacob Pins in wechselnden Ausstellungen der Öffentlichkeit zugänglich gemacht werden und wo in einer eigenen Ausstellung auch an seine Eltern und die anderen ermordeten Höxteraner Juden erinnert wird.

Jacob Pins, der jüdische Künstler aus Ostwestfalen, ist nach Höxter zurückgekehrt. Amishai-Maisels schrieb 2000 zu seinem Bild *The River Weser* von 1999:

> The strain he had once felt had disappeared and he had made his own peace with Germany. His depiction of the river therefore stresses softness rather than tension, and he blends greens, purples, and creams to obtain a pastel-like, opalescent effect, with only one sharp accent of color in the orange light in the woods on the far bank to hint that this empty, quiet land is inhabited. [...] a feeling of peace is generated – a perfect symbol for the art Pins wishes to create.[16]

Erik Riedel
Arie Goral:
»Israelische Ikonen« und »Israelische Landschaften«[1]

Als Arie Goral 1950 nach Italien zog und zwei Jahre später – zunächst, wie er meinte, vorübergehend – nach Deutschland zurückkehrte, galt er als israelischer Künstler:[2] Und obwohl wenige Jahre nach der Staatsgründung die Vorstellung von einer *israelischen Kunst* eher programmatisch als deskriptiv oder gar als Stilbegriff gemeint war, war Israel für den bildenden Künstler Goral ein zentraler Bezugspunkt. Hier entstanden seine ersten Bilder, viele der frühesten Radierungen und Gemälde zeigen Motive aus Israel, und bis in die siebziger Jahre hinein blieb Israel ein zentrales Thema seines künstlerischen Schaffens.

Gorals Verhältnis zu Israel war jedoch ambivalent: Einerseits hatte er sich schon seit 1927 jahrelang auf die Auswanderung nach Palästina vorbereitet und war in zionistischen Jugendorganisationen und Landwirtschaftsbetrieben in Deutschland und Frankreich tätig gewesen.

So war Palästina für ihn zunächst das Land des Aufbruchs, das Land, wo er nach der Einwanderung im Dezember 1934 sesshaft wurde und mit der Malerin Anna Szmajewicz eine Familie gründete. Andererseits erwiesen sich hier angesichts der sozialen und ökonomischen Realität seine sozialistisch-zionistischen Utopien als brüchig; dem Tod des noch nicht einmal einjährigen Sohnes folgte bald die Trennung von seiner Frau und der unstete Wechsel verschiedenster Gelegenheitsarbeiten. Als Antiquar und Bauarbeiter in Jerusalem, Bademeister am Toten Meer, Assistent am Museum in Tel Aviv, Obstpflücker auf Orangenplantagen, nirgends gelang es ihm Wurzeln zu schlagen.

Trotzdem waren die Jahre in Palästina für Goral künstlerisch durchaus produktiv, hier entstanden im Umfeld des deutschsprachigen Dichterzirkels um Else Lasker-Schüler zahlreiche Gedichte, die er in kleinen Auflagen publizierte.

In Rechovot gründete er das Kindermalstudio, das zum Ausgangspunkt seiner jahrzehntelangen pädagogischen Tätigkeit wurde. Hier fand auch Goral selbst zur Malerei: »Ich begann im arabisch-jüdischen Krieg 1948 zu malen. Ruinen und Opfer waren Themen meiner ersten Bilder.«[3]

Obwohl die zentrale Rolle, die Goral der Kriegsthematik im Rückblick für sein Frühwerk zuweist, relativiert werden kann, war seine Teilnahme am Unabhängigkeitskrieg sicherlich eine traumatische Erfahrung, die zu seiner Ausreise aus Israel beitrug. In einem undatierten autobigrafisch motivierten Text, der wohl in den 1960er Jahren entstand, schildert Goral neben der trostlose Situation der Emigranten in Frankreich und der mangelnden Aufarbeitung der nationalsozialistischen Vergangenheit in der Bundesrepublik in drastischen Worten auch seine Kriegserlebnisse:

Arie Goral, Ohne Titel, Mitte 1960er Jahre
Öl auf Holz
21,6 × 9,5 × 1,8 cm

(alle: Slg. Arie Goral, Jüdisches Museum, Frankfurt)

Wir fuhren mit Gesang ins Gelobte Land, mit uns fuhren – wir als Deckspassagiere, sie per erster Klasse – kapitalistische Flüchtlinge, sie konnten gut loben, sie hatten ihr Geld gerettet, wir knapp unsere Haut, immerhin wir hatten. Als wir in Haifa ankamen, stand zum Empfang für unsere Kapitalisten ihre Mischpoche mit Autos bereit, wir fuhren per Lastwagen weiter – immer noch mit Gesang – ins Zeltlager, wurden dort von unseren Kameraden, die

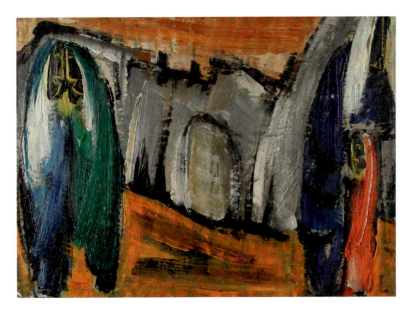

(links) Arie Goral, Ohne Titel, Ende 1960er Jahre
Öl auf Holz
16,5 × 22,8 × 5,6 cm

(rechts) Arie Goral, Ohne Titel, Mitte 1960er Jahre
Öl auf Pressspan
22,2 × 15,4 × 1 cm

früher ankamen, mit Gesang empfangen und am nächsten Tag zur Arbeit eingeteilt. So begann die Schufterei in Plantagen unserer Kapitalisten oder in den Städten auf dem Bau. Sie hatten ihr Geld gerettet, wir unsere Haut. Sie sagten: Schalom! Ihr seid doch Idealisten und da waren wir die Beschissenen. Dann kam der Krieg gegen die Araber, soweit wir welche kannten, hatten wir zusammen gehackt in Plantagen oder wir hatten Sand und Zement auf dem Bau gekarrt. Warum nun Krieg? Für was?
Dann kamen arabische Flugzeuge und warfen ziellos Bomben ab und auf dem Weg zur Arbeit fuhren unsere Lastwagen auf Minen. Wir hatten Hitler überstanden, wollten nicht jetzt noch krepieren. Was sollte man machen? Man war ja gefangen. Es war Krieg. Nimm du das Gewehr, sagte der Kommandant vom Ort, marschier erst einmal los, wir folgen dir. Und so zogen wir mit Angst ins Niemandsland. Es stank nach Kadaver, am Tag kreisten Geier, nachts heulten Schakale. Wir lagen frierend hinter einem Hügel im Zelt, in unseren trockenen Schnauzen knirschte der Wüstensand. Jenseits des Wadis wachten fluchend Araber. Wir hackten und karrten nicht mehr zusammen, wir waren Konkurrenten im Krieg. Das war ein Irrtum, wir waren die Beschissenen.
Der Irrtum hieß: Friede mit dir, der du wie ich ein Enkel von Moses bist.[4]

Angesichts der harschen Worte, mit denen Goral hier seine Erfahrungen in Israel zusammenfasst, verwundert es durchaus, dass Goral in den sechziger Jahren dem Thema Israel zwei umfangreiche Bildserien widmet. Es handelt sich um die *Israelischen Ikonen*, hunderte kleinformatiger Ölgemälde auf Holzbrettchen oder -klötzen und die *Israelischen Landschaften*, einige Dutzend in Mischtechnik ausgeführte, abstrahierte Landschaften auf Papier.

Gorals *Ikonen* haben mit den Ikonen der Ostkirche in erster Linie das Bildformat gemeinsam, eine narrative Struktur oder die Darstellung individuelle Personen finden sich hier aber nicht. Die Figuren und die sie bisweilen umgebenden Landschaften oder Architekturkulissen sind vereinfacht und ohne erklärende Details ausgeführt. Lediglich einige immer wiederkehrende Motive – die bodenlangen Gewänder und schleierartigen Kopftücher der Frauen, der Streimel, eine verbreitete Kopfbedeckung der chassidischen Juden, sowie die in Jerusalem häufigen Torbögen und Arkaden – dienen der Verortung der Bilder. Auffällig ist die Archetypik der Szenen: die Figuren sind gesichtslos – das Inkarnat der Gesichter wird nur mit einem Farbfleck angedeutet – und die Interaktion der einzelnen Figuren ist nicht eindeutig definiert. Manchmal scheint eine Gesprächssituation dargestellt, häufig handelt es sich offenbar um Familien mit Kindern und oft hat man den Eindruck, dass die Personen einen gemeinsamen Weg zurücklegen.

Im Gegensatz zu einer Serie von Bildern aus den 1970er Jahren, die die Themen Gewalt und Verfolgung umkreisen und die ebenfalls stark typisierte Figuren aufweisen, fehlt in Gorals *Ikonen* jede Andeutung von Dramatik, es handelt sich vielmehr um Alltagsszenen. Genauer gesagt, um idealisierte Alltagsszenen, also keine bildnerische Sozialreportagen, sondern farbenfrohe, zeitlose Bilder des orientalischen Lebens, Visionen eines idealen Jerusalems.

In einer zweiten Serie, den *Israelischen Landschaften*, knüpft Goral motivisch zunächst noch an seine orientalischen Landschaften aus den 1950er Jahren an. Die Gegenstandsbezüge lösen sich jedoch zunehmend in

Erik Riedel

abstrakte Farbflächen auf, die sporadischen Architekturelemente sind nur angedeutet und einige der Bilder sind nur noch durch den Horizont oder ihre *Farbstruktur* als Landschaftsdarstellungen zu identifizieren. Knapp dreißig Bilder gehen darüber noch hinaus: Sie zeigen die Landschaften aus der Vogelperspektive und weisen an topographische Strukturen angelehnte Landschaftsreliefs auf. Goral modellierte hier zunächst die Oberflächen mit Sand und kleinen Steinchen und bemalte die so entstandenen körnigen Schichten mit Tempera und Gouache.

Als die Surrealisten ungewöhnliche Materialien in ihre Bilder integrierten und materialästhetische Verfahren wie Frottage, Fumage oder Dekalkomanie verwandten, diente dies der Verfremdung und der Evozierung organischer Strukturen, aus denen sich vexierbildartig neue Bilder ergaben. So wie man in einer Wolke oder Holzmaserung ein Gesicht oder eine Figur erkennt, sollten diese Strukturen assoziative Bilder evozieren und unbewusste Assoziationen freisetzen.

Auch in der Malerei der 1950er und 1960er Jahre, besonders im abstrakten Expressionismus und der Arte Povera war die Materialität der Bildoberfläche zentrales Ausdrucksmittel. In diesem Kontext wurden auch archaische Materialien wie Erde und Sand verwendet, wobei die so entstandenen Oberflächenreliefs in ihrer Elementarität reich an Konnotationen sind, etwa von Reminiszenzen an die Höhlenmalerei bei Willi Baumeister bis hin zu den mythischen Landschaften bei Anselm Kiefer.

Beide Zugänge sind auch bei Gorals Sandbildern durchaus möglich: manche mag man als *Vexierbilder* lesen und etwa in *Massada I* ein Eulengesicht erkennen, aus der Tatsache, dass Gorals Sandbilder ausschließlich Israelbilder sind, mag man gar Bezüge zu jüdischen Vorstellungen von »Heimaterde« sehen, wie sie sich etwa im Brauch des Diasporajudentums manifestieren, einem Verstorbenen etwas Erde aus dem Heiligen Land ins Grab zu geben. Die Bezüge bleiben jedoch vage, und auch die wenigen Bildtitel geben kaum Aufschluss. Eine Handvoll der Landschaften ist mit *Massada* betitelt und offenbar von Karten oder Luftbildern der antiken Bergfestung angeregt. Auch Berichte über die archäologischen Ausgrabungen, die hier Mitte der 1960er Jahre stattfanden, mögen ihm Erinnerungen an die Landschaft am Toten Meer wachgerufen haben. Gerade die Ähnlichkeit der Sandbilder mit Luftaufnahmen erinnert aber auch an die zahlreichen Aufsehen erregenden Fotografien, die amerikanische und sowjetische Raumsonden Mitte der 1960er Jahre von Mars, Venus und vor allem dem Mond machten. Die Fremdheit der Planetenoberflächen ist jedenfalls mit diesen Landschaften Gorals – etwa einem in »unirdischem« Rot erstrahlenden Sandbild – durchaus zu vergleichen.

Obwohl die beiden Israelserien in einem für Israel politisch äußerst unruhigen Jahrzehnt entstanden – man denke nur an den Sechs-Tage-Krieg von 1967 – sind dies Gorals Bilder, die am wenigsten mit »engagierter Kunst« zu tun haben. Dass gerade Israel die Projektionsfläche für diese so unpolitisch erscheinenden Bildserien abgibt, verwundert angesichts Gorals kritischer Haltung zum israelischen Staat. Trotz aller Ernüchterung bleibt Israel jedoch für Goral das Land seiner Sehnsucht, das er später differenziert aber unnachgiebig verteidigt, als er etwa in den 1970er Jahren nach latent antisemitischen Motiven in der Israelkritik der Linken fragt.

(links) Arie Goral, Jemeniten, 1965
Öl auf Presspan
18,3 × 13,5 × 1 cm

(rechts) Arie Goral, Ohne Titel, 1960
Öl auf Holz
Ø 20,5 × 1,5 cm

Arie Goral: »Israelische Ikonen« und »israelische Landschaften«

(links oben) Arie Goral, Ohne Titel, 1966/67,
Mischtechnik auf Papier, 35,1 × 50 cm

(links Mitte) Arie Goral, Ohne Titel, 1966/67,
Mischtechnik auf Papier, 50 × 70 cm

(oben) Arie Goral, Ohne Titel,
Mitte 1960er Jahre
Öl auf Pressspan
16,6 × 10 × 1,6 cm

(links) Arie Goral, Ohne Titel,
Mitte 1960er Jahre
Öl auf Holz
19,7 × 11,1 × 2,3 cm

(unten) Arie Goral, Ohne Titel, Mitte 1960er Jahre,
Öl auf Holz, 23,3 × 17,5 × 1,8 cm

(oben) Arie Goral, Ohne Titel, 1951, Gouache und Tempera auf Papier, 37,7 × 47 cm

(Mitte) Arie Goral, Massada VI, Massada der Opfer, um 1966/67, Mischtechnik auf Papier, 35,1 × 50 cm

(unten) Arie Goral, ohne Titel, 1968, Mischtechnik auf Papier, 35 × 50,1 cm

Arie Goral: »Israelische Ikonen« und »israelische Landschaften«

Arie Goral,
Massada 1, 1968
Mischtechnik auf
Tapetenpapier
33,9 × 48,9 cm

Arie Goral, Ohne
Titel, um 1966/67
Mischtechnik
auf Papier
35,1 × 50,2 cm

… wenn mir auch immer bewußt blieb, gegen wen und was ich zu kämpfen habe: gegen Neonazismus, Antisemitismus und Faschismus, überhaupt gegen jede Reaktion, desto ungewisser wurde mir mehr und mehr, zu wem auf der Linken ich überhaupt gehöre, mit welcher Linken ich mich ALS JUDE noch identifizieren kann. Kritik an Israel seitens der Linken, warum nicht? Ablehnung von Begin, warum nicht? Ich bin auch gegen ihn. Aber es gibt auf der Linken einen ›ideologiespezifischen Antijudaisraelismus‹, der letztlich Israelhaß bewirkt.[5]

1982 schreibt er schließlich ein Flugblatt, die »Erklärung in eigener jüdischer Sache«:

Als Jude bin ich fest davon überzeugt, daß der Staat Israel aus einer geschichtlichen Notwendigkeit entstand, er somit nicht mehr aus der jüdischen Geschichte und ebensowenig aus dem Leben der Juden in der Gegenwart wegzudenken ist, wer auch die Regierung stellen mag. Der Verlust des Staates Israel würde die Katastrophe des Holocaust vollenden.[6]

Dennoch sind die beiden Israelserien kaum als dezidiert politische Statements zu interpretieren. Sie reflektieren vielmehr primär seine ästhetische Faszination für das Orientalische, die Fremdartigkeit der Menschen – der Araber aber auch der sephardischen und chassidischen Juden – und der Landschaft mit ihrer Kargheit und ihrem grellen Licht. Die ästhetische Erfahrung Israels sprach Goral vor allem als Maler an, der spielerisch mit seinem Material umgeht und mit rascher Hand Spachtel und Pinsel führt. Die beiden Bildserien vermitteln so ganz unmittelbar Gorals Faszination für das Material: die oft groben Holzklötze und Küchenbrettchen der Israelischen Ikonen, die spontan mit pastosem Farbauftrag bemalt werden, so dass ein dynamisches Relief von Ölfarbe entsteht, der feine, gelegentlich auch grobkörnige Sand, der sich, vermischt mit Leim, zu Landschaften formt, die in den intensiven Farben des Südens leuchten. Hier lebt er unmittelbar seine bereits früh etablierte, »nahezu magische Beziehung zur Malerei« aus. Diese »ging soweit, daß ich in Museen die Oberfläche von Bildern abtastete, um die Textur der Bildmalfläche zu spüren. Es kam oft zu Kollisionen mit Museumswärtern.«[7]

Als Publizist und Aktivist vollzog Goral eigentlich nie eine scharfe Trennung von Politischem und Persönlichem. So wie sein individuelles Erleben, der persönliche Konflikt oft Ausgangspunkt seiner Analysen und seiner Argumentation war,[8] wurde aber auch rasch eine kontroverse Debatte mit ihm zur persönlichen Auseinandersetzung mit ihm selbst. Dadurch war Goral als politischer Mensch einerseits äußerst authentisch, andererseits aber auch sehr verletzlich und verletzend. Wenn man berücksichtigt, dass Goral seine eigene Situation oft als widersprüchlich empfand und seine Bestandsaufnahmen über die Jahre immer pessimistischer ausfielen, erklärt sich seine Rolle als kämpferischer Mahner und Ankläger, der unter Missständen leidet und angesichts von Unrecht nicht schweigen kann. In seinen Israel-Bildern hingegen offenbart sich ein Teil seiner Persönlichkeit, der an der Ahnung von einer intakten Welt festhält. Jenseits von ästhetischem Eskapismus und jenseits von zionistischer Glorifizierung sind diese zeitlosen Figuren und Landschaften in ihrer Serenität Ausdruck einer Utopie des zutiefst Menschlichen, ohne die, zumal bei zunehmender politischer Ernüchterung, auch gesellschaftliches Engagement perspektivlos wäre.

Ruth Weiss
»Seit wann sind Sie Jüdin?«[1]

»Manchmal habe ich Albträume über die schlimmen Dinge, die hier in Deutschland passiert sind. Was kann ich da machen?« Das fragte ein neunjähriges Kind in einer Grundschulklasse in Hamm in Westfalen; die Kinder saßen in ihrem Klassenzimmer und warteten gespannt auf meine Antwort.

Was kann ich da antworten? Erstens, dass das mit ihnen, den Kindern, nichts, aber auch gar nichts zu tun hat – es geschah zu Großmutters, Urgroßvaters Zeiten. Zweitens, dass sie jetzt in einer Demokratie leben – sie können also mitmischen und sich bemerkbar machen, wenn ihnen etwas nicht passt. Und das wiederum bedeutet, dass sie jetzt schon, in ihrem Alter, lernen sollten, achtzugeben darauf, was in ihrem Umfeld geschieht. Dass sie nicht erlauben, dass jemand ausgegrenzt oder gemobbt wird, nur weil er oder sie »anders« ist. Dass sie das fürs ganze Leben lernen und danach handeln sollen. Ganz schön schwer, was?

Ja. Toleranz zu praktizieren ist schwer. Auch für diese Generation, die so locker sein will, so ganz anders als jene zur Nazizeit mit ihrer Uniformität, ihrer Gleichschaltung, dem strammen Gehorsam. Man weiß, wie schnell die Lockerheit kippen kann: Man denke nur an das Experiment des Lehrers an einer US-amerikanischen Highschool im Jahr 1967 mit der erfundenen *Welle*-Bewegung – es wurde durch das Buch und den gleichnamigen Film berühmt. Zu seinem Horror musste der Lehrer feststellen, dass die Mehrheit der Jugendlichen sehr rasch bereit war, totalitäres Gebaren gutzuheißen und zu übernehmen.

Juden kennenlernen

Meine Besuche in Hamm wie auch im gleichen Monat im nahen Olfen sind für mich schon fast Routine. Seit einigen Jahren wohne ich in Westfalen und werde häufig in Schulen eingeladen, meist zu älteren Schüler und Schülerinnen in den zehnten Klassen. Gelegentlich sagen Lehrer: »Es ist das erste Mal, dass meine Schüler eine Jüdin kennengelernt haben.« Ist das verwunderlich? Die halbe Million, die es mal gab, wurde ermordet oder wie ich vertrieben. Die Vertriebenen wurden – wie ich in meinem neuen Buch schrieb – nie wieder eingeladen, zurückzukehren. Dafür leben in Deutschland jetzt Juden aus der ehemaligen Sowjetunion – Menschen, die bislang kaum die Chance hatten, so »dazuzugehören« wie wir dies einmal taten. Oder genauer: Wir fühlten uns als Deutsche, doch die Deutschen fühlten das offensichtlich nicht so.

Ob Hitler den Krieg begonnen habe, um die Welt zu beherrschen, fragte ein Kind in Hamm. Diese Kinder fürchten den Krieg. Man kann vieles ansprechen: Rassenwahn, Selbstüberschätzung, Propagandalügen – wie

Ruth Weiss, fotografiert von Wilfried Hiegemann, 2006

beispielsweise jene, die Juden hätten den Krieg angezettelt – oder Grausamkeit. Den Kindern erklären, jede Art von Gewalttätigkeit sei unakzeptabel. Jene Lügen entlarven, die sich immer noch halten. Einmal war ich mit einer Klasse in Dortmund, um den »Zug der Erinnerung« zu sehen, eine Ausstellung über die eineinhalb Millionen von Nazis ermordeten Jugendlichen und Kinder. Ein Mädchen sagte mir: »Meine Mutter sagt, Hitler hasste die Juden, weil seine Oma Jüdin war.« Tja, und nun sage ich, dass das nicht stimmt. Die Aussage einer Autorität steht damit einer anderen gegenüber – welche wird das Mädchen akzeptieren?

Meine jungen Zuhörer und Zuhörerinnen verstehen etliches. Jene in Hamm hatten fast alle den Film *Der Untergang* über die letzten Tage in Hitlers Bunker gesehen, da er kurz vor meinem Besuch im Fernsehen gelaufen war. Eigentlich ein Unding, Kinder in diesem Alter so etwas sehen zu lassen, aber das ist heute nun mal so. Sie hatten keine Erklärungen dazu erhalten. Keines der Kinder konnte meine Frage beantworten, ob sie wüssten, wie der Krieg begonnen habe. Auch der Blitzkrieg mit den für Hitlers Feinde erschreckenden Siegen, mit Jubel und Fahnenschwenken, war ihnen kein Begriff.

Dass es Siege gegeben hatte, wusste dafür eine Achtzehnjährige. Ihr Lehrer erzählte mir, sie hätte im Deutschunterricht erklärt, dass die Deutschen am 8. Mai 1945 kapituliert hätten und Hitler am gleichen Tag einen Heldentod gestorben sei. Es war ihr neu, dass Hitler schon am 30. April im Bunker Selbstmord begangen hatte – und Selbstmord passte nicht in ihr Heldenbild des Führers: Der konnte nur an der Spitze seiner Männer sterben, nicht elend in einem Keller. Keine politisch interessierte Schülerin, meinte der Lehrer.

»Hassen Sie Deutsche?«

Und was fragen die älteren Schüler? In einer Gruppe von über hundert Jugendlichen fragte eine Schülerin: »Warum schreiben Sie über Juden?« Ich: »Weil ich Jüdin bin.« Sofort hakte sie nach: »Wann sind Sie zum Judentum übergetreten?« Die Fragestellerin war Muslimin. Sie weiß, dass es Deutsche gibt, die zum Islam übertreten. Aber sie kann sich kein Deutschland mit Juden vorstellen; jenes Deutschland, in dem ich geboren wurde, in dem wir »normal« in einer jüdischen Gemeinde leben konnten, am Schabbat zur Synagoge gingen, an jüdischen Feiertagen problemlos der Schule fernblieben. Bis – wie es in einem Gedicht von Mascha Kaleko heißt – die anderen einem nicht mehr trauten.

Die erwähnten hundert Jugendlichen traf ich letztes Frühjahr in einer Baden-Württemberger Realschule. Das Land hatte 2007 mein Buch *Meine Schwester Sara* als Pflichtlektüre für die Deutschabschlussprüfungen aller Realschulen ausgesucht. Das Buch erzählt die Geschichte von Sara und beruht auf der wahren Geschichte eines Freundes – ich habe aus ihm ein Mädchen gemacht. Er – oder im Buch es – wurde 1948 nach dem Wahlsieg der südafrikanischen Nationalen Partei (welche die Apartheid einführte) von einer Familie der burischen Elite adoptiert – wie insgesamt 83 deutsche Kriegswaisen. Als sich später herausstellte, dass Sara Jüdin war, wurde sie von ihrem Vater abgelehnt, da dieser die Ideologie der Rassenreinheit verinnerlicht hatte. Das eben hatten Apartheid und Nazis gemein. Sara bekämpft als Jugendliche die Apartheid.

Ich wohnte Anfang des Jahres in Baden-Württemberg und traf Jugendliche in etwa hundert Schulen. So las und redete ich in Klassenzimmern, in Aulen, in Bibliotheken. Gefragt wurde überall, nach allem Möglichen. Viel zu meiner Person: Ob ich Kinder habe, warum ich wieder in Deutschland lebe? Mein Sohn lebt in Dänemark, und ich wollte in seiner Nähe sein. Oft wurde ich gefragt, wie ich mich damals unter den Nazis fühlte? Wie es sei, wieder in Deutschland zu sein? Ob ich Deutsche hasse, ob ich Rachegefühle hätte? Ob ich Verwandte in der Shoah verloren hätte? Einmal wurde ich gefragt, ob ich mein Lieblingsspielzeug nach Afrika habe mitnehmen können? Nein, antwortete ich, nicht mal das Buch, das ich noch nicht fertig gelesen hatte. Worauf ein Junge anbot, er würde mir gerne das Buch besorgen, damit ich es zu Ende lesen könne …

Internationales Judentum

Öfter sagten Jugendliche, sie hätten innerhalb der Familie nie etwas von der damaligen Zeit gehört, auch nicht von Groß- oder Urgroßeltern, die damals gelebt haben. Manchmal meldeten sich Kinder mit Geschichten: Opa sei im Widerstand gewesen oder Oma habe Juden geholfen, sie versteckt, ihnen Essen zugesteckt. In einer Berufsschule in Norden, wo ich sechzig in der Altenfürsorge tätige Jugendliche traf, erzählten mehrere, ihre Patienten und Patientinnen würden davon reden, dass sie sich schuldig gemacht hätten, und andere gäben zu, dass sie wohl gewusst hätten, was mit den deportierten JüdInnen geschah – etwas, das ja immer wieder abgestritten wurde.

Manchmal erwähnten Lehrer ihre eigene Familiengeschichte, von Vätern, die in der SS oder NSDAP waren, oder von Müttern, die heute noch die Naziideen gut finden. Ein Lehrer hingegen beschwerte sich über meine Beschreibung der frühen Nachkriegszeit: Ich sagte, damals hätte niemand zugegeben, ein Nazi gewesen zu sein. Er – Jahrgang 1950 – wisse alles über diese Zeit, hielt er dagegen: Kein Land sei so rasch so gut mit der Vergangenheit umgegangen. Ein anderer fragte, ob ich nicht die Vorurteile der Nazis über die Existenz eines »internationalen Judentums« bestätige, wenn ich schildere, wie ein jüdischer Arzt Sara zu Hilfe gekommen ist. Er stellte die gesamte Geschichte infrage und konnte nicht glauben, dass ein Vater eine Adoptivtochter ablehnen würde, nur weil sie Jüdin war. Doch genau so war es bei meinem Freund, dem Vorbild für die Figur Sara.

Ab etwa 1950 besuchte ich Deutschland oft. Die Eltern meines Ehemanns Hans Weiss hatten überlebt, und er selbst schrieb ab diesem Zeitpunkt – wie später auch ich – für deutsche Medien. Damals fand ich in Deutschland keine Spur von »gewusst haben« davon, was kurz zuvor geschehen war. Einmal fragte mich ein Taxifahrer, ob ich Jüdin sei? Später kam er ins Hotel und erzählte von seiner KZ-Inhaftierung als »Sozi«. Keiner wolle etwas davon wissen, sagte er. In der Tat: Es waren die Jahrzehnte des Schweigens – auch unter Juden, die teils ungläubig, teils mit Scham auf Leidensgeschichten reagierten. Sie waren wie gelähmt. Sie suchten auf den von den Alliierten erstellten Vermisstenlisten nach ihren Angehörigen und konnten kaum fassen, was ihnen geschehen war und welchem Schicksal sie, wir entgangen waren. Und »die anderen«? Ein Nachbar meiner Schwiegereltern erklärte, er sei immer »dagegen« gewesen. Ein anderer behauptete, er habe ein jüdisches Kind gerettet. Einzelheiten fehlten. Genaues über das Schicksal der Deportierten war allen unbekannt: »Die waren dann eines Tages weg.« Bekannte, die nach dem Krieg in Deutschland zur Schule gingen, erzählen, die aus dem Krieg zurückgekehrten Lehrer hätten nie genug Zeit gehabt, um über die zwölf braunen Jahre zu reden – der Geschichtsunterricht hätte jeweils mit dem Jahr 1914 geendet.

Mit der Zeit wurde etliches anders. Heute, 75 Jahre danach, ist Erinnern »in«. So akzeptiert man seit fünf Jahren in vielen deutschen Städten »Stolpersteine«: kleine persönliche Gedenksteine im Straßenpflaster für Verschleppte und Ermordete. Wo ich wohne, wurden im Juni die ersten von 27 Steinen gesetzt – im Beisein von Überlebenden und Nachfahren aus verschiedenen Ländern. Das gab Wirbel: Die Lokalzeitung veröffentlichte Artikel über die Lebensgeschichten; die Kirchen beider Konfessionen luden die Gäste ein, auf dem Marktplatz zu sprechen; die Stadt war Gastgeberin eines Frühstücks. Derartiges wäre früher kaum durchsetzbar gewesen. Wie wohl auch Einladungen an Menschen wie mich, Schulen zu besuchen – Zeitzeugen jener Zeit werden rar. Aber Stimmen wie »Es ist Zeit, einen Strich darunterzusetzen!« ertönen weiterhin.

Woher hatte Sara den Mut?

Die Fragen der Schüler zur Figur des Mädchens Sara betrafen nicht nur die Beziehungen der verschiedenen Personen zueinander, sondern auch: Wie konnte eine Fünfzehnjährige sich politisch engagieren? Woher hatte

Kämpferin für die Unterdrückten

Ruth Weiss feiert heute 90. Geburtstag / Seit zwölf Jahren ist sie Lüdinghauserin

Ruth Weiss: Als Zeitzeugin bei „Lüdinghausen Global" (oben r.), in der Gesamtschule in Olfen (unten r.) und bei der Vorstellung des Buches „Stolpersteine". Weggefährten waren Denis Goldberg (oben l.) und Kenneth Kaunda (l. unten), dem ersten Präsidenten Sambias.

Sara den Mut? Warum war ihr das persönliche Glück nicht wichtiger als der Widerstand gegen die Apartheid? Lehrer griffen das Thema auf. Ein Lehrer sagte, es gäbe heute kein klares »Gutes« und »Böses« mehr und auch keine »Sache«, für oder gegen die sich Jugendliche entflammen könnten – wie zum Beispiel Apartheid. Ein anderer meinte, es gäbe zu viele Probleme, Jugendliche würden davon abgeschreckt. Die meisten wandten ein, heute interessierten sich Jugendliche nur für ihre Klamotten und Liebesgeschichten; was in der Politik geschehe, sei ihnen gleichgültig. Und doch: In einer Schule arbeitete eine Klasse während einer Projektwoche über Südafrika. In einer anderen Klasse, von der ein Lehrer behauptete, Politik interessiere sie nicht, wurde mehr als eine Stunde lang über Kolonialgeschichte diskutiert. Die enormen Probleme der Drittweltländer standen dabei im Mittelpunkt.

Die Bibliothekarin greift ein

Ich lernte Hunderte von Lehrern und auch Bibliothekaren kennen. Viele trauen ihren Schülern zu wenig zu. Ein Lehrer erklärte, er würde mein Buch mit der Klasse erst kurz vor den Prüfungen lesen, sonst würden sie alles vergessen. Einigen von ihnen war das Wichtigste, die Klasse durchs Examen zu bringen; sie beschweren sich darüber, dass sie zusätzliches Material über Apartheid beschaffen mussten. Andere schienen kaum mit ihren Schülern zu kommunizieren: In einer Reutlinger Bibliothek waren die Schüler und Schülerinnen von Beginn an unruhig. Die Bibliothekarin wunderte sich, dass die Lehrerin nicht eingriff, also tat sie es – mit Erfolg. Dieser Typ Lehrer stellte selten Fragen – oder dann nur, ob ich die Examensfrage erraten könnte? Dagegen gab es andere, die recht gut mit ihren Schülern standen und ihre Stärken und Schwächen kannten, sie zu Fragen ermutigten und mit Hintergrundmaterial versorgten. Jedenfalls lernte ich etwas: Die Jugend ist meist besser als ihr Ruf.

Die Atmosphäre war meist schon bei der Ankunft in einer Schule spürbar. Nach einigen Lesungen hatten mein Begleiter und ich rasch eine Ahnung davon, wie die Lesung verlaufen würde. Wurden wir am Schuleingang empfangen, war dies ein Zeichen für das Interesse der Lehrer und Schüler. Andernorts mussten wir uns durch große, komplizierte Schulgebäude durchfragen. Meist wurden wir von Schuldirektoren empfangen, und auch da gab es Unterschiede. Einmal bemerkte ein Direktor nach der Begrüßung vor den Kindern, er würde nun wohl *Meine Schwester Sara* lesen, obwohl er eigentlich nie Bücher lese. Als Rollenmodell etwas schwach. Später sagte er, seine Frau halte ihn an, wenigstens im Urlaub mal einen Krimi zu lesen. Doch selbst das falle ihm schwer.

Jewgenij Kagan
Schneemenschen oder Golgatha: Alepensuite[1]

Es war einmal ... Oder aber auch nicht.

Wer je in der Sowjetunion gelebt hat,
muss ohne Umstände Einlass im Paradies erhalten!
(Jossif Brodskij)

VORALPENLAND und HOCHGEBIRGE
»Unser Weg zieht dahin: Deutschland – Europa!«
(Infanterie- bzw. Kavallerie- oder vielmehr Kavalierseinleitung)

... Kraft irgendeines Waltens sind wir hierher aus fernen Fernen, –
nämlich: aus allen Himmelrichtungen gekommen.
Und: kämpfen dabei gegen unsere Ur- und Banal-Egoismen,
zugleich das eigene Ich vervollkommnend.
Gemeinsam mit dem Volk der Dichter und Denker – und zwar
auf höchst unterschiedliche Weise – auch in Farbe und Schattierung –
gemeinsam mit dem Volk der Dichter und Philosophen
könnte man grundsätzlich bei so einem Unterfangen
äußerst erfolgreich und glücklich sein, glücklich werden,
obwohl dabei ein Tohuwabohu entstehen könnte – nach all dem Gemetzel
und den Ghettos ...
Vieles und zwar alles sehen wir uns an: Museen, Paläste, Schlösser ...
Verlassen Sie sich, bitte sehr, auf Herrn Soundso!
Europa ... für einen »sowjetischen Menschen«
zumal für einen mit Matzen-Häppchen zwischen den Zähnen,
na ja, ... welche Weiten und Entfernungen
gibt es denn hier für so einen, falls er, der »sowjetische« Mensch,
– zum Glück –
noch immer kein Krüppel ist?!

Sommer in Bayern
Bzw.: An den Gebirgszügen
(Vorbereitung zur geplanten Wanderung sowie zum Textkern
Also Übergang ... noch nicht über die Alpen, sondern langsam – zum nächsten Kapitel)

... Und mit gutem, schäumenden bayerischen Bier auf einem Pachtgelände,
und zwar im Forstrevier lassen wir es uns also wohl ergehen
bei diesem Hochgenuss mit dem Kick, dem honigarabischen Kek, »keek« oder »kef«, auch »keef«
sowie dem altenglischem »kafe«, dem neurussischen »kajf« eben (zum Beispiel
bei wonnevollem Nichtstun) oder aber, modern gesagt »cool«, – lassen wir es uns wohl ergehen ...
und ertappen uns in dieser süßen Langsamkeit.
Wobei wir versuchen, nicht zu versäumen, unsere nie endenden Rechnungen zu prüfen und
auch zu zahlen mit unserer neu-europäischen d. h. nicht-russischen »Kabale und Liebe«
bzw. mit europäischer und nicht-russischer List (abgesehen von mancherlei Hinterlist).
Wobei »drüben«, in der Heimat, eigentlich beinahe alles genauso ist.
Nur ein bisschen anders. Oder scheint es nur von hier aus, irgendwie anders zu sein?
Ein bisschen anders ist es schon. Und all das zusammen ... ist das etwa Heimweh?
Aber sieh ... dort hinten, wo der Flachs blüht, dort auf jenem Acker, ja, genau da!
... ob nicht die Bauern und Gebirgsbewohner, die da laufen, just dieselben sind,
die von Napoleon vor seinem Anmarsch auf die russischen Redouten aufgeklärt,
gar erleuchtet wurden?!
Auf unseren Reisen nach Rom, wie auch nach Israel,
wohl wissend, dass die Reise weder ins Paradies, noch aus dem Paradies führt,

lassen wir uns das Weizenbrot schmecken. Nicht ohne »von der Hand in den Mund zu leben«,
doch ohne in einer Weise auf die Dinge zu schielen, zu starren, zu gaffen,
dass sie zu Bruch, zum Abbruch gebracht werden könnten, –
inmitten dieser Europa-Rallye, wo man seinen Platz markiert, den Ort erkundet
und in die Tiefe bohrt, doch »weder mit dem Stab, noch dem Grab« hantiert,
d. h.: ohne mit Gott
und der Welt zu hadern (und fragt sich: Was ist letztendlich das Leben?
Arbeit?! Kampf?!
Ein Spiel ...?! (Freilich haben wir keinen Bock aufs Sterben!), –
also haben wir uns plötzlich so richtig besonnen und –
komischerweise! – alle zusammen geschrien: »Ein herzliches Dankeschön!
Für alles und nichts! An alle und jeden.
Es scheint, wir leben eben doch nicht umsonst ...«

NACH den ALPENWANDERUNGEN:
ÜBERS ERREICHTE und ERKANNTE.
Sowie:
ÜBERS UNERREICHTE und UNERKANNTE.
Und auch:
ÜBERS UNERREICHBARE und UNERKENNBARE.
(DANTE, BLOK – RUSSLAND, DEUTSCHLAND, ITALIEN ...)

Wege und Bahnen

Auf Goethes Pfaden
bzw. in Goethes Fußstapfen zogen wir in die Toskana.
Voller Sehnsucht haben wir jedoch nur die Hosen abgewetzt.
Fazit: sowohl die Götter, als auch die Gothen planen
offensichtlich nicht immer und nicht alles so wie wir.
Weder ein Gothe, ein Skythe, noch ein Hunne –
habe ich die ersehnte Lagune nicht erreicht.
... Bedaure aber meinen Weg nicht!
Es war doch spannend zu GEHEN.

Propheten und deren Vaterländer
Aber ... dann –
mit dem Titan Goethe sowie Gott an der Seite
vor dem Hintergrund der Alpen,
ja, unmittelbar da!
erschien aus dem Nichts! – wie von selbst –
die klassische Gestalt von Alexander Alexandrowitsch Blok,
das Blok-Antlitz, das sich gleichermaßen (wie auch Goethe!)
auf Florenz herabbeugte, wie es sich anschmiegt an Florenz.
An Florenz, das jedoch einmal in einem (und gewiss nicht in seinem besten)
Augenblick
die stinkende, schmierige Fratze von Denunzianten und Schleimern annahm
und nicht einfach »irgendjemanden«, –
einen Kontinent!
seinen unvergleichlichen Dante
verraten hat ...
Es gibt ja keinen Propheten im eigenen Land?!
Ungeheuerlichkeiten sind unmessbar! »Es soll ja auch Flecken vor der Sonne
geben! ...?«
... Ein Gott wird aus der Heimat vertrieben. Wie Poeten eben.

BODENSEE: WILHELM TELL.
Sowie. BERGLAND DEUTSCHLAND
(und ... wir dabei)
Und auch:

GOLGATHE. Mit – Bulgakow im Hintergrund
(FAZIT und SCHLUSSFOLGERUNGEN)

Der Bodensee hütet eine Unzahl von Mythen, von Geheimnissen.
Und auch nicht wenig Heiliges ...
Wir verließen den bayrischen Granit und zogen nach Baden-Württemberg.
Nicht weit von hier hat einst Wilhelm Tell in den Wäldern für Gerechtigkeit
gekämpft.
... Hat uns die Zeit gleich einem Federgras dahingerafft?
Ob nicht auch wir ..., und ob nicht deswegen:
wegen dieser berechtigten Gerechtigkeit
unübersehbarer Zwist entfacht ist?! ...
Und ob nicht auch wir – wer von uns auch immer –
es gewollt und genossen hat, wie auch die, die's nicht gewollt oder genossen
haben – also
»gewollt oder ungewollt« – und die, die all das ausgehalten haben, wie auch
die, die das
alles nicht ertragen haben ...
und ob nicht auch tatsächlich wir diejenigen sind – und waren, – die sich selbst
hingaben, bzw.
sich ergossen und verströmten – wie in den glühenden Krater eines Vulkans –
mitten ins Herz Europas.
Europa – in Stiers Klauen, in Bullenhänden.
Nein, nicht immer und überall ... Haben wir uns doch auch nicht immer und
überall in Europas
schmelzende Glut gestürzt ...
vielmehr ... in das alte Europa, –
die verrostete Konservenbüchse, wie man bereits in der Schule gelernt hat, in
das Gefäß Europa,
in diesen Europa-Becher, die Urne, in den Europa-Pokal ergossen wir uns ...

Oder anders gesagt: in Wilhelm Tell,
den ewigen Tell,
(Es klopft jetzt womöglich – noch immer bzw. erneut – Klaas' Asche an unsere
Herzen!)[2]
hinein in Europa – in Tells Schädel!
... Und was exakt von all diesen Vermutungen zutrifft,
habe ich Pseudomichel des einundzwanzigsten Jahrhunderts, ich tumber Tor,
Narr und Banause
unglücklicherweise verschlafen!
Doch was feststeht ist dieses
sich ohne zu zaudern Hingeben, sich selbst in Europa verströmend ...
»Sich selbst« bedeutet: Licht und Finsternis, Freiheit und zugleich Tüchtigkeit
wie auch Fessellosigkeit (bis hin zum Ausgewiesensein!). Dennoch Freiheit!
Wie zum Beispiel George Sand sie mit Consuelo lebte. (Wir lieben die
Zigeunerinnen!)
Und dieses Sich-verströmen, Sich-ergießen – bedeutet: unseren Becher erklingen
lassen mit dir,
Fratello, »Bratello« (Russisch mit italienischem Kolorit), mein Bruder, mein
Brüderchen, auch du
die verrostete Konservenbüchse. In der Tat! Nicht bloß ein
Konnotationsattribut!
Gießen wir unseren brodelnden, hoch entzündbaren Kern (wie Jak[3] *und*
Gastello, wie Gastello[4]
in Jak), diesen siedenden, unerträglichen, kribbelnden, undeklinierbaren
Knallcocktail, Cock-tail,
sprich: Hahnenschwanz – in die abendländische Glut, prost.
Mit ermüdeten Fingern trägt man bei Mondlicht seinen guten, alten
»Parker« und dichtet

Jewgenij Kagan

FREUNDSCHAFTSBOTSCHAFTEN,
EPISTOLAE *obscurum virorum aus dem Bergland Deutschland.*
Man hört die Salven entkorkter Flaschen,
trinkt die Blicke, ... das Wetterleuchten ... Gedanken, Ideen!
Die Alpen ballen sich zusammen, drohen mit den Schneemenschen;
Yeti-Gruppen rücken heran ... und-oder-aber – mein Yeti-Schicksal ...
... Man ist kein Asket. Kein Agnostiker. Kein Stalker.
Man leidet nicht allzu sehr unter der Hitze,
kommt man doch hin und wieder, so etwas kann geschehen,
in einem Café, in einem Kaif oder sonstwo zu einem Kick – im Kaif von
Haifa zum Beispiel,
so dass man sich plötzlich zuflüstert, weder Pilatus, noch Kaiphas seiend:
Egal wo, was und wie ... man lebt, –
auch in den Alpen bewegt sich niemand höher als auf Golgatha,
und beim Anblick der Sandbank in der Ahnung von Untiefen des ewigen
Flusses:
von nun an diene ich – der ernüchterte bulgakowsche Rittmeister –
dem schönen Scheine
nicht!

Jewgenij Kagan
Mein »HEIMAT-DESIGN«
»Über mich und die Heimat« – eine Erzählung[1]

1. Heimat: »Einzig und ganzheitlich« (Einführung, bzw. einleitende Bemerkungen)
Die »Zweite Heimat« also.
Oder auch »eine neue« – egal!
Ich bin gespannt ...
Klingt wie ein Oxymoron für mein« russisches Ohr«: zweite Heimat ...
Das heißt: widersprüchlich. Weil zwei einander ausschließende Begriffe in einem vereint sind.
So widersprüchlich, denke ich, klingt es nicht nur für meine Ohren allein; auch für viele der sogenannten Russen hier im Westen. Als »Russen« werden mittlerweile in Deutschland praktisch alle Russischsprachigen bezeichnet.
Denn einerseits haben tatsächlich die meisten von »uns«
– ein »Wir-Gefühl« – das ist ein spezielles, wichtiges und riesiges Thema![2] –
im Westen eine gemeinsame Muttersprache; insbesondere diejenigen, die in den letzten zwei Jahrzehnten Deutschland zugelaufen bzw. nach Deutschland eingewandert sind.
Die russische Sprache nämlich.
Was aus sich selbst heraus definiert und prägt.
Falls nicht nur Russisch allein Muttersprache ist,
selten genug bei jemandem von »uns«,
so blieb und auch bleibt Russisch eben die Sprache der internationalen Kommunikation zwischen »uns« Russischsprachigen.
Gerade zur Sprachproblematik kommen weitere wichtige Inhalte, die zum Thema »Heimat« gehören, und zwar maßgeblich.
»Wir«, die Russischsprachigen, haben mentalitätsmäßig darüber hinaus trotz der Unzahl von individuellen und gruppenartigen Verschiedenheiten auch viel Ähnliches und Gemeinsames.
Sind innerhalb der ehemaligen UdSSR durch die gleiche Erziehung, Ausbildung, Propaganda und Kultur geprägt worden.
Dass Menschen, die als gesellschaftliche Gemeinschaftsgruppen betrachtet werden,
von Ort zu Ort, von Land zu Land, von einer Republik in die andere,
nicht nur etwas Gemeinsames, sondern ebenso Verschiedenheiten, ja, prägende Unterschiede haben, ist allgemein bekannt:
»Jede Stadt hat ihre besondere Art, Hühner aufzuschneiden«, ein Sprichwort aus Togo.
Ich möchte diesen Gedanken mit einem Beispiel weiterentwickeln:
Die Ukrainer und die Weißrussen unterscheiden sich. Auch wenn es innerhalb eines jeden Volkes ausgeprägte Verschiedenheiten gibt in ihrer »Art, Hühner aufzuschneiden«, so haben diese beiden Völker doch viel gemeinsam. Besonders deutlich wird das, wenn man sie mit einer amerikanischen oder deutschen Gruppe vergleicht.
Ich gehe davon aus, dass man in der ehemaligen Sowjetunion und auch heute in den postsowjetischen Ländern eine typische Erscheinung beobachten kann. Die weißrussischen Juden gleichen in ihrer Mentalität mehr der weißrussischen Bevölkerung insgesamt als den ukrainischen Juden.
Um dieses Phänomen hier im Westen besser verstehen zu können, muss man sich viele Besonderheiten und Realitäten des sowjetischen Lebens vor Augen führen:
Die radikale Herrschaft des Atheismus,
die faktische Abwesenheit jeglicher Religionen – insbesondere der jüdischen! –
während der Jahrzehnte kommunistischer Herrschaft.
»Juden« und »jüdisch« bezeichnete bei uns in der Sowjetunion die »Nationalität«. Sie wurde automatisch in den Pass wie alle weiteren Unterlagen eingetragen. Irgendwie ist das alles für uns im Bewusstsein,
ja, im Unbewussten »automatisch« so geblieben.

KORREKTUREN
Wahrnehmungen und gleichlautende entsprechende Begriffe hier im Westen bedürfen der Entschlüsselung wie die entsprechenden Wortlautbegriffe östlicherseits. Wörter gehen unterschiedliche Verstehenswege – man denke nur an »Juden« und »jüdisch«.

Ich als Autor muss sehr, sehr vorsichtig sein, sehr aufpassen, was die Terminologie angeht. Denn die gleichen Begriffe, Kategorien und Definitionen unterscheiden sich »hier« und »dort« manchmal ganz grundsätzlich, radikal und bedeuten etwas ganz Verschiedenes. Ich werde nicht müde, das zig Male zu betonen und zu wiederholen. Solche Momente unterschiedlicher Wahrnehmungen, was als akzeptabel erscheint und was nicht, bedingen das Verstehensproblem. Deswegen bräuchte man eigentlich, um zu einer allen verständlichen Sprache zu finden und so angemessene Diskurse überhaupt schaffen zu können, einen gemeinsamen »Apparatus der entsprechenden Begriffe«. Die Sache selbst, der Stoff fordern mich dazu heraus. Er zwingt mich, zunächst darüber überhaupt und unbedingt! zu sprechen.
Dies alles ist zu berücksichtigen, wenn man sich ein echtes Bild und eine realistische Vorstellung von »unseren« Ursprüngen und meinem Thema Heimat machen will.

Zurück zum Begriff der Heimat:
   In Deutschland ist die Redewendung »Die zweite Heimat« gebräuchlich.
Man kann sich natürlich freuen, mehrere Heimaten zu haben.
In russischer Sprache gibt es nur eine Heimat. Es gibt keine »zweite Heimat«!
»Die ursprüngliche Heimat ist eine Mutter, die zweite eine Stiefmutter«, sagt ein russisches Sprichwort.
Und ein sibirisches: »Nicht wo du die Bäume kennst, wo die Bäume dich kennen, ist deine Heimat«.
Selbst im Wort »Heimat« (Russisch: родина) in der russischen Sprache ist die »Idee einer zweiten Heimat« bereits in der Wurzel des Wortes so gut wie ausgeschlossen – auch weil die beiden, Wort und Wurzel, sich etymologisch von »Geburt« (рождение, роды) ableiten und mit »Hier-Geboren-Sein«, »Hier-Geboren-Werden« zu tun haben.
Im Deutschen kommt Heimat vom Heim »Grundbesitz«[3].
Bereits aus den Sprachen ergeben sich Schattierungen und Differenzen der Bedeutungen im Begriff »Heimat«. Sie sind für deutsches und russisches Bewusstsein etymologisch nicht zufällig. Das Gleiche gilt für die Wörter »Juden« und »jüdisch« im Vergleich zu russischsprachigen Wörtern.
»Wir«, so auch ich, wurden in der Sowjetunion zudem patriotisch erzogen:
»Nur eine Heimat!« Verstärkt durch eine solche patriotische Erziehung wurde uns dieser Begriff von einer einzigen Heimat auf der Welt suggeriert.
Ich möchte mir selbst gegenüber aufrichtig und ehrlich sein:
Bei allem meinem, »unserem« Kosmopolitismus ist etwas von diesem Patriotismus geblieben.
Trotzdem und sowieso hatten und haben wir manchmal genug Schwierigkeiten mit unserer Selbstidentifikation – falls man sich dessen überhaupt bewusst wird. All das, auch patriotisch-politische Prägungen bleiben eher im Unbewussten. Üblicherweise dachte man kaum darüber nach.
Was heißt das alles?
Der Platz für den russischsprachig geprägten Inhalt, die russische Bedeutung des Begriffs »Heimat«, ist für immer besetzt im russischsprachig geprägten Bewusstsein, wie besonders im Unbewussten!
Und: »Das war's«?! Schluss? Feierabend?
Moment!
Jetzt, da ich 19 Jahre in Deutschland lebe, sagt man mir, es gäbe *noch* eine Heimat, eine historische: Israel.
Ich bin dort, leider, leider!, noch nie gewesen. Schade, schade!
Ich hoffe weiter, irgendwann einmal dorthin fahren, fliegen zu können!

Na, und wie gehst du damit um?
Auch unter uns Juden gibt es bei allen Sympathien für Israel ganz unterschiedliche Betrachtungen und Meinungen dazu.
Mehrere Heimaten – hier und jetzt möchte ich nur festhalten, dass ich mir persönlich dieses Problems bewusst bin und dazu stehe.
Wichtig für mich selbst ist mein eigenes Empfinden.
Ich versuche, in mich selbst hinein und dort nachzuschauen und meinen eigenen Eindruck davon authentisch zu formulieren.
Zunächst macht sich in mir selbst ein »Gefühl der Kompliziertheit« breit – beinahe schizophren:
Ich habe während meines Lebens gelernt, auch gezwungenermaßen, in mir selbst sowohl »parallel«, als auch »gemischt«, »verschmolzen« und »verschmelzend« verschiedenartige Gefühle und Betrachtungsweisen innerlich zu integrieren.
Das ist zugleich ein Merkmal von Schwäche und von – eher! – Stärke.
Ich gehe davon aus, diese unterschiedlichen und nicht selten sogar widersprüchlichen Gefühle, Betrachtungen, Meinungen, können in der eigenen Persönlichkeit erfolgreich und interessant zu Komplexität und Fülle integriert werden. Dann verbindet sich ein nicht nur naives und einfaches, ursprünglich-patriotisches Gefühl von tatsächlicher Heimat mit einem »gesunden nationalen« und dem komplizierten kosmopolitischen zu einem komplexen Gefühl.
Ich glaube, wenn die Menschheit insgesamt ein solch komplexes Gefühl entwickelte, dann gäbe es weniger Kriege

auf der Erde. Alle erwähnten Gruppen der Gefühle könnten relativ ruhig sowohl parallel, als eben auch gemischt und verschmolzen existieren. Warum dann noch tödliche Auseinandersetzungen?!

2. Die BRÜCHE.

Der erste Bruch von diesem ganzheitlich-naiven, harmonisch-idyllischen, rosen-klaren »unbewussten Bewusstsein« (Frontal-Oxymoron! – keine »Tautologie«!) geschah bei mir im Alter von sechseinhalb Jahren, als ich in die Schule gegangen bin.

Die Jungs auf der Straße schrien mir etwas offensichtlich brutal Verächtliches zu. Dabei wiederholten sie ein Wort, das ich zuvor überhaupt nie gehört hatte, ergo nicht kannte. Es klang auf Russisch etwa wie жид (Zhyd)[4] oder so ähnlich. Als ich nach Hause kam, habe ich meine Mutter über die Bedeutung des Wortes befragt.

»Wo hast du das gehört?« Und: »Weißt du, was das bedeutet?!« fragte sie mich ihrerseits eben die Frage, die ich mir gestellt hatte. Sie beantwortete meine Frage nicht, schlug die Hände zusammen und seufzte.

Dann verstummte sie völlig.

Ich hatte nur »verstanden«, dass das Wort etwas ganz Schreckliches bedeutet.

So verstummte auch ich –

wohl, weil ich sie damit schonen wollte.

Und dann begann Mutter zu erzählen und zu erklären.

So habe ich erst erfahren, dass ich Jude bin.

Ich erhebe deshalb heute keinerlei Vorwürfe gegen meine Eltern!

Man muss es aus dieser Zeit heraus verstehen. Es gab damals keinerlei nationale jüdische Kultur. Die allgemeinen und gemeinsamen Träume waren transnational: *inter*nationale Kultur usw.

Meine Eltern, Großeltern und andere – sie waren damals Idealisten.

Einmal, viel später wird Leonid Brezhnev feierlich sagen:

»Es ist eine neue historische Gemeinsamkeit entstanden: das sowjetische Volk«.

Dieser Prozess hat etwas Gutes in sich enthalten – wie überhaupt schöne und durchaus positive Werte laut propagiert wurden.

Heute wissen wir mehr. Das sowjetische Volk existiert nicht mehr. Die Werte scheinen teilweise naiv gewesen zu sein. Aber auch »naive Werte« können von Wert sein.

Außerdem: Ich habe gerade »teilweise« gesagt. Als ein Mann, der beruflich mit der Psychoanalyse vertraut ist, kann ich bestätigen, dass hier bestimmte Verdrängungen stattgefunden haben.

Also: *wer bin ich* jetzt im Sinne nationaler Identität?

Inzwischen erscheint mir das Problem immer wichtiger.

Ich bin zugleich:

Erstens: jüdisch

In der Sowjetunion stand unsere Nationalität im Pass – der berühmte »Fünfte Graph«.

Für uns ist sie für immer als solche selbstverständlich geblieben. Auch für die meisten der sowjetischen Juden wurde diese ihre nationale Identität, diese ihre nationale Gemeinsamkeit prägend und bestimmend gerade *wegen* des maßgeblichen staatlichen, vielfach dokumentierten tagtäglichen Antisemitismus. Oder könnten dabei auch geschichtliche, gar Gattungswurzeln eine große identifizierende Rolle gespielt haben?

Es war stark von der Familie abhängig und von Familie zu Familie durchaus unterschiedlich.

Vieles aus der jüdischen Kultur war dort in der damaligen Zeit verloren gegangen.

Das ist durchaus mit der neueren Geschichte der Juden in Deutschland, gerade in Nazi-Deutschland, vergleichbar: Der Holocaust hat in der Sowjetunion in den Jahren der Nazi-Eroberungen und unter deren Gewalt stattgefunden. Er hat die dortige Bevölkerung beeinflusst, wenn auch in anderem Ausmaß als bei Hitler selbst mit seiner kannibalistisch-judophoben Haltung. Er hat den bis dahin »lediglich« banal-alltäglichen Antisemiten Stalin höchstpersönlich entschieden und stark infiziert.

Der ganze Kampf gegen »Kosmopolitismus« und »Kosmopoliten« in der UdSSR in den Jahren fast unmittelbar nach dem Krieg,

der totale Mord an absolut herausragenden jüdischen Menschen,

fast allen Mitgliedern des Jüdischen Antifaschistischen Komitees,

die Verfolgung von Ärzten jüdischer Abstammung,

geheime Vorbereitungen zur Verbannung der ganzen jüdischen Bevölkerung aus dem europäischen Teil der Sowjetunion in die Gulags Sibiriens,

ist durch viele Dokumente bewiesen. Und nicht nur die Existenz solcher Pläne. Sie waren bereits in einem finalen Stadium angekommen:

Die Züge für gewaltige Umsiedelungen der Juden standen bereit. Im Frühjahr 1953 war das bereits eine Frage der nächsten Tage, wenn nicht der nächsten Stunden.

Warum spreche ich hier und jetzt und überhaupt darüber?
Nicht nur weil unsere Länder, die ehemalige UdSSR und Deutschland, Russland und Deutschland in ihrer Geschichte sehr viel Gemeinsames hatten: Beide Seiten waren klassische und unbarmherzigste Despotien. Was konkret die »Jüdische Frage« angeht – Stalin hat tatsächlich sehr viel und besonders viel unmittelbar vor und während des Zweiten Weltkrieges von Hitler »gelernt« und übernommen.
Heute werden für mich alle diese geschichtlichen Prämissen und Faktoren immer wichtiger.

Zweitens: Ich bin, ganz offensichtlich, auch russisch: die russische Muttersprache, die russische Kultur, sie haben mich selbstverständlich tief geprägt.
Und letztendlich bin ich

Drittens: ukrainisch

durch: Staatsangehörigkeit, Kultur und auch die zweite Muttersprache: »Oxymoron Nummer zwei«!?
Was die Frage der Heimat angeht, muss ich dazu unbedingt anmerken, dass »wir«, beinahe alle, damals außer unserer Heimat kaum andere Länder kannten und gesehen hatten. (Jetzt schon!)
Wir, auch ich!, haben am eigenen Leibe zu spüren bekommen, dass man das eigene Land,
die Heimat, gerade im Ausland besonders gut erkennt und versteht.
Dazu gibt es schöne Sprichwörter:
»Heimat entsteht in der Fremde«, Walter Ludin, Schweizer Journalist, Redakteur, Aphoristiker und Buchautor;
»Am Tage, da ich meinen Pass verlor, entdeckte ich mit achtundfünfzig Jahren, dass man mit seiner Heimat mehr verliert als einen Fleck umgrenzter Erde«, Stefan Zweig (ein Gigant!), *Die Welt von gestern*;
»Die Heimat ist ja nie schöner, als wenn man in der Fremde von ihr spricht«, so Horst Wolfram Geißler;
»In der Fremde erfährt man, was die Heimat wert ist«, Ernst Wiechert;
»Erst im Ausland lernt man den Reiz des Heimatdialektes genießen«, Gustav Freytag.

Die Heimat ist für mich die Sprache.
Und die Sprache ist die Heimat.

Das habe nicht ich mir ausgedacht, aber doch gespürt und *erlebt*.
Viele bedeutende Menschen bekannten sich dazu und betrachteten die Frage der Heimat in dieser Art und Weise. Die insbesondere, die das Problem am tiefsten erlebt und *gefühlt* haben:
Sie, die sich mit der Sprache als *dem* Gegenstand in ihrem Beruf, ihrem Forschungsgebiet auseinandersetzten.
In Deutschland waren das viele berühmte Menschen, die mit ihrem Schaffen zur geistigen Elite der Welt gehören: so Wilhelm von Humboldt, Gottfried Herder, Johann Wolfgang von Goethe, Friedrich von Schiller, Christoph Martin Wieland, August Schleicher.
Ich gehe davon aus, dass auch viele russische und ukrainische Schriftsteller und Wissenschaftler – z. B. die Russen Mihail Lomonosov, Fedor Buslaev, Filipp Fortunatov, Dmitrij Ovsyaniko-Kuluikovskij, Nikolaj Trubezkoj; Viktor Vinogradow;,der große Ukrainer; Oleksandr Potebnya, der Pole, Russe und Ukrainer; Jan Niecisław Ignacy Baudouin de Courtenay,der Ukrainer und Russe; Lev Schtcherba; die Russen und Juden Yuriy Lotman und Viktor Zhivov – dazu zählen. Sie haben sich auch dem Thema gewidmet und eine entsprechende Haltung entwickelt. Sie alle, sieht man von Lomonosov ab, der früher gelebt hat, waren echte und richtige Nachfolger dieser deutschen Sprachgewaltigen.
Die russische und ukrainische Sprache beherrsche ich ziemlich perfekt;
Deutsch nur ein wenig; zum Glück habe ich zumindest eine Ahnung und Vorstellung von der deutschen Sprache. Deshalb sind mir die Ukraine und Russland, seltsamerweise auch die zerfallene Sowjetunion, für immer Heimat. Die ukrainische Sprache ist für mich meine zweite Mutter-, eher Vatersprache.

4. In diesen Zusammenhang gehört eine persönliche Geschichte:

Im Jahr 1959 gab es bei uns in der Sowjetunion eine Volkszählung; die erste seit 1939, praktisch sogar seit 1929. 1939 war Stalin war über die Ergebnisse verärgert, denn die Bevölkerungszahl hatte sich als Konsequenz und Folge seiner wirtschaftlichen und Gulag-Politik verringert. Deshalb verbot er die Veröffentlichung der Ergebnisse. Sie sind bis heute nicht publiziert.
Ich war damals, 1959, genau zehn Jahre alt. Als der Mann mit dem Fragebogen zu uns nach Hause kam, hat mein Großvater mich dazugerufen. So war ich Zeuge der Befragung. Alles verlief für mich klar und gut bis auf eine Frage, die mein Großvater für mich völlig überraschend beantwortet hat:
die Frage nach der Muttersprache.
Ich war absolut erstaunt, als ich Großvaters Antwort hörte: ukrainisch.
»Wieso?!«, habe ich geschrien. Wir sprachen doch zu Hause nur russisch!

Darauf erzählte mein Großvater seine Geschichte:
Er war der älteste von 14 Kindern. Als er 14 Jahre alt geworden war, starb sein Vater. Nun musste er ihn vertreten, für die Familie sorgen und Geld verdienen – in einem kleinen Städtchen auf dem Land in der Nähe von Kiew, der »Mutter aller russischen Städte«.
Dort wurde ich 1948 geboren.
Dort habe ich bis 1994 gelebt.
Dort sprach man seit je ukrainisch, und auch seine Mutter hat all ihren Kindern diese Sprache als Muttersprache neben dem Jiddischen beigebracht. Die folgende Generation meiner Familie verlor *leider* das Jiddische.
Dadurch bekam ich eine neue Sicht auf die ukrainische Sprache und besuchte ab der vierten Klasse die ukrainische Schule.
Deshalb sage ich, Ukrainisch ist meine zweite Mutter- bzw. Vatersprache.

Ich habe meinen Großvater sehr geliebt und verehrt. Er war Professor der Medizin, genau wie meine Großmutter, seine Frau. Sie war eine ziemlich berühmte Augenärztin in der Sowjetunion, Augenchirurgin auch. Er: Organisator und Historiker der Medizin, medizinischer Statistiker. Beide sind übrigens in den zwanziger Jahren des letzten Jahrhunderts als Ärzteehepaar zu ihrer medizinischen Weiter- und Fortbildung nach Deutschland geschickt worden. Die Aufgabe meines Großvaters war vorrangig, die deutschen Erfahrungen und Errungenschaften im Bereich des Gesundheitswesen zu studieren und womöglich zu übernehmen: Meine Großmutter sollte ihn dabei unterstützen. Das haben sie geschafft! Mein Großvater hat in den zwanziger und dreißiger Jahren eine bedeutende Rolle im Prozess der Entwicklung des sowjetischen wie auch ukrainischen Gesundheitswesens gespielt. Dank solcher tüchtiger Enthusiasten gehörte das sowjetische Gesundheitswesen noch lange zu den fortgeschrittenen in der Welt. Das gilt besonders für die Organisation des Gesundheitswesens und die prophylaktische Medizin. Die Studien in Deutschland hatten sich gelohnt.
Ich erinnere mich bis heute: In den Gesprächen zu Hause konnte ich ab und zu Berichte meines Großvaters, und insbesondere meiner Großmutter aufschnappen. In ihnen war eine richtige Faszination und Begeisterung vom Deutschland der zwanziger Jahre zu spüren – gedämpfter dann, als plötzlich der Krieg Nazi-Deutschlands gegen der Sowjetunion ausbrach.
Damals haben die Eltern meiner Großmutter die Großeltern meines Vaters während des erfolgreichen Vormarsches der deutschen Truppen bis in die Ukraine gedrängt, ihre Beinahe-Heimatstadt Kiew zu verlassen. Das haben diese aber verweigert. Sie wollten den Informationen über die schrecklichen Aktionen der Nazis in den eroberten Territorien, auch und gerade gegenüber Juden, nicht trauen: »Die Deutschen sind doch eine Kulturnation!«
– So hörte ich es in den Erzählungen meiner Eltern immer und immer wieder! –
Das alles wären nur maßlose Übertreibungen der kommunistischen Propaganda.
Sie wurden in Babij Yar erschossen.

Mein Großvater hat sich innerhalb einer kurzen Zeitspanne, 1952/1953, auch intensiv mit meiner Erziehung beschäftigt.
Man erzählte, das wäre ihm in diesen Zeiten ein Trost gewesen:
Er hatte nämlich seine Lieblingsangelegenheit, seine Arbeit, verloren. 1929 hatte er an der Kiewer medizinischen Uni den Lehrstuhl »Organisation des Gesundheitswesens und der Medizingeschichte« etabliert und war bis 1952 dessen Leiter und Professor. Dann begannen die Jahre von Stalins unbarmherzigem Kampf gegen »Kosmopoliten« mit Schwerpunkt der Sonderverfolgung jüdischer Ärzte.
Großvater wurde aus seiner Arbeit, seinem Aufbauwerk, brutal vertrieben.
Jetzt wartete auch er wie viele andere in Stalin'scher Zeit auf seine Verhaftung. Deswegen war ich als kleines Kind, »Junge« hat er mich immer genannt, sein »Rettungsanker«.

Dann, im März 1953 starb Stalin.
Ich erinnere mich sehr gut an einige Reaktionen auf dieses Ereignis. Fast nicht zu glauben:
Als mein Großvater die Nachricht hörte, sank er erschüttert aufs Sofa und wurde von heftigem Weinen und Seufzen geschüttelt. Er meinte, nur die Umgebung des Führers sei schlecht gewesen; er selber gut.
So war das: Der Glaube des russischen Volkes an das gute Zaren-Väterchen entfaltete sich auch bei manchen ansonsten klugen Juden. Er war hier nicht weniger ausgeprägt als bei den nichtjüdischen Russen.
Heute wissen wir, dass Stalin ganz persönlich alle diese Kampagnen initiiert hatte.
Seine Umgebung setzte seinen schrecklichen Willen konsequent um.
Meine weiteren Erinnerungen an diese Tage: Mir wurde damals wegen der allgemeinen Trauer praktisch alles verboten: spielen, laut sprechen, Radio hören, schnell laufen, Fernsehen usw. So habe auch ich, zwar nicht unter, aber durch Stalin gelitten …

Wir waren also alle einmal sowjetisch.
　»Wir« alle.

Merke: »Heimat ist da, wo man sich aufhängt!«, weiß ein bayrisches Sprichwort.
Dazu passend:
»Heimat ist da, wo einer stirbt; nicht da, wo er lebt« (Hans Albers, deutscher Schauspieler, 1891–1960).
Wie sagten noch die alten Griechen?: »Wer im Gefängnis geboren wurde, liebt das Gefängnis.«
War alles doch nicht ganz so schlimm?
Letztendlich:
»Heimat ist der Mensch, dessen Wesen wir vernehmen und erreichen« (Max Frisch)
»Heimat ist, wo man sich wohl fühlt«, schätzen andere.
Sich wohl fühlen, eine Heimat haben, eben: Vertrautheit, Sicherheit, Kommunikation, Freunde und Bekannte.
Wie kommt man zu diesem Luxus?
Die Kurzformel lautet womöglich: zuerst geben – dann nehmen!
Versuchen wir's. Noch einmal. Immer wieder.

Julian Voloj
Zur Heimatfrage

Das Wort »Heimat« ist einer der Gefühl beladensten Begriffe der deutschen Sprache. Ursprünglich ein Neutrum, also *das Heimat*, wurde das Wort mit seiner Mutation zu einem Femininum emotional aufgeladen. Etymologisch mit dem Wort »Heim« verbunden, bezeichnet es einen positiven Aspekt der Sesshaftigkeit und erhebt Anspruch auf einen geografischen Ort.

Alle Hochkulturen sind imstande, das Konzept »Heimat« mit ihren spezifischen Mitteln auszudrücken. In den vom Lateinischen abgeleiteten Sprachen findet man eine Konnotation zur Vaterfigur, *patria* (am Besten als *Vaterland* übersetzt); im Kontrast dazu findet sich eine Mutterfigur im Russischen, wo das Femininum родина (*rodina*) von родить (*rodit'*), »gebären«, abgeleitet wird.

Die Etymologie des hebräischen Wortes für »Heimat« מולדת (»moledet«) – abgeleitet von den Worten »Geburt« מולד (»molad«) und »Kindheit« ילדות (»jaldut«) – erlaubt die Interpretation, dass Heimat der Ort ist, an dem man geboren wird und an dem man seine Kindheit verbringt. Fast 65 Jahre nach der Staatsgründung Israels trifft diese Definition dort auf etwa 70 % der Bevölkerung zu, gleichzeitig scheint diese Interpretation des Heimatbegriffes im Kontrast zur von Verfolgung und Vertreibung geprägtem Geschichte des Diasporajudentums zu stehen.

Im Buch Exodus findet sich die Bezeichnung »Hebräer« עברי (»iwri«) für die damals aus Ägypten fliehenden Juden, die im etymologischen Zusammenhang mit »leawor« לעבור (»überqueren«, »passieren«) und »awar« עבר (»Vergangenheit«) steht und daher die Interpretation zulässt, dass ein Hebräer ein Vorüberschreitender ist, der sich seiner Vergangenheit bewusst ist. In dieser Bibelpassage findet sich auch mehrfach die Aufforderung זכור »Zachor« (»Gedenke!«, »Erinnere dich!«), die unterstreicht, dass Erinnerung ein zentraler Wert im Judentum ist.

Mit der Zerstörung des zweiten Tempels beginnt die Landlosigkeit des Judentums, die mit dem griechischen Wort für »Zerstreuung«, Diaspora bezeichnet wird. In der Diaspora wird die gemeinsame Erinnerung an biblische Zeiten und historische Ereignisse zum wichtigsten Bindeglied zwischen Juden in aller Welt. Ohne zu übertreiben, kann man davon sprechen, dass ein universelles jüdisches Gedächtnis entstand, in das historische Ereignisse wie etwa die Kreuzzüge oder die Vertreibung von der Iberischen Halbinsel integriert wurden.

Im Zuge der Aufklärung und seit den Anfängen der Emanzipation ließ die Kraft der Religion als Bindeglied der jüdischen Gemeinschaft nach und die historische Betrachtung wurde zunehmend Legitimation und Manifestation jüdischer Identität, da historische Erinnerung und Identifikation mit jüdischer Geschichte auch Menschen ohne Zugehörigkeitsgefühl zum jüdischen Glauben eine Verbindung zur jüdischen Gemeinschaft und Tradition ermöglichte.

Die Geschichte der Juden im geografischen Raum des heutigen Deutschlands ist älter als der Begriff »Deutschland«. Der älteste urkundliche Beleg über jüdisches Leben geht bis in die Römerzeit zurück. Es handelt sich um ein Edikt des Kaisers Konstantin, das bereits im Jahre 321 der christlichen Zeitrechnung eine jüdische Ansiedlung in Köln erwähnt, und seit der Karolingerzeit gilt eine kontinuierliche Ansiedlung von Juden im deutschsprachigen Raum als erwiesen.

Obwohl das Wort »deutsch« in seiner Etymologie die Bedeutung »zum Volke gehörend« trägt, waren Juden lange Zeit kein Teil des deutschen Volkes. Die Annahme des Christentums als Staatsreligion und vor allem das Erstarken der mittelalterlichen Kirche bedeutete für die in Deutschland lebenden Juden eine Abstufung zu Personen minderen Rechts. Grundsätzlich war ihnen Landerwerb untersagt, ihren Unterhalt durften sie nur in einem eng begrenzten Tätigkeitsfeld verdienen. Auf dem 4. Laterankonzil von 1215 wurde sogar eine besondere Kleiderordnung für Juden beschlossen, um sie gesellschaftlich besser isolieren zu können.

Immer wieder kam es zu Gewalt gegen die in Deutschland lebenden Juden, geschürt von Männern der Kirche wie beispielsweise Bertold von Regensburg, Johannes Reuchlin, aber auch Martin Luther, der 1543 seine Hetzschrift »Von den Juden und ihren Lügen« verfasste. Diese geistigen Brandstifter verhinderten eine wirkliche Integration der jüdischen Bevölkerung. Zur Akzeptanz kam es nur unter der Voraussetzung der Aufgabe der eigenen Identität, also der jüdischen Religion.

Und doch gab es zugleich immer wieder Hoffnung, Teil der deutschen Kultur zu sein und vom christlichen Umfeld trotz Glaubensunterschieden akzeptiert zu werden. Die vielleicht bekanntesten Verse der deutschen Literatur (»Ich weiß nicht, was soll es bedeuten,/Daß ich so traurig bin«) aus dem Gedicht »Lorelei« stammen von Heinrich Heine, über den Nietzsche einmal sagte, man fühle bei ihm »den Herzschlag des deutschen Volkes«. Der Autor blieb trotz seiner Taufe im Jahre 1825 ein ironischer, sentimentaler Bekenner des Judentums. Seine Konversion zum christlichen Glauben war keine Abkehr vom Judentum, sondern – wie er es selbst formulierte – ein »Entréebillet zur europäischen Kultur«.

Als 1869 endlich die volle rechtliche Gleichstellung der Juden in Preußen und Norddeutschland erfolgte und dieses Gesetz zwei Jahre später im gesamten Deutschen Reich in Kraft trat, war endlich die Basis für einem gleichberechtigten Dialog zwischen Juden und Christen geschaffen. Es kam zur Akkulturation, zur viel zitierten deutsch-jüdische Symbiose, gleichzeitig aber auch zur Spaltung innerhalb der jüdischen Gemeinschaft. Die

Orthodoxie sah die Emanzipation als lediglich juristische Angelegenheit an. Die Reformbewegung definierte ihr Judentum nun ausschließlich als Konfessionszugehörigkeit.

Im Ersten Weltkrieg starben etwa 12.000 jüdische Soldaten für ihr deutsches Vaterland, im Zweiten Weltkrieg sollte dieses Vaterland einen Krieg gegen Europas Juden führen, dessen ideologisches Ziel deren totale Vernichtung war. Vor dem Machtantritt der NSDAP 1933 lebten in Deutschland rund eine halbe Million Juden, etwa 0,8 % der deutschen Gesamtbevölkerung. 90 % der Juden, die Anfang 1942 noch in Deutschland lebten, wurden im Rahmen der Politik der »Endlösung« ermordet. Im Namen desselben Vaterlandes, für das man im Ersten Weltkrieg gestorben war, wurden über sechs Millionen Menschen in ganz Europa ermordet, ausschließlich auf Grund ihrer jüdischen Herkunft.

Nach der Shoah schien Europa und ganz speziell Deutschland für Juden unbewohnbar geworden zu sein. Nicht selten waren für viele »Displaced Persons« gesundheitliche oder sprachliche Gründe ausschlaggebend, nach 1945 in Deutschland zu bleiben. Für viele war das Leben im Land der Täter eine ungeliebte Existenz voller Zwiespalt. Die Botschaft, in diesem Land keine Wurzeln schlagen zu wollen, wurde an die Kinder weitergetragen, und eine Orientierung an den Staat Israel wurde ein prägendes Element der jüdischen Erziehung nach der Shoah.

Von Seiten Israels fand die jüdische Diaspora der Bundesrepublik zunächst nicht die gleiche Berücksichtigung wie andere jüdische Gemeinden und auch die Aufnahme in jüdische Weltgremien wurde ihr zunächst untersagt, doch mit den Jahren entstand eine Art »Normalität«, auch wenn es auf lange Sicht so schien als hätte Judentum in Deutschland keine Zukunft. Als in Berlin die Mauer fiel, lebten in der BRD etwa 28.000 Juden, in der DDR waren es lediglich etwas über 1.000.

Nach dem Zerfall der Sowjetunion kam es zur Zuwanderung von russischsprachigen Juden aus allen Teilen der ehemaligen UdSSR. Die über 200.000 Juden, die seit Ende der 80er Jahre nach Deutschland einwanderten, bilden heute die überwiegende Mehrheit der jüdischen Gemeinden Deutschlands, die sich auf mehr als 100 Orte verteilen. Mehr als zwanzig Jahre nach dem Mauerfall ist mittlerweile eine neue Generation herangewachsen, für die die Migrationsidentität Deutschlands nicht in Frage steht, für die offene Grenzen Europas normal sind und für die die Shoah weit entfernt ist. Diese Generation hat angefangen, ihre deutsch-jüdische Identität neu zu definieren. Eine Identität, die sich gewiss von vorherigen Generationen unterscheiden wird.

Die Loreley Fountain im New Yorker Bezirk Bronx, ein aus weißem Laaser Marmor gestalteter Loreley-Brunnen, ist dem Andenken Heinrich Heines gewidmet. Ursprünglich sollte das Denkmal in Heines Heimatstadt Düsseldorf aufgestellt werden. Antisemitische und nationalistische Agitation im Deutschen Reich verhinderte jedoch, dass es zu Heines 100. Geburtstag im Jahre 1897 fertiggestellt und eingeweiht werden konnte. Stattdessen wurde es am 8. Juli 1899 im Beisein des Bildhauers Ernst Herter im New Yorker Bezirk Bronx enthüllt. (Foto: Julian Voloj)

J. Monika Walther
Hiddingsler Zeiten[1]

Die Gebrüder Eichengrün, im 18. Jahrhundert von des Christengottes Gnaden Lumpenhändler, bis sie die preußische Erlaubnis erhielten, mit Stoffen zu handeln und endlich zum Ende des 19. Jahrhunderts als freie Dülmener Stoffe und Kleidung zu weben, zu nähen, waren Alteingesessene, den Obrigkeiten zugewandte Stadtbürger. Als die Spartakisten aus Haltern durch Dülmen zogen, das Rathaus besetzten und stritten, waren sie es, die Bürger wie Bauern und Arbeiter, mit Verbandsstoff versorgten und den aufgeregten Männern aller Parteien bewiesen, dass es für die Gemeinde am besten wäre, wenn die einen zum Mittagessen nach Hause gingen und die anderen sich nach Marl und Sythen zurückzögen. Nicht auf der Hauptstraße, auf der seit Jahrhunderten die Heere aufmarschierten und die weißen Korps schon auf der mörderischen Suche nach den Roten waren, sondern über die Bauerschaften, dort sollten sie noch mit Mettwürsten versorgt werden, nicht aus Sympathie mit den politischen Zielen, sondern der Ordnung halber, die Weißen wurden ja auch verpflegt.

Generationenlang bemühten sich die Eichengrüns redlich und untertänig, den Gettos zu entfliehen, den sie umstellenden Gesetzen, hofften sie auf gnädigere fürstliche Edikte, staatliche Erlasse und christliche Nächstenliebe, aber gerade die gab es weder für Gehorsam noch für Geld. Das Pogrom der Reichskristallnacht überstanden die Gebrüder Eichengrün mit ihren Familien lebend – immerhin. Die beiden Männer wurden verhaftet und verprügelt, Geschäfts- und Wohnungseinrichtungen lagen beschmutzt und zertrümmert auf der Straße, die Haustüren waren mit Brettern zugenagelt. Die Dülmener Synagoge brannte ab in dieser Nacht der Wichtigtuer und Habgierigen, angezündet vom Bürgermeister Helms und elf anderen Dülmenern. Das Feuer wurde nicht gelöscht. Der Chef der Polizei sah keinen Anlass zu ermitteln.

Die beiden Familien Eichengrün waren klug und verzweifelt genug, um zu begreifen, dass die Gemeinde, die Nachbarn ihr Leben und ihren Besitz wollten. Sie planten die Auswanderung, erhielten aber in Hamburg keine Visa für Amerika, flohen bis auf eine alte und kranke Verwandte bei Nacht über die Grenze nach Holland und entkamen so der Vernichtung. Bolivien wurde ihre neue Heimat. Die Bendix, Frankenbergs, die Davidsons und Pins, Salomons, Wolffs, Dublons wurden in Riga, Kaunas, in Lagern ermordet. Wenigen gelang wie Mitgliedern der Familien Heymann, Leeser, Nussbaum, Pins die Fluchten nach Amerika.

Die zurückgebliebene Emilia Eichengrün fand für wenige Wochen ein Dach überm Kopf in einem Hiddingsler Kotten, dem einzigen Haus des Dorfes, in dem seit dem Bau immer Fremde und Mietlinge wohnten. Die Weberfamilie Korting nahm aus Dankbarkeit gegenüber den Eichengrüns, die alte Frau auf und baten sie erst zu gehen, als die Sturmtruppleute aus Buldern immer aufdringlicher wurden, und zuletzt auch kein Schnaps mehr half, der sonst alles regelte. Die alte Frau wurde amtlich in Verwahr genommen und später von Dülmen aus zu einem Sammellager in Münster mit elf anderen alten und kranken Juden transportiert. Sie wurde in Riga ermordet.

Der Kotten hat seitdem und ohne jeden Hintergedanken den Namen Judenhaus weg. Aber das wird nur gesagt, wenn das Schützenfest schon drei Tage alt. Es kommen immer welche um. Uns ist es nicht besser gegangen.

1895 soll der Kotten gebaut worden sein. Der Kornbrenner im Dorf, der Tönne, hatte seinen Schweizer Melkern Holz und Klinker geliefert: Macht mal, hat er gesagt und eine große Korbflasche braungebrannten Korn mit großzügiger Geste auf den wackeligen Eichentisch geknallt. Frühjahr und Sommer 1899 schliefen die Melker draußen oder bei Regen im vier mal vier Meter ausgehobenen Kellerloch. Da fragte keiner nach. Sie waren Fremde, irgendwo von da hinten unten, wo Berge sind, waren aber die Besten und nicht nur als Melker. Sie vermehrten Tönnes Viehbestand, sorgten für gute Felderwirtschaft, achteten aber auch auf ihren Lohn, und da gerieten sie mit Tönne immer in Streit, denn der brauchte selbst viel, sah sich als Schnapsfabrikant und die Bauernwirtschaft, von der er und seine Verwandtschaft gut lebte, das wurde ihm Kleinkram. Sein Sohn mauerte den Schornstein der Brennerei noch höher, verkaufte der Kirche den Grund und Boden des Vaterhauses und baute gegenüber der neuentstehenden Kirche ein prächtiges Haus aus großen Klinkern mit weißen Kanten, mit Balkon und Säulen, und sonntags fuhr die Familie mit der Kutsche vom Hof, die Straße auf und ab und dann zum Gottesdienst in dem gegenüber der Brennerei stehenden Dom.

Der alte Tönne und der junge Tönne und dessen Sohn, getauft waren sie alle auf den Namen Antonius, waren für lange Zeiten die Herren im Dorf. Die Melker und deren Frauen, von denen keine aus Hiddingsel stammte, waren die Knechte und ihr Haus war das einzige für Mietlinge. Nach dem großen vaterländischen Krieg, nach dem Domneubau und der Einweihung der neuen Kornbrennerei waren die Melker aus der Schweiz weg und das Haus blieb alten Junggesellenknechten überlassen, die schon mal auf der Diele ihr Schwein schlachteten Die Melker waren ein paar Bauerschaften weitergezogen, hatten Land gepachtet vom Herzog oder von Tönnes Verwalter, der die Hand aufhielt und Land gab, das brach liegen sollte. Die Melker vergaßen trotz ihrer einheimischen Frauen nie, dass sie Fremde waren und nach 1933 gingen sie zurück in die Schweiz, meist ohne Frau und Kinder.

Für 1920 vermerken die Grundbuchakten eine amtlich angeordnete Abmessung allen Landbesitzes des Kornbrenners und Bauern Antonius Hellmanns. Der Kotten wurde neugebaut, größer, mit einer Waschküche, in der viermal im Jahr geschlachtet und gewurstet wurde, ein Räucherschrank stand und der Trog für Salz und Schinken, mit Stall und zweiter Wohnung oben. Das gemeinsame Klo hinten im Stall mit Jauchegrube, zwei Koben für Schweine und einem für Esel oder Pferd. Die Hühner mussten selbst sehen, wo sie blieben, unter den Haselnusssträuchern und auf dem Balken. Tausend Quadratmeter Land dabei. Bezogen wurde das Haus von zwei Familien.

Unten richtete sich der Brennmeister mit Familie ein, oben ein Drescher mit Frau. Der Stolz der Mietlinge dauerte nicht lange, der Brennmeister verlor auf alberne Weise durch den Schlag eines Dreschflegels seinen rechten Arm, und weil er zu saufen begann und das Saufen nicht lernte, auch seine Stellung. Die Familie verschwand aus dem Dorf. Der Drescher mit Frau zog nach unten und belegte die Küche, das Schlafzimmer und das immer feuchte Wohnzimmer, in dessen dunkelster Ecke der Tisch stand, an dem jeden Sonntag Doppelkopf gespielt wurde mit Schnittchen um halb zehn. Oben, in die winzigen Zimmer mietete sich ein Arbeiter der Eichengrüns ein, ein Weber. Das Wasser musste vom Brunnen draußen, später aus der Waschküche nach oben geschleppt werden. Aber das war es nicht, was das Leben verstörte, auch nicht die immer feuchten und kalten Zimmer. Das wenige Geld. Das war es nicht.

Dem Weber ließen der maschinelle Fortschritt und das Gewissen der Brüder Eichengrün eine Stelle als Maschinenbediener, mit der er Frau und die Kinder durchbringen konnte. Die Familie fütterte jedes Jahr eine Sau groß, hielt sich zwei Ziegen und Hühner. Im Sommer half die Frau bei den Ernten, Kartoffeln buddeln und Stroh binden, im Herbst pflückte sie für Groschen Äpfel und Pflaumen und im Winter klebte sie Etiketten auf hunderte von Kornflaschen und half der gnädigen Frau des Kornbrenners in der Küche. Das Dorf hatte nach außen hin und für die wenigen Fremden, Einheiratenden eine klare Ordnung, so war es dem Weber selbstverständlich, nicht Mitglied im Schützenverein zu sein, aber im Sportverein, auf der Hiddokampfbahn war er gern gesehen und seine Söhne würden später als Jungschützen mitmarschieren, aber um den Sternenkönig niemals mitschießen. Politisch war das Dorf geprägt von der Meinung der größeren Bauern, des Pfarrers mit seinen Nonnen und der Zentrumsleute. Bis 33 wurde um Nuancen gestritten, mit den Braunen hatten die Schwarzen fast nichts im Sinn. Die Köpfe wurden erst dann sehr rot und die Stimmen laut, wenn es um die zunehmende Abhängigkeit vom Nachbardorf Buldern ging, um die Existenz und Eigenständigkeit der Hiddingsler Pfarrei St. Georg, die der Münsteraner Bischof den Bulderanern unterstellen oder sie gar nicht mehr besetzen wollte.

Die Nachbarschaften, Besuche und Feste waren nach einer alten Sitte geregelt, an der die Mietlinge nicht teilnehmen konnten.

Die Besitzer eines Hauses suchten sich einen ersten Nachbarn aus den umliegenden Häusern, dann bestimmten sie den zweiten Nachbarn, meist rechts oder links vom eigenen Haus, den dritten und vierten über dem Weg nach vorne und hinten. So wurde jeder von jedem erwählt, nur die Knechte, Mietlinge, die Fremden blieben im besten Fall Gäste ohne Rechte.

Die Hierarchie im Dorf, an deren Spitze immer die Herren der Kornbrennerei standen, der letzte Tönne, hochverschuldet und Sozialhilfeempfänger, regelte, wer wo in der Kirche saß, wer wen zu den runden Geburtstagen, den Silberhochzeiten und großen Festen einlud, wer den Vereinen vorstand, den Parteien, und wer in den Kirchenvorstand gewählt wurde. Jeder wusste, wo er hingehörte, wo sein Platz war, was für ihn zu tun war, um nicht aufzufallen. Aber die äußere Ordnung verdeckte kaum die Verwirrtheiten, die neuen Unsicherheiten und die Nöte einiger, die sich die Seele aus dem Leib tranken. Die Männer, die arbeitslos wurden, weil Drescher und Knechte, Textilarbeiter und Melker nicht mehr bezahlt werden konnten oder nicht mehr gebraucht wurden, dienten sich im nahen Ruhrgebiet zu jeder Bedingung an.

Der Drescher war einer der ersten, der durch eine Maschine ersetzt wurde und seine Arbeit in der Brennerei verlor. Mit einem Schlag auf die Schulter kündigte Tönne die Unterkunft und ließ der Familie drei Tage Zeit, auszuziehen. Der Drescher, der immer das große Wort geführt hatte beim Frühschoppen sonntags, drohte dem dableibenden Weber und seinen Eichengrüns: Es kommen auch noch andere Zeiten. Der Satz war aus Not gesprochen, denn der Drescher widerstand aller Propaganda und der SA, blieb einer der wenigen Sozis im Dorf, schlüpfte als Waldarbeiter beim Herzog unter und freute sich viele Jahre später als sehr alter Mann Hände reibend über die Pleite der Kornbrennerei. Er verstand nur nicht, warum dieser Tönne Millionenschulden machen konnte und trotzdem in dem Prunkhaus, das unter Denkmalschutz gestellt wurde nach dem Konkurs der Firma, wohnen durfte, als wäre nichts geschehen. Und zur Jagd des Prinz Clemens wurde immer noch Tönne als Gast eingeladen und die Söhne des alten Dreschers höchstens als Treiber gebeten und mit einer Flasche Korn bezahlt. Der Satz aber, dass auch noch andere Zeiten kommen würden, gesprochen wie ein Fluch, ängstigte den Weber und seine Familie. Zwar bewohnten sie endlich das Parterre im Haus, aber sie begannen zu ahnen, dass es nicht gut war, dass ihr Schicksal mit dem der Eichengrüns verbunden war. Auch wenn in Dülmen die Zentrumspartei sich redlich bemühte, Macht zu behalten, aber es gab eine sehr starke Ortsgruppe der NSDAP in Dülmen, die größte im Münsterland: Das Leben änderte sich. Aus der kirchlich orientierten Zeitung wurde eine nationalsozialistische, der Sportverein Vorwärts Hiddingsel wurde verboten, auf den Versammlungen der Kolping- und Pfarrfamilie wurde vorsichtig gesprochen, die Jugendlichen in die

Hitlerjugend überführt, die Nonnen, die als Gemeindeschwestern tätig waren, lebten leise, und der Priester redete zwar nach wie vor entschieden, aber seine Reden waren so gespickt mit Bibelzitaten, dass den Zuhörern die Ohren klangen. Gewettert wurde gegen die in der Stadt, gegen die Herzöge, die Croyschen und die Rombachschen und wie immer gegen die aus Buldern, die alles mitmachten. Nicht gegen Raub und Mord.

Die Hiddingsler flaggten nach wie vor rot-weiß bei allen Prozessionen und fürs Schützenfest. Aber sie fragten einander nicht mehr als nötig. Saßen die Männer beim Doppelkopf oder wurde gefeiert, dann galt das Wort der Frauenleute: Über Politik wird nicht gekürt, fing doch einer an, lenkten sie ihn ab, tranken ihm zu. Nur wenn es denn sein musste, trat einer in die Partei ein, wurde mit dem Hakenkreuz geflaggt und vor dem Gendarm schon mal mit Heil Hitler salutiert. Ab und zu huschte ein Laster mit Sturmtruppen, mit Soldaten durchs Dorf, aber darüber wurde nicht anders gedacht als nach Ende des Ersten Weltkrieges Automobile mit roten Flaggen und Spartakisten auf der Straße fuhren, nicht um anzuhalten, immer auf dem Weg dahin, wo wichtigeres geschah. Und Dülmen, die Stadt, war wichtig, nicht das Dorf.

Die Bauern, Gewerbetreibenden waren darum bemüht, dass der eigene Betrieb, der eigene Hof als kriegswichtig eingestuft und möglichst niemand aus der Familie eingezogen wurde. Die ärmeren Familien, die Mietlinge, die kleinen Bauern leisteten ihr Menschensoll. Der Weberfamilie wurden beide Söhne zur Infanterie eingezogen, der Jüngste 1945 von der im Rombachschen Schloss einquartierten SS geholt – zur Verteidigung Bulderns und der Straße nach Münster. Ihm krepierte eine Panzerfaust in den Armen. Die beiden anderen kamen wieder, aber da waren die Eltern schon tot und die Schwester weggezogen.

Die Männer, die überlebt hatten, schwiegen oder erzählten abenteuerliche Dönkes. Sie waren so weit in der Welt herumgekommen, und die Frauen, die inzwischen gearbeitet und Kinder großgezogen hatten, wehrten sie ab, lachten, fügten sich wieder. Der Krieg hatte mit seiner Zerstörung an den Dorfrändern eingehalten. Von den Amerikanern fehlgeschossene Granaten hatten Felder aufgewühlt, den Schulhof durchpflügt, mehrere Scheunen zerstört, aber Hiddingsel lag jenseits von kriegerischer Wut und war auch kein Ort von Durchhalteparolen. Dülmen wurde vollständig zerbombt, aber es gab nur noch wenige, die den Krieg gewinnen wollten, und denen wurde der Mund derb gestopft. Durch die Bauernschaften Mitwick und Rödder rollten die letzten Reichsbahnzüge mit Gefangenen, Deportierten und Häftlingen, immer noch geschunden von Beamten und Soldaten. Im Bulderner Schloss hauste, als gäbe es nie mehr einen Menschen, der Rechenschaft fordern würde, die SS mit dem Willen, den Durchmarsch der Alliierten aufzuhalten und den Krieg im Münsterland zu gewinnen. Haus für Haus und Hof für Hof wurde zerstört. In den Bauernschaften zwischen Dülmen und Buldern wurden die Köpfe eingezogen und gebetet, dass die britischen Kanoniere weit genug gezielt hatten und gut gerichtet ohne Schwenker nach rechts oder links. Wurden die Züge getroffen, durften die scharf bewachten Gefangenen aussteigen, gaben die meisten der Bauern heimlich vom Essen ab, aber niemand wurde laut, wenn einer der Verhungernden erschossen wurde, weil sie mit einer Steckrübe, mit Kohl erwischt wurden, weil sie der SS und den Soldaten im Weg waren, Zeugen, lästig. Die Zeiten waren so. Und die vergangenen großen Zeiten hatten Hoffnungen geweckt bei den kleinen Leuten und den ganz großen, bei allen Drahtziehern und Befehlsgebern in der Partei und den öffentlichen Ämtern. So viel Gewinn durch Arisierung und Deportationen. Von Häusern bis Silberbestecken, bis zum gewöhnlichen Hausrat und Kleidung. Nur nicht darüber reden. Psst.

Als die Weberschen Söhne aus russischer und amerikanischer Gefangenschaft heimkehrten, das Haus besetzt und bewohnt fanden von britischen Soldaten und ostpreußischen Flüchtlingen, fragten sie nach den Eltern, der Schwester, fragten bei der Brennerei und den Nachbarn. Ihnen wurde auf die Schulter geschlagen, Tönne bot Arbeit, Bier und Körnken wurde ausgegeben, aber keiner redete. Die große Zeit wurde abgetan mit einer Handbewegung, Achselzucken, Blicken zum Himmel und dem Satz: Lasst es gut sein. Eure Eltern haben wir schön beerdigt, denen hat es an nichts gefehlt.

Die Weberfamilie hatte die kranke Emilia Eichengrün aufgenommen, aber nach wenigen Wochen gaben sie den Drohungen der SA und den Vorhaltungen im Dorf nach. Die alte Frau wurde mit einer nachbarlichen Pferdekutsche nach Buldern gebracht und in Gewahrsam genommen bis zum Abtransport in ein Sammellager. Riga war das Ziel der Deportationen aus Münster und Umgebung.

Der Weber, der nach der Flucht der Eichengrüns die Produktion in der Fabrik aufrechterhalten hatte, wurde von den neuen arischen Besitzern entlassen und fand keine Arbeit mehr, auch nicht als Knecht im Dorf: die Frau konnte sich nichts mehr verdienen und mit der Familie sprach keiner. Sie wurden ausgeschlossen vom dörflichen Tauschhandel, vom Geben und Nehmen unter der Hand. Die Tochter war die erste, die das Dorf verließ, ohne amtliche Abmeldung. Sie reihte sich in einen der Flüchtlingsströme ein und schlug sich bis zum Bodensee, nach Lindau durch.

Die Eheleute zerrieben sich in Vorwürfen gegeneinander. Als Tönne ihnen 1945 am letzten Februartag durch seinen Verwalter ausrichten ließ, dass der Kotten freiwerden müsste, dass neue Zeiten kämen und dies ließ er sagen, obwohl der Weg für Briten und Amerikaner nach Münster noch nicht freigeschossen war, aßen die Eheleute stumm zu Mittag; der Weber versorgte die Tiere, dann hängte er sich im Balken auf; die Frau nahm ihn ab, zog ihm seinen schwarzen Anzug an, zählte die letzten vier Reichsmark auf den Küchentisch und legte sich neben ihren Mann aufs Bett. Sie schlief ein und starb.

Sie wurden schön beerdigt. Die Glocken von St. Georg läuteten zu ihrem Tode laut und lang, und alle im Dorf erwiesen dem Paar die letzte Ehre, aber im Stillen wurde darüber geredet, dass das Geld für den Leichenschmaus aus der sonntäglichen Kollekte bezahlt werden musste. Zu den Söhnen sagte dies keiner offen, nur eben, dass die Gemeinde immer zusammengestanden hätte. Es war ungehörig, dass der älteste Sohn daraufhin den Satz erwiderte: Ja, in den Kneipen, besoffen und ohne Verstand. Um nicht in irgendeiner Schuld zu bleiben, halfen die beiden Brüder, als im Frühjahr der Kleuterbach das Dorf bis zur Kirche hin überschwemmte. Sie halfen von Lohmanns, in deren Wirtschaft das Wasser kniehoch stand reihum bis hin zur Sattlerei. Sie halfen auch beim Tönne und am letzten Abend, als das Wasser wieder gefallen, der Schlamm weggeschippt war, gingen sie durch alle sieben Kneipen, gaben jedem, den sie trafen ein Bier aus. In der Nacht verließen des Webers Söhne Hiddingsel Richtung Kanal, dort heuerten sie auf einem der Kohlenkähne an. Keiner vermisste sie.

Nach den Soldaten und Flüchtlingen zogen in bunter Folge junge Hiddingsler Familien in den Kotten ein, die nicht das Geld zum Bauen hatten, für die zu Hause kein Platz mehr war oder solche, deren Eltern immer nur auf Pachtland gearbeitet hatten. Die beiden west- und ostpreußischen Familien, die in Hiddingsel lebten und deren Kinder auch in dem Kotten groß wurden, blieben für viele Jahre Fremde, aber da die Männer zu den Beamten und Gebildeten und zur christlichen Partei gehörten, wurde später auf sie sogar mit Stolz gezeigt.

Die Postfrau war eine der wenigen, die erinnerte und erzählte, aber wenn es um andere ging, wurde auch sie leise und umschreibend. Sie sprach über ihre Angst vorm Gewitter, vorm Donner, der klänge wie Bomben, wie Krieg. Um ihr Leben hätte sie nie Angst gehabt, auch nicht vor Wunden, aber vor der Unordnung und der eigenen Hilflosigkeit.

Nach dem Krieg erlebte das Dorf einen behaglichen Aufschwung. Noch gab es die alten Bauerngärten und die großen Feste, die alten unbefestigten Wege und Straßen, neun Kneipen, einen geliebten Pfarrer und drei Nonnen, eine Schule und zwei Lehrer, viele Geschäfte und eigene Milch, Eier, Schinken im Rauchfang, Schlachtfeste, einen neuen Sportplatz und Vereinsleben für jeden. Das Dorf drehte einen Film über sich und inszenierte an zwei Tagen das Schützenfest mit Fahnenschlag und Auffahrt aller Kutschen. Die Kamera folgte den Frauen zum Milchholen und den Männern, wenn sie durchs Dorf stolzierten und antraten am Kriegerdenkmal. Dias wurden erstellt von den Geschäften, der alte Windau mit dem ersten Fernseher und der junge Austermann vor den ersten Teppichboden und die älteren Frauen in ihren Läden mit Stoffen, Porzellan, Süßigkeiten, Gardinen und Pferdegeschirren. Die Tabus wurden noch eingehalten, geschwiegen von allen zur rechten Zeit; die hinzuziehenden Fremden wurden unter allen Vorbehalten mit der Zeit in Gottes Namen angenommen oder sie zogen wieder fort – oder sie lebten außerhalb aller Gemeinsamkeiten und hielten ihren Mund.

Als das Dorf dreihundert und fünfhundert Einwohner zählte, hatten alle ihr Auskommen, nur wenige Männer mussten auf der Buna arbeiten oder im Bergbau. Und ein paar von den Einheimischen begannen zu träumen und zu übertreiben. Der alte Metzger ließ die größte Schlachterei im Dorf bauen und einrichten, hoffte auf Tönnes Macht und seine Bullen. Er verlor alles, und sein Sohn und die Frau standen viele Jahre mit Eiern auf den Märkten der Gegend. Das Bekleidungshaus dekorierte zwei Mal im Jahr die Herbst- und Frühjahrsmode, aber das Geld wurde mit Ständen im Ruhrgebiet verdient. Und eines Tages war alles vorbei und das Haus musste verkauft werden. Eine Pizzeria versuchte zu überleben. Fremde.

Eine Kneipe nach der anderen schloss, übrig blieben Ia und Mia Lohmann, und Sefa Rönnebrink, eine Ecke weiter: Brathes, aber da ging der Mann nebenher arbeiten. Irgendwann schlossen auch diese Kneipen, dafür eröffnete ein Dorfgrill mit wechselnden Pächtern, ein chinesischer Asia Imbiss, bis er wieder geschlossen, eröffnet und endgültig zugemacht wurde, eine kleine Dorfkneipe und in dem stattlichen Wohnhaus des Kornbrenners wurde nach der Zwangsversteigerung ein Hotel eingerichtet, das eröffnete und schloss, eröffnete und schloss. Betrüger, die in der ganzen Republik Anleger um ihr Geld brachten, nisteten sich ein, ließen renovieren, wurden festgenommen. Danach wieder jahrelang: Eröffnung Schließung.

Im Kotten der Melker hatten die letzten Mietlinge, zwei Familien, oben und unten Bäder eingebaut. Stall und Balken vom Haus getrennt, neue Dielen gelegt und Öfen gesetzt. Als diese Familien ihre eigenen Häuser bezogen, stand die ehemalige Meierei leer. Es waren wieder einmal andere Zeiten gekommen; wer sie verursacht hatte, war für die meisten Leute nicht dingfest zu machen: der Fortschritt, die Fremden, die Sozis, ganz allgemein die da oben und das waren auch schon die christlichen Bürgermeister und Herren in Dülmen und der Bischof zu Münster, der die Gemeinde abspeisen wollte mit dem Priester aus Buldern. Aber der Kirchenvorstand hielt fest an den täglichen Morgenandachten und abendlichen Gottesdiensten, am Sechsuhrläuten, an den vielen kirchlichen Festveranstaltungen. Gegen den Bischof also setzten sich die Hiddingsler noch ein paar Jahre durch, politisch blieb ihnen aber nur ein selbstherrlich waltender Ortsvorsteher, der vor allem die Interessen der im Rathaus herrschenden Partei vertrat, immer gegen die Roten und Grünen und Unabhängigen und Andersdenkenden. Gegen die vor allem.

Die Einwohnerzahl stieg von Jahr zu Jahr, bis die Zahl Sechzehnhundert erreicht war. Lehrer und besser gestellte Angestellte zogen zu, bauten, lebten in ihnen befremdlichen Ansprüchen, wählten anders als von den meisten gewünscht, die dadurch prozentual nicht mehr in der Mehrheit waren, aber diese trotzig und wortgewaltig behaupteten. Später kamen dann wieder andere Zeiten und die Einwohnerzahl stagnierte – und dann begann sie abzunehmen. Wie überall in den Dörfern. Gott und die Leute verschwanden vom Land, zogen in die Städte oder folgten den Schildern, auf denen das Wort Infrastruktur groß geschrieben war.

Vorher aber noch wuchs das Dorf in die Breite. Die Neubauten sahen viel stattlicher und moderner aus als die alten Häuser. Die Durchgangsstraße wurde verbreitert, die Wege asphaltiert, Grundstücke eingezäunt, Wegerechte gerichtlich geklärt, Schilder aufgestellt, der Kleuternbach kanalisiert und begradigt, das Kriegerdenkmal gedreht, die alten Bäume um diesen Dorfmittelpunkt wie in ganz Hiddingsel gefällt und der Platz gepflastert, vier Bänke aufgestellt. Die Bauplanung kam von oben, abgesegnet vom Ortsvorsteher.

Nicht drüber reden, dass in dem großen Doppelhaus am Platz, früher eine gut gehende Kneipe und Gaststätte mit Kegelbahnen, die Witwe des Wirtes alleine hauste. Das riesige Haus verfiel zu einer Ruine. Der Sohn musste es dann abreißen lassen, hatte kein Geld fürs Bauen. Der leere Platz wurde ein kleiner Parkplatz.

Nicht drüber reden, dass der alte Ernst, rien ne va plus sagte er schon frühmorgens, und der und der sich die Seele aus dem Leib soffen; dass die Jungen entweder zu früh nach dem Erbe gierten oder es geringschätzten, dass manche der adretten jungen Frauen hinter den Wohnzimmergardinen mit einem vollen Weinbrandglas standen und im Rhythmus ihrer Gedanken schwankten. Nicht drüber reden, dass fast alle irgendwo ihr Geld verdienen mussten, ringsum in den Städten oder auf Montage weit weg und dass die Bauern früh um sieben Körnchen tranken und um elf und ab vier Uhr nachmittags, dass manche ihre Gänge planten nach den Öffnungszeiten der drei Kneipen und so der Tag auch vorbei ging.

Für Tönnes Kotten fanden sich keine Hiddingsler Familien mehr und auch keine von den Hinzuziehenden. Sie wollten ein neues, kein kaputtes Haus von 1898. Tönne vermietete an Wohngemeinschaften, Studenten, die malten die Fenster, Türen und Fußböden bunt und in immer kürzeren Zeitabständen lösten sich die Gemeinschaften auf. Tönne war froh, eine Lehrerin zu finden, die einzog. Die Wände waren inzwischen schimmelblau und feucht, die Fenster undicht, aber Tönne konnte nichts mehr retten, nicht einmal sich selbst. Die Lehrerin bewohnte nur die kleinen Räume oben, aber dann war ihr der Weg nach Münster zu weit und die Einsamkeit zu groß, und sie verließ den Kotten.

Das Haus stand zwischen den Einzügen immer länger leer, die letzten Mietlinge waren eine junge arbeitslose Familie mit der Hoffnung, wenigstens ein Dach über den drei Köpfen zu haben. Aber von einem Tag zum andern, kurz vor der Zwangsversteigerung des gesamten Besitzes von Tönne, verkaufte eine der Gläubigerbanken den Kotten, froh, wenigstens die Aussicht zu haben, über viele Jahre hin Zinsen und Gebühren einzunehmen. Über zwei Millionen hatten die Banken und die Sparkasse dem Tönne für seinen nie von ihm ausgebesserten Kotten geliehen. Die gemeinsamen Jagden, die Kumpaneien hatten die alten Familien verbunden und auch wenn sie Ämter und Macht verloren, Könige waren immer noch.

Der alte Ernst sagte ihnen gerne mitten ins Gesicht: Rien ne va plus, aber dann war er schon blau und die anderen auch. Sie schauten gemeinsam auf den Tresen und wiegten sich im Rhythmus ihrer wenigen Worte.

Eines gibt es immer noch: Die Hiddingsler Zeiten. Das Sechs-Uhr-Läuten findet um sieben statt, nachts gibt es keine Glockenschläge mehr, seit ein Filmteam im Hotel übernachtete: »Unter Bauern«. Die Überlebensgeschichte der jüdischen Familie Spiegel, verborgen, versteckt in Westfalen. Der Deportation entkommen. Der Hotelier setzte sich durch. Das nächtliche Läuten unterblieb. Das Abend- und Mittagsläuten blieb. Das Läuten zu den Gottesdiensten.

Hiddingsler Zeiten: Ein Dorf, im Gleisdreieck zwischen Autobahnen, einer Bundesstraße (die alte Heeresstraße B 51 oder A 1 von Königsberg nach Aachen, auf der Napoleon mit seinen Truppen schon längs zog), zwischen zwei Bahnhöfen, und doch abseits von Münster gelegen. Abseits. Nicht leicht dort zu leben. Die Flügel der Seelen fehlen.

Kurzbiografien der Beiträger/innen

Diethard Aschoff, geb. 1937; Dr. phil., Historiker; Studium der Latinistik, Geschichte und Evangelische Theologie in München und Heidelberg; Honorarprofessor und Studiendirektor im Hochschuldienst am Institutum Judaicum Delitzschianum, Universität Münster. Mitarbeiter der Germania Judaica in Jerusalem, Mitglied der Historischen Kommission für Westfalen; Herausgeber der Reihe *Geschichte und Leben der Juden in Westfalen*. Forschungsschwerpunkt: Geschichte der Juden in Westfalen. Historikerpreis des Landschaftsverbandes Westfalen-Lippe, 1986; mit Festschrift *Grenzgänge* in den Ruhestand verabschiedet. Über 200 Publikationen vor allem zur Geschichte der Juden in Westfalen, u. a. *Westfalia Judaica. Quellen und Regesten zur Geschichte der Juden in Westfalen und Lippe* (Band 1, Münster 2. Aufl. 1992, mit B. Brilling und H. Richtering). Mehrere Beiträge im *Historischen Handbuch der jüdischen Gemeinschaften in Westfalen und Lippe*.

Olaf Blaschke, geb. 1963; Dr. phil., Historiker; Studium in Bielefeld, Paderborn und Illinois (USA); Promotion 1996 in Bielefeld: »Katholizismus und Antisemitismus im Deutschen Kaiserreich«. Es folgen Tätigkeiten als Wissenschaftlicher Assistent für Neuere und Neueste Geschichte an der Universität Trier, als Visiting Scholar an der Universität Cambridge/GB und Visiting Fellow im St. Catherine's College. Stipendiat des Deutschen Historischen Instituts in London; Gastprofessor an der Universität Lund/Schweden. Projektleiter im Exzellenzcluster »Gesellschaftliche Abhängigkeiten und soziale Netzwerke«. 2006 Habilitation und Venia Legendi für Neuere und Neueste Geschichte; 2012 Lehrdozent für Neuere und Neueste Geschichte am Historischen Seminar (ZEGK) der Universität Heidelberg, zum Sommersemester 2014 Berufung zum Professor an der Universität Münster.

Elisabeth Cosanne-Schulte-Huxel, geb. 1955; Mitbegründerin des Jüdischen Museums Westfalens in Dorsten, ehrenamtliches Vorstandsmitglied, Recherchen und Veröffentlichungen als Autorin und Mitherausgeberin zur jüdischen Regionalgeschichte, u. a. *Juden in Dorsten und in der Herrlichkeit Lembeck* (Dorsten 1989); *From Dorsten to Chicago: Lectures and Contributions of the Eisendrath Family Reunion in Dorsten/Germany* (Dorsten 2012); *Mein Liebes Ilsekind. Mit dem Kindertransport nach Schweden – Briefe an eine gerettete Tochter* (Essen 2013); *Der jüdische Friedhof in Dorsten – Ein kleiner Leitfaden* (Dorsten 2014).

Adalbert Friedrich, geb. 1924; Heimatforscher, Ehrenbürger der Gemeinde Raesfeld und Ehrenvorsitzender des Raesfelder Heimatvereins, Träger des Bundesverdienstkreuzes. Zahlreiche Vorträge und Veröffentlichungen zur Lokal- und Regionalgeschichte, u. a. *Die jüdische Gemeinde von Raesfeld. Ein Beitrag zur Geschichte der Juden in Westfalen* (Meinerzhagen 1988).

Christina Goldmann, geb. 1969; Dr. phil.; nach dem Studium der Geschichtswissenschaft, Ethnologie und Politikwissenschaft Promotion an den Universitäten Tel Aviv und Düsseldorf über den Centralverein deutscher Staatsbürger jüdischen Glaubens. Kuratorin im Museum Ingelheim, Referentin für Öffentlichkeitsarbeit im Bundesverband Information und Beratung für NS-Verfolgte e. V., Köln. Seit 2009 unterrichtet sie an einer Privatschule in Bonn.

Arno Herzig, geb. 1937; Dr. phil., Historiker; Studium der Geschichte, Germanistik und Geographie an der Universität Würzburg. Habilitation und seit 1979 bis zur Emeritierung im Jahr 2002 Professor für Neuere Geschichte, Schwerpunkt Frühe Neuzeit, an der Universität Hamburg. Veröffentlichungen zur mittelalterlichen und frühneuzeitlichen Ordensgeschichte, zur Geschichte der Juden in Deutschland, zur Konfessionalisierung in der Frühen Neuzeit, zur deutschen Arbeiterbewegung und zur Rolle der Unterschichten im Übergang von der feudalistischen zur kapitalistischen Gesellschaft. Herzig ist seit 2002 korrespondierendes Mitglied der Historischen Kommission für Westfalen, Mitglied der Historischen Kommission für Schlesien und des Leo-Baeck-Arbeitskreises. 2010 erhielt Herzig vor allem für seine Aufsätze und Monographien zur Geschichte Schlesiens den Kulturpreis Schlesien des Landes Niedersachsen.

Jewgenij (Yevgen, Eugen) Kagan, 1948 in einer Arztfamilie geboren. 1966 Schulabschluss in Kiew mit Auszeichnung. 1966–1972 Studium an der Medizinischen Universität in Kiew. 1972–1994 Facharzt für Allgemeinmedizin, Psychiater, Psychotherapeut. Fortbildung in Psychiatrie, Psychotherapie, Suchtmedizin, Medizinökologie, Radioökologie, Medizin-, Ökologie- und Allgemeingenetik; Postgraduate im Institut für Allgemeingenetik der »großen« Akademie der Wissenschaften der UdSSR, Moskau. Chefarzt des Ukrainischen Republikanischen Gesundheitszentrums, Psychiater und Psychotherapeut im Kiewer Gebietskrankenhaus. Einschneidendes Ereignis in Arbeit und Leben – Tschernobyl, hat dort praktische ärztliche Hilfe geleistet und zur wissenschaftlichen Erforschung beigetragen. Seit 1994 in Deutschland. Gruppenpsychologische Betreuung von Migranten, Studium in der IAGG, Internationale Arbeitsgemeinschaft für. Gruppenanalyse (Bonn, Rom, Wien). Etwa 150 wissenschaftliche Veröffentlichungen in den Bereichen Medizin, Psychologie, Soziologie, Kulturologie, Geschichte, in russischer, deutscher und englischer Sprache. Zahlreiche Veröffentlichungen von Gedichten und Erzählungen (schreibt seit Schuljahren), auch in deutscher Sprache. Seit Juni 2012 leitet er den Klub für Literatur und Musik (KliM) in Bochum.

Siegfried Kessemeier, geb. 1930; Dr. phil., Historiker; Studium der Geschichte, Publizistik, Philosophie, Germanistik und Kunstgeschichte in München und Münster. Zunächst Redakteur beim *Westfalenspiegel*, seit den frühen 1970er Jahren prägt er die westfälische Museumslandschaft entscheidend mit: als Geschäftsführer der Vereinigung westfälischer Museen und als Museumsberater. Seit 1972 Hilfe beim Aufbau neuer Themenmuseen in Ramsbeck, Schmallenberg, Borgentreich und Gescher. Als Referent für Landesgeschichte am Westfälischen Landesmuseum für Kunst und Kulturgeschichte in Münster realisierte er über ein Dutzend große Ausstellungen und publizierte zur Geschichte Westfalens. Überregionale Anerkennung erfuhr Kessemeier als Autor moderner niederdeutscher Lyrik, veröffentlicht seit den 1960er Jahren in der Mundart seines sauerländischen Heimatdorfes Oeventrop. Für seine Gedichtbände erhielt er zahlreiche Preise. Als Lyriker und Historiker war Kessemeier 2003 und 2008 an Texteditionen der niederdeutschen Autoren Eli Marcus und Carl van der Linde beteiligt. Er starb 2011.

Christine G. Krüger, geb. 1975; Dr. phil., Historikerin; studierte an den Universitäten Tübingen und Aix-en-Provence Neuere Geschichte, Mittelalterliche Geschichte und Romanistik. Sie war wissenschaftliche Mitarbeiterin am Sonderforschungsbereich 437 »Kriegserfahrungen« der Universität Tübingen und am Institut für Geschichte der Universität Oldenburg. Ihre Dissertation *Sind wir denn nicht Brüder? Deutsche Juden im nationalen Krieg, 1870/71* (Paderborn 2006) wurde mit drei Wissenschaftspreisen ausgezeichnet. Für ihr Habilitationsprojekt, das sich zivilgesellschaftlichen Fragestellungen in Westdeutschland und Großbritannien nach 1945 widmet, erhielt sie ein Fellowship der Alexander-von-Humboldtstiftung für einen Forschungsaufenthalt an der Universität Oxford und ein Fellowship des Freiburg Institute of Advanced Studies (FRIAS). Seit Mai 2014 ist sie Wissenschaftliche Mitarbeiterin am SFB »Dynamiken der Sicherheit« an der Universität Gießen.

Cordula Lissner, geb. 1957; Dr. phil., Historikerin; Schwerpunkte ihrer Forschungs-, Publikations- und Ausstellungsprojekte sind deutsch-jüdische Geschichte, Migrationsgeschichte und Oral History. Publikationen u. a.: *Kinder abreisen 17 Uhr 13. Erinnerungen an Polenaktion und Kindertransporte 1938/39. Katalog zur Ausstellung des Lern- und Gedenkort Jawne* (Köln 2013, gemeinsam mit Axel Joerss und Adrian Stellmacher); *Geteilte Heimat. 50 Jahre Migration aus der Türkei* (hg. von Aytac Eryilmaz und Cordula Lissner im Auftrag von DOMiD, Essen 2011); *Die Kinder auf dem Schulhof nebenan. Zur Geschichte der Jawne 1919–1942. Begleitheft zur Ausstellung im Lernort Jawne* (Köln 2009, 2. Aufl.); *Den Fluchtweg zurückgehen. Remigration nach Nordrhein und Westfalen 1945–1955* (Essen 2006).

Andreas Meyer, geboren am 17. Februar 1921 als viertes Kind von Gertrud und Dr. Otto Meyer in Rheda, Westfalen. Der Vater war Jude, die Mutter Christin. Die Familie rechnete sich zum bürgerlichen Mittelstand. Andreas wurde getauft und besuchte zunächst die evangelische Schule, später das Real-Gymnasium in Bielefeld. Von 1935 bis 1937 erlernte er in Rheda das Schlosserhandwerk. Durch die nationalsozialistischen Rassengesetze zu Juden gemacht entschloss sich die Familie zur Emigration. Ende 1937 konnte sie nach Palästina auswandern. Zuvor war es dem Vater noch gelungen, Möbel und die Einrichtung einer Schlosserwerkstatt zu verschiffen. Die eigene Fabrik und das Wohnhaus mussten weit unter Wert verkauft werden. In Palästina schloss sich die Familie der landwirtschaftlichen Siedlung Nahariya an. Dank der mitgebrachten Schlosserwerkstatt konnten Andreas Meyer und sein Bruder eine eigene Werkstatt eröffnen und sich damit auch eine finanziell gesicherte Existenz aufbauen. Aus kleinen Anfängen entstand im Laufe der Jahre ein größerer Betrieb. Als Andreas Meyer Ende der 1950er Jahre das erste Mal wieder nach Deutschland kam, legte er in Bielefeld seine Prüfung als Schlossermeister ab. In den 1960er Jahren gründete Andreas Meyer zusammen mit seiner Frau Esther eine Firma zur Herstellung künstlerischer Glasprodukte, vor allem farbige Glasfenster. Die Firma, in der mit der Zeit auch seine beiden Söhne eingestiegen waren, erhielt Aufträge aus Israel, aber auch aus den USA und Deutschland. Im Jahre 1995 siedelte der Betrieb nach Tefen um, die Familie baute sich in Kfar Vradim ein Haus. Die preiswertere Konkurrenz aus Fernost bereitete auch dieser Firma zunehmend Probleme, sodass der Betrieb mit 36 Öfen und 35 Mitarbeitern 2007 geschlossen werden musste. Neben zahlreichen privaten Veröffentlichungen zur Familiengeschichte unterstützte Andreas Meyer Klaus Kreppel bei mehreren Veröffentlichungen über die Geschichte Nahariyas, u. a. *Nahariyya – das Dorf der »Jeckes«. Die Gründung der Mittelstandssiedlung für deutsche Einwanderer in Eretz Israel 1934/1935* (Museum der Deutschsprachigen Juden, Tefen 2005) und *Nahariya und die deutsche Einwanderung nach Eretz Israel. Die Geschichte seiner Einwohner von 1935 bis 1941* (Museum der Deutschsprachigen Juden, Tefen 2010), zuletzt erschien: Martin Albrecht, Andreas Meyer: *Als deutscher Jude im Ersten Weltkrieg. Der Fabrikant und Offizier Otto Meyer* (Berlin 2014).

Gisela Möllenhoff, geb. 1938. Studium fürs Lehramt an Realschulen (Geschichte, Französisch). Seit 1983 an zwei Ausstellungen zur jüdischen Geschichte beteiligt. Mit Co-Autorin Rita Schlautmann-Overmeyer Forschungen zur Geschichte der jüdischen Familien in Münster (3 Bände 1995, 1998, 2001); mit Diethard Aschoff: *Fünf Generationen Juden in Laer* (Münster 2007). Aufsätze zu jüdischen Themen in verschiedenen Publikationen. Gisela Möllenhoff ist Mitautorin mehrerer Ortsartikel des Bandes Münster sowie des Beitrags zum Nationalsozialismus im Generalia-Band des *Historischen Handbuchs der jüdischen Gemeinschaften in Westfalen und Lippe*.

Imo Moszkowicz, geb. am 27. Juli 1925 als Sohn eines jüdischen Schuhmachers in Ahlen/Westfalen. Besuch der Jüdischen Volksschule, die nach dem Pogrom 1938 geschlossen wurde. Vertreibung der Familie aus Ahlen, Übersiedlung nach Essen, Zwangsarbeit als Kohlentrimmer auf dem Essener RWE. 1942 wurde der größere Teil seiner Familie in ein östliches Vernichtungslager deportiert und dort ermordet. 1943 Deportation das IG-Farben Lager Auschwitz-Buna, wo die beiden Brüder umgebracht wurden. 1945 Befreiung durch die Rote Armee in Liberec/Reichenberg. Rückkehr nach Warendorf, erstes Theaterengagement an der Jungen Bühne Warendorf und dem Westfalentheater Gütersloh. Danach Besuch der Düsseldorfer Dumont-Lindemann-Schauspielschule. Regieassistent von Gustaf Gründgens, Engagement als Assistent von Fritz Kortner am Berliner Schillertheater. Regisseur und Schauspieler an den Kammerspielen Santiago de Chile und am Deutschen Theater in Buenos Aires. Leitung des Pro Arte Künstlertheaters in São Paulo. Mit *Die Zeit der Schuldlosen* von Siegfried Lenz Inszenierung des ersten Stücks eines lebenden deutschen Autors am Habimah-National-Theater Tel Aviv. Seine Arbeitsliste enthält rund 100 Bühneninszenierungen (Oper, Operette, Musical, Schauspiel), 200 Fernsehfilme und -serien sowie einige Spielfilme. Gastprofessuren am Salzburger Mozarteum, am Wiener Reinhardt-Seminar und an der Grazer Hochschule für Musik und darstellende Kunst. Als Intendant leitete Imo Moszkowicz die Kreuzgangspiele in Feuchtwangen (1989–1993). Auszeichnungen: 1991 Großes Bundesverdienstkreuz; 1995 Verleihung des Bayerischen Regiepreises für den Film *Über Kreuz*; 2005 Scopus Award des bayerischen Freundeskreises der Hebräischen Universität Jerusalem; 2005 Bayerischer Kulturpreis; 2006 Ehrenbürgerwürde der Stadt Ahlen; Ehrenmitglied im Bundesverband der Deutschen Film- und Fernsehregisseure. Gestorben in Ottobrunn am 11. Januar 2011.

Iris Nölle-Hornkamp, geb. 1956; Dr. phil., Literaturwissenschaftlerin; Studium der Germanistik, Anglistik und Amerikanistik, Philosophie und Pädagogik in Marburg und Münster. Mitherausgeberin des *Westfälischen Autorenlexikons 1750–1950* (4 Bde., Paderborn 1993–2002), Konzeption und inhaltliche Gestaltung des Projekts »Jüdische Schriftstellerinnen und Schriftsteller in Westfalen« der Universität Paderborn und der Literaturkommission für Westfalen, Konzeption und inhaltliche Gestaltung der literarischen Website der Stadt Münster, Publikationen zur westfälischen und jüdischen Literatur Westfalens, Herausgaben und Übersetzungen.

Fritz Ostkämper, geb. 1946. Bis 2011 Gymnasiallehrer (Französisch, Deutsch) am König-Wilhelm-Gymnasium in Höxter. Seit 1988 Forschung zum Schicksal der jüdischen Schüler des Gymnasiums und zu Geschichte und Leben der Juden in Höxter. Vorsitzender der Jacob Pins Gesellschaft – Kunstverein Höxter.

Elizabeth Petuchowski, geb. am 10. November 1924 in Bochum als Elisabeth Mayer. 1939 Emigration nach Großbritannien. 1946 Heirat mit dem späteren Rabbiner und Judaistik-Professor Jakob Josef Petuchowski in London. 1946 B. A. (Hons., German), University of London. 1948 Auswanderung in die USA. Drei Kinder: Samuel Judah, Aaron Mark und Jonathan Mayer. 1971 M. A. University of Cincinnati. 1975 Promotion zum Dr. phil. Lehrtätigkeit als Germanistin an der University of Cincinnati. Lebt heute in Columbus/Ohio.

Joseph Plaut, geb. am 5. Juni 1879 in Detmold als Sohn eines Lehrers und Schulinspektors Von 1901 bis 1903 Besuch des Sternschen Konservatoriums in Berlin. In den Jahren 1902 bis 1904 Beginn seiner Karriere als Opernsänger, zunächst in kleinen Städten, dann bis 1914 am Deutschen Opernhaus Berlin. Engagement am Hebbel-Theater in Berlin. Soldat im Ersten Weltkrieg. Seit 1918 trat er als Schauspieler und Vortragskünstler mit eigenen Kabarettprogrammen auf (*Heitere Plaut-Abende*). 1936 Emigration in die Schweiz, dann 1937 nach Südafrika und 1938 nach England. 1939–1940 Internierung auf der Isle of Man. Später wurde er Mitarbeiter der *BBC*. 1951 Rückkehr nach Deutschland. Als Rezitator und Schauspieler arbeitete er für Theater und Rundfunk. Wohnsitz in Dortmund. Plaut starb am 25. November 1966 in Detmold.

Klaus Pohlmann, geb. 1939. Studium der Geschichtswissenschaft, Germanistik und Philosophie, Gymnasiallehrer in Detmold, Fachleiter am Studienseminar Detmold. Gemeinsam mit seiner Frau Hanne Pohlmann zahlreiche Forschungen und Veröffentlichungen zur jüdischen Geschichte der Stadt Lemgo und Lippes. Herausgeber der Schriftenreihe *Panu Derech – Bereitet den Weg* der Gesellschaft für Christlich-Jüdischer Zusammenarbeit in Lippe e. V.

Aubrey Pomerance, geb. 1959 in Kanada; Judaist; Studium der Judaistik und der Ost- und Südosteuropäische Geschichte an der FU Berlin. 1995/96 am dortigen Institut für Judaistik Wissenschaftlicher Mitarbeiter. 1996–2001 Wissenschaftlicher Mitarbeiter am Salomon Ludwig Steinheim-Institut für deutsch-jüdische Geschichte in Duisburg. Seit 2001 Leiter des Archivs des Jüdischen Museums Berlin und der dortigen Dependance des Archivs des Leo Baeck Instituts New York. Veröffentlichungen zur deutsch-jüdischen Gedenkkultur, zu jüdischen Lebenswegen in der NS-Zeit und zu jüdischen Fotografen in Berlin.

Rico Quaschny, geb. 1975; Dipl.-Archivar; Studium der Archivwissenschaft an der Fachhochschule Potsdam. Von 1998 bis 2011 Leiter des Stadtarchivs Bad Oeynhausen und von 2005 bis 2011 Stadtheimatpfleger und Vorsitzender des Arbeitskreises für Heimatpflege der Stadt Bad Oeynhausen. Seit 2011 Leiter des Stadtarchivs Iserlohn. Veröffentlichungen und Vorträge zur Lokalgeschichte, u. a. *Monroe & Molly. Die Varietéstars Walther und Hedwig Flechtheim zwischen Erfolg und Verfolgung* (Bielefeld 2001), *Bad Oeynhausen zwischen Krieg und Frieden* (Bielefeld 2005), *Die Luisenschule. Zur Geschichte der höheren*

Mädchenbildung in Bad Oeynhausen (Bielefeld 2008), *Stadtführer Bad Oeynhausen* (2. Aufl. Bielefeld 2011) und *Friedrich Wilhelm IV. und Bad Oeynhausen* (Bielefeld 2011).

Norbert Reichling, geb. 1952; Dr. phil., M. A.; Erwachsenenbildner; Studium der Soziologie und Politikwissenschaften; ist seit 1979 in der politischen Erwachsenenbildung (Bildungswerk der Humanistischen Union NRW, Essen) tätig. Arbeitsschwerpunkte: Zeitgeschichte, Oral History, soziale Bewegungen, Geschichte und Gegenwart politischer Bildung, Geschichtskultur und Gedenkstättenarbeit; ehrenamtlicher Leiter des Jüdischen Museums Westfalen in Dorsten seit 2006. Veröffentlichungen u. a.: *Angekommen?! Lebenswege jüdischer Einwanderer* (Berlin 2010, Hrsg. mit Svetlana Jebrak); *Eigensinn in der DDR-Provinz. Vier Lokalstudien über Nonkonformität und Opposition* (Schwalbach/Ts. 2011, hrsg. mit Kerstin Engelhardt).

Thomas Ridder, geb. 1957; M. A., Historiker; Studium der Geschichte, Germanistik und Publizistik in Münster. Arbeitet seit 1987 in Museen und für Museen. Ausstellungskonzeptionen für das Museum Burg Ramsdorf (1990) und für das »Lebendige Museum« der Gemeinde Velen (2010). Seit 1991 in Dorsten im Jüdischen Museum Westfalen als Kurator, dessen Konzeptionen er mitgestaltet hat. Plant und kuratiert die Wechselausstellungen. Vorträge und Veröffentlichungen vor allem zur jüdischen Lokal- und Regionalgeschichte, u. a. *Synagogen in Westfalen* (Münster 2000) und *Die jüdischen Gemeinden in Borken und Gemen. Geschichte, Selbstorganisation, Zeugnisse der Verfolgung* (Bielefeld 2010).

Erik Riedel, geb. 1965; Kunsthistoriker; Studium der Kunstgeschichte, Geschichte und Philosophie in Heidelberg und Frankfurt a. M.; seit 1991 als freier Mitarbeiter am Jüdischen Museum Frankfurt; seit 1994 am Ludwig Meidner-Archiv des Jüdischen Museums Frankfurt für die Betreuung der künstlerischen Nachlässe einiger Exilkünstler zuständig; 2000/01 wissenschaftlicher Volontär am Jüdischen Museum Frankfurt; seit 2001 Kurator am Jüdischen Museum Frankfurt und Leiter des Ludwig Meidner-Archivs. Ausstellungen und Veröffentlichungen zur Exilkunst und zur Kunst der ersten Hälfte des 20. Jahrhunderts.

Reinhard Rürup, geb. 1934; Dr. phil., Historiker; Studium der Geschichte, Germanistik, Rechtswissenschaften und Theologie in Freiburg und Göttingen. Er promovierte 1962 bei Percy Ernst Schramm über *Johann Jakob Moser. Pietismus und Reform*. Bis zu seiner Habilitation 1970 war er Oberassistent am Friedrich-Meinecke-Institut der Freien Universität Berlin, wo er anschließend zum Professor berufen wurde. Er lehrte als Gastprofessor u. a. in Berkeley, Stanford, Harvard und Jerusalem. Von 1975 bis 1999 Lehrstuhlinhaber für Neuere Geschichte an der Technischen Universität Berlin und von 1989 bis 2004 Leiter der Gedenkstätte »Topographie des Terrors« in Berlin. Von 1999 bis Ende 2005 leitete er mit Wolfgang Schieder das Forschungsprogramm »Geschichte der Kaiser-Wilhelm-Gesellschaft im Nationalsozialismus«.

Rita Schlautmann-Overmeyer, geb. 1955; M. A., Historikerin; Studium der Geschichte und Anglistik. Mitautorin der zwischen 1995 und 2001 erschienenen drei Bände *Jüdische Familien in Münster 1918–1945*. Seit 2006 am Institut für Vergleichende Städtegeschichte an der Universität Münster (IStG) für die redaktionelle Betreuung des *Historischen Handbuchs der jüdischen Gemeinschaften in Westfalen und Lippe* zuständig. Dieses Gemeinschaftsprojekt der Historischen Kommission für Westfalen und des IStG umfasst drei Regierungsbezirks-Bände (Arnsberg, Detmold, Münster) und einen Grundlagen-Band. Rita Schlautmann-Overmeyer ist dabei Mitautorin mehrerer Ortsartikel des Bandes Münster sowie des Beitrags zum Nationalsozialismus im Generalia-Band.

Hubert Schneider, geb. 1941; Dr. phil., Historiker; Studium der Geschichte, Germanistik und Politik. Nach dem Staatsexamen zunächst als Lehrer tätig, 1972 Promotion und bis 1974 an der Pädagogischen Hochschule Karlsruhe, dann Wechsel zur noch jungen Universität Bochum, dort bis zur Emeritierung 2004. Am Lehrstuhl für Osteuropäische Geschichte am Historischen Institut der RUB spezialisierte er sich auf die Geschichte der Sowjetunion, Polens und der Tschechoslowakei. Besonders engagierte er sich für den Erhalt der jüdischen Spuren und der Erinnerung an die Juden in Bochum. Zahlreiche Veröffentlichungen, u. a. *Die Entjudung des Wohnraums – Judenhäuser in Bochum. Die Geschichte der Gebäude und ihrer Bewohner* (Münster 2010.).

Ulrike Schneider, geb. 1976; Dr. phil.; Studium der Jüdischen Studien und Germanistik an der Universität Potsdam; seit 2013 Redaktionsmitglied der Zeitschrift *Argonautenschiff* der Anna-Seghers-Gesellschaft Berlin und Mainz e. V., seit November 2010 Mitarbeiterin am Institut für Germanistik/Jüdische Studien und Religionswissenschaft an der Universität Potsdam, 2011–2012 Projektleitung des von der EU geförderten Projektes »Jewish Histories in Europe« des Vereins Zeitpfeil e. V.; 2010 Promotion an der Universität Potsdam im Bereich Germanistik (*Jean Améry und Fred Wander. Erinnerung und Poetologie in der deutsch-deutschen Nachkriegszeit*), 2009–2010 Freie Lehrbeauftragte am Institut für Germanistik/Institut für Jüdische Studien. Arbeits- und Forschungsschwerpunkte: deutsch-jüdische Literatur des 19. und 20. Jahrhunderts, deutsch-deutsche Nachkriegsliteratur, Exil- und Holocaustliteratur, Zeitzeugenschaft und Erinnerungsdiskurse. Zahlreiche Veröffentlichungen.

Irene Shapiro, geb. 1925 in Brzezhany in Polen. Im Juni 1941 Deportation in das Ghetto von Bialystock, von dort nach Lublin-Majdanek, Birkenau-Auschwitz and Blizhyn. Mitglied der Widerstandsbewegung von Bialystock, 1945 auf dem Todesmarsch von der US Armee bei Kaunitz befreit. 1946 Emigration in die USA, Biologielehrerin an der Bronx Highschool in New York, 2007 in New York gestorben.

Lore Shelley, geb. 1924 in Lübbecke. Im April 1943 nach Auschwitz deportiert. Nach der Befreiung lange Aufenthalte in Sanatorien in Deutschland, der Schweiz und Italien, um eine Lungentuberkulose auszuheilen, an der sie in Auschwitz erkrankt war. 1951 Heirat mit Sucher Shelley in Rom. 1955 Psychologiestudium in Genf unter Jean Piaget. 1956 mit ihrem Mann Auswanderung in die USA. Fortsetzung des Studiums in New York und Kalifornien. Promotion in St. Barbara. Eine Tochter (Gabriela, Psychologin). Lore Shelley lebte lange in San Francisco und zuletzt in New York. Gestorben am 21. Februar 2011. In ihren wissenschaftlichen und biographischen Veröffentlichungen hat Lore Shelley sich mit Auschwitz auseinandergesetzt, aus eigener Erinnerung und als Chronistin überlebender Augenzeugen.

Marga Spiegel, geb. am 21. Juni 1912 als Marga Rothschild in Oberaula in Hessen, entstammt einer uralt eingesessenen und gewerblich erfolgreichen Landjudenfamilie. Sie verlor ihren Vater 1937 im KZ Sachsenhausen-Oranienburg, ihre Mutter war zuvor unter dem Druck der ständigen Verfolgungen gestorben. 1941 wurde die jüngere Schwester nach Osten deportiert und kam nie zurück. Marga Spiegel selbst wurde 1936 von der Marburger Universität vertrieben und zeitweilig in »Schutzhaft« genommen. Durch ihre Heirat mit Siegmund Spiegel kam sie 1937 in das westfälische Ahlen. 1939, ein Jahr nach der Geburt ihrer Tochter Karin, wurde die Familie mit den übrigen jüdischen Bewohnern Ahlens aus der Stadt vertrieben und zog nach Dortmund. Überleben konnte die Familie im Versteck bei münsterländischen Bauern. Marga Spiegel lebte nach 1945 zunächst wieder in Ahlen, später bis zu ihrem Tod am 11. März 2014 in Münster. Marga Spiegel war Ehrenmitglied der Deutsch-Israelischen Gesellschaft.

Paul Spiegel, geb. am 31. Dezember 1937 in Warendorf in Westfalen. Den Naziterror überlebte er versteckt in Belgien. Nach Kriegsende kehrte er nach Warendorf zurück. Spiegel volontierte bei der Allgemeinen Jüdischen Wochenzeitung, heute Jüdische Allgemeine, deren Geschäftsführer er später in seiner Eigenschaft als Vizepräsident des Zentralrats wurde. Er heiratete 1964 Gisèle Spatz, mit der er zwei Töchter hatte. Seine Tante war die Holocaust-Überlebende Marga Spiegel. Der Inhaber einer Künstleragentur in Düsseldorf wurde im Januar 2000 zum Präsidenten des Zentralrats der Juden in Deutschland gewählt. In seinem autobiografischen Werk *Wieder zu Hause?* (München 2003) schilderte er die Jahre im Versteck, die Rückkehr nach Warendorf und seine Kindheits- und Jugendjahre dort. Paul Spiegel starb am 30. April 2006 in Düsseldorf.

Gisbert Strotdrees, geb. 1960; Redakteur; Studium der Geschichtswissenschaft, Germanistik und Pädagogik in Münster und Bielefeld. Seit 1988 Redakteur beim *Landwirtschaftlichen Wochenblatt Westfalen-Lippe* in Münster für die Themenfelder Kultur, Freizeit, Agrar- und Landesgeschichte, seit 2001 Mitglied der Volkskundlichen Kommission für Westfalen, seit 2003 Lehrbeauftragter an der Universität Münster. Zahlreiche Buch- und Zeitschriftenveröffentlichungen zur Regionalgeschichte Nordwestdeutschlands bzw. Westfalens, insbesondere zur Geschichte der Landwirtschaft, der ländlichen Gesellschaft, der Migration und der Fotografie.

Patricia van den Brink, geb. 1949 in London; entstammt einer deutsch-polnischen Familie mit Wohnsitz in Breslau. 1936/37 emigrierte ihre Mutter mit ihrer Schwester und den Eltern nach Großbritannien. Dennoch verlor die Familie einige Angehörige in der Shoah. Die Eltern ihres Vaters stammten aus der Gegend von Lodz, Polen und sind bereits vor dem Ersten Weltkrieg nach England ausgewandert. Van den Brink studierte in London Fremdsprachen mit Auslandssemestern in Mainz und Lyon. Sie lebt seit vielen Jahren in Westfalen und arbeitet als Übersetzerin, gelegentlich auch für das Jüdische Museum Westfalen.

Julian Voloj, geb. 1974; Fotograf; Studium der Literaturwissenschaft und Politik in Münster und Brüssel. Sein Großvater mütterlicherseits stammte aus einer alteingesessenen Münsteraner Familie; er kehrte 1958 nach über 20 Jahren im kolumbianischen Exil zusammen mit seiner Familie nach Münster zurück. Voloj ist Herausgeber der Literaturzeitschrift *Bunte 13* und des jüdischen Magazins *Zeitgeist*; er war Kulturreferent des AStA der Universität Münster, 2. Vorsitzender des Bundesverbandes jüdischer Studenten in Deutschland und aktiv in der *European Union of Jewish Students* und Fotograf des Jugendkongresses der Expo 2000. Seit 2003 lebt Voloj in New York, wo er u. a. als Fotograf für die *New York Post*, für das Forschungszentrum des *Museum of Jewish Heritage* und den *Legacy Heritage Fund* arbeitet. Seine Fotografien wurden unter anderem in der *Washington Post*, *The Brooklynite*, *Publisher's Weekly*, *High Times*, *Forward* und *Tablet Magazine* veröffentlicht.

J. Monika Walther, geb. 1945 in Leipzig; Dr. phil.; aufgewachsen u. a. in Leipzig, Berlin und Tübingen. Sie studierte Publizistik, Psychologie, Geschichte und Pädagogik, arbeitete bei Lokalzeitungen, Pressediensten und verschiedenen Rundfunksendern als Literatur- und Filmkritikerin. Längere Aufenthalte in Spanien, Portugal und Israel. Seit 1964 literarische Veröffentlichungen. Sie arbeitet seit 1976 als freie Schriftstellerin, Regisseurin und Malerin. Seit 1995 freie Dozentin für Medienpädagogik an der Heinrich-Heine-Universität in Düsseldorf. Lebt seit 1966 im Münsterland und in den Niederlanden. Auszeichnungen: 1970 Förderpreis des Landes Baden-Württemberg; 1974 Lyrikpreis Saarbrücken; 1982 Förderpreis zum Literaturpreis des Landes NRW; 2005 Preisträgerin der GWK und Westdeutschen Lottogesellschaft; 2006 Kulturpreis der Stadt Leeuwarden. Sie schrieb über 70 Hörspiele, Bearbeitungen, zahlreiche Hörcollagen und künstlerische Features.

Angelika Weide, geb. 1971; Studium an der WWU Münster zur Dipl. Pädagogin für Erwachsenenbildung, seit 2014 an der VHS Lengerich zuständig für den Fachbereich Gesellschaft – Umwelt – Pädagogik. Freundin von Emmy Herzog.

Werner Weinberg, geb. 1915 in Rheda/Westfalen, als jüngster Sohn einer westfälischen Händlerfamilie. Nach dem Abitur folgte eine Ausbildung am jüdischen Lehrerseminar in Würzburg. Von 1937–39 arbeitete Weinberg als Lehrer und Vorbeter in Rheda und Hannover. Infolge der nationalsozialistischen Judenverfolgung emigrierte er nach Amsterdam. Dort arbeitete er an der Ausbildungsstätte *Hachschara* für jüdische Auswanderer nach Palästina. Im Herbst 1943 deportierten ihn die Nationalsozialisten in das Konzentrationslager Bergen-Belsen. Nach der Befreiung zog Werner Weinberg zunächst in die Niederlande zurück, um 1948 in die USA zu emigrieren. Dort folgten die Promotion sowie die Berufung zum Professor für hebräische Sprache und Literatur am *Hebrew Union College* in Cincinnati/Ohio. Mehrere Gastprofessuren sowie private Reisen führten ihn in späteren Jahren wiederholt in seine westfälische Heimat. Werner Weinberg starb am 27. Januar 1997 in Cincinnati. Der Sprach- und Literaturwissenschaftler veröffentlichte zahlreiche Titel in englischer, hebräischer und deutscher Sprache. Zu seinen besonderen wissenschaftlichen Leistungen zählt u. a. die Erstellung eines Wörterbuchs der jüdischdeutschen Sprache, welche er vom Jiddischen abgrenzt. Weinberg veröffentlichte mehrere autobiografische Titel über die Zeit in seiner Heimat vor und während der Shoah. Bei der Errichtung eines Mahnmals zur Erinnerung an die Rhedaer Synagoge hielt er 1980 die Gedenkrede. Darüber hinaus war ihm die intensive Diskussion mit der Generation der nach dem Zweiten Weltkrieg geborenen Deutschen ein besonderes Anliegen.

Ruth Weiss, geb. am 26. Juli 1924 als Ruth Loewenthal in Fürth. Wuchs auf in Hamburg, Rückersdorf bei Nürnberg und Fürth. 1936 Emigration nach Südafrika. Nach Tätigkeit in einem Anwaltsbüro, bei einer Versicherung und einem Verlag begann Ruth Weiss 1954 für verschiedene internationale Zeitungen und Zeitschriften zu schreiben, u. a. für die *Financial Mail* in Salisbury im damaligen Südrhodesien (heute Simbabwe). Anschließend in London für den *Guardian* und den *Investors Chronicle*, 1971 Business Editor bei der *Times of Zambia* und dortige Korrespondentin der *Financial Times*. 1975 bis 1978 in Köln als Chefin vom Dienst der Afrika-Redaktion der *Deutschen Welle*. Dann vier Jahre als freie Journalistin in London. 1982 Übersiedlung nach Harare, Tätigkeit für den *Zimbabwe Mass Media Trust* und als Ausbilderin für Wirtschaftsjournalisten am Polytechnikum. Gründung und Aufbau des *Southern African Economist* und Arbeit an verschiedenen Büchern und Filmen. 1992 Umzug nach England, auf die Isle of Wight, vor einigen Jahren dann ein weiterer Umzug nach Lüdinghausen in Westfalen. Dort lebt Ruth Weiss heute als Autorin und freie Journalistin.

Anmerkungen

Anmerkung zu:
Elisabeth Cosanne-Schulte-Huxel u. a., Einleitung

1 Wir haben angesichts des Fehlens sachlich und ästhetisch überzeugender Vorschläge weder in diesem Text noch im Gesamtband versucht, eine einheitliche Schreibweise vorzugeben, soweit es um Kollektive von Männern und Frauen geht, aber nichtsdestoweniger auf das »Sichtbarwerden« der Geschlechter geachtet.

Anmerkungen zu:
Olaf Blaschke, Heimatgeschichte als Harmonielehre

1 Erstdruck in: *Nebeneinander Miteinander Gegeneinander? Zur Koexistenz von Juden und Katholiken in Süddeutschland im 19. und 20. Jahrhundert.* Hg. Haus der Geschichte Baden-Württemberg. Gerlingen 2002, S. 138–161, 273 f. Für den Neudruck wurde der ursprüngliche Text stark gekürzt, nötigenfalls korrigiert und aktualisierende Literatur in den Fußnoten ergänzt.

2 Jacques Jacobs: *Existenz und Untergang der alten Judengemeinde der Stadt Trier.* Trier 1984, S. 57.

3 Margit Naarmann: *Die Paderborner Juden 1802–1945. Emanzipation, Integration und Vernichtung.* Ein Beitrag zur Geschichte der Juden in Westfalen im 19. und 20. Jahrhundert, Paderborn 1988, S. 181; vgl. dagegen zur Judenfeinschaft S. 190–192, S. 196 f.

4 Zit. nach Anna-Ruth Löwenbrück: »Juden und Katholiken in einer oberschwäbischen Landgemeinde – Beispiel Laupheim«, in: *Nebeneinander Miteinander Gegeneinander?* S. 115–135, 115.

5 Jacobs, *Existenz und Untergang*, S. 61 f. Vgl. die vorzüglichen und differenzierten Studien von Till van Rahden: *Juden und andere Breslauer.* Die Beziehungen zwischen Juden, Protestanten und Katholiken in einer deutschen Großstadt von 1860 bis 1925, Göttingen 2000; sowie Ulrich Baumann: *Zerstörte Nachbarschaften.* Christen und Juden in badischen Landgemeinden 1862–1940, Hamburg 2000.

6 Jacobs, *Existenz und Untergang*, S. 61 f. Neuere erinnerungshistorische Forschungen über das kommunikative Gedächtnis erklären, wie es zu der Diskrepanz zwischen Geschichte und Gedächtnis kommen kann. Vgl. Aleida Assmann: *Der lange Schatten der Vergangenheit.* Erinnerungskultur und Geschichtspolitik, Bonn 2007; Harald Welzer: ›Opa war kein Nazi‹. Nationalsozialismus und Holocaust im Familiengedächtnis, Frankfurt/M. 2002.

7 Vgl. jedoch zum wachsenden »Pogromantisemitismus« nach dem Ersten Weltkrieg: Dirk Walter: *Antisemitische Kriminalität und Gewalt. Judenfeindschaft in der Weimarer Republik.* Bonn 1999. Zur erinnerungskritischen Analyse von Biografien vgl. Miriam Gebhardt: *Das Familiengedächtnis – Erinnerungen im deutsch-jüdischen Bürgertum 1890–1932.* Stuttgart 1999.

8 *Morgenzeitung*, zit. nach Jacob Toury: *Soziale und politische Geschichte der Juden in Deutschland 1847–1871. Zwischen Revolution, Reaktion und Emanzipation*, Düsseldorf 1977, S. 128.

9 Vgl. Patrice G. Poutrus, Jan C. Behrend, Dennis Kuck: »Historische Ursachen der Fremdenfeindlichkeit in den neuen Bundesländern«, in: *Aus Politik und Zeitgeschichte* 50, 2000, 39, S. 15–21; insges. Armin Pfahl-Traughber: *Rechtsextremismus in der Bundesrepublik.* 2. Aufl. München 2000.

10 Vgl. Tobias Dietrich: *Konfession im Dorf. Westeuropäische Erfahrungen im 19. Jahrhundert.* Köln, Weimar, Wien 2004, Olaf Blaschke: »Das 19. Jahrhundert: Ein zweites Konfessionelles Zeitalter?«, in: *Geschichte und Gesellschaft* 26, 2000, S. 38–75. Wolfram Kaiser und Christopher Clark (Hg.): *Culture Wars. Secular-Catholic Conflict in Nineteenth-Century Europe*, Cambridge 2003.

11 Thomas Nipperdey: *Religion im Umbruch. Deutschland 1870–1917.* München 1988, S. 154 f.

12 Vgl. Stefan Scheil: *Die Entwicklung des politischen Antisemitismus in Deutschland zwischen 1881 und 1912. Eine wahlgeschichtliche Untersuchung*, Berlin 1999.

13 Vgl. Werner Bergmann: »Der Antisemitismus in der Bundesrepublik Deutschland«, in: H. A. Strauss, W. Bergmann und Chr. Hoffmann (Hg.): *Der Antisemitismus in der Gegenwart.* Frankfurt, New York 1990, S. 151–166; hier: S. 153.

14 Shulamit Volkov: *Jüdisches Leben und Antisemitismus im 19. und 20. Jahrhundert.* Zehn Essays, München 1990.

15 Vgl. zum Folgenden ausführlicher: Olaf Blaschke: *Katholizismus und Antisemitismus im Deutschen Kaiserreich.* 2. Aufl. Göttingen 1999; Olaf Blaschke, A. Mattioli (Hg.): *Katholischer Antisemitismus im 19. Jahrhundert. Ursachen und Traditionen im internationalen Vergleich*, Zürich 2000. Vgl. außerdem: Hermann Greive: *Theologie und Ideologie. Katholizismus und Judentum in Deutschland und Österreich 1918–1933*, Heidelberg 1969; ders.: *Geschichte des modernen Antisemitismus in Deutschland.* Darmstadt 1988; empirisch schon damals reich, aber tendenziell apologetisch: Rudolf Lill: »Die deutschen Katholiken und die Juden in der Zeit von 1850 bis zur Machtergreifung Hitlers«, in: K. H. Rengstorf, S. von Kotzfleisch (Hg.): *Kirche und Synagoge.* Handbuch zur Geschichte von Christen und Juden, Stuttgart 1970, S. 370–420; positivistisch: Amine Haase: *Katholische Presse und die Judenfrage. Inhaltsanalyse katholischer Periodika am Ende des 19. Jahrhunderts*, Pullach bei München 1975. Grundlegend bereits: Ernst Heinen: »Antisemitische Strömungen im politischen Katholizismus während des Kulturkampfes«, in: ders., H. J. Schoeps (Hg.): *Geschichte in der Gegenwart.* Festschrift für Kurt Kluxen zu seinem 60. Geburtstag, Paderborn 1972, S. 286–301; Uriel Tal (Hg.): *Christians and Jews in Germany.* Religions, Politics, and Ideology in the Second Reich. 1870–1914, Ithaca 1975; David Blackbourn: »Roman Catholics, the Centre Party and Anti-Semitism in Imperial Germany«, in: P. M. Kennedy, A. Nicholls (Hg.): *Nationalist and racialist movements in Britain and Germany before 1914.* London 1981, S. 106–129. Apologetisch und ganz Lill folgend: Walter Hannot: *Die Judenfrage in der katholischen Tagespresse Deutschlands und Österreichs 1922–1933.* Mainz 1990; ebenso: Uwe Mazura: *Zentrumspartei und Judenfrage 1870/71–1933. Verfassungsstaat und Minderheitenschutz*, Mainz 1994. Materialreich: Michael Langer: *Zwischen Vorurteil und Aggression. Zum Judenbild in der deutschsprachigen Volksbildung des 19. Jahrhunderts*, Freiburg u. a. 1994; Helmut W. Smith: »Religion and Conflict: Protestants, Catholics and Anti-Semitism in the

State of Baden in the Era of Wilhelm II.«, in: *Central European History* 27, 1994, S. 283–314; Eine aktuelle und reflektierte Forschungsrundschau liefert jetzt: Thomas Gräfe: *Antisemitismus in Deutschland 1815–1918. Rezensionen – Forschungsüberblick – Bibliographie*, 2. Aufl. Norderstedt 2010.
16 Karl Rieder: Artikel »Antisemitismus«, in: *Staatslexikon*. Im Auftrag der Görres-Gesellschaft hg. von Hermann Sacher, Bd. 1, 2. Aufl. Freiburg 1926, Sp. 219–224.
17 Vgl. Blaschke, Katholizismus und Antisemitismus, bes. S. 70–91.
18 Vgl. Urs Altermatt: *Katholizismus und Antisemitismus. Mentalitäten, Kontinuitäten, Ambivalenzen zur Kulturgeschichte der Schweiz 1918–1945*, Frauenfeld 1999. Allerdings fällt »ein Schatten« auf das Buch von Altermatt, seit ihm Fachkreise den »Plagiatsvorwurf« gemacht haben; vgl. den Versuch von Altermatt und mir, die Angelegenheit zu diskutieren, in: »Katholizismus und Antisemitismus. Eine Kontroverse«, in: *Schweizerische Zeitschrift für Geschichte*, Bd. 50, 2000, S. 204–236. Vgl.: Otto Weiß: »Beim Lesen zweier Bücher über den katholischen Antisemitismus«, in: *Traverse*, 3, 2000, S. 122–131.
19 Olaf Blaschke: »Wie wird aus einem guten Katholiken ein guter Judenfeind? Zwölf Ursachen des katholischen Antisemitismus auf dem Prüfstand«, in: Blaschke/Matioli, Katholischer Antisemitismus, S. 77–109.
20 Mazura, Zentrumspartei und Judenfrage, S. 29, 81, 187; Lill, Die deutschen Katholiken und die Juden, S. 392.
21 Franz Adam Göpfert: *Moraltheologie*. Bd. 1, Paderborn 1897, S. 308 f.
22 Heinz Hürten: *Deutsche Katholiken 1918 bis 1945*. Paderborn [u. a.] 1992, S. 156 f.
23 Rieder, Antisemitismus, S. 219–224.
24 »Wir erinnern: Eine Reflexion über die Shoah. Erklärung der päpstlichen Kommission für die religiösen Beziehungen zu den Juden vom 12. März 1998«, in: *Blätter für deutsche und internationale Politik* 43, 1998, S. 755–761.
25 Heinz Hürten: »Antisemit, weil Katholik?«, in: *Stimmen der Zeit* 216, 1998, S. 497–500, hier: S. 499.
26 Jean Paul Sartre: Überlegungen zur Judenfrage. Frankfurt/M. 1994 (*Réflexions sur la question juive*. Paris 1944), S. 12.
27 Dazu: Christoph Nonn: »Ritualmordgerüchte als Forum von populärem Antisemitismus – Eine katholische Spezialität?« in: Blaschke,/Matioli, Katholischer Antisemitismus, S. 145–159.
28 Karl Hilgenreiner: Artikel: »Antisemitismus«, in: M. Buchberger (Hg.): *Kirchliches Handlexikon*. Bd. 1: A-H, Freiburg 1907/1912, S. 257 f.
29 *Oberschlesische Volkszeitung*, zit. nach: *Jüdisches Volksblatt* vom 23.9.1910.
30 Vgl. als ersten internationalen Versuch: Blaschke/Mattioli, Katholischer Antisemitismus, außerdem Pierre Sorlin: »Die Entwicklung in Frankreich nach 1850«, in: Rengstorf/von Kotzfleisch, Kirche und Synagoge, S. 421–452; A. Mattioli (Hg.): *Antisemitismus in der Schweiz 1848–1960*. Zürich 1998; Jakob Tanner: »Diskurse der Diskriminierung: Antisemitismus, Sozialdarwinismus und Rassismus in den schweizerischen Bildungseliten«, in: M. Graetz, A. Mattioli (Hg.): *Krisenwahrnehmung im Fin de siècle. Jüdische und katholische Bildungseliten in Deutschland und der Schweiz*, Zürich 1997, S. 323–340; A. Mattioli: »Juden und Judenfeindschaft in der Schweizerischen Historiographie – eine Replik auf Robert Uri Kaufmann«, in: *Traverse* 4, 1997, S. 155–163.
31 Vgl. ausführlicher: Blaschke, Katholizismus und Antisemitismus, S. 131–143.

Anmerkungen zu:
Diethard Aschoff, Juden und Christen
in Westfalen im Alten Reich

1 Vgl. Diethard Aschoff: *Geschichte der Juden in Westfalen im Mittelalter*. Münster 2006, hier S. 13.
2 Ebd., S. 14–18.
3 Ebd., S. 18–22.
4 Ebd., S. 74–76.
5 Ebd., S. 74; 76.
6 Ebd., S. 38–40.
7 Ebd., S. 48–50.
8 Ebd., S. 140–142 und D. Aschoff: »Jüdische Frauen in Westfalen im Mittelalter und in der frühen Neuzeit«, in: *Jüdische Frauen in Mitteleuropa*. Paderborn 2008, S. 9–38.
9 Aschoff, Geschichte der Juden, S. 51.
10 Ebd., S. 45–48.
11 Ebd., S. 30–32.
12 Ebd., S. 37–38.
13 Ebd., S. 67–71.
14 Ebd., S. 71–74.
15 Ebd., S. 87–93.
16 Ebd., S. 87–93, Näheres bei D. Aschoff: »Die Judenverfolgung des Jahres 1350 in der älteren westfälischen Geschichtsschreibung«, in: *Begegnungen zwischen Christentum und Judentum in Antike und Mittelalter*. Festschrift für Heinz Schreckenberg, Göttingen 1993, S. 21–39.
17 Ebd., S. 102.
18 Ebd., S. 133–135.
19 Ebd., S. 137–140.
20 Ebd., S. 110–112.
21 Ebd., S. 170–174.
22 D. Aschoff: »Das münsterländische Judentum bis zum Ende des Dreißigjährigen Krieges«, in: *Theokratia. Jahrbuch des Institutum Judaicum Delitzschianum* 3, 1979, S. 125–184, hier S. 137–147.
23 Ebd., S. 149–162.
24 D. Aschoff: »Eine jüdische Hochzeit in Dülmen im Jahre 1580 und ihre Folgen«, in: *Geschichtsblätter des Kreises Coesfeld* 28, 2003, S. 31–103.
25 Aschoff, Das münsterländische Judentum, S. 152–160.
26 D. Aschoff (Hg.): *Westfalia Judaica III 2: Quellen und Regesten zur Geschichte der Juden in der Stadt Hamm 1287–1664*, Münster 2005, vgl. Register unter Freuchen, S. 421, und unter Moises von Hamm, S. 432.
27 D. Aschoff: »›Attentate‹ auf den Schlossherrn von Niederwerries. Zu einem Prozess des Juden Moses von Hamm gegen den Ritter Dietrich von Nehem zu Beginn des 17. Jahrhunderts«, in: *Der Märker* 50, 2001, S. 38–47, vgl. ders.: »Eine jüdische Frau setzt sich durch – Freuchen von Hamm«, in: D. Aschoff: »Gefährdungen einer Minderheit. Juden in Westfalen zur Zeit Philipp Nicolais (1556–1608)«, in: *Die Pest, der Tod und das Leben – Philipp Nicolai – Spuren der Zeit*. Unna 1997 S. 141–171, hier S. 156–159.
28 Westfalia Judaica III 2, Nr. 456 S. 320.
29 Aschoff, Gefährdungen einer Minderheit, hier S. 156–158.
30 D. Aschoff: »Isaak von Gemen (gest. 1605). Ein westmünsterländisches Judenschicksal in der frühen Neuzeit«, in: *Beiträge des Heimatvereins Vreden zur Landes- und Volkskunde* 26, 1983, S. 33–41.

31 Aschoff, Gefährdungen einer Minderheit, S. 160–163.
32 Ebd., S. 149–152.
33 D. Aschoff: »Hamm als Vorort der westfälischen Juden und die Frankfurter ›Rabbinerverschwörung‹ von 1603«, in: *Märkisches Jahrbuch* 102, 2002, S. 50–96, hier S. 69.
34 Ebd., S. 72.
35 Ebd., S. 71.
36 Ebd. S. 59–61.
37 D. Aschoff: »Ein Drama in Menden«, in: *Sauerland*. Zeitschrift des Sauerländer Heimatbundes Nr. 1/März 2007, S. 23–27.
38 D. Aschoff: »Die ›Rabbinerverschwörung‹ in Frankfurt 1603 und die westfälischen Juden, in: *Westfälische Forschungen* 59, 2009, S. 397–409. hier S. 408.
39 D. Aschoff: »Minderheit in Coesfeld – Die Juden«, in: *Coesfeld 1197–1997. Beiträge zu 800 Jahren städtischer Geschichte*, Band 2, Münster 1999, S. 1143–1214, hier S. 1150–1152.
40 Heinrich Schnee: »Stellung und Bedeutung der Hoffinanziers in Westfalen«, in: *Westfalen* 34, 1956, S. 176–189, hier S. 178.
41 D. Aschoff: »Die Juden im Fürstbistum Münster«, in: *Historisches Handbuch der jüdischen Gemeinschaften in Westfalen und Lippe*. Band 1: Die Ortschaften und Territorien im heutigen Regierungsbezirk Münster, Münster 2008, S. 54–108, hier S. 78–88.
42 D. Aschoff: »Zum Judenbild in Westfalen. Ein Versuch über ›Fremdheit‹ vor allem in voremanzipatorischer Zeit«, in: *Westfalens Geschichte und die Fremden*. Münster 1994 (Schriften der Historischen Kommission für Westfalen, Bd. 14), S. 59–78, hier S. 60–61.
43 Ebd., S. 70.
44 Aschoff, Die Juden im Fürstbistum Münster, S. 106–107.
45 D. Aschoff: »›… das Allerheiligste begaffen‹ – Judenwohnungen an Prozessionswegen in Dülmen im Alten Reich«, in: *Geschichtsblätter des Kreises Coesfeld* 35, 2010, S. 1–24, hier S. 4–5.
46 D. Aschoff: »Die ›alljährlichen Karfreitagspogrome‹ in Lenhausen – eine Legende«, in: *Jahrbuch für Westfälische Kirchengeschichte* 104, 2008, S. 175–196, hier S. 178–180.
47 Ebd., S. 183–185.
48 Westfalia Judaica III 2, S. 395–415.
49 Aschoff, Das münsterländische Judentum, S. 166–167.
50 Aschoff, »… das Allerheiligste begaffen«, S. 10–12.
51 Bernd-Wilhelm Linnemeier: *Jüdisches Leben im Alten Reich. Stadt und Fürstentum Minden in der Frühen Neuzeit*, Bielefeld 2002 (Studien zur Regionalgeschichte, Bd. 15).
52 D, Aschoff: »Die Judenpolitik des Fürstbistums Münster zur Zeit des Absolutismus (1650–1803/1806)«, in *Westfälische Zeitschrift* 156, 2006, S. 85–115, hier S. 89–92.
53 D, Aschoff: »Die Juden im kurkölnischen Herzogtum Westfalen«, in: *Das Herzogtum Westfalen*. Band 1, Münster 2009, S. 669–703, hier S. 694.
54 Dina van Faassen: »Die Juden im Hochstift Paderborn«, in: *Historisches Handbuch der jüdischen Gemeinschaften in Westfalen und Lippe*. Band 2: Die Ortschaften und Territorien im heutigen Regierungsbezirk Detmold, Münster 2013.
55 D. Aschoff: »Vincke und die Juden« (zusammen mit Rita Schlautmann-Overmeyer), in: H. J. Behr und J. Kloosterhuis (Hg.): *Ludwig Freiherr Vincke. Ein westfälisches Profil zwischen Reform und Restauration in Preußen*. Münster 1994, S. 289–308.

Anmerkungen zu:
Reinhard Rürup, Die *Landjuden* in den Modernisierungsprozessen des 19. und frühen 20. Jahrhunderts

1 Monika Richarz: »Ländliches Judentum als Problem der Forschung«, in: Monika Richarz und Reinhard Rürup (Hg.): *Jüdisches Leben auf dem Lande*. Studien zur deutsch-jüdischen Geschichte, Tübingen 1997, S. 1 f.
2 Hermann Schwab: *Jewish Rural Communities in Germany*. London 1956.
3 Werner J. Cahnmann: »Village and Small-Town Jews in Germany. A Typological Study«, in: *Leo Baeck Institute Year Book* 19, 1974, S. 107–130 (auch in: ders.: *German Jewry. Its History and Sociology*, Oxford 1989); ders.: »Der Dorf- und Kleinstadtjude als Typus«, in: *Zeitschrift für Volkskunde* 70, 1974, S. 166–193; siehe auch ders.: »Agenda für das Studium der Landjuden«, in: *Emuna – Israel Forum* 5–6, 1977, S. 5–10.
4 Utz Jeggle: *Judendörfer in Württemberg*. Tübingen 1969.
5 Monika Richarz (Hg.): *Jüdisches Leben in Deutschland. Selbstzeugnisse zur Sozialgeschichte*, Bd. 1: *1780–1871*; Bd. 2: *Im Kaiserreich*; Bd. 3: *1918–1945*. Stuttgart 1976–1982 (gekürzte Fassung in einem Band: *Bürger auf Widerruf. Lebenszeugnisse deutscher Juden 1780–1945*, München 1989).
6 U. a. Steven M. Lowenstein: »The Rural Community and the Urbanisation of German Jewry«, in: *Central European History* 13, 1980, S. 218–236; Hugo Mandelbaum: *Jewish Life in the Village Communities of Southern Germany*. New York 1985; William Tannenbaum: *From Community to Citizenship. The Jews of Rural Franconia 1801–1862*, Ph. D. Diss., Stanford University 1989.
7 Siehe u. a. Klaus Guth (Hg.): *Jüdische Landgemeinden in Oberfranken 1800–1942. Ein historisch-topographisches Handbuch*, Bamberg 1988.
8 Christoph Daxelmüller: *Jüdische Kultur in Franken*. Würzburg 1988.
9 Schon früher erschienen Arno Herzig: *Judentum und Emanzipation in Westfalen*. Münster 1973; Michael Günther: *Die Juden in Lippe von 1648 bis zur Emanzipation 1958*. Detmold 1973; Gerhard Hentsch: *Gewerbeordnung und Emanzipation der Juden im Kurfürstentum Hessen*. Wiesbaden 1979; Elfi Labsch-Benz: *Die jüdische Gemeinde Nonnenweier. Jüdisches Leben und Brauchtum in einer badischen Landgemeinde zu Beginn des 20. Jahrhunderts*, 2. überarb. Auflage, Freiburg/Br. 1981. Seit der Mitte der achtziger Jahre dann u. a. Harm-Hinrich Brandt (Hg.): *Zwischen Schutzherrschaft und Emanzipation. Geschichte der mainfränkischen Juden im 19. Jahrhundert*, Würzburg 1987; Archiv und Museumsamt Lemgo (Hg.): *Juden in Lemgo und Lippe*. Bielefeld 1988; Herbert Reyer und Martin Tielke (Hg.): *Frisia Judaica. Beiträge zur Geschichte der Juden in Ostfriesland*, Aurich 1988; Regina Schmidt: *Verlorene Heimat. Gailingen – eine Dorf und seine jüdische Gemeinde in der Weimarer Zeit*. Konstanz 1988; Werner Meiners: *Geschichte der Juden in Wildeshausen*. Oldenburg 1988; Volker Berbüsse: *Geschichte der Juden in Waldeck. Emanzipation und Antisemitismus vor 1900*, Wiesbaden 1990; Karl-Heinz Burmeister (Hg.): *Landjudentum im süddeutschen und Bodenseeraum*. Dornbirn 1992; Dieter Hoffmann: »… wir sind doch Deutsche«. Zu Geschichte und Schicksal der Landjuden in Rheinhessen, Alzey 1992; Gerhard Taddey: *Kein kleines Jerusalem. Geschichte der Juden im Landkreis Schwäbisch-Hall*, Sigmaringen 1992.
10 Dazu nur drei Beispiele: Barbara Suchy: »Zwischen Geborgenheit und Gefährdung. Jüdisches Leben in hessischen Klein-

städten und Dörfern«, in: Uwe Schulz (Hg.): *Die Geschichte Hessens*. Stuttgart 1983, S. 145–159; Beate Bechtold-Comforty: »Jüdische Frauen auf dem Dorf – zwischen Eigenständigkeit und Integration«, in: *Sozialwissenschaftliche Informationen* 18, 1989, S. 157–162; Monika Richarz: »Viehhandel und Landjuden im 19. Jahrhundert. Eine symbiotische Wirtschaftsbeziehung in Südwestdeutschland«, in: *Menora* 1, 1990, S. 66–88.

11 Monika Richarz: »Die Entdeckung der Landjuden. Stand und Probleme ihrer Erforschung am Beispiel Südwestdeutschlands«, in: Karl-Heinz Burmeister (Hg.): *Landjudentum im süddeutschen und Bodenseeraum*. Dornbirn 1992, S. 11–21.

12 Richarz, Rürup (Hg.), *Jüdisches Leben auf dem Lande*.

13 Siehe u. a. Susanne Zittartz-Weber: *Zwischen Religion und Staat. Die jüdischen Gemeinden in der preussischen Rheinprovinz 1815–1871*, Essen 2003; Herbert Obenaus (Hg.): *Landjuden in Nordwestdeutschland*. Hannover 2005; Stefan Baumeier und Heinrich Stieve (Hg.): *Die vergessenen Nachbarn*. Juden auf dem Lande im östlichen Westfalen, Bielefeld 2006; Mathias Rohde: *Juden in Rheinhessen*. Studien zur wirtschaftlichen und sozialen Lage in der ersten Hälfte des 19. Jahrhunderts, Tönning 2007. Dazu die schon Mitte der neunziger Jahre erschienenen wichtigen Studien von Ulrich Baumann: *Zerstörte Nachbarschaften*. Juden und Christen in badischen Landgemeinden, 1862–1940, Freiburg/Br. 1995, und Franziska Becker: *Gewalt und Gedächtnis*. Erinnerungen an die NS-Verfolgung einer jüdischen Landgemeinde, Göttingen 1994.

14 Monika Richarz: » Ländliches Judentum als Problem der Forschung«, in: Richarz, Rürup (Hg.), *Jüdisches Leben auf dem Lande*, S. 1.

15 Stefi Jersch-Wenzel: »Ländliche Siedlungsformen und Wirtschaftstätigkeit der Juden östlich der Elbe«, in: Richarz, Rürup (Hg.), *Jüdisches Leben auf dem Lande*, S. 79–90; Arno Herzig: »Landjuden – Stadtjuden. Die Entwicklung der preussischen Provinzen Westfalen und Schlesien«, in: ebd., S. 91–107.

16 Michael Schmidt hat darauf aufmerksam gemacht, dass es in dem einschlägigen 12. Band des Grimmschen *Deutschen Wörterbuchs* von 1885 noch keinen Eintrag »Landjuden« gab: ders., »›Faule Geschichten‹? Über ›Landjuden‹ und deutsche Literatur«, in: Richarz, Rürup (Hg.), *Jüdisches Leben auf dem Lande*, S. 347.

17 Mordechai Breuer: »Jüdische Religion und Kultur in den ländlichen Gemeinden 1600–1800«, in: ebd., S. 69.

18 Vgl. Monika Richarz, *Jüdisches Leben*, Bd. 3: 1918–1945, S. 17 f.

19 Zusammenfassend zu den älteren Lebensverhältnissen: Mordechai Breuer und Michael Graetz: *Tradition und Aufklärung, 1600–1780*. München 1996 (Deutsch-jüdische Geschichte in der Neuzeit, Bd. 1, hg. von Michael A. Meyer, unter Mitwirkung von Michael Brenner); Robert Liberles: »An der Schwelle zur Moderne: 1618–1780«, in: Marion Kaplan (Hg.): *Geschichte des jüdischen Alltags in Deutschland. Vom 17. Jahrhundert bis 1945*, München 2003, S. 19–122.

20 Zu den veränderten Lebensverhältnissen jetzt vor allem Michael Brenner, Stefi Jersch-Wenzel und Michael A. Meyer: *Emanzipation und Akkulturation. 1780–1871*, München 1996 (Deutsch-jüdische Geschichte, Bd. 2), und Steven M. Lowenstein, Paul Mendes-Flohr, Peter Pulzer und Monika Richarz: *Umstrittene Integration. 1781–1918*, München 1997 (Deutsch-jüdische Geschichte, Bd. 3). Ergänzend Marion Kaplan: »Konsolidierung eines bürgerlichen Lebens im kaiserlichen Deutschland 1871–1918«, in: dies.,*Geschichte des jüdischen Alltags*, S. 226–344. Eine knappe Skizze des Gesamtvorgangs bei Reinhard Rürup: »Jüdische Geschichte in Deutschland. Von der Emanzipation bis zur nationalsozialistischen Gewaltherrschaft«, in: Dirk Blasius und Dan Diner (Hg.), *Zerbrochene Geschichte. Leben und Selbstverständnis der Juden in Deutschland*, Frankfurt/M. 1991, S. 79–101. Aus der neueren Forschung vor allem Simone Lässig: *Jüdische Wege ins Bürgertum. Kulturelles Kapital und sozialer Aufstieg im 19. Jahrhundert*, Göttingen 2004.

21 Zur Auswanderung siehe Avraham Barkai: »Aus dem Dorf nach Amerika: Jüdische Auswanderung 1820–1914«, in: Richarz, Rürup (Hg.), *Jüdisches Leben auf dem Lande*, S. 109–120; ders.: *Branching Out*. German-Jewish Immigration to the United States 1820–1914, New York 1994; dazu als Fallstudie Stefan Rohrbacher: »From Württemberg to America. A Nineteenth-Century German-Jewish Village on its Way to the New World«, in: *American Jewish Archives* 41, 1989, S. 143–171.

22 Zur »Doppelrevolution«: Eric Hobsbawm: *Europäische Revolutionen*. Zürich 1962; zu den grundlegenden Veränderungen im »langen« 19. Jahrhundert vor allem Thomas Nipperdey: *Deutsche Geschichte 1866–1918*. 2 Bde., München 1990–1992; Hans-Ulrich Wehler: *Deutsche Gesellschaftsgeschichte*. Bd. 3: *Von der deutschen »Doppelrevolution« bis zum Beginn des Ersten Weltkrieges, 1849–1914*, München 1995; Jürgen Kocka: *Das lange 19. Jahrhundert*. Arbeit, Nation und bürgerliche Gesellschaft, Stuttgart 2001 (Gebhardt. Handbuch der deutschen Geschichte, 10. Auflage, 13. Bd.).

23 Christian Wilhelm Dohm: Über die bürgerliche Verbesserung der Juden. Berlin 1781, S. 28.

24 Zu den Grundfragen der Emanzipationstheorie und Emanzipationspolitik: Reinhard Rürup: »Judenemanzipation und bürgerliche Gesellschaft in Deutschland«, in: ders.: *Emanzipation und Antisemitismus*. Studien zur »Judenfrage« der bürgerlichen Gesellschaft, Göttingen 1975, S. 11–36; ders.: »The Tortuous and Thorny Path to Legal Equality: »Jew Laws« and Emancipatory Legislation in Germany from the Late Eighteenth Century«, in: *Leo Baeck Institute Year Book* 31, 1986, S. 3–33.

25 In einem Kommissionsbericht der Zweiten Kammer des württembergischen Landtags hieß es 1828, dass es darauf ankomme, »dass der Jude entjudet werde« (Reinhard Rürup: »Die jüdische Landbevölkerung in den Emanzipationsdebatten süd- und südwestdeutscher Landtage«, in: Richarz, Rürup (Hg.), *Jüdisches Leben auf dem Lande*, S. 124).

26 Zu Mendelssohn siehe Dominique Bourel: *Moses Mendelssohn. Begründer des modernen Judentums*, Zürich 2007; David Sorkin: *Moses Mendelssohn and the Religious Enlightenment*. Berkeley 1996; Michael A. Meyer: *Von Moses Mendelssohn zu Leopold Zunz. Jüdische Identität in Deutschland 1749–1824*, München 1994.

27 Das jüdische Erziehungswesen auf dem Lande bildet auch in der Forschung inzwischen einen deutlichen Schwerpunkt, siehe u. a. Wolfgang Marienfeld: »Jüdische Lehrerbildung in Hannover 1848–1923«, in: *Hannoversche Geschichtsblätter*, Neue Folge 36, 1982, S. 3–35; Klaus Guth: »Jüdisches Schulwesen auf dem Lande. Religions-, Elementar- und Feiertagsschulen in Franken 1804–1870«, in: *Archiv für Geschichte von Oberfranken* 70, 1990, S. 231–249; Monika Richarz: »Jüdische Lehrer auf dem Lande im Kaiserreich«, in: Shulamit Volkov und Frank Stern (Hg.): *Sozialgeschichte der Juden in Deutschland*. Festschrift zum 75. Geburtstag von Jakob Toury, Gerlingen 1991, S. 181–194; Dorothee Schimpf: *Emanzipation und Bildungswesen im Kurfürs-*

tentum Hessen 1807–1866. Jüdische Identität zwischen Selbstbehauptung und Assimilationsdruck, Wiesbaden 1994; Uri R. Kaufmann: »Das jüdische Schulwesen auf dem Lande. Baden und Elsass im Vergleich 1770–1848«, in: Richarz, Rürup (Hg.), Jüdisches Leben auf dem Lande, S. 293–326; Rainer Sabelleck:« Jüdische Erziehung auf dem Lande seit Beginn der Emanzipation im Königreich Hannover 1831–1866«, in: ebd., S. 327–345.

28 Monika Richarz: »Landjuden – ein bürgerliches Element im Dorf?«, in: Wolfgang Jacobeit u. a. (Hg.): *Idylle oder Aufbruch? Das Dorf im bürgerlichen 19. Jahrhundert*. Ein europäischer Vergleich, Berlin 1990, S. 181–190; Werner Pankoke: *Hinterlassenschaften von Landjuden*. Alltagsleben im Spiegel von Nachlassinventaren aus Aldenhoven (Krs. Jülich) 1820–1867, Siegburg 1991; Gisela Roming: »Haushalt und Familie auf dem Lande im Spiegel südbadischer Nachlassakten«, in: Richarz, Rürup (Hg.), Jüdisches Leben auf dem Lande, S. 269–291.

29 Bericht des Direktoriums des Neckarkreises an den badischen Innenminister, Mannheim, 27.7.1831 (Generallandesarchiv Karlsruhe, 236/6051).

30 »Ergebnisse einer 1852 von der Königl. Württembergischen Israelitischen Oberkirchen-Behörde bei den württembergischen Oberämtern durchgeführten Umfrage« (Rürup, Die jüdische Landbevölkerung, S. 135 f.).

31 Im bayerischen Landtag erklärte 1846 der Abgeordnete Wilhelm Eduard Freiherr von Gumppenberg als Berichterstatter: »… verlassen doch seit mehreren Jahren die meisten jüdischen Jünglinge, die für Gewerbe, Landwirtschaft, Kunst und Wissenschaft sich ausgebildet haben, den vaterländischen Boden, um in Amerika ihr Heil zu suchen«. Als Ursache dafür nannte er die »Matrikel-Bestimmungen«, durch die die Niederlassungsrechte der jüdischen Bevölkerung extrem eingeschränkt wurden, und fügte hinzu: »So stößt Bayern den Überfluss hinaus, ohne zu berücksichtigen, dass es die *Bessern* sind, welche gezwungen, das Vaterland zu verlassen.« (*Verhandlungen in der zweyten Kammer der Ständeversammlung des Königreichs Baiern*, 7. Beilagenheft, 17.4.1846, S. 113)

32 Barkai, »Aus dem Dorf nach Amerika«, S. 110. Tobias Brinkmann: *Migration und Transnationalität*. Paderborn 2012 (Perspektiven deutsch-jüdischer Geschichte, hg. von Rainer Liedtke und Stefanie Schüler-Springorum), hält zwar genaue Zahlenangaben für diesen Zeitraum nicht für möglich, verweist aber auch auf Schätzungen von »zwischen 100.000 und weit über 200.000 Juden«, die aus Deutschland nach Amerika auswanderten (S. 15).

33 Vgl. dazu die älteren, noch immer nützlichen Studien von A. Blum: »Enquête über die wirtschaftliche Lage der jüdischen Landbevölkerung in Baden. Ergebnisse einer Erhebung vom Jahre 1900«, in: *Jüdische Statistik*. Berlin 1903, S. 191 ff.; J. Moses: »Statistische Erhebungen über die Berufswahl der jüdischen Jugend in den Landgemeinden Badens«, in: ebd., S. 202 ff.

34 So fotografierte beispielsweise Theodor Harburger in einem groß angelegten Projekt zwischen 1926 und 1930 Synagogen, Friedhöfe, Mikwen und Kultusgeräte in Franken, Ostschwaben und der Oberpfalz, um das religiöse Leben in jüdischen Landgemeinden vor allem des 18. Jahrhunderts zu dokumentieren. Siehe dazu Eva Groiss-Lau: *Jüdisches Kulturgut auf dem Land. Synagogen, Realien und Tauchbäder in Oberfranken*, München 1995; Annette Weber: »Synagogenausstattungen als Dokumente jüdischen Lebens auf dem Lande in Franken und Schwaben im 18. Jahrhundert«, in: Richarz, Rürup (Hg.), Jüdisches Leben auf dem Lande, S. 189–206.

35 Utz Jeggle: »Nachrede. Erinnerungen an die Dorfjuden heute«, in: ebd., S. 399.

Anmerkungen zu:
Arno Herzig, Von der Aufklärung zur Emanzipation der jüdischen Minderheit in Westfalen im 19. Jahrhundert

1 Der Beitrag wurde erstmals veröffentlicht in Arno Herzig: *Jüdisches Leben in Minden und Petershagen*. Hg. vom Mindener Geschichtsverein, Minden 2012 (Mindener Beiträge 31), S. 11–24.

2 Mordechai Breuer: »Frühe Neuzeit und Beginn der Moderne«, in: Michael A. Meyer (Hg.): *Deutschjüdische Geschichte in der Neuzeit*. Bd. I. München 1996, S. 85 ff.; Arno Herzig: *Jüdische Geschichte in Deutschland. Von den Anfängen bis zur Gegenwart*. München 1997, S. 97 ff.

3 Die Schrift erschien 1781 bei Friedrich Nicolai in Berlin und Stettin; die 2. Auflage, in der Dohm auf die Rezeption der 1. Auflage einging, ebd. 1783. Beide Auflagen in: Christian Konrad Wilhelm von Dohm: Über die bürgerliche Verbesserung der Juden. (Reprint) Hildesheim/New York 1973; Horst Möller: »Aufklärung, Judenemanzipation und Staat. Ursprung und Wirkung von Dohms Schrift ›Über die bürgerliche Verbesserung der Juden‹«, in: Walter Grab (Hg.): *Deutsche Aufklärung und Judenemanzipation*. Tel-Aviv 1980, S. 119–149; Jacob Katz: *Aus dem Ghetto in die bürgerliche Gesellschaft. Jüdische Emanzipation 1770–1870*, Frankfurt/M. 1986, S. 70 ff., Shulamit Volkov: *Die Juden in Deutschland 1780–1918*. München 1994, S. 9 ff. Arno Herzig: *Das Interesse an den Juden in der Frühen Neuzeit. Studien zur Kontinuität und zum Wandel des Judenbildes*, Hamburg 2012, S. 90 ff.

4 Michael A. Meyer: »Jüdische Gemeinden im Übergang«, in: *Deutsch-jüdische Geschichte*. Bd. II, München 1996, S. 96 ff.

5 Dohm, Über die bürgerliche Verbesserung der Juden, 2. Auflage, S. 8 ff. Hier auch die Zitate.

6 Arno Herzig: »Die erste Emanzipationsphase im Zeitalter Napoleons«, in: P. Freimark, A. Jankowski/I. Lorenz (Hg.): *Juden in Deutschland*. Hamburg 1991, S. 130–147, Meyer: Jüdische Gemeinden im Übergang, S. 113 f.

7 Arno Herzig: *Judentum und Emanzipation in Westfalen*. Münster 1973, S. 48 ff.

8 Arno Herzig: »Politische Zielvorstellungen jüdischer Intellektueller aus dem Rheinland und aus Westfalen im Vormärz und in der Revolution 1848«, in: W. Grab, J. Schoeps (Hg.): *Juden im Vormärz und in der Revolution 1848*. Bonn 1983, S. 272–311, S. 274 ff.

9 Herzig, Jüdische Geschichte, S. 169 ff. Arno Herzig (Bearb.): *Jüdische Quellen zur Reform und Akkulturation der Juden in Westfalen*. Münster 2005, S. 213 ff.

10 Arno Herzig: »Die westfälischen Juden im Modernisierungsprozeß«, in: S.Volkov (Hg.): *Deutsche Juden und die Moderne*. München 1994, S. 95–118, S. 98 ff.

11 Ebd., S. 101 f.

12 Ebd., S. 103 ff.

13 Jakob Loewenberg: *Aus zwei Quellen*. Berlin 1914.

14 Stefan Rohrbacher: *Gewalt im Biedermeier. Antijüdische Ausschreitungen im Vormärz und Revolution (1815–1848/49)*, Frankfurt/M. 1993, S. 85, 248 ff.

Anmerkungen zu:
Arno Herzig, Jüdische Akkulturationsvorstellungen

1 Wolfgang Frühwald: »Antijudaismus in der Zeit der deutschen Romantik«, in: Hans Otto Horch, Horst Denkler (Hg.): *Conditio Judaica. Judentum, Antisemitismus und deutschsprachige Literatur vom 18. Jahrhundert bis zum Ersten Weltkrieg*, 2. Teil. Tübingen 1989, S. 79–91, S. 72 ff.
2 Hans-Peter Bayerdörfer: »›Harlekinade in jüdischen Kleidern?‹ – Der szenische Status der Judenrollen zu Beginn des 19. Jahrhunderts«, in: ebd., S. 92–117, S. 92 ff.
3 Rainer Erb, Werner Bergmann: *Die Nachtseite der Judenemanzipation. Der Widerstand gegen die Integration der Juden in Deutschland 1780–1860*, Berlin 1989, S. 177 ff.
4 Immanuel Wohlwill: »Über den Begriff einer Wissenschaft des Judentums«, in: *Zeitschrift für die Wissenschaft des Judentums*, 1 Bd. (1823), S. 1–25, S. 12.
5 Arno Herzig: »Das Assimilationsproblem aus jüdischer Sicht (1780–1880)«, in: Otto Horch, Horst Denkler (Hg.): *Conditio Judaica*. 1. Teil. Tübingen 1988, S. 10–28, S. 16 ff. (Zitat); Michael A. Meyer: *Deutsch-jüdische Geschichte in der Neuzeit*. Bd. II Emanzipation und Akkulturation 1780–1871, München 1996, S. 137 ff.
6 Zur Tätigkeit Haindorfs: Arno Herzig: »Die westfälischen Juden im Modernisierungsprozeß«, in: Shulamit Volkov (Hg.): *Deutsche Juden und die Moderne*. München 1994, S. 95–118, S. 97 ff.; den Text des Briefes siehe Anhang.
7 Arno Herzig: *Judentum und Emanzipation in Westfalen*. Münster 1973, S. 23 ff.
8 Christian Wilhelm Dohm: Über die bürgerliche Verbesserung der Juden. 2 Teile in einem Band (1781/1783), [Reprint] Hildesheim und New York 1973, S. 118 ff.
9 Diethard Aschoff, Rita Schlautmann-Overmeyer: »Vincke und die Juden«, in: Hans-Joachim Behr, Jürgen Kloosterhuis (Hg.): *Ludwig Freiherr Vincke. Ein westfälisches Profil zwischen Reform und Restauration in Preußen*, Münster 1994, S. 289–308.
10 Arno Herzig (Bearb.): *Jüdische Quellen zur Reform und Akkulturation der Juden in Westfalen*. Münster 2005, S. 106 f.
11 Ebd., S. 120 ff.
12 Wilhelm von Kügelgen: *Lebenserinnerungen des alten Mannes in Briefen an seinen Bruder Gerhard 1840–1867*. Leipzig, S. 16 ff.

Anmerkungen zu:
Lore Shelley, »Der Dank des Vaterlands ist Euch gewiss«

1 Lore Shelley, geboren am 19. Februar 1924 in Lübbecke, im April 1943 nach Auschwitz deportiert. Nach der Befreiung lange Aufenthalte in Sanatorien in Deutschland, der Schweiz und Italien. 1951 Heirat mit Sucher Shelley in Rom. 1955 Psychologiestudium in Genf unter Jean Piaget. 1956 Auswanderung in die USA, Abschluss des Studiums in St. Barbara. Zahlreiche wissenschaftliche und biografische Veröffentlichungen, in denen sie sich aus eigener Erinnerung und als Chronistin überlebender Augenzeugen mit Auschwitz auseinandersetzt. Eine Tochter (Gabriela, Psychologin). Lore Shelley lebte lange in San Francisco und zuletzt in New York. Dort gestorben am 21. Februar 2011. Die Präsentation der Postkartensammlung in Verbindung mit der Geschichte ihrer Familie war ihr letztes Projekt, eine Veröffentlichung in Buchform steht noch aus. Der Text der Einführung wurde übersetzt von Iris Nölle-Hornkamp.
2 Hier geht Lore Shelley von Informationen aus dem Band: *Die Juden in der Stadt Bielefeld während der Zeit des Nationalsozialismus* (Hg. im Auftrag des Stadtarchivs Bielefeld von Joachim Meynert und Friedhelm Schäffer. Bielefeld 1983) aus. Inzwischen konnte Brigitte Decker von der Friedensgruppe der Altstädter Nicolaigemeinde in Bielefeld anhand von Postkarten, die die Verschleppten an Familienmitglieder geschickt hatten, rekonstruieren, dass der Transport in das Warschauer Ghetto führte.
3 Hans J. Schütz: »Eure Sprache ist auch meine«. Eine deutsch-jüdische Literaturgeschichte. Zürich, München 2000, S. 130.
4 Ruth Gay: *The Jews of Germany*. A Historical Portrait, Yale 1992.
5 Vgl. Anm. 3.

Anmerkungen zu:
Christine Krüger, »Mein Vaterland!
Wie's mich durchschauert ...«

1 Jakob Loewenberg: »Aus jüdischer Seele: Mein Vaterland«, abgedruckt in: Iris Nölle-Hornkamp, Hartmut Steinecke (Hg.): *Westfälische Lebensstationen. Texte und Zeugnisse jüdischer Schriftstellerinnen und Schriftsteller aus Westfalen*, Bielefeld 2007, S. 53.
2 Zit. n. Erik Lindner: *Patriotismus deutscher Juden von der napoleonischen Ära bis zum Kaiserreich: zwischen korporativem Loyalismus und individueller deutsch-jüdischer Identität*. Frankfurt/M. 1996, S. 49.
3 I[srael] Schwarz: *Rede bei der feierlichen Enthüllung des Denkmals zur Erinnerung an die im Kriege gefallenen Glaubensbrüder. Im israelitischen Waisenhaus zu Paderborn am 17. October 1871 gehalten von Dr. J. Schwarz, Rabbiner in Köln*, Köln 1871.
4 *Die Jüdische Presse*, Nr. 23, 9. Dez. 1871, S. 182.
5 Ute Frevert: *Die Kasernierte Nation*. München 2001, S. 96 f.
6 »Literatur«, in: *Sulamith*, Jg. 4 (1812), [Artikel ca. von 1816], Bd. 2, S. 179 f.
7 *Gabriel Riesser's Gesammelte Schriften*. 3 Bde., Bd. 2, hg. von M. Isler, Frankfurt a. M./Leipzig 1867, S. 152.
8 Isaak Markus Jost: *Legislative Frage betreffend die Juden im Preußischen Staate*. Berlin 1842, S. 49.
9 [Stern, Sigismund:] »Die religiöse und culturhistorische Bewegung im Judenthum«, in: *Die Gegenwart. Eine encyclopädische Darstellung der neuesten Zeitgeschichte für alle Stände*, Bd. 10, Leipzig 1855, S. 526–603, S. 563.
10 Frevert, Kasernierte Nation, S. 96.
11 Eduard Kley, Carl Siegfried Günsburg: *Zuruf an die Jünglinge, welche den Fahnen des Vaterlandes folgen*. Berlin 1813, S. 9.
12 Vgl. Christine G. Krüger: *»Sind wir denn nicht Brüder?« Deutsche Juden im nationalen Krieg, 1870/71*, Paderborn 2006, S. 229–235.
13 *Freie israelitische Vereinigung, Mitteilungen der Ausschüsse, Stenographischer Bericht über die Tagung vom Montag, den 22. Juni 1896*. Hamburg 1896, S. 42.
14 Jakob Loewenberg, Mein Kriegstagebuch, 11. Jan. 1918, Leo Baeck Institute New York, Archives, Call Numer DM 39. MM 120, online verfügbar unter: http://www.lbi.org/digibaeck/.
15 Krüger, »Sind wir denn...«, S. 275 f.
16 Jakob Loewenberg: [Leserbrief], in: *Der Kunstwart* (1912), H. 22, S. 245–249, S. 248 f.
17 Shulamit Volkov: »Juden und Judentum im Zeitalter der Emanzipation. Einheit und Vielfalt«, in: Wolfgang Beck (Hg.): *Die Juden in der europäischen Geschichte. Sieben Vorlesungen*, München 1992, S. 86–108, S. 106.
18 Loewenberg, Mein Kriegstagebuch 28. Aug. 1917.

Anmerkung zu:
Andreas Meyer, »Oh, welche Luhust, Soldat zu sein«

1 Aufgezeichnet von Lazar Backovic für spiegel online, 3.1.2014. Nachdruck mit freundlicher Genehmigung von spiegelonline.

Anmerkungen zu:
Gisbert Strotdrees, Eine Minderheit in der Minderheit

1 Vgl. Gisbert Strotdrees: *Hofgeschichten. Westfälische Bauernhöfe in historischen Portraits*, Münster 2003, S. 141–145. – Die Darstellung zum Gut Baum in Ergste stützt sich auf Quellen, die im Zuge des Entschädigungsverfahrens der Erben Baum in den 1950er und 1960er Jahren entstanden bzw. dokumentiert sind. Die Dokumente wurden dem Verfasser 2001 von einem Erben der Familie Weyergraf in Kopie zur Auswertung überlassen und befinden sich im Redaktionsarchiv des *Landwirtschaftlichen Wochenblattes* Westfalen-Lippe in Münster-Hiltrup.
2 Vgl. Stefan Baumeier, Heinrich Stiewe (Hg.): *Die vergessenen Nachbarn. Juden auf dem Lande im östlichen Westfalen*. Bielefeld 2006 (Schriften des Westfälischen Freilichtmuseums Detmold, Bd. 24).
3 Christian Wilhelm Dohm: *Ueber die buergerliche Verbesserung der Juden*. Berlin, Stettin 1781. – hier zitiert nach http://www.ub.uni-bielefeld.de/diglib/dohm/ueber/– abgerufen am 10. Januar 2013.
4 Ebd., S. 109.
5 Ebd.
6 Ebd., S. 120.
7 Ebd., S. 114–115.
8 Vgl. dazu zusammenfassend den Überblicksartikel »agriculture« in: *Encyclopedia Judaica*, Second Edition, Volume 1, S. 486–502.
9 Das Folgende nach Dina van Faassen: »Juden in Schötmar im 18. Jahrhundert«, in: Baumeier/Stiewe, Die vergessenen Nachbarn, S. 178–179.
10 »Edikt, betreffend die bürgerlichen Verhältnisse der Juden in dem Preußischen Staate vom 11. März 1812«, in: *Gesetz-Sammlung für die Königlichen Preußischen Staaten*, Nr. 5 vom 17. März 1812, S. 17–20. – Zitate S. 17 und 18.
11 Angaben (ohne Provinz Posen) nach Arthur Prinz: *Juden im deutschen Wirtschaftsleben 1850–1914. Soziale und wirtschaftliche Struktur im Wandel 1850–1914*, Tübingen 1984 (Schriftenreihe Wissenschaftlicher Abhandlungen des Leo-Baeck-Instituts, Bd. 43), S. 19. Vgl. auch: Angela Verse-Herrmann: *Die »Arisierungen« in der Land- und Forstwirschaft 1938–1942*. Stuttgart 1997 (Beihefte der Vierteljahrschrift für Sozial- und Wirtschaftsgeschichte, Nr. 131), S. 25. – Zahlen für Westfalen nach: Avraham Barkai: *Jüdische Minderheit und Industrialisierung. Demographie, Berufe und Einkommen der Juden in Westdeutschland 1850–1914*, Unter Mitarbeit von Schoschanna Barkai-Lasker. Tübingen 1988, S. 112. (Absolute Zahlen: Eigene Berechnung.)
12 Zitiert nach: Ebd., S. 159, Anm. 47.
13 Margit Naarmann: »Am meisten gedrückt sind die Bauern im Kreise Warburg«. Zur Entstehung des Stereotyps vom »Judenwucher«, in: Baumeier/Stiewe, Die vergessenen Nachbarn, S. 159, Anm. 47.
14 Vgl. dazu: Susanne Freund: *Jüdische Bildungsgeschichte zwischen Emanzipation und Ausgrenzung. Das Beispiel der Marks-Haindorf-Stiftung in Münster 1825–1942*. Paderborn 1997 (Forschungen zur Regionalgeschichte, Band 23).
15 Ebd., S. 25, Anm. 63.
16 Statuten vom 22. Dezember 1864 und resp. 12. Februar 1866, Nachtrag vom 26. August 1869. In: Ebd., S. 346, 352.
17 Ebd., S. 33–34, vor allem Anm. 103.
18 Vgl. *Handbuch des Grundbesitzes im Deutschen Reiche. Das Königreich Preußen. Zwölfte Lieferung: Provinz Westfalen*. Bearb. Von Kirstein und Schleh Berlin 1898, S. 368–369 (Caldenhof), 360–361 (Kentrop), 370–371 (Haus Mark), 376–377 (Bauerngut in Westtünnen), 502–503 (Rittergut Aul, Höfe Flerke und Illingen). – Die Geschichte dieser Güter im 19. Jahrhundert und ihre Bewirtschaftung ist bislang nicht erforscht. Nach Recherchen der Historikerin Susanne Freund hatte der Fideikommiss der Familie Loeb bis 1925 Bestand. Landrat Ernst Theodor Loeb, ein Urenkel Haindorfs, schenkte Haus Caldenhof 1961 dem evangelischen Kirchenkreis in Hamm. Vgl. Freund, Jüdische Bildungsgeschichte, S. 34, Anm. 103.
19 Ebd.
20 Johannes Waldhoff: *Die Geschichte der Juden in Steinheim*. Steinheim 1980 (Heimatgeschichtliche und volkskundliche Schriften der Stadt Steinheim, Band 2), S. 121–124 und S. 136–138; vgl. Arno Herzig: »Die westfälischen Juden im Modernisierungsprozeß«, in: *Deutsche Juden und die Moderne*. Hg. von Shulamit Volkov unter Mitarbeit von Elisabeth Müller-Luckner. München 1994 (Schriften des Historischen Kollegs), S. 100.
21 Zur Mitgliedschaft Lilienthals im Landwirtschaftlichen Kreisverein vgl. Reprint der Satzung und der Mitgliederliste in: *150 Jahre Landwirtschaftlicher Kreisverband Höxter-Warburg 1837/38–1987/88. Beiträge zur Geschichte der Landwirtschaft und des landwirtschaftlichen Vereinswesens im Kreis Höxter*. Höxter 1988, S. 25. – Zur Hagelversicherung: *Amtsblatt der Königlichen Regierung zu Minden*, Heft. 39 vom 7. September 1855, S. 375.
22 Nach Monika Minninger: »Dorf- und Kleinstadtjuden im ›trefenen Westfalen‹. Ihre Situation in Minden-Ravensberg 1800–1933«, in: Baumeier/Stiewe, Die vergessenen Nachbarn, S. 192. Minninger berichtet überdies von den Familien Hurwitz in Levern und Haas in Rahden, die 4 bzw. 8 ha Weideland bewirtschafteten.
23 Alexander Kessler (Hg.): *Siddinghausen – Geschichte eines westfälischen Dorfes*. Paderborn 2000, S. 264–266. Vgl. auch Strotdrees: Hofgeschichten, S. 138–140.
24 Diese Zahlen nach: *Handbuch des Grundbesitzes im Deutschen Reiche. Das Königreich Preußen. Zwölfte Lieferung: Provinz Westfalen*. Bearb. von Kirstein und Schleh Berlin 1898, S. 188–189.
25 Vgl. Anm. 1. Die Betriebsdaten des Gutes nach: *Landwirtschaftliches Adressbuch der Domänen, Rittergüter, Güter und Höfe in der Provinz Westfalen*. 3. Auflage, Stettin 1931 (Niekammer's Landwirtschaftliche Güter-Adressbücher, Band X). Nachdruck, hg. von Gisbert Strotdrees, Münster 2004, S. 375.
26 Zitiert nach Bernd-Wilhelm Linnemeier: »Petershagen und Rahden. Zwei jüdische Landgemeinden des Fürstentums Minden im historisch-strukturellen Vergleich«, in: Baumeier/Stiewe, Die vergessenen Nachbarn, S. 235, Anm. 120.
27 Vgl. Arno Herzig: »Die westfälischen Juden im Modernisierungsprozeß«; in: Volkov, Deutsche Juden und die Moderne, S. 108–109. – Vgl. als regionale Studie für Münster und das Münsterland: Gisela Möllenhoff, Rita Schlautmann-Over-

meyer: *Jüdische Familien in Münster*. Bd. 2,1: *Abhandlungen und Dokumente 1918–1935*. Münster 2001, S. 100–130.

28 Vgl. Heimatverein Dingden (Hg.): *Das Humberghaus. Die Geschichte des Hauses und seiner Bewohner*. Dingden 2012.

29 Vgl. Minninger, Dorf- und Kleinstadtjuden, S. 192.

30 Nach Möllenhoff, Schlautmann-Overmeyer, Jüdische Familien in Münster, Bd. 2,1, S. 156–157.

31 Nach ebd., S. 106–107.

32 Vgl. ebd., S. 119.

33 Angaben nach: Landesarchiv Detmold, D 23 B Nr. 62966: Grundbuch von Harsewinkel, Band 17, Blatt 530 – Eintrag vom 10. September 1938, geschlossen am 26. Januar 1942. – Den Hinweis auf diese Quelle verdanke ich Eckard Möller, Stadtarchiv Harsewinkel.

34 Eigene Übersetzung nach Kate Mendels: Die Geschichte einer jüdischen Familie in einer kleinen Stadt in Westfalen. Englisches Typoskript, Teil 2, geschrieben 1975 in Sydney, Australien, S. 9. – Das vollständige Typoskript ist über das Leo-Baeck-Institut New York online abrufbar (http://www.lbi.org/digibaeck, abgerufen am 5. Februar 2013). – Auszüge der Erinnerungen sind veröffentlicht in: Stadt Harsewinkel (Hg.): »Dann machen wir es allein« – Beiträge zur Geschichte der Stadt Harsewinkel. Harsewinkel 1996, S. 411–430. In dieser Fassung fehlen – ohne Auslassungszeichen – einige der hier zitierten Passagen (Vgl. ebd., S. 418).

35 Vgl. Verse-Herrmann, Die »Arisierungen«, S. 25. – Für Westfalen liegen zu diesem Themenkomplex keine genauen Zahlen vor.

36 Zitiert nach: Minninger, Dorf- und Kleinstadtjuden, S. 192.

37 Arthur Prinz: *Juden im deutschen Wirtschaftsleben 1850–1914. Soziale und wirtschaftliche Struktur im Wandel 1850–1914*, Tübingen 1984 (Schriftenreihe Wissenschaftlicher Abhandlungen des Leo-Baeck-Instituts, Bd. 43), S. 20.

38 Das Folgende nach Diethard Aschoff: »›… eine wahre Landplage‹. Juden im Kreis Höxter im Spiegel landrätlicher Gutachten der Jahre 1817–1824«, in: Baumeier/Stiewe, Die vergessenen Nachbarn, S. 135–148, hier vor allem S. 142–144.

39 vgl. H-J. Behr: »Vinckes Einsatz für den Landbau – ›das solideste Fundament des Gebäudes der öffentlichen Wohlhabenheit‹«, in: Hans-Joachim Behr, Jürgen Kloosterhuis (Hg.): *Ludwig Freiherr Vincke. Ein westfälisches Profil zwischen Reform und Restauration in Preußen*, Münster 1994 (Veröffentlichungen des Vereins für Geschichte und Altertumskunde Westfalens, Abt. Münster), S. 325–347.

40 Heinz Reif: *Westfälischer Adel 1770–1860. Vom Herrschaftsstand zur regionalen Elite*, Göttingen 1979 (Kritische Studien zur Geschichtswissenschaft, Bd. 35), S. 198.

41 zit. nach Aschoff, … eine wahre Landplage, S. 143.

42 Vgl. ebd., S. 141 und 143–144.

43 Ebd., S. 145.

44 Zit. nach Herzig, Die westfälischen Juden im Modernisierungsprozeß, S. 99.

45 Zu den Landwirtschaftlichen Vereinen vgl. Reif, Westfälischer Adel, S. 411–418.

46 Zitiert nach Wilhelm Kellermann: »Der Westfälische Bauernverein«, in: Engelbert von Kerckerinck zur Borg (Hg.): *Beiträge zur Geschichte des Westfälischen Bauernstandes*. Berlin 1912, S. 376–446, Zitat S. 382.

47 Zu Schorlemer und seiner Haltung zur »Judenfrage« vgl. Gisbert Strotdrees: *Ein Mann im Widerspruch. Burghard Freiherr von Schorlemer-Alst*, Münster 1995, S. 23–26. Die Rede Schorlemer-Alsts im preußischen Herrenhaus vom 22. März 1893 dort S. 75–79.

48 Vgl. Freund, Jüdische Bildungsgeschichte.

49 Vgl. das Gründungsprotokoll in: Referat, erstattet von Gustav Tuch in Hamburg auf der Berliner Konferenz vom 24. Oktober 1897. – Berlin 1897, S. 17/18. – Das Dokument ist über die Judaica-Sammlung der Universitätsbibliothek Frankfurt/Main (»Sammlung Freimann«) online abrufbar unter sammlungen.ub.uni-frankfurt.de/freimann/content/titleinfo/424158 – abgerufen am 12. Januar 2013. Vgl. zum Verein neuerdings: Philipp Nielsen: »Blut und Boden«. Jüdische Deutsche zwischen Heimat und Deutschtum 1892–1936«, in: *Geschichte und Gesellschaft* 39 (2013), S. 35–68.

50 *Mitgliederverzeichnis in: 13. Jahresbericht des Vereins zur Förderung der Bodenkultur unter den Juden Deutschlands in Berlin 1911/1912*. Berlin 1912, S. 13–32.

51 *13. Jahresbericht des Vereins zur Förderung der Bodenkultur unter den Juden Deutschlands in Berlin 1911/1912*. Berlin 1912, S. 4–5.

52 Ebd., S. 9–10.

53 Vgl. Prinz, Juden im deutschen Wirtschaftsleben sowie Nielsen, Blut und Boden, S. 35–68, hier vor allem S. 42–44.

54 Zit. nach Francis C. Nicosia: *Zionismus und Antisemitismus im Dritten Reich*. Göttingen 2012 (Hamburger Beiträge zur Geschichte der deutschen Juden, Bd. 40), S. 297/298.

55 Vgl. dazu die quellennahe Studie von Salomon Adler-Rudel: *Jüdische Selbsthilfe unter dem Naziregime 1933–1939. Im Spiegel der Reichsvertretung der Juden in Deutschland*, Tübingen 1974; Clemens Vollnhals: »Jüdische Selbsthilfe bis 1938«, in: Wolfgang Benz (Hg.): *Die Juden in Deutschland 1933–1945. Leben unter nationalsozialistischer Herrschaft*, München 1993, S. 314–411; zu den Lehrgütern neuerdings zusammenfassend Nicosia, *Zionismus und Antisemitismus*, S. 274–319.

56 Diese Zahlenangaben nach Nicosia, Zionismus und Antisemitismus, S. 317–319.

57 Vgl. für die lokale Überlieferung G. Althoff: Artikel »Westerkappeln«. In: Freund (Hg.): Historisches Handbuch der jüdischen Gemeinschaften in Westfalen und Lippe, S. 754–761, hier vor allem S. 756–757. Dass dieses einzige westfälische Ausbildungsgut mit immerhin deutlich mehr als 100 Schülerinnen und Schülern so gründlich dem Vergessen anheimgefallen ist, ist kaum erklärlich. Ein Grund mag darin zu suchen sein, dass es in der lange Zeit grundlegenden Überblicksdarstellung von S. Adler-Rudel: *Jüdische Selbsthilfe unter dem Naziregime 1933–1939. Im Spiegel der Reichsvertretung der Juden in Deutschland*, Tübingen 1974 an keiner Stelle erwähnt ist.

58 Zahlen nach: *Landwirtschaftliches Adressbuch der Domänen, Rittergüter, Güter und Höfe in der Provinz Westfalen*. 3. Auflage, Stettin 1931 (Niekammer's Landwirtschaftliche Güter-Adressbücher, Band X). Nachdruck, hg. von Gisbert Strotdrees, Münster 2004, S. 184.

59 Vgl. dazu: Peter Junk, Martina Sellmeyer: *Stationen auf dem Weg nach Auschwitz. Entrechtung, Vertreibung, Vernichtung – Juden in Osnabrück 1900–1945*. Bramsche 2000, S. 78–91. – Lebensdaten der Brüder Rudolf und Leo Stern ebenda, S. 306.

60 LAV Münster, Rückerstattungsakte 14893: Schreiben der Rechtsanwälte F. Köster/W. Köster im Auftrag des Kaufmanns Rudolf Stern an das Wiedergutmachungsamt beim Landgericht Osnabrück, 8. Mai 1950.

61 Vgl. den Eintrag in: Ilana Michaeli, Irmgard Klönne (Hg.): *Gut Winkel – die schützende Insel*. Hachschara 1933–1941, Münster 2007 (Deutsch-Israelische Bibliothek Bd. 3), S. 245 (Der Eintrag

stützt sich auf Arbeitsberichte der Reichsvereinigung). – Zur MiHa ebd., S. 229–235.
62 Alois Krösche: Eidesstattliche Erinnerung vom 8. September 1950. In: LAV Münster, Rückerstattungsakte Nr. 14893.
63 Dem Verfasser freundlicherweise zur Verfügung gestellt von J. Hirlehei und G. Böhlke, Kommunalarchiv Westerkappeln. Die Meldeakten sind erstaunlich detailliert, dürften dennoch nicht vollständig sein.
64 Zit. nach: Ebd., S. 86.
65 Abbildungen in Auswahl in: Junk/Sellmeyer, *Stationen*, S. 82–85.
66 Katarina Hoba: »Ein bewegtes Leben voller Charme und Witz« (Nachruf auf F. Stern), in: *Jüdische Zeitung*, März 2007. N. N.: »Stern: Ich hatte furchtbare Angst.«, in: *Neue Osnabrücker Zeitung*, 11. Februar 2005.
67 Insgesamt nach: Comenius-Gymnasium Düsseldorf (Hg.): *Ein Akt der Vergebung. Werner Pfingst/Finks – NS-Emigrant aus Oberkassel*, bearb. von Bernd Müller und Wolfgang Lorenz unter Mitwirkung von Marina Fischer, Laura Jüer und Warang Bom Thaipreecha. Düsseldorf 2013.
68 Nach: Werner Röder, Herbert A. Strauss: *Biographisches Handbuch der deutschsprachigen Emigration nach 1933*. München, New York, London, Paris 1980, S. 440.
69 Nach: George Bleibtreu: »Who's who on the faculty: Kurt Nathan, B.Sc., M.Sc., Professor of Agricultural Engineering«, in: *The Gleaner*. National Agricultural College – Farm School, Bucks County, Pennsylvania, Vol. LIV, Nr. 2, December 1949, S. 8. Die Angaben zu den späteren beruflichen Stationen und Forschungsschwerpunkten K. Nathans stützen sich auf Unterlagen, die dem Verfasser im Mai 2014 freundlicherweise zur Verfügung gestellt wurden von Rebecca Feest, Archiv der Rutgers University New Jersey.
70 Rudolf Stern: Aufzeichnung ohne Datum, vermutlich Frühjahr 1948. In: Landesarchiv Westfalen, Münster, Rückerstattungsakte Nr. 14893. – Der Hof wurde am 3. Dezember 1938 an einen Landwirt aus Haustenbeck/Lippe verkauft, der seinen dortigen Hof aufgrund der Erweiterung des Truppenübungsplatzes Senne hatte aufgeben müssen. Der Kaufakt war offenbar ein Politikum ersten Ranges, denn an dem komplexen Verkaufs- und Genehmigungsverfahren waren unter anderem die Kreisbauernschaft Tecklenburg, die Reichsumsiedlungsgesellschaft, das Landeskulturamt Westfalen sowie auch das Oberpräsidium Westfalen beteiligt. Rudolf Stern, der den Holocaust überlebte und im Mai 1945 aus dem KZ Riga nach Osnabrück zurückkehrte, forderte 1948/49 die gerichtliche Rückerstattung des Hofes. Die Wiedergutmachungskammer beim Landgericht Münster gab ihm am 28. März 1952 Recht und sprach ihm das vollständige Eigentum am Hof zu. Nach Mitteilung der Rechtsanwälte vom 8. Mai 1952 einigten sich Stern und der aus Haustenbeck stammende Landwirt auf einen außergerichtlichen Vergleich, dessen Details in der Rückerstattungsakte nicht dokumentiert sind. Quelle: Landesarchiv Westfalen, Münster, Rückerstattungsakte Nr. 14893.
71 G. Althoff. *Jüdische Westerkappelner auf den Spuren ihrer Geschichte*. Westerkappeln 2005 (Schriftenreihe der Gemeinde Westerkappeln, Band 9), S. 337. – Neben Westerkappeln gab es ein weiteres »Umschulungslager« in Paderborn, dass allerdings kaum noch landwirtschaftlich geprägt war. Die dort inhaftierten etwa 100 Juden wurden am 1. März 1943 nach Auschwitz transportiert. 21 überlebten. Vgl. dazu Margit Naarmann, »Ein Auge gen Zion …«. Das jüdische Umschulungs- und Einsatzlager am Grünen Weg in Paderborn 1939–1943, Paderborn 1999 (= Paderborner Beiträge zur Geschichte, Bd. 10), und den Ortsartikel Paderborn in: *Historisches Handbuch der jüdischen Gemeinschaften in Westfalen und Lippe*. Teilband: Die Ortschaften und Territorien im heutigen Regierungsbezirk Detmold, hg. von Karl Hengst in Zusammenarbeit mit Ursula Olschewski (= Veröffentlichungen der Historischen Kommission für Westfalen N. F. 10), Münster 2013 (im Druck).
72 Vgl. Verse-Herrmann, Die »Arisierungen«, S. 44.
73 Vgl. exemplarisch am Fall eines Hofes im Sauerland Gisbert Strotdrees: *Höfe, Bauern, Hungerjahre. Aus der Geschichte der westfälischen Landwirtschaft*. Münster 1991, S. 141–142. Aus der Gegend um Verl, heute Kreis Gütersloh, ist ein ähnlicher Fall dokumentiert (Unterlagen aus privatem Nachlass im Archiv des Verfassers).
74 Vgl. zum Folgenden: Verse-Herrmann, Die »Arisierungen«, S. 30–32.
75 Vgl. Möllenhoff/Schlautmann-Overmeyer, Jüdische Familien in Münster, S. 111–112.
76 Zit. nach: Verse-Herrmann, Die »Arisierungen«, S. 46.
77 Vgl. zu diesem Komplex insgesamt Verse-Herrmann, Die »Arisierungen«, insbesondere S. 49 ff.
78 Ebd., S. 61.
79 Ebd., S. 191–192.
80 Ebd., S. 108–9. bzw. Tabelle auf S. 200.
81 Ebd.
82 Ebd., S. 136.
83 Avraham Barkai: »Die deutschen Unternehmer und die Judenpolitik im ›Dritten Reich‹«, in: *Geschichte und Gesellschaft* 15 (1989), S. 233 – hier zitiert nach Verse-Herrmann, Die »Arisierungen«, S. 136.
84 Vgl. Anm. 1.

Anmerkungen zu:
Thomas Ridder, »die Juden allmählich
in die nämlichen Rechte und Freiheiten zu setzen«

1 Edikt vom 22. Juli 1808 des Großherzogtums Berg. Zitiert nach: Arno Herzig: Jüdische Geschichte in Deutschland. München 1997, S. 154.
2 Diethard Aschoff: Geschichte der Juden in Westfalen im Mittelalter. Berlin 2006, S. 71 ff.
3 Ebd., S. 89.
4 Diethard Aschoff: »Die Juden in Antike und Mittelalter«, in: Michael Zimmermann (Hg.): Die Geschichte der Juden im Rheinland und in Westfalen. Köln 1998, S. 15–78, hier S. 70.
5 Aschoff, Geschichte der Juden, S. 102 f.
6 Susanne Zittartz: »Von der Frühen Neuzeit bis zur Judenemanzipation«, in: Zimmermann (Hg.), Die Geschichte der Juden im Rheinland und in Westfalen, S. 79–140, hier S. 81. – Wilfried Reininghaus: »Juden in den geistlichen und kleineren weltlichen Territorien Westfalens«, in: Susanne Freund (Hg.): Historisches Handbuch der jüdischen Gemeinschaften in Westfalen und Lippe. Grundlagen – Erträge – Perspektiven, Münster 2013, S. 113–141, hier S. 124.
7 Ebd., S. 82.
8 Ebd., S. 90 f.
9 Yvonne Rieker, Michael Zimmermann: »Von der rechtlichen Gleichstellung bis zum Genozid«, in: Zimmermann (Hg.), Die Geschichte der Juden im Rheinland und in Westfalen, S. 141–259, hier S. 142.
10 Ebd., S. 144.

11 Ebd., S. 144. – Herzig, Jüdische Geschichte, S. 169 ff. – Arno Herzig: »Westfälische Juden zwischen Tradition und Moderne«, in: Freund (Hg.), Historisches Handbuch der jüdischen Gemeinschaften in Westfalen und Lippe, S. 167–205. Hier S. 168 f.
12 Rieker/Zimmermann, Von der Rechtlichen Gleichstellung, S. 145.
13 Herzig, Westfälische Juden, S. 176.
14 Herzig, Westfälische Juden, S. 186.
15 Ebd., S. 188 f. – Wolfgang Wippermann: »Akkulturation und Antisemitismus im 19. und frühen 20. Jahrhundert«, in: Susanne Freund (Hg.): Historisches Handbuch der jüdischen Gemeinschaften in Westfalen und Lippe. Grundlagen – Erträge – Perspektiven, Münster 2013, S. 205–230. Hier 219 und 221.

Anmerkungen zu:
Elisabeth Cosanne-Schulte-Huxel, Das Hauptbuch des Schuhmachers Heinrich Christoph Lütkemeier aus Werther

1 Volker Beckmann: *Juden in Werther (Westf.). Sozialgeschichte einer Minderheit im 19. und 20. Jahrhundert*, Werther 1998, S. 26.
2 Ebd., S. 27.
3 Ed., S. 25.
4 Ebd., S. 25.
5 Paul Lütgemeyer, Brief vom 2. April 1996.
6 Beckmann, Juden in Werther, S. 27.
7 Brief Kurt Weinberg an Paul Lütgemeyer vom 15. Februar 1984.
8 Brief Kurt Weinberg an Paul Lütgemeyer vom 22. Januar 1984.

Anmerkungen zu:
Klaus Pohlmann, Jüdische Handwerker in Lippe im 19. Jahrhundert

1 *Lippische Landesverordnungen*, Band 12, S. 47–55; Klaus Pohlmann (Bearb.): *Vom Schutzjuden zum Staatsbürger jüdischen Glaubens. Quellensammlung zur Geschichte der Juden in einem deutschen Kleinstaat (1650–1900)*. Lemgo 1990 (Lippische Geschichtsquellen, Bd. 18), S. 313–317.
2 Klaus Pohlmann: »Humanitätsprinzip oder christlicher Staat? Zur Genese des lippischen ›Emanzipationsgesetzes‹ für die Juden des Landes von 1858«, in: *Lippische Mitteilungen*, Bd. 62, Detmold 1993, S. 161–189.
3 Circular vom 20.7.1858; LAV NRW OWL, L 77 A 5336; Abdruck der Zahlen in: Klaus Pohlmann: »Die Verbreitung der Handwerke unter den Juden« – Zur Geschichte der jüdischen Handwerker in Lippe im 18. und 19. Jahrhundert. Detmold 1993 (Panu Derech, Schriftenreihe der Gesellschaft für Christlich-Jüdische Zusammenarbeit in Lippe, Bd. 8), S. 129–141.
4 Ohne Amt Lage (39 Personen), 31 im Dorf Heiden, 8 in Ehrentrup.
5 Ausführlich zur jüdischen Metzgerei in Lippe: Dina van Faassen: »Vom Schächten und Schlachten. Die Entwicklung der jüdischen Metzgerei in Lippe«, in: *Lippische Mitteilungen*, Bd. 63, Detmold 1994, S. 85–129.
6 Ebd. S. 89 ff.
7 Stadtarchiv Lemgo A 3100, Bl. 210–268.
8 Antrag vom 3.3.1843; LAV NRW OWL, L 77 A 5389, Bl. 52–55 und 68–74.
9 LAV NRW OWL, L 77 A 5400, Bl. 601 ff.; dazu auch: Dina van Fassen, Jüdische Metzgerei, S. 108 f.
10 Angaben in: LAV NRW OWL, L 77 A 5400

11 Auszug aus der Familiengeschichte, in dem auch auf die Gymnasialzeit des Heinemann Vogelstein in Detmold eingegangen wird, in: Martin Hankemeier: *Zur Geschichte der Juden in Lage*. Detmold 1994 (Panu Derech, Schriftenreihe der Gesellschaft für Christlich-Jüdische Zusammenarbeit in Lippe, Bd. 12), S. 104.
12 Ebd. S. 81.
13 LAV NRW OWL, L 77 A 5410, Bl. 363–366, 376, 426 f.
14 Vgl. dazu: Dina van Faassen, Jüdische Metzgerei, S. 103 ff.
15 14.3.1843; »Verordnung, die Handelsbefugnisse der Schutzjuden und die Erleichterung derselben in ihren Abgaben betreffend.« *Lippische Landesverordnungen* (LV), Bd. 9, S. 35–37. Pohlmann, Quellensammlung, S. 260 f.
16 Angaben nach Klaus Droste: *Das Schicksal der jüdischen Bevölkerung in Lippe in der nationalsozialistischen Zeit*. 1983 (Mskr.), LAV NRW OWL, D 71 Nr. 891, S. 22.
17 Angabe des Vereins zur Beförderung der Handwerke unter den Israeliten im Geschäftsbericht vom 24.7.1843. LAV NRW OWL, L 77 A 5384, Bl. 8–12; Pohlmann, Quellensammlung, S. 211–213.
18 Richard Tiemann: *Das lippische Gewerbe im Lichte der Gewerbepolitik des 19. Jahrhunderts*. Detmold 1929. S. 29, dort: Anm. 1. Tiemann gibt hier an, dass hier 150 selbständige Meister beschäftigt worden seien.
19 Ausführlichere Angaben zur Entwicklung in den einzelnen Handwerken in: Pohlmann, Verbreitung, S. 74–113.
20 Gründungsprotokoll vom 8.1.1810; LAV NRW OWL, L 77 A 5362, Bl. 272 f.; Pohlmann, Quellensammlung, S. 204 f.
21 21.2.1841; LAV NRW OWL, L 77 A 5384, Bl. 1–5; Pohlmann, Quellensammlung, S. 207–213.
22 Ebd. S. 211.
23 14.4.1842; LAV NRW OWL, L 77 A 5329, Bl. 113.
24 S. dazu: Dina van Faassen, Jürgen Hartmann: »... dennoch Menschen von Gott erschaffen« – Die jüdische Minderheit in Lippe von den Anfängen bis zur Vernichtung, Bielefeld 1991, S. 51–55.
25 13.6.1809; LAV NRW OWL, L 77 A 5362, Bl. 138 f.
26 Aufforderung der Regierung, 7.10.1784; LAV NRW OWL, L 77 A 5379, Bl. 5; Antwort: 21.6.1788; L 77 A 5379, Bl. 12–16; diese auch in: Pohlmann, Quellensammlung, S. 100 f.
27 22.5.1809; Pohlmann, Quellensammlung, S. 203.
28 13.12.1808; LAV NRW OWL, L 77 A 4534, Bl. 1–3.
29 LAV NRW OWL, L 77 A 5363, Bl. 158 f. und Bl. 206; Pohlmann, Quellensammlung, S. 205 f.
30 11.1.1840 Antrag auf Konzession; 29.3.1840 Stellungnahme des Amtes: LAV NRW OWL, L 77 A 5425, Bl. 286 f. und 282. 11.5.1842 Bericht des Amtes: L 108 – Schieder – Nr. 150 und 151.
31 4.2.1837; LAV NRW OWL, L 108 – Schieder – Nr. 151; L 77 A 4686, Bl. 179.
32 7.7.1835; LAV NRW OWL, L 108 – Schwalenberg – Nr. 173; Antrag auf Unterstützung, 24.3.1862: L 77 A 5372, Bl. 476.
33 8.2.1827; Antrag Mendel Frankensteins: LAV NRW OWL, L 77 A 5421, Bl. 79 f.
34 Tiemann, Das lippische Gewerbe, S. 71. Vergleichende Zahlenangaben über Stadt- und Landbetriebe: S. 26 f.
35 Zusammenstellung dieser Faktoren in: Martin Böttcher u. a.: *Lippe im Industriezeitalter*. Detmold 1987 (Materialien zur lippischen Landesgeschichte Bd I, hg. Vom Lippischen Heimatbund), S. 68.
36 z. B. *Lippisches Magazin für Vaterländische Cultur*, Nr. 26, 27 und 28. Jahrgang 1842.
37 Denkschrift vom 23.8.1840; LAV NRW OWL, L 77 A 5329, Bl. 1–53. Pohlmann, Quellensammlung, S. 237–255, insbes. S. 253. Die-

ses *Emanzipationsgesuch* war auch – in leicht abgewandelter Form – im Druck erschienen.
38 Belege in: LAV NRW OWL, L 77 A 5372 (»Unterstützung armer Juden«). Antrag auf Unterstützung: 13.7.1860; L 108 – Brake – Fach 16 Nr. 3.
39 25.9.1859; LAV NRW OWL, L 77 A 5339; Bl. 7 f.

Anmerkung zu:
Aubrey Pomerance, »Das Mekka der Zimmerleute«
1 Erstdruck in: *JMB Journal* 3/2010, S. 42–45.

Anmerkungen zu:
Gisela Möllenhoff, Aspekte zum jüdischen Vereinswesen in Westfalen im 19. und 20. Jahrhundert
1 Für Westfalen fehlen generelle Untersuchungen zum jüdischen Vereinswesen. Einen Teil dieser Forschungslücke schließt Christina Goldmann: *Der Centralverein deutscher Staatsbürger jüdischen Glaubens in Rheinland und Westfalen 1903–1938*. Düsseldorf 2006. Einen Überblick bietet Diethard Aschoff: »Zum jüdischen Vereinswesen in Westfalen«, in: *Westfälische Forschungen* 39 (1989), S. 127–157.
2 Eine Reformschule begründete der Kaufmann Israel Jacobson in Seesen/Harz bereits im Jahre 1801. Vgl. Gerhard Ballin: »Die Jacobson-Schule in Seesen. Ein Beitrag zu ihrer Geschichte«, in: *Tausend Jahre Seesen 974–1974*. Beiträge zur Geschichte der Stadt Seesen am Harz, Seesen 1974, S. 349–401.
3 Zitiert nach Arno Herzig: *Judentum und Emanzipation in Westfalen*. Münster 1973 (Veröffentlichungen des Provinzialinstituts für Westfälische Landes- und Volkskunde, Reihe 1: Wirtschafts- und Verkehrswissenschaftliche Arbeiten 17), S. 6 f., Fußnote 55. Zu Vinckes Einstellung zum Judentum vgl. Diethard Aschoff, Rita Schlautmann-Overmeyer: »Vincke und die Juden«, in: Hans-Joachim Behr (Hg.): *Ludwig Freiherr Vincke. Ein westfälisches Profil zwischen Reform und Restauration in Preußen*. Münster 1994 (Veröffentlichungen der Staatlichen Archive des Landes Nordrhein-Westfalen C 34), S. 289–308.
4 Herzig: *Judentum und Emanzipation in Westfalen*, S. 7 und Fußnote 56. Vgl. auch Arno Herzig: »Westfälische Juden im Modernisierungsprozess«, in: *Historisches Handbuch der jüdischen Gemeinschaften in Westfalen und Lippe*. Band: Grundlagen – Erträge – Perspektiven, hg. von Susanne Freund. Münster 2013.
5 Susanne Freund: *Jüdische Bildungsgeschichte zwischen Emanzipation und Ausgrenzung. Das Beispiel der Marks-Haindorf-Stiftung in Münster (1825–1942)*. Paderborn 1997 (Forschungen zur Regionalgeschichte 23), S. 35, Fußnote 120.
6 Zur Persönlichkeit und Bedeutung Haindorfs vgl. Diethard Aschoff: »Artikel ,Haindorf'«, in: *Biographisch-Bibliographisches Kirchenlexikon*, begr. und hg. v. Friedrich Wilhelm Bautz, fortgef. v. Traugott Bautz, Hamm 2002, Bd. 20, Sp. 693–706; Hans-Joachim Schoeps: »Alexander Haindorf (1782–1865)«, in: *Westfälische Lebensbilder*. (Veröffentlichungen der Historischen Kommission des Provinzialinstituts für Westfälische Landes- und Volkskunde A 17), Bd. 11 (1975), S. 97–111 und Freund, Jüdische Bildungsgeschichte, S. 13 ff.
7 Schoeps, Alexander Haindorf.
8 *Allgemeine Zeitung des Judentums (AZJ)* vom 28.2.1853, Artikel »Münster«.
9 Schoeps, Alexander Haindorf.
10 Franz Josef Schmit: *Joseph Feiner – Ein jüdischer Lehrer aus Wittlich. Stationen eines bewegten Lehrerlebens*, Trier 2011 (Schriften des Emil-Frank-Instituts 13), S. 20.
11 Herausragende Absolventen der Marks-Haindorf-Stiftung wie u. a. der aus Niederntudorf stammende Dichter Jacob Loewenberg (1856–1929) oder der Schriftsteller und Kunstexperte Meier Spanier übertrugen diese Ideen in ihre späteren Wirkungsorte Hamburg bzw. Berlin. Zu ihnen vgl. Freund, Jüdische Bildungsgeschichte, S. 199 f. und S. 226–229.
12 Zur Finanzierung seines Projektes appellierte Haindorf an den Gemeinsinn der rheinischen und westfälischen Gemeinden. Er selbst investierte einen Großteil seiner Kraft und seines Vermögens wie das seines Schwiegervaters in eine Stiftung. Dass sich Haindorfs ehrgeizige Pläne in Bezug auf eine Berufsumschichtung nicht zur Zufriedenheit erfüllten, lag an den grundlegenden wirtschaftlichen Veränderungen der einsetzenden Industrialisierung.
13 Herzig, Judentum und Emanzipation, S. 70.
14 Ebd., S. 55.
15 *AZJ* vom 16.7.1842, Artikel »Aus Westfalen« (S. 430–432, unterzeichnet »Fr.«. Ähnlich: *AZJ* vom 2.2.1857, Artikel »Aus Westphalen und Rheinprovinz«, S. 70–71, unterzeichnet »S. Ruben«.
16 Herzig, Judentum und Emanzipation, S. 60.
17 *AZJ* vom 2.2.1857, Artikel »Aus Westphalen und Rheinprovinz«.
18 *Historisches Handbuch der jüdischen Gemeinschaften in Westfalen und Lippe. Die Ortschaften und Territorien im heutigen Regierungsbezirk Münster*, hg. von Susanne Freund, Franz-Josef Jakobi und Peter Johanek. Münster 2008 (Quellen und Forschungen zur jüdischen Geschichte in Westfalen 2), vgl. u. a. die Ortsartikel Coesfeld, Beckum, Olfen, Warendorf und Wolbeck.
19 Nach knapp 30-jährigem Bestehen waren Mitte des 19. Jahrhunderts bereits mehr als 168 Zöglinge des Lehrerseminars als Elementarlehrer ins Berufsleben entlassen worden. *AZJ* vom 2.10.1854, S. 503 f., Artikel »Münster«.
20 Herzig, Judentum und Emanzipation, S. 58 f.
21 Schmit, Joseph Feiner, S. 28. Ausspruch des Lehrers Andorn im Jahre 1907 auf einer Lehrerverbandstagung.
22 *AZJ* vom 10.3.1856, Artikel »Ahlen« (Tagesordnungspunkte der Konferenz israelitischer Lehrer in Hamm am 12.3.1856). Vgl. auch *AZJ* vom 27.11.1854, S. 599 ff., Leitartikel: »Die Stellung des jüdischen Lehrers« mit Auflistung der Nachteile eines kurzfristigen Kontraktes: Unsicherheit für den Lehrer, deren Abhängigkeit von den Launen der Gemeindevorsteher, Mangel an Effizienz für Schüler und Lehrer. Vgl. auch Freund, Jüdische Bildungsgeschichte, S. 155.
23 *AZJ* vom 5.4.1864, Artikel: »Bielefeld«.
24 Bis 1863 hatten bereits mehrere westfälische Synagogengemeinden Lehrer fest angestellt: z. B. Brakel, Burgsteinfurt, Castrop, Dortmund, Dülmen, Kamen und Warburg. *AZJ* vom 7.4.1863, S. 228. In anderen Landesteilen blieben die Klagen über desolate Schulverhältnisse virulent. *AZJ* vom 26.6.1860, Artikel »Aus dem Lippe'schen«.
25 *AZJ* vom 18.1.1881, Artikel »Aus Westfalen«.
26 Vgl. *AZJ* vom 27.12.1870, Artikel »Aus Westfalen«.
27 Begonnen werden sollte mit der Auszahlung aus der Unterstützungskasse, »wenn ein Grundvermögen von 6.000 Thlrn. vorhanden sein wird«. *AZJ* vom 4.4.1865, Artikel »Aus Westfalen«. 1866 berichtete die *AZJ* vom langsamen, aber sicheren Gedeihen des »Unterstützungsvereins für hilfsbedürftige israelitische Lehrer, deren Witwen und Waisen in Westpha-

len und Rheinland«. Vgl. auch *AZJ* vom 27.3.1866, Artikel »Aus Westphalen.« Die Auszahlung von Unterstützungsgeldern begann am 1. Januar 1872, *AZJ* vom 7.2.1871. 1882 wurden im Bedarfsfall ca. 55 Mark jährlich ausgezahlt. *AZJ* vom 10.1.1882, Artikel »Bielefeld«.
28 Den öffentlichen Status erlangten in der Folgezeit für ihre Schulen u. a. die jüdischen Gemeinden in Dortmund (1858), Warburg (1861), Bielefeld (1860er/1870er), Dülmen (1862), Niedermarsberg (1863) und Nieheim (um 1870).
29 Freund, Bildungsgeschichte, S. 46.
30 *AZJ* vom 6.6.1890, Artikel »Bielefeld«.
31 Ebd.
32 Ernest Hamburger: *Juden im öffentlichen Leben Deutschlands. Regierungsmitglieder, Beamte und Parlamentarier in der monarchischen Zeit 1848–1918*, Tübingen 1968, S. 61. Zur Situation im rheinisch-westfälischen Lehrerverband fanden sich keine Informationen. In Bayern wurden vor 1918 keine jüdischen Lehrer angestellt, in Baden kamen sie seit 1876 an Simultanschulen unter. Vgl. ebd., S. 63.
33 Zentralwohlfahrtsstelle der deutschen Juden (Hg.): *Führer durch die jüdische Gemeindeverwaltung und Wohlfahrtspflege in Deutschland, 1932–1933*, Nachdruck unter dem Titel »Jüdische Gemeinden und Institutionen in der Provinz Westfalen 1932«, in: Hans Ch. Meyer (Hg.): *Aus Geschichte und Leben der Juden in Westfalen. Eine Sammelschrift*, Frankfurt a. M. 1962, S. 159–185. Die Namen der 56 westfälischen Mitglieder werden genannt bei Aschoff, Zum jüdischen Vereinswesen in Westfalen, S. 155, Anhang I.
34 Schmit, Joseph Feiner, S. 60 ff. Der »Verband der jüdischen Lehrervereine im Deutschen Reich« entstand 1895 in Berlin als reichsweiter Zusammenschluss der an vielen Orten existierenden Lehrervereine mit 1.100 Mitgliedern. Die Mitglieder beschäftigten sich mit Fragen des Unterrichts, der Standesinteressen, der Kollegialität und des Unterstützungswesens.
35 Freund, Jüdische Bildungsgeschichte, S. 197, Fußnote 98.
36 Herzig, Judentum und Emanzipation, S. 81.
37 Ebd., Fußnote 18.
38 Ebd., Fußnote 21. In Münster dagegen fanden jüdische Bürger in den beiden Mitte des 18. Jahrhunderts gegründeten Klubs, in denen sich das gesellschaftliche Leben der tonangebenden Kreise abspielte, keine Aufnahme. Die alteingesessenen »Paohlbürger« legten Wert auf Wahrung ihrer Exklusivität. Ausnahme war in den Jahren 1883–1885 der damals 22-jährige Jurist Ernst Grünebaum während seiner Referendarzeit in Münster, der vorübergehend Mitglied im »Zwei-Löwenclub« wurde. Vgl. Gisela Möllenhoff, Rita Schlautmann-Overmeyer: *Jüdische Familien in Münster 1918–1945*. Bd. 1: Biographisches Lexikon, Münster 1995, S. 17, Einleitung, und *Memoirs of Ernst Grünebaum 1861–1944*. Scarsdale/New York 1960.
39 Möllenhoff/Schlautmann-Overmeyer, Jüdische Familien in Münster, Bd. 1, S. 123 f. (Siegfried Feibes).
40 *AZJ* vom 14.6.1864, Artikel »Aus Westfalen«.
41 Herzig, Judentum und Emanzipation, S. 81, Fußnote 17.
42 Johannes Waldhoff: *Die Geschichte der Juden in Steinheim*. Steinheim 1980 (Heimatgeschichtliche und volkskundliche Schriften der Stadt Steinheim 2), S. 163 f.
43 Vgl. die Ortsartikel »Münster« und »Wolbeck« in: Historisches Handbuch: Regierungsbezirk Münster.
44 Vgl. Anja Hogrebe: *Die Stellung der Juden in Münster in der zweiten Hälfte des 19. Jahrhunderts. Untersuchungen zum Prozess der jüdischen Assimilation*, unveröffentlichte Hausarbeit Münster 1990, S. 66. Alexander Haindorf zählte zu den Ehrenmitgliedern, ebd. S. 66 f.
45 Ebd., S. 70.
46 Möllenhoff/Schlautmann-Overmeyer, Jüdische Familien in Münster, Bd. 1, S. 419.
47 »Jüdische Geschäftsleute in Münster«, in: Gisela Möllenhoff, Rita Schlautmann-Overmeyer: *Jüdische Familien in Münster 1918–1945*. Bd. 2,1, Münster 1998, S. 131–174 u. S. 418–455, hier S. 142.
48 »Jüdische Getreidehändler in Münster«, in: ebd., S. 67–99 u. S. 373–407, bes. S. 76 ff.: u. a. war Max Guthmann (Fa. Flechtheim) Handelsgerichtsrat und Vertreter des Deutschen Handelstages »auf der Internationalen Getreidekonferenz« in St. Petersburg 1911. Walter Rose und Albert Wertheim waren Schiedsrichter im »Bund deutscher Rauhfutter- und Fouragehändler«.
49 »Jüdische Vieh- und Pferdehändler in Münster und im Münsterland«, in: ebd., S. 100–130 u. S. 408–417, bes. S. 102 ff.
50 Selbstverständnis und gesellschaftliche Integration, in: ebd., S. 292–345 u. S. 518–551, hier S. 296 und S. 545 (Foto).
51 *AZJ* vom 13.3.1841, S. 146–151, Artikel »Brilon«.
52 *AZJ* vom 3.4.1891, Artikel »Bielefeld«.
53 Ebd.
54 *AZJ* vom 3.4.1891 und vom 28.8.1891, jeweils Artikel »Bielefeld«.
55 In Lippe, wo ein Gesetz seit 1879 die Gemeinden dazu verpflichtete, auch für die Kinder in den kleinen Gemeinden einen geregelten jüdischen Religionsunterricht anzubieten, wurden mehrere Gemeinden zu einem Schul- bzw. Wanderlehrerbezirk zusammengeschlossen und mit einem gemeinsamen Religionslehrer versehen. Vgl. Klaus Pohlmann (Bearb.): *Vom Schutzjuden zum Staatsbürger jüdischen Glaubens. Quellensammlung zur Geschichte der Juden in einem deutschen Kleinstaat (1650–1900)*, Lemgo 1990 (Lippische Geschichtsquellen 18), S. 409–421, hier S. 409.
56 *AZJ* vom 1.7.1892, Artikel »Bielefeld«.
57 *AZJ* vom 10.6.1892, Artikel »Bielefeld«.
58 John F. Oppenheimer (Red.): *Lexikon des Judentums*. Gütersloh 1971, Sp. 836. Zu Heinemann Vogelstein vgl. *Biographisches Handbuch der Rabbiner*, hg. v. Michael Brocke/Julius Carlebach, T. 1: Rabbiner der Emanzipationszeit in den deutschen, böhmischen und großpolnischen Ländern 1781–1871, bearb. von Carsten Wilke, München 2004, Bd. 1, S. 873 f.
59 Selig S. Auerbach: »Das Bezirksrabbinat Recklinghausen«, in: Meyer, Aus Geschichte und Leben der Juden in Westfalen, S. 125–133, hier S. 126. Vgl. auch Herzig, Judentum und Emanzipation, S. 52. Zu den Gründungsmitgliedern gehörten Jonas Haas aus Borken, Oscar Loewenstein aus Gemen, Herr Lewertoff aus Höxter und drei Mitglieder aus Gelsenkirchen. Vgl. Auerbach, Bezirksrabbinat, S. 125.
60 Isi Kahn: »Streiflichter aus der Geschichte der Juden Westfalens«, in: Meyer, Aus Geschichte und Leben der Juden in Westfalen, S. 59–66, hier S. 65. Vgl. auch Herzig, Westfälische Juden im Modernisierungsprozess (im Druck).
61 Benedikt Wolf: »Der Verein zur Wahrung der religiösen Interessen des Judentums in Westfalen«, in: Meyer (Hg.), Aus Geschichte und Leben der Juden in Westfalen, S. 67.
62 »Bericht über die ordentliche Mitgliederversammlung des Vereins zur Wahrung der religiösen Interessen des Judentums in Westfalen« am 24. Mai 1914 in Münster«, abgedruckt in: Meyer (Hg.), Aus Geschichte und Leben der Juden in Westfalen, S. 68–75, hier S. 70.
63 Auerbach, Bezirksrabbinat, S. 127.

64 Führer durch die jüdische Gemeindeverwaltung, S. 159.
65 In der »Antisemitenpetition«, gerichtet an den Reichskanzler und den preußischen Ministerpräsidenten, wurde die Rücknahme der 1869 für den Norddeutschen Bund und 1871 für das Deutsche Reich garantierten verfassungsrechtlichen Gleichstellung der Juden verlangt. Zu den Erstunterzeichnern gehörte u. a. der Berliner Hofprediger Adolf Stoecker.
66 Werner Habel: *Deutsch-jüdische Geschichte am Ausgang des 19. Jahrhunderts*. Untersuchungen zur Geschichte der innerjüdischen Sammelbewegung im Deutschen Reich 1880–1900, Kastellaun 1977 (Schriftenreihe zur Geschichte und politischen Bildung 23), S. 106.
67 Aschoff, Zum jüdischen Vereinswesen, S. 146.
68 *Im deutschen Reich*, Nr. 1 (Juli 1895), S. 4: »Ein Wort zur Einführung«.
69 *Enzyklopädie des Holocaust*. Die Verfolgung und Ermordung der europäischen Juden, Berlin 1993, 3 Bde., hier Bd. I, S. 275. Die CV-Zeitung wurde nach dem Novemberpogrom 1938 verboten.
70 de.wikipedia.org/wiki/Central-Verein_deutscher_Staatsbürger_jüdischen_Glaubens [zuletzt gesehen 14.2.2013]
71 Führer durch die jüdische Gemeindeverwaltung 1932/33, S. 159–185. Genannt werden CV-Ortsvereine in: Bielefeld, Brilon, Detmold, Dortmund, Hagen, Lüdenscheid, Lünen, Münster, Minden, Paderborn, Recklinghausen, Soest und Wanne-Eickel.
72 Goldmann, Der Centralverein, S. 143.
73 Ebd., S. 143 f.
74 Die Zahl der Vereinsmitglieder in Münster hatte sich bis 1926 von 104 auf 60 reduziert. Vgl. ebd., S. 144 und Holocaust Memorial Museum Washington, »Jüdische Gemeinde Hamburg Collection«, Reel II S. 369a (eigene Zählung). Unter dem Nachfolger Dr. Ostwald betrugen die Mitgliederzahlen im 1. Quartal 1928 59 und im 2. Quartal 1928 64 Personen.
75 Holocaust Memorial, Gemeinde Hamburg, Reel II, S. 258 (eigene Zählung). Zu weiteren Aktivitäten des CV in Münster vgl. das Kapitel »Selbstverständnis und gesellschaftliche Integration jüdischer Münsteraner und Münsteranerinnen« in: Möllenhoff/Schlautmann-Overmeyer, Jüdische Familien in Münster, Bd. 2,1, bes. S. 303 ff.
76 Landesarchiv NRW Abt. W (Münster), Regierung Arnsberg Nr. 43679: Aus dem Bereich des »Gaus Westfalen-Süd« wurden Geschäftsbehinderungen in folgenden westfälischen Orten bekannt: Dortmund-Aplerbeck, Geseke, Hagen-Haspe (Transparente), Herne, Holzwickede, Kamen (ein Pranger), Lippstadt, Lüdenscheid und Wanne. In Lüdenscheid wurden die beiden Inhaberinnen des »Salons der Dame« als Juden diffamiert. Ihr Einspruch führte zur Überprüfung des »Ariernachweises«, den sie beizubringen hatten. Der Schriftverkehr entlarvt die Handlungsweise der örtlichen Handlungsträger, hier der NS-Hago, die, so die Meinung des Oberbürgermeisters von Lüdenscheid, die Angaben der Verantwortlichen nicht nachgeprüft hatten. In ebd., Schreiben des Oberbürgermeisters von Lüdenscheid vom 15.8.1935.
77 Der für den CV arbeitende Rechtsanwalt Dr. Koppel aus Dortmund wurde im März 1933 vorübergehend inhaftiert. Vgl. Landesarchiv NRW Abt. W (Münster), Regierung Arnsberg Nr. 43679, Bd. II, Schriftliche Stellungnahme des Pg. Breuer zu dem Schreiben des jüdischen Rechtsanwalts Dr. Koppel, Dortmund, vom 4.5.1938.
78 Z. B. in der *Münsterischen Zeitung* vom 2. April 1933.
79 Möllenhoff/Schlautmann-Overmeyer, Jüdische Familien in Münster, Bd. 1, S. 326 (Walter Ostwald).
80 Enzyklopädie des Holocaust, Bd. I, S. 276.
81 Waldhoff, Steinheim, S. 133.
82 Habel, Deutsch-jüdische Geschichte, S. 112.
83 Ebd., S. 128 f.
84 *Mitteilungen aus dem Verband der Vereine für jüdische Geschichte und Literatur in Deutschland mit Nennung der angeschlossenen Gemeinden*, Heft 18 (Dezember 1910), S. 5–25. URL: www.compactmemory.de [zuletzt gesehen 20.3.2013].
85 Georg Herlitz, Bruno Kirschner (Hg.): *Jüdisches Lexikon*. Ein enzyklopädisches Handbuch des jüdischen Wissens in vier Bänden. Berlin 1927–1930, Bd. IV/2, Artikel »Verband der Vereine für jüdische Geschichte und Literatur in Deutschland«.
86 *Jahrbuch für jüdische Geschichte und Literatur*, URL: www.compactmemory.de [zuletzt gesehen 20.3.2013], Impressum.
87 Vgl. Führer durch die jüdische Gemeindeverwaltung 1932/33.
88 Vgl. »Jüdische Studenten und Studentinnen der Westfälischen Wilhelms-Universität«, in: Möllenhoff/Schlautmann-Overmeyer, Jüdische Familien in Münster, Bd. 2,1, S. 191–225 u. 477–495, hier S. 219, Fußnote 85.
89 Universitätsarchiv Münster, Neue Universität E II 2/57. Die Mitgliederzahlen variieren stark. Die Angaben in den KC-Blättern sind durchweg höher als die in den Archivunterlagen.
90 *Kartell-Convent-Blätter* (K.-C.-Blätter). Monatsschrift der im Kartell-Convent vereinigten Korporationen, April/Mai 1920, S. 35; URL: www.compactmemory.de/[zuletzt gesehen 4.2.2013].
91 K.-C.-Blätter, April/Mai 1920, S. 35, Rede des Rabbiners Dr. Benno Jacob zur Fahnenweihe der Rheno-Bavaria.
92 Universitätsarchiv Münster, Neue Universität E II 2/72.
93 Universitätsarchiv Münster, Neue Universität E II 2/71.
94 Vgl. Julius H. Schoeps (Hg.): *Neues Lexikon des Judentums*. Gütersloh 1992, S. 436.
95 Zu den antisemitischen Aktivitäten an der Westfälischen Wilhelms-Universität vgl. Möllenhoff/Schlautmann-Overmeyer, Jüdische Familien in Münster, Bd. 2,1, S. 205 ff.
96 Eine Tabelle zur zahlenmäßigen Entwicklung der münsterischen Verbindungen findet sich in: Möllenhoff/Schlautmann-Overmeyer, Jüdische Familien in Münster, Bd. 2,1, S. 482, Nr. 174.
97 Die Gründung von jüdischen Jugendvereinen regte seit 1891 die Großloge Deutschland an. Die erste Vereinsversammlung fand in Stuttgart 1892 statt, weitere 1896 in Hamburg und Frankfurt. Erst die Verbandsgründung 1909 mit 25 Vereinen und 1.300 Mitgliedern führte zu größerer Resonanz. 1912 hatten sich 80, 1914 121 Vereine angeschlossen. Vgl. Dr. Rieger: »Der Verband der jüdischen Jugendvereine Deutschlands«, in: *Das Deutsche Judentum, seine Parteien und Organisationen*. Eine Sammelschrift, Berlin u. a. 1919, S. 72–76, hier S. 72.
98 Günter von Roden: *Geschichte der Duisburger Juden*. Duisburg 1986 (Duisburger Forschungen 34), 2 Bde., hier Bd. 1, S. 674–683.
99 Rieger: Jugendvereine, S. 73.
100 *Im deutschen Reich*, Heft 7 (Juni 1913), S. 304: »Jugendverband und Centralverein«.
101 Ebd., S. 304–318.
102 Ebd., S. 307.
103 Vgl. Führer durch die jüdische Gemeindeverwaltung 1932/33, S. 159. Zum Vertrauensmann der Ortsgruppe Münster war

1930 der Rechtsanwalt Dr. Erich Simons aus Münster gewählt worden, vgl. Holocaust Memorial Museum Washington, »Jüdische Gemeinde Hamburg Collection« Reel II, S. 244 (eigene Zählung).
104 Ebd.
105 In Wolbeck bei Münster gehörten mehrere Söhne der Familie Hoffmann ebenso wie in Coesfeld der Schüler Gerd Hertz dem Verein des katholischen DJK (Deutsche Jugendkraft) an. Interviews der Verfasserin mit Fred (Fritz) Hoffmann und Gerd Hertz.
106 CV-Zeitung, Heft 24 (15.6.1933), Artikel: »Helft der Jugend wandern!«
107 Möllenhoff/Schlautmann-Overmeyer, Jüdische Familien in Münster, Bd. 2,1, S. 38 ff.
108 Führer durch die jüdische Gemeindeverwaltung 1932/33.
109 Möllenhoff/Schlautmann-Overmeyer, Jüdische Familien in Münster, Bd. 2,1, S. 43.
110 Joseph Walk (Hg.): *Das Sonderrecht für die Juden im NS-Staat. Eine Sammlung der gesetzlichen Maßnahmen und Richtlinien. Inhalt und Bedeutung*, Heidelberg 1981, S. 18 (25.4.1933).
111 Enzyklopädie des Holocaust, Bd. II, S. 1201.
112 Eine regionale Untersuchung über die Sportaktivitäten von Schild und Makkabi wie von nationaldeutschen wie zionistischen Organisationen im westfälischen Raum steht noch aus.
113 Hans Joachim Teichler: »Die jüdische Sportbewegung im nationalsozialistischen Deutschland«, in: Berno Bahro, Jutta Braun, Hans-Joachim Teichler (Hg.): *Vergessene Rekorde. Jüdische Leichtathletinnen vor und nach 1933*, Bonn 2010 (‚Schriftenreihe der Bundeszentrale für politische Bildung 1084) S. 109–116, hier S. 110. Vgl. auch die Berichterstattung in *Der Schild*, Zeitung des RjF, 1933–1938.
114 Z. B. gab es eine RjF-Fußballabteilung »Schild« in Coesfeld. Vgl. Historisches Handbuch: Regierungsbezirk Münster, Ortsartikel Coesfeld.
115 *Der Schild*, Sportbeilage »Die Kraft« Nr. 7, 13.10.1933.
116 Bernett, Hajo: *Der jüdische Sport im nationalsozialistischen Deutschland 1933–1938*. Schorndorf 1978 (Schriftenreihe des Bundesinstituts für Sportwissenschaften 18), S. 168, Dokument 60: Reichsbund jüdischer Frontsoldaten e. V. – Sportgruppe, Verpflichtungsschein.
117 Ebd., S. 161, Dokument 36: Schreiben der RjF-Bundesleitung – Sportdezernat – an alle Landesverbände und Ortsgruppen, 30.5.1933.
118 *Der Schild*, Sportbeilage »Die Kraft« Nr. 7, 13.10.1933.
119 Landesarchiv NRW Abt. W (Münster), Oberpräsidium Nr. 5025: Berlin, 2.8.1934: Inspektor der Gestapo an alle Gestapostellen usw.: »Im Hinblick darauf, dass die jüdischen Verbände zum weitaus größten Teil gleichzeitig der sportlichen Betätigung dienen, von dem deutschen Olympia-Ausschuss den jüdischen Sportverbänden jedoch die Gleichberechtigung zugestanden ist, will ich zur Zeit von einem generellen Verbot der jüdischen Jugendorganisationen absehen.« Eine einheitliche Kluft wurde aufgrund der »Verordnung zum Schutz von Volk und Staat« vom 28.2.1933 jedoch verboten, ebenso Wimpel, Banner oder Fahnen.
120 Landesarchiv NRW Abt. W (Münster), Oberpräsidium Nr. 6455: Der Reichssportkommissar verkündete am 18. Juli 1934 in den Richtlinien – Randbemerkung: »nicht zur Veröffentlichung geeignet« – § 1: »Die Bildung und Betätigung jüdischer usw. Sportvereine ist zulässig.« Das verhinderte nicht die permanente Beobachtung und die Schikanierung durch Verweigerung von Spielstätten oder Wettkämpfen. So kam es in Batenhorst im April 1935 zur teilweisen Zerstörung des Sportplatzes, auf dem die jüdische Sportgruppe Schild des RjF Rheda trainiert hatte. Der Vermieterin des Sportplatzes war zudem die Haustür beschmiert worden. *Historisches Handbuch der jüdischen Gemeinschaften in Westfalen und Lippe*: Die Ortschaften und Territorien im heutigen Regierungsbezirk Detmold, hg. von Karl Hengst in Zusammenarbeit mit Ursula Olschewski, Münster 2013, Ortsartikel Rheda-Wiedenbrück-Rheda.
121 *Der Schild*, Sportbeilage »Die Kraft«, 4.1.1935: »Unser Sportbund im neuen Jahr«. Die meisten Mitglieder im RjF-Sportbund hatte zu diesem Zeitpunkt Frankfurt/M (1.400), gefolgt von Breslau (1.000) und Köln (775).
122 *Historisches Handbuch der jüdischen Gemeinschaften in Westfalen und Lippe*: Die Ortschaften und Territorien im heutigen Regierungsbezirk Arnsberg (in Vorbereitung), Ortsartikel Marsberg-Niedermarsberg.
123 Historisches Handbuch: Regierungsbezirk Detmold, Ortsartikel Büren.
124 Joachim Kuropka (Bearb.): *Meldungen aus Münster 1924–1944. Geheime und vertrauliche Berichte von Polizei, Gestapo, NSDAP und ihren Gliederungen, staatlicher Verwaltung, Gerichtsbarkeit und Wehrmacht über die politische und gesellschaftliche Situation in Münster*, Münster 1992, S. 281 f. (Polizeibericht vom 29.5.1934), Bericht des SA-Sturmes 11/13 an die SA-Standarte 13 vom 23.6.1934.
125 Die Informationen sind der RjF Wochenzeitschrift *Der Schild*, Sportbeilage »Die Kraft« aus den Jahren ab 1935 entnommen. Die Wochenzeitschrift erschien bis zum Novemberpogrom.
126 *Der Schild*, Sportbeilage »Die Kraft«, 1.6.1934: »Der erste Schulungskurs für Übungsleiter«.
127 *Der Schild*, Sportbeilage »Die Kraft«, 18.10.1935: »16 jüdische Junglehrer«. Ernst Rappoport, zwangsentlassener Amtsgerichtsrat aus Münster, absolvierte eine Ausbildung in Dänemark, um sich als Sportlehrer zu qualifizieren. Vgl. Möllenhoff, Schlautmann-Overmeyer: Jüdische Familien in Münster, Bd. 1, S. 342.
128 Historisches Handbuch: Regierungsbezirk Arnsberg (in Vorbereitung), Ortsartikel Dortmund.
129 Henry Wahlig: »Die vergessenen Meister. Die jüdische Sportgruppe Bochum 1925–1938«, in: Centrum Judaicum Berlin (Hg.): *Kicker. Kämpfer. Legenden. Juden im deutschen Fußball*. Stadionmagazin zur Ausstellung der Stiftung Neue Synagoge – Centrum Judaicum, Berlin 2006, 30–39.
130 *Der Schild*, 25.5.1934.
131 *Der Schild*, Sportbeilage »Die Kraft«, 20.9.1935.
132 *Der Schild*, Sportbeilage »Die Kraft«, 4.1.1935: »Unser Sportbund im neuen Jahr«.
133 *Der Schild*, Sportbeilage »Die Kraft«, 9.11.1934.
134 Z. B. *Der Schild*, Sportbeilage »Die Kraft«, 16.8.1935: »Unsere leichtathletischen Reichs-Meisterschaften« und 3.7.1936: »Zum Sportereignis des Jahres«. Bei den sog. Reichsmeisterschaften artete mit dem Leistungsvergleich die Rivalität zwischen RjF und Zionisten in einen Konkurrenzkampf aus, was sich weniger in Westfalen als auf Reichsebene erkennen lässt.
135 Z. B. setzte sich der Medizinstudent Rolf Bischofswerder aus Dortmund, der 1930 westfälisch-hessischer Jugendbox-

meister geworden war, für den Boxsport ein. Er unterwies u. a. die münsterische Jugend in der Selbstverteidigung und schrieb Artikel für die Sportzeitschrift *Der Schild*, in denen er für diese Sportart warb. Vgl. *Der Schild*, Sportbeilage »Die Kraft«, 22.11.1935: »Ständiger Kleinring eingerichtet«.

136 Vier RjF-Rekorde, unter ihnen der Diskusrekord des Münsteraners Kurt Rosenbaum, wurden hier aufgestellt. Aufgrund dieser Leistung wurde er zusammen mit 28 jüdischen Sportlern/innen aus Deutschland, unter diesen die Hochspringerin Gretel Bergmann und drei weitere Sportler aus Westfalen – Schild und Neubeck (Dortmund) und Klaber (Bochum) – vom RjF für einen 10-tägigen Olympia-Schulungskurs nominiert, der im Juni 1935 an der südwestdeutschen Sportschule in Ettlingen/Baden stattfand. Die »Ettlinger Kursisten« erhofften sich in diesem vorolympischen Jahr nicht nur die Teilnahme an der Olympiade, sondern sahen allein den Lehrgang als Zeichen für ein Verbleiben in Deutschland. Vgl. *Der Schild*, Sportbeilage »Die Kraft«, 12.7.1935 (Foto: »4 Ettlinger Kursisten«). Vgl. auch *Der Schild*, Sportbeilage »Die Kraft«, 5.7.1935: »Sportjugend in Ettlingen«.
137 Wahlig, Die vergessenen Meister, S. 7.
138 *Der Schild*, 24.6.1938.
139 Freund, Jüdische Bildungsgeschichte, S. 297
140 Roden, Geschichte der Duisburger Juden, S. 673.
141 Betroffen waren Mitgliedschaften in Schützen-, Wander-, Turn-, Schwimm- oder Gesangvereinen ebenso wie ehrenamtliche Betätigungen bei der freiwilligen Feuerwehr oder als Schiedsmann. Vgl. die Ortsartikel im Historischen Handbuch der jüdischen Gemeinschaften in Westfalen und Lippe: Die Ortschaften und Territorien im heutigen Regierungsbezirk Detmold, Münster und Arnsberg.
142 Im BdjJ waren zusammengefasst: die Deutsch-jüdische Jugendgemeinschaft (DJjG), die Liberale Jugend, die jüdische Kinder- und Jungschar und die CV-Gruppen.
143 Bereits im Sommer 1933 war in der *CV-Zeitung* das Verbot, in Jugendherbergen zu übernachten, erörtert worden. Für Franken galt dieses seit dem 26.7.1935. Vgl. Walk, Das Sonderrecht, Nr. 611, S. 123.
144 *Der Schild*, 3.8.1934: »Haus Berta eingeweiht«.
145 Landesarchiv NRW Abt. W (Münster), Marks-Haindorf-Depositum Nr. 63.
146 Vgl. Otto Dov Kulka/Eberhard Jäckel (Hg.): *Die Juden in den geheimen NS-Stimmungsberichten 1933–1945*. Düsseldorf 2004 (Schriften des Bundesarchivs 62), mit CD-Rom, Historisches Glossar.
147 Ebd., Bericht des SD-Oberabschnitt West II 112 vom 3.7.1936: »Statistische Angaben über jüdische Verbände«.
148 *Der Schild*, Sportbeilage »Die Kraft«, 1.2.1935: Artikel des Sportdezernten des RjF Walter Beck: »Neutralität?«. Darin werden die Mitglieder der RjF-Vereine mit denen der zionistisch ausgerichteten Makkabi-Vereine verglichen. *Der Schild*, Sportbeilage »Die Kraft«, 23.10.1936: »Der Sportbund [Schild] in Führung. Eine Auswertung der Leichtathletik-Saison Sommer 1936.«
149 Historisches Handbuch: Regierungsbezirk Detmold, Ortsartikel Brakel sowie Interview der Verfasserin mit Hans Kaufmann, Schweden.
150 Interviews der Verfasserin mit Gerda Waldeck, Münster, und Ellen Löwenstein, Ahlen, dann Hamm.
151 Das Gründungsdatum oder die Dauer ihrer Existenz sind unbekannt. Der jüdische Pfadfinderbund im Münsterland hatte einen Schwerpunkt in Burgsteinfurt. Dieser Ortsgruppe schlossen sich in der zweiten Hälfte der 1930er Jahre auch Münsteraner an, u. a. Hans Kaufmann. Der Bund veranstaltete Fahrradtouren, sog. »Trefffahrten«, zu denen sich Schüler aus unterschiedlichen Orten an einem vereinbarten Ort trafen, um dort Spiele zu veranstalten. E-Mail Hans Kaufmann, Stockholm, an die Verfasserin vom 16.12. und vom 21.12.2012.
152 Interview der Verfasserin mit Gerda Waldeck, Münster.
153 Historisches Handbuch: Regierungsbezirk Münster, Ortsartikel Ahlen.
154 Ebd., Ortsartikel Borken.
155 Historisches Handbuch: Regierungsbezirk Detmold, Ortsartikel Paderborn.
156 Kurt Düwell: »Der jüdische Kulturbund Rhein-Ruhr 1933–1938«, in: Jutta Bohnke-Kollwitz u. a. (Hg.): *Festschrift Germania Judaica 1959–1984*. Köln 1984, S. 429.
157 Ebd., S. 431.
158 Ebd., S. 433, Ausführungen des Recklinghauser Bezirksrabbiners Dr. Auerbach vom Dezember 1934.
159 Vgl. Historisches Handbuch: Regierungsbezirk Detmold, Ortsartikel Bielefeld und Maria Kublitz-Kramer: »Die Aktivitäten des Jüdischen Kulturbunds in Ostwestfalen«, in: Hartmut Steinecke, Iris Nölle-Hornkamp, Günter Tiggesbäumker (Hg.): *Jüdische Literatur in Westfalen*. Spuren jüdischen Lebens in der westfälischen Literatur, Bielefeld 2004 (Veröffentlichungen der Literaturkommission für Westfalen 11), S. 157–171.
160 Vgl. ebd. und Historisches Handbuch: Regierungsbezirk Detmold, Ortsartikel Detmold, Paderborn, Warburg und Rheda.
161 Möllenhoff/Schlautmann-Overmeyer, Jüdische Familien in Münster, Bd. 2,2, S. 684.
162 Kurt Singer: »Der Jüdische Kulturbund wirbt. Aufruf vom 6.4.1937«, abgedruckt in: Wolfgang Trautwein: *Geschlossene Vorstellung. Der Jüdische Kulturbund in Deutschland 1933–1941*, Berlin 1992 (Reihe deutsche Vergangenheit 60), S. 308–312, hier S. 308. Der Verlust von Abonnenten betrug in Berlin 1467 durch Auswanderung und 1424 durch wirtschaftliche Not.
163 Zur Entwicklung der Kulturbundarbeit 1937/1938 vgl. ebd., S. 320 f.: »Je kleiner die Personenzahl der Künstler, die einen Abend bestreiten, desto kleiner die Gagen, desto kleiner die Reisekosten.«

Anmerkungen zu:
Iris Nölle-Hornkamp, Elisabeth Cosanne-Schulte-Huxel.
Die Schützen und die Juden in Westfalen

1 Zitiert nach: Geschichte des Schützenwesens und Entstehung des Schützenvereins Südlohn, St. Vitus Schützenverein Südlohn 1606 e. V. [www.schuetzenverein-sudlohn.de/2009/09/geschichte-des-schutzenwesens-und-zur-entstehung-des-schutzenvereins-sudloh; zuletzt gesehen: 17.6.2014]
2 Vgl. dazu: Barbara Stambolis, Britta Spies: *Schützenfeste in Westfalen*. Bekannte Ansichten – ungewohnte Einblicke. Münster 2009, S. 21.
3 Ebd. ausführlich, S. 17–20.
4 Ebd., S. 34.
5 Vgl. dazu: Henning Borggräfe: *Schützenvereine im Nationalsozialismus*. Pflege der »Volksgemeinschaft« und Vorbereitung auf den Krieg (1933–1945), Münster 2010.

6 Ursula Homann: *Emanzipation – Assimilation – Antisemitismus im Biedermeier am Beispiel einer Kleinstadt in Westfalen* [www.ursulahomann.de/Biedermeier, zuletzt gesehen 17.6.2014]
7 Susanne Freund (Hg.): *Historisches Handbuch der Jüdischen Gemeinschaften in Westfalen und Lippe*: Die Ortschaften und Territorien im heutigen Regierungsbezirk Münster, Münster 2010, S. 684 f.
8 *Leben und Leiden der jüdischen Minderheit in Lippstadt*. Lippstadt 1991, S. 93.
9 Manfred Keller, Gisela Wilbertz: *Spuren im Stein*. Ein Bochumer Friedhof als Spiegel jüdischer Geschichte, Essen 1997, S. 269.
10 Bernd Wacker, Marie-Theres Wacker: *Ausgelöscht*. Erinnerung an die jüdische Gemeinde Salzkotten, Salzkotten 2002, S. 262; Katharina Lehnardt: *Der jüdische Friedhof in Dülmen*. Bd. 3, Warendorf 1992; Historisches Handbuch der jüdischen Gemeinschaften in Westfalen und Lippe: Münster, S. 454; *Briefe an Rika*. Auf der Suche nach den jüdischen Familien Seligmann und Rosenbaum aus Legden, Legden 2009, S. 187; Norbert Fasse: *Das Amt Velen-Ramsdorf 1918–1945*. Katholiken und NS-Herrschaft im Münsterland, Bielefeld 1995, S. 114.
11 Historisches Handbuch der jüdischen Gemeinschaften in Westfalen und Lippe: Münster, S. 397
12 Ebd., S. 426.
13 *Jüdische Geschichte in Ahaus*. Materialien und Dokumente für die Pädagogische Arbeit, VHS Arbeitskreis Ahauser Geschichte, Typoskript, Ahaus 2003, S. 50 und 52.
14 Gertrud Althoff, Wolfhart Beck, Frank Specht, Doris Vietmeier: *Geschichte der Juden in Lengerich*. Von den Anfängen bis zur Gegenwart, Eine Dokumentation, Lengerich 1993, S. 173.
15 Historisches Handbuch der jüdischen Gemeinschaften in Westfalen und Lippe: Münster, S. 552 f.
16 Ebd., S. 238; Juden in Dorsten und in der Herrlichkeit Lembeck. Forschungsgruppe Dorsten unterm Hakenkreuz, Dorsten 1989.
17 Historisches Handbuch der jüdischen Gemeinschaften in Westfalen und Lippe: Münster, S. 215 f.
18 *Bocholter Stadtlexikon*. Juden in Bocholt von Josef Niebur. www.bocholt.de/rathaus/kultur-und-bildung/stadtgeschichte/stadtlexikon [zuletzt gesehen 17.6.2014].
19 Siehe dazu die Sammlung der Festprogramme im Stadtarchiv Bocholt, Dep.: St. Georgius Schützenverein.
20 Wilhelm Oertel: *Jüdisches Leben im Synagogenbezirk Meschede*. Meschede 2004, S. 92.
21 Historisches Handbuch der jüdischen Gemeinschaften in Westfalen und Lippe: Münster, S. 410.
22 Ebd., S. 308; Sabine Omland: *Zur Geschichte der Juden in Drensteinfurt. 1811–1941*. Archiv des Kreises Warendorf, Warendorf 1997 (Quellen und Forschungen zur Geschichte des Kreises Warendorf 32), S. 58 und 147.
23 »Bei den Iserköppen soll es sich um Beutestücke aus dem 30-jährigen Krieg handeln, die in den Jahren von 1632 bis 1634 von den Schweden erbeutet worden sind. Wahrscheinlicher ist jedoch die Vermutung, dass es sich um Rüstungen handelt, die von den Attendorner Schützen während dieser Zeit im Kampf selbst getragen worden sind. Diese Rüstungen bestehen aus jeweils einem Helm und einem Harnisch. Der eigentliche Iserkopp ist jedoch nur der Helm, der dazu diente, bei Angriffen des Feindes den Kopf des kämpfenden Schützen vor Verletzungen durch gegnerische Waffeneinwirkung zu schützen. Die Brustharnische dieser Rüstung dienten ebenso zum Schutz des Rumpfes des kämpfenden Schützen. Die Schützengesellschaft verfügt über drei Originale, die nach wie vor in ihrem Besitz stehen und im Süd-Sauerland-Museum aufbewahrt sind. Die Iserköppe, die während des Schützenfestes getragen werden, sind jedoch nur Nachbildungen, da die Originale angesichts des größeren Leibesumfangs der Schützen heute nicht mehr tragbar sind.« (vgl.: www.geschichte-attendorn.de, zuletzt eingesehen 16.6.2014]. Vgl. auch: Hartmut Hosenfeld: *Jüdisch in Attendorn*. Die Geschichte der ehemaligen jüdischen Gemeinde Attendorn, Olpe 2006, S. 92–101.
24 Zitiert nach: *Heimatstimmen Olpe*, Folge 171, 1993, S. 11. Vgl. *Attendorn, Schnellenberg, Waldenburg und Ewig*. Ein Beitrag zur Geschichte Westfalens von Josef Brunabend. Im Auftrage der Stadt Attendorn überarbeitet von Prof. Julius Pickert, zu Ende geführt von Karl Boos, 2. Aufl. Münster 1958.
25 »475 Jahre St. Sebastianus Schützenbruderschaft Werl« und »500 Jahre Schützen in Werl«. Zitiert nach: *Soester Anzeiger* vom 16.8.2011.
26 Peter Bürger: »Nur in Paderborn und Münster, da blieb es finster«, in: Telepolis von 12.3.2012 [www.heise.de/tp/news/Nur-in-Paderborn-und-Muenster-da-blieb-es-finster-2000294.html]
27 Ebd.
28 Quelle: *Neue Westfälische* vom 20.11.2011.
29 Aus den Objektdaten des Jüdischen Museums in Berlin: »Der Viehhändler Hugo Spiegel entstammte einer traditionellen jüdischen Familie, die schon seit Jahrhunderten in Westfalen lebte. Nach der Pogromnacht flüchtete er mit seiner Familie nach Brüssel. 1940 wurde er festgenommen und deportiert. Spiegel überlebte das Konzentrationslager und kehrte nach der Befreiung nach Warendorf zurück. Seine Frau und sein Sohn, die im Versteck überlebt hatten, kamen wenig später nach – die Tochter Rosa war in Auschwitz ermordet worden. Hugo Spiegel arbeitete wieder als Viehhändler und widmete sich dem Aufbau der jüdischen Gemeinde Münster. – Die Fotografie, die den Schützenkönig Hugo Spiegel zeigt, ist Teil einer Serie des renommierten Fotografen Leonard Freed (1929–2006). Er dokumentierte 1961/62 das Wiederaufleben der jüdischen Gemeinden in Westdeutschland.«
30 Berlin 2001, S. 130.

Anmerkung zu:
Werner Weinberg, »Jüdischdeutsch«

1 Erstdruck in: Volker Rodekamp (Hg.): *Jüdisches Leben*. Katalog zur kulturhistorischen Ausstellung »Jüdisches Leben – Religion und Alltag«. Bd. 2: Aspekte der Vergangenheit, Gütersloh 1988, S. 61–66.

Anmerkungen zu:
Christina Goldmann, Selbstbesinnung und Opposition

1 Vgl. Satzungen des Centralvereins deutscher Staatsbürger jüdischen Glaubens. Angenommen in der constituierenden Versammlung am 4. April 1893.
2 Vgl. Arno Herzig: *Judentum und Emanzipation in Westfalen*. Münster 1973, S. 63.
3 Vgl. die Vereinszeitung *Im Deutschen Reich* (IDR), Korrespondenzen, Nr. 1, 1904, S. 40; Ernst Herzfeld: »Memoiren«, LBIJMB MM 33, S. 52.
4 Vgl. »Die Vertrauensmänner-Versammlung für Rheinland-Westfalen«, in: *IDR*, Nr. 1, 1906, S. 8.

5 Ludwig Foerder: *Die Stellung des Centralvereins deutscher Staatsbürger jüdischen Glaubens zu den innerjüdischen Fragen.* Breslau 1927, S. 30.
6 »Hauptversammlung«, in: *IDR*, Nr. 5/6, 1913, S. 204.
7 » An die deutschen Juden«, in: *IDR*, Nr. 9, 1914, S. 339.
8 Jacob Segall: *Die deutschen Juden als Soldaten im Kriege 1914–1918. Eine statistische Studie*, Berlin 1922, S. 9, 14, 19 f.
9 »Rückblicke«, in: *IDR*, Nr. 7/8, 1914, S. 342.
10 Vgl. »Hauptversammlung des Centralvereins deutscher Staatsbürger jüdischen Glaubens«, in: *IDR*, Nr. 2, 1917, S. 49; Ebda., Umschau, Nr. 3, 1918, S. 118.
11 Vgl. etwa »*Die völkische Gefahr am Rhein*«, in: *Central-Vereins-Zeitung, Blätter für Deutschtum und Judentum* (CVZ), Nr. 14, 1927, S. 180; »Ausschreitungen in Köln«, in: *CVZ*, Nr. 11, 1927, S. 139.
12 Bericht über die Vorstandssitzung der Dortmunder Ortsgruppe vom 11. Mai 1927, in: Akten aus dem Moskauer Sonderarchiv, HM2 8711, Osoby 721, Akte 708, Frame 206.
13 Vgl. »Zur Ostjudenfrage«, in: *IDR*, Nr. 8, 1921, S. 216 f.; Hermann Schröter: *Geschichte und Schicksal der Essener Juden*. Essen 1980, S. 35.
14 Ernst Herzfeld am 4. März 1926 vor 800 Zuschauern im Kruppsaal des Essener Saalbaus, HMS 8724, Osoby 721 I, Akte 1413, Frame 995 ff.
15 HM2 8716, Osoby 721 I, Akte 1000, Frame 1766.
16 Vgl. etwa »Frauen, hinein in den C. V.!« in: *CVZ*, Sondernummer, 27. November 1931, unpaginiert; HM2 8724, Osoby 721 I, Akte 1415, Frame 1470 f.
17 Vgl. HM2 8726, Osoby 721 I, Akte 1468, Frame 1901–1915.
18 Vgl. etwa »Die Bekämpfung des Boykotts jüdischer Angestellter«, in: *Führerbriefe*, Nr. 4, 30. 1931, S. 63; »Sieben Monate C. V.-Heim für jüdische Angestellte«, in: *CVZ*, Nr. 29, 15. Juli 1932, S. 305.
19 Vgl. Kurt Steinberg: Deutsch-jüdische Jugendarbeit im CV, HM2 8729, Osoby 721 I, Akte 1531, Frame 294 ff.; »Die Tagung von Altena. Vom rheinisch-westfälischen Landesjugendausschuß des C. V.«, in: *CVZ*, Nr. 33, 14. August 1931, S. 409.
20 Arnold Paucker: *Der jüdische Abwehrkampf gegen Antisemitismus und Nationalsozialismus in den Jahren der Weimarer Republik*. Hamburg 1968.
21 Vgl. »Reichstagswahlausschuß 1930«, in: *CVZ*, Nr. 9, 1930, unpaginiert; »Von der deutschen Juden Zwietracht«, in: *CVZ*, Nr. 2, 1931, S. 14 f.; Gesamtbericht. Emil Kann, Erfurt, [betr.] Rheinland-Westfalen, Reichstagswahlausschuss 1930, HM2 8731, Osoby 721 I, Akte 1625, Frame 1917 ff.
22 Vgl. »Unsere Hauptversammlung 1928«, in: *CVZ*, Nr. 7, 1928, S. 100 ff.
23 »Außerordentliche Delegiertenversammlung im Landesverband Rheinland-Westfalen des C. V.«, in: *CVZ*, Nr. 8, 1933 S. 59; siehe ebd., »Den Verantwortlichen zur Kenntnisnahme«.
24 HM2 8757, Osoby 721 I, Akte 2251, Frame 0947.
25 Vgl. Ernst Herzfeld: *Meine letzten Jahre 1933–1938*. Essen 1985; Hugo Hahn: »Die Gründung der Reichsvertretung«, in: Hans Tramer: *In zwei Welten*. Tel Aviv 1962, S. 97–105.

Anmerkungen zu:
Siegfried Kessemeier, Heimat in der Sprache.
Der jüdische Mundartautor Eli Marcus

1 Von Christina Kratz-Kessemeier bearbeite Fassung des Aufsatzes von Siegfried Kessemeier: »Heimat in der Sprache – Zu den jüdischen Mundartautoren Eli Marcus und Carl van der Linde«, in: Hartmut Steinecke, Iris Nölle-Hornkamp (Hg.): *Jüdisches Kulturerbe in Westfalen. Spurensuche zu jüdischer Kultur in Vergangenheit und Gegenwart*, Bielefeld 2009 (Veröffentl. der Literaturkommission für Westfalen, Bd. 33), S. 17–32.
2 Eli Marcus: *Sunnenblomen. Dichtungen in der Mundart des Münsterlandes*, Münster 1913.
3 Eli Marcus: *Ick weet en Land. Ein jüdischer Mundartdichter Westfalens. Ausgewählte Texte und ein Lebensbild*. Hg. von Manfred Schneider und Julian Voloj, Münster 2003.
4 Im Theaterstück *Kirro de Buck* mit dem Passus eines Duetts: »Nao Frankreich reiste ick maol gärn,/Wo Esterhazy wohnt,/ Wo de Gerechtigkeit jä nu/Auf einem Dreyfuß thront.«
5 »Der Unbekannte«. Fürst Salm wird auf einer Eisenbahnfahrt irrtümlich für einen Juden gehalten. Ausgabe 1925, S. 5 f.
6 *Münsterland. Monatsschrift für Heimatpflege*, Bocholt 1921, H. 4, S. 123.
7 Vgl. hierzu Marcus, *Ick weet en Land*, S. 154 und S. 162.

Anmerkungen zu:
Walter Gödden, »Leichte Kunst ist schwer«
oder »Kunst bringt Gunst«

1 Aus Plauts Humoreske »Über die Platte«, zitiert nach Heinen, Lippe-Detmold (Anm. 4), S. 98.
2 Aus dem *Heiteren Plaut Buch*, Bd. 1, S. 3 f.; zitiert nach Heinen, Chottechott (Anm. 4), S. 66.
3 Gekürzte Fassung eines Beitrags aus dem Band: *Kabarett-Heroen aus Westfalen. Ein Materialienbuch von Walter Gödden unter Mitarbeit von Nils Rottschäfer*. Eine Veröffentlichung der Literaturkommission für Westfalen in Verbindung mit dem Deutschen Kabarettarchiv Mainz, Bielefeld 2009, S. 74–88.
4 Eugen Heinen: »*Chottechott, was isser damit!?*« Joseph Plaut. Zum Leben und Wirken des jüdischen Vortragskünstlers aus Lippe Detmold (1879–1966), Detmold 2004; Ders.: *Lippe-Detmold, eine wunderschöne Stadt. Lieder und Texte des jüdischen Vortragskünstlers Joseph Plaut aus Lippe-Detmold* mit zahlreichen unveröffentlichten Fotos und 18 Originalaufnahmen von Schellackplatten auf eingelegter Compact Disc, Detmold 2006.
5 Fred Endrikat, geboren am 7.6.1890 in Nakel a. d. Netze; gestorben am 12.8.1942 in München. Der Sohn eines Bergmanns wuchs in Wanne-Eickel auf; nach dem Abbruch einer Schlosserlehre schrieb er Couplets und Sketche (u. a. für Claire Waldoff und Marita Gründgens), trat dann selbst in Cafés und kleinen Varietés auf und rezitierte seine Gedichte. Er lebte später vorwiegend in München, trat aber auch in Hamburg und Berlin auf.
6 Zitiert nach Heinen, Chottechott (Anm. 4), S. 141.
7 Ein charakteristisches Beispiel: Anlässlich seines 50-jährigen Bühnenjubiläums, das im Berliner Renaissance-Theater unter dem Motto »Aus fünf Jahrzehnten Bühne und Podium« stattfand, heißt es in der »Berliner Allgemeinen« vom 22. Februar 1952: »Plaut ist ein gebürtiger Lipper und spricht den Akzent seines Geburtslandes so liebenswürdig-heiter und sicher, wie es eben nur ein Eingeborener kann. Man sah seinen Soldaten richtig marschieren, freute sich seines kindlichen Stolzes an der Uniform mit den ›Baron Striem anne Büxen‹, womit die roten Streifen gemeint sind. Es bumste sogar richtig im Takte, wenn Joseph Plaut das Lied mit derselben naiven Freude sang, wie es die Großväter und Urgroßväter schon getan haben

mochten. Durch ihn wurde dies und das andere lippische Nationallied von den lippisch-chen Sch-chützen populär.« Zitiert nach ebd.

8 Heinen, Chottechott (Anm. 4), S. 11 f.
9 Zitiert nach ebd., S. 42.
10 Zitiert nach ebd., S. 43.
11 Zitiert nach ebd.
12 Zitiert nach ebd., S. 47.
13 Ebd., S. 63 f.
14 Zitiert nach ebd., S. 65.
15 Zitiert nach ebd., S. 65 f.
16 Zitiert nach ebd., S. 69.
17 Ebd., S. 75.
18 Ebd.
19 Ebd.
20 Ebd., S. 82.
21 *Neue Zeitung* vom 18. September 1949, zitiert nach ebd., S. 84.
22 Ebd.
23 Ebd., S. 88.
24 Zitiert nach ebd., S. 137 f.
25 *Neue Zeitung* vom 18. September 1949, zitiert nach ebd., S. 138. Gleichlautend hieß es im *Tagesspiegel* zwei Tage später: »Im Renaissance-Theater feierte Joseph Plaut Wiedersehen mit einer großen Hörerschar, die ihm über die lange Zeit seines Fernseins hinweg treu geblieben ist. Ihm sind weder die seither verflossenen Jahre des Lebens noch die der Trennung anzusehen, die wahrlich doppelt zählen müßten, an Körper und Geist ist er intakt geblieben. Man rief ihm Wünsche zu und ließ sich von ihm [...] in den frohen Erinnerungen bestärken. [...] Mit der aus einer Bühnenanekdote entwickelten, köstlichen ›Salome‹-Szene aus [Max] Reinhardts Epoche verabschiedete Plaut sich von seinem Publikum, das ihm aus Dank für zwei Stunden sorglosen Lachens lebhaft zujubelte.« Zitiert nach ebd.
26 Ebd., S. 143 f.
27 *Morgenpost* vom 21. März 1954, zitiert nach ebd., S. 139.
28 Ebd., S. 178.
29 Ebd., S. 178.
30 Ebd., S. 180.

Anmerkungen zu:
Hubert Schneider, Unermüdliche kulturelle Aufbauarbeit

1 Bei dem Text handelt es sich um die überarbeitete Fassung eines Vortrags, den der Verfasser am 18. April 2013, dem 50. Todestag Carl Rawitzkis, im Stadtarchiv Bochum hielt.
2 Stadtarchiv Bochum, Zugangsnummer 620: Ehrenbürgerschaft Dr. Carl Rawitzki (jüd. Notar und Rechtsanwalt).
3 Die Angaben zur Biografie Rawitzkis sind seiner Personalakte entnommen. STA NRW Münster, Personalakten des Landgerichts in Bochum, Akte I 9609: Ranw. Notar Dr. Rawitzki.
4 So erinnerte er sich anlässlich der Verleihung der Ehrenbürgerwürde in einem Interview. Artikel »Dr. Carl Rawitzki: Erster Ehrenbürger Bochums«, in: *Bochumer Blätter*, 13. Jg., Nr. 21 vom 20. Mai 1962.
5 Ebd.
6 Anlässlich seiner Ernennung zum Ehrenbürger ließ die Stadt Bochum eine Liste erstellen, in der alle seine Funktionen verzeichnet sind. Stadtarchiv Bochum, Zugangsnummer 620: Ehrenbürgerschaft Dr. Carl Rawitzki (jüd. Notar und Rechtsanwalt).
7 Matthias Uecker: *Zwischen Industrieprovinz und Großstadthoffnung. Kulturpolitik im Ruhrgebiet in den zwanziger Jahren*, Wiesbaden 1994, S. 79.
8 Beispiele hierfür finden sich in seiner Personalakte. STA NRW Münster: Personalakten des Landgerichts in Bochum, Akte I 9609: Ranw. Notar Dr. Rawitzki.
9 Erklärung Dr. Rawitzki vom 14. April 1949. STA NRW Münster, Regierung Arnsberg Wiedergutmachung Nr. 23133: Dr. Carl Rawitzki. Diese Aussage bestätigte auch der Bochumer Rechtsanwalt Dr. Diekamp in einer eidesstattlichen Erklärung vom 6. Oktober 1949: »Ich habe selbst als Stadtverordneter erlebt, dass Dr. Rawitzki in der Versammlung auf das schärfste von den Stadtverordneten der NSDAP wegen seiner Rassezugehörigkeit angegriffen wurde. Auch z. Zt. der sogenannten Machtergreifung der NSDAP war Dr. Rawitzki noch Stadtverordneter und stellvertretender Stadtverordnetenvorsteher [...].« Ebd. Philipp Sommerlad, in den zwanziger Jahren Redakteur des *Volksblattes* in Bochum und Mitglied des Bochumer Stadtrats, schrieb in einer eidesstattlichen Erklärung vom 6. Oktober 1949: »Mit dem Einzug der Nationalsozialisten im Jahre 1929 in das Bochumer Stadtparlament begannen die persönlichen Anfeindungen gegen Dr. Rawitzki. Wenn er die Sitzung leitete, begannen die Nationalsozialisten stets zu provozieren, riefen »Juden raus« u. a. m. Wiederholt kam es dieserhalb zu Tumultszenen; mehrfach mussten nationalsozialistische Stadtverordnete wegen ungebührlichen Benehmens aus den Sitzungen ausgeschlossen werden. Oberbürgermeister Dr. Ruer, der ebenfalls jüdischer Abstammung war, wurde in gleicher Weise von den Nationalsozialisten traktiert. Die nationalsozialistische Zeitung *Rote Erde* brachte wiederholt Schmähartikel gegen Dr. Rawitzki und drohte ihm öffentlich mit Repressalien, wenn Hitler an die Macht käme.« Ebd.
10 Zur Situation der Rechtsanwälte und Richter jüdischer Herkunft in Bochum siehe die verschiedenen Aufsätze des Verfassers in: *Bochumer Anwalt- und Notarverein. Zeit ohne Recht. Justiz in Bochum nach 1933. Dokumentation einer Ausstellung.* Recklinghausen 2002.
11 Thomas Henne (Hg.): *Die Aberkennung von Doktorgraden an der Juristenfakultät der Universität Leipzig 1933–1945*. Leipzig 2007, S. 115.
12 Michael Hepp: *Die Ausbürgerung deutscher Staatsangehöriger 1933–1945 nach den im Reichsanzeiger veröffentlichten Listen.* 1. Listen in chronologischer Reihenfolge, München 1985, S. 376.
13 Siehe hierzu Asja Braune: *Konsequent den unbequemen Weg gegangen – Adele Schreiber (1872–1957).* Dissertation Berlin 2003, S. 465–488; Arno Gräf: »Freie Deutsche Bewegung in Großbritannien. Anmerkungen zum Ortsverband Glasgow 1943–1946«, in: *DRAFD Information*. Verband Deutscher in der Resistance, in den Streitkräften der Antihitlerkoalition und der Bewegung »Freies Deutschland e. V.«, November 2010, S. 12–15.
14 Zitiert nach Gräf, Freie Deutsche Bewegung, S. 12 f.
15 Ebd.
16 Nach der bedingungslosen Kapitulation Deutschlands am 8. Mai 1945 war der eigentliche Zweck der *Freien Deutschen Bewegung* erfüllt, nämlich die deutschen-antifaschistischen Kräfte zu einem größtmöglichen Beitrag im Rahmen der Antihitlerkoalition zu bündeln. Die vierte und letzte Delegiertenkonferenz beschloss deshalb am 30. Dezember 1945, sich aufzulösen. In einer Schlusspublikation wurde die Arbeit von u. a. Dr. Carl Rawitzki besonders hervorgehoben. Gräf, Freie deutsche Bewegung, S. 15.

17 Bericht Rawitzkis vom 15. November 1949. StA NRW Münster, Regierung Arnsberg Wiedergutmachung Nr. 23133.
18 Das *Jüdische Gemeindeblatt* ist als Film im Zeitungsarchiv Dortmund einzusehen.
19 Siehe hierzu Hubert Schneider: »Anfänge jüdischen Lebens in Bochum nach 1945«, in: Gerd Liedtke (Hg.): *Die neue Bochumer Synagoge. Bilder und Texte*, Berlin 2011, S. 44–48.
20 Die Briefe befinden sich im Nachlass Vollmann, der im Archiv des Vereins »Erinnern für die Zukunft e. V.« in Bochum aufbewahrt wird.
21 Brief Siegbart Vollmann an Familie Jacobsohn vom 19. November 1949, ebd.
22 Rawitzki beantragte die Aufnahme in die jüdische Gemeinde am 5. Januar 1950. Der Gemeindevorsitzende Siegbert Vollmann schrieb am 12. Januar 1950: »Wir teilen Ihnen hierdurch mit, dass wir Sie mit Wirkung vom 1. Januar 1950 als Mitglied unserer Gemeinde aufgenommen haben. Wir freuen uns sehr, dass Sie den Weg zu uns gefunden haben und hoffen auf eine gute Zusammenarbeit.« Am 17. Januar 1950 berichtete Vollmann dem Landesverband der jüdischen Gemeinden Westfalen in Dortmund: »Wir haben Herrn Dr. Karl Rawitzki in die Jüdische Religionsgemeinde Bochum aufgenommen und ihm dies mitgeteilt. In der Neuen Liste nach dem Stand vom 1.1.1950 werden wir Herrn Rawitzki führen.« Alle Dokumente in Stadtarchiv Bochum, NAP 23, Jüdische Gemeinde Bochum: Rückerstattung, Wiedergutmachung, Erbangelegenheiten 1949–1954, zwei Aktenordner. Die Entscheidung Rawitzkis, wieder der jüdischen Gemeinde beizutreten, war wohl weniger religiös begründet als pragmatisch: Er war auch danach kein religiöser Mensch, nach seinem Tod wurde er ohne jedes religiöse Zeremoniell nicht auf dem jüdischen Friedhof sondern auf dem Kommunalfriedhof an der Blumenstraße beigesetzt. Für Vollmann und die kleine jüdische Nachkriegsgemeinde dagegen war es wichtig, in ihren Reihen einen in Bochum einflussreichen politischen Menschen zu haben.
23 Siehe hierzu STA NRW Münster, Regierung Arnsberg Wiedergutmachung Nr. 23133: Dr. Carl Rawitzki. Zur Wiedergutmachung in der Nachkriegszeit in der Bundesrepublik Deutschland im Allgemeinen und in Bochum im Besonderen siehe Hubert Schneider: *Die »Entjudung« des Wohnraums – »Judenhäuser« in Bochum. Die Geschichte der Gebäude und ihrer Bewohner*, Münster 2010, S. 17–34. Dort finden sich auch die Angaben zum Forschungsstand und weiterführende Literatur.
24 Eine Auswahl dieser Artikel findet man in Stadtarchiv Bochum: Zeitungsabschnitte Ra-Ri IIIB1.
25 Stadtarchiv Bochum, Zugangsnummer 620: Ehrenbürgerschaft Dr. Carl Rawitzki (jüd. Notar und Rechtsanwalt).
26 Darauf weist auch Uwe K. Ketelsen hin. In seiner Geschichte des Bochumer Schauspielhauses schreibt er in seiner Würdigung des Kulturdezernenten Wilhelm Stumpf: »*In der Erinnerung der Stadt steht das Theater* nachgerade als ein Denkmal für ihn [Stumpf].« Und er fügt in Klammer hinzu: »wobei leicht vergessen wird, welche Bedeutung zumindest in den 20er Jahren der Kulturausschussvorsitzende Rawitzki für dessen Fortbestand gehabt hat.« Uwe K. Ketelsen: *Ein Theater und seine Stadt. Die Geschichte des Bochumer Schauspielhauses*, Köln 1999, S. 52.

Anmerkungen zu:
Elizabeth Petuchowski, »Ausgerechnet Bochum«

1 Erstdruck in: Iris Nölle-Hornkamp, Hartmut Steinecke (Hg.): *Westfälische Lebensstationen. Texte und Zeugnisse jüdischer Schriftstellerinnen und Schriftsteller aus Westfalen*, Bielefeld 2008.
2 Leo Baeck war Rabbiner in Düsseldorf von 1907 bis 1912. Vgl. Walter Homolka, Elias H. Füllenbach: *Leo Baeck. Eine Skizze seines Lebens*, Gütersloh 2006, S. 23–26.
3 Zum beruflichen Werdegang Albert Schmidts, vgl. Martin Rosowski (Hg.): *Albert Schmidt 1893–1945. Politische und pastorale Existenz in christlich-sozialer Verantwortung, Die Dokumentation seines Werkes*, Bochum 1994.

Anmerkungen zu:
Ulrike Schneider, Der Begriff Heimat und seine Bedeutungszuschreibungen bei Jean Améry und Jeanette Wolff

1 Jean Améry: »Wieviel Heimat braucht der Mensch?«, in: Jean Améry: *Jenseits von Schuld und Sühne. Bewältigungsversuche eines Überwältigten*, München 1966, S. 74–101.
2 Michael Neumeyer: *Heimat. Zu Geschichte und Begriff eines Phänomens*, Kiel 1992, S. 6.
3 Miriam Kanne: *Heimat. Zwischen Lebenswelt und Inszenierung*, Tagungsbericht bei HSozKult, in: hsozkult.geschichte.hu-berlin.de/tagungsberichte/id=1477&v... (Zugriff am 18.2.2013)
4 Andrea Bastian: *Der Heimat-Begriff. Eine begriffsgeschichtliche Untersuchung in verschiedenen Funktionsbereichen der deutschen Sprache*, Tübingen 1995, S. 1.
5 Vgl. Ina-Maria Greverus: *Auf der Suche nach Heimat*. München 1979, S. 112.
6 Neumeyer, Heimat, S. 13.
7 Ebd.
8 1808 wurde die volle bürgerliche Gleichstellung der Juden unter französischer Herrschaft durch das von Napoleon erlassene »décret infâme« begrenzt. Vgl. Stefi Jersch-Wenzel: »Judenpolitik in deutschen Territorien unter französischem Einfluß«, in: Michael A. Meyer (Hg.): *Deutsch-Jüdische Geschichte in der Neuzeit*, Band II: *Emanzipation und Akkulturation 1780–1871*. München 1996, S. 26–32, S. 28.
9 Monika Richarz: »In Familie, Handel und Salon. Jüdische Frauen vor und nach der Emanzipation der deutschen Juden«, in: Karen Hausen u. a. (Hg.): *Frauengeschichte – Geschlechtergeschichte*, Frankfurt/Main 1992, S. 57–66, S. 63. Vgl. weiterhin: Monika Richarz: »Familie und Verbürgerlichung«, in: Michael A. Meyer (Hg.): *Deutsch-Jüdische Geschichte in der Neuzeit*, Band III: *Umstrittene Integration 1871–1918*. München 1997, S. 69–78.
10 Karen Joisten: *Philosophie der Heimat – Heimat der Philosophie*. Berlin 2003, S. 38.
11 Hannah Arendt: »Die Aporien der Menschenrechte«, in: dies.: *Elemente und Ursprünge totaler Herrschaft*. München, Zürich 2003, 9. Auflage, S. 601–626, S. 614.
12 Ebd., S. 613.
13 Ebd., S. 609.
14 Vgl. zu den folgenden Ausführungen auch: Ulrike Schneider: *Jean Améry und Fred Wander. Erinnerung und Poetologie in der deutsch-deutschen Nachkriegszeit*, Berlin 2012, S. 293–320 sowie dies.: »Heimat. Annäherung an einen umstrittenen Begriff«, in: Michal Kümper u. a. (Hg.): *Makom. Orte und Räume im Judentum*, Hildesheim 2007, S. 87–94. Weiterhin: Erin McGlothlin: »›Im eigenen Hause [...] vom eigenen Ich‹.

Holocaust Autobiography and the Quest for ›Heimat‹ and Self«, in: Walter Schmitz (Hg.): *Erinnerte Shoah. Die Literatur der Überlebenden/The Shoah Remembered. Literature of the Survivors*, Dresden 2003, S. 120–134; Karin Lorenz-Lindemann: »Wieviel Heimat braucht der Mensch? Aspects of Jewish Self-determination in the works of Jean Améry and Primo Levi«, in: Hans Jürgen Schrader (Hg.): *The Jewish Self-Portrait in European and American Literature*. Tübingen 1996, S. 223–230.

15 Gerhard Scheit: »Nachwort ›Jenseits von Schuld und Sühne. Bewältigungsversuche eines Überwältigten‹«, in: Gerhard Scheit (Hg.): *Jean Améry Werke*. Bd. 2, Stuttgart 2002, S. 625 f.
16 Améry, Heimat, S. 75 f. u. S. 86.
17 Petra Zudrell: »Literatur ohne Heimat. Hohenems, Vorarlberg und Österreich als literarische Topographien im Werk Jean Amérys«, in: *Weimarer Beiträge*, Heft 1/2001, S. 53–69, S. 56.
18 Améry, Heimat, S. 82 f.
19 Vgl. Schneider, Jean Améry, S. 295.
20 Améry, Heimat, S. 101: »Um dieser oder jener zu sein, brauchen wir das Einverständnis der Gesellschaft. Wenn aber die Gesellschaft widerruft, daß wir es jemals waren, sind wir es auch nie gewesen.«
21 Jean Améry: *Unmeisterliche Wanderjahre*. Stuttgart 1971, S. 106.
22 Schneider, Jean Améry, S. 316.
23 Vgl. Birgit Seemann: »Jeanette Wolffs biographisch-politische Entwicklung bis 1933«, in: Bernd Faulenbach (Hg.): *»Habt den Mut zu menschlichem Tun«. Die Jüdin und Demokratin Jeanette Wolff in ihrer Zeit (1888–1976)*, Essen 2002, S. 43–60, S. 49.
24 Bernd Faulenbach: »Dimensionen einer deutsch-jüdischen Biographie im 20. Jahrhundert«, in: ebd., S. 17–24, S. 21.
25 Jeanette Wolff: *Sadismus oder Wahnsinn. Erlebnisse in deutschen Konzentrationslagern im Osten*, Greiz 1946.
26 Vgl. Wissmann, ›Habt den Mut‹, S. 185–212, S. 186.

Weiterführende Literatur zu:
Iris Nölle-Hornkamp u. a.: Die Schwerte Schichte

Liselotte Hagenah: *Geschichte der Juden in Schwerte*. Schwerte 1988.
Klaus Halfpap: »Tradition auf dem Weg ins 21. Jahrhundert – Beispiel: Schwerter Schichtwesen«, in: *Heimatpflege in Westfalen*, 22. Jg., Heft 5/2009, S. 12 ff.
ders.: »Das Schwerter Schichtwesen – Eine sozialwissenschaftliche Analyse«, in: *Märkisches Jahrbuch für Geschichte*, 110, Band 2010, S. 302 ff.
Gerhard Hallen: *Schichte und Nachbarschaften im alten Schwerte*. Schwerte 1995
Alfred Hintz: *Ohne Meldung unbekannt verzogen. Schwerte unter der NS-Herrschaft*, BoD 2009 (Schriftenreihe des Roland zu Dortmund e. V., NF Bd. 2).
Norbert Kaufhold: *Von den Schwerter Schichten und Nachbarschaften*. Schwerte 1956.
Vorstand des Oberschichts (Hg.): *Nachbarschaften in Schwerte*. 2. Auflage 2004.
Christopher Wartenberg: *Das Schwerter Schichtwesen. Struktur und soziale Funktion*, München 2012.

Anmerkung zu:
Werner Weinberg, Mein Verhältnis mit Rheda

1 Erstdruck in: Werner Weinberg: *Wunden, die nicht heilen dürfen. Die Botschaft eines Überlebenden*. Übersetzung aus dem Amerikanischen von Werner Weinberg u. a., Freiburg 1988, S. 38–48, S. 53.

Anmerkungen zu:
»Unsere Trauer ist in unser Leben eingewebt«. Erinnerungen und Reflexionen von Imo Moszkowicz und Marga Spiegel

1 Ausführlich zu Marga Spiegel: de.wikipedia.org/wiki/Marga_Spiegel.
2 Ausführlich zu Imo Moszkowicz: www.juedischeliteratur westfalen.de/frames/juwelArticle.php?valex=101&vArticle=2&author_id=00000247.
3 Vgl. dazu die Beiträge von Marga Spiegel in: Sharon Fehr (Hg.) unter Mitarbeit von Iris Nölle-Hornkamp und Julian Voloj: *Erinnerung und Neubeginn – Die Jüdische Gemeinde Münster nach 1945. Ein Selbstporträt*, Münster 2013.
4 Erstveröffentlichung unter dem Titel: *Der grauende Morgen*. Regensburg 1996; Taschenbuchausgabe München 1998; 3. Neuaufl. unter dem Titel: *Der grauende Morgen. Erinnerungen*. Mit Geleitworten von Hans Werner Gummersbach und Diethard Aschoff. Münster 2003 (Geschichte und Leben der Juden in Westfalen Bd. 6); 4. erw. und bearb. Neuauflage, hg. von Iris Nölle-Hornkamp. Paderborn 2008 (Veröffentlichungen aus dem Projekt »Jüdische Schriftstellerinnen und Schriftsteller aus Westfalen«).
5 Auch diese Tagebucheinträge hat Imo Moszkowicz noch selbst für die Veröffentlichung ausgesucht.
6 Erstveröffentlichung unter dem Titel: *Retter in der Nacht. Wie eine jüdische Familie überlebte. Mit einer Chronik der faschistischen Judenverfolgung*. Frankfurt/M. 1969; Neuaufl. Köln 1987, neubearb. Aufl. u. d. T.: *Retter in der Nacht. Wie eine jüdische Familie im Münsterland überlebte*. Hg. von Diethard Aschoff. Münster 1999; 7. Aufl. Münster, Berlin 2009. Parallel: *Bauern als Retter. Wie eine jüdische Familie überlebte*. Mit einem Vorwort von Veronica Ferres, 2. Auflage, Münster, Berlin 2009.
7 *Unter Bauern – Retter in der Nacht*. Deutschland/Frankreich 2009. Regie: Ludi Boeken, Spielfilm 95 Minuten; *Eine Herzenssache. Marga Spiegel und ihre Retter*. Deutschland 2010, Regie: Petra Seeger, WDR-Dokumentarfilm 45 Min. DVD-Edition LWL-Medienzentrum für Westfalen 2014.
8 Mit Unterstützung von Sharon Fehr, dem Vorsitzenden der Jüdischen Gemeinde Münster lässt sich dieser Wunsch hoffentlich im kommenden Jahr erfüllen.

Anmerkungen zu:
Iris Nölle-Hornkamp, »Free At Last!« im DP-Lager Kaunitz

1 Irene Shapiro: *Revisiting the Shadows. Memoirs from Wartorn Poland to the Statue of Liberty*, Deforest Press Inc, Elkriver (www.deforestpress.com), veröffentlicht im Oktober 2003. Erhältlich als Buch und Kindle Edition.
2 Schule des World ORT, einer nichtstaatlichen jüdischen Organisation (Organisation, Reconstruction, Training) zur Förderung der Ausbildung unter Juden, 1880 in Russland gegründet.
3 World ORT Union. The Weekly Summary, 1946, vol II no. 7 pp. 2–3 [Übers. INH].
4 Vgl. dazu: *Unzer Sztyme*. Jiddische Quellen zur Geschichte der jüdischen Gemeinden in der Britischen Zone 1945–1947. Übers. und bearb. von Hildegard Harck. Unter Mitw. von Andreas Brämer, Ole Harck, Ina Lorenz, Gerda Steinfeld und Nicholas Yantien. Hg. von der Landeszentrale für Politische Bildung Schleswig-Holstein in Kooperation mit dem Institut für die Geschichte der deutschen Juden. Hamburg. Kiel 2004.
5 Siehe dazu: https://afs-gt.de/component/content/article/79-lernen-an-der-afs/arbeitsgemeinschaften/74-anne-frank-ag und https://afs-gt.de/lernen-an-der-afs/jugendfriedensprojekt.

Anmerkungen zu:
Iris Nölle-Hornkamp, »Es liegt zuviel Sentimentalität in dem Wort Heimat«

1 Siehe zu Uri Avnery seine ausführliche Website: www.uri-avnery.de und den Autorenartikel auf www.juedischeliteraturwestfalen.de.
2 Zitat aus dem Interview mit Uri Avnery, in: *Lebensgeschichten aus Israel*. Zwölf Gespräche, hg. und mit einem Nachwort von Ingrid Wiltmann, Frankfurt/M. 1998, S. 25.
3 »Zwar ist der Kern der Heimatkunst die Hinwendung zum Regionalen, Heimatlichen, doch wird dieses in Verbindung gebracht zum Interesse des Gesamtstaats. [...] Heimat und ›Vaterland‹ werden so miteinander verknüpft und Heimatliebe wird automatisch zur Vaterlandsliebe, ja sogar als Voraussetzung und Notwendigkeit für den Bezug zum Nationalstaat angesehen.« (Michael Neumeyer: *Heimat*. Zu Geschichte und Begriff eines Phänomens. Kiel 1992 (Kieler Geographische Schriften 84), S. 29)
4 Walter Hinck: »Heimatliteratur und Weltbürgertum. Die Abkehr vom Ressentiment im neuen Heimatroman«, in: Horst Bienek (Hg.): *Heimat*. Neue Erkundungen eines alten Themas, München, Wien 1985 (Dichtung und Sprache 3), S. 43.
5 Zitiert aus: Rose Ausländer: *Ich hörte das Herz des Oleanders*. Gedicht 1977–79, Frankfurt/M. 1984, S. 98.
6 Zitiert aus: Hilde Domin: »Heimat«, in: dies.: *Aber die Hoffnung*. Autobiographisches. Aus und über Deutschland, Zürich 1982, S. 11–15, hier: S. 12.
7 Zitiert nach: Hans Werner Gummersbach: *Der Weg nach Auschwitz begann auch in Ahlen*. Vergessene Spuren der jüdischen Gemeinde einer westfälischen Stadt, Ahlen 1988, S. 156.
8 Yehiel Ilsar: *Leben in Wandlungen*. Erinnerungen eines Neuzigjährigen, hg. von Iris Nölle-Hornkamp, Paderborn 2004 (Veröffentlichungen aus dem Projekt »Jüdische Schriftstellerinnen und Schriftsteller aus Westfalen«). Vgl. den Autorenartikel auf www.juedischeliteraturwestfalen.de.
9 Jean Améry: »Wieviel Heimat braucht der Mensch?«, in: ders.: *Jenseits von Schuld und Sühne*. Bewältigungsversuche eines Überwältigten, Stuttgart 1977, S. 74–101, hier: S. 84.
10 Imo Moszkowicz: *Der grauende Morgen*. Erinnerungen, hg. von Iris Nölle-Hornkamp, 4. überarb. und erw. Neuauflage. Paderborn 2008 (Veröffentlichungen aus dem Projekt »Jüdische Schriftstellerinnen und Schriftsteller aus Westfalen«). Vgl. den Autorenartikel auf www.juedischeliteraturwestfalen.de.
11 Ernst Bloch: Werkausgabe: Band 5: *Das Prinzip Hoffnung*. Frankfurt/M. 1985. S. 1628.
12 Vgl. den Wikipedia-Artikel zu »Heimat« unter: de.wikipedia.org/wiki/Heimat [zuletzt gesehen 15.6.2014].
13 Bernhard Schlink: *Heimat als Utopie*. Frankfurt/M. 2000.
14 Vgl. dazu die Projektwebside: www.juedischeliteraturwestfalen.de.
15 Leo Baeck Institute, Memoir Collection, 15 West 16th Stret, New York, NY 10011.
16 LBI, Call Number ME 688, MM 82.
17 Diethard Aschoff: »Unveröffentlichte westfälisch-jüdische Erinnerungen«, in: *Westfälische Forschungen*, Bd. 38, 1988, S. 257–265. ders.: »Autobiographische Zeugnisse westfälischer Juden über ihre Deportation und KZ-Haft«, in: Arno Herzig, Karl Teppe, Andreas Determann (Hg.): *Verdrängung und Vernichtung der Juden in Westfalen*. Münster, 1994, S. 169–214. Außerdem: Jörg Deventer: »›Dies Buch ist die Heimat‹. Westfalia Judaica im Leo Baeck Institut New York«, in: *Westfälische Forschungen* 43 (1993), 747–761.
18 Andrea Bastian: *Der Heimat-Begriff*. Eine begriffsgeschichtliche Untersuchung in verschiedenen Funktionsbereichen der deutschen Sprache, Berlin 2012 (Germanistische Linguistik 159).
19 LBI: [The diaries of Wilhelm Buchheim] 1914–1943. Call Number ME 1535, MM III 21, 5 Bände.
20 Vgl. zu Arnold Bender den Autorenartikel auf www.juedischeliteraturwestfalen.de.
21 Alle Tagebuchauszüge aus dem Band »Kleines Leben in England.« Arnold Bender 1904–1978, ein Dortmunder Schriftsteller im Exil (Hg. von H.-C. Müller. Dortmund 1982), hier: S. 28.
22 Arnold Benders umfangreicher Nachlass mit Manuskripten von Romanen, Novellen, Essays und Erzählungen, Rezensionen, Reisenotizen, sowie 24 Tagebüchern, Gedichten und Korrespondenzen wurde von seiner Witwe an die Dortmunder Stadt- und Landesbibliothek gegeben, mit deren langjährigem Leiter Fritz Hüser ihn seit 1925 eine enge Freundschaft verband.
23 Karten Gershon. *S. Unterkind*. Eine Autobiographie, Reinbek 1992. Vgl. den Autorenartikel auf www.juedischeliteraturwestfalen.de.
24 Aus Gesprächen mit Ilse Lando, in: *Jüdische Nachbarn in Soest bis 1942*. Ein Stadtrundgang. Zsgest. von Ulrike Sasse-Voswinckel und Gerhard Köhn. Soest 2001, S. 59.
25 Lore Shelley: *Post Auschwitz Fragments*. Gedanken nach Auschwitz. Hg. von Iris Nölle-Hornkamp. Paderborn 2004 (Veröffentlichungen aus dem Projekt »Jüdische Schriftstellerinnen und Schriftsteller aus Westfalen«). Vgl. den Autorenartikel auf www.juedischeliteraturwestfalen.de.
26 Lotte Andor: »Memoiren einer unbekannten Schauspielerin. Oder Ich war nie ein Bernhardiner«, in: Erich Leyens, Lotte Andor: *Die fremden Jahre*. Erinnerungen an Deutschland, eingel. von Wolfgang Benz. Frankfurt/M. 1991.
27 Vgl. Avnery 1998 (wie Fußnote 2), S. 24.
28 Vgl. den Beitrag von Fritz Ostkämper über Jacob Pins in diesem Band.
29 *Paul Walter Jacob*. Im Rampenlicht. Essays und Kritiken aus 5 Jahrzehnten. Hg. von Uwe Naumann. Hamburg 1985, S. 150–152, hier: S. 230. Vgl. den Autorenartikel auf www.juedischeliteraturwestfalen.de.

Anmerkung zu:
Paul Spiegel, Volle Kraft voraus. Heim, Heimat, Hoffnung

1 Auszüge aus einem Beitrag, den der damalige Präsident des Zentralrats der Juden in Deutschland, Paul Spiegel 2006 zum 60jährigen Jubiläum der *Jüdischen Allgemeinen* verfasst hat, der gesamte Artikel erschien am 12.4.2006.

Anmerkungen zu:
Cordula Lissner, Heimat und Ambivalenz

1 Vgl. Cordula Lissner: *Den Fluchtweg zurückgehen*. Remigration nach Nordrhein und Westfalen 1945–1955, Düsseldorf 2006 (Düsseldorfer Schriften zur Neueren Landesgeschichte und zur Geschichte Nordrhein-Westfalens Bd. 73).
2 Vgl. ebd. S. 9 f. sowie zur Empirie der Rückkehr in das Gebiet des heutigen Nordrhein-Westfalen ebd. S. 302–307 und 313–315.
3 Die Handlungstheorie wie die verstehende Soziologie überhaupt gehören zu den methodischen Werkzeugkästen einer

kulturwissenschaftlich definierten Alltagsgeschichte. Alltagsgeschichte wie auch Historische Anthropologie untersuchen das, »was historische Individuen befürchten, wollen und glauben, was ihnen wichtig und was ihnen fremd ist.« Sie setzen Wahrnehmungen und Deutungen »in Verbindung mit den Lebensbedingungen sozialer und politischer, wirtschaftlicher und materieller Art [...], die die individuellen Leben strukturieren.« Ute Daniel: *Kompendium Kulturgeschichte*. Theorien, Praxis, Schlüsselwörter, Frankfurt/M. 2001, S. 304 f.

4 »Eigensinn nimmt die Fährte in die Unübersichtlichkeiten der Verhaltensweisen der Einzelnen auf. [...] Es ist eine Perspektive, die versucht, dicht an den Praktiken und (Selbst-) Deutungen der Einzelnen zu bleiben.« Alf Lüdtke: »Geschichte und Eigensinn«, in: Berliner Geschichtswerkstatt (Hg.): *Alltagskultur, Subjektivität und Geschichte. Zur Theorie und Praxis von Alltagsgeschichte*. Münster 1994, S. 139–153, hier S. 146.

5 Das Interview führten Karola Fings und Peter Liebermann am 4. Juli 1996 in Köln. Die Zitate sind der gedruckten Fassung entnommen: Fridl Liebermann, Friedel Schönfeld, Anneliese Stern, Paula Tabak: »Man muß verdrängen, um hier zu leben«, in: *Unter Vorbehalt. Rückkehr aus der Emigration nach 1945*. Hg. vom Verein EL-DE-Haus Köln, Redaktion Karola Fings und Cordula Lissner, Köln 1997, S. 62–74.

6 Ernst Loewy: »Grenzüberschreitungen (1980)«, in: ders.: *Zwischen den Stühlen*. Essays und Autobiographisches aus 50 Jahren, Hamburg 1995, S. 59–71, hier S. 60 f.

7 Ebd., S. 61 f.

8 *Freie Tribüne. German Antifaschist Fortnightly*, Nr. 16, 24.11.1945, S 1.

9 Bescheinigung der KPD-Kreisleitung Bochum vom 8. Oktober 1946, in: Landesarchiv NRW Abteilung Westfalen, Reg. Arnsberg, Entschädigungsakte Nr. 23 113.

10 Hanne Fische,/Ralf Piorr: »›... man musste sehen, dass man das überlebte‹. Leben im Exil 1933–1946. Ein Gespräch mit Gerda Günzburger«, in: Frank Brassel u. a. (Hg.): *»Nichts ist so schön wie ...«* Geschichte und Geschichten aus Herne und Wanne-Eickel, Essen 1991, S. 255–246. Ganz ähnlich formuliert der Journalist und Dokumentarfilmer Peter Max Blank, der 1945 mit Freunden aus dem kommunistischen Widerstand ins Rheinland zurückkehrte: »Wir glaubten ja auch damals noch, mit Berechtigung, dass man jetzt ein anderes Deutschland errichten könnte. Da war jeder notwendig.« Peter Max Blank im Interview mit Cordula Lissner, 4. Oktober 1999 in Ratingen.

11 Brief von Walter Rohr an Eltern und Schwester in den USA vom 8. Mai 1945. Ernst Schmidt: »Walter Rohr – 1938 aus Essen vertrieben, 1945 als US-Soldat zurückgekehrt«, in: Alte Synagoge (Hg.): *Entrechtung und Selbsthilfe. Zur Geschichte der Juden in Essen unter dem Nationalsozialismus*, Essen 1994, S. 98–117, hier S. 98 f.

12 Ähnlichen Zorn als Teil der (besuchsweisen, kurzen) Rückkehrerfahrung beschreibt die aus Herne stammende Kate Katzki (Kate Katzki: »›Eine Reise ins Unbekannte ...‹ – Ein Wiedersehen mit Herne im Jahr 1947«, in: Ralf Piorr (Hg.): *Eine Reise ins Unbekannte. Ein Lesebuch zur Migrationsgeschichte in Herne und Wanne-Eickel*, Essen 1998, S. 114–125).

13 OLG-Präsident Kiel, Dr. Scheer, am 25. April 1947 an die Legal Division der Militärregierung, National Archives UK, PRO FO 1060/966.

14 Die Problematik, einen kurzen Aufenthalt in Deutschland als »Rückkehr« zu definieren, ist mir bewusst, aber angesichts der bei einer großen Zahl von Emigranten und Emigrantinnen vorhandenen Ungewissheit über die Dauer ihres Aufenthalts in der früheren Heimat, der manchmal unmerklich zu einem Bleiben wird, habe ich mich entschieden, auch die zeitlich begrenzte Rückkehr als Remigrationserfahrung zu fassen. Vgl. dazu ausführlich Lissner, Den Fluchtweg zurückgehen, S. 16 f.

15 Paul Spiegel: *Wieder zu Hause?* Erinnerungen, München 2001, S. 97.

16 Ebd.

17 Richard Tüngel: »Emil Ludwig und wir«, in: *Die Zeit* vom 7.3.1946.

18 Die Anfänge: Im August 1933 erscheint die *Illustrierte Beilage* zum *Völkischen Beobachter* mit einer groß aufgemachten Fotoseite über die ersten Ausbürgerungen von Emigranten mit der Überschrift: Volksverräter. Ausgestoßen aus der Volksgemeinschaft.

19 Ein Foto der Demonstration findet sich z. B. in: Verein Aktives Museum (Hg.): *1945: Jetzt wohin?* Exil und Rückkehr, Ausstellungskatalog Berlin 1995, S. 224.

20 Erklärung des Kreissekretärs Otto (CDU) vom 26. April 1949 im NWDR, Landesarchiv NRW Abteilung Rheinland, NW 114-131.

21 Entschließung des Sonderausschuss für Haftentschädigung des Landtags Nordrhein-Westfalen, 29. April 1946, Landesarchiv NRW Abteilung Rheinland, NW 114-131.

22 Er und »einige seiner Kollegen seien der Ansicht, nachdem alle Juden ja ausgebürgert worden seien, könne ein Jude nicht wieder Deutscher werden.« Argumentation eines Angestellten des Kölner Flüchtlingsamtes gegenüber dem aus Israel zurückgekehrten Max C. im Frühjahr 1954. Historisches Archiv der Stadt Köln, Acc. 2–408, Bl. 114.

23 Hendrik G. van Dam: »Rückkehr nach Deutschland? Zur Frage der Rückwanderung«, in: *Allgemeine Wochenzeitung der Juden in Deutschland* vom 21. September 1956.

24 Jean Améry: »Expeditionen jenseits des Rheins«, in: Jean Améry: *Werke Bd. 2: Jenseits von Schuld und Sühne. Unmeisterliche Wanderjahre. Örtlichkeiten*. Hg. von Irene Heidelberger-Leonard u. Gerhard Scheit. Stuttgart 2002, S. 314.

25 Hilde Domin: *Aber die Hoffnung*. Autobiographisches aus und über Deutschland, München und Zürich 1982, S. 13.

Anmerkungen zu:
Iris Nölle-Hornkamp, Auf der Suche nach
einer westfälisch-jüdischen Geschichtsschreibung

1 In dem Film »Juden in Westfalen« von Andre Bockelmann, WDR 1986.

2 Vgl. dazu: Robert Jütte: *Die Emigration der deutschsprachigen »Wissenschaft des Judentums«*. Die Auswanderung jüdischer Historiker nach Palästina. 1933–1945. Stuttgart 1991, S. 196–198, an dem ausführlichen Artikel über Bernhard Brillings Wirken orientiert sich der vorliegende Beitrag.

3 Gisela Möllenhoff: »Bernhard Brilling«, in: Hans Galen (Hg.): *Jüdische Porträts. Graphische Bildnisse prominenter Juden Mitteleuropas*. Katalog zur Ausstellung im Stadtmuseum Münster, Hamm 1993. S. 70.

4 Peter Honigmann: »Das Projekt von Rabbiner Dr. Bernhard Brilling zur Errichtung eines jüdischen Zentralarchivs im Nachkriegsdeutschland«, in: Klaus Hödl (Hrsg.): *Historisches*

Bewußtsein im jüdischen Kontext. Strategien, Aspekte, Diskurse, Innsbruck u. a. 2004, S. 223–241, hier: S. 224.

5 Vgl.: Helmut Richtering: »Bernhard Brilling zum Gedenken«, in: Peter Freimark (Hg.): *Gedenkschrift für Bernhard Brilling*. Hamburg 1988 (Hamburger Beiträge zur Geschichte der deutschen Juden 14), S. 9–13, hier: S. 11.

6 Rabbiner Brilling an Pinkus, Tel Aviv, den 26. Februar 1952, Archiv des Jüdischen Museums Frankfurt, SB 1679 (Zitiert nach Honigmann, Projekt zur Errichtung eines jüdischen Zentralarchivs, S. 224 f.).

7 Gerald Lamprecht. »Review of *Historisches Bewußtsein im jüdischen Kontext*«, in: H-Soz-u-Kult, H-Net Reviews. December, 2002 (http://www.h-net.org/reviews/showrev.php?id=27737). Zur Entstehungsgeschichte des »Zentralarchivs zur Erforschung der Geschichte der Juden in Deutschland« ausführlich in: Honigmann, Projekt zur Errichtung eines jüdischen Zentralarchivs.

8 Ebd., S. 226.

9 Jütte, Emigration, S. 197.

10 Karl Heinrich Rengstorf (1903–1992), bedeutender Neustamentler und Judaist. 1930 in Tübingen habilitiert, 1936 auf eine Professur nach Kiel berufen. Diese verlor er wegen seiner Zugehörigkeit zur Bekennenden Kirche und verbrachte die nächsten zehn Jahre als Studiendirektor in Loccum. 1947 Lehrstuhl für Neues Testament, Geschichte und Literatur des Judentums an der Universität Münster und Neubegründer und Leiter des Institutum Judaicum Delitzschianum. Nach 1945 war Rengstorf einer der ersten deutschen Theologen, die Kontakte mit jüdischen, insbesondere israelischen Wissenschaftlern aufnahmen. – Jütte, Emigration, S. 198.

11 Honigmann, Projekt zur Errichtung eines jüdischen Zentralarchivs, S. 232.

12 Ebd., S. 234.

13 Richtering, Bernhard Brilling zum Gedenken, S. 12.

14 Vgl. ebd. Zur Sammlung: »Inhaltlich gesehen handelt es sich bei Brillings Sammlung im wesentlichen um die Materialablage eines fleißigen Forschers. Am stärksten sind Quellen, und noch viel mehr Kopien von Quellen, zu den Gebieten vertreten, über die er im Laufe seines Lebens in großem Umfang publiziert hat, Schlesien und Westfalen. Hinzu kommt die schriftliche Hinterlassenschaft eines bewegten Gelehrtenlebens. Brilling selbst beginnt die Beschreibung seiner Sammlung mit einer Erklärung darüber, was sie nicht ist: ›Um jeden Irrtum zu vermeiden: dieses Archiv ist keine Aufbewahrungs- oder Sammelstelle für Akten und sonstige Archivalien jüdischer Gemeinden und Organisationen Deutschlands, wie es in Deutschland vor dem Zweiten Weltkrieg das Gesamtarchiv der deutschen Juden in Berlin und das Breslauer jüdische Gemeindearchiv als Schlesisches Provinzialarchiv waren und wie es heute die Central Archives for the History of the Jewish People in Jerusalem [sind]‹ (Honigmann, Projekt zur Errichtung eines jüdischen Zentralarchivs, S. 234).

15 Vgl. dazu: Bibliographie Bernhard Brilling 1928–1968, in: *Theokratia*. Jahrbuch des Institutum Judaicum Delitzschianum I, 1967–1969, Leiden 1970, S. 195–223; Fortsetzung für die Jahre 1968–1978 in: *Jahrbuch Theokratia* III, 1972–1975, Leiden 5979, S. 263–270, für die Folgezeit sei auf die Rubrik »Bibliography« im *Year Book des Leo Baeck Institute* verwiesen.

16 Jütte, Emigration, S. 198.

17 »Neben den bereits erwähnten selbständigen Werken, wie seiner 1960 mit verändertem Titel in erweiterter Form erschienenen Dissertation und der »Westfalia Judaica I« von 1967 haben sie sich in zahlreichen, nun vielfach umfangreichen Aufsätzen niedergeschlagen, von denen namentlich die neue Wahlheimat Westfalen profitierte. Nicht von ungefähr lautet Brillings erstes einschlägiges Thema *Die Familiennamen der Juden in Westfalen* (1958), hat der jüdischen Familienforschung doch immer sein besonderes Interesse gegolten. Den letzten größeren Aufsatz widmete er dem jüdischen Mediziner Alexander Haindorf, seinen Bemühungen um Anstellung als Universitätsprofessor und seiner Tätigkeit als Dozent in Münster in der ersten Hälfte des 19. Jahrhunderts (1982). Zu dem 1983 erschienenen Standardwerk *Westfälische Geschichte* steuerte Brilling den Beitrag über die jüdischen Gemeinden bei, nachdem er zuvor 1978 das Judentum in der Provinz Westfalen 1815–1945 im Überblick abgehandelt hatte. Aber auch schlesischen Themen blieb er weiterhin treu, wie etwa seine *Geschichte des jüdischen Goldschmiedegewerbes in Schlesien* (1967) ausweist. Über diese beiden Regionen hinaus greifen seine Beiträge zur *Encyclopaedia Judaica* (1971). Von Brillings speziellem Interesse für den Rabbiner Jonathan Eibenschütz und seine Nachkommen zeugen die in mehreren Folgen erschienenen »Eibenschütziana« (1963/65). Als Nachhall seiner hebräischen Publikationen sei endlich *Das Tagebuch der Palästina-Sendboten Abraham Asulai und Ascher Aschkenasi aus Tiberias über ihre Deutschland-Reise in den Jahren 1790/92* von 1958 angeführt.« (Vgl.: Richtering, Bernhard Brilling zum Gedenken, S. 12).

Weiterführende Literatur zu Iris Nölle-Hornkamp, Wilhelm Sternfeld: Chronist des Exils und Wahrer der deutschen Exilliteratur

J. Lesser: »75th Birthday of Wilhelm Sternfeld«, in: *American Jewish Research*, 1963, S. 13

E. Larson: »Sternfeld is eighty«, in ebd., 1968, S. 7

W. Timm: »Schriftsteller Wilhelm Sternfeld starb in London«, in: *Hellweger Anzeiger*, Unna, Nr. 9 vom 11.1.1973

H. A. Walter: »Seine Erlebnisse waren typisch für die Exilierten. Begegnungen mit Wilhelm Sternfeld«, in: *Frankfurter Rundschau*, Nr. 40 vom 16.2.1974

W. Timm: »Erinnerungen an bedeutende Unnaer. Der Schriftsteller Wilhelm Sternfeld wäre jetzt 90 Jahre alt geworden«, in: *Hellweger Anzeiger*, Unna, Nr. 29 vom 3.2.1978

»Biographische Skizze«, in: *Juden in Unna. Spuren ihrer Geschichte. Eine historische Dokumentation*, Unna 1993, S. 183–185 (P)

J. M. Ritchie: »Willy Sternfeld and Exile Studies in Great Britain«, in: Ch. Brinson u. a. (Hg.): *Keine Klage über England? Deutsche und österreichische Exilerfahrungen in Großbritannien 1933–1945*, München 1998

H. Kieser: »Wilhelm Sternfeld und seine Beziehungen zu Thomas Mann Mit fünf Briefen von Thomas Mann an Wilhelm Sternfeld aus den Jahren 1950–1954«, in: G. Pflug, Günther u. a. (Hg.): *Bibliothek – Buch – Geschichte*, Frankfurt/M. 1977 – H.-U. Wagner: »Der Künstlerfonds des Süddeutschen Rundfunks«, in: *Tiefenschärfe, Zentrum für Medien und Medienkultur*, 1, 2003, S. 19–21

Iris Nölle-Hornkamp: Artikel »Wilhelm Sternfeld«, in: NDB 25 (2013), S. 299–300

Datenbank www.juedischeliteraturwestfalen.de.

Anmerkungen zu:
Rita Schlautmann-Overmeyer,
Wiederannäherungen nach 1945

1 Bei diesem Beitrag handelt es sich um eine gekürzte Version des Aufsatzes »Rückblick« in: Gisela Möllenhoff, Rita Schlautmann-Overmeyer: *Jüdische Familien in Münster*, Bd. 2,2: Abhandlungen und Dokumente 1935–1945, Münster 1998, S. 919–944. Längere Passagen aus den Interviews finden sich in ebd., S. 1091–1104. Die zitierten Interviews wurden im Rahmen des Projekts »Jüdische Familien in Münster« (1988–2001) geführt. Die gesamten Projekt-Unterlagen der Sammlung Möllenhoff/Schlautmann werden z. Zt. im »Geschichtsort Villa ten Hompel«, Münster, inventarisiert.
2 Joachim Meynert (Hg.): *Ein Spiegel des eigenen Ich*. Selbstzeugnisse antisemitisch Verfolgter, Bielefeld 1988, S. 9 f. Meynert legte schon früh für den ostwestfälischen Raum das Verhältnis zwischen ehemals Verfolgten und ihren Peinigern dar, ein Thema, das bis dahin in der Forschungsliteratur nur selten thematisiert worden war. Vgl. auch ders.: »Zur Ambivalenz einer Annäherung. Jüdische Emigranten und Nachkriegs-Deutschland«, in: *Tribüne. Zeitschrift zum Verständnis des Judentums* 28, H. 110 (1989), S. 113–121.
3 Informationen zu Begegnungswochen in Westfalen enthält der Punkt 2.1.4 (»Neuanfänge in der Nachkriegszeit und Erinnerungskultur«) in den jeweiligen Ortsartikeln des *Historischen Handbuchs der jüdischen Gemeinschaften in Westfalen und Lippe*, Teilband: *Die Ortschaften und Territorien im heutigen Regierungsbezirk Münster*. Hg. von Susanne Freund, Franz-Josef Jakobi, Peter Johanek (Veröffentlichungen der Historischen Kommission für Westfalen XLV), Münster 2008, und Teilband: *Die Ortschaften und Territorien im heutigen Regierungsbezirk Detmold*. Hg. von Karl Hengst in Zusammenarbeit mit Ursula Olschewski (Veröffentlichungen der Historischen Kommission für Westfalen N. F. 10), Münster 2013 sowie Teilband: *Die Ortschaften und Territorien im heutigen Regierungsbezirk Arnsberg*. Hg. von Frank Göttmann (in Druck). Zum Wiederaufbau jüdischer Gemeinden in Westfalen vgl. Jürgen Zieher: »Jüdisches Leben nach 1945«, in: *Historisches Handbuch der jüdischen Gemeinschaften in Westfalen und Lippe*, Band: *Grundlagen – Erträge – Perspektiven*. Hg. von Susanne Freund (Veröffentlichungen der Historischen Kommission für Westfalen, N. F. 11), Münster 2013, S. 295–322.
4 Vgl. dazu Franz-Josef Jakobi: » S. Projekt ›Jüdische Familien in Münster 1918–1945‹. Rückblick und Bilanz«, in: Folker Siegert (Hg.): *Grenzgänge. Menschen und Schicksale zwischen jüdischer, christlicher und deutscher Identität*. Festschrift für Diethard Aschoff (Münsteraner Judaistische Studien 11), Münster u. a. 2002, S. 392–401.
5 Interview Lissy Frank-Domp, 4. Oktober 1988. Zu ihrer Biographie sowie zu denjenigen aller anderen hier zitierten Zeitzeugen vgl. Gisela Möllenhoff, Rita Schlautmann-Overmeyer: *Jüdische Familien in Münster 1918–1945*, Bd. 1: Biographisches Lexikon, Münster 1995 (hier S. 107).
6 Gunther Plaut beschrieb 1981 seine Gefühle aus der Zeit Ende 1944: »It was a strange feeling to be returned to my roots, under circumstances which no one could have predicted. Now I was an American, and above all I was a Jew who had come to help in the battle against inhumanity. I felt a strange mixture of emotions: I was elated to be cast in the role of liberator, yet oppressed by the sight of German civilians who by their connivance or their silence had brought the world, and especially my people, to near-ruin.« Gunther W. Plaut: *Unfinished Business*. An Autobiography, o. O. 1981, S. 116.
7 Fred Waldeck, der bereits in den 1920er Jahren Münster verlassen hatte, musste im »office of the Military Government of Bavaria« für die US-Armee »suspected former Nazis« aufspüren. David Horner, Mark Dinan: »Fred Waldeck: One of Gonzaga's Professionals«, Artikel in einer amerikanischen Zeitung, undatiert [etwa 1990er Jahre], Privatbesitz Gerda Friedeman.
8 Interview Kurt May, 11. Dezember 1989.
9 Walter Katz kam mit seiner Frau aus Israel zu Besuch in die Stadt, aus der sie 1935 geflohen waren. Interview Walter Katz, 25. August 1988. Ein Interview mit Münsters Oberbürgermeister Dr. Werner Pierchalla, das die Deutsche Welle anschließend an den Radiobericht »Münster eine Stadt mit vielen Vorzügen« 1976 gesendet hatte, weckte bei ihm den Wunsch, seine Geburtsstadt wiederzusehen. Vgl. »Briefe aus Israel und Lambarene«, in: *Westfälische Nachrichten*, 4. September 1976.
10 Vgl. Interview Enrique (Heinz) Steinthal, 22. August 1989.
11 Interview Liesel Rosalie Sichel geb. Schwarz, 17. Mai 1990. Lotte Ostberg wollte hauptsächlich sehen, »was aus unseren Grundstücken und aus allen Sachen geworden ist.« Interview Lotte Ostberg geb. Hertz, 5. September 1996.
12 Interview Anni Leffmann, 7. Oktober 1991, und Interview Trude Funk geb. Heumann, 24. Januar 1990.
13 »Als ich das erste Mal in Münster war, nach dem Krieg, bin ich in den Schlossgarten gegangen am Sonntagmorgen und der junge Stupperich mit seiner Frau ist auch immer hingegangen. Und da kamen sie an und wir haben uns wiedergesehen. Da haben wir beide geheult.« Interview Anni Leffmann, 7. Oktober 1991. Vgl. auch Interview Hans Rose, 7. Oktober 1991.
14 Vgl. »Juwelier gab Jüdin Wertsachen zurück«, in: *Westfälische Nachrichten*, 24. Dezember 1985 und Interview Gerda Waldeck, 24. Mai 1993.
15 Interview Bridget Lahat geb. Brigitte Gumprich, 20. April 1990.
16 Interview Lissy Frank-Domp und Helge Loewenberg-Domp, 4. Oktober 1988.
17 Interview Werner Cohn, 16. April 1990.
18 Interview Kurt May, 11. Dezember 1989.
19 Interview Eric (Erich) Waldeck, 5. Juni 1989.
20 Interview Heinz Steinweg, 7. September 1988.
21 Brief Heinz Steinweg an seine Kinder und Enkel, Januar 1986. Abgedruckt in Möllenhoff/Schlautmann-Overmeyer, Jüdische Familien in Münster, Bd. 2,2, S. 1098–1101, hier S. 1099.
22 Vgl. beispielsweise »Werke jüdischer Künstler wurden mit besinnlicher Musik umrahmt«, in: *Westfälische Nachrichten*, 30. Januar 1985 sowie sein Vortragsmanuskript vom 13. Juli 1994, Privatsammlung Möllenhoff/Schlautmann.
23 Vgl. dazu Interview Marion Zambrano geb. Eichenwald, 16. Mai 1988, über Bolivien: »Es gab ja andauernd politische Krawalle.«
24 Aus Südamerika kehrten u. a. die Mitglieder der Familie Fritz Eichenwald sowie Trude Funk, Kurt May und Ernst Palm nach Deutschland zurück. Vgl. Möllenhoff/Schlautmann-Overmeyer, Jüdische Familien in Münster, Bd. 1: Biographisches Lexikon, S. 111 f., 131 f., 292 f. u. 331.
25 Bei den politischen Unwägbarkeiten, nach dem Tod ihres Mannes und der Übersiedlung ihres Sohnes nach Kanada stand Trude Funk zu Beginn der 1970er Jahre vor der Entscheidung, entweder im Emigrationsland Chile zu verbleiben, ihrem Sohn nach Kanada zu folgen oder aber wieder in

Deutschland ansässig zu werden. Sie entschied sich für Letzteres. Interview Trude Funk, 24. Januar 1990.
26 Interview Günther Cohnen, 29. Januar 2000.
27 Interview Dora Rappoport, 14. September 1988.
28 So fand es Eugen Lerch bei seiner avisierten Rückkehr »für den Frieden der Fakultät unerlässlich«, dass sein alter Widersacher außerhalb Westfalens seinen Wohnsitz nahm. Vgl. Universitätsarchiv Münster, Philosophische und Naturwissenschaftliche Fakultät, Nr. 52, Brief vom 14. November 1945.
29 Universitätsarchiv Münster, Neue Universität, Personalakte Nr. 435.
30 Wolfgang Hannig, laut Nazi-Terminologie »Halbjude«, war 1934 in die Niederlande emigriert und wurde im Februar 1943 wegen »Hilfeleistung an Juden« in »Schutzhaft« genommen und in verschiedene Konzentrationslager verschleppt. Anfang 1945 kam er um. Vgl. Universitätsarchiv Münster, Kurator, Personalakte Nr. 2482, Bd. 2. Vgl. auch Möllenhoff/Schlautmann-Overmeyer, Jüdische Familien in Münster, Bd. 1: Biographisches Lexikon, S. 170.
31 Universitätsarchiv Münster, Kurator, Personalakte Nr. 2482, Bd. 2.
32 Vgl. die Äußerung von Gerd Hertz in: *Westfälische Nachrichten*, 11. Juni 1991, in: *Begegnung ehemaliger jüdischer Bürger in und mit Münster*, 5. bis 12. Juni 1991, hg. vom Oberstadtdirektor der Stadt Münster, Münster 1991, S. 39 (im Folgenden zitiert: Begegnung ehemaliger jüdischer Bürger in und mit Münster).
33 Interview Anni Leffmann, 7. Oktober 1991.
34 Chaja Segal geb. Helene Bienenstock, Interview 17. April 1990, sagte: »Ich bin nicht dafür, dass man nach Deutschland zurückgehen soll. Wir haben ein Land hier. Wir müssen kämpfen für dieses Land.« S. unterstreicht auch Fanny Goldberg geb. Obarzanska gen. Sperling, in einem Interview vom 17. April 1990: »Wir müssen uns doch verteidigen. Wir haben doch nur das Stückchen [Land].« Auch Emigranten in anderen Teilen der Welt bedeutete die Existenz Israels viel: Werner Cohn gab als Grund für seine Emigration 1963 aus den Niederlanden nach Israel an: »Ich wollte in unserem eigenen Land leben.« Interview 16. April 1990. Kurt May, aus Südamerika nach Deutschland zurückgekehrt, sah die besondere Bedeutung eines eigenen jüdischen Staates ebenfalls: »Ich bin ein bewusster Jude, ich bin für Israel. … Ich sehe die Notwendigkeit, dass irgendwo in der Welt ein Ort vorhanden ist, wo die Juden … bei Verfolgungen Zuflucht suchen können.« Interview Kurt May, 11. Dezember 1989.
35 Interview Chaja Segal geb. Helene Bienenstock, 17. April 1990.
36 Landesarchiv NRW Abt. W (Münster), Amtsgericht Münster, Nr. 3583.
37 Interview Liesel Binzer geb. Michel, 24. Mai 1993.
38 Oberhausen führte seit 1962, Hannover seit 1966, München seit 1967 und Berlin seit 1969 Besuchsprogramme durch. Zirka 120 Städte waren es 1994. Vgl. *Besuch in der alten Heimat. Eine Dokumentation des AUFBAU über Besuchsprogramme deutscher Gemeinden für ihre ehemaligen jüdischen Bewohner*, AUFBAU-Sonderausgabe vom 28. Oktober 1994, Vol. LX, No. 22 (im Folgenden zitiert: AUFBAU, Besuch in der alten Heimat), S. 3, online: http://www.archive.org/stream/aufbau6061199495germ#page/n252/mode/1up (zuletzt gesehen: 28.4.2014). Vgl. auch Wolfgang Benz: »Rückkehr auf Zeit. Erfahrungen deutsch-jüdischer Emigranten mit Einladungen in ihre ehemaligen Heimatstädte«, in: *Exilforschung* 9 (1991), S. 196–207.
39 Stadtverwaltung Münster, Unterlagen des Oberbürgermeisterbüros, Schreiben vom 29. Januar 1996 an die Bürgermeister/innen in Nordrhein-Westfalen und Niedersachsen sowie an die Stadtdirektoren der Mitgliedsstädte des Deutschen Städtetages.
40 AUFBAU, Besuch in der alten Heimat, S. 2 (Vorwort Henry Marx).
41 Berlin, Bonn, Dortmund, Essen, Frankfurt, Hamburg, Karlsruhe, Köln, Mannheim, München und Oberhausen.
42 Vergleicht man dagegen nur die 15 westfälischen Orte aus der Umfrage des AUFBAU von 1994, darunter vier Großstädte (einschließlich Münster) miteinander, liegt Münster im oberen Drittel der Skala. Lediglich die Stadtverwaltungen in Dortmund (1972), Recklinghausen (1978) und Bochum (1979) stellten sich früher dieser Thematik. Vgl. Stadtverwaltung Münster, Unterlagen des Oberbürgermeisterbüros, Schreiben an den Oberstadtdirektor Münster vom 10. Oktober 1988 und AUFBAU, Besuch in der alten Heimat.
43 »Einladung: Lebhaftes Echo«, in: *Westfälische Nachrichten*, 8. Mai 1991, zitiert nach: Begegnung ehemaliger jüdischer Bürger in und mit Münster, S. 9.
44 Vgl. den Kommentar von Ingrid Werlin-Hallen, in: *Westfälische Nachrichten*, 15. Juni 1991: »Münster hatte sich viel zu [viel] Zeit gelassen bis zu dieser Einladung an seine früheren Bürger. Scheu vor der Begegnung mit Menschen, denen Unfaßbares widerfahren ist? In anderen Städten erkannte man früher, was geboten war.«
45 Winni Nachtwei schrieb im *Maulwurf*, Zeitung der Grün-Alternativen Liste Münster von Juli 1991: »Mehr als 100 Orte in der alten Bundesrepublik haben inzwischen ihre ehemaligen jüdischen BürgerInnen eingeladen, Berlin begann damit 1969. Daß dies in Münster erst jetzt geschah, wurde von offiziellen Rednern gnädig als ›spät, aber nicht zu spät‹ bezeichnet.«
46 Ebenso wie Münster übernahmen auch die Stadtverwaltungen in Duisburg, Karlsruhe und München keine Reisekosten. Die übrigen Städte gewährten einen Reisekostenzuschuss. In der Regel ermöglichten die Städte, u. a. Münster, ihren Gästen einen Aufenthalt von einer Woche, andere luden sie für zehn Tage oder zwei Wochen ein.
47 Hierzu zählten Fred Waldeck (USA) und seine Geschwister: Gerda Friedeman mit Ehemann Simon (USA), Ilse Bernstein (USA), Eric Waldeck (Kanada) und Juan Waldeck (Argentinien). Weiter gehörten der Gruppe Liesel Braun geb. Hertz aus den USA und Dagobert Broh aus Kanada an. Vgl. Stadtverwaltung Münster, Unterlagen des Oberbürgermeisterbüros.
48 1993, im Jahr des Stadtjubiläums, wurde dann nochmals eine größere Anzahl Besucher eingeladen. Vgl. Programm (im Jahr des Stadtjubiläums, 21. bis 28. Mai 1993), in: Stadtverwaltung Münster, Unterlagen des Oberbürgermeisterbüros.
49 Dort stritten sich in den 1980er Jahren beispielsweise die Parteien über die Kosten einer Begegnungswoche oder verweigerten ihre Zustimmung zu einer Einladung. In Wardenburg bei Oldenburg sollten die Kosten für die Reise der einzigen Überlebenden dieses Ortes aus den USA nicht übernommen werden, weil nach Ansicht eines CDU-Mitglieds die Bürger »»mit dem ganzen Kram nichts mehr zu tun haben wollen. Sie wollen ihre Ruhe haben.‹« Vgl. AUFBAU, Besuch in der alten Heimat, S. 20 (Eschwege), S. 25 (Nidderau) und S. 33 (Wardenburg).
50 Vgl. »SPD-Grußadresse an die ehemaligen jüdischen Mitbürger«, in: Münstersche Zeitung, 5. Juni 1991 und »Endlich!

Besuch ehemaliger jüdischer Münsteraner«, in: *Maulwurf* (Zeitung der Grün-Alternativen Liste), Juli 1991.
51 Die Einladung ist abgedruckt in: Begegnung ehemaliger jüdischer Bürger in und mit Münster, S. 6.
52 Zusammengestellt nach: Begegnung ehemaliger jüdischer Bürger in und mit Münster, S. 7.
53 Vgl. Brief Henny Bloch geb. Kessler an Rita Schlautmann-Overmeyer, 11. April 1991.
54 *Münstersche Zeitung*, 13. Juni 1991, zitiert nach: Begegnung ehemaliger jüdischer Bürger in und mit Münster, S. 60.
55 Vgl. »Dank für neue Begegnungen«, in: *Unsere Kirche*, 16. Juni 1991.
56 Vgl. Benz, Rückkehr auf Zeit, S. 198 und AUFBAU, Besuch in der alten Heimat, S. 2 (Vorwort Henry Marx).
57 Der einzige offizielle Programmpunkt bei einem Besuch in den 1970er und 1980er Jahren bestand offensichtlich aus einer Visite im Büro des Oberbürgermeisters. Auf Anfrage erhielten die Gäste Informationsmaterial über die Stadt. Vgl. »Briefe aus Israel und Lambarene«, in: *Westfälische Nachrichten*, 4. September 1976.
58 Vgl. »Besuchsprogramm Fam. Schwartz in Münster 4.6.–11.6.1981« (Stadtverwaltung Münster, Unterlagen des Oberbürgermeisterbüros) und das Programm der Woche vom 5. bis 12. Juni 1991, in: Begegnung ehemaliger jüdischer Bürger in und mit Münster, S. 14.
59 Vgl. *Münstersche Zeitung* und *Westfälische Nachrichten* vom 11. bis 13. Juni 1991, in: Begegnung ehemaliger jüdischer Bürger in und mit Münster, S. 37–40.
60 »Ein gemeinsames Stück Weges«, in: *Münstersche Zeitung*, 7. Juni 1991, abgedruckt in: *Begegnung ehemaliger jüdischer Bürger in und mit Münster*, S. 24.
61 *Münstersche Zeitung*, 11. Juni 1991, zitiert nach: Begegnung ehemaliger jüdischer Bürger in und mit Münster, S. 38.
62 Aussage Trude Simonsohns während einer Podiumsdiskussion, zitiert nach: »Juden im heutigen Deutschland«, in: Jörg Thierfelder/Willi Wölfing (Hg.): *Für ein neues Miteinander von Juden und Christen*. Weinheim 1996, S. 49–76, hier S. 53 f.
63 Vgl. Brief Walter Gumprich an Rita Schlautmann-Overmeyer, 16. Mai 1991.
64 Stadtverwaltung Münster, Unterlagen des Oberbürgermeisterbüros, Brief des Oberbürgermeisters nach dem Besuch 1991 an alle Gäste.
65 »Rabbiner Plaut berichtet in Canada von Münster-Besuch«, in: *Münstersche Zeitung*, 11. Juli 1991.
66 AUFBAU, Besuch in der alten Heimat, S. 2 (Vorwort Henry Marx).
67 Interview Lilo Fern geb. Stern, 13. Dezember 1991.
68 Vgl. »Zum Abschied«, Rede von Oberbürgermeister Dr. Jörg Twenhöven, in: Begegnung ehemaliger jüdischer Bürger in und mit Münster, S. 54–58, hier S. 56. Vgl. auch *Münstersche Zeitung*, 13. Juni 1991.
69 Elie Wiesel: »Erinnern führt uns zusammen. Ein Appell an die deutsche Jugend«, in: Albrecht Lohrbächer, Helmut Ruppel, Ingrid Schmidt, Jörg Thierfelder (Hg.): *Schoa – Schweigen ist unmöglich. Erinnern, Lernen, Gedenken*, Stuttgart, Berlin, Köln 1999, S. 55.
70 Interview Kurt May, 11. Dezember 1989.
71 Interview Heinz Steinweg, 7. September 1988.
72 Interview Lotte Ostberg geb. Hertz, 5. September 1996.
73 Interview Kurt May, 11. Dezember 1989.
74 Interview Heinz Steinweg, 7. September 1988.
75 Ebd.
76 Interview Lotte Ostberg geb. Hertz, 5. September 1996.
77 Interview Fanny Goldberg geb. Obarzanska gen. Sperling, 17. April 1990.
78 Interview Chaja Segal geb. Helene Bienenstock, 17. April 1990.
79 Interview Gerda Friedeman geb. Waldeck, 23. April 2000.
80 Gespräch mit Heinz Steinweg, 11. September 2001.
81 *Westfälische Nachrichten*, 13. Juni 1991, zitiert nach: Begegnung ehemaliger jüdischer Bürger in und mit Münster, S. 38.
82 Seit den 1950er Jahren bemühen sich die »Gesellschaften für Christlich-Jüdische Zusammenarbeit«, zu einem veränderten Deutschlandbild beizutragen. Vgl. dazu z. B. Josef Foschepoth: *Die Anfänge der Gesellschaften für Christlich-Jüdische Zusammenarbeit. Im Schatten der Vergangenheit*, Göttingen 1993.
83 Dr. W. Gunther Plaut (Ontario/Kanada): »S. neue Deutschland in der Perspektive eines ehemaligen Münsteraners«, zitiert nach: Begegnung ehemaliger jüdischer Bürger in und mit Münster, S. 43–48, besonders S. 46 ff.
84 Vgl. Martina Kliner-Fruck: »*Es ging ja ums Überleben*«. Jüdische Frauen zwischen Nazi-Deutschland, Emigration nach Palästina und ihrer Rückkehr, Frankfurt, New York 1995, S. 224.
85 Interview Lotte Ostberg geb. Hertz, 5. September 1996.
86 Interview Gerda Dubovsky geb. Grabe, 11. Januar 2000. Auch Gerd Hertz aus den USA betrachtete nach fünfzig Jahren in der Emigration noch immer das Münsterland als seine Heimat: »Hier ist meine Heimat, hier fühle ich mich immer wieder zuhause.« Zitiert nach: *Westfälische Nachrichten*, 11. Juni 1991. Alice Steinberg geb. Gumprich betonte trotz ihres langjährigen Aufenthalts in verschiedenen Emigrationsländern, dass sie inzwischen versöhnlicher gestimmt sei: »Es hat lange gedauert, bis ich Deutschland wieder als meine Heimat ansehen konnte.« Zitiert nach: »Resonanz«, in: Begegnung ehemaliger jüdischer Bürger in und mit Münster, S. 62–63, hier S. 63. Vgl. auch: »Pressegespräch«, zitiert nach: ebd., S. 51.
87 Interview Hans Kaufmann, 9. November 2000.
88 Interview Jehuda Kavish (früher Otto Steinweg), 7./8. Januar 2000.
89 Interview Gerda Waldeck, 23. April 2000.
90 Brief Heinz Steinweg an seine Kinder und Enkel, 27. Oktober 1988. Abgedruckt in Möllenhoff/Schlautmann-Ovemeyer, Jüdische Familien, Bd. 2,2, S. 1101–1103.
91 Interview Fanny Goldberg geb. Obarzanska gen. Sperling, 17. April 1990: »Wenn sie Einkäufe gemacht hat und mit einer Tasche zurückkam, ist sie durch den Hinterhof [in Berlin] reingegangen. Ich fragte sie, warum sie nicht durch den Haupteingang geht. Sie sagte: ›Die brauchen ja nicht zu sehen, dass ich was eingekauft habe.‹ Ich sagte: ›Du hast es ja nicht gestohlen. Warum sollen die das nicht sehen? Wie kannst Du denn hier so leben?!‹«
92 *Westfälische Nachrichten*, 8. Mai 1991, zitiert nach: Begegnung ehemaliger jüdischer Bürger in und mit Münster, S. 9.
93 Vgl. Interview Marion Zambrano geb. Eichenwald, 16. Mai 1988.
94 Seit 1987 wurde die Ausstellung »Geschichte der Juden in Münster«, getragen von der Gesellschaft für Christlich-Jüdische Zusammenarbeit Münster und der Volkshochschule Münster, erarbeitet. Gezeigt wurde sie 1988. Zwei der Ausstellungsmacherinnen, Gisela Möllenhoff und Rita Schlautmann-Overmeyer, entwickelten daraus das Projekt »Jüdische Familien in Münster 1918–1945«. Ein detaillierter Projektbericht findet sich in: Gisela Möllenhoff, Rita Schlautmann-Overmeyer: *Jüdische Familien in Münster*. Bd. 2,1: Abhandlun-

gen und Dokumente 1918–1935, Münster 1998, S. 22 f. Vgl. auch Jakobi, S. Projekt »Jüdische Familien in Münster 1918–1945«.
95 Vgl. z. B. Interview Elisabeth Kessler geb. Bödecker, 9. Februar 1996 und Interview Günther Cohnen, 29. Januar 2000.
96 Irmgard Ohl geb. Heimbach hatte vermieden, ihrem Sohn Einzelheiten über ihren KZ-Aufenthalt mitzuteilen. Der spielte das »Versteckspiel« mit und antwortete, als eine Bekannte mit ihm über Konzentrationslager sprach: »Ich weiß das alles, aber Mutti weiß nicht, dass ich das weiß.« Interview Irmgard Ohl geb. Heimbach und Marion Zambrano geb. Eichenwald, 16. Mai 1988.
97 Interview Gerda Friedeman geb. Waldeck, 2. Juli 1988, abgedruckt auch bei Andreas Determann in Zusammenarbeit mit Silke Helling, Gisela Möllenhoff und Rita Schlautmann-Overmeyer (Red.): *Geschichte der Juden in Münster. Dokumentation einer Ausstellung [...]*, Münster 1989, S. 152.

Anmerkungen zu:
Fritz Ostkämper, »Seine Landschaften mögen in Israel sein, aber die Bäume sind in Höxter geblieben«

1 Zitate ohne weitere Angaben stammen aus Briefen von Jacob Pins an die Freunde in Höxter und aus Gesprächen.
2 Zitiert von Dieter Schuler in: *Begegnungen mit Jacob Pins. Annäherungen an den Maler und Holzschneider*, Holzminden, 2013, S. 93.
3 Zitiert von Christine Longère in der Monographie: *Jacob Pins – Künstler Sammler Freund*. Höxter, Jacob Pins Gesellschaft Kunstverein Höxter e. V., 2008, S. 32.
4 Ralph Giordano: *Um Himmels willen, Israel*. Köln 2002 [zuerst 1991], S. 368.
5 Ziva Amishai-Maisels: »Jacob Pins: Beneath the Surface«, in: Jacob Pins: *Drawings and Oil Paintings. 1942–2000*. Jerusalem 2000, S. 6.
6 Zitiert in: Meira Perry-Lehmann: *Pins: Woodcuts, 1942–2000*. The Israel Museum, Jerusalem 2000, S. 5 f.
7 Die Sammlung befindet sich heute im Israel Museum in Jerusalem.
8 Jacob Pins: *The Japanese Pillarprint*. Hashira-e. London 1982.
9 Perry-Lehmann, Pins: Woodcuts, S. 6.
10 Giordano, Um Himmels Willen Israel, S. 370.
11 Amishai-Maisels, Jacob Pins, S. 19.
12 Schuler, Begegnungen, S. 110.
13 Abwertender Begriff für deutsch-jüdische Einwanderer in Israel.
14 Die Pins-Schülerin Milcah Chissick, zitiert in: Mordechai Beck: »Pionniering Israeli artist and collector snubbed by local cliques because of his German background«, in: *The Guardian*, 17.12.2005.
15 Longère, Jacob Pins, S. 23, mit Bezug auf Giordano, ebd., S. 371.
16 Amishai-Maisels, Jacob Pins, S. 20.

Anmerkungen zu:
Erik Riedel, Arie Goral: »Israelische Ikonen« und »Israelische Landschaften«

1 Zuerst erschienen in: Raphael Groß, Erik Riedel (Hg.): *Kein Weg als Jude und Deutscher? Arie Goral. Der Maler, Publizist und Dichter*. Katalog zur Ausstellung im Museum Judengasse, Frankfurt am Main 2007, S. 96–120.
2 Vgl. z. B. Ausstellungskritik in *Il Mattino dell'Italia Centrale* vom 5.2.1952.

3 Arie Goral: »Zur Opferthematik«, 1990, zit. nach: *Arie Goral. Gemälde, Gouachen und Radierungen aus dem Nachlaß*, Neumünster 1998 (Kat. Ausst. Jüdisches Museum Randsburg und Dr.-Bamberger-Haus), S. 20.
4 Aus: Arie Goral: Von den Irrtümern der Beschissenen, Typoskript, o. J., Hamburger Institut für Sozialforschung (HIN, GOR 200,18)
5 Arie Goral: »Ich bin Jude, also bin ich«, in: Henryk M. Broder, Michel R. Lang (Hg.): *Fremd im eigenen Land. Juden in der Bundesrepublik*, Frankfurt/M. 1979, S. 203–221, S. 212.
6 Arie Goral: Erklärung in eigener jüdischer Sache, vervielfältigtes Typoskript, 21.9.1982, HIfS, GOR 820,08.
7 Arie Goral: Versuch einer Selbstinterpretation als Maler (Fragment), o. J., Typoskript, HIfS, GOR 130,15.
8 Vgl. etwa Arie Goral: »Kein Weg in Deutschland«, in: *auditorium*, H. 73, Februar 1962 oder Arie Goral: Einleitung zur Dokumentation zu den Hamburger NS-Prozessen, o. J., Typoskript, HIfS, GOR 700,01.

Anmerkung zu:
Ruth Weiss, »Seit wann sind Sie Jüdin?«

1 Überarbeitete Fassung eines Artikels aus: *WOZ*, Zürich, Nr. 33/2008 vom 14.8.2008.

Anmerkungen zu:
Jewgenij Kagan, Schneemenschen oder Golgatha: Alepensuite

1 Exzerpt aus J. J. Kagan »Schneemenschen«, übertragen von Heide Rieck.
2 »... klopft Klaas' Asche an unsere Herzen« – Russische Redewendung nach einem Zitat aus Charles de Coster, Till Ulenspiegel und Lamm Goedzak.
3 Jak – Jakowlew Jak-3 – Bezeichnung für ein sowjetisches Flugzeug mit nur einem Sitz aus dem Zweiten Weltkrieg.
4 Gastello – Nikolai Frantsevich Gastello (1908–1941), russischer Flieger und Held der Sowjetunion, lenkte am 26. Juni 1941 nach Beschuss durch die deutsche Flak gezielt seine brennende Maschine im Sturzflug in eine feindliche Kolonne von Lastwagen und Benzintanks.

Anmerkungen zu:
Jewgenij Kagan, Mein »HEIMAT-DESIGN«

1 Der Autor drückt Heide Rieck und Elmar Linnemann seine Dankbarkeit für ihre stetigen unterstützenden Anstöße zur Entstehung dieses Artikels aus.
2 Das Thema müsste, gewiss, gesondert besprochen werden. Dazu fällt mir ein, wie der Titan J. W. von Goethe einmal mit dem »wir« umgegangen ist. Im Gedicht »Lied und Gebilde« schreibt er:
Aber uns ist wonnereich
In den Euphrat greifen,
Und im flüßgen Element
Hin und wider schweifen ... –
... und bezieht sich damit ausdrücklich auf das Zweistromland, sich mit der alte Sumerer Tradition identifizierend, die Zeichen der eigenen Träume in Tonklumpen zu ritzen und diese dann in den Strom zu werfen. Man glaubte, der Tonklumpen, habe das Buch, das Gedicht vorweggenommen, das Wasser das Publikum. (ausführlicher dazu: vgl.: Maurice Blanchot und/oder: Joachim Sartorius: »Wir vom Ufer des Euphrats«, 2013).
Mit »uns« meint Goethe die Dichter des Orients und reiht sich unter sie ein.

Und heute habe ich geträumt, dass dieses »wir« für mich, eigentlich, auch eine Heimat wäre …

3 S. Friedrich Kluge: *Etymologisches Wörterbuch der deutschen Sprache*. Berlin-New York 1975, 21. unveränderte Auflage.

4 Жид/Zhyd russ. – vergleichbar mit. dtsch.: »Sau-Jude«, »Scheiß-Jude«.

Anmerkung zu:
J. Monika Walther, Hiddingsler Zeiten

1 *Hiddingsler Zeiten* wurde 1991 in anderer Fassung vom WDR produziert in der Regie von Georg Bühren. – Über das Leben und Sterben der jüdischen Familien in Dülmen und Haltern ist nach zu lesen in:.Ortwin Bickhove-Swiderski: *Dülmen unterm Hakenkreuz*. Essen 2012.

Abbildungsnachweise

Wir danken allen Autoren, Nachlassverwaltern, Archiven und sonstigen Rechteinhabern für die Abdruckerlaubnis der Texte und Fotos. Die Rechteinhaber sind jeweils im Anschluss an die Abbildung genannt, Fotonachweise werden im Folgenden aufgelistet.

Trotz sorgfältiger Recherche war es leider nicht in allen Fällen möglich, die Rechteinhaber zu ermitteln. Wir hoffen auf Ihr Verständnis und bitten diejenigen, deren Rechte berührt sind, sich mit uns in Verbindung zu setzen.

Alle hier nicht einzeln nachgewiesenen Abbildungen: Jüdisches Museum Westfalen, Dorsten

Rudolf Wakonigg, Münster   S. 45

Georg Heuberger (Hg.): *Moritz Daniel Oppenheim*. Köln 1999   S. 57, 58

Klaus Pohlmann: *Die Verbreitung der Handwerke unter den Juden*. Detmold 1993 (Panu Derech 8)   S. 89, 91

Einwohner – Entrechtete Bürger. Sieben Jahrhunderte Jüdisches Lebens im Raum Bielefeld, Bielefeld 1988   S. 114

Juden in Lemgo und Lippe. Kleinstadtleben zwischen Emanzipation und Deportation, Lemgo 1988 Forum Lemgo, Heft 3)   S. 114, 115

Norbert Fasse: *Katholiken und NS-Herrschaft im Münsterland*. Das Amt Velen-Ramsdorf 1918–1945, Bielefeld 1996   S. 114

Ingeborg Höting, Timothy Sodmann: *Tausend Jahre – Vreden 1933–1945*. Vreden 2008   S. 114, 115

Adalbert Friedrich: *Die jüdische Gemeinde von Raesfeld*. Raesfeld 1988   S. 114, 115

Kreis Coesfeld (Hg.): *Juden im Kreis Coesfeld*. Coesfeld 1990   S. 114

Hans Frankenthal: *Verweigerte Rückkehr*. Erfahrungen nach dem Judenmord, Frankfurt/M. 2002   S. 114

Willi Feld: *Die Juden in der Geschichte der ehemaligen Stadt Burgsteinfurt*. Münster 1996 (Geschichte und Leben der Juden in Westfalen)   S. 114

Arbeitskreis Blomberg der VHS (Hg.): *Juden in Blomberg*. Zur Geschichte einer Minderheit, Blomberg 1988   S. 115

Walter Tillmann: *Geflüchtet – Verschollen – Ermordet*. Das Schicksal der Jüdischen Familie Hertz aus Ostenfelde, Warendorf 1999   S. 115

Dieter Pfau: Die *Geschichte der Juden im Amt Ferndorf (1797–1943)* »Den Juden ist aber hier kein Leid zugefügt worden. Bielefeld 2012   S. 115, 135

Sabine Omland: *Zur Geschichte der Juden in Drensteinfurt*. Warendorf 1997   S. 115

Marga L. Randall: *Als sei es erst gestern geschehen*. Jüdische Schicksale aus Schermbeck   S. 115

LWL Literaturkommission für Westfalen, Münster   S. 142, 146, 147

Rita Schlautmann-Overmeyer, Münster   S. 148, 149

Ralf Piorr (Hg.), *Eine Reise ins Unbekannte*. Ein Lesebuch zur Migrationsgeschichte in Herne und Wanne-Eickel, Essen 1998   S. 206

Ernst-Schmidt-Archiv, Essen   S. 207

Christoph Preker, Münster   S. 211

Juden in Unna. Spuren ihrer Geschichte. Eine historische Dokumentation, Unna 1993   S. 214

Jacob-Pins-Gesellschaft Kunstverein Höxter e. V.   S. 223–226

Ursula Seitz-Gray, Jüdisches Museum Frankfurt   S. 227–232